A MÍSTICA FEMININA

BETTY FRIEDAN

A MÍSTICA FEMININA

Tradução de
Carla Bitelli e Flávia Yacubian

Revisão de tradução de
Bhuvi Libanio e Marina Vargas

3ª edição

Rio de Janeiro
2021

Copyright © 1963 by Betty Friedan

Os direitos morais da autora foram assegurados.

Design e ilustração de capa: Juliana Misumi

CIP-BRASIL. CATALOGAÇÃO NA PUBLICAÇÃO
SINDICATO NACIONAL DOS EDITORES DE LIVROS, RJ

F946m
3ª ed.

Friedan, Betty, 1921-2006
A mística feminina / Betty Friedan ; tradução Carla Bitelli, Flávia Yacubian; revisão de tradução de Bhuvi Libanio, Marina Vargas. – 3ª ed. – Rio de Janeiro: Rosa dos Tempos, 2021.

Tradução de: The Feminine Mystique
ISBN 978-85-01-11758-8

1. Teoria feminista. 2. Feminismo – Estados Unidos. 3. Mulheres – Condições sociais – Estados Unidos. I. Bitelli, Carla. II. Yacubian, Flávia. IV. Libanio, Bhuvi. V. Vargas, Marina. VI. Título.

19-60628

CDD: 305.420973
CDU: 141.72(73)

Vanessa Mafra Xavier Salgado – Bibliotecária – CRB-7/6644

Todos os direitos reservados. É proibido reproduzir, armazenar ou transmitir partes deste livro, através de quaisquer meios, sem prévia autorização por escrito.

Texto revisado segundo o novo Acordo Ortográfico da Língua Portuguesa.

Direitos desta edição adquiridos pela
EDITORA ROSA DOS TEMPOS
Um selo da
EDITORA RECORD LTDA.
Rua Argentina, 171 – Rio de Janeiro, RJ – 20921-380 – Tel.: (21) 2585-2000.

Seja um leitor preferencial Record.
Cadastre-se no site www.record.com.br
e receba informações sobre nossos lançamentos e nossas promoções.

Atendimento e venda direta ao leitor:
sac@record.com.br

Impresso no Brasil
2021

*Para todas as novas mulheres
e todos os novos homens.*

SUMÁRIO

Prefácio e agradecimentos	9

1. O problema sem nome	13
2. A feliz heroína *esposa dona de casa*	35
3. A crise na identidade da mulher	77
4. A jornada apaixonada	91
5. O solipsismo sexual de Sigmund Freud	121
6. A paralisia funcional, o protesto feminino e Margaret Mead	151
7. Educadores orientados pelo sexo	183
8. A escolha errada	227
9. Comércio orientado pelo sexo	257
10. As tarefas domésticas expandem para ocupar o tempo disponível	291
11. Pessoas em busca de sexo	321
12. Desumanização progressiva: o campo de concentração confortável	353
13. O *self* perdido	389
14. Um novo plano de vida para as mulheres	429

Epílogo	481
Pensando no passado e no futuro	501
Metamorfose: duas gerações depois	503
Introdução à edição de 10º aniversário	529
Índice	535

PREFÁCIO E AGRADECIMENTOS

Aos poucos, e por um bom tempo sem perceber claramente, percebi que há algo muito errado no modo de viver das mulheres estadunidenses de hoje. Notei isso primeiramente como um ponto de interrogação na minha própria vida, como esposa e mãe de três crianças pequenas, que com um pouco de culpa e, portanto, pouca convicção, quase sem querer, usava minha capacidade e meus conhecimentos em um trabalho que me tirava de casa. Foi esse ponto de interrogação pessoal que, em 1957, me levou a submeter minhas colegas de faculdade a um questionário minucioso, quinze anos depois de nossa formatura na Smith. As respostas dadas por duzentas mulheres a questões íntimas e abertas me fizeram perceber que o que havia de errado não poderia estar relacionado com a educação como ela era concebida na época. Os problemas e a satisfação em sua vida, e na minha, e o modo como nossa educação tinha contribuído para isso, simplesmente não se encaixavam na imagem da mulher estadunidense moderna como descrita nas revistas femininas, estudada e analisada em salas de aula e clínicas, louvada e amaldiçoada em uma enxurrada incessante de palavras desde o fim da Segunda Guerra Mundial. Havia uma estranha discrepância entre a realidade de nossa vida como mulheres e a imagem à qual tentávamos nos adequar, imagem que passei a chamar de mística feminina. Eu me perguntava se outras mulheres enfrentavam essa mesma divisão esquizofrênica, e o que isso significava.

Então comecei a investigar as origens da mística feminina e seu efeito sobre as mulheres que viviam de acordo com ela ou cresceram de acordo com seus princípios. Meus métodos eram simplesmente os de uma repórter atrás de uma história, mas logo descobri não se tratar de uma história simples. Pois o surpreendente padrão que começou a surgir, conforme uma pista me levava a outra em campos mais amplos do pensamento e da vida modernos, desafiava não apenas a imagem convencional, mas as suposições psicológicas básicas sobre as mulheres. Encontrei algumas peças do quebra-cabeça em estudos anteriores; mas não muitas, pois as mulheres no passado haviam sido estudadas nos termos da mística feminina. Havia o provocativo estudo Mellon sobre as mulheres de Vassar, os *insights* de Simone de Beauvoir sobre as mulheres francesas e o trabalho de Mirra Komarovsky, A. H. Maslow e Alva Myrdal. Achei ainda mais interessante o crescente corpo do novo pensamento psicológico sobre a questão da identidade masculina, cujas implicações para as mulheres pareciam ter passado despercebidas. Encontrei mais evidências ao questionar aqueles que tratam doenças e problemas de mulher. E tracei o crescimento da mística ao conversar com editores de revistas femininas, pesquisadores da publicidade motivacional e especialistas teóricos que estudavam as mulheres em campos como psicologia, psicanálise, antropologia, sociologia e educação familiar. Mas o quebra-cabeça só começou a se encaixar quando entrevistei com mais profundidade, durante períodos que variaram de duas horas a dois dias cada, oitenta mulheres em momentos cruciais de seu ciclo de vida – meninas no ensino médio e na faculdade enfrentando ou evitando a questão sobre quem eram; jovens donas de casa e mães para quem, se a mística estivesse certa, essa questão não deveria existir e que, portanto, não tinham um nome para o problema que as afligia; e mulheres que, aos 40 anos, estavam diante de um novo ponto de partida. Essas mulheres, algumas torturadas, outras serenas, forneceram-me as pistas finais e a acusação mais grave contra a mística feminina.

Eu não poderia, contudo, ter escrito este livro sem a ajuda de muitos especialistas, tanto teóricos importantes quanto profissionais da área, e, na verdade, sem a cooperação de muitos que acreditam na mística feminina e ajudam a perpetrá-la. Tive a ajuda de atuais e antigos editores de revistas femininas, incluindo Peggy Bell, John English, Bruce Gould, Mary Ann Guitar, James Skardon, Nancy Lynch, Geraldine Rhoads, Robert Stein, Neal Stuart e Polly Weaver; de Ernest Dichter e da equipe do

PREFÁCIO E AGRADECIMENTOS

Instituto de Pesquisa Motivacional; e de Marion Skedgell, antiga editora da Viking Press, que me forneceu seus dados de um estudo inacabado sobre heroínas da ficção. Entre os cientistas comportamentais, teóricos e terapeutas da área, devo muito a William Menaker e John Landgraf, da Universidade de Nova York; A. H. Maslow, de Brandeis; John Dollard, de Yale; William J. Goode, de Columbia; Margaret Mead; Paul Vahanian, do Teachers College; Elsa Siipola Israel e Eli Chinoy, da Smith. E ao dr. Andras Angyal, psicanalista de Boston; ao dr. Nathan Ackerman, de Nova York; ao dr. Louis English e à dra. Margaret Lawrence, do Centro para Saúde Mental do condado de Rockland; e a muitos profissionais da área de saúde mental do condado de Westchester, incluindo a sra. Emily Gould, o dr. Gerald Fountain, a dra. Henrietta Glatzer e Marjorie Ilgenfritz, do Centro de Orientação de New Rochelle, e ao reverendo Edgar Jackson; ao dr. Richard Gordon e a Katherine Gordon, do condado de Bergen, Nova Jersey; ao falecido dr. Abraham Stone, à dra. Lena Levine e a Fred Jaffe, da Associação de Planejamento Familiar; à equipe do Centro James Jackson Putnam, em Boston, à dra. Doris Menzer e ao dr. Somers Sturges, do Hospital Peter Bent Brigham; a Alice King, do Centro de Aconselhamento de Ex-alunos, e ao dr. Lester Evans, do Fundo da Commonwealth. Também sou grata aos educadores que lutam com valentia contra a mística feminina e que me deram *insights* úteis: Laura Bornholdt, da Wellesley University; Mary Bunting, da Radcliffe University; Marjorie Nicolson, da Universidade de Columbia; Esther Lloyd Jones, do Teachers College; Millicent McIntosh, de Barnard; Esther Raushenbush, da Sarah Lawrence; Thomas Mendenhall, da Smith; Daniel Aaron e muitos outros membros do corpo docente da Smith. E acima de tudo sou grata às mulheres que dividiram seus problemas e sentimentos comigo, começando pelas duzentas mulheres da Universidade Smith, 1942, e Marion Ingersoll Howell e Anne Mather Montero, que trabalharam comigo no questionário para ex-alunas que deu início à minha pesquisa.

Sem a magnífica instituição que é a Sala Frederick Lewis Allen, da Biblioteca Pública de Nova York, e o espaço tranquilo que proporciona

A MÍSTICA FEMININA

ao escritor para trabalhar, além do acesso permanente às fontes de pesquisa, esta mãe de três nunca teria começado a escrever um livro, muito menos o teria terminado. O mesmo pode ser dito do apoio sensível de meu *publisher*, George P. Brockway, meu editor, Burton Beals, e minha agente, Martha Winston. Em um sentido mais amplo, este livro nunca teria sido escrito se eu não tivesse me beneficiado de uma formação incomum em psicologia, graças a Kurt Koffka, Harold Israel, Elsa Siipola e James Gibson, na Universidade Smith; Kurt Lewin, Tamara Dembo e os outros de seu grupo à época na Universidade de Iowa; e a E. C. Tolman, Jean Macfarlane, Nevitt Sanford e Erik Erikson, em Berkeley – uma educação liberal, no melhor sentido, destinada a ser usada, embora eu não a tenha usado conforme o originalmente planejado.

Os *insights*, as interpretações, tanto das teorias quanto dos fatos, e os valores implícitos neste livro são inevitavelmente meus. Contudo, sejam ou não definitivas as respostas que apresento aqui – e há muitas questões sobre as quais cientistas sociais devem se aprofundar –, o dilema da mulher estadunidense é real. Agora, muitos especialistas, por fim forçados a reconhecer o problema, redobram seus esforços para ajustar a mulher a ele nos termos da mística feminina. Minhas respostas podem perturbar tanto os especialistas quanto as mulheres, pois implicam mudanças sociais. Mas não haveria sentido em escrever este livro se eu não acreditasse que a mulher pode afetar a sociedade, da mesma maneira que é afetada por ela; que, no fim, a mulher, assim como o homem, tem o poder de escolher, de criar seu próprio céu ou inferno.

Grandview, Nova York
Junho de 1957-Julho de 1962

1. O problema sem nome

O problema permaneceu oculto, silenciado, por muitos anos na mente das mulheres estadunidenses. Era uma inquietude estranha, uma sensação de insatisfação, um desejo que afligia as mulheres na metade do século XX nos Estados Unidos. Cada dona de casa suburbana lidava com ele sozinha. Enquanto arrumava as camas, fazia compras, escolhia o tecido para forrar o sofá, comia sanduíches de pasta de amendoim com as crianças, fazia as vezes de motorista de escoteiros, deitava ao lado do marido à noite... temia fazer a si mesma a pergunta silenciosa: "Isso é tudo?"

Por mais de quinze anos, não houve sequer uma palavra sobre esse desejo dentre as milhões escritas sobre mulheres, e para mulheres em todas as colunas, livros e artigos de especialistas que lhes diziam que o papel delas era buscar se satisfazer como esposas e mães. Repetidamente, as mulheres ouviam as vozes da tradição e da sofisticação freudiana dizerem que elas não poderiam desejar melhor destino do que se regozijar com a própria feminilidade. Os especialistas lhes explicavam como fisgar e manter um homem, como amamentar os filhos e fazer o desfralde; como lidar com a rivalidade entre irmãos e a rebeldia adolescente; como comprar uma lava-louça, assar pão, cozinhar *escargots* e construir uma piscina com as próprias mãos; como se vestir, aparentar e agir de forma mais feminina e tornar o casamento mais excitante; como evitar que o marido morresse jovem e que os filhos virassem delinquentes. Ensinavam-lhes a ter pena das mulheres neuróticas, masculinizadas e infelizes que queriam ser poetas, físicas ou presidentas. Aprendiam que as mulheres realmente femininas não desejavam carreira, educação superior, direitos políticos – a independência e as oportunidades pelas quais as antigas feministas lutaram. Algumas mulheres, aos 40 ou 50 anos, ainda se lembravam

A MÍSTICA FEMININA

dolorosamente de ter abandonado esses sonhos, mas a maioria das mais jovens sequer pensava nisso. Milhares de vozes de especialistas aplaudiam sua feminilidade, sua conformidade, sua nova maturidade. Tudo o que precisavam fazer era devotar a vida, desde a mais tenra idade, a encontrar um marido e ter filhos.

No fim da década de 1950, a média de idade com que uma mulher se casava nos Estados Unidos caiu para 20 anos, e não parou de cair, chegando à adolescência. Havia 14 milhões de meninas noivas aos 17 anos. A proporção de mulheres frequentando uma faculdade em comparação com os homens caiu de 47%, em 1920, para 35%, em 1958. Um século antes, as mulheres haviam lutado pelo acesso ao ensino superior; agora as meninas entravam na faculdade para arranjar marido. Em meados da década de 1950, 60% delas abandonavam a faculdade para se casar ou por temerem que o excesso de educação fosse um obstáculo para o casamento. As faculdades construíram dormitórios para "estudantes casados", mas esses estudantes eram quase sempre os maridos. Um novo diploma foi instituído para as esposas: "Ph.T." (Putting Husband Trough).*

Então, as garotas estadunidenses começaram a se casar ainda no ensino médio. E as revistas femininas, lamentando as estatísticas infelizes resultantes desses enlaces prematuros, instigaram a implementação de cursos sobre casamento e a presença de conselheiros matrimoniais nas escolas. As meninas começaram a namorar sério a partir dos 12 ou 13 anos, no ensino fundamental. Empresas comercializavam sutiãs com enchimento de espuma para garotinhas de 10. E um anúncio de um vestido infantil, nos tamanhos de 3 a 6, publicado no *New York Times* no outono de 1960, dizia: "Ela também pode fisgar um marido."

No fim da década de 1950, a taxa de natalidade nos Estados Unidos ultrapassava a da Índia. O movimento em prol do controle de natalidade, renomeado de Planejamento Familiar, foi exortado a encontrar um método por meio do qual mulheres, após serem informadas de que

---

* "Ajudando o Marido a Passar", em tradução livre. Um trocadilho com o título de Ph.D. (*N. T.*)

O PROBLEMA SEM NOME

um terceiro ou quarto filho nasceria morto ou com alguma deficiência, pudessem tê-lo mesmo assim. As pessoas que faziam estatísticas ficaram especialmente espantadas com o incrível aumento no número de bebês entre as estudantes universitárias. Mulheres que antes tinham dois filhos passaram a ter quatro, cinco ou seis. Jovens que antes desejavam ter uma carreira agora se dedicavam à carreira da maternidade. Foi o que festejou a revista *Life* em 1956, em uma ode ao fato de as estadunidenses estarem voltando ao lar.

Em um hospital de Nova York, uma mulher teve uma crise nervosa ao descobrir que não poderia amamentar o filho. Em outros hospitais, mulheres morrendo em decorrência de câncer recusavam um medicamento que comprovadamente poderia salvar sua vida: os efeitos colaterais eram considerados pouco femininos. "Se eu tenho apenas uma vida, quero vivê-la loira", proclamava a imagem de uma mulher linda e sem expressão em anúncios veiculados em jornais, revistas e cartazes de farmácias. E em todos os Estados Unidos, três em cada dez mulheres pintavam o cabelo de loiro. Comiam um pó chamado Metrecal, em vez de comida, para ficar com as medidas das modelos jovens e magras. Compradores de lojas de departamento relatavam que, desde 1939, as estadunidenses tinham passado a vestir roupas três ou quatro números menores. "As mulheres querem caber nas roupas, e não o contrário", disse um comprador.

Decoradores projetavam cozinhas com murais de mosaico e pinturas originais, pois as cozinhas tinham voltado a ser o centro da vida das mulheres. Costurar em casa se tornou uma indústria milionária. Muitas mulheres não saíam mais de casa a não ser para fazer compras, levar as crianças aos compromissos ou comparecer a eventos sociais com o marido. Meninas cresciam sem jamais trabalhar fora de casa. No fim da década de 1950, um fenômeno sociológico foi subitamente observado: um terço das estadunidenses trabalhavam, mas a maioria não era mais jovem e poucas estavam interessadas em seguir carreira. Eram mulheres casadas que tinham empregos de meio período, como vendedoras ou secretárias, para ajudar a pagar os estudos do marido, a faculdade dos

A MÍSTICA FEMININA

filhos ou o financiamento da casa. Ou eram viúvas responsáveis pelo sustento da família. Cada vez menos mulheres se tornavam profissionais. A diminuição no número de enfermeiras, assistentes sociais e professoras provocou crises em quase todas as cidades do país. Preocupados com a liderança da União Soviética na corrida espacial, cientistas perceberam que a maior fonte de capacidade intelectual não utilizada nos Estados Unidos eram as mulheres. Mas as meninas não queriam estudar física: era "pouco feminino". Uma garota recusou uma bolsa de ciências na Johns Hopkins em troca de uma vaga em uma agência imobiliária. Sua ambição era o que toda garota estadunidense desejava: se casar, ter quatro filhos e morar em uma boa casa em um bairro agradável do subúrbio.

A dona de casa suburbana era o sonho de toda jovem estadunidense e causava inveja, diziam, em mulheres ao redor do mundo. A dona de casa estadunidense, libertada, pela ciência e pelos eletrodomésticos modernos, do trabalho duro, dos riscos do parto e das doenças de suas avós, era saudável, bonita, educada, preocupada apenas com o marido, os filhos e o lar. Havia encontrado a verdadeira realização feminina. Dona de casa e mãe, era respeitada como parceira completa e em pé de igualdade com o marido no mundo dele. Era livre para escolher automóveis, roupas, eletrodomésticos, supermercados e tinha tudo o que as mulheres sempre sonharam.

Nos quinze anos após a Segunda Guerra Mundial, a mística da realização feminina tornou-se o cerne estimado e vicioso da cultura estadunidense contemporânea. Milhões de mulheres viviam sua vida à imagem das belas fotografias das donas de casa suburbanas, dando um beijo de despedida no marido diante da janela principal, estacionando a perua cheia de crianças em frente à escola e sorrindo enquanto passavam a enceradeira elétrica no chão imaculado da cozinha. Faziam os próprios pães, costuravam as próprias roupas e as das crianças, colocavam as máquinas de lavar e secar novas para funcionar o dia todo. Trocavam os lençóis duas vezes por semana em vez de uma, faziam cursos de tapeçaria e lamentavam pela própria pobre e frustrada mãe, que sonhava em ter uma carreira. O único sonho delas era serem esposas e mães perfeitas; a maior ambição, ter cinco filhos e uma bela casa; a única luta, conseguir e manter um marido. Não pensavam nos problemas pouco femininos do mundo fora de casa; queriam que o homem tomasse as decisões mais importantes. Regozijavam-se no seu papel de mulher e escreviam com orgulho na pesquisa do censo: "Ocupação: *esposa dona de casa.*"

Por mais de quinze anos, as palavras escritas para mulheres e as palavras que as mulheres usavam ao conversar umas com as outras, enquanto os maridos sentavam-se do outro lado da sala e falavam sobre negócios, política ou fossas sépticas, eram sobre problemas com os filhos, como fazer o marido feliz, como melhorar as notas das crianças na escola, como assar um frango ou costurar capas para o sofá. Ninguém discutia se as mulheres eram inferiores ou superiores aos homens; elas eram apenas diferentes. Palavras como "emancipação" ou "carreira" soavam estranhas e constrangedoras; fazia anos que ninguém as usava. Quando uma francesa chamada Simone de Beauvoir escreveu um livro intitulado *O segundo sexo*, um crítico estadunidense comentou que ela obviamente "não entendia nada da vida" e, além disso, estava falando sobre as mulheres francesas. O "problema da mulher" não existia nos Estados Unidos.

Nas décadas de 1950 e 1960, quando uma mulher tinha um problema, ela sabia que devia haver algo errado em seu casamento ou nela mesma. Outras mulheres estavam satisfeitas com a própria vida, pensava. Que tipo de mulher ela seria se não sentisse uma plenitude misteriosa ao encerar o chão da cozinha? Tinha tanta vergonha em admitir sua insatisfação que não fazia ideia de quantas outras mulheres compartilhavam dela. Se tentava conversar com o marido, ele não compreendia o que ela estava falando. Ela mesma não entendia. Por mais de quinze anos, as estadunidenses tiveram mais dificuldade de falar disso do que sobre sexo. Nem mesmo os psicoterapeutas tinham um nome para isso. Quando uma mulher procurava um psiquiatra, como muitas faziam, ela dizia: "Estou com tanta vergonha" ou "Eu devo ser uma neurótica incurável". "Não sei o que há de errado com as mulheres hoje em dia", um psiquiatra suburbano admitiu, incomodado. "Só sei que há algo errado porque a maioria dos meus pacientes é mulher. E o problema delas não é sexual." A maioria das mulheres com esse problema, no entanto, não buscava ajuda terapêutica. "Na verdade não há nada de errado", diziam a si mesmas. "Não há nenhum problema."

Mas em uma manhã de abril de 1959, ouvi uma mãe de quatro filhos, tomando café com quatro outras mães em um bairro novo no subúrbio, a 25 quilômetros de Nova York, dizer em um tom de desespero contido: "o problema". E as outras souberam, sem que nada mais precisasse ser dito, que ela não se referia a um problema com o marido, os filhos ou a casa. Subitamente, elas se deram conta de que todas compartilhavam do mesmo problema, do problema sem nome. Começaram, hesitantes, a falar a respeito. Mais tarde, depois de pegar os filhos na creche e os levar para casa para tirar uma soneca, duas delas choraram, de puro alívio, simplesmente por saberem que não estavam sós.

•

Aos poucos, percebi que o problema sem nome era compartilhado por diversas mulheres nos Estados Unidos. Como redatora de revista, com frequência entrevistava mulheres a respeito de seus problemas com os filhos, o casamento, a casa, a comunidade. Mas depois de algum tempo passei a reconhecer os sinais reveladores desse outro problema. Via os mesmos indicadores nas casas de apenas um andar no subúrbio e nas casas de dois andares em Long Island, em Nova Jersey e no condado de Westchester; em casas coloniais em uma cidadezinha do estado de Massachusetts; em quintais em Memphis; em apartamentos no centro e no subúrbio; nas salas de estar do Meio-Oeste estadunidense. Às vezes, eu pressentia o problema não como repórter, mas como dona de casa suburbana, pois nessa mesma época eu também criava meus três filhos no condado de Rockland, em Nova York. Ouvia ecos do problema nos dormitórios universitários e nas alas semiprivativas de maternidades, em reuniões de pais e professores e almoços da Liga das Mulheres Eleitoras, em coquetéis no subúrbio, em peruas esperando a passagem de trens e em trechos de conversas entreouvidas em restaurantes. As palavras titubeantes que eu escutava de outras mulheres, em tardes calmas quando as crianças estavam na escola ou em noites calmas quando os maridos chegavam mais tarde do trabalho, penso tê-las entendido como mulher bem antes de compreender suas implicações sociais e psicológicas mais amplas.

O que exatamente era esse problema sem nome? Quais eram as palavras que as mulheres usavam quando tentavam expressá-lo? Às vezes, uma dizia: "Eu me sinto vazia de alguma maneira... incompleta." Ou: "Parece que eu não existo." Às vezes, ela tentava esquecer esse sentimento com um calmante. Às vezes, pensava que o problema estava no marido, nos filhos, ou que precisava redecorar a casa, mudar-se para um bairro melhor, ter um amante ou outro bebê. Às vezes, ia ao médico com sintomas que mal sabia descrever: "Sensação de cansaço... Fico tão brava com as crianças que me assusto... Tenho vontade de chorar sem motivo." (Um médico de Cleveland chamou isso de "síndrome da dona de casa".) Muitas me contaram sobre grandes bolhas de sangue que surgiam nas mãos e nos braços. "Eu chamo isso de 'mal da dona de casa'", disse um médico de família da Pensilvânia. "Vejo isso com frequência em jovens com quatro, cinco, seis filhos, mergulhadas em bacias de lavar louça. Mas as bolhas não são causadas pelo detergente e não se curam com cortisona."

Às vezes, uma mulher me dizia que a sensação podia ficar tão intensa que ela saía correndo de casa e vagava pelas ruas. Ou ficava em casa e chorava. Ou os filhos contavam uma piada, mas ela não ria, porque não estava ouvindo. Conversei com mulheres que haviam passado anos no divã, elaborando sua "adequação ao papel feminino", os bloqueios à "realização como esposa e mãe". Mas o tom desesperado na voz dessas mulheres e seu olhar eram iguais ao tom e ao olhar de outras mulheres, aquelas que tinham certeza de não ter problema nenhum, ainda que estivessem tomadas por uma estranha sensação de desespero.

Uma mãe de quatro que havia largado a faculdade aos 19 anos para se casar me contou:

Tentei tudo o que a mulheres supostamente deveriam fazer: hobbies, jardinagem, fazer conservas, ser muito sociável com os vizinhos, fazer parte de comitês, organizar chás de pais e professores. Posso fazer tudo isso, e gosto, mas isso não dá a você nada em que pensar... nenhuma ideia de quem você seja. Nunca ambicionei ter uma carreira. Tudo o que eu queria era me casar e ter quatro filhos. Amo meus filhos, Bob e meu lar. Não há nenhum problema que eu possa nomear. Mas me sinto desesperada. Começo a achar que não tenho personalidade. Sirvo comida, visto calças, arrumo camas, me chamam quando querem alguma coisa. Mas quem sou eu?

Uma mãe de 23 anos, vestindo calça jeans, disse:

Eu me pergunto por que estou tão insatisfeita. Tenho saúde, filhos ótimos, uma linda casa nova, dinheiro suficiente. Meu marido tem futuro como engenheiro eletrônico. Ele não sente nada disso. Ele diz que talvez eu precise de umas férias, sugere passarmos o fim de semana em Nova York. Mas não é isso. Sempre pensei que devíamos fazer tudo juntos. Não consigo me sentar sozinha para ler um livro. Se as crianças estão tirando uma soneca e eu tenho uma hora para mim, simplesmente ando pela casa até eles acordarem. Não decido nada até saber o que as outras pessoas vão fazer. É como se, desde que você era uma menina, houvesse sempre alguém ou alguma coisa que ia decidir a sua vida: seus pais, a faculdade, uma paixão, ter filhos ou mudar de casa. E então você acorda certa manhã e não há nada mais pelo que esperar.

Uma jovem esposa de um conjunto residencial em Long Island disse:

Eu durmo muito. Não sei por que fico tão cansada. A casa não é tão difícil de limpar quanto o apartamento sem água quente que tínhamos quando eu trabalhava. As crianças ficam na escola o dia inteiro. Não é o trabalho. Eu simplesmente não me sinto viva.

O PROBLEMA SEM NOME

Em 1960, o problema sem nome estourou como um furúnculo na imagem da dona de casa estadunidense feliz. Nos comerciais de televisão, as belas donas de casa ainda sorriam ao lavar louça, e a reportagem de capa da revista *Time* intitulada "A esposa suburbana, um fenômeno estadunidense" afirmava solenemente: "Se divertindo demais... para acreditar que poderiam ser infelizes." A tristeza real da dona de casa estadunidense, no entanto, começou a ser relatada – do *New York Times* e da revista *Newsweek* à revista *Good Housekeeping* e ao canal CBS (*The Trapped Housewife* [A dona de casa presa]) –, embora quase todos que falassem a respeito encontrassem alguma razão superficial para desprezar o problema. Ele era atribuído à incompetência da assistência técnica de aparelhos domésticos (*New York Times*), à distância que era preciso percorrer com as crianças de carro no subúrbio (*Time*) e ao excesso de reuniões de pais e professores (*Redbook*). Alguns diziam que era o velho problema: educação. Cada vez mais mulheres tinham acesso à educação, o que as deixava infelizes em seu papel de donas de casa. "O caminho de Freud para os eletrodomésticos Frigidaire, de Sófocles para o dr. Spock* se provou tortuoso", relatou o *New York Times* (28 de junho de 1960). "Muitas jovens mulheres – certamente não todas –, cuja educação as mergulhou em um mundo de ideias, sentem-se sufocadas em casa. Consideram a vida rotineira deslocada da educação que receberam. Como se fossem incapazes, elas se sentem excluídas. No último ano, o problema das donas de casa instruídas forneceu o conteúdo para dezenas de discursos proferidos por aflitos reitores de faculdades para mulheres que afirmam, diante das reclamações, que dezesseis anos de formação acadêmica são uma preparação realista para a vida de casada e a maternidade."

Havia muita compaixão pela dona de casa instruída. ("Como um esquizofrênico com dupla personalidade [...] Antes ela escrevia ensaios

---

* Benjamin Spock, pediatra e autor de *The Common Sense Book of Baby and Child Care*, publicado em 1946 e considerado, à época, a bíblia da puericultura. No Brasil, a tradução foi publicada com o título de *Meu filho, meu tesouro*. (*N. T.*)

sobre os poetas românticos ingleses; agora escreve bilhetes para o leiteiro. Antes determinava o ponto de ebulição do ácido sulfúrico; agora determina seu ponto de ebulição diante do técnico que atrasa o conserto [...]. A dona de casa com frequência se vê aos berros e aos prantos [...]. Ao que parece, ninguém, muito menos ela mesma, demonstra reconhecimento pelo tipo de pessoa que ela se tornou no processo de transformação de poetisa em megera.")

Especialistas em economia doméstica sugeriram uma preparação mais realista para as donas de casa, por exemplo, oficinas sobre eletrodomésticos no ensino médio. Professores universitários sugeriram mais grupos de discussão sobre administração do lar e da família, a fim de preparar as mulheres para a vida doméstica. Uma série de artigos oferecendo "58 maneiras de animar seu casamento" apareceu em revistas populares. Todo mês, um psiquiatra ou sexólogo lançava um livro com conselhos técnicos sobre como obter mais satisfação no sexo.

Um humorista fez uma piada na *Harper's Bazaar* (julho de 1960) dizendo que o problema poderia ser resolvido tirando das mulheres o direito de votar. ("Na era pré-19ª Emenda, a mulher estadunidense era plácida, protegida, certa de seu papel na sociedade. Ela deixava o marido tomar todas as decisões políticas, e ele, por sua vez, deixava todas as decisões relativas à família para ela. Hoje, a mulher precisa tomar decisões sobre a família *e* sobre política, e é excessivo para ela.")

Muitos educadores sugeriram seriamente que as mulheres não fossem mais aceitas nos cursos de graduação com duração de quatro anos em faculdades e universidades: na crescente crise universitária, a formação que as garotas não podiam usar como donas de casa era urgentemente mais necessária do que nunca para que os garotos fizessem o trabalho da era atômica.

O problema também era minimizado com soluções drásticas que ninguém levava a sério. (Uma jornalista da *Harper's Bazaar* propôs que as mulheres fossem recrutadas para o serviço obrigatório como auxiliares de enfermagem e babás.) E resolvido com as panaceias de sempre: "o amor é a resposta", "a resposta está dentro de nós", "o segredo da plenitude:

filhos", "um modo particular de realização intelectual", "para curar o sofrimento do espírito, a fórmula simples é entregar a si mesmo e seus desejos à vontade a Deus".[1]

O problema era minimizado dizendo à dona de casa que ela não percebia como tinha sorte: era sua própria chefe, não batia ponto, não tinha nenhum estagiário querendo roubar sua vaga. E daí que não fosse feliz? Ela achava que todo homem no mundo era feliz? Será que na verdade ainda desejava secretamente ser homem? Será que ainda não tinha se dado conta de como tinha sorte por ser mulher?

Por fim, o problema também era minimizado quando se dizia que não havia solução: ser mulher é isso; o que há de errado com as estadunidenses que não conseguem aceitar seu papel com graciosidade? De acordo com a *Newsweek* (7 de março de 1960):

> Ela está insatisfeita com uma sorte com a qual mulheres de outros países podem apenas sonhar. Sua insatisfação é profunda, difusa e insensível aos remédios superficiais disponíveis [...]. Um exército de exploradores profissionais já mapeou as maiores fontes de inquietação [...]. Desde o começo dos tempos, o ciclo feminino definiu e confinou o papel da mulher. Conforme se credita a Freud: "Anatomia é destino." Embora nenhum grupo de mulheres tenha ampliado tanto esses limites naturais quanto a esposa estadunidense, ela ainda parece não conseguir aceitá-los de bom grado [...]. Uma jovem mãe com uma bela família, charme, talento e inteligência é capaz de desprezar seu papel, contrita. "O que eu faço?", ela diz. "Ora, nada. Sou apenas uma dona de casa." Uma boa educação, ao que parece, modelo de perfeição entre as mulheres, uma compreensão sobre o valor de tudo menos delas mesmas [...].

Então ela precisa aceitar o fato de que "a infelicidade das mulheres estadunidenses é apenas a mais recente conquista na luta pelos direitos das mulheres", ajustar-se e repetir com a dona de casa feliz encontrada pela *Newsweek*: "Precisamos festejar a maravilhosa liberdade que todas temos e nos orgulhar de nossa vida hoje. Eu frequentei a faculdade e trabalhei, mas ser dona de casa é o papel mais gratificante e satisfatório de todos [...]. Minha mãe nunca foi incluída nas questões de negócios do meu pai [...] ela não podia sair de casa nem se afastar dos filhos. Mas eu sou igual ao meu marido; posso acompanhá-lo em viagens de negócios e em eventos de trabalho."

A alternativa oferecida era uma escolha que poucas considerariam. Nas palavras complacentes do *New York Times*: "Todas admitem se sentir profundamente frustradas por causa da falta de privacidade, da carga física, da rotina da vida em família, do confinamento que ela impõe. No entanto, nenhuma delas abriria mão do lar e da família se pudesse escolher de novo." A revista *Redbook* comentou: "Poucas mulheres gostariam de dar as costas a maridos, filhos e comunidade para seguir sozinhas. Aquelas que o fazem podem ser pessoas talentosas, mas raramente são mulheres de sucesso."

No ano em que o descontentamento das mulheres transbordou, também foi reportado (*Look*) que mais de 21 milhões de estadunidenses solteiras, viúvas ou divorciadas, não desistiam, mesmo depois dos 50 anos, da busca frenética e desesperada por um homem. E a busca começa cedo: 70% das estadunidenses se casam antes dos 24 anos. Uma bela secretária de 25 anos teve 35 empregos diferentes em seis meses na expectativa inútil de arrumar um marido. Mulheres trocavam de partido político, faziam cursos noturnos de contabilidade ou navegação, aprendiam a jogar golfe ou esquiar, entravam para uma sucessão de igrejas, frequentavam bares sozinhas, na busca incessante por um homem.

Dos milhares de mulheres atualmente recebendo ajuda psiquiátrica particular nos Estados Unidos, as casadas estavam insatisfeitas com o casamento, e as solteiras sofriam de ansiedade e, por fim, de depressão. Curiosamente, muitos psiquiatras afirmaram que, em sua experiência, as solteiras eram mais felizes que as casadas. Então, uma fresta da porta daquelas casas bonitas do subúrbio se abriu, permitindo um vislumbre de incontáveis donas de casa que sofriam solitariamente de um problema do qual de repente todas as pessoas estavam falando e começando a

O PROBLEMA SEM NOME

menosprezar, como um desses problemas irreais da vida estadunidense que não têm solução – como a bomba de hidrogênio. Em 1962, o sofrimento da dona de casa presa tinha se tornado um jogo nacional. Edições inteiras de revistas, colunas de jornal, livros sérios e frívolos, conferências educacionais e debates televisivos foram dedicados ao problema.

Mesmo assim, a maioria dos homens, e algumas mulheres, ainda não sabiam que se tratava de um problema real. Mas aqueles que o enfrentavam com honestidade sabiam que todas as soluções superficiais, os conselhos complacentes, as palavras repreensivas e as palavras animadoras estavam de algum modo afundando o problema na irrealidade. Uma risada amarga começava a ser ouvida vinda das mulheres estadunidenses. Eram objeto de admiração, inveja, pena e teorias até ficarem fartas, eram-lhes oferecidas soluções drásticas ou escolhas estúpidas que ninguém levava a sério. Recebiam todo tipo de conselho do crescente exército de conselheiros especializados em casamento e criação de filhos, psicoterapeutas e psicólogos amadores sobre como se ajustar a seu papel de donas de casa. Em meados do século XX, nenhum outro caminho para a realização pessoal era oferecido às mulheres estadunidenses. A maioria se ajustava ao seu papel e sofria ou ignorava o problema sem nome. Pode ser menos doloroso, para uma mulher, não ouvir aquela voz estranha e insatisfeita se agitando dentro dela.

•

Não é mais possível ignorar essa voz, desprezar o desespero de tantas mulheres estadunidenses. Isso não é o que ser mulher significa, não importa o que os especialistas digam. Há sempre uma razão para o sofrimento humano; talvez ela não tenha sido encontrada porque as perguntas certas não foram feitas, ou porque não se insistiu o suficiente. Não aceito a resposta de que não há problema porque as mulheres estadunidenses têm luxos com os quais outras mulheres, em outras épocas e outros países, jamais sonharam; parte da estranha novidade desse problema é que ele não pode ser compreendido nos termos dos velhos problemas

A MÍSTICA FEMININA

materiais do homem: pobreza, doença, fome, frio. As mulheres que sofrem desse problema têm uma fome que alimento nenhum é capaz de saciar. Persiste em mulheres cujos maridos são estagiários e assistentes judiciais esforçados ou advogados e médicos prósperos; em esposas de trabalhadores ou executivos que ganham 5 mil ou 50 mil dólares por ano. Não é causado pela falta de vantagens materiais; pode até nem ser sentido por mulheres ocupadas com problemas desesperadores de fome, pobreza ou doença. E as que pensam que ele vai ser resolvido com mais dinheiro, uma casa maior, um segundo carro, a mudança para um bairro melhor, logo descobrem que ele se agrava.

Não é mais possível, hoje em dia, colocar a culpa pelo problema na perda da feminilidade: dizer que educação, independência e igualdade em relação aos homens tornaram as mulheres estadunidenses pouco femininas. Ouvi muitas mulheres tentarem negar essa voz insatisfeita dentro de si porque não se encaixa na bela imagem de feminilidade que os especialistas lhes forneceram. Eu acho, na verdade, que essa é a primeira pista para o mistério: o problema não pode ser compreendido nos termos geralmente aceitos pelos cientistas ao estudar as mulheres, pelos médicos ao tratá-las, pelos terapeutas ao aconselhá-las e pelos escritores ao escrever sobre elas. As mulheres que sofrem desse problema, nas quais essa voz está despertando, passaram a vida toda em busca da realização feminina. Não são mulheres com uma carreira profissional (embora as mulheres com carreiras profissionais possam ter outros problemas); são mulheres cuja maior ambição foi casar e ter filhos. Para as mais velhas, as filhas da classe média estadunidense, nenhum outro sonho era possível. Aquelas na casa dos 40 e dos 50 anos que um dia tiveram outros sonhos, abandonaram-nos e se entregaram alegremente à vida de dona de casa. Para as mais jovens, as novas esposas e mães, esse era o único sonho. Foram elas que largaram a escola e a faculdade para se casar, ou marcaram passo em um emprego no qual não tinham interesse nenhum até se casarem. Essas mulheres são muito "femininas" no sentido habitual da palavra, e mesmo assim sofrem do problema.

O PROBLEMA SEM NOME

Será que as mulheres que se formaram na faculdade, as mulheres que um dia tiveram sonhos que iam além do trabalho doméstico, são as que sofrem mais? De acordo com os especialistas, sim, mas ouçamos estas quatro mulheres:

> Meus dias são sempre cheios, e chatos também. Eu fico o tempo todo para lá e para cá. Me levanto às oito, faço o café da manhã, depois lavo a louça, almoço, lavo mais louça, um pouco de roupa e limpo a casa à tarde. Depois, a louça do jantar, e consigo me sentar por alguns minutos até a hora de colocar as crianças para dormir... O meu dia se resume a isso. Igual ao de qualquer outra esposa. Monótono. Na maior parte do tempo, fico atrás das crianças.

> Meu Deus, o que eu faço com meu tempo? Bem, eu acordo às seis. Visto meu filho e dou café da manhã. Depois disso lavo a louça, dou banho e alimento o bebê. Depois preparo o almoço e, enquanto as crianças tiram uma soneca, eu costuro, remendo ou passo roupa e faço tudo o que não consegui fazer antes do meio-dia. Depois faço a janta da família e meu marido assiste à TV enquanto eu lavo a louça. Depois que coloco as crianças na cama, arrumo o cabelo e vou dormir.

> O problema é sempre ser a mãe das crianças, a esposa do pastor e nunca ser eu mesma.

> Um filme sobre uma típica manhã na minha casa seria como uma velha comédia dos irmãos Marx. Eu lavo a louça, apresso os mais velhos para a escola, corro para o jardim para cuidar dos crisântemos, corro para dentro de novo para fazer uma ligação a respeito de uma reunião do comitê, ajudo o mais novo a montar uma casa com blocos, passo os olhos em 15 minutos pelo jornal para me informar, desço correndo para a lavanderia, onde três vezes por semana lavo uma quantidade de roupa que daria para

A MÍSTICA FEMININA

manter um vilarejo vestido por um ano. Ao meio-dia, estou pronta para ir para o hospício. Muito pouco do que fiz foi realmente necessário ou importante. Pressões externas me chicoteiam ao longo de todo o dia. Ainda assim, me considero uma das donas de casa mais tranquilas do bairro. Muitas das minhas amigas vivem de forma ainda mais frenética. Nos últimos sessenta anos, voltamos ao ponto de partida, e a dona de casa estadunidense está mais uma vez encerrada em uma gaiola. Mesmo que a gaiola agora seja uma casa moderna, acarpetada e com grandes vidraças, ou um confortável apartamento moderno, a situação não é menos dolorosa do que quando sua avó se debruçava sobre um bastidor de bordado em sua saleta adornada e resmungava furiosamente sobre os direitos das mulheres.

As duas primeiras mulheres nunca foram à faculdade. Moram em condomínios em Levittown, Nova Jersey, e Tacoma, e Washington, e foram entrevistadas por uma equipe de sociólogos conduzindo um estudo sobre esposas de trabalhadores.[2] A terceira, esposa de um pastor, escreveu, no questionário do encontro comemorativo de quinze anos de formatura na faculdade, que nunca teve ambições profissionais, mas agora lamentava não ter tido.[3] A quarta, que tem doutorado em Antropologia, hoje é dona de casa em Nebraska e tem três filhos.[4] As palavras delas parecem indicar que donas de casa de todos os graus de escolaridade são acometidas da mesma sensação de desespero.

O fato é que hoje ninguém resmunga furiosamente sobre "direitos das mulheres", embora mais e mais mulheres tenham ido para a faculdade. Em um estudo recente com todas as turmas formadas em Barnard,[5] uma minoria significativa das primeiras formandas culpava a própria educação por tê-las feito querer "direitos", as turmas seguintes culpavam a educação por ter-lhes dado sonhos profissionais, mas as formandas mais recentes culpavam a faculdade por tê-las feito sentir que ser simplesmente dona de casa e mãe não era o suficiente; elas não queriam se sentir culpadas por não ler livros ou participar de atividades comunitá-

O PROBLEMA SEM NOME

rias. Contudo, se a educação não é a causa do problema, o fato de que a educação de alguma forma as incomoda pode ser uma pista.

Se o segredo da realização feminina é ter filhos, nunca antes tantas mulheres, com a liberdade para escolher, tiveram tantos filhos, em um período tão curto, de tão bom grado. Se a resposta é o amor, nunca antes as mulheres procuraram o amor com tanta determinação. E, no entanto, há uma crescente suspeita de que o problema não seja sexual, embora de algum modo deva ter uma relação com sexo. Muitos médicos me relataram evidências de novos problemas sexuais entre marido e esposa: um desejo sexual tão grande da parte das mulheres que os maridos não são capazes de satisfazê-las. "Transformamos as mulheres em criaturas do sexo", disse um psiquiatra na clínica de aconselhamento matrimonial Margaret Sanger. "Ela não tem identidade a não ser como esposa e mãe. Ela não sabe quem ela é. Espera o dia todo que o marido chegue, à noite, para fazer com que se sinta viva. E agora é o marido que não tem interesse. É terrível para as mulheres deitar-se na cama, noite após noite, esperando que o marido a faça se sentir viva." Por que há um mercado tão grande para livros e artigos que oferecem conselhos sexuais? O tipo de orgasmo sexual que Kinsey* encontrou em plenitude estatística nas gerações mais recentes de mulheres estadunidenses não parece ser capaz de resolver o problema.

Pelo contrário, surgem entre as mulheres novas neuroses – e problemas ainda não denominados como tais – que Freud e seus seguidores não previram, acompanhados de sintomas físicos, ansiedade e mecanismos de defesa iguais aos causados pela repressão sexual. E estranhos novos problemas estão sendo relatados na crescente geração de filhos cujas

---

* O dr. Alfred Kinsey foi um sexólogo estadunidense que, em 1947, fundou, com sua equipe de pesquisa, o Instituto de Pesquisa do Sexo, na Universidade de Indiana (hoje rebatizado de Instituto Kinsey para Pesquisa do Sexo, Gênero e Reprodução). Os Estudos de Kinsey foram uma extensa pesquisa cujo objetivo era compreender o comportamento sexual humano. Os resultados foram publicados na forma de dois livros: *Sexual Behavior in the Human Male* [Comportamento sexual no humano masculino] (1948) e *Sexual Behavior in the Human Female* [Comportamento sexual no humano feminino] (1953). (*N. T.*)

mães sempre estiveram presentes, levando-os para todo lado, ajudando com a lição de casa: uma incapacidade de tolerar a dor e a disciplina ou de perseguir qualquer tipo de objetivo autossustentado, um tédio devastador diante da vida. Educadores estão cada vez mais preocupados com a dependência e a falta de autossuficiência dos meninos e meninas que entram nas faculdades atualmente. "Travamos uma batalha contínua para fazer com que nossos estudantes assumam sua condição de adultos", disse o reitor da Universidade Columbia.

A Casa Branca realizou uma conferência para discutir a deterioração muscular e física das crianças estadunidenses: estariam recebendo excesso de cuidados? Sociólogos observaram a impressionante organização da vida das crianças que viviam nos subúrbios de classe média: aulas, festas, diversões, brincadeiras e grupos de estudos organizados para elas. Uma dona de casa suburbana de Portland, Oregon, perguntou-se por que as crianças "precisavam" de escoteiros ali. "Não estamos em um bairro pobre. As crianças aqui passam muito tempo ao ar livre. Acho que as pessoas estão tão entediadas que organizam a vida dos filhos e procuram envolver todo mundo. E as pobres crianças não têm tempo de simplesmente deitar na cama e sonhar acordadas."

O problema sem nome pode estar de algum modo relacionado à rotina doméstica da dona de casa? Quando uma mulher tenta expressar em palavras o problema, muitas vezes ela simplesmente descreve seu dia a dia. O que há no relato pormenorizado dos confortos domésticos que pode causar tamanha sensação de desespero? Será que ela está simplesmente presa pelas enormes demandas de seu papel como dona de casa moderna: esposa, amante, mãe, enfermeira, consumidora, cozinheira, motorista; especialista em decoração de interiores, cuidados infantis, manutenção de eletrodomésticos, reforma de móveis, nutrição e educação? O dia dela é fragmentado enquanto corre da lava-louças para a máquina de lavar roupas, do telefone para a secadora de roupas, da perua para o supermercado, deixa Johnny no treino de beisebol, leva Janey para a aula de dança, conserta o aparador de grama e recebe o marido que chega do trabalho. Ela não consegue dedicar mais de 15 minutos a uma tarefa; não tem tempo de ler livros, apenas revistas; mesmo se tivesse tempo, perdeu a capacidade de concentração. Ao fim do dia, está tão cansada que às vezes o marido precisa assumir a tarefa de pôr as crianças para dormir.

Essa enorme fadiga levou tantas mulheres ao médico na década de 1950 que um deles decidiu investigar. Ele descobriu, para sua surpresa, que suas pacientes que sofriam de "fadiga da dona de casa" dormiam mais do que o necessário para um adulto – por vezes até dez horas por dia – e que a energia que gastavam com o trabalho doméstico não estava além de sua capacidade. O verdadeiro problema devia ser outro, concluiu ele – talvez tédio. Alguns médicos aconselhavam que suas pacientes passassem um dia fora de casa, que fossem ao cinema na cidade. Outros receitavam calmantes. Muitas donas de casa dos subúrbios de classe média tomavam calmantes como se fossem pastilhas para a garganta. "Você acorda pela manhã com a sensação de que não tem sentido viver mais um dia dessa forma. Então você toma um calmante porque ele faz com que você não se importe tanto com o fato de não ter sentido."

É fácil ver os detalhes concretos que aprisionam a dona de casa dos subúrbios de classe média, as demandas contínuas de seu tempo. Mas as correntes que a prendem estão em sua própria mente e em seu próprio espírito. São correntes feitas de ideias errôneas e fatos mal interpretados, verdades incompletas e escolhas irreais. Não as enxergamos com facilidade nem nos livramos delas com facilidade.

Como uma mulher pode enxergar a verdade por inteiro, confinada nos limites de sua própria vida? Como pode acreditar na voz dentro de si mesma, quando essa voz nega as verdades aceitas e convencionadas com base nas quais ela sempre viveu? E, no entanto, as mulheres com quem conversei, que estão enfim escutando sua voz interior, parecem, de uma maneira incrível, estar tateando uma verdade que tem desafiado os especialistas.

Acredito que muitos especialistas de diferentes campos vêm analisando partes dessa verdade sob seus microscópios há muito tempo, sem se dar conta disso. Encontrei partes dela em novas pesquisas e desenvolvimentos teóricos nas áreas da psicologia e das ciências sociais

A MÍSTICA FEMININA

e biológicas cujas implicações para as mulheres parecem nunca terem sido examinadas. Encontrei muitas pistas ao conversar com médicos, ginecologistas, obstetras, terapeutas de aconselhamento infantil, pediatras, orientadores de escolas de ensino médio, professores universitários, conselheiros matrimoniais, psiquiatras e pastores dos subúrbios de classe média, ao questioná-los não sobre suas teorias, mas sobre sua experiência prática ao tratar mulheres estadunidenses. Tomei ciência de um conjunto crescente de evidências, grande parte das quais não foi divulgada publicamente, pois não se encaixavam nos modos correntes de se pensar sobre a mulher – evidências que lançam questionamentos sobre os padrões de normalidade feminina, adequação feminina, realização feminina e maturidade feminina de acordo com os quais a maioria das mulheres ainda tenta viver.

Comecei a ver sob uma estranha luz nova o retorno nos Estados Unidos ao casamento precoce e às famílias numerosas que causam a explosão populacional; o recente movimento de retorno ao parto natural e à amamentação; a conformidade suburbana; as novas neuroses, patologias da personalidade e problemas sexuais relatados pelos médicos. Comecei a ver novas dimensões para antigos problemas que havia muito vinham sendo subestimados entre as mulheres: dificuldades menstruais, frigidez sexual, promiscuidade, temores gestacionais, depressão pósparto, alta incidência de colapso nervoso e suicídio entre mulheres na casa dos 20 e 30 anos de idade, crises de menopausa, a suposta passividade e imaturidade dos homens estadunidenses, a discrepância entre as habilidades intelectuais femininas comprovadas na infância e suas realizações na vida adulta, a mudança na incidência do orgasmo sexual adulto nas mulheres estadunidenses e a persistência de problemas na psicoterapia e na educação feminina.

Se eu estiver certa, o problema sem nome fervilhando na mente de tantas estadunidenses hoje em dia não é uma questão de perda da feminilidade ou de excesso de educação, nem das demandas da vida doméstica. É bem mais importante do que se reconhece. É a chave para esses problemas, velhos e novos, que vêm torturando as mulheres, seus maridos e filhos, e vêm intrigando médicos e educadores há anos. Pode muito bem ser a chave para o nosso futuro como nação e cultura. Não podemos mais ignorar a voz dentro das mulheres que diz: "Quero algo mais que meu marido, meus filhos e meu lar."

NOTAS

1. Ver a Edição de 75º Aniversário da revista *Good Housekeeping*, maio de 1960, "The Gift of Self" [O dom do *self*], um simpósio de Margaret Mead, Jessamyn West *et al.*
2. Lee Rainwater, Richard P. Coleman e Gerald Handel, *Workingman's Wife* [A esposa do trabalhador], Nova York, 1959.
3. Betty Friedan, "If One Generation Can Ever Tell Another" [Se uma geração pode entender a outra], *Smith Alumnae Quarterly*, Northampton, Mass., inverno de 1961. Tomei ciência pela primeira vez do "problema sem nome" e de sua possível relação com o que acabei chamando "mística feminina" em 1957, quando preparei um extenso questionário e conduzi uma pesquisa com minhas próprias colegas de classe na Smith quinze anos depois de formadas. Esse questionário foi utilizado mais tarde por turmas de ex-alunas da Radcliffe e de outras faculdades femininas com resultados semelhantes.
4. Jhan e June Robbins, "Why Young Mothers Feel Trapped" [Por que jovens mães se sentem presas], *Redbook*, setembro de 1960.
5. Marian Freda Poverman, "Alumnae on Parade" [Ex-alunas em destaque], *Barnard Alumnae Magazine*, julho de 1957.

2. A feliz heroína *esposa dona de casa*

Por que tantas esposas estadunidenses sofreram essa insatisfação dolorida e sem nome por tantos anos, todas pensando que estavam sozinhas? "Lágrimas de puro alívio me vêm aos olhos por saber que minha perturbação interna é compartilhada por outras mulheres", uma jovem mãe de Connecticut me escreveu quando comecei a descrever o problema.[1] Uma mulher de Ohio escreveu: "Todas as vezes que achei que a única saída seria consultar um psiquiatra, momentos de raiva, amargura e frustração generalizada numerosos demais para mencionar, eu não tinha nem ideia de que centenas de outras mulheres sentiam o mesmo. Eu me sentia completamente só." Uma dona de casa de Houston, no Texas, escreveu: "Era a sensação de estar praticamente sozinha com o meu problema que o tornava tão pesado. Agradeço a Deus pela minha família, pela minha casa e pela oportunidade de cuidar deles, mas a vida não poderia se resumir a isso. É um despertar saber que não sou um caso raro e posso parar de sentir vergonha por querer algo mais."

O doloroso silêncio culpado e o alívio tremendo quando um sentimento é finalmente exposto são sinais psicológicos bem conhecidos. Que necessidade, que parte delas mesmas, tantas mulheres hoje em dia poderiam estar reprimindo? Nesta era pós-Freud, o sexo é o suspeito imediato. Mas essa nova inquietação nas mulheres não parece ter a ver com sexo; na verdade, é muito mais difícil para as mulheres falarem dela do que de sexo. Existiria outra necessidade, uma parte delas mesmas tão profundamente reprimida quanto o sexo para as mulheres vitorianas?

Se existe, a mulher pode não saber o que é, do mesmo modo que as mulheres vitorianas não sabiam que tinham necessidades sexuais. A imagem de boa mulher, de acordo com a qual uma dama vitoriana

A MÍSTICA FEMININA

vivia, simplesmente prescindia do sexo. Será que a imagem de acordo com a qual as estadunidenses modernas vivem também prescinde de algo? A imagem pública e orgulhosa da colegial namorando sério, da universitária apaixonada, da dona de casa suburbana com um marido bem-sucedido e uma perua cheia de crianças? Essa imagem – criada pelas revistas femininas, pelos anúncios, pela televisão, pelos filmes, pelos romances, pelas colunas e pelos livros escritos por especialistas sobre casamento e família, psicologia infantil, adequação sexual e pelos popularizadores da sociologia e da psicanálise – molda a vida das mulheres de hoje e espelha seus sonhos. Ela pode dar uma pista sobre o problema sem nome, do mesmo modo que um sonho dá uma pista sobre um desejo não nomeado pela pessoa que sonha. Na mente, um contador Geiger clica quando a imagem mostra uma discrepância muito grande da realidade. Um contador Geiger também clicava na minha mente quando eu não conseguia encaixar o desespero silencioso de tantas mulheres na imagem da dona de casa moderna que eu mesma estava ajudando a criar ao escrever para revistas femininas. O que falta na imagem que molda a busca da mulher estadunidense por realização como esposa e mãe? O que falta na imagem que espelha e cria a identidade da mulher nos Estados Unidos hoje?

•

No começo da década de 1960, a *McCall's* era a revista feminina que mais crescia. Seu conteúdo era uma representação bastante acurada da imagem da mulher estadunidense apresentada, e em parte criada, pelas revistas de grande circulação. Eis o conteúdo completo de uma típica edição da *McCall's* (julho de 1960):

1. Um artigo de capa sobre o "crescimento da calvície entre mulheres", resultado do excesso de escovação e tintura.
2. Um poema longo em letra bastão sobre uma criança, intitulado "A Boy Is A Boy" [Um menino é um menino].

A FELIZ HEROÍNA *ESPOSA DONA DE CASA*

3. Um conto sobre como uma adolescente que não vai para a faculdade rouba o namorado de uma universitária inteligente.

4. Um conto sobre as sensações detalhadas de um bebê que joga a mamadeira do berço.

5. A primeira de duas partes de um relato íntimo e "atual" feito pelo duque de Windsor sobre "Como a duquesa e eu vivemos e passamos nosso tempo agora. A influência das roupas sobre mim e vice-versa".

6. Um conto sobre uma garota de 19 anos enviada a uma "escola de boas maneiras" para aprender a piscar os olhos de forma sedutora e perder no jogo de tênis. ("Você tem 19 anos e, pelos padrões estadunidenses normais, tenho o direito de vê-la arrancada de minhas mãos, legal e financeiramente, por um jovem imberbe que vai levá-la para um apartamento minúsculo no Village enquanto ele aprende as artimanhas de vender ações. E nenhum jovem imberbe vai fazer isso se você rebater a bola com um voleio.")

7. A história sobre um casal em lua de mel que se mudou para quartos separados depois de uma discussão a respeito de apostas em Las Vegas.

8. Um artigo sobre "como superar um complexo de inferioridade".

9. Uma história chamada "Dia do casamento".

10. A história da mãe de uma adolescente que aprende a dançar o *rock'n'roll*.

11. Seis páginas de fotos glamourosas de modelos trajando roupas para gestantes.

12. Quatro páginas glamourosas sobre como "emagrecer como as modelos".

13. Um artigo sobre atrasos em voos.

14. Moldes para costurar em casa.

15. Moldes para fazer "Biombos – Mágica fascinante".

16. Um artigo intitulado "Uma abordagem enciclopédica para encontrar um segundo marido".

A MÍSTICA FEMININA

17. Um "churrasco farto", dedicado "ao Grande Senhor Estadunidense que fica de pé, chapéu de chef na cabeça, garfo na mão, no terraço ou na varanda dos fundos, no pátio ou quintal, por todo o país, observando a carne virar no espeto. E à sua esposa, sem a qual (às vezes) o churrasco não seria o sucesso do verão que sem dúvida é..."

Também havia as colunas de "serviço" das primeiras páginas sobre novos remédios ou avanços da medicina, fatos sobre puericultura, colunas escritas por Clare Luce e Eleanor Roosevelt, e "Pats and Pans" [Elogios e críticas], a seção de cartas de leitoras.

A imagem da mulher que emerge dessa revista grande e bonita é jovem e frívola, quase infantil; fofa e feminina; passiva; alegremente satisfeita em um mundo de quarto e cozinha, sexo, bebês e lar. A revista definitivamente não esquece o sexo; a única paixão, a única busca, o único objetivo permitido à mulher é a busca por um homem. É repleta de comida, roupas, cosméticos, móveis e corpos de mulheres jovens, mas onde está o mundo de pensamentos e ideias, a vida da mente e do espírito? Na imagem da revista, as mulheres não trabalham, à exceção do trabalho doméstico e do trabalho para ter um corpo bonito e conseguir e manter um homem.

Essa era a imagem da mulher estadunidense no ano em que Castro liderou uma revolução em Cuba e homens foram treinados para viajar para o espaço; o ano em que no continente africano surgiram novas nações, e um avião que atingiu uma velocidade maior que a do som interrompeu uma conferência de cúpula; o ano em que artistas protestaram em frente a um importante museu contra a hegemonia da arte abstrata; físicos exploraram o conceito de antimatéria; astrônomos, em virtude dos novos radiotelescópios, tiveram que alterar seus conceitos sobre o universo em expansão; biólogos fizeram uma importante descoberta sobre a química básica da vida; e a juventude negra nas escolas sulistas forçaram os Estados Unidos, pela primeira vez desde a Guerra Civil, a encarar um momento de verdade democrática. Mas essa revista, que alcançava mais

A FELIZ HEROÍNA *ESPOSA DONA DE CASA*

de 5 milhões de mulheres estadunidenses, a maioria das quais tinha concluído o ensino médio e entrado na faculdade, não continha quase nenhuma menção ao mundo fora do lar. Na segunda metade do século XX nos Estados Unidos, o mundo da mulher se restringia a seu corpo e sua beleza, a seduzir os homens, gestar filhos, servir o marido e os filhos e cuidar deles e da casa. E isso não era algo atípico que se resumisse a uma única edição de uma única revista feminina.

Certa noite, eu estava em uma reunião de redatores de revista, a maioria homens, que trabalhavam para todo tipo de revista, incluindo as femininas. O principal palestrante era um líder da luta contra a segregação racial. Antes da fala dele, outro homem resumiu as necessidades da grande revista feminina que ele editava:

> Nossas leitoras são donas de casa em tempo integral. Não estão interessadas nos grandes assuntos de interesse público do momento. Não estão interessadas em questões nacionais e internacionais. Elas se interessam apenas pela família e pelo lar. Não estão interessadas em política, a não ser que esteja relacionada a uma necessidade imediata do lar, como o preço do café. Humor? Deve ser suave, elas não entendem sátira. Viagens? Quase não tocamos mais no assunto. Educação? Eis um problema. O nível educacional delas está se elevando. De maneira geral, todas têm o primeiro grau completo, e muitas fizeram faculdade. São extremamente interessadas na educação dos filhos: aritmética da quarta série. Não dá para escrever sobre ideias e questões importantes do momento para mulheres. Por isso 90% do que publicamos é serviço, e o resto, generalidades.

Outro editor concordou e acrescentou, reclamando: "Vocês não podem nos dar algo além de "A morte ronda o armário de remédios"? Não conseguem conceber uma nova crise para as mulheres? O sexo sempre desperta nosso interesse, é claro."

Depois disso, redatores e editores passaram uma hora ouvindo Thurgood Marshall falar sobre os bastidores da luta contra a segregação racial e seu possível efeito na eleição presidencial. "Que pena não poder produzir essa matéria", disse um dos editores. "Mas simplesmente não dá para ligar isso ao mundo da mulher."

Enquanto os ouvia, uma expressão alemã ecoou em minha mente: "*Kinder, Kuche, Kirche*" [filhos, cozinha, igreja], o *slogan* com o qual os nazistas decretaram que as mulheres deveriam mais uma vez se restringir a seu papel biológico. Mas ali não era a Alemanha nazista. Eram os Estados Unidos. O mundo inteiro estava aberto às mulheres estadunidenses. Por que, então, a imagem nega o mundo? Por que limita as mulheres a "uma paixão, um papel, uma ocupação"? Não muito tempo antes, as mulheres sonharam e lutaram por igualdade, por seu próprio lugar no mundo. O que tinha acontecido com os sonhos delas? Quando as mulheres decidiram renunciar ao mundo e voltar para casa?

•

Um geólogo retira do fundo do mar uma amostra de lama e observa camadas de sedimento finas como lâminas, depositadas ao longo dos anos – pistas sobre mudanças tão amplas na evolução geológica da terra que passariam despercebidas durante o tempo da vida de um único homem. Passei muitos dias na Biblioteca Pública de Nova York, folheando calhamaços de revistas femininas estadunidenses dos últimos vinte anos. Percebi uma mudança na imagem da mulher estadunidense, e nas fronteiras do mundo da mulher, tão agudas e intrigantes quanto as mudanças reveladas nas amostras de sedimento oceânico.

Em 1939, as heroínas das histórias publicadas em revistas femininas não eram sempre jovens, mas em certo sentido eram mais jovens do que suas equivalentes fictícias de hoje. Eram jovens do mesmo modo que o herói estadunidense sempre foi: eram Novas Mulheres, criando com um espírito alegre e determinado uma nova identidade para as mulheres – uma vida própria. Elas estavam envoltas em uma aura de transformação, de movimento em direção a um futuro que seria diferente do passado. A maioria das heroínas nas quatro principais revistas femininas (à época

A FELIZ HEROÍNA *ESPOSA DONA DE CASA*

Ladies' Home Journal, McCall's, Good Housekeeping e *Woman's Home Companion*) eram profissionais – profissionais felizes, orgulhosas, aventureiras e atraentes – que amavam os homens e eram amadas por eles. E o espírito, a coragem, a independência, a determinação – a firmeza de caráter que demonstravam no trabalho como enfermeiras, professoras, artistas, atrizes, redatoras, vendedoras – era parte do seu charme. Havia uma aura inegável de que a individualidade delas era algo a ser admirado, algo interessante para os homens, de que eles se sentiriam atraídos tanto por seu espírito e sua personalidade quanto por sua aparência.

Essas eram as revistas femininas no seu auge. As histórias eram convencionais: garota conhece garoto ou garota conquista garoto. Mas com frequência esse não era o tema principal da história. Essas heroínas em geral estavam caminhando na direção de um objetivo ou visão própria, enfrentando algum problema do trabalho ou do mundo, quando encontravam seu homem. E essa Nova Mulher, menos convencionalmente feminina, tão independente e determinada a ter uma nova vida própria, era a heroína de um tipo diferente de história de amor. Era menos agressiva em sua busca por um homem. Seu envolvimento apaixonado com o mundo, sua concepção de si mesma como indivíduo, sua autoconfiança davam um tempero diferente ao seu relacionamento com o homem.

A heroína e o herói de uma dessas histórias se conhecem e se apaixonam na agência de publicidade onde ambos trabalham. "Não quero colocá-la em um jardim atrás de um muro", diz o herói. "Quero que você caminhe comigo, de mãos dadas, e juntos conquistaremos tudo o que quisermos." ("A Dream to Share" [Um sonho para compartilhar], *Redbook*, janeiro de 1939.)

Essas Novas Mulheres quase nunca eram donas de casa; na realidade, as histórias costumavam terminar antes de elas terem filhos. Elas eram jovens porque o futuro estava em aberto. Mas pareciam, por outro lado, muito mais velhas, mais maduras do que as jovens donas de casa infantilizadas e domesticadas, as heroínas de hoje em dia. Uma, por exemplo, é enfermeira ("Mother-in-Law" [Sogra], *Ladies' Home Journal*, junho de 1939). "Ela era, pensou ele, encantadora. Não era bonita como uma

A MÍSTICA FEMININA

pintura, mas havia força em suas mãos, orgulho em seu porte e nobreza em seu queixo erguido, em seus olhos azuis. Morava sozinha desde que terminara a formação, nove anos antes. Tinha trilhado seu próprio caminho e ouvia apenas seu coração."

Outra heroína foge de casa quando a mãe insiste que ela precisa debutar em vez de partir em uma expedição como geóloga. Sua determinação apaixonada de viver a própria vida não impede essa Nova Mulher de amar um homem, mas faz com que se rebele contra os pais; da mesma forma que o jovem herói muitas vezes precisa sair de casa para amadurecer. "Você é a garota mais corajosa que já conheci. Você tem o que é preciso", diz o rapaz que a ajuda a escapar. ("Have a Good Time, Dear" [Divirta-se, querida], *Ladies' Home Journal*, maio de 1939.)

Era comum haver um conflito entre seu compromisso com o trabalho e com o homem. Mas a moral, em 1939, era a de que, ao manter o compromisso consigo mesma, não perderia o homem, se ele fosse o homem certo para ela. Uma jovem viúva ("Between the Dark and the Daylight" [Entre a escuridão e a luz do dia], *Ladies' Home Journal*, fevereiro de 1939) está sentada em seu escritório, debatendo consigo mesma se fica e corrige um erro sério que cometeu no trabalho ou se vai ao encontro com um homem. Ela pensa no casamento, no bebê, na morte do marido, "[...] no período que se seguiu, quando lutou para tomar a melhor decisão, sem temer novos e melhores empregos, confiando nas próprias decisões". Como o chefe pode querer que ela desista do encontro?! Mas ela permanece no trabalho. "Eles tinham dado o sangue por aquela campanha. Não podia decepcioná-lo." E ela encontra seu homem também: o chefe!

Essas histórias talvez não tivessem grande valor literário. Mas a identidade das heroínas parecia dizer algo sobre as donas de casa que, na época e agora, leem revistas femininas. Essas revistas não eram escritas para mulheres com uma carreira profissional. As Novas Mulheres heroínas eram o ideal das donas de casa de antigamente; refletiam seus sonhos, espelhavam seu desejo por uma identidade e a noção das possibilidades que existiam para as mulheres então. E se as mulheres não pudessem

A FELIZ HEROÍNA *ESPOSA DONA DE CASA*

ter esse sonho para si, queriam que suas filhas o tivessem. Queriam que suas filhas fossem mais do que donas de casa, que explorassem o mundo que lhes fora negado.

Era como se lembrar de um sonho há muito esquecido, recapturar a lembrança do que ter uma carreira significava para a mulher antes de "mulher com carreira profissional" se tornar um xingamento nos Estados Unidos. No fim da Depressão, empregos significavam dinheiro, é claro. Mas as leitoras dessas revistas não eram as mulheres que conseguiam os empregos; uma carreira profissional significava mais do que um emprego. Parecia significar fazer algo, ser alguém por conta própria, não existir simplesmente para e por meio dos outros.

Encontrei o último registro claro sobre a busca apaixonada por identidade individual que uma carreira parecia simbolizar nas décadas pré-1950 em uma história chamada "Sarah and the Seaplane" [Sarah e o hidroavião] (*Ladies' Home Journal*, fevereiro de 1949). Sarah, que por dezenove anos desempenhou o papel da filha dócil, está aprendendo a pilotar em segredo. Ela perde uma das aulas de voo para acompanhar a mãe em uma série de compromissos sociais. Um médico mais velho diz: "Minha querida Sarah, todos os dias, o tempo todo, você está cometendo suicídio. Um crime ainda maior do que não agradar aos outros é não fazer justiça a si mesma." Percebendo que ela esconde algum segredo, ele pergunta se ela está apaixonada. "Ela teve dificuldade em responder. Apaixonada? Apaixonada pelo belo e bem-humorado Henry [o professor de voo]? Apaixonada pelo vislumbre da água e pelo erguer das asas naquele instante de liberdade, pela visão do mundo que sorri para ela, sem limites? 'Sim', respondeu ela. 'Acho que estou.'"

Na manhã seguinte, Sarah voa sozinha. Henry "deu um passo atrás, batendo a porta da cabine, e virou o avião para ela. Ela estava só. Houve um momento de tontura em que tudo o que tinha aprendido pareceu lhe fugir, enquanto se acostumava a ficar sozinha, totalmente sozinha, naquela conhecida cabine. Então ela respirou fundo e subitamente uma maravilhosa sensação de competência a fez erguer os ombros e sorrir. Ela estava sozinha! Responderia apenas a si mesma, e era o suficiente.

"'Eu consigo!', disse para si mesma em voz alta [...]. O vento bateu nos flutuadores em rajadas brilhantes, em seguida o avião se ergueu, livre, e planou." Nem mesmo a mãe poderia impedi-la de tirar seu brevê agora. Ela não tinha "medo de encontrar meu próprio estilo de vida". Na cama, naquela noite, ela sorri, sonolenta, lembrando-se do que Henry tinha dito: "Você é minha garota."

"A garota de Henry! Ela sorriu. Não, ela não era a garota de Henry. Ela era Sarah. E isso era o suficiente. E, começando tão tarde, demoraria ainda um pouco para conhecer a si mesma. Quase sonhando, ela se perguntou se depois disso precisaria de outra pessoa, e quem seria essa pessoa."

•

E então, subitamente, a imagem fica turva. A Nova Mulher, voando livre, hesita no meio do voo, treme sob toda aquela luz azulada do sol e volta correndo para dentro do conforto do lar. No mesmo ano em que Sarah voou solo, a *Ladies' Home Journal* imprimiu protótipos das inúmeras odes a "Ocupação: *esposa dona de casa*" que começaram a aparecer nas revistas femininas, odes que ressoaram por toda a década de 1950. Geralmente começam com uma mulher reclamando que, quando precisa escrever *"esposa dona de casa"* na resposta ao censo, sente um complexo de inferioridade. ("Quando escrevo isso, percebo que aqui estou, uma mulher de meia-idade, com formação universitária, e não fiz nada da vida. Sou apenas uma dona de casa.") Então o autor da ode, que por algum motivo nunca é uma dona de casa (nesse caso, Dorothy Thompson, jornalista, correspondente internacional, colunista famosa, na *Ladies' Home Journal* de março de 1949), cai na gargalhada. O seu problema, ela a critica, é não perceber que é especialista em dezenas de carreiras ao mesmo tempo. "Você poderia escrever: empresária, cozinheira, enfermeira, motorista, costureira, decoradora, contadora, banqueteira, professora, secretária particular... ou simplesmente escreva filantropa [...]. Você passou toda a vida doando sua energia, suas habilidades, seus talentos, seus serviços, por amor." Mas ainda assim a dona de casa reclama que tem quase 50

A FELIZ HEROÍNA *ESPOSA DONA DE CASA*

anos e não fez o que sonhava fazer na juventude – música –, e desperdiçou sua formação universitária.

Ha, ha, ha, ri a sra. Thompson; seus filhos não têm o dom musical por sua causa, e todos aqueles anos difíceis enquanto seu marido terminava sua grande obra, você não manteve sua charmosa casa com apenas 3 mil dólares ao ano, costurando as roupas das crianças e as suas, instalando sozinha o papel de parede na sala e monitorando o mercado com olhos de águia em busca de ofertas? E nas horas vagas você não digitou e revisou os manuscritos de seu marido, planejou feiras para pagar a dívida da igreja, tocou duetos no piano com as crianças para tornar os exercícios mais divertidos, leu os livros indicados para eles no ensino médio para acompanhá-los nos estudos? "Mas toda essa vida que levo vicariamente... por intermédio dos outros", suspira a dona de casa. "Tão vicariamente quanto Napoleão Bonaparte", desdenha a sra. Thompson. "Ou uma rainha. Simplesmente me recuso a compartilhar dessa autopiedade. Você é uma das mulheres mais bem-sucedidas que conheço."

E quanto a não ganhar dinheiro, o argumento prossegue, deixe que a dona de casa compute o valor de seus serviços. As mulheres conseguem economizar mais dinheiro com seu talento gerencial dentro de casa do que conseguem ganhar trabalhando fora. E quanto ao espírito das mulheres ser massacrado pelo tédio das tarefas do lar, talvez o talento de algumas delas tenha sido frustrado, porém "um mundo repleto de talento feminino, mas com poucas crianças, logo chegaria ao fim [...]. Grandes homens têm grandes mães."

E a dona de casa estadunidense é lembrada que países católicos na Idade Média "elevaram a gentil e discreta Maria a Rainha do Céu, e construíram suas mais lindas catedrais para 'Notre Dame – Nossa Senhora' [...]. A dona de casa, a cuidadora, a criadora do ambiente infantil é a constante recriadora da cultura, da civilização e da virtude. Supondo que ela esteja cumprindo bem essa importante tarefa gerencial e as atividades criativas, deixem-na escrever com orgulho sua ocupação: '*esposa dona de casa*'".

Em 1949, a *Ladies' Home Journal* também publicou *Male and Female* [Masculino e feminino], de Margaret Mead. Todas as revistas ecoavam o *Modern Woman: The Lost Sex* [Mulher moderna: o sexo perdido], de Farnham e Lundberg, publicado em 1942, com seu alerta de que carreira e curso superior estavam levando à "masculinização da mulher, com consequências muito perigosas para o lar, as crianças que dependem dele e a capacidade da mulher, bem como de seu marido, de obter satisfação sexual".

Então a mística feminina começou a se espalhar pelo país, combinada a antigos preconceitos e convenções confortáveis que com tanta facilidade fazem o passado subjugar o futuro. Por trás da nova mística havia conceitos e teorias enganosos em sua sofisticação e sua presunção de verdade aceita. Essas teorias eram supostamente tão complexas que eram acessíveis apenas a uns poucos iniciados e, portanto, irrefutáveis. É preciso derrubar esse muro de mistério e olhar de perto para esses conceitos complexos, essas verdades aceitas, para entender plenamente o que aconteceu à mulher estadunidense.

A mística feminina diz que a coisa mais valiosa para as mulheres, e a única com a qual devem estar comprometidas, é a realização de sua própria feminilidade. Segundo ela, o maior erro da cultura ocidental, durante a maior parte de sua história, foi a desvalorização dessa feminilidade. Diz que a feminilidade é tão misteriosa e intuitiva e próxima da criação e da origem da vida que a ciência do homem talvez nunca consiga compreendê-la. Mas apesar de especial e diferente, não é de maneira nenhuma inferior à natureza do homem; pode até ser, em alguns aspectos, superior. O erro, diz a mística, a raiz dos problemas femininos no passado é o fato de as mulheres invejarem os homens, tentarem ser como eles, em vez de aceitar a própria natureza, que encontra satisfação apenas na passividade sexual, na dominação masculina e no amor maternal.

A nova imagem que essa mística oferece às mulheres estadunidenses, no entanto, é a velha imagem: "Ocupação: *esposa dona de casa*." A nova mística torna as mães-donas de casa, que nunca tiveram a chance de ser outra coisa, o modelo para todas as mulheres; pressupõe que a

A FELIZ HEROÍNA *ESPOSA DONA DE CASA*

história alcançou seu fim glorioso no aqui e agora, pelo menos no que diz respeito às mulheres. Por trás de suas armadilhas sofisticadas, ela simplesmente torna certos aspectos concretos, finitos e domésticos da existência feminina – vividos pelas mulheres cujas vidas se restringiam, por necessidade, a cozinhar, limpar, lavar, ter filhos – uma religião, um padrão de acordo com o qual todas as mulheres agora devem viver ou negar sua feminilidade.

Realização como mulher passou a ter apenas uma definição para a mulher estadunidense depois de 1949: mãe-dona de casa. Tão rápido quanto em um sonho, a imagem da mulher estadunidense como um indivíduo mutante, em crescimento em um mundo em evolução, foi destruída. Seu voo solo para encontrar sua própria identidade foi esquecido na busca apressada pela segurança da união. Seu mundo sem limites se encolheu entre as paredes aconchegantes do lar.

A transformação, refletida nas páginas das revistas femininas, ficou claramente visível em 1949 e cada vez mais visível ao longo da década de 1950. "A feminilidade começa em casa", "Talvez o mundo seja dos homens", "Tenha filhos enquanto é jovem", "Como fisgar um homem", "Devo parar de trabalhar quando casar?", "Você está preparando sua filha para ser uma boa esposa?", "Carreiras em casa", "As mulheres precisam falar tanto?", "Por que os soldados preferem as garotas alemãs?", "O que as mulheres podem aprender com a Mãe Eva", "Realmente um mundo masculino: política", "Como manter um casamento feliz", "Não tenha medo de se casar jovem", "O médico fala sobre amamentação", "Nosso bebê nasceu em casa", "Cozinhar para mim é poesia", "O negócio de gerenciar um lar".

No fim de 1949, apenas uma de cada três heroínas das revistas femininas tinha uma carreira profissional – e ela era mostrada no ato de renunciar à carreira e descobrir que o que realmente queria era ser dona de casa. Em 1958, e novamente em 1959, analisei cada exemplar das três principais revistas femininas (a quarta, *Woman's Home Companion*, fora descontinuada) sem encontrar uma única heroína que tivesse uma carreira, se dedicasse a um trabalho, uma arte, uma profissão ou uma missão no mundo além

A MÍSTICA FEMININA

de "Ocupação: *esposa dona de casa*". Apenas uma de cem heroínas tinha um emprego; mesmo as jovens heroínas solteiras não trabalhavam mais, a não ser no sentido de encontrar um marido.[2]

Essas novas e felizes heroínas *esposas donas de casa* pareciam estranhamente mais jovens do que as garotas espirituosas e trabalhadoras das décadas de 1930 e 1940. Elas parecem ficar cada vez mais jovens – na aparência e em uma dependência quase infantil. Não têm planos para o futuro, exceto ter um bebê. A única figura que amadurece ativamente no mundo delas é a criança. As heroínas do lar permanecem jovens para sempre, pois sua própria imagem *termina* no parto. Como Peter Pan, devem permanecer jovens enquanto seus filhos crescem com o mundo. Devem continuar tendo filhos, pois de acordo com a mística feminina não há outro modo de uma mulher se tornar uma heroína. Eis um espécime típico de uma história intitulada "The Sandwich Maker" [A fazedora de sanduíches] (*Ladies' Home Journal*, abril de 1959). Ela estudou economia doméstica na faculdade, aprendeu a cozinhar, nunca permaneceu muito tempo em um emprego e ainda faz o papel de noiva menina, embora já tenha três filhos para criar. O problema dela é dinheiro. "Ah, nada mais entediante que impostos, acordos de comércio recíproco e programas de ajuda internacional. Deixo todo esse blá-blá-blá econômico para o meu representante constitucionalmente eleito em Washington, que Deus o ajude."

O problema é sua mesada de 42,10 dólares. Ela detesta pedir dinheiro ao marido toda vez que precisa de um par de sapatos novos, mas ele não permite que ela tenha uma conta corrente. "Ah, como eu queria um dinheirinho só meu! Não muito, na verdade. Umas poucas centenas por ano estaria ótimo. O suficiente para almoçar com uma amiga de vez em quando, comprar meias-calças coloridas extravagantes, alguns itens menores, sem precisar pedir a Charley. Mas, infelizmente, Charley tinha razão. Eu nunca ganhei um dólar na vida, não fazia ideia de como se ganhava dinheiro. Então tudo o que fiz por um bom tempo foi pensar nisso enquanto cozinhava, limpava, cozinhava, lavava, passava, cozinhava."

Por fim, surge a solução: ela receberá pedidos de sanduíches dos homens que trabalham na fábrica com o marido. Ela fatura 52,50 dólares por semana, mas se esquece de contabilizar os custos e não lembra o que significa atacado, então precisa esconder 8.640 embalagens para sanduíche atrás da fornalha. Charley diz que ela está fazendo sanduíches elaborados demais. Ela explica: "Se eu usar apenas presunto e pão de centeio, então não passo de uma fazedora de sanduíches, e não estou interessada. Mas os complementos, os toques especiais... Bem, eles tornam os sanduíches uma espécie de atividade criativa." Então ela pica, embrulha, descasca, lacra, passa manteiga, começando ao nascer do sol sem hora para terminar, por 9 dólares líquidos, até ficar enjoada do cheiro de comida, e por fim desce a escada cambaleando depois de uma noite sem dormir para fatiar salame para as oito marmitas abertas. "Foi demais. Charley desceu bem naquela hora e, depois de olhar rapidamente para mim, correu para pegar um copo d'água." Ela descobre que vai ter outro bebê.

"As primeiras palavras coerentes de Charley foram: 'Vou cancelar os pedidos. Você é mãe. Este é o seu trabalho. Não precisa ganhar dinheiro também.' Era tudo de uma simplicidade tão bonita! 'Sim, chefe', murmurei, obediente e, francamente, aliviada." Naquela noite, ele entrega a ela um talão de cheques; vai permitir que tenham uma conta conjunta. Então ela decide não dizer nada sobre as 8.640 embalagens para sanduíche. Afinal, quando o mais novo entrar para a faculdade, ela as terá usado fazendo sanduíches para seus quatro filhos levarem para a escola.

•

O caminho que separa Sarah e seu hidroavião da fazedora de sanduíches foi percorrido em apenas dez anos. Nesses dez anos, a imagem da mulher estadunidense parece ter sofrido uma ruptura esquizofrênica. E a ruptura na imagem vai muito além da extirpação brutal da carreira dos sonhos femininos.

Antes, a imagem da mulher também era dividida em duas: a mulher boa e pura, em um pedestal, e a prostituta dos desejos da carne. A ruptura na nova imagem abre uma fissura diferente: a mulher feminina, cuja bondade inclui os desejos da carne, e a mulher com uma carreira

A MÍSTICA FEMININA

profissional, cuja maldade inclui todos os desejos do eu individual. A história da nova moralidade feminina é o exorcismo do sonho proibido de ter uma carreira, a vitória da heroína sobre Mefistófeles: primeiro o demônio na forma de uma mulher com uma carreira profissional, que ameaça levar embora o marido ou filho da heroína, e, por fim, o demônio dentro da própria heroína, o sonho de independência, a insatisfação do espírito e até mesmo a sensação de uma identidade separada que precisam ser exorcizados para conquistar ou manter o amor do marido e dos filhos.

Em uma história publicada na *Redbook* ("A Man Who Acted Like a Husband" [Um homem que agia como marido], novembro de 1957), a heroína jovem e casada, "uma moreninha de rosto sardento" cujo apelido é "Junior" recebe a visita de uma antiga colega de quarto da faculdade. A colega, Kay, é "uma moça com mentalidade masculina, na verdade, com uma cabeça boa para negócios [...] ela usava os reluzentes cabelos cor de mogno presos em um coque alto, atravessado por dois palitos orientais". Kay não apenas é divorciada como também deixou o filho com a avó enquanto trabalha na televisão. Essa demoníaca mulher com uma carreira tenta Junior com a proposta de um emprego, para que ela deixe de amamentar o bebê. Chega até mesmo a impedir que a jovem mãe vá ver a filha quando ela chora às duas da manhã. Mas ela recebe o castigo merecido quando George, o marido, encontra o bebê chorando, descoberto, sob um vento congelante que entra pela janela aberta, com sangue escorrendo pela bochecha. Kay, emendada e arrependida, falta ao trabalho para buscar o filho e começar uma nova vida. E Junior, regozijando-se com a mamada das duas da manhã – "estou feliz, feliz, feliz por ser apenas uma dona de casa" –, começa a sonhar com a filha se tornando uma dona de casa também.

Com a mulher com uma carreira profissional fora do caminho, a dona de casa com interesse pela comunidade torna-se o demônio a ser exorcizado. Até mesmo as reuniões de pais e professores ganham uma conotação suspeita, sem falar do interesse em alguma causa estrangeira (ver "Almost a Love Affair" [Quase um romance], *McCall's*, novembro de 1955). A dona de casa que simplesmente tem ideias próprias é a próxima

A FELIZ HEROÍNA *ESPOSA DONA DE CASA*

da lista. A heroína de "I Didn't Want to Tell You" [Eu não queria lhe contar] (*McCall's*, janeiro de 1958) cuida do orçamento doméstico sozinha e discute com o marido por causa de um detalhe doméstico sem importância. O desenrolar é que ela começa a perder o marido para uma "viuvinha desamparada" cujo principal atrativo é não "conseguir pensar com clareza" sobre uma apólice de seguro ou hipoteca. A esposa traída diz: "Ela deve ter *sex appeal*, e que arma uma esposa tem contra isso?" Mas sua melhor amiga retruca: "Você está simplificando as coisas. Está esquecendo como Tania pode parecer desamparada e grata ao homem que a ajuda [...]."

"Eu não poderia ser tão dependente assim, mesmo se quisesse", diz a esposa. "Eu tinha um emprego acima da média depois de sair da faculdade e sempre fui muito independente. Não sou uma mulherzinha desamparada e não consigo fingir ser." Mas aprende, naquela mesma noite. Ela ouve um barulho que pode ser de um ladrão; embora saiba se tratar apenas de um rato, ela chama o marido, impotente, e o reconquista. Enquanto conforta o pânico fingido dela, a esposa murmura que é claro que ele tinha razão na discussão que tiveram naquela manhã. "Ela se deita quieta na cama macia, sorrindo com uma satisfação doce e secreta e praticamente sem nenhum remorso."

O fim da linha, em um sentido quase literal, é o desaparecimento por completo da heroína como um ser individual e sujeito de sua própria história. O fim da linha é a união, na qual a mulher não possui uma identidade independente para esconder nem no momento da culpa; ela existe apenas para o marido e os filhos, e através deles.

Cunhado pelos editores da *McCall's* em 1954, o conceito de "união" foi apropriado com avidez como um movimento de significância espiritual por anunciantes, pastores, editores de jornal. Por um tempo, foi elevado a praticamente um propósito nacional. Mas muito depressa surgiu uma dura crítica social e piadas amargas a respeito da "união" como substituta de objetivos humanos maiores – para os homens. As mulheres foram repreendidas por obrigarem os maridos a realizar tarefas domésticas, em vez de deixar que comandassem a nação e o mundo. Por que, perguntava-se, homens com capacidade para ser estadistas, antropólogos, físicos, poetas, deveriam lavar a louça e trocar fraldas nos dias de semana à noite e nos fins de semana, enquanto poderiam usar esse tempo extra para cumprir compromissos mais importantes para a sociedade?

É significativo que os críticos se ressentissem apenas de os homens serem convocados a tomar parte no "mundo das mulheres". Poucos questionavam os limites desse mundo para as mulheres. Ninguém parecia se lembrar de que um dia se acreditou que as mulheres tivessem capacidade e visão suficiente para serem estadistas, poetas e físicas. Poucos enxergavam a grande mentira dessa união para as mulheres.

Consideremos a edição da Páscoa de 1954 da *McCall's*, que anunciava a nova era de união, tocando o réquiem para os dias em que as mulheres reivindicaram e conquistaram igualdade política e as revistas femininas "ajudavam a desbravar grandes áreas da vida a princípio proibidas para o seu sexo". O novo estilo de vida de acordo com o qual "um número crescente de homens e mulheres está se casando cada vez mais cedo, tendo filhos mais cedo, formando famílias maiores e obtendo sua satisfação mais profunda" no próprio lar, é um estilo de vida que "homens, mulheres e crianças estão alcançando juntos [...] não as mulheres sozinhas, ou os homens sozinhos, isolados uns dos outros, mas como uma família, compartilhando uma experiência em comum".

O ensaio fotográfico detalhando esse estilo de vida é intitulado "o lugar do homem é no lar". Ele descreve, como a nova imagem e o novo ideal, um casal de Nova Jersey com três filhos, vivendo em uma casa de dois andares revestida com ripas de madeira cinza. Ed e Carol "centraram sua vida quase completamente em torno dos filhos e da casa". Eles aparecem fazendo compras no supermercado, realizando trabalhos de marcenaria, vestindo as crianças, preparando juntos o café da manhã. "Então Ed pega sua carona e vai para o escritório."

Ed, o marido, escolhe as cores para pintar a casa e toma as decisões mais importantes no que diz respeito à decoração. As tarefas domésticas que Ed gosta de realizar são listadas: consertar coisas pela casa, fazer objetos, pintar, escolher móveis, tapetes e cortinas, secar a louça, ler para as crianças e colocá-las para dormir, cuidar do jardim, alimentar, vestir e dar banho nas crianças, ir às reuniões na escola, cozinhar, comprar roupas para a mulher e ir ao mercado.

Ed não gosta das seguintes tarefas: tirar o pó, passar aspirador, terminar os consertos que começou, pendurar cortinas, lavar louça, arrumar a bagunça das crianças, limpar a neve da calçada ou cortar a grama, trocar fraldas, levar a babá em casa, lavar roupa, passar roupa. Ed, é claro, não realiza essas tarefas.

> Pelo bem de todos os membros da família, a família precisa de um chefe. Esse chefe deve ser o pai, não a mãe [...]. Filhos de ambos os sexos precisavam aprender, reconhecer e respeitar as habilidades e funções de cada sexo [...]. Ele não é apenas uma mãe substituta, embora ele saiba e esteja disposto a fazer sua parte ao dar banho, alimentar, confortar e brincar. Ele é uma ligação com o mundo lá fora, onde trabalha. Se nesse mundo ele for interessado, corajoso, tolerante, construtivo, passará esses valores aos filhos.

Nessa época, houve muitas reuniões de pauta sofridas na *McCall's*. "De repente, todos procuravam esse significado espiritual na união, esperando que fizéssemos surgir algum tipo de movimento religioso misterioso da vida que todos vinham vivendo nos últimos cinco anos – enfurnados em casa, virando as costas para o mundo –, mas nunca conseguimos encontrar uma forma de mostrar isso que não fosse de um tédio monstruoso", recorda um ex-editor da *McCall's*. "Em resumo, era 'que bom, papai está no quintal, fazendo churrasco'. Colocávamos homens nas fotografias de moda e culinária, e até nas de perfume. Mas em termos editoriais estávamos sufocados.

"Tínhamos artigos de psiquiatras que não podíamos publicar, porque teriam escancarado tudo: todos aqueles casais colocando todo o seu peso sobre os filhos. Mas o que mais uma pessoa poderia fazer naquela união a não ser cuidar dos filhos? Nós ficávamos pateticamente gratos quando encontrávamos qualquer outro momento em que fosse possível fotografar pai e mãe juntos. Às vezes, nos perguntávamos o que ia acontecer com as mulheres, com os homens assumindo tarefas de decoração, cuidados com as crianças, culinária, todas as coisas que costumavam ser atribuição apenas delas. Mas não podíamos mostrar as mulheres saindo de casa e tendo uma carreira. A ironia é: o que queríamos fazer era parar de editar para mulheres como mulheres, e editar para homens e mulheres juntos. Queríamos editar para pessoas, não mulheres."

Contudo, proibidas de se juntar aos homens no mundo, as mulheres podem ser pessoas? Proibidas de ter independência, são por fim engolidas por uma imagem de dependência tão passiva que desejam que os homens tomem as decisões, até mesmo no lar. A ilusão desvairada que a união pode conferir um conteúdo espiritual ao embotamento da rotina doméstica, a necessidade de um movimento religioso que compense a falta de identidade revela a medida da perda feminina e do vazio da imagem. Obrigar os homens a dividir o trabalho doméstico pode compensar para as mulheres o fato de terem perdido o mundo? Aspirar o chão da sala juntos pode dar à dona de casa um novo e misterioso propósito na vida?

Em 1956, no auge da união, os entediados editores da *McCall's* publicaram um pequeno artigo intitulado "The Mother Who Ran Away" [A mãe que fugiu]. Para seu assombro, foi o artigo mais lido dentre todos os que já tinham publicado. "Foi nosso momento da verdade", contou um ex-editor. "De repente, percebemos que todas aquelas mulheres em casa com 3, 5 filhos estavam miseravelmente infelizes."

Àquela altura, porém, a nova imagem da mulher estadunidense, "Ocupação: *esposa dona de casa*", havia se fixado em uma mística, não questionada e não aberta a questionamentos, moldando a própria realidade que distorcia.

Quando comecei a escrever para revistas femininas, na década de 1950, os editores simplesmente acreditavam, e os redatores consideravam um fato imutável da vida, que mulheres não se interessavam por política, pela vida fora dos Estados Unidos, por problemas nacionais, arte, ciência, ideias, aventura, educação, ou mesmo por sua própria comunidade, a não ser quando podiam ser representadas por meio de suas emoções como esposas e mães.

A FELIZ HEROÍNA *ESPOSA DONA DE CASA*

A política, para as mulheres, era resumida às roupas da primeira-dama Mamie Eisenhower ou à vida privada dos Nixon. Por uma questão de consciência e senso de dever, a *Ladies' Home Journal* podia publicar uma série como "Political Pilgrim's Progress" [O Progresso da Peregrina Política], mostrando mulheres que tentavam fazer melhorias na escola e no parquinho dos filhos. Mas mesmo a abordagem política a partir do viés maternal não interessava às mulheres, era o que se pensava no ramo. Todos conheciam os percentuais de leitura. Um editor da *Redbook* tentou engenhosamente levar a bomba para o nível feminino mostrando as emoções de uma esposa cujo marido tinha navegado por uma área contaminada.

"As mulheres não conseguem compreender uma questão, uma ideia em estado puro", era o consenso entre os homens que editavam revistas femininas populares. "Ela precisa ser traduzida para termos que elas consigam compreender como mulheres." Isso era de tal forma aceito por aqueles que escreviam para as revistas femininas que um especialista em parto natural enviou para uma das principais revistas feministas um artigo intitulado "Como ter um bebê em um abrigo antinuclear". "O artigo não estava bem escrito", me contou um editor, "ou teríamos publicado." De acordo com a mística, as mulheres, em sua misteriosa feminilidade, poderiam se interessar pelos detalhes biológicos concretos de ter um bebê em um abrigo antinuclear, mas nunca pela ideia abstrata do poder da bomba de destruir a raça humana.

Essa crença, é claro, torna-se uma profecia autorrealizável. Em 1960, um psicólogo social perspicaz me mostrou tristes estatísticas que pareciam comprovar indubitavelmente que as mulheres estadunidenses com menos de 35 anos não se interessavam por política. "Elas podem ter o direito ao voto, mas não sonham em se candidatar", disse ele. "Se você escrever um artigo sobre política, elas não vão ler. É preciso traduzi-los em termos que elas entendam: romance, gravidez, amamentação, móveis, roupas. Publique uma matéria sobre economia, a questão racial, os direitos civis, e vai achar que as mulheres nunca sequer ouviram falar disso."

Talvez não tivessem ouvido falar mesmo. Ideias não são como instintos que correm nas veias e saltam à mente intactas. Elas são transmitidas pela educação, pela palavra impressa. As novas jovens donas de casa, que largaram a escola e a faculdade para se casar, não leem livros, dizem as pesquisas psicológicas. Leem apenas revistas. As revistas hoje em dia pressupõem que as mulheres não têm interesse em ideias. Mas, voltando aos volumes encadernados na biblioteca, descobri que nas décadas de 1930 e 1940, revistas com grandes tiragens como a *Ladies' Home Journal* publicavam centenas de artigos sobre o mundo fora de casa. "The first inside story of American diplomatic relations preceding declared war" [O primeiro relato dos bastidores das relações diplomáticas estadunidenses antes da guerra declarada]; "Can the U.S. Have Peace After This War?" [Os Estados Unidos poderão ter paz após esta guerra?], de Walter Lippman; "Stalin at Midnight" [Stalin à meia-noite], de Harold Stassen; "General Stilwell Reports on China" [Relatos do general Stilwell sobre a China]; artigos sobre os últimos dias da Tchecoslováquia, por Vincent Sheean; a perseguição aos judeus na Alemanha; o New Deal; o relato de Carl Sandburg sobre o assassinato de Lincoln; contos de Faulkner sobre o Mississippi e a batalha de Margaret Sanger pelo controle de natalidade.

Na década de 1950, não publicaram praticamente nenhum artigo a não ser aqueles que fossem de utilidade para uma dona de casa, ou que descrevessem as mulheres como donas de casa, ou que permitissem uma identificação puramente feminina com a duquesa de Windsor ou a princesa Margaret. "Se recebemos um artigo sobre uma mulher que faz algo desbravador, fora do comum, que faz algo por conta própria, você sabe, supomos que ela deva ser extremamente agressiva, neurótica", me contou um editor da *Ladies' Home Journal*. Margaret Sanger jamais seria publicada hoje.

Em 1960, vi estatísticas que mostravam que mulheres com menos de 35 anos não se identificavam com uma heroína espirituosa que trabalhava em uma agência de publicidade e convencia um rapaz a ficar e lutar por seus princípios na cidade grande em vez de voltar correndo para casa e para a segurança de um negócio familiar. Essas jovens donas de casa tampouco

A FELIZ HEROÍNA *ESPOSA DONA DE CASA*

se identificavam com um jovem pastor, agindo de acordo com sua fé, mas desafiando as convenções. Contudo não tinham dificuldade nenhuma em se identificar com um rapaz paralisado aos 18 anos. ("Recobrei consciência e logo descobri que não conseguia me mover nem falar. Eu mexia apenas um dedo de uma das mãos." Com a ajuda da fé e de um psiquiatra, "hoje encontro motivos para viver tão plenamente quanto possível".)

É possível inferir algo sobre essas novas leitoras donas de casa pelo fato de, como qualquer editor pode atestar, elas se identificarem completamente com vítimas de cegueira, surdez, mutilação física, paralisia cerebral, paralisia, câncer ou morte iminente? Essas matérias sobre pessoas que não conseguem ver, falar nem se mover foram um item duradouro nas revistas femininas na era da "Ocupação: *esposa dona de casa*". Elas eram recontadas com detalhes infinitamente realistas, diversas vezes, substituindo os artigos sobre o país, o mundo, as ideias, as questões, a arte e a ciência; substituindo as histórias sobre mulheres aventureiras e espirituosas. E não importa se a vítima é homem, mulher ou criança, se a morte em vida é um câncer incurável ou uma paralisia progressiva, a leitora dona de casa se identifica.

Quando escrevia para essas revistas, eu era constantemente lembrada pelos editores de que "as mulheres *precisam* se identificar". Certa vez, quis escrever uma reportagem sobre uma artista. Então escrevi sobre ela cozinhando e fazendo compras, se apaixonando pelo marido e pintando o berço do bebê. Tive que deixar de fora as horas que ela passava pintando quadros, seu trabalho de verdade, e como ela se sentia em relação a isso. Às vezes, era possível escrever sobre uma mulher que não era dona de casa, se você fizesse com que ela *parecesse* uma dona de casa, se deixasse de fora o compromisso dela com o mundo fora do lar, ou seus objetivos intelectuais e espirituais. Em fevereiro de 1949, a *Ladies' Home Journal* publicou um perfil, "Poet's Kitchen" [A cozinha da poeta], que mostrava Edna St. Vincent Millay cozinhando. "Agora esperamos nunca mais ouvir que o trabalho doméstico é inferior, pois, se uma das maiores poetas da atualidade, de todos os tempos, é capaz de encontrar beleza em simples tarefas do lar, termina aqui a velha controvérsia."

A MÍSTICA FEMININA

A única "profissional" sempre bem-vinda nas páginas das revistas femininas era a atriz. Mas a imagem dela também passou por uma mudança notável: de um indivíduo complexo de temperamento explosivo, profundidade interior e uma misteriosa combinação de espírito e sexualidade, para um objeto sexual, uma noiva juvenil ou uma dona de casa. Basta pensar em Greta Garbo, por exemplo, Marlene Dietrich, Bette Davis, Rosalind Russell, Katherine Hepburn. E em seguida pensar em Marilyn Monroe, Debbie Reynolds, Brigitte Bardot e *I Love Lucy*.

Quando se escrevia sobre uma atriz para uma revista feminina, era preciso escrever sobre ela como dona de casa. Ela nunca era mostrada apreciando seu trabalho como atriz, a não ser que tivesse pago caro por isso perdendo o marido ou um filho, ou admitisse seu fracasso como mulher. Um perfil de Judy Holliday publicado na *Redbook* (junho de 1957) descrevia como "uma mulher brilhante começa a encontrar no trabalho a alegria que nunca encontrou na vida". Na tela, lemos, ela interpreta "com entusiasmo e convicção o papel de uma esposa madura, inteligente e grávida, um papel diferente de tudo o que já fez antes". Ela precisa encontrar realização na carreira pois se divorciou do marido e tem "sentimentos fortes de inadequação como mulher [...]. É uma ironia frustrante na vida de Judy, que como atriz teve sucesso quase sem esforço, embora, como mulher, tenha fracassado [...]".

Estranhamente, conforme a mística feminina se espalhava, negando às mulheres carreiras ou qualquer outro engajamento fora do lar, a proporção de mulheres estadunidenses trabalhando fora cresceu para uma em cada três. Sim, duas em cada três ainda eram donas de casa, mas por que, no momento em que as portas do mundo finalmente estavam abertas para todas as mulheres, a mística negaria os sonhos que haviam instigado as mulheres por um século?

Encontrei uma pista certa manhã, sentada no escritório da editora de uma revista feminina – uma mulher que, mais velha do que eu, se lembra dos dias quando a velha imagem estava sendo criada, e que a vira ser afastada. A velha imagem da jovem profissional espirituosa havia sido quase inteiramente criada por escritoras e editoras, ela me contou.

A FELIZ HEROÍNA *ESPOSA DONA DE CASA*

A nova imagem da mulher como dona de casa/mãe havia sido quase inteiramente criada por escritores e editores.

"A maior parte do material costumava vir de redatoras", relatou, de forma quase nostálgica. "Conforme os rapazes começaram a voltar da guerra, muitas redatoras abandonaram o ofício. As jovens começaram a ter muitos filhos e pararam de escrever. Os novos redatores eram todos homens que voltavam do conflito e sonhavam com o lar, com uma vida doméstica acolhedora." Uma a uma, as criadoras das alegres heroínas "profissionais" da década de 1930 começaram a se aposentar. Ao fim da década de 1940, as redatoras que não conseguiram pegar o jeito de escrever de acordo com a nova imagem da dona de casa já haviam deixado o ramo das revistas femininas. Os novos profissionais das revistas eram homens e umas poucas mulheres que conseguiam se sentir confortáveis escrevendo de acordo com a fórmula da dona de casa. Outras figuras começaram a surgir nos bastidores das revistas femininas: um novo tipo de redatora que vivia de acordo com a imagem da dona de casa, ou fingia viver; e um novo tipo de editora e *publisher*, menos interessada em ideias que alcançariam a mente e o coração das mulheres e mais dedicada a vender para elas as coisas que interessavam aos anunciantes – eletrodomésticos, detergentes, batom. Hoje, a voz decisória na maioria dessas revistas é masculina. As mulheres com frequência seguem as fórmulas, são responsáveis por editar a seção de "serviços" à dona de casa; mas as fórmulas em si, que ditaram a nova imagem de dona de casa, são produtos de mentes masculinas.

Também durante as décadas de 1940 e 1950, escritores de ficção sérios, de ambos os sexos, desapareceram das revistas femininas de circulação em massa. Na verdade, a ficção de qualquer qualidade foi quase totalmente substituída por um tipo diferente de artigo. Não mais o antigo material sobre questões e ideias, mas o novo perfil "utilitário". Às vezes, esses artigos esbanjavam o talento de uma poeta ou a honestidade de uma repórter aguerrida ao discorrer sobre preparar tortas *chiffon* ou comprar lava-roupas, ou sobre o milagre que uma pintura pode fazer por uma sala de estar, ou sobre dietas, remédios, roupas e cosméticos para

A MÍSTICA FEMININA

transformar o corpo em um exemplo de beleza física. Às vezes, lidavam com ideias muito sofisticadas: avanços na psiquiatria, psicologia infantil, sexo e casamento, medicina. Presumia-se que as leitoras aceitavam essas ideias, que apelavam para suas necessidades como esposas e mães, mas apenas se fossem reduzidas aos detalhes físicos concretos, expressas em termos da vida cotidiana de uma dona de casa média, acompanhadas de uma lista do que fazer e do que não fazer. Como deixar o marido feliz; como resolver o problema do filho que faz xixi na cama; como manter a morte longe do armário de remédios...

Mas eis algo curioso. Dentro de seus limites estreitos, esses artigos das revistas femininas, quer prestassem um serviço direto para a dona de casa, quer fossem um relato documental sobre a dona de casa, eram quase sempre superiores em qualidade à ficção publicada nessas revistas. Eram mais bem escritos, mais honestos, mais sofisticados. Essa observação foi feita repetidamente por leitoras inteligentes e editores intrigados, e até pelos próprios escritores. "Os escritores de ficção séria se tornaram muito subjetivos. São inacessíveis a nossas leitoras, então nos restaram os escritores de fórmulas prontas", disse um editor da *Redbook*. No entanto, nos velhos tempos, escritores sérios como Nancy Hale e até William Faulkner escreviam para revistas femininas e não eram considerados inacessíveis. Talvez a nova imagem da mulher não permitisse a honestidade visceral, a profundidade de percepção e a verdade humana essenciais para a boa ficção.

No mínimo, a ficção precisa de um herói ou, compreensivelmente para as revistas femininas, uma heroína que seja um "eu" em busca de um objetivo ou um sonho humano. Há um limite para o número de histórias que podem ser escritas sobre uma garota em busca de um garoto, ou uma dona de casa em busca de uma bola de poeira atrás do sofá. Então os artigos utilitários tomaram conta, substituindo a honestidade visceral e a verdade necessárias à ficção com uma riqueza de detalhes domésticos honestos, objetivos, concretos e realistas – a cor das paredes ou do batom, a temperatura exata do forno.

A julgar pelas revistas femininas de hoje, aparentemente os detalhes concretos da vida das mulheres são mais interessantes do que seus

A FELIZ HEROÍNA *ESPOSA DONA DE CASA*

pensamentos, suas ideias e seus sonhos. Ou será que a riqueza e o realismo dos detalhes e a descrição cuidadosa dos pequenos acontecimentos mascaram a falta de sonhos, o vazio de ideias, o tédio terrível que se abateram sobre a dona de casa estadunidense?

•

Sentei-me no escritório de uma editora das antigas, uma das poucas mulheres nesse papel ainda presente no mundo das revistas femininas, agora tão amplamente dominado pelos homens. Ela explicou sua contribuição para a criação da mística feminina. "Muitas de nós éramos analisadas", lembrou ela. "E começamos a ter vergonha de sermos mulheres com uma carreira profissional. Havia um medo terrível de estarmos perdendo nossa feminilidade. Buscávamos maneiras de ajudar as mulheres a aceitar seu papel feminino."

Se as editoras reais não podiam, por algum motivo, desistir da própria carreira, mais um motivo para "ajudar" outras mulheres a se realizarem como mãe e esposa. As poucas que ainda comparecem a reuniões editoriais não se curvam à mística feminina nas próprias vidas. Mas tal é o poder da imagem que elas ajudaram a criar que muitas se sentem culpadas. E se de alguma forma falharam no que dizia respeito ao amor ou aos filhos, perguntam-se se a culpa não seria da própria carreira.

Por trás da mesa bagunçada, a editora da *Mademoiselle* disse, com desconforto: "As garotas que recebemos agora como editoras universitárias convidadas parecem quase ter pena de nós. Porque somos mulheres com uma carreira, suponho. Em um almoço com o último grupo, pedimos que cada uma contasse seus planos profissionais. Nenhuma das vinte levantou a mão. Quando me lembro de como dei duro para aprender esse ofício e de como o amava... Será que naquela época éramos todas loucas?"

Lado a lado com as editoras que acreditaram na própria mentira, uma nova espécie de escritoras começou a escrever sobre si mesmas como se fossem "apenas donas de casa", deliciando-se em um mundo cômico de brincadeiras infantis, máquinas de lavar roupa excêntricas e reuniões

A MÍSTICA FEMININA

de pais e professores. "Depois de fazer a cama de um menino de 12 anos semana após semana, escalar o Monte Everest pareceria um anticlímax cômico", escreve Shirley Jackson (*McCall's*, abril de 1956). Quando Shirley Jackson, que durante toda a vida adulta foi uma escritora extremamente competente, dedicando-se a uma vocação muito mais difícil do que fazer uma cama, Jean Kerr, que é dramaturga, e Phyllis McGinley, poeta, apresentam-se como donas de casa, talvez estejam se esquecendo da faxineira ou da empregada, que é quem de fato arruma as camas. Mas implicitamente negam a visão e o trabalho duro e satisfatório necessário para compor seus contos, poemas e peças. Negam a vida que levam, não como donas de casa, mas como indivíduos.

Elas são boas artífices, as melhores dentre as Escritoras Donas de Casa. E parte de sua produção literária é engraçada. As coisas que acontecem com os filhos, o primeiro cigarro do menino de 12 anos, a equipe de beisebol e a banda rítmica do jardim de infância costumam ser coisas engraçadas; elas acontecem na vida real com mulheres que são escritoras, bem como com mulheres que são apenas donas de casa. Mas há algo a respeito das Escritoras Donas de Casa que não é engraçado – como o Pai Tomás ou Amos e Andy.* "Dê risada", diziam as Escritoras Donas de Casa, "se estiver se sentindo desesperada, vazia, entediada, presa à tarefa de arrumar camas, levar as crianças para lá e para cá de carro e lavar a louça. Não é engraçado? Estamos todas presas na mesma armadilha." As donas de casa reais, então, dissipam seus sonhos e seu desespero com gargalhadas? Pensam que suas habilidades frustradas e sua vida limitada são uma piada? Shirley Jackson arruma camas, ama o filho e ri dele – e escreve outro livro. As peças de Jean Kerr são encenadas na Broadway. O motivo de piada não são *elas*.

Algumas das novas Escritoras Donas de Casa *vivem* a imagem; a *Redbook* nos conta que a autora de um artigo sobre "Amamentação", uma mulher

---

* Pai Tomás é o personagem do livro *A cabana do Pai Tomás*, de Harriet Beecher Stowe, e Amos e Andy são personagens de um programa de rádio e TV chamado *Amos'n'Andy*, obras que tratavam da questão racial com toques de drama e humor. (*N. T.*)

A FELIZ HEROÍNA *ESPOSA DONA DE CASA*

chamada Betty Ann Countrywoman, "tinha planos de ser médica. Pouco antes de se formar com louvor na Radcliffe, no entanto, ela recuou diante da ideia de que a dedicação que aquilo exigiria acabaria por afastá-la do que ela realmente queria: casar-se e ter uma família grande. Ela se matriculou na Escola de Enfermagem de Yale e em seguida ficou noiva de um jovem psiquiatra no primeiro encontro. Hoje eles têm seis filhos, com idades entre 2 e 13 anos, e a sra. Countrywoman é instrutora de amamentação na Liga Materna de Indianapolis" (*Redbook*, junho de 1960). Segundo ela:

> Para a mãe, amamentar se torna um complemento do ato de gerar. Dá a ela um sentimento poderoso de realização e permite que participe da relação mais próxima da perfeição que uma mulher pode esperar encontrar [...]. O simples fato de dar à luz, no entanto, não preenche sozinho essa necessidade e esse desejo [...]. A maternidade é um estilo de vida. Permite à mulher que se expresse por completo, com os sentimentos ternos, as atitudes protetoras e o amor abrangente da mulher maternal.

Quando a maternidade, uma realização considerada sagrada há muitas eras, é definida como um estilo de vida completo, devem as mulheres negar a si mesmas o mundo e o futuro aberto para elas? Ou a negação desse mundo as *obriga* a tornar a maternidade um estilo de vida completo? A fronteira entre mística e realidade se dissolve; mulheres reais incorporam a fratura na imagem. Na espetacular edição de Natal de 1956 da revista *Life*, inteiramente devotada à "nova" mulher estadunidense, vemos, não como vilã da revista feminina, mas como fato documental, a típica "mulher profissional – esse erro fatal que o feminismo propagou" – buscando "ajuda" de um psiquiatra. Ela é inteligente, culta, ambiciosa, atraente; ganha praticamente o mesmo que o marido; mas é descrita como "frustrada", tão "masculinizada" pela carreira que o marido castrado, impotente e passivo fica indiferente à sua sexualidade. Ele se recusa a assumir suas responsabilidades e afoga sua masculinidade destruída no alcoolismo.

A MÍSTICA FEMININA

Em seguida, há a esposa descontente dos subúrbios de classe média que cria confusão na reunião de pais e professores; sofrendo de depressão mórbida, ela destrói os filhos e domina o marido, que inveja por fazer parte do mundo dos negócios. "A esposa, tendo trabalhado antes do casamento ou ao menos estudado para realizar algum tipo de trabalho intelectual, vê--se na posição lamentável de ser 'apenas uma dona de casa' [...]. Com sua insatisfação, ela pode causar tanto mal à vida do marido e dos filhos (e à própria vida) quanto se tivesse uma carreira, e, na verdade, às vezes até mais."

Por fim, em um contraste brilhante e sorridente, estão as novas donas de casa-mães, que celebram sua "distinção", sua "feminilidade única", a "receptividade e passividade implícitas em sua natureza sexual".

Devotadas à própria beleza e à capacidade de gerar e nutrir filhos, elas são "mulheres femininas, com atitudes verdadeiramente femininas, admiradas por homens por sua capacidade sensacionalmente única, miraculosa e abençoada de usar saias, com todas as implicações desse fato". Celebrando o "reaparecimento da família à moda antiga, que tem de três a cinco filhos e vive em bairros impressionantes, os subúrbios de classes média e classe média alta", a *Life* diz:

Aqui, entre mulheres que estariam mais bem qualificadas para "carreiras", há uma ênfase crescente nos valores relativos aos cuidados com a família e o lar. Pode-se supor [...] que como essas mulheres são mais bem informadas e mais maduras que a média, elas foram as primeiras a compreender as penalidades do "feminismo" e reagir contra elas [...]. Os estilos de pensar, bem como de se vestir e decorar, costumam ser transmitidos dessas esferas para a população em geral [...]. Essa é a contratendência que poderá por fim demolir a tendência dominante e perturbadora e tornar o casamento aquilo que deve ser: uma verdadeira parceria na qual [...] homens são homens, mulheres são mulheres e ambos estão seguros, satisfeitos e tranquilos em relação a seu papel – e ficam absolutamente felizes por estar casados com alguém do sexo oposto.

A FELIZ HEROÍNA *ESPOSA DONA DE CASA*

Look declarou, por volta da mesma época (16 de outubro de 1956):

> A mulher estadunidense está vencendo a batalha dos sexos. Como uma adolescente, está crescendo e confundindo seus críticos [...]. Não mais uma imigrante psicológica no mundo dos homens, ela atua, de forma bastante casual, como um terço da força de trabalho do país, não com a intenção de "ter uma grande carreira", mas com o objetivo de comprar o enxoval ou trocar o freezer. Ela abre mão com elegância dos cargos mais importantes em favor dos homens. Essa criatura maravilhosa também está se casando mais cedo do que nunca, gerando mais filhos e agindo e parecendo mais feminina do que a garota "emancipada" da década de 1920 ou mesmo 1930. Tanto a esposa do metalúrgico quanto aquela que se dedica a serviços voluntários fazem o próprio trabalho doméstico [...]. Hoje, se faz uma escolha antiquada e cuida com carinho do jardim e de uma prole abundante de filhos, ela deve ser mais louvada do que nunca.

Nos novos Estados Unidos, o fato é mais importante que a ficção. As imagens documentais da *Life* e da *Look* de mulheres reais que devotam a vida aos filhos e ao lar são reproduzidas como o ideal, o modo como as mulheres deveriam ser: isso é algo poderoso, que não deve ser descartado como as heroínas fictícias das revistas femininas. Quando uma mística é forte, ela cria sua própria ficção a partir dos fatos. Alimenta-se dos próprios fatos que poderiam contradizê-la e se espalha por todos os recantos da cultura, assombrando até mesmo os críticos sociais.

Adlai Stevenson, em um discurso de formatura na Smith College, em 1955, depois publicado na *Woman's Home Companion* (setembro de 1955), descartou o desejo das mulheres instruídas de ter um papel político próprio na "crise atual". A participação da mulher moderna na política se dá por meio de seu papel como esposa e mãe, disse o porta-voz do liberalismo democrático: "Mulheres, principalmente as mulheres cultas, têm uma oportunidade única de nos influenciar, homem e menino." O único problema é a mulher não reconhecer que o seu verdadeiro papel na crise política é como esposa e mãe.

Uma vez imersas nas questões urgentes e particulares da vida doméstica, muitas mulheres se sentem frustradas e distantes dos grandes problemas e do debate excitante para os quais sua educação lhes deu compreensão e gosto. Antes, escreviam poesia. Agora, escrevem a lista da lavanderia. Antes, discutiam arte e filosofia até tarde da noite. Agora, ficam tão cansadas que caem no sono assim que terminam de lavar a louça. Há, com frequência, uma sensação de retração, de horizontes estreitados e oportunidades perdidas. Elas tinham esperança de desempenhar um papel na crise atual. Mas o que fazem é lavar fraldas.

A questão é que, estejamos falando da África, do Islã ou da Ásia, as mulheres "nunca estiveram tão bem" quanto vocês. Em resumo, em vez de as distanciar das grandes questões de nosso tempo, a vocação para o casamento e a maternidade as está levando de volta para o centro delas e conferindo a vocês uma responsabilidade infinitamente mais profunda e mais íntima do que aquela atribuída à maior parte daqueles que ganham as manchetes, viram notícia e vivem em tal turbilhão de grandes questões que acabam totalmente incapazes de distinguir questões realmente importantes.

O trabalho político da mulher é "inspirar em seu lar uma visão do significado da vida e da liberdade [...] ajudar o marido a encontrar valores que darão propósito a suas tarefas diárias especializadas [...] ensinar aos filhos a singularidade de cada ser humano".

A tarefa designada a vocês, como esposas e mães, pode ser realizada na sala com o bebê no colo ou na cozinha com o abridor de latas em mãos. Se for esperta, pode até praticar suas artes salvadoras no homem inocente enquanto ele assiste à TV. Acredito que haja muito que possam fazer a respeito da nossa crise no seu humilde papel de dona de casa. Não desejo a vocês vocação melhor que essa.

A FELIZ HEROÍNA *ESPOSA DONA DE CASA*

Assim, a lógica da mística feminina redefiniu a própria natureza do problema das mulheres. Quando a mulher era vista como um ser humano com potencial humano ilimitado, em igualdade com o homem, qualquer coisa que a impedisse de realizar totalmente seu potencial era um problema a ser resolvido: barreiras à educação superior e à participação política, discriminação ou preconceito na lei ou na moralidade. Mas agora que a mulher é vista apenas nos termos de papel sexual, as barreiras à realização de todo o seu potencial, os preconceitos que lhe negam a participação plena no mundo, não são mais problemas. Os únicos problemas agora são aqueles que podem atrapalhar sua adequação como dona de casa. Então a carreira é um problema, a educação é um problema, o interesse político, até mesmo a própria aceitação de sua inteligência e individualidade é um problema. E por fim há o problema sem nome, um desejo vago e indefinido de "algo mais" que lavar louça, passar roupa, punir e elogiar os filhos. Nas revistas femininas, ele é resolvido pintando os cabelos de loiro ou engravidando mais uma vez. "Lembram, quando éramos crianças, como todas planejávamos 'ser alguma coisa'?", diz uma jovem dona de casa na *Ladies' Home Journal* (fevereiro de 1960). Gabando-se de ter lido até estragar seis exemplares do livro do dr. Spock sobre cuidados infantis em sete anos como mãe, ela grita: "Sou uma pessoa de sorte! Sorte! SOU TÃO FELIZ POR SER MULHER!"

Em uma dessas histórias ("Holiday" [Feriado], *Mademoiselle*, agosto de 1949), o médico de uma jovem dona de casa recomenda que ela saia de casa uma vez por semana. Ela então vai às compras, experimenta vestidos, olha-se no espelho imaginando de qual deles o marido, Sam, vai gostar.

> Sempre Sam, como um coro grego no fundo de sua mente. Como se ela não tivesse capacidade de decidir por si própria, uma clareza indiscutivelmente sua [...]. De repente, ela não conseguia considerar a diferença entre uma saia plissada e uma saia evasê importante o suficiente para desfazer sua indecisão. Olhou-se no espelho de corpo inteiro, alta, com os quadris mais arredondados, as linhas do rosto começando a cair. Tinha 29 anos, mas se

A MÍSTICA FEMININA

sentia na meia-idade, como se muitos anos tivessem se passado e não houvesse muitos ainda por vir [...] o que era ridículo, porque Ellen tinha apenas 3 anos. Havia todo o futuro a planejar, e talvez outro filho. Não era algo que devesse adiar por muito mais tempo.

Quando a jovem dona de casa em "The Man Next to Me" [O homem ao meu lado] (*Redbook*, novembro de 1948) descobre que no fim das contas o jantar elaborado que ofereceu não ajudou o marido a conseguir um aumento, ela entra em desespero. ("Eu deveria ter ajudado. Eu deveria prestar para alguma coisa [...]. A vida era como um quebra-cabeça com uma peça faltando, a peça era eu, e eu não conseguia me encaixar em lugar algum.") Então ela pinta os cabelos de loiro e, quando o marido reage satisfatoriamente na cama à nova "eu loira", "senti uma paz, como se houvesse respondido à pergunta no meu íntimo".

Repetidamente, as histórias nas revistas femininas insistem que a mulher só encontra a realização no momento em que dá à luz. Ignoram os anos quando ela não pode mais esperar gerar um filho, mesmo que repita inúmeras vezes o ato. Na mística feminina, não há outra forma de a mulher sonhar com a realização ou com o futuro. Não há maneira de sequer sonhar consigo mesma, exceto como a mãe dos filhos e a mulher do marido. E os artigos documentais apresentam novas donas de casa jovens, que cresceram sob a mística, que não possuem nem ao menos a "pergunta em seu íntimo". Disse uma delas, apresentada em "How America Lives" [Como vivem os Estados Unidos] (*Ladies' Home Journal*, junho de 1959): "Se ele não quer eu que use determinada cor ou determinado tipo de vestido, então eu também não quero, de verdade. A questão é: o que quer que ele queira, eu quero também [...]. Não acredito em casamentos meio a meio." Depois de largar a faculdade e o emprego para se casar, aos 18 anos, sem arrependimentos, ela "nunca tentava entrar na discussão quando os homens estavam falando. Nunca contestava nada que viesse do marido [...]. Passava boa parte do dia olhando pela janela: a neve, a chuva e o surgimento gradual dos primeiros açafrões. Um ótimo passatempo e consolação era [...] o bordado: pontos minúsculos com linha dourada ou acetinada que exigem uma concentração infinita".

A FELIZ HEROÍNA *ESPOSA DONA DE CASA*

Não há problema, na lógica da mística feminina, para essa mulher que não tem desejos próprios, que se define apenas como esposa e mãe. O problema, quando existe, só pode ser dos filhos ou do marido. É o marido que reclama com o conselheiro matrimonial (*Redbook*, junho de 1955): "A meu ver, são necessárias duas pessoas para haver um casamento, cada uma vivendo a própria vida, depois juntando-as. Mary parece pensar que ambos devemos viver apenas uma vida: a minha." Mary insiste em acompanhá-lo para comprar camisas e meias e diz ao vendedor a cor e o tamanho. Quando ele chega em casa à noite, ela pergunta com quem ele almoçou, onde, sobre o que falaram. Quando ele reclama, ela diz: "Mas, querido, quero compartilhar sua vida, fazer parte de tudo que você faz, só isso [...]. Quero que sejamos um só, como é dito na cerimônia de casamento [...]." Não parece sensato para o marido que "duas pessoas possam ser uma do jeito que Mary quer. É simplesmente ridículo. Além disso, eu não iria gostar. Não quero ser tão próximo de alguém que não possa ter um pensamento ou agir de forma inteiramente minha".

A solução para o "problema de Pete", diz a dra. Emily Mudd, a famosa conselheira matrimonial, é fazer Mary *achar* que está vivendo a vida dele: convidá-la de vez em quando para ir ao centro almoçar com o pessoal do trabalho, pedir seu prato de vitela favorito para a esposa e talvez procurar para ela alguma "atividade física saudável", como natação, para liberar o excesso de energia. Não é problema de Mary que ela não tenha vida própria.

A felicidade definitiva de uma dona de casa é finalmente alcançada pela dona de casa texana descrita em "How America Lives" (*Ladies' Home Journal*, outubro de 1960), que "se senta em um sofá de cetim verde-água e observa a rua pela janela. Àquela hora da manhã (não são nem nove horas), ela já está usando *rouge*, pó e batom e seu vestido de algodão está limpíssimo". Ela fala com altivez: "Às oito e meia, quando o meu mais novo vai para a escola, a casa toda já está limpa e arrumada e eu estou vestida. Estou livre para jogar *bridge*, ir a reuniões do clube ou ficar em casa e ler, ouvir Beethoven ou simplesmente descansar."

"Às vezes, ela lava e seca os cabelos antes de se sentar à mesa de *bridge* às 13h30. As manhãs em que as partidas de *bridge* são na casa dela são muito corridas. Ela precisa arrumar as mesas, as cartas, os blocos de anotação, passar café e organizar o almoço [...]. Durante os meses de inverno, ela chega a jogar quatro dias por semana, das 9h30 às 15h [...]. Janice tem o cuidado de estar em casa antes de o filho voltar da escola, às 16h."

Essa nova dona de casa jovem não se sente frustrada. Estudante nota dez no ensino médio, casada aos 18 anos, novamente casada e grávida aos 20, ela tem a casa sonhada e planejada nos menores detalhes durante sete anos. Ela se orgulha de sua eficiência como dona de casa, tendo todas as tarefas cumpridas às 8h30. Ela faz a faxina pesada aos sábados, quando o marido vai pescar e os filhos estão no grupo de escoteiros. ("Não há mais nada a fazer. Não tem *bridge*. É um longo dia para mim.")

"'Eu amo meu lar', afirma ela [...]. As paredes cinza-claro da sala de estar e de jantar em "L" foram pintadas há cinco anos, mas ainda estão em perfeitas condições [...]. O estofado adamascado pêssego-claro, amarelo e verde-água está imaculado após oito anos de uso. 'Às vezes, acho que sou passiva demais, satisfeita demais', observa Janice com ternura, olhando para a correia de diamantes, herança de família, que usa mesmo quando o relógio está no conserto [...]. Seu bem preferido é a cama de madeira entalhada com dossel de tafetá rosa. 'Eu me sinto a própria rainha Elizabeth dormindo naquela cama', diz alegremente. (Como ronca, o marido dorme em outro quarto.)

"'Sou muito grata por minhas bênções', diz ela. 'Marido maravilhoso, filhos lindos com um temperamento condizente, uma casa grande e confortável [...]. Sou grata por minha boa saúde, pela minha fé em Deus e por bens materiais como dois carros, duas TVs e duas lareiras.'"

•

Encarando essa imagem com desconforto, eu me pergunto se ter alguns problemas não seria melhor do que essa passividade sorridente e vazia. Se essas mulheres que vivem a mística feminina são felizes, então será que este é o fim da linha? Ou as sementes de algo pior que frustração são inerentes a essa imagem? Não haverá uma divergência crescente entre essa imagem da mulher e a realidade humana?

Consideremos, como um sintoma, a ênfase crescente no glamour nas revistas femininas: a dona de casa usando maquiagem enquanto aspira o chão em "The Honor of Being a Woman" [A honra de ser mulher]. Por que "Ocupação: *esposa dona de casa*" exige essa glamourização insistente, ano após ano? O glamour forçado é, em si, uma incógnita: a dama protesta demais.*

A imagem da mulher em outra época exigia um puritanismo crescente para manter a negação do sexo. Essa nova imagem parece exigir um estado de inconsciência cada vez maior, aumentando a ênfase nas coisas: dois carros, duas TVs, duas lareiras. Páginas inteiras das revistas femininas são tomadas por legumes gigantescos: beterrabas, pepinos, pimentões, batatas, descritos como casos amorosos. O próprio tamanho da impressão aumentou até que parecesse uma cartilha de alfabetização. A nova *McCall's* assume com franqueza que as mulheres são como gatinhas descerebradas e fofinhas; a *Ladies' Home Journal*, em competição acirrada, elege o cantor Pat Boone como conselheiro para adolescentes; a *Redbook* e as outras revistas aumentam o tamanho da fonte tipográfica. O tamanho dos caracteres significa que as novas mulheres jovens, a quem todas as revistas estão cortejando, possuem mentes primárias? Ou será uma tentativa de esconder a trivialidade do conteúdo? Dentro dos limites do que hoje é aceito como o mundo da mulher, um editor pode não conseguir pensar em nada grande a fazer além de imprimir uma batata assada em tamanho gigante ou descrever uma cozinha como se fosse a Galeria dos Espelhos; ele é, afinal de contas, proibido pela mística de apresentar uma grande ideia. Mas não ocorre a nenhum dos homens que dirigem as revistas femininas que seus problemas possam se originar da pequeneza da imagem com a qual truncam a mente feminina?

---

* Trecho de *Hamlet*, de Shakespeare. A fala é de uma das personagens reclamando do excesso de drama em uma encenação. (*N. T.*)

A MÍSTICA FEMININA

Hoje, as revistas femininas de ampla circulação estão todas em apuros, disputando ferozmente entre si e com a televisão para alcançar mais e mais milhões de mulheres que comprem as coisas que os anunciantes vendem. Essa corrida frenética força os homens que criam as imagens a ver mulheres apenas como compradoras? Obriga-os, por fim, a competir no esvaziamento da mente feminina do pensamento humano? O fato é que os problemas dos criadores da imagem parecem estar aumentando na mesma proporção que a inconsciência cada vez maior de sua imagem. Nos anos durante os quais essa imagem restringiu o mundo da mulher aos limites do lar, reduziu seu papel ao de dona de casa, cinco das revistas de grande circulação voltadas para as mulheres deixaram de ser publicadas; outras estão prestes a ter o mesmo destino.

O crescente tédio das mulheres diante da imagem vazia e estreita das revistas femininas pode ser o sinal mais promissor de um divórcio entre essa imagem e a realidade. Mas há sintomas mais violentos vindo das mulheres comprometidas com essa imagem. Em 1960, os editores de uma revista especificamente voltada para a jovem dona de casa feliz – ou melhor, para os novos casais jovens (as mulheres não são consideradas separadamente dos maridos e dos filhos) – publicaram um artigo que questionava "Why Young Mothers Feel Trapped" [Por que jovens mães se sentem presas] (*Redbook*, setembro de 1960). Como truque publicitário, convidaram mães jovens com esse problema a escrever em detalhes sobre o assunto, por 500 dólares. Os editores ficaram chocados ao receber 24 mil respostas. Pode a imagem da mulher ser tão reduzida a ponto de se tornar uma prisão?

Em uma das principais revistas femininas, uma editora, sentindo que as donas de casa estadunidenses poderiam estar precisando desesperadamente de algo que alargasse seu mundo, tentou por alguns meses convencer os colegas do sexo masculino a introduzir algumas ideias de fora do âmbito do lar na revista. "Fomos contra", contou o homem que tomava as decisões finais. "As mulheres estão tão completamente divorciadas do mundo das ideias na vida que vivem agora, que não iam aceitar." Talvez seja irrelevante perguntar, mas quem as divorciou?

A FELIZ HEROÍNA *ESPOSA DONA DE CASA*

Talvez esses drs. Frankenstein não tenham mais como conter o monstro feminino que criaram.

Eu ajudei a criar essa imagem. Por quinze anos, assisti a mulheres estadunidenses tentando se adequar a ela. Mas não posso mais negar meu próprio conhecimento de suas terríveis implicações. Não é uma imagem inofensiva. Talvez não haja termos psicológicos para o dano que ela está causando. Mas o que acontece quando as mulheres tentam viver de acordo com uma imagem que as força a negar sua mente? O que acontece quando as mulheres crescem de acordo com uma imagem que as força a negar a realidade do mundo em transformação?

Os detalhes materiais da vida, o fardo diário de cozinhar e limpar, de cuidar das necessidades físicas de marido e filhos – tudo isso de fato definia o mundo de uma mulher há um século, quando os estadunidenses eram pioneiros e as fronteiras estadunidenses eram estabelecidas pela conquista de terras. Mas as mulheres que foram para o Oeste com as carroças também compartilhavam do propósito pioneiro. Agora, as fronteiras estadunidenses são as da mente e do espírito. Amor, filhos e lar são coisas boas, mas não são o mundo inteiro, mesmo que a maioria das palavras escritas para as mulheres hoje afirme que sim. Por que as mulheres deveriam aceitar essa imagem de uma vida pela metade, em vez de terem sua participação no destino da humanidade? Por que as mulheres deveriam tentar transformar o trabalho doméstico em "algo mais", em vez de moverem as fronteiras de seu próprio tempo, como as pioneiras estadunidenses fizeram ao lado dos maridos?

Uma batata assada não tem o tamanho do mundo, e aspirar o chão da sala – com ou sem maquiagem – não é um trabalho que exija raciocínio ou energia suficientes para desafiar a capacidade de uma mulher. Mulheres são seres humanos, não bonecas de pano, não animais. Ao longo do tempo, o homem soube que se diferenciava dos outros animais pela capacidade de sua mente de ter uma ideia, uma visão, e de moldar o futuro a partir dela. Ele compartilha com outros animais a necessidade de alimento e sexo, mas quando ama, ama como homem, e quando descobre, cria e molda um futuro diferente do passado, ele é um homem, um ser humano.

A MÍSTICA FEMININA

Este é o verdadeiro mistério: por que tantas mulheres estadunidenses, com capacidade e conhecimento para descobrir e criar, voltaram para o lar em busca de "algo mais" no trabalho doméstico e na criação dos filhos? Pois, paradoxalmente, nos mesmos quinze anos durante os quais a espirituosa Nova Mulher foi substituída pela Dona de Casa Feliz, as fronteiras do mundo humano se expandiram, o ritmo da mudança mundial se acelerou e a própria natureza da realidade humana se libertou cada vez mais das necessidades biológicas e materiais. A mística impede a mulher estadunidense de crescer com o mundo? Força-a a negar a realidade, como uma mulher em um hospital psiquiátrico precisa negar a realidade para acreditar que é uma rainha? Condena as mulheres a serem pessoas deslocadas, se não quase esquizofrênicas, em nosso mundo complexo e em constante mudança?

É mais do que um estranho paradoxo que, quando enfim todas as profissões estão abertas às mulheres nos Estados Unidos, "mulher com uma carreira profissional" tenha se tornado um xingamento; que quando a educação superior está disponível para qualquer mulher capacitada, a educação feminina tenha se tornado tão suspeita que mais e mais meninas largam a escola e a faculdade para se casar e ter filhos; que quando tantos papéis na sociedade moderna estão a seu alcance, as mulheres insistam em se limitar a um único papel. Por que, com a remoção de todas as barreiras legais, políticas, econômicas e educacionais que antes impediam a mulher de estar em pé de igualdade com os homens, uma pessoa com vontade própria e um indivíduo livre para desenvolver seu próprio potencial, a mulher deveria aceitar essa nova imagem que insiste que ela não é uma pessoa, mas sim uma "mulher", por definição impedida de ter a liberdade de existir como indivíduo e de ter voz no destino humano?

A mística feminina é tão poderosa que as mulheres crescem sem saber que possuem os desejos e as capacidades que a mística lhes proíbe. Mas uma mística como essa não toma uma nação inteira em apenas alguns anos, revertendo as tendências de um século, sem que haja uma causa. O que dá à mística seu poder? Por que as mulheres voltaram para o lar?

NOTAS

1. Betty Friedan, "Women Are People Too!" [Mulheres também são gente!], *Good Housekeeping*, setembro de 1960. As cartas escritas por mulheres de todo o país em resposta a esse artigo eram de uma intensidade emocional tão grande que me convenci de que "o problema sem nome" não estava restrito às mulheres que se formavam nas faculdades femininas da Ivy League.

2. Na década de 1960, uma heroína que não era uma "dona de casa feliz" começou a aparecer ocasionalmente nas revistas femininas. Um editor da *McCall's* explicou: "Às vezes, publicamos uma história diferente por puro entretenimento." Um conto desse tipo, escrito sob encomenda por Noel Clad para a *Good Housekeeping* (janeiro de 1960), intitulava-se "Men Against Women" [Homens contra mulheres]. A heroína – uma mulher com uma carreira profissional feliz – quase perde o filho, bem como o marido.

3. A crise na identidade da mulher

Descobri uma coisa estranha ao entrevistar as mulheres da minha geração ao longo dos últimos dez anos. Enquanto crescíamos, muitas de nós não conseguiam se enxergar com mais de 21 anos. Não tínhamos nenhuma imagem do nosso próprio futuro, de nós mesmas como mulheres.

Eu me lembro da quietude de uma tarde de primavera no campus da Smith em 1942, quando me deparei com um impasse assustador em minha própria visão de futuro. Alguns dias antes, recebi a notícia de que tinha ganhado uma bolsa de estudos para a especialização. Enquanto recebia os cumprimentos, por trás da excitação, eu sentia uma inquietação estranha; havia uma questão sobre a qual eu não queria pensar.

"É isso mesmo que eu quero ser?" A questão me isolou, fria e solitária, das garotas conversando e estudando na colina ensolarada atrás do dormitório estudantil. Eu achava que ia ser psicóloga. Mas se não tinha certeza, o que eu queria ser? Sentia o futuro se aproximando... E não me enxergava nele. Não conseguia imaginar a mim mesma depois da faculdade. Eu tinha chegado ali aos 17 anos, vinda de uma cidade pequena do Meio-Oeste, uma garota insegura; os amplos horizontes do mundo e da vida da mente se abriram para mim. Comecei a entender quem eu era e o que eu queria fazer. Não podia voltar atrás agora. Não podia voltar para casa, para a vida da minha mãe e das mulheres da minha cidade, restritas ao lar, ao *bridge*, às compras, aos filhos, ao marido, à caridade, às roupas. Mas agora que era chegada a hora de fazer meu próprio futuro, de dar o passo decisivo, de repente eu não sabia o que queria ser.

Aceitei a bolsa, mas na primavera seguinte, sob o desconhecido sol californiano de outro campus, a questão ressurgiu, e eu não conseguia tirá-la da cabeça. Eu tinha ganhado outra bolsa que me comprometeria com a pesquisa para o doutorado, com uma carreira como psicóloga. "É realmente isso que desejo ser?" A decisão agora realmente me apavorava. Vivi em uma indecisão aterrorizante por dias, incapaz de pensar em mais nada.

Essa questão não é importante, eu dizia a mim mesma. Nenhuma questão era importante para mim naquele ano, exceto o amor. Caminhávamos pelas colinas de Berkeley e um rapaz me disse: "Isso que existe entre nós não vai dar certo. Eu nunca vou ganhar uma bolsa como a sua." Será que eu achei que estaria escolhendo, irrevogavelmente, a solidão fria daquela tarde se fosse adiante? Aliviada, recusei a bolsa. Mas, durante anos depois disso, não consegui ler uma palavra da ciência que um dia pensei ser o trabalho da minha vida futura; a lembrança dessa perda era dolorosa demais.

Nunca consegui explicar, mal sabia ao certo, por que desisti dessa carreira. Passei a viver no presente, trabalhando em jornais sem nenhum plano. Casei, tive filhos, vivi de acordo com a mística feminina como dona de casa em um subúrbio de classe média. Mas a questão ainda me assombrava. Não vi propósito na minha vida, não tive paz até o dia em que a encarei e descobri minha própria resposta.

Descobri, conversando com as graduandas do último ano da Smith, em 1959, que a questão não se tornou menos assustadora para as moças de hoje. A diferença é que elas a respondem de uma maneira que minha geração descobriu, depois de metade da vida, não se tratar de uma verdadeira resposta. Essas moças, a maioria no último ano, estavam na sala da residência estudantil, tomando café. Não era muito diferente de uma das tardes na época em que eu estava no meu último ano, exceto pelo fato de que muito mais garotas usavam um anel no dedo anelar da mão esquerda.* Perguntei às que estavam à minha volta o que elas planejavam ser. As que estavam noivas falaram de festa de casamento, apartamento, conseguir um emprego de secretária enquanto o marido terminava os estudos. As outras, depois de um silêncio hostil, deram

---

* Nos Estados Unidos, usa-se o anel de noivado na mão esquerda, não na direita. (*N. T.*)

respostas vagas sobre um emprego qualquer, pós-graduação, mas nenhuma delas tinha planos concretos. Uma loira de rabo de cavalo me perguntou no dia seguinte se eu tinha acreditado nas coisas que elas disseram. "Nada daquilo era verdade", ela me contou. "Não gostamos quando nos perguntam o que queremos fazer. Nenhuma de nós sabe. Nenhuma de nós gosta de pensar a respeito. As que vão se casar logo depois da faculdade são as sortudas. Não precisam pensar a respeito."

Mas notei naquela noite que muitas das meninas comprometidas, sentadas em silêncio ao redor da lareira enquanto eu perguntava às outras sobre empregos, também pareciam irritadas com alguma coisa. "Elas não querem pensar sobre não seguir em frente com os estudos", minha informante de rabo de cavalo contou. "Elas sabem que não vão usar o que estudaram. Vão ser esposas e mães. Você pode até dizer que vai continuar lendo e interessada na comunidade. Mas não é a mesma coisa. Não vai de fato seguir em frente. É uma decepção saber que vai parar por aqui, em vez de ir adiante e usar o que aprendeu."

Como contraponto, ouvi as palavras de uma mulher, quinze anos após deixar a faculdade, esposa de um médico, mãe de três, enquanto tomávamos um café em sua cozinha na Nova Inglaterra:

> A tragédia é que ninguém nos olhou nos olhos e disse que tínhamos de decidir o que fazer da vida, além de ser esposa do seu marido e mãe dos seus filhos. Nunca pensei a respeito até ter 36 anos e meu marido estar tão ocupado no consultório que não podia me fazer companhia todas as noites. Os três meninos ficavam na escola o dia todo. Eu continuei tentando ter mais filhos apesar de uma discrepância de Rh. Depois de dois abortos, disseram que eu tinha que parar. Pensei que meu próprio crescimento e minha própria evolução tinham chegado ao fim. Eu sempre soube, desde criança, que ia crescer e ir para a faculdade, depois me casar, e era só até aí que uma menina precisava pensar. Depois disso, o marido determina e preenche sua vida. Foi só quando fiquei sozinha como esposa do médico e comecei a gritar com as crianças por

não preencherem minha vida que percebi que precisava ter vida própria. Ainda precisava decidir o que eu queria ser. Eu não tinha terminado de evoluir. Mas demorei dez anos para entender isso.

A mística feminina permite, até encoraja, que as mulheres ignorem a questão da sua identidade. A mística diz que podem responder à questão "Quem sou eu?" com "Esposa do Tom, mãe da Mary". Mas eu não creio que a mística teria tanto poder sobre as estadunidenses se elas não tivessem medo de encarar esse vazio assustador que as torna incapazes de se enxergar além dos 21 anos de idade. A verdade é – há quanto tempo isso é verdade não sei ao certo, mas era verdade na minha geração e continua sendo verdade para as garotas de agora – que a mulher estadunidense não tem mais uma imagem privada que lhe diga quem é, ou quem poderia ser, ou quem quer ser.

A imagem pública, nas revistas e comerciais de televisão, é projetada para vender lava-roupas, mistura para bolos, desodorantes, detergentes, cremes anti-idade, tinta para cabelo. Mas o poder dessa imagem, para a qual as empresas gastam milhões de dólares em troca de tempo de TV e espaço de anúncios, vem daqui: as mulheres estadunidenses não sabem mais quem são. Precisam desesperadamente de uma nova imagem que lhes ajude a encontrar sua identidade. Conforme os pesquisadores motivacionais dizem aos anunciantes, as estadunidenses estão tão inseguras de quem devem ser que recorrem a essa imagem pública envernizada para decidir cada detalhe da vida. Buscam a imagem que não encontram mais nas mães.

Na minha geração, muitas de nós sabíamos que não queríamos ser como nossas mães, mesmo que as amássemos. Era impossível não perceber a decepção delas. Será que entendíamos, ou apenas nos ressentíamos da tristeza, do vazio, que as fazia se apegar demais a nós, tentar viver nossa vida, comandar a vida do nosso pai, passar os dias fazendo compras ou desejando coisas que nunca pareciam satisfazê-las, não importa o quanto custassem? Estranhamente, muitas mães que amavam as filhas – e a minha era uma delas – também não queriam que as filhas crescessem e se tornassem como elas. Elas sabiam que precisávamos de algo mais.

A CRISE NA IDENTIDADE DA MULHER

Mas mesmo que elas estimulassem, insistissem, lutassem para nos ajudar a nos educarmos, mesmo que falassem com anseio de carreiras que não estavam abertas para elas, não sabiam nos dar uma imagem do que podíamos ser. Podiam apenas nos dizer que a vida delas era muito vazia, presa ao lar; que filhos, culinária, roupas, *bridge* e caridade não eram o suficiente. Uma mãe poderia dizer à filha, com todas as palavras: "Não seja uma dona de casa como eu." Mas a filha, sentindo que a mãe estava frustrada demais para apreciar o amor do marido e dos filhos, poderia pensar: "Eu vou ser bem-sucedida onde minha mãe fracassou, vou me realizar como mulher", e nunca ler a lição da vida de sua mãe.

Recentemente, entrevistando meninas no ensino médio que começaram cheias de promessa e talento, mas de repente interromperam os estudos, passei a ver novas dimensões do problema da conformidade feminina. Essas meninas, parecia a princípio, estavam simplesmente seguindo a curva típica da adequação feminina. No princípio interessadas em geologia ou poesia, agora se interessavam apenas em ser populares; para fazer com que os garotos gostassem delas, concluíram, era melhor ser como todas as outras garotas. Em um exame mais minucioso, descobri que essas meninas estavam tão aterrorizadas com a possibilidade de serem como suas mães que não enxergavam a si mesmas. Tinham medo de crescer. Precisavam copiar nos mínimos detalhes a imagem montada da garota popular – negando o que havia de melhor nelas mesmas por medo da feminilidade como a enxergavam em suas mães. Uma dessas meninas, de 17 anos, me contou:

> Quero muito me sentir como as outras garotas. Não consigo evitar essa sensação de ser uma neófita, uma não iniciada. Quando me levanto e preciso ir para o outro lado da sala, é como se eu fosse uma iniciante, ou tivesse uma doença terrível, como se nunca fosse aprender. Vou para o ponto de encontro depois da escola e fico lá por horas conversando sobre roupas, penteados e o *twist*, e não tenho interesse nisso, então preciso me esforçar. Mas descobri que podia fazê-las gostar de mim: bastava fazer o

que elas fazem, me vestir como elas, falar como elas, não fazer nada diferente. Acho que até por dentro deixei de ser diferente.

Eu costumava escrever poesia. A orientadora falou que eu tenho uma habilidade criativa, que eu deveria ser a primeira da classe e tenho um futuro brilhante. Mas não é disso que uma pessoa precisa para ser popular. E o mais importante para uma garota é ser popular.

Agora eu saio com um rapaz atrás do outro, e é uma dificuldade, porque não sou eu mesma com eles. Faz a gente se sentir ainda mais sozinha. E, além disso, tenho medo de onde isso vai dar. Logo, todas as minhas diferenças vão desaparecer, e eu serei o tipo de garota que poderia ser uma dona de casa.

Não quero pensar em crescer. Se eu tivesse filhos, ia querer que eles tivessem sempre a mesma idade. Se tivesse que vê-los crescer, eu me veria envelhecendo, e não quero. Minha mãe diz que não dorme à noite de preocupação com o que eu posso fazer. Quando eu era pequena, ela não me deixava nem atravessar a rua sozinha, mesmo muito depois que todas as outras crianças já atravessavam.

Não consigo me ver casada e com filhos. É como se eu não fosse ter personalidade própria. Minha mãe é como uma pedra que foi polida pelas ondas, como um vazio. Ela deu tanto de si para a família que não sobrou mais nada, e ela se ressente de nós porque não recebe o suficiente em troca. Mas às vezes parece que não há nada lá. Minha mãe não tem nenhum outro objetivo que não seja limpar a casa. Ela não é feliz, e não faz meu pai feliz. Se ela não se importasse nem um pouco conosco, seus filhos, seria a mesma coisa que se importar demais. Dá vontade de fazer o oposto. Não acho que seja realmente amor. Quando eu era pequena e entrava em casa correndo, animada para contar que tinha aprendido a plantar bananeira, ela nem ouvia.

Ultimamente, eu me olho no espelho e tenho muito medo de parecer minha mãe. Eu me assusto quando me pego fazendo os mesmos gestos que ela, falando como ela ou qualquer outra coisa

A CRISE NA IDENTIDADE DA MULHER

que se pareça com ela. Eu sou diferente dela de muitas maneiras, mas se eu for como ela em qualquer coisinha que seja, talvez acabe como ela no final. E isso me apavora.

E então a garota de 17 anos tinha muito medo de ser uma mulher como a mãe que deu as costas para todas as coisas em si mesma e todas as oportunidades que fariam dela uma mulher diferente, para copiar as meninas "populares". E, por fim, em pânico diante da possibilidade de perder a si mesma, deu as costas para a própria popularidade e desafiou o bom comportamento convencional que lhe teria garantido uma bolsa de estudos na faculdade. Por falta de uma imagem que a ajudasse a crescer como uma mulher fiel a si mesma, ela se retraiu em um vazio *beatnik*.*

Outra garota, do terceiro ano de uma faculdade da Carolina do Sul, contou-me:

> Não quero me interessar por uma carreira da qual terei de desistir.
>
> Desde os 12 anos, minha mãe queria ser repórter de jornal, e eu testemunhei a frustração dela por vinte anos. Não quero me interessar pelas questões mundiais. Não quero ter interesse em mais nada que não seja meu lar e ser uma mãe e uma esposa maravilhosa. Talvez a educação seja um risco. Mesmo o mais inteligente dos garotos quer em casa apenas uma menina doce e bonita. Só às vezes imagino como seria ser capaz de ir adiante, adiante, adiante, aprender tudo o que eu quiser e não precisar me conter.

A mãe dela, quase todas as nossas mães, eram donas de casa, embora muitas tenham iniciado, desejado ou se arrependido de abandonar uma carreira. O que quer que nos dissessem, nós, tendo olhos, ouvidos, mente e coração, sabíamos que a vida delas era de algum modo vazia. Não queríamos ser como elas, no entanto, que outro modelo tínhamos?

---

* Movimento social e cultural dos anos 1950 e início dos anos 1960 que enfatizava a expressão artística pessoal e a oposição aos costumes da sociedade convencional. (*N. T.*)

A MÍSTICA FEMININA

O único outro tipo de mulher que conheci, enquanto crescia, eram as professoras do ensino médio solteironas; a bibliotecária; a única médica da nossa cidade, que usava um corte de cabelo masculino; e algumas poucas professoras universitárias. Nenhuma dessas mulheres vivia em um ninho acolhedor como eu tinha conhecido em casa. Muitas não tinham se casado nem tido filhos. Eu temia ser como elas, mesmo aquelas que me ensinaram a realmente respeitar e usar minha própria mente, sentir que eu tinha um papel no mundo. Nunca conheci uma mulher, enquanto crescia, que usasse sua mente, que desempenhasse seu papel no mundo e que também amasse e tivesse filhos.

Acredito que esse tenha sido o cerne desconhecido do problema da mulher nos Estados Unidos por muito tempo, essa falta de uma imagem privada. Imagens públicas que desafiam a razão e têm muito pouco a ver com as próprias mulheres têm tido o poder de moldar excessivamente a vida delas. Essas imagens não teriam tanto poder se as mulheres não estivessem sofrendo uma crise de identidade.

O estranho e assustador impasse que as mulheres estadunidenses atingem – aos 18, 21, 25, 41 anos – é observado há muitos anos por sociólogos, psicólogos, analistas, educadores. Mas acredito que não tenha sido entendido pelo que é. Foi chamado de "descontinuidade" no condicionamento cultural; foi chamado de "crise no papel" da mulher. A educação recebeu a culpa, por fazer as meninas estadunidenses crescerem se sentindo livres e iguais aos meninos – jogando beisebol, andando de bicicleta, aprendendo geometria e passando nos exames de admissão, indo para a faculdade, saindo pelo mundo atrás de um emprego, morando sozinhas em um apartamento em Nova York, Chicago ou San Francisco, testando e descobrindo seus próprios poderes no mundo. Tudo isso dava às meninas a sensação de que poderiam ser e fazer o que quisessem, com a mesma liberdade que os meninos, diziam os críticos. Não as preparava para seu papel como mulheres. A crise vem quando elas são forçadas a se ajustar a esse papel. As altas taxas de sofrimento emocional e colapso nervoso entre mulheres de 20 e 30 anos nos dias atuais geralmente são atribuídas a essa "crise de função". Se as meninas fossem educadas para seu papel como mulher, não sofreriam essa crise, dizem os ajustadores.

A CRISE NA IDENTIDADE DA MULHER

Mas acho que eles viram apenas parte da verdade.

E se o terror que uma menina enfrenta aos 21 anos, quando deve decidir quem será, seja simplesmente o medo de crescer – crescer de uma forma antes não permitida às mulheres? E se o terror que uma menina enfrenta aos 21 for o medo da liberdade de decidir a própria vida, sem ninguém que diga qual caminho deve seguir, a liberdade e a necessidade de seguir que as mulheres de antes não podiam seguir? E se aquelas que escolhem o caminho da "adequação feminina" – fugindo do medo, casando-se aos 18, perdendo-se na geração de bebês e nos detalhes da vida doméstica – estiverem simplesmente se recusando a crescer, a enfrentar a questão da própria identidade?

A minha geração foi a primeira de universitárias a bater de frente com a nova mística sobre realização feminina. Antes, apesar de a maioria das mulheres de fato acabar sendo dona de casa e mãe, o objetivo da educação era descobrir a vida da mente, buscar a verdade e assumir um lugar no mundo. Havia uma sensação, já meio entorpecida quando entrei na faculdade, de que seríamos as Novas Mulheres. Nosso mundo seria muito maior do que o lar. Quarenta por cento da minha turma na Smith tinha planos de carreira. Mas me lembro como, mesmo nessa época, algumas das estudantes do último ano, sofrendo os tormentos daquele medo sombrio do futuro, invejam aquelas que escapavam dele casando-se logo em seguida.

As que invejávamos naquela época sofrem desse medo agora aos 40. "Nunca decidi que tipo de mulher eu sou. Muita vida pessoal na universidade. Gostaria de ter estudado mais ciências, história, política, ter me aprofundado em filosofia", escreveu uma delas em um questionário para ex-alunas, quinze anos depois. "Ainda estou tentando encontrar uma base sobre a qual construir. Eu gostaria de ter terminado a faculdade. Em vez disso, me casei." "Eu gostaria de ter desenvolvido uma vida própria mais criativa e mais profunda. E gostaria de não ter noivado e me casado aos 19. Por ter esperado o casamento ideal, incluindo um marido cem por cento dedicado, foi um choque quando descobri que não era bem assim", escreveu uma mãe de seis.

A MÍSTICA FEMININA

Muitas mulheres da geração mais nova de esposas que se casam cedo nunca sofreram desse temor solitário. Elas achavam que não precisavam escolher, olhar para o futuro e planejar o que queriam fazer da vida. Precisavam apenas esperar que alguém as escolhesse, passando o tempo de forma passiva até que o marido, os filhos ou a casa nova decidissem como o resto da vida delas seria. Assumiam com facilidade seu papel sexual como mulher antes de descobrir quem eram. São essas mulheres que sofrem mais com o problema sem nome.

Minha tese é que o cerne do problema para as mulheres hoje não é sexual, mas um problema de identidade – um impedimento ou uma fuga do crescimento perpetuados pela mística feminina. Minha tese é que assim como a cultura vitoriana não permitia que as mulheres aceitassem ou satisfizessem suas necessidades sexuais básicas, nossa cultura não permite que as mulheres aceitem ou satisfaçam suas necessidades básicas de crescer e realizar seu potencial como seres humanos, uma necessidade que não é definida apenas por seu papel sexual.

Biólogos descobriram recentemente um "soro da juventude" que, se ministrado a lagartas na fase larval, impede que elas se transformem em mariposas; elas viverão o resto da vida como lagartas. As expectativas da realização feminina fornecidas às mulheres pelas revistas, pela televisão, pelos filmes e livros que popularizam meias verdades psicológicas, e por pais, professores e orientadores que aceitam a mística feminina, operam como uma espécie de soro da juventude, mantendo a maioria das mulheres em estado de larvas sexuais, impedindo-as de atingir a maturidade da qual são capazes. E há cada vez mais evidências de que o fracasso de uma mulher em atingir sua identidade completa prejudica em vez de enriquecer sua realização sexual, praticamente a condena a ser castradora com marido e filhos e provoca neuroses, ou problemas ainda não nomeados de neuroses, iguais aos causados pela repressão sexual.

Houve crises de identidade masculina em todos os momentos decisivos da história humana, embora aqueles que as vivenciaram não tenham lhes dado esse nome. Apenas em anos recentes os teóricos da psicologia, da sociologia e da teologia isolaram esse problema e o nomearam. Mas

A CRISE NA IDENTIDADE DA MULHER

é considerado um problema do homem. É definido, para um homem, como a crise do amadurecimento, de escolher sua identidade, "a decisão a respeito do que alguém é e do que vai se tornar", nas palavras do brilhante psicanalista Erik H. Erikson:

> Nomeei a grande crise da adolescência de crise de identidade; ela ocorre naquele período do ciclo da vida em que cada jovem deve forjar para si algum tipo de perspectiva e direção central, alguma unidade funcional, a partir dos resquícios efetivos de sua infância e das esperanças de uma aguardada vida adulta; ele deve detectar alguma semelhança significativa entre o que passou a enxergar em si e o que sua consciência aguçada lhe diz que os outros julgam e esperam que ele seja [...]. Em algumas pessoas, em algumas classes, em determinados períodos da história, a crise será mínima; em outras pessoas, classes e períodos, a crise será claramente marcada como um período crítico, uma espécie de "segundo nascimento", propensa a ser agravada por neuroses comuns ou por uma instabilidade ideológica disseminada.[1]

Nesse sentido, a crise de identidade na vida de um homem pode refletir, ou desencadear, um renascimento, um novo estágio, no crescimento da humanidade. "Em alguns períodos da sua história, e em algumas fases do seu ciclo de vida, o homem precisa de uma nova orientação ideológica de forma tão certa e tão intensa quanto precisa de ar e alimento", disse Erikson, iluminando novamente a crise do jovem Martinho Lutero, que abandonou um monastério católico no fim da Idade Média para forjar uma nova identidade para si e para o homem ocidental.

A busca por identidade não é nova, no entanto, para o pensamento estadunidense – embora em todas as gerações, cada homem que escreve a respeito dela a redescubra. Nos Estados Unidos, desde o começo se compreende de alguma forma que os homens devem se impelir para o futuro; o ritmo sempre foi rápido demais para que a identidade do homem se mantivesse estática. Em cada geração, muitos homens sofreram

A MÍSTICA FEMININA

amargura, infelicidade e incerteza porque não podiam obter de seu pai a imagem do homem que gostariam de ser. A busca por identidade do jovem que não pode voltar para casa sempre foi um tema importante para os escritores estadunidenses. E sempre foi considerado certo nos Estados Unidos, bom, que homens sofressem as agonias do crescimento, que buscassem e encontrassem sua própria identidade. O menino do campo ia para a cidade, o filho do alfaiate se tornava médico, Abraham Lincoln aprendeu a ler sozinho – essas histórias eram mais do que histórias de superação. Eram uma parte integrante do sonho estadunidense. O problema para muitos era o dinheiro, a raça, a cor, a classe, que os impediam de escolher – não o que seriam se fossem livres para escolher.

Mesmo hoje um jovem rapaz aprende bem cedo que precisa decidir quem quer ser. Se não decide no ensino fundamental, no ensino médio, na faculdade, precisa resolver isso de alguma maneira antes dos 25 ou 30 anos, senão, estará perdido. Mas essa busca por identidade é vista como um problema maior agora porque mais e mais meninos não encontram imagens em nossa cultura – do pai ou de outros homens – que os ajudem na busca. As antigas fronteiras foram conquistas, e os limites das novas não estão muito claros. Mais e mais rapazes nos Estados Unidos hoje sofrem uma crise de identidade por falta de uma imagem masculina digna de ser perseguida, por falta de um propósito que verdadeiramente concretize suas habilidades humanas.

Mas por que os teóricos não reconheceram a mesma crise de identidade nas mulheres? Nos termos das antigas convenções e da nova mística feminina, não se espera das mulheres que cresçam e descubram quem são, que escolham sua identidade humana. Anatomia é o destino da mulher, dizem os teóricos da feminilidade; a identidade da mulher é determinada por sua biologia.

Será mesmo? Mais e mais mulheres estão se fazendo essa pergunta. Como se acordassem de um coma, perguntam: "Onde estou? O que estou fazendo aqui?" Pela primeira vez em sua história, as mulheres estão se conscientizando de uma crise de identidade na própria vida, uma crise que começou muitas gerações atrás, piorou a cada geração subsequente,

A CRISE NA IDENTIDADE DA MULHER

e não vai terminar até que elas, ou as filhas delas, virem uma esquina desconhecida e façam de si mesmas e de sua vida a nova imagem da qual tantas mulheres hoje em dia precisam desesperadamente.

Em um sentido que vai além da vida de qualquer mulher específica, penso que esta é a crise das mulheres crescendo – um ponto de virada de uma imaturidade que vem sendo chamada de feminilidade para uma identidade humana completa. Acho que as mulheres precisavam sofrer essa crise de identidade, que começou há cem anos, e precisam sofrê-la ainda hoje, simplesmente para se tornarem humanas por completo.

NOTA

1. Erik H. Erikson, *Young Man Luther, A Study in Psychoanalysis and History* [O jovem Lutero, um estudo em psicanálise e história], Nova York, 1958, pp. 15 ff. Ver também Erikson, *Childhood and Society* [Infância e sociedade], Nova York, 1950, e Erikson, "The Problem of Ego Identity" [O problema da identidade do eu], *Journal of the American Psychoanalytical Association*, vol. 4, 1956, pp. 56-121.

4. A jornada apaixonada

Foi a necessidade de uma nova identidade que levou as mulheres, um século atrás, à jornada apaixonada, essa jornada, difamada e mal interpretada, para longe do lar.

Nos últimos anos, virou moda rir do feminismo, como se fosse uma piada histórica: apiedar-se, zombando, daquelas antigas feministas que lutaram pelos direitos das mulheres à educação superior, a carreiras e ao voto. Eram vítimas neuróticas da inveja do pênis e que queriam ser homens, é o que se diz hoje. Na luta pela liberdade das mulheres de participar do mercado de trabalho e das principais decisões da sociedade em pé de igualdade com os homens, elas negaram sua própria natureza feminina, que se realiza apenas por meio da passividade sexual, da aceitação da dominação masculina e da maternidade afetuosa.

Mas, se eu não estiver errada, é essa primeira jornada que contém a pista para muito do que aconteceu com a mulher desde então. É um dos estranhos pontos cegos da psicologia contemporânea não reconhecer a realidade da paixão que moveu essas mulheres a sair de casa em busca de uma nova identidade ou, ficando em casa, a ansiar amargamente por algo mais. O ato delas foi de rebelião, uma negação violenta da identidade feminina como era definida na época. Foi a necessidade de uma nova identidade que levou aquelas feministas apaixonadas a forjar novos caminhos para as mulheres. Alguns desses caminhos foram inesperadamente árduos, alguns levaram a becos sem saída e alguns podem ter sido falsos, mas a necessidade que a mulher tinha de encontrar novos caminhos era real.

O problema de identidade era novo para as mulheres da época, verdadeiramente novo. As feministas foram pioneiras na linha de frente da evolução feminina. Elas tiveram que provar que mulheres eram seres humanos. Tiveram que quebrar, violentamente se necessário, os bibelôs de Dresden* que representavam a mulher ideal no século anterior. Tiveram que provar que a mulher não era um espelho passivo e vazio, um objeto decorativo inútil e rebuscado, um animal irracional, uma coisa que podia ser descartada pelos outros, incapaz ter voz na própria existência, antes mesmo de começar a lutar pelos direitos dos quais as mulheres precisavam para se tornar humanos em pé de igualdade com os homens.

Mulher imutável, mulher infantil, o lugar da mulher é no lar, era o que lhes diziam. Mas o homem estava mudando; o lugar dele era no mundo, e seu mundo estava se ampliando. A mulher estava ficando para trás. A anatomia era seu destino; ela podia morrer dando à luz um filho ou viver até os 35, dando à luz doze filhos, enquanto o homem controlava seu destino com aquela parte da anatomia que nenhum outro animal tem: a mente.

Mulheres também têm mente. Também têm a necessidade humana de crescer. Mas o trabalho que alimentava a vida e a fazia avançar não era mais feito em casa, e as mulheres não eram treinadas para entender o mundo e trabalhar nele. Confinadas no lar, uma criança entre suas crianças, passiva, nenhum aspecto de sua existência sob seu controle, uma mulher existia apenas para agradar o homem. Era completamente dependente da proteção dele em um mundo de cuja construção não tinha participado: o mundo dos homens. Ela nunca poderia crescer para fazer um questionamento humano muito simples: "Quem sou? O que desejo?"

Mesmo que os homens a amassem como criança, boneca, decoração; mesmo que lhe dessem rubis, cetim, veludo; mesmo que estivesse aquecida no lar, protegida com os filhos, será que ela não desejaria algo mais? Ela era, à época, tão completamente definida pelo homem como objeto, nunca si mesma como sujeito, "eu", que nem se esperava que

---

* Feitos com a porcelana de Dresden, esses bibelôs representavam mulheres da alta sociedade, com vestidos de renda e babados e perucas, geralmente em situações comuns à corte europeia do século XVIII. (*N. T.*)

A JORNADA APAIXONADA

gostasse ou mesmo participasse do ato sexual. "Ele se satisfazia com ela [...]. Ele fazia o que bem entendesse", era o que se dizia. É mesmo tão difícil entender que a emancipação, o direito à humanidade completa, fosse tão importante para gerações de mulheres, ainda vivas ou apenas recentemente falecidas, a ponto de lutarem com os próprios punhos, irem presas ou até morrerem por ela? E pelo direito ao crescimento humano, algumas mulheres negaram o próprio sexo, o desejo de amar e ser amada por um homem e de gerar filhos.

É uma perversão histórica estranhamente não questionada que a paixão e o fogo do movimento feminista tenham vindo de solteironas amargas, que odiavam os homens e nunca faziam sexo; de não mulheres castradoras e assexuadas, que queimavam de tanta inveja do órgão masculino que queriam arrancá-lo de todos os homens, ou destruí-los, exigindo direitos apenas por não terem o poder de amar como mulheres. Mary Wollstonecraft, Angelina Grimké, Ernestine Rose, Margaret Fuller, Elizabeth Cady Stanton, Julia Ward Howe, Margaret Sanger: todas amaram, foram amadas e se casaram. Muitas parecem ter sido tão apaixonadas em seu relacionamento com amante ou marido (em uma época na qual a paixão em uma mulher era tão proibida quanto a inteligência), quanto eram em sua luta para que a mulher tivesse a chance de se desenvolver por completo como ser humano. Mas se elas, e aquelas como Susan Anthony, que o destino ou uma experiência ruim afastaram do casamento, lutaram por uma oportunidade de a mulher se realizar, não em relação ao homem, mas como indivíduo, foi devido a uma necessidade tão real e ardente quanto a necessidade de amor. ("O que a mulher precisa", disse Margaret Fuller, "não é, como mulher, agir ou comandar, mas, como natureza, crescer; como intelecto, discernir; como alma, viver livremente e desimpedida para desenvolver esses poderes conferidos a ela.")

As feministas tinham apenas um modelo, uma imagem, um exemplo de ser humano completo e livre: o homem. Pois até muito recentemente, apenas os homens (embora não todos os homens) tinham a liberdade e a educação necessárias para explorar ao máximo suas capacidades, para ser pioneiros, criar, descobrir e mapear novos caminhos para as futuras gerações. Apenas os homens podiam votar: a liberdade de moldar as principais decisões da sociedade. Apenas os homens tinham liberdade para amar, para apreciar o amor e decidir por si aos olhos de seu Deus o que era certo e o que era errado. As mulheres queriam essas liberdades porque queriam ser homens? Ou as queriam porque também eram humanas?

Henrik Ibsen enxergou simbolicamente que era isso que o feminismo queria. Quando disse na peça *Casa de bonecas*, em 1879, que uma mulher era simplesmente um ser humano, fez algo novo na literatura. Milhares de mulheres da classe média europeia e estadunidense, no período vitoriano, se enxergaram em Nora. E em 1960, quase um século depois, milhares de donas de casa estadunidenses, que assistiram à peça na televisão, também se viram ao ouvir Nora falar:

> Você sempre foi tão bom comigo. Mas nossa casa não passa de um quarto de brinquedos. Sempre fui sua esposa boneca, assim como era a filha boneca na casa do papai; e aqui nossos filhos também foram minhas bonecas. Eu achava muito divertido quando você brincava comigo, do mesmo jeito que eles achavam divertido quando eu brincava com eles. É isso que nosso casamento tem sido, Torvald. [...]
>
> Como posso estar apta a educar nossos filhos? [...] Há outra tarefa que preciso cumprir primeiro. Preciso me educar – e você não é a pessoa para me ajudar nisso. Preciso fazer isso sozinha. E é por isso que vou deixá-lo [...]. Preciso ficar sozinha para entender a mim mesma e tudo sobre mim. E é por essa razão que não posso mais ficar com você.

O marido em choque lembra a Nora que o "dever mais sagrado" da mulher é o dever para com o marido e os filhos. "Antes de tudo, você é esposa e mãe", ele diz. E Nora responde:

A JORNADA APAIXONADA

Acredito que antes de tudo sou um ser humano sensato, assim como você – ou, em todo caso, preciso tentar me tornar um. Sei muito bem, Torvald, que a maioria das pessoas acharia que você está certo e que opiniões desse tipo são encontradas em livros; mas não posso mais me contentar com o que a maioria das pessoas diz ou com o que dizem os livros. Preciso pensar nas coisas por conta própria e entendê-las.

É um clichê da nossa época que as mulheres tenham passado metade de um século lutando por "direitos" e a metade seguinte pensando se os queriam de fato. "Direitos" soam como algo estúpido para quem cresceu depois que eles já haviam sido conquistados. Mas, como Nora, as feministas tiveram que conquistar esses direitos antes de começar a viver e amar como seres humanos. Não havia muitas mulheres à época, e mesmo agora, que ousassem abandonar a única segurança que conheciam – que ousassem dar as costas para o lar e o marido e começar a busca de Nora. Mas muitas, tanto antes como agora, deviam considerar sua existência como dona de casa tão vazia que não conseguiam mais apreciar o amor do marido e dos filhos.

Algumas delas – e até mesmo uns poucos homens que tinham consciência de que metade da raça humana não tinha o direito de se tornar totalmente humana – partiram para mudar as condições que mantinham a mulher presa. Essas condições foram resumidas na Convenção pelos Direitos da Mulher em Seneca Falls, Nova York, em 1848, com as queixas das mulheres em relação aos homens:

> Ele a obrigou a se submeter a leis de cuja formulação ela não participa [...]. Ele a tornou, se casada, aos olhos da lei, civilmente morta. Tirou dela todo direito à propriedade, até mesmo ao salário que ela ganha [...]. Na aliança do casamento, ela é obrigada a prometer obediência ao marido, que se torna, para todos os efeitos, senhor dela – a lei lhe dá poder de privá-la de sua liberdade e administrar castigos [...]. Ele fecha para ela todos os caminhos para riqueza

A MÍSTICA FEMININA

e distinção que considera mais honrosos para si mesmo. Como professora de teologia, medicina ou direito, não a conhecemos. Ele negou a ela todas as possibilidades de obter uma educação completa, uma vez que todas as universidades estão fechadas para ela. [...] Ele criou um falso sentimento público ao fornecer ao mundo um código moral diferente para homens e mulheres de acordo com o qual delinquências morais que excluem a mulher da sociedade são não apenas toleradas mas consideradas de pouca importância quando se trata do homem. Ele usurpou a prerrogativa do próprio Jeová, reivindicando para si o direito de lhe atribuir uma esfera de ação, apesar de isso pertencer à consciência dela e de seu Deus. Ele se esforçou de todas as maneiras que pôde para destruir a confiança dela em seus próprios poderes, diminuir seu respeito próprio e fazer com que se sujeite a levar uma vida dependente e abjeta.

Foram essas condições, que as feministas se esforçaram para exterminar um século atrás, que fizeram das mulheres o que elas eram: "femininas", segundo a definição daquela época e de agora.

•

Não é coincidência que a luta pela libertação da mulher nos Estados Unidos tenha começado na esteira da Guerra de Independência e se fortalecido com o movimento de libertação dos escravos.[1] Thomas Paine, o porta-voz da Revolução Estadunidense, foi um dos primeiros a condenar, em 1775, a posição das mulheres "mesmo em países onde podem ser consideradas as mais felizes, limitadas em seus desejos a respeito de como dispor de seus bens, privadas de liberdade e vontade pelas leis, escravas da opinião". Durante a Revolução, cerca de dez anos antes de Mary Wollstonecraft encabeçar o movimento feminista na Inglaterra, uma estadunidense, Judith Sargent Murray, afirmou que a mulher precisava de conhecimento para idealizar novos objetivos e crescer ao tentar alcançá-los. Em 1837, o ano em que a Faculdade Mount Holyoke abriu

A JORNADA APAIXONADA

as portas para dar às mulheres a primeira chance de ter uma educação equivalente à dos homens, as estadunidenses também organizaram sua primeira convenção nacional antiescravidão, em Nova York. As mulheres que haviam formalmente iniciado o movimento pelos direitos das mulheres em Seneca Falls se conheceram ao serem proibidas de participar de uma convenção antiescravidão em Londres. Separadas por uma cortina na galeria, Elizabeth Stanton, em lua de mel, e Lucretia Mott, recatada mãe de cinco, decidiram que não eram somente os escravos que precisavam ser libertados.

Todas as vezes, em todas as partes do mundo, que houve um aumento da liberdade humana, as mulheres conquistaram uma parte dela para si. O sexo não lutou na Revolução Francesa, não libertou os escravos nos Estados Unidos, não derrubou o czar russo, não expulsou a Grã-Bretanha da Índia; mas quando a ideia de liberdade humana move a mente dos homens, ela também move a mente das mulheres. A cadência da Declaração de Seneca Falls veio diretamente da Declaração de Independência:

> Quando, no curso da história humana, torna-se necessário que uma parte da família do homem assuma entre as pessoas na terra uma posição diferente daquela ocupada até então [...]. Consideramos evidente esta verdade: que todos os homens e todas as mulheres são criados iguais.

O feminismo não era uma piada de mau gosto. A revolução feminista precisava acontecer porque as mulheres eram simplesmente detidas em um estágio da evolução muito aquém de sua capacidade humana máxima. "A função doméstica da mulher não esgota todos os seus poderes", pregou o reverendo Theodore Parker em Boston, em 1853. "Obrigar metade da raça humana a gastar toda a sua energia nas funções de cuidadora do lar, esposa e mãe é um desperdício monstruoso do material mais precioso que Deus já criou." E percorrendo a história o movimento feminista como uma linha brilhante e por vezes perigosa estava também a ideia que a igualdade para a mulher era necessária para libertar tanto o homem

A MÍSTICA FEMININA

quanto a mulher para uma realização sexual plena.[2] Pois a degradação da mulher também degradava o casamento, o amor, todas as relações entre homem e mulher. Depois da revolução sexual, disse Robert Dale Owen, "o monopólio do sexo também vai perecer, assim como os outros monopólios injustos; e as mulheres não ficarão restritas a uma virtude, uma paixão e uma ocupação".[3]

Os homens e mulheres que começaram aquela revolução previram "uma quantidade considerável de interpretações equivocadas, deturpação e escárnio". E foi o que aconteceu. As primeiras a falar publicamente em defesa dos direitos das mulheres nos Estados Unidos – Fanny Wright, filha de um nobre escocês, e Ernestine Rose, filha de um rabino – foram chamadas, respectivamente, de "meretriz ruiva da infidelidade" e "mulher mil vezes pior que uma prostituta". A declaração em Seneca Falls provocou um clamor tão intenso de "revolução", "insurreição entre as mulheres", "reinado das anáguas", "blasfêmia", por parte dos jornais e dos clérigos, que as mais covardes retiraram suas assinaturas. Reportagens sensacionalistas sobre "amor livre" e "adultério legalizado" competiam com fantasias sobre audiências em tribunais, sermões na igreja e cirurgias que eram interrompidas quando uma mulher advogada, pastora ou médica entregava apressadamente o bebê ao marido.

A cada passo do caminho, as feministas precisavam combater a concepção de que estavam violando a natureza que Deus havia concedido à mulher. Clérigos interrompiam convenções sobre os direitos das mulheres, brandindo Bíblias e citando as Escrituras: "São Paulo disse [...] 'e o homem é a cabeça da mulher [...]. Permaneçam as mulheres em silêncio nas igrejas, pois não lhes é permitido falar [...]. Se quiserem aprender alguma coisa, que perguntem a seus maridos em casa; pois é vergonhoso uma mulher falar na igreja [...]. Não permito, porém, que a mulher ensine, nem use de autoridade sobre o homem, mas que permaneça em silêncio. Porque primeiro foi formado Adão, depois Eva' [...]. São Pedro disse: 'Do mesmo modo, vós, mulheres, sujeitai-vos aos vossos maridos'."

Dar às mulheres direitos iguais destruiria aquela "natureza mais suave e gentil, que não apenas as afasta, mas as desqualifica para o tumulto e

A JORNADA APAIXONADA

a batalha da vida pública", entoou piedosamente um senador de Nova Jersey em 1866. "Elas têm uma missão mais importante e mais sagrada. E é na reclusão, formando o caráter dos homens vindouros. A missão delas é no lar, com seus afagos e seu amor, aplacando as paixões dos homens quando retornam das batalhas da vida, e não se juntando à disputa e colocando lenha na fogueira."

"Elas não parecem estar satisfeitas em ter assexuado a si mesmas, parecem desejar assexuar todas as mulheres do mundo", disse um deputado nova-iorquino que se opunha a uma das primeiras petições a favor do direito da mulher casada de ter propriedade e rendas. Como "Deus criou o homem como representante da raça", depois "tirou do flanco dele o material para criar a mulher" e a depositou ao lado dele em matrimônio como "uma só carne, um só ser", a assembleia presunçosamente negou a petição: "Um poder superior àquele do qual emanam as promulgações legislativas estabeleceu o mandamento de que homem e mulher não devem ser iguais."[4]

O mito de que essas mulheres eram "monstros antinaturais" era baseado na crença de que acabar com a subserviência feminina concedida por Deus destruiria o lar e escravizaria os homens. Esses mitos surgem em todos os tipos de revolução que promovem a igualdade para uma nova porção da família do homem. A imagem das feministas como inumanas, ferozes devoradoras de homens, seja expressa como ofensa contra Deus ou nos termos modernos da perversão sexual, não é diferente do estereótipo do negro como um animal primitivo ou do sindicalista como um anarquista. O que a terminologia sexual esconde é o fato de que o movimento feminista foi uma revolução. Houve excessos, é claro, como em toda revolução, mas os excessos das feministas foram em si uma demonstração da necessidade dessa revolução. Eles se originaram, ao mesmo tempo que as repudiaram com veemência, das degradantes realidades da vida da mulher, da subserviência impotente por trás do decoro gentil que tornou as mulheres objetos de um desprezo tão mal disfarçado por parte dos homens que elas mesmas passavam a se desprezar. Evidentemente, era mais difícil se livrar desse desprezo e autodesprezo do que das condições que os causavam.

A MÍSTICA FEMININA

É claro que elas invejavam os homens. Algumas das primeiras feministas cortavam o cabelo curto, usavam calças e tentavam ser como homens. Considerando a vida que viram suas mães viverem, considerando a própria experiência, essas mulheres impetuosas tinham bons motivos para rejeitar a imagem convencional da mulher. Algumas até rejeitaram o casamento e a maternidade para si. Mas ao dar as costas para a velha imagem feminina, ao lutar para se libertar e libertar todas as outras mulheres, algumas delas se tornaram um tipo diferente de mulher. Elas se tornaram seres humanos completos.

•

O nome Lucy Stone hoje em dia evoca uma fúria devoradora de homens, trajando calças e brandindo um guarda-chuva. Demorou muito tempo para o homem que a amava persuadi-la a se casar com ele, e embora o amasse e mantivesse esse amor por toda a vida, nunca usou seu sobrenome. Quando ela nasceu, sua delicada mãe exclamou: "Ah, não! Que pena que é uma menina! A vida de uma mulher é tão dura." Poucas horas antes do nascimento, essa mãe, em uma fazenda no oeste de Massachusetts, em 1818, ordenhou oito vacas pois uma tempestade repentina exigiu que todos arregaçassem as mangas: era mais importante salvar a colheita de trigo do que poupar uma mãe prestes a entrar em trabalho de parto. Embora essa mãe delicada e exausta tenha se encarregado do trabalho infinito de uma casa de fazenda e parido nove filhos, Lucy Stone cresceu sabendo que "havia apenas uma vontade em nossa casa, e era a vontade do meu pai".

Ela se rebelou contra a ideia de que, por ter nascido menina, ela devesse ser tão humilde quanto a Bíblia e sua mãe diziam. Ela se rebelava quando erguia a mão na igreja e, todas as vezes, era ignorada. Em um grupo de costura da igreja, enquanto estava fazendo uma camisa para ajudar um jovem seminarista, ouviu Mary Lyon falar sobre educação para mulheres. Deixou a camisa por fazer e, aos 16 anos, começou a lecionar por um dólar por semana, juntando as economias durante nove anos, até ter o suficiente para entrar na faculdade. Ela queria se preparar para "lutar

A JORNADA APAIXONADA

não somente pelo escravo, mas pela humanidade sofredora em qualquer parte. Pretendo trabalhar especialmente pela elevação do meu próprio sexo". Mas na Oberlin, onde foi uma das primeiras mulheres a se formar no "curso regular", ela precisou praticar oratória em segredo na floresta. Mesmo na Oberlin as moças eram proibidas de falar em público.

> Lavando a roupa dos homens, limpando os quartos deles, servindo-os à mesa, ouvindo-os falar, mas elas mesmas permanecendo respeitosamente em silêncio nas assembleias públicas, as "estudantes" da Oberlin estavam sendo preparadas para serem mães inteligentes e mulheres adequadamente subservientes.[5]

Na aparência, Lucy Stone era uma mulher pequena, com uma voz suave e nítida capaz de silenciar uma turba violenta. Aos sábados e domingos, ela discursava sobre a abolição da escravatura como representante da Anti-Slavery Society, e sobre os direitos das mulheres nos outros dias da semana, por conta própria – confrontando e convencendo homens que a ameaçavam com tacos, jogavam livros de orações e ovos em sua cabeça e, certa vez, durante o inverno, enfiaram uma mangueira pela janela e despejaram água gelada nela.

Em uma cidade, correu a notícia de sempre: que uma mulher grande e masculina, vestindo botas e fumando charuto, xingando como um soldado, havia chegado para uma palestra. As senhoras que foram ouvir aquela aberração expressaram sua surpresa ao encontrar Lucy Stone, pequena e delicada, trajando um vestido de cetim preto com babado de renda branca na gola, "um protótipo da graça feminina [...] fresca e clara como a manhã".[6]

A voz dela irritava tanto as forças pró-escravidão que o *Boston Post* publicou um poema rude prometendo que "as trombetas da fama soarão" para o homem que "com um beijo matrimonial cale a boca de Lucy Stone". Lucy Stone achava que o "casamento é para a mulher um estado de escravidão". Mesmo após Henry Blackwell tê-la perseguido de Cincinnati a Massachusetts ("Ela nasceu uma locomotiva", ele

A MÍSTICA FEMININA

reclamou), ter prometido "repudiar a supremacia de homem ou mulher no casamento", ter escrito para ela: "Eu a conheci em Niágara e me sentei aos seus pés junto ao turbilhão, olhando para as águas profundas com um anseio apaixonado, não compartilhado e insatisfeito em meu coração, anseio que você nunca conhecerá ou entenderá", e ter feito um discurso público em defesa dos direitos das mulheres; mesmo depois de ela ter admitido que o amava e escrito "você não pode me dizer nada que eu já não saiba sobre o vazio de uma vida solitária", ela sofria de enxaquecas intensas por conta da decisão de se casar.

No casamento dos dois, o pastor Thomas Higginson relatou que "a heroica Lucy chorou como qualquer outra noiva". O pastor também disse: "Nunca celebro uma cerimônia de casamento sem um sentimento renovado a respeito da iniquidade de um sistema no qual homem e mulher são um só, e este um é o marido." E enviou aos jornais, para que outros casais o copiassem, o pacto que Lucy Stone e Henry Blackwell redigiram juntos antes dos votos matrimoniais:

> Apesar de reconhecermos nosso afeto mútuo ao assumir publicamente uma relação de marido e esposa [...] cremos ser nosso dever declarar que esse ato de nossa parte não significa que aprovamos nem que prometemos obediência voluntária às atuais leis matrimoniais que não reconhecem a esposa como um ser independente e racional, ao mesmo tempo que conferem ao marido uma superioridade prejudicial e artificial.[7]

Lucy Stone, uma amiga dela, a bela reverenda Antoinette Brown (que mais tarde se casou com o irmão de Henry), Margaret Fuller, Angelina Grimké, Abby Kelley Foster – todas resistiram ao casamento precoce e, na verdade, não se casaram até que, em sua batalha contra a escravidão e em defesa dos direitos das mulheres, começassem a encontrar uma identidade como mulher jamais experimentada pela própria mãe. Algumas, como Susan Anthony e Elizabeth Blackwell, nunca se casaram; Lucy Stone manteve o próprio sobrenome, em um temor mais do que

A JORNADA APAIXONADA

simbólico de que se tornar esposa significava morrer como pessoa. O conceito conhecido por "*femme couverte*" (mulher coberta), inscrito na lei, suspendia "o próprio sujeito ou a existência legal da mulher" depois do casamento. "Para uma mulher casada, seu novo eu é seu superior, seu companheiro, seu mestre."

Se é verdade que as feministas eram "mulheres frustradas", como seus inimigos diziam já àquela época, era porque quase todas as mulheres vivendo nessas condições tinham razão para estarem frustradas. Em um de seus discursos mais tocantes, Lucy Stone disse, em 1855:

> Desde os primeiros anos que minha memória alcança, fui uma mulher frustrada. Quando, com meus irmãos, eu buscava fontes de conhecimento, era repreendida com: "Isso não é para você, não é adequado para mulheres." [...] Na educação, no casamento, na religião, em tudo, a frustração é o nosso destino. É a missão da minha vida aprofundar essa frustração no coração de cada mulher, até que decidam não mais se sujeitar a ela.[8]

Ao longo da vida, Lucy Stone testemunhou as leis de quase todos os estados mudarem radicalmente no que dizia respeito às mulheres, as escolas de ensino médio começaram a admiti-las, assim como dois terços das faculdades estadunidenses. O marido e a filha dela, Alice Stone Blackwell, devotaram a vida, depois da morte de Lucy, em 1893, à luta inacabada pelo voto feminino. Ao fim de sua jornada apaixonada, ela podia dizer que estava feliz por ter nascido mulher. Ela escreveu para a filha um dia antes de completar 70 anos:

> Tenho certeza de que minha mãe vê e sabe o quanto sou grata por ter nascido, e em uma época em que havia tantas coisas a fazer para as quais pude dar minha contribuição. Querida mãe! Ela teve uma vida difícil, e lamentou ter tido outra menina com quem compartilhar e suportar a vida dura de uma mulher [...]. Mas eu me sinto inteiramente feliz por ter nascido.[9]

A MÍSTICA FEMININA

Em certos homens, em certas épocas da história, a paixão pela liberdade foi tão ou mais forte do que as paixões conhecidas do amor sexual. Que tenha sido assim também para muitas das mulheres que lutaram para libertar outras mulheres, parece ser um fato, não importa como a força dessa outra paixão seja explicada. Apesar da reprovação e da zombaria da maioria dos maridos e pais, apesar da hostilidade, quando não insultos descarados, por conta de seu comportamento "não feminino", as feministas continuaram com sua cruzada. Elas mesmas eram torturadas por dúvidas íntimas a cada passo do caminho. Não era coisa de uma dama, amigas escreveram para Mary Lyon, viajar por toda a Nova Inglaterra com uma bolsa de veludo verde, arrecadando dinheiro para abrir uma faculdade para mulheres. "O que eu faço de errado?", ela perguntou. "Ando de carruagem ou carro desacompanhada [...]. Meu coração está doente, minha alma, dolorida por conta dessa gentileza vazia, dessa insignificância cortês. Estou fazendo um trabalho importante, não posso parar."

A encantadora Angelina Grimké achou que ia desmaiar quando aceitou o que era para ser uma piada e apareceu para discursar diante da assembleia legislativa de Massachusetts a respeito das petições abolicionistas, a primeira mulher a falar diante de um corpo legislativo. Uma carta pastoral denunciou seu comportamento indigno para uma mulher:

> Chamamos a atenção para os perigos que no presente parecem ameaçar o caráter feminino com injúrias amplas e permanentes [...]. A força da mulher é sua dependência, oriunda da consciência da fraqueza que Deus lhe deu para sua proteção [...]. Mas quando assume o lugar e a voz do homem como reformadora pública [...] o caráter dela se torna antinatural. Se a videira, cuja força e cuja beleza estão no fato de se apoiar na treliça e camuflar seus cachos, pensa assumir a independência e a natureza ensombrecedora do olmo, não apenas deixará de dar frutos, mas cairá na vergonha e na desonra, sobre o pó.[10]

Não foram apenas a insatisfação e a frustração que fizeram com que ela se recusasse a ser "forçada ao silêncio pela vergonha" e que donas de casa da Nova Inglaterra andassem, três, cinco, dez quilômetros em noites de inverno para ouvi-la.

A identificação emocional das mulheres estadunidenses com a luta pela liberação dos escravos pode, ou não, ser evidência do fomento inconsciente de sua própria rebelião. Mas é um fato inegável que, ao se organizar, peticionar e discursar pela libertação dos escravos, as mulheres estadunidenses aprenderam a libertar a si próprias. No Sul, onde a escravidão mantinha as mulheres em casa, e onde elas não conheciam educação, trabalhos pioneiros ou lutas sociais, a velha imagem de feminilidade permaneceu intacta, e houve poucas feministas. No norte, as mulheres que fizeram parte da Underground Railroad,* ou lutaram pela libertação dos escravos de outra forma, nunca mais foram as mesmas. O feminismo também foi para o oeste com os comboios, onde o desbravamento das fronteiras deu às mulheres direitos quase iguais desde o começo. (Wyoming foi o primeiro estado a permitir que as mulheres votassem.) Individualmente, as feministas não pareciam ter mais ou menos motivos do que todas as outras mulheres de seu tempo para invejar ou odiar os homens. Mas o que elas tinham era respeito próprio, coragem, força. Independentemente de amarem ou odiarem os homens, de terem escapado ou sofrido humilhações por parte dos homens, elas se identificavam com as outras mulheres. As que aceitavam as condições degradantes sentiam desprezo por si mesmas e por todas as outras mulheres. As feministas que lutavam contra essas condições se libertaram desse desprezo e tinham menos motivos para invejar os homens.

O chamado para aquela primeira Convenção pelos Direitos da Mulher aconteceu porque uma mulher culta, que já havia participado de mudanças na sociedade como abolicionista, ficou cara a cara com a realidade

---

* As Underground Railroads [Ferrovias Subterrâneas] eram uma rede de rotas seguras e secretas para o norte dos Estados Unidos, utilizadas por escravizados em fuga, com apoio dos abolicionistas. (*N. T.*)

do trabalho duro e do isolamento de uma dona de casa em uma cidade pequena. Como a mulher diplomada com seis filhos no subúrbio classe média nos dias atuais, Elizabeth Cady Stanton, que se mudara para a pequena cidade de Seneca Falls com o marido, estava insatisfeita com a vida de assar, cozinhar, costurar, lavar e cuidar dos filhos. O marido, um líder abolicionista, estava sempre fora a trabalho. Ela escreveu:

> Agora entendo as dificuldades práticas com as quais a maioria das mulheres se defrontava em um lar isolado e a impossibilidade do melhor desenvolvimento feminino se na maior parte do tempo ficam em contato apenas com criadas e filhos [...]. O descontentamento geral que sentia em relação ao destino da mulher [...] e a expressão fatigada e ansiosa da maioria delas me deram a forte sensação de que medidas efetivas precisavam ser tomadas [...]. Não sabia o que fazer nem por onde começar – minha única ideia foi uma reunião pública para protestar e discutir.[11]

Ela publicou apenas uma nota nos jornais, e donas de casas e filhas que nunca tinham conhecido outro tipo de vida chegaram em comboios, vindas de um raio de 80 quilômetros para ouvi-la falar.

Por mais díspares que fossem as raízes sociais e psicológicas, todas as que lideraram a luta pelos direitos das mulheres, no começo ou mais tarde, também compartilhavam uma inteligência acima da média, alimentada por uma educação incomum para a época. De outra forma, independentemente do que sentissem, não teriam conseguido enxergar além dos preconceitos que justificavam a degradação feminina, nem colocar em palavras sua voz dissidente. Mary Wollstonecraft educou-se sozinha, depois foi educada por um grupo de filósofos ingleses que, à época, pregavam os direitos do homem. Margaret Fuller aprendeu com o pai a ler os clássicos em seis idiomas e se envolveu com o grupo transcendentalista em torno de Emerson. O pai de Elizabeth Cady Stanton, que era juiz, deu à filha a melhor educação disponível na época, e a suplementou permitindo que ela assistisse às sessões que ele presidia no tribunal. Ernestine Rose, a filha do rabino que se rebelou contra a doutrina de sua religião, que decretava a inferioridade da mulher diante do homem, tornou-se livre-pensadora graças ao grande filósofo utópico Robert Owen. Ela também desafiou o costume religioso ortodoxo ao se casar com o homem que amava. Ela sempre insistiu, mesmo nos dias mais amargos da luta pelos direitos das mulheres, que o inimigo da mulher não era o homem. "Não lutamos contra o homem em si, mas apenas contra maus princípios."

Essas mulheres não eram devoradoras de homens. Julia Ward Howe, filha bela e brilhante da alta sociedade nova-iorquina, que estudou a fundo tudo que lhe interessava, escreveu o "Battle Hymn of the Republic" [Hino da Batalha da República] de forma anônima, pois o marido acreditava que a vida dela deveria ser devotada a ele e aos seis filhos. Só começou a participar do movimento sufragista em 1868, quando conheceu Lucy Stone, que "fora por muito tempo objeto de antipatia imaginária da minha parte. Quando vi o rosto doce e feminino dela e ouvi sua voz honesta, percebi que o objeto da minha aversão era um mero fantasma, invocado por distorções tolas e sem sentido [...]. Só consegui dizer: 'Estou com você.'" [12]

A ironia do mito das devoradoras de homens é que os supostos excessos das feministas se originavam de seu desamparo. Quando se considera que as mulheres não têm nem merecem direito algum, o que elas podem fazer por si mesmas? A princípio, parecia que não restava nada a fazer a não ser falar. A partir de 1848, houve convenções pelos direitos das mulheres anualmente, em cidades grandes e pequenas, convenções nacionais e estaduais, inúmeras vezes – em Ohio, Pensilvânia, Indiana, Massachusetts. Elas poderiam falar até o fim dos tempos sobre os direitos que não possuíam. Mas como convencer os legisladores a permitir que elas ficassem com seus próprios rendimentos, ou com os filhos após o divórcio, quando não podiam sequer votar? Como financiar e organizar uma campanha pelo voto quando não possuíam nenhum dinheiro próprio, nem mesmo o direito a ter uma propriedade?

A própria sensibilidade à opinião que uma dependência tão completa gera nas mulheres tornou dolorido cada passo para fora de sua prisão

A MÍSTICA FEMININA

cordial. Mesmo quando tentavam mudar condições que estavam a seu alcance mudar, elas eram ridicularizadas. O vestido incrivelmente desconfortável que as "damas" vestiam à época era um símbolo do seu aprisionamento: espartilhos tão apertados que elas mal conseguiam respirar, meia dúzia de saias e anáguas, que chegavam a pesar até cinco quilos e eram tão longas que varriam o pó das ruas. O espectro das feministas se apropriando das calças dos homens surgiu em parte por conta do estilo "*bloomer*": uma túnica, saia na altura dos joelhos, pantalonas até o calcanhar. Elizabeth Stanton se vestia assim, com entusiasmo no começo, para fazer o trabalho de casa confortavelmente, da mesma forma que uma jovem hoje em dia usa bermudas ou calças largas. Mas quando as feministas começaram a usar o traje em público, como símbolo de sua emancipação, as piadas grosseiras dos editores de jornal, passantes na rua e garotinhos foram insuportáveis para a sensibilidade feminina delas. "Vestimo-nos assim para ter mais liberdade, mas o que é a liberdade física se comparada à escravidão mental?", disse Elizabeth Stanton, e descartou seu traje "*bloomer*". A maioria, como Lucy Stone, parou de usá-lo por um motivo feminino: não caía muito bem, exceto para a pequenina e graciosa sra. Bloomer em pessoa.

De qualquer modo, aquela gentileza desamparada precisava ser superada, na mente dos homens, na mente das outras mulheres e na mente delas próprias. Quando decidiram reivindicar o direito das mulheres casadas de terem propriedade, na metade das vezes até as mulheres fechavam a porta na cara delas, com comentários complacentes de que tinham marido, não precisavam de leis para protegê-las. Quando Susan Anthony e suas companheiras coletaram 6 mil assinaturas em dez semanas, a assembleia legislativa do estado de Nova York as recebeu com sonoras gargalhadas. Com ironia, recomendou que, uma vez que as damas sempre conseguiam os "melhores bocados" à mesa, o melhor assento na carruagem e o direito de escolher de que lado da cama queriam dormir, "se há inequidade ou opressão, são os cavalheiros que as sofrem". No entanto, dispensariam o "recurso", a não ser nos casos em que ambos, marido e esposa, tivessem assinado a petição. "Nesse caso, recomendavam que as

A JORNADA APAIXONADA

partes pedissem uma lei que os autorizasse a trocar de roupa, de forma que o marido pudesse usar anáguas, e a esposa, calças."

É incrível que as feministas tenham conseguido qualquer coisa – que não tenham se tornado megeras amargas, mas mulheres cada vez mais entusiasmadas que sabiam que estavam fazendo história. Há mais ânimo do que amargura quando Elizabeth Stanton, que teve filhos até depois dos 40 anos, escreve para Susan Anthony que aquele realmente vai ser o último e que a diversão está apenas começando: "Coragem, Susan, só chegaremos ao auge aos 50." Dolorosamente insegura e envergonhada de sua aparência – não por causa do tratamento recebido dos homens (ela teve pretendentes), mas por causa de uma bela irmã mais velha e de uma mãe que considerava o estrabismo uma tragédia –, de todas as líderes feministas do século XIX, Susan Anthony era a única que se assemelhava ao mito. Ela se sentiu traída quando as outras começaram a se casar e ter filhos. Mas apesar do rancor, ela não foi uma solteirona amarga com um monte de gatos. Viajando sozinha de cidade em cidade, pregando panfletos sobre as reuniões, usando todo o seu potencial como ativista, lobista e palestrante, ela abriu seu próprio caminho em um mundo cada vez maior.

Ao longo da vida, essas mulheres mudaram a imagem feminina que justificara a degradação da mulher. Em uma reunião, enquanto os homens zombavam da ideia de confiar o voto a mulheres tão incapazes que precisavam ser carregadas por cima de poças de lama e depositadas em carruagens, uma feminista orgulhosa chamada Sojourner Truth levantou o braço negro:

> Olhem meu braço! Eu arei, plantei e enchi celeiros [...] e eu não sou mulher? Eu trabalhava e comia – quando havia comida – tanto quanto um homem, e aguentava o açoite também [...]. Dei à luz 13 filhos e vi a maioria ser vendida como escravo, e quando chorei minha dor de mãe, ninguém além de Jesus me ajudou... E não sou uma mulher?

A MÍSTICA FEMININA

A imagem de cordialidade vazia também foi enfraquecida pelos milhares de mulheres que trabalhavam nas fábricas de tijolos: as garotas das usinas de Lowell que lutaram contra as péssimas condições de trabalho, que, em parte por causa da suposta inferioridade das mulheres, eram ainda piores para elas do que para os homens. Mas aquelas mulheres, que depois de uma jornada de 12 ou 13 horas na fábrica ainda tinham obrigações a cumprir no lar, não podiam liderar a jornada apaixonada. A maioria das lideranças feministas eram mulheres da classe média, impulsionadas por diversos motivos, a se educar e destruir aquela imagem vazia.

O que as impelia? "Preciso extravasar minha energia acumulada de algum jeito novo", escreveu Louisa May Alcott em seu diário quando decidiu se voluntariar como enfermeira na Guerra Civil. "Uma jornada muito interessante, em um mundo novo, cheio de imagens e sons excitantes, novas aventuras e uma percepção crescente da importante tarefa que eu havia assumido. Eu rezava enquanto atravessava o campo, pontuado de barracas brancas, todas repletas de patriotismo e manchadas de vermelho pelo sangue. Uma hora solene, mas me sinto feliz por viver nela."

O que as impelia? Solitária e atormentada por incertezas, Elizabeth Blackwell, em sua inédita e gigantesca determinação de se tornar médica, ignorou zombarias – e flertes – para fazer suas dissecções anatômicas. Ela lutou pelo direito de assistir a dissecções de órgãos reprodutivos, mas decidiu não participar do desfile de formatura, pois não seria adequado para uma dama. Isolada por seus companheiros de profissão, ela escreveu:

> Sou mulher e médica [...] entendo agora por que essa vida nunca foi vivida antes. É difícil, sem nenhum apoio além de um propósito elevado, lutar contra todo tipo de oposição social [...]. Eu gostaria de um pouco de diversão de vez em quando. A vida no geral é muito séria.[13]

No decorrer de um século de lutas, a realidade refutou o mito de que a mulher usaria seus direitos para uma dominação vingativa do homem. Conforme conquistaram o direito à educação igualitária, o direito de

A JORNADA APAIXONADA

falar em público e possuir bens, e o direito de ter um emprego ou uma profissão e administrar os próprios ganhos, as feministas passaram a ter menos motivos para ter rancor dos homens. Mas ainda havia uma batalha a travar. Conforme M. Carey Thomas, a brilhante primeira presidenta da Faculdade Bryn Mawr,* disse em 1908:

> As mulheres compõem metade do mundo, mas até um século atrás [...] viviam uma vida crepuscular, uma vida pela metade e à parte, olhando para fora e vendo os homens como sombras ambulantes. Era um mundo dos homens. As leis eram dos homens, o governo era dos homens, o país era dos homens. Agora as mulheres conquistaram o direito ao ensino superior e à independência econômica. O direito de serem cidadãs do estado é a próxima e inevitável consequência da educação e do trabalho fora de casa. Chegamos tão longe; precisamos ir ainda mais longe. Não podemos retroceder.[14]

O problema era que o movimento em defesa dos direitos das mulheres tinha se tornado quase respeitável demais; no entanto, sem o direito ao voto, as mulheres não conseguiam que nenhum partido político as levasse a sério. Quando a filha de Elizabeth Stanton, Harriet Blatch, voltou para casa, em 1907, viúva de um inglês, encontrou o movimento, no âmbito do qual sua mãe a tinha criado, em uma rotina enfadonha e estéril de chá com biscoito. Ela testemunhara as táticas usadas pelas inglesas para dramatizar o movimento, que enfrentava uma estagnação semelhante: questionar oradores em reuniões públicas, provocar deliberadamente a polícia, fazer greves de fome na prisão – o tipo de resistência não violenta dramática que Gandhi usou na Índia ou que os Viajantes da Liberdade usam atualmente nos Estados Unidos quando táticas legais mantêm

---

* A informação apresentada no original está ligeiramente incorreta: M. Carey Thomas foi, na verdade, a primeira reitora da Faculdade Bryn Mawr, e a segunda presidenta da instituição. (*N. T.*)

A MÍSTICA FEMININA

a segregação intacta. As feministas estadunidenses nunca precisaram recorrer aos extremos de suas contrapartes inglesas, pecadoras de mais longa data. Mas dramatizaram a questão do voto até despertarem uma oposição muito mais poderosa do que a sexual.

Do mesmo modo que a batalha para libertar as mulheres tinha sido inflamada pela batalha pela libertação dos escravos no século XIX, foi inflamada no século XX pelas batalhas por reforma social, de Jane Addams e sua Hull House,* pelo uso do movimento sindicalista e pelas grandes greves contra condições de trabalho intoleráveis nas fábricas. Para as garotas da Triangle Shirtwaist,** que ganhavam míseros 6 dólares por semana, trabalhavam até as dez da noite e eram multadas por conversar, rir e cantar, igualdade era uma questão que ia além do direito à educação e ao voto. Elas fizeram piquetes durante meses de fome e frio rigoroso; dezenas foram golpeadas com cassetetes pela polícia e arrastadas para camburões. As novas feministas arrecadaram dinheiro para pagar a fiança e comprar comida para as grevistas, do mesmo modo que as mães delas tinham ajudado a Underground Railroad.

Por trás dos gritos de "salvem a feminilidade", "salvem o lar", era possível vislumbrar agora a influência do maquinário político, intimidado diante da ideia do que aquelas mulheres reformistas poderiam fazer se conquistassem o direito ao voto. As mulheres, afinal, estavam tentando fechar os bares. Os donos de cervejarias e de outros negócios, principalmente aqueles que dependiam de mão de obra mal remunerada de crianças e mulheres, fizeram um *lobby* escancarado contra a emenda do sufrágio feminino em Washington. "Os homens da máquina política estavam totalmente incertos quanto a sua capacidade de controlar um acréscimo ao eleitorado que lhes parecia relativamente imune ao suborno, mais militante e inclinado no sentido de reformas incômodas que iam desde a fiscalização do esgoto até

---

* Centro fundado em Chicago por Addams, cuja principal atividade era receber e apoiar imigrantes recém-chegados aos Estados Unidos. (*N. T.*)

** Fábrica de vestuário que utilizava mão de obra principalmente imigrante. Um grande incêndio que matou quase duzentos trabalhadores em 1911 foi incentivo para a melhoria das leis trabalhistas da época. (*N. T.*)

A JORNADA APAIXONADA

a erradicação do trabalho infantil e, pior, a 'limpeza' da política."[15] E os congressistas do Sul apontaram que o sufrágio para as mulheres significava também o sufrágio para mulheres negras.

A batalha final pelo voto foi travada no século XX pelo crescente número de universitárias, lideradas por Carrie Chapman Catt, filha da pradaria de Iowa, formada na faculdade estadual de Iowa, professora e jornalista, cujo marido, um engenheiro bem-sucedido, apoiava veementemente sua luta. Um grupo que mais tarde se autodenominou Woman's Party [Partido das Mulheres] ganhou as manchetes diversas vezes com piquetes em frente à Casa Branca. Depois do início da Primeira Guerra Mundial, houve uma grande histeria em torno das mulheres que se algemavam às grades da Casa Branca. Maltratadas pela polícia e pelos tribunais, elas faziam greve de fome na prisão e acabaram sendo torturadas com alimentação forçada. Muitas dessas mulheres eram quacres e pacifistas; mas a maioria das feministas apoiava a guerra ao mesmo tempo que seguia na campanha pelos direitos das mulheres. Elas não devem ser culpadas pelo mito da feminista devoradora de homens que prevalece hoje, um mito que não para de crescer desde os tempos de Lucy Stone até os dias atuais, sempre que alguém tem algum motivo para se opor à saída das mulheres do lar.

Nessa batalha final, as estadunidenses, em um período de cinquenta anos, conduziram 56 campanhas de plebiscito para eleitores homens; 480 campanhas para convencer legisladores a submeter emendas sufragistas a votação; 277 campanhas para convencer as convenções estaduais dos partidos a incluir plataformas sobre o sufrágio feminino; 30 campanhas para convencer as convenções presidenciais dos partidos a adotar a plataforma do sufrágio feminino e 19 campanhas junto a 19 Congressos sucessivos.[16] Alguém precisava organizar todas essas manifestações, discursos, petições, reuniões e lobbies junto a legisladores e congressistas. As novas feministas não eram mais um punhado de mulheres devotadas; milhares, milhões de estadunidenses com marido, filhos e lar dedicavam todo o tempo de que dispunham à causa. A imagem desagradável das feministas de hoje lembra menos as próprias feministas do que a imagem fomentada pelos

A MÍSTICA FEMININA

interesses que se opunham ferrenhamente ao voto feminino estado após estado, fazendo *lobby*, ameaçando legisladores com a ruína nos negócios ou na vida política, comprando votos e mesmo roubando-os até (e mesmo depois) que 36 estados tivessem ratificado a emenda.

Aquelas que travaram essa batalha ganharam mais do que direitos vazios no papel. Elas afastaram a sombra do desprezo e do autodesprezo que degradava as mulheres havia séculos. A alegria, o entusiasmo e as recompensas pessoais dessa batalha foram lindamente descritas por Ida Alexa Ross Wylie, uma feminista inglesa:

> Para meu assombro, descobri que as mulheres, apesar de terem joelhos valgos e pernas que durante séculos não podiam sequer ser mencionadas, eram capazes, em um piscar de olhos, de correr mais que o policial londrino mediano. Sua pontaria, com um pouco de prática, tornou-se boa o suficiente para acertar legumes maduros em olhos ministeriais, sua perspicácia aguçada o suficiente para deixar a Scotland Yard correndo em círculos, aparvalhada. Sua capacidade de se organizar de improviso, de manter sigilo e lealdade, o desprezo iconoclasta pela classe e pela ordem estabelecida foram uma revelação para todos os envolvidos, mas principalmente para elas mesmas [...].
>
> O dia em que, com um direto no queixo, mandei um oficial do Departamento de Investigação Criminal de tamanho razoável para o fosso de orquestra do teatro onde estávamos reunidas em um de nossos comícios beligerantes, foi o dia que marcou minha entrada na vida adulta [...]. Eu não era nenhum gênio, o episódio não poderia ter mudado isso, mas me libertou para ser o que bem entendesse de acordo com a minha vocação [...].
>
> Ao longo de dois anos de aventuras malucas e às vezes perigosas, trabalhei e lutei ao lado de mulheres fortes, felizes e equilibradas, que gargalhavam em vez de sorrir timidamente, que andavam livremente em vez de vacilar, que eram capazes de jejuar por mais tempo que Gandhi e sair do jejum com uma risada

e um gracejo. Dormi no chão duro entre duquesas mais velhas, cozinheiras robustas e jovens vendedoras. Vivíamos cansadas, doloridas e assustadas. Mas estávamos mais satisfeitas do que nunca. Compartilhávamos uma alegria de viver inédita. A maioria de minhas companheiras de luta eram esposas e mães. E coisas estranhas aconteceram em sua vida doméstica. Maridos chegavam em casa à noite com um novo ânimo [...]. Quanto aos filhos, a atitude deles mudou rapidamente de uma tolerância afetuosa pela pobre mãe para um assombro de olhos arregalados. Libertados do amor maternal sufocante, pois a mãe estava muito ocupada para se preocupar o tempo todo com eles, descobriram que gostavam dela. Ela era incrível. Tinha coragem [...]. As mulheres que ficaram de fora da luta – infelizmente a maioria –, e que estavam sendo ainda mais do que nunca Mulherzinhas, detestavam as combatentes com o ódio envenenado da inveja.[17]

As mulheres realmente voltaram ao lar como reação ao feminismo? O fato é que, para mulheres nascidas depois de 1920, o feminismo era um caso encerrado. Ele terminou como movimento vital nos Estados Unidos após a conquista do último direito: o voto. Nas décadas de 1930 e 1940, as mulheres que lutaram pelos direitos femininos ainda estavam preocupadas com direitos humanos e liberdade: para negros, trabalhadores oprimidos, vítimas da Espanha de Franco e da Alemanha de Hitler. Mas ninguém estava mais muito preocupado com os direitos femininos: todos haviam sido conquistados. E, no entanto, o mito da devoradora de homens permanecia. Mulheres que exibiam qualquer independência ou iniciativa eram chamadas de "Lucy Stoners". "Feminista", do mesmo modo que "profissional", tornou-se um palavrão. As feministas tinham destruído a velha imagem da mulher, mas não podiam apagar a hostilidade, o preconceito e a discriminação que ainda persistiam. Tampouco podiam pintar a nova imagem do que as mulheres poderiam se tornar ao crescer em condições que não mais as tornavam inferiores aos homens, dependentes, passivas, incapazes de pensar ou decidir.

A maioria das meninas que cresceu durante os anos em que as feministas estavam eliminando as causas daquele degradante "vazio cortês" recebeu sua imagem feminina de mães que ainda estavam presas a esse "vazio". Essas mães provavelmente foram o modelo real para o mito da devoradora de homens. A sombra do desprezo e do autodesprezo que poderia transformar uma dona de casa gentil em uma megera dominante também transformou algumas de suas filhas em imitações agressivas dos homens. As primeiras mulheres a ingressar no mundo dos negócios e nas profissões eram ensinadas a ser aberrações. Inseguras a respeito da nova liberdade, algumas talvez temessem ser suaves e gentis, amar, ter filhos, e assim perder sua preciosa independência e ser presas novamente como as próprias mães. Elas reforçaram o mito.

Mas as filhas que cresceram com os direitos que as feministas conquistaram não podiam voltar à velha imagem de vazio cortês, tampouco tinham os motivos de suas mães e tias para serem cópias agressivas do homem ou temer amá-los. Elas tinham chegado sem saber ao ponto de virada na identidade feminina. Tinham realmente superado a velha imagem; finalmente estavam livres para ser o que escolhessem. Mas que escolhas lhes eram oferecidas? De um lado, a feminista feroz e devoradora de homens, a profissional de carreira: sem amor, solitária. Do outro, a esposa e mãe gentil: amada e protegida pelo marido, rodeada de filhos amorosos. Embora muitas filhas tenham dado continuidade à jornada apaixonada que as avós haviam começado, milhares de outras desertaram, vítimas de uma escolha equivocada.

As razões dessa escolha eram, é claro, mais complexas do que o mito da feminista. Como as chinesas, após terem os pés enfaixados durante muitas gerações, finalmente descobriram que podiam correr? As primeiras mulheres que tiveram os pés desenfaixados deviam sentir tanta dor que algumas temiam até mesmo ficar de pé, quanto mais andar ou correr. Quanto mais andavam, menos os pés doíam. Mas o que teria acontecido se, antes que uma geração de meninas chinesas tivesse crescido com os pés livres, médicos, na tentativa de lhes poupar da dor e da aflição, dissessem para amarrarem os pés outra vez? E os professores dissessem que andar com pés enfaixados era feminino, a única maneira de uma mulher andar se quisesse que um homem a amasse? E estudiosos dissessem que elas seriam mães melhores se não pudessem se afastar tanto dos filhos? E vendedores, descobrindo que as mulheres incapazes de andar compravam mais bugigangas, espalhassem fábulas a respeito dos perigos de correr e da felicidade de se manter enfaixada? Será que muitas menininhas chinesas, então, cresceriam querendo ter os pés firmemente amarrados, jamais tentadas a andar ou correr?

A verdadeira peça que a história pregou nas mulheres estadunidenses não é a que faz com que as pessoas riam silenciosamente, com uma sofisticação freudiana barata, das feministas mortas. É a peça que o pensamento freudiano pregou nas mulheres vivas, distorcendo a memória das feministas no fantasma devorador de homens da mística feminina, fazendo murchar o desejo de ser mais que apenas mãe e esposa. Encorajadas pela mística a fugir de sua crise de identidade, autorizadas a escapar da identidade como um todo em nome da satisfação sexual, as mulheres estão mais uma vez vivendo com os pés atados na velha imagem da feminilidade glorificada. E foi essa mesma velha imagem, apesar da roupagem nova e chamativa, que aprisionou as mulheres por séculos e fez as feministas se rebelarem.

NOTAS

1. Ver Eleanor Flexner, *Century of Struggle: The Woman's Rights Movement in the United States* [Século de luta: O movimento pelos direitos das mulheres nos Estados Unidos], Cambridge, Mass., 1959. Essa história definitiva do movimento pelos direitos das mulheres nos Estados Unidos, publicada em 1959, no auge da era da mística feminina, não recebeu a atenção que merece, seja do leitor inteligente, seja dos estudiosos. Na minha opinião, deveria ser leitura obrigatória para todas as meninas

A MÍSTICA FEMININA

que ingressam em uma faculdade estadunidense. Um dos motivos pelos quais a mística prevalece é que pouquíssimas mulheres com menos de 40 anos conhecem os fatos a respeito do movimento pelos direitos das mulheres. Eu devo muito à srta. Flexner por muitas das pistas factuais que de outro modo eu poderia ter perdido em minha tentativa de chegar à verdade por trás da mística feminina e sua imagem monstruosa das feministas.

2. Ver Sidney Ditzion, *Marriage, Morals and Sex in America – A History of Ideas* [Casamento, moral e sexo nos Estados Unidos – Uma história de ideias], Nova York, 1953. Essa extensa revisão bibliográfica feita pelo bibliotecário da Universidade de Nova York documenta a inter-relação contínua entre os movimentos pela reforma social e sexual nos Estados Unidos e, especificamente, entre o movimento dos homens por uma maior autorrealização e satisfação sexual e o movimento pelos direitos das mulheres. Os discursos e tratados reunidos revelam que o movimento para emancipar as mulheres com frequência era visto pelos homens, bem como pelas mulheres que o lideravam, em termos de "criar um equilíbrio justo de poder entre os sexos" para "uma expressão mais satisfatória da sexualidade de ambos os sexos".

3. *Ibid.*, p. 107.

4. Yuri Suhl, *Ernestine L. Rose and the Battle for Human Rights* [Ernestine L. Rose e a luta pelos direitos humanos], Nova York, 1959, p. 158. Um relato vívido da batalha pelo direito de uma mulher casada de ter bens e rendas.

5. Flexner, *op. cit.*, p. 30.

6. Elinor Rice Hays, *Morning Star, A Biography of Lucy Stone* [Estrela da manhã, uma biografia de Lucy Stone], Nova York, 1961, p. 83.

7. Flexner, *op. cit.*, p. 64.

8. Hays, *op. cit.*, p. 136.

9. *Ibid.*, p. 285.

10. Flexner, *op. cit.*, p. 46.

11. *Ibid.*, p. 73.

12. Hays, *op. cit.*, p. 221.

13. Flexner, *op. cit.*, p. 117.

14. *Ibid.*, p. 235.
15. *Ibid.*, p. 299.
16. *Ibid.*, p. 173.
17. Ida Alexis Ross Wylie, "The Little Woman" [A mulherzinha], *Harper's*, novembro de 1945.

5. O solipsismo sexual de Sigmund Freud

Seria uma meia verdade dizer que tudo começou com Sigmund Freud. Só começou de verdade nos Estados Unidos depois da década de 1940. E ainda assim, foi menos um começo do que a prevenção de um fim. Os velhos preconceitos – as mulheres são animais, subumanas, incapazes de pensar como os homens, nascidas somente para procriar e servir aos homens – não foram tão facilmente eliminados pelas campanhas feministas, pela ciência ou pela educação, nem pelo espírito democrático, no fim das contas. Eles simplesmente reapareceram nos anos 1940, com um disfarce freudiano. A mística feminina derivava seu poder do pensamento freudiano; pois foi uma ideia nascida de Freud que levou as mulheres, e aqueles que as estudavam, a interpretar de maneira equivocada as frustrações de suas mães, os ressentimentos e inadequações de seus pais, irmãos e maridos e suas próprias emoções e possíveis escolhas na vida. É uma ideia freudiana, sedimentada como fato aparente, que aprisiona tantas mulheres estadunidenses hoje.

Para a mulher moderna, é muito mais difícil questionar a nova mística do que os velhos preconceitos, em parte porque a mística é disseminada justamente pelos agentes de educação e das ciências sociais que deveriam ser os principais inimigos do preconceito; e em parte porque a própria natureza do pensamento freudiano torna praticamente impossível questioná-lo. Como uma mulher estadunidense instruída, mas que não é analista, poderia questionar uma verdade freudiana? Ela sabe que a descoberta de Freud dos mecanismos inconscientes da mente foi um dos grandes marcos na busca do homem pelo conhecimento. Ela sabe que a ciência baseada nessa descoberta ajudou muitos homens e mulheres em sofrimento. Ensinaram-lhe que apenas depois de anos de treinamento analítico uma pessoa se torna capaz de compreender o significado da verdade freudiana. Talvez saiba até mesmo como a mente inconsciente humana resiste a essa verdade. Como poderia se aventurar no solo sagrado onde só analistas tinham permissão de pisar?

Ninguém pode questionar a genialidade básica das descobertas freudianas nem a contribuição dele para nossa cultura. Tampouco questiono a eficácia da psicanálise como é praticada hoje tanto por freudianos quanto por antifreudianos. O que questiono, pela minha própria experiência como mulher e pelo meu conhecimento jornalístico acerca de outras mulheres, é a aplicação da teoria freudiana da feminilidade para as mulheres de hoje. Questiono seu uso, não na terapia, mas na forma como entrou pouco a pouco na vida das mulheres estadunidenses por meio de revistas populares e de opiniões e interpretações de supostos especialistas. Acho que a maior parte da teoria freudiana sobre as mulheres está se tornando obsoleta, um obstáculo à verdade para mulheres nos Estados Unidos hoje e uma das principais causas do difundido problema sem nome.

São muitos os paradoxos aqui. O conceito freudiano do supereu ajudou a libertar o homem da tirania dos "deveres", da tirania do passado, que impede a criança de se tornar adulta. Contudo, o pensamento freudiano ajudou a criar um novo supereu que paralisa a mulher estadunidense moderna e educada – uma nova tirania de "deveres", que acorrenta a mulher a uma velha imagem, proíbe a escolha e o crescimento e a impede de ter identidade individual.

A psicologia freudiana, com sua ênfase em se libertar de uma moralidade repressiva para alcançar realização sexual, foi parte da ideologia da emancipação das mulheres. A imagem estadunidense que ficou da "mulher emancipada" é a da jovem dos anos 1920: os cabelos antes volumosos agora cortados curtos, joelhos à mostra, ostentando sua nova liberdade de morar em um estúdio em Greenwich Village ou em Near North Side, Chicago, dirigir, beber, fumar e desfrutar de aventuras sexuais – ou falar sobre elas. No entanto, hoje, por razões muito distantes da vida do próprio Freud, o pensamento freudiano se tornou o baluarte ideológico da contrarrevolução sexual nos Estados Unidos. Sem a definição de Freud da natureza sexual da mulher para dar nova autoridade à imagem convencional de feminilidade, não acredito que diversas gerações de mulheres estadunidenses educadas e vivazes teriam sido tão facilmente afastadas do entendimento de quem eram e do que poderiam ser.

O conceito da "inveja do pênis", criado por Freud para descrever um fenômeno que observou em mulheres – quer dizer, em mulheres da classe média que eram suas pacientes na Viena da era vitoriana –, foi tomado neste país na década de 1940 como a explicação literal de tudo o que havia de errado com a mulher estadunidense. Muitos dos que pregavam a doutrina de feminilidade ameaçada, revertendo o movimento das mulheres estadunidenses que buscavam independência e identidade, nunca souberam de sua origem freudiana. Muitos que se apoiavam nisso – não os poucos psicanalistas, mas os diversos popularizadores, sociólogos, educadores, manipuladores de agências de publicidade, redatores de revistas, especialistas infantis, terapeutas conjugais, pastores, autoridades sem nenhuma autoridade – não poderiam saber o que o próprio Freud queria dizer com inveja do pênis. Basta saber o que Freud *estava* descrevendo, naquelas mulheres vitorianas, para ver a falácia de aplicar literalmente sua teoria de feminilidade às mulheres de hoje. E basta saber *por que* ele a descreveu daquele modo para entender que grande parte dela se tornou obsoleta, contestada por conhecimentos que integram o pensamento de qualquer cientista social hoje, mas que ainda não eram conhecidos na época de Freud.

Há um consenso geral de que Freud foi um observador bastante perceptivo e preciso de questões importantes da personalidade humana. Entretanto, ao descrever e interpretar essas questões, ele foi um prisioneiro de seu próprio tempo. Enquanto criava uma nova estrutura para nossa cultura, não podia escapar da estrutura à qual pertencia. Nem mesmo sua genialidade poderia lhe dar, naquela época, o conhecimento dos processos culturais com os quais homens que não são gênios crescem atualmente.

A relatividade do físico, que recentemente mudou por completo nossa abordagem do conhecimento científico, é complexa, mas ainda assim

A MÍSTICA FEMININA

mais fácil de entender do que a relatividade do cientista social. Não é um slogan, mas uma declaração fundamental sobre a verdade, dizer que nenhum cientista social consegue se libertar totalmente da prisão de sua própria cultura; ele só consegue interpretar o que observa na estrutura científica de seu tempo. Isso é verdade até para os grandes inovadores. Eles não podem deixar de traduzir suas observações revolucionárias nas linguagens e rubricas que haviam sido determinadas pelo progresso da ciência até então. Mesmo as descobertas que criam novas rubricas são relativas ao ponto de vista de seu criador.

O conhecimento de outras culturas, a compreensão da relatividade cultural, que faz parte da estrutura dos cientistas sociais de nosso tempo, era algo desconhecido para Freud. A pesquisa moderna vem provando que muito do que Freud acreditava ser biológico, instintivo e imutável é, na verdade, resultado de causas culturais específicas.[1] Muito do que Freud descreveu como característico da natureza humana universal era característico apenas de determinados homens e mulheres europeus de classe média do fim do século XIX.

Por exemplo, a teoria freudiana da origem sexual da neurose deriva do fato de que diversos dos pacientes que ele observou a princípio sofriam de histeria – e, nesses casos, ele descobriu que a causa era a repressão sexual. Freudianos ortodoxos ainda professam sua crença na origem sexual de todas as neuroses e, como buscam memórias sexuais inconscientes em seus pacientes e traduzem o que escutam em símbolos sexuais, eles ainda conseguem encontrar o que procuravam.

O fato é que casos de histeria como os observados por Freud são bem mais raros hoje. Na época de Freud, evidentemente, a hipocrisia cultural forçava a repressão do sexo. (Alguns teóricos sociais suspeitam até mesmo que a ausência de outras preocupações no império austríaco em vias de extinção causava a obsessão sexual nos pacientes de Freud.[2]) Sem dúvida, o fato de que sua cultura negava o sexo fez com que Freud concentrasse seu interesse nisso. Ele então desenvolveu sua teoria descrevendo todos os estágios de crescimento como sexuais, encaixando todos os fenômenos que observava em rubricas sexuais.

O SOLIPSISMO SEXUAL DE SIGMUND FREUD

Sua tentativa de traduzir todos os fenômenos psicológicos em termos sexuais e de encarar todos os problemas da personalidade adulta como efeito de fixações sexuais na infância também deriva, em parte, de sua própria formação médica e da abordagem da causalidade implícita no pensamento científico de seu tempo. Ele tinha a mesma desconfiança em relação a lidar com fenômenos psicológicos em seus próprios termos que costuma afligir cientistas do comportamento humano. Algo que pudesse ser descrito em termos fisiológicos, ser associado a um órgão da anatomia, parecia mais confortável, sólido, real, científico, conforme ele imergia no campo inexplorado da mente inconsciente. De acordo com seu biógrafo, Ernest Jones, ele fez um "esforço desesperado para se ater à segurança da anatomia cerebral".[3] Na verdade, ele tinha a habilidade de observar e descrever fenômenos psicológicos de modo tão vívido que, apesar de seus conceitos ganharem nomes emprestados da fisiologia, da filosofia e da literatura – inveja do pênis, eu, complexo de Édipo –, eles pareciam ter uma realidade física concreta. Fatos psicológicos, como explica Jones, são "tão reais e concretos para ele quanto os metais para um metalúrgico".[4] Essa habilidade se tornou uma fonte de grande confusão conforme seus conceitos foram transmitidos por pensadores menores.

Toda a superestrutura da teoria freudiana se apoia no determinismo rigoroso que caracteriza o pensamento científico da era vitoriana. O determinismo foi hoje substituído por uma visão mais complexa de causa e efeito, em termos de processos e fenômenos físicos e também psicológicos. Nessa nova visão, cientistas comportamentais não precisam pegar emprestada a linguagem da fisiologia para explicar eventos psicológicos ou para lhes conferir uma pseudorrealidade. Os fenômenos sexuais não são nem mais, nem menos reais do que, por exemplo, o fenômeno de Shakespeare escrevendo *Hamlet*, que não pode exatamente ser "explicado" reduzindo-o a termos sexuais. Nem mesmo Freud pode ser explicado por seu próprio projeto determinista e fisiológico, embora seu biógrafo associe sua genialidade e sua "paixão divina pelo conhecimento" a uma curiosidade sexual insaciável, antes dos 3 anos de idade, em relação ao que acontecia entre seu pai e sua mãe no quarto.[5]

Hoje, biólogos, cientistas sociais e um número crescente de psicanalistas percebem a necessidade ou o impulso para o crescimento humano como uma necessidade humana primária, tão básica quanto o sexo. As fases "oral" e "anal" que Freud descreveu em termos de desenvolvimento sexual – a criança obtém seu prazer sexual primeiro pela boca, a partir do peito da mãe, depois por seus movimentos intestinais – são agora encaradas como fases do crescimento humano, influenciadas tanto por circunstâncias culturais e atitudes parentais quanto pelo sexo. Quando os dentes crescem, a boca pode morder e também sugar. Músculos e cérebro também crescem; a criança se torna capaz de controlar, dominar, entender; e sua necessidade de crescer e aprender, aos 5 anos, aos 25 ou aos 50, pode ser satisfeita, negada, reprimida, atrofiada, suscitada ou desencorajada pela sua cultura, assim como suas necessidades sexuais.

Especialistas em crianças de hoje confirmam a observação de Freud de que os problemas entre mãe e criança nos estágios iniciais com frequência aparecem como questões relacionadas com a alimentação; mais tarde, no desfralde. Ainda assim, recentemente, nos Estados Unidos, tem havido um declínio perceptível nos "problemas alimentares" em crianças. Será que o desenvolvimento instintivo da criança mudou? Impossível se, por definição, a fase oral é instintiva. Ou será que a cultura tirou a alimentação do foco de problemas na primeira infância – pela ênfase estadunidense na permissividade nos cuidados com as crianças, ou simplesmente pelo fato de que em nossa sociedade próspera a comida deixou de ser uma causa de ansiedade para as mães? Por causa da influência de Freud na nossa cultura, pais instruídos costumam tomar cuidado para não associar pressões que possam produzir conflito ao processo de desfralde. Esse tipo de conflito acontece com mais frequência hoje quando a criança está aprendendo a falar ou ler.[6]

Nos anos 1940, cientistas sociais e psicanalistas estadunidenses já haviam começado a reinterpretar os conceitos freudianos à luz de sua crescente consciência cultural. Entretanto, curiosamente, isso não impediu que aplicassem de modo literal a teoria de Freud sobre a feminilidade nas mulheres estadunidenses.

O SOLIPSISMO SEXUAL DE SIGMUND FREUD

O fato é que, para Freud, ainda mais do que para o editor de revista na Madison Avenue hoje, as mulheres eram uma espécie estranha, inferior, subumana. Ele as via como bonecas infantilizadas, que existiam em termos apenas do amor masculino, para amar um homem e cuidar de suas necessidades. Era o mesmo tipo de solipsismo inconsciente que fez com que, por muitos séculos, os homens vissem o Sol apenas como um objeto brilhante que girava ao redor da Terra. Freud cresceu com essa atitude embutida nele por sua cultura – não só a cultura da Europa vitoriana, mas também a cultura judaica na qual homens faziam suas preces diárias: "Bendito sejais Vós, Senhor, que não me fizestes mulher", e as mulheres oravam, submissas: "Bendito sejais Vós, Senhor, que me fizestes segundo a Vossa vontade."

A mãe de Freud foi a esposa linda e dócil de um homem que tinha o dobro de sua idade; o pai dele comandava a família com uma autoridade autocrática que era tradicional em famílias judias durante aqueles séculos de perseguição, quando os pais raramente conseguiam estabelecer autoridade no mundo exterior. A mãe adorava o pequeno Sigmund, seu primogênito, e o considerava misticamente destinado a grandes feitos; ela parecia existir apenas para satisfazer cada vontade do filho. As memórias que ele mesmo tinha da inveja sexual que sentia do pai, cujas vontades a mãe também satisfazia, foram a base de sua teoria do complexo de Édipo. Com a esposa, assim como com a mãe e as irmãs, as necessidades, os desejos e as vontades dele eram o sol em torno do qual todo o lar girava. Quando o barulho de suas irmãs tocando piano começou a atrapalhar seus estudos, "o piano desapareceu", lembrou-se anos depois Anna Freud, "e com ele qualquer oportunidade de as irmãs se tornarem musicistas".

Freud não via essa atitude como um problema, nem como causa de algum problema, para as mulheres. Era da natureza da mulher ser governada pelo homem, e a doença dela era invejá-lo. As cartas de Freud para Martha, sua futura esposa, escritas durante os quatro anos de noivado (1882-1886), têm o tom afetuoso e paternalista de Torvald em *Casa de bonecas*, quando repreende Nora por ter pretensões de ser humana. Freud estava começando a investigar os segredos do cérebro humano no laboratório em Viena; Martha, sua "doce menina", ficaria esperando, sob os cuidados da mãe, durante quatro anos, até que ele fosse buscá-la. A partir dessas cartas, é possível perceber que, para ele, a identidade dela se resumia à dona de casa infantil, mesmo depois que ela não era mais criança e ainda não tinha se tornado dona de casa.

> Mesas e cadeiras, camas, espelhos, um relógio para lembrar o casal feliz da passagem do tempo, uma poltrona para uma hora de devaneios agradáveis, tapetes para ajudar a dona de casa a manter o chão limpo, roupas de cama atadas por lindos laços no armário, vestidos da última moda e chapéus com flores artificiais, retratos na parede, taças para o dia a dia e outras para vinho e ocasiões festivas, travessas e pratos [...], a mesa de costura e o abajur aconchegante, e tudo precisa ser mantido em ordem, ou a dona de casa, que dividiu seu coração em pequenos pedaços, um para cada peça do mobiliário, começa a se afligir. E esse objeto deve ser testemunha do trabalho sério que mantém o lar, e aquele objeto, de um sentimento de beleza, de amigos queridos de quem se goste de lembrar, de cidades que foram visitadas, de horas que se queira recordar [...]. Devemos pôr nosso coração em coisas tão pequenas? Sim, e sem hesitação [...].
>
> Eu sei, afinal, como você é doce, como consegue transformar uma casa em um paraíso, como vai compartilhar meus interesses, como será alegre e ao mesmo tempo cuidadosa. Vou deixar que comande a casa como bem quiser, e você vai me recompensar com o seu doce amor, elevando-se acima de todas as fraquezas pelas quais as mulheres são tantas vezes desprezadas. Tanto quanto minhas atividades permitirem, leremos juntos o que quisermos aprender, e vou iniciá-la em coisas que não poderiam interessar a uma garota enquanto ela não estiver familiarizada com seu futuro companheiro e sua ocupação [...][7]

Em 5 de julho de 1885, ele a repreende por ter continuado a visitar Elise, uma amiga que evidentemente é menos recatada em relação aos homens:

> O que há de bom em seu sentimento que agora tem tanta certeza de que esse relacionamento não pode lhe causar mal? [...] Você é delicada demais, e isso é algo que preciso corrigir, pois o que um de nós dois faz será também responsabilidade do outro. Você é minha mulherzinha preciosa e mesmo que cometa um erro, ainda assim continuará sendo [...]. Mas você sabe disso tudo, minha doce menina.[8]

A mistura vitoriana de cavalheirismo e condescendência encontrada nas teorias científicas de Freud sobre a mulher fica explícita em uma carta que ele escreveu em 5 de novembro de 1883, ridicularizando as ideias de John Stuart Mill sobre "a emancipação feminina e a questão da mulher como um todo".

> Em toda a sua apresentação, jamais emerge que mulheres são seres diferentes – não diremos inferiores, pelo contrário – dos homens. Ele considera a supressão da mulher análoga à dos negros. Qualquer menina, mesmo que sem sufrágio ou competência legal, cuja mão é beijada por um homem e por cujo amor ele está preparado para tudo enfrentar, poderia colocá-lo na linha. É realmente um pensamento natimorto enviar as mulheres para a luta pela existência tal qual um homem. Se, por exemplo, eu visse minha gentil e doce menina como uma concorrente, o único resultado seria eu lhe dizer, como fiz dezessete meses atrás, que gosto dela, implorando-lhe que abandonasse a contenda e se retirasse para a atividade tranquila e não competitiva do lar. É possível que mudanças na educação suprimam todos os atributos ternos de uma mulher, tão necessitada de proteção e ainda assim tão vitoriosa, e que ela aprenda a ganhar a vida como o homem. Também é possível que, em tal caso, não se justifique lamentar o falecimento da coisa mais encantadora que o mundo pode nos oferecer – nosso ideal de feminilidade. Acredito que toda ação reformadora nas leis e na educação ruiria diante do fato de que, muito antes da idade

em que um homem pode conquistar sua posição na sociedade, a Natureza já determinou o destino da mulher por meio da beleza, do encanto e da docilidade. As leis e os costumes têm ainda muito a oferecer às mulheres que até hoje lhes foi negado, mas a posição delas certamente será o que é: na juventude um ser adorado e nos anos maduros uma esposa amada.[9]

Visto que todas as teorias de Freud se apoiavam, confessadamente, em sua psicanálise penetrante e interminável de si mesmo, e visto que a sexualidade foi o foco de todas as suas teorias, certos paradoxos sobre a sexualidade dele parecem pertinentes. Seus escritos, como muitos estudiosos apontaram, dão muito mais atenção à sexualidade infantil que à sua expressão madura. Seu principal biógrafo, Jones, salientou que ele era, mesmo para sua época, excepcionalmente casto, puritano e moralista. Em sua própria vida, mostrava-se relativamente desinteressado por sexo. Havia apenas a adorada mãe da infância, aos 16 anos um romance que existiu somente em suas fantasias com uma garota chamada Gisele e o noivado com Martha, aos 26. Os nove meses que eles viveram juntos em Viena não foram muito felizes porque ela ficava, evidentemente, apreensiva e receosa em relação a ele; mas, separados por uma confortável distância durante quatro anos, houve uma "grande paixão" composta de novecentas cartas. Depois do casamento, a paixão parece ter rapidamente desaparecido, embora os biógrafos dele observem que ele era um moralista rígido demais para buscar satisfação sexual fora do matrimônio. A única mulher na qual, depois de adulto, ele concentrou as violentas paixões de amor e ódio de que era capaz de ter foi Martha, durante os anos iniciais de noivado. Depois disso, essas emoções se voltaram para os homens. Segundo Jones, seu respeitado biógrafo: "Seu desvio da média a esse respeito, assim como sua pronunciada bissexualidade mental, pode muito bem ter influenciado, até certo ponto, suas visões teóricas."[10]

Biógrafos menos reverentes, e até o próprio Jones, apontam que, quando se consideram as teorias de Freud em termos de sua própria

O SOLIPSISMO SEXUAL DE SIGMUND FREUD

vida, vem à mente a velha ama puritana que vê sexo em todo lugar.[11] É interessante notar que sua principal reclamação a respeito de sua dócil *hausfrau* [dona de casa] era que ela não era "dócil" o suficiente – e ao mesmo tempo, em uma ambivalência interessante, que ela não ficava "à vontade" com ele, que não era capaz de ser uma "camarada".

> Mas, como Freud iria descobrir de uma maneira dolorosa, ela não era dócil por natureza e tinha uma firmeza de caráter que não se prestava prontamente a ser moldada. Sua personalidade estava totalmente formada e bem integrada: era merecedora do maior elogio do psicanalista por ser "normal".[12]

É possível ter um vislumbre da "intenção [de Freud], que nunca seria realizada, de moldá-la à perfeita imagem dele", quando lhe escreveu dizendo que ela deveria "tornar-se bem jovem, uma doçura, com apenas uma semana de idade, que logo vai perder qualquer traço de aspereza". Mas em seguida ele se repreende:

> A pessoa amada não deve se tornar uma boneca, mas uma boa companheira de luta que ainda possui uma palavra sensata quando o mestre esgota sua sabedoria. E tenho tentado esmagar sua franqueza de modo que ela guarde sua opinião até ter certeza da minha.[13]

Como Jones observa, Freud ficou magoado quando ela não passou em seu teste mais importante – "identificação completa com ele mesmo, com as opiniões, os sentimentos e as intenções dele. Ela não lhe pertencia de verdade a não ser que ele pudesse ver seu 'selo' nela". Freud "até mesmo admitiu que era tedioso não encontrar nada na outra pessoa que precisasse ser corrigido". E reafirma que o amor de Freud "se libertava e se manifestava somente sob condições muito favoráveis [...]. Martha provavelmente temia seu marido autoritário e era comum que buscasse refúgio no silêncio".[14]

A MÍSTICA FEMININA

Assim, por fim ele escreveu a ela: "Renuncio ao que exigi. Não preciso de uma companheira de luta, tal como esperava fazer de você. Sou forte o bastante para lutar sozinho [...]. Você continua, para mim, um ser precioso, doce, amado."[15] Assim, evidentemente se encerrou "o único momento da vida dele em que tais emoções [amor e ódio] se concentraram em uma mulher".[16]

O casamento foi convencional, porém sem essa paixão. Como Jones descreveu:

> Poucos casamentos podem ter sido mais bem-sucedidos. Martha era sem dúvida uma excelente esposa e mãe. Ela era uma dona de casa admirável – o tipo raro de mulher capaz de manter os mesmos criados indefinidamente –, mas nunca o tipo de *hausfrau* que priorizava coisas em detrimento de pessoas. O conforto e a conveniência do marido estavam sempre em primeiro lugar [...]. Não se poderia esperar que ela acompanhasse os voos errantes da imaginação, não mais do que a maior parte do mundo.[17]

Ela era devotada às necessidades físicas dele tal qual a mais extremosa mãe judia, organizando cada refeição em um cronograma rígido para se adequar à conveniência do "*der Papa*". Contudo, jamais sonhou em compartilhar a vida dele de modo igualitário. Freud tampouco a considerava uma guardiã adequada para os filhos, em especial no que se referia à educação, na eventualidade da morte dele. Ele mesmo se recorda de um sonho no qual esquece de buscá-la no teatro. Suas associações "implicam que o esquecimento pode ser permissível quando se trata de questões desimportantes".[18]

Essa subserviência feminina ilimitada, considerada natural na cultura de Freud, a própria ausência de oportunidades de uma ação independente ou uma identidade pessoal com frequência parecem ter gerado a inquietação e a inibição na esposa e a irritação no marido que caracterizavam o casamento de Freud. Como Jones resumiu, a atitude de Freud em relação às mulheres "provavelmente poderia ser chamada de bastante antiquada, e isso poderia ser facilmente atribuído ao ambiente social e à época na qual ele cresceu, em vez de a qualquer fator pessoal".

> Quaisquer tenham sido suas opiniões sobre esse assunto, existem diversos indicativos, em seus escritos e em sua correspondência, de sua atitude emocional. Seria um exagero dizer que ele encarava os homens como senhores da criação, pois não havia sinais de arrogância ou superioridade em sua natureza, mas talvez fosse justo descrever sua visão do sexo feminino como a de alguém que considerava que a principal função da mulher era ser gentil e cuidar das necessidades e dos confortos dos homens. Suas cartas e sua escolha amorosa evidenciam que ele tinha somente um tipo de objeto sexual em mente: uma mulher feminina e suave [...].
> Não há muita dúvida de que Freud considerava a psicologia feminina mais enigmática que a masculina. Certa vez, ele disse a Marie Bonaparte: "A grande questão que nunca foi respondida e que eu ainda não fui capaz de responder, apesar dos meus trinta anos de pesquisa sobre a alma feminina, é o que a mulher quer?"[19]

Jones também observa:

> Freud também se interessava por outro tipo de mulher, um tipo mais intelectual e talvez mais masculino. Mulheres assim muitas vezes tiveram um papel em sua vida, ao lado de seus amigos homens, embora de um calibre mais fino, mas não despertavam atração erótica nele.[20]

Dentre essas mulheres, incluem-se a cunhada dele, Minna Bernays, bem mais inteligente e independente que Martha, e mulheres que mais tarde se tornaram analistas ou aderiram ao movimento psicanalítico: Marie Bonaparte, Joan Riviere, Lou Andreas-Salomé. Não há suspeita, no entanto, tanto por parte dos biógrafos adoradores quanto por parte dos hostis, de que ele alguma vez tivesse buscado satisfação sexual fora do casamento. Parece, portanto, que o sexo era algo completamente separado de suas paixões humanas, o que ele expressou no decorrer dos produtivos anos finais de sua longa vida em sua obra e, em menor escala, nas amizades com homens e mulheres que ele considerava suas iguais, e portanto "masculinas". Certa vez ele disse: "Sempre acho inquietante quando não consigo compreender alguém em termos da minha própria pessoa." [21]

•

Apesar da importância do sexo na teoria freudiana, suas palavras dão a impressão de que o ato sexual lhe parecia degradante; se as próprias mulheres eram tão degradadas, aos olhos dos homens, como o sexo poderia se apresentar de outra maneira? Essa não era a teoria dele, é claro. Para Freud, era a ideia do incesto com a mãe ou a irmã que fazia o homem "ver o ato sexual como algo degradante, que suja e contamina não apenas o corpo".[22] Em todo caso, a degradação da mulher era algo que Freud não questionava – e é a chave de sua teoria sobre a feminilidade. A força motriz da personalidade da mulher, na teoria freudiana, era a inveja dela do pênis, o que faz com que se sinta tão depreciada a seus próprios olhos "quanto aos olhos do menino, e depois talvez do homem", e conduz, na feminilidade normal, ao desejo pelo pênis do marido, um desejo que nunca é realmente satisfeito até que ela possua um pênis ao dar à luz um menino. Em resumo, ela não passa de um "*homme manqué*", um homem em quem falta algo. Como a conceituada psicanalista Clara Thompson diz: "Freud nunca se libertou da atitude vitoriana em relação às mulheres. Ele aceitava como parte inevitável do destino delas a limitação das perspectivas e da vida da era vitoriana [...]. Os conceitos do complexo da castração e da inveja do pênis, duas das ideias mais básicas de toda a sua teoria, se baseiam na suposição de que as mulheres são biologicamente inferiores aos homens."[23]

O que Freud quis dizer com o conceito de inveja do pênis? Pois mesmo aqueles que compreendem que Freud não poderia escapar de sua cultura

O SOLIPSISMO SEXUAL DE SIGMUND FREUD

não questionam o fato de que ele relatava com fidelidade o que observava dentro dessa cultura. Freud considerava o fenômeno que chamou de inveja do pênis tão unânime nas mulheres de classe média de Viena, naquela era vitoriana, que baseou toda a sua teoria da feminilidade nisso. Ele disse, em uma palestra sobre "A psicologia da mulher":

> No menino, o complexo da castração se forma depois que ele descobre, ao ver a genitália feminina, que o órgão sexual que ele tanto estima não é necessariamente parte do corpo de toda mulher [...] e daí em diante ele fica sob a influência da angústia da castração, que provê a força motriz mais forte para o seu desenvolvimento posterior. O complexo de castração na menina também se inicia pela visão dos órgãos genitais do outro sexo. Ela de imediato nota a diferença e, é preciso admitir, sua importância. Ela se sente em grande desvantagem e com frequência declara que também gostaria de ter algo como aquilo, tornando-se vítima da inveja do pênis, que deixa marcas indeléveis em seu desenvolvimento e na formação de seu caráter, algo que, mesmo nas circunstâncias mais favoráveis, não é superado sem grande dispêndio de energia mental. O fato de a garota reconhecer que lhe falta um pênis não significa que ela aceite sua ausência com tranquilidade. Pelo contrário, durante muito tempo ela se agarra ao desejo de ter algo parecido e acredita nessa possibilidade por uma quantidade extraordinária de anos; e mesmo depois que seu conhecimento da realidade há muito a levou a abandonar esse desejo por entender que sua realização é inatingível, a análise prova que ele ainda persiste no inconsciente, conservando uma considerável carga de energia. No fim das contas, o desejo de obter o pênis pelo qual tanto anseia pode até contribuir para os motivos que levam uma mulher adulta a se submeter à análise, e o que ela razoavelmente espera obter da análise, como a capacidade de ter uma carreira intelectual, muitas vezes pode ser reconhecido como uma modificação sublimada desse desejo reprimido.[24]

A MÍSTICA FEMININA

"A descoberta de sua castração é um ponto de virada na vida da menina", prosseguiu Freud. "Ela é ferida em seu amor-próprio pela comparação desfavorável com o menino, que é muito mais bem equipado." Sua mãe, e todas as mulheres, são depreciadas a seus olhos, assim como, pelo mesmo motivo, são depreciadas aos olhos dos homens. O resultado é ou uma completa inibição sexual e neurose, ou um "complexo de masculinidade", no qual ela se recusa a abandonar atividades "fálicas" (ou seja, "atividades que costumam ser características do homem"), ou "feminilidade normal", na qual os impulsos de atividade da menina são reprimidos, e ela se volta ao pai em seu desejo pelo pênis. "A situação feminina, no entanto, só se estabelece quando o desejo pelo pênis é substituído pelo desejo por uma criança – a criança assumindo o lugar do pênis." Quando ela brincava com bonecas, isso "não era exatamente uma expressão de sua feminilidade", já que era atividade, e não passividade. O "desejo feminino mais forte", o desejo por um pênis, só encontra satisfação verdadeira "se a criança for um menininho, que traz consigo o pênis pelo qual ela tanto ansiou [...]. A mãe pode transferir para o filho toda a ambição que teve de reprimir em si mesma, e pode ter esperança de, por meio dele, obter a satisfação de tudo o que lhe restou de seu complexo de masculinidade".[25]

Sua deficiência inerente, porém, e a consequente inveja do pênis, é tão difícil de superar que o superu da mulher – sua consciência, seus ideais – nunca se forma tão completamente quanto o do homem: "As mulheres têm pouco senso de justiça, e isso sem dúvida está ligado à preponderância da inveja em sua vida mental." Pela mesma razão, os interesses da mulher na sociedade são mais fracos que os dos homens, e "sua capacidade de sublimar seus instintos é menor". Por fim, Freud não consegue evitar mencionar "uma impressão que se tem repetidas vezes no trabalho analítico": que nem mesmo os psicanalistas podem ajudar muito as mulheres, por causa da deficiência inerente da feminilidade.

> Um homem de cerca de 30 anos parece um indivíduo jovem e, de certa forma, desenvolvido de maneira incompleta, e dele esperamos que faça bom uso das possibilidades do desenvolvimento, que

O SOLIPSISMO SEXUAL DE SIGMUND FREUD

a análise abre para ele. Mas uma mulher mais ou menos da mesma idade frequentemente nos atordoa com sua rigidez psicológica e sua imutabilidade [...]. Não há caminhos abertos para que ela se desenvolva mais; é como se ela tivesse passado por todo o processo e ele permanecesse inacessível a influências futuras; como se, na verdade, o difícil desenvolvimento que leva à feminilidade tivesse exaurido todas as possibilidades do indivíduo [...] mesmo quando conseguimos remover os sofrimentos ao resolver seu conflito neurótico.[26]

O que ele estava expondo de fato? Se interpretássemos a "inveja do pênis" como outros conceitos freudianos foram reinterpretados, à luz de nosso novo conhecimento de que o que Freud acreditava ser biológico com frequência era uma reação cultural, veríamos simplesmente que a cultura vitoriana dava às mulheres muitas razões para invejar os homens: as mesmas condições, na verdade, contra as quais as feministas lutaram. Se uma mulher a quem foram negados a liberdade, o status e os prazeres de que os homens desfrutavam desejasse secretamente ter essas coisas, nos atalhos do sonho ela poderia desejar ser um homem e se ver com aquela única coisa que tornava os homens diferentes, de forma inequívoca: o pênis. Ela teria, é claro, que aprender a ocultar sua inveja, sua raiva: a bancar a criança, a boneca, o brinquedo, pois seu destino dependia de encantar um homem. No fundo, entretanto, esses sentimentos talvez ainda fermentassem, deixando-a doente por amor. Se secretamente desprezasse a si mesma, e invejasse o homem por tudo o que ela não era, ela poderia se entregar aos movimentos do amor, ou até mesmo sentir uma adoração servil, mas seria capaz de um amor livre e alegre? Não é possível explicar a inveja que a mulher tem do homem, ou seu desprezo por si mesma, como uma mera recusa em aceitar sua deformidade sexual, a menos que pense que a mulher, por natureza, é um ser inferior ao homem. Então, claro, o desejo dela de ser igual será neurótico.

Reconhece-se hoje que Freud nunca deu a devida atenção, mesmo nos homens, ao crescimento do eu ou do *self* (a personalidade): "a pulsão

A MÍSTICA FEMININA

de dominar, controlar ou chegar a um acordo autorrealizável com o ambiente".[27] Analistas que se libertaram das predisposições de Freud e se uniram a outros cientistas comportamentais no estudo da necessidade humana de crescer começam a acreditar que essa é uma necessidade humana básica, e que a interferência nela, em qualquer dimensão, é a origem dos problemas psíquicos. A dimensão sexual é apenas uma das dimensões do potencial humano. Freud, é preciso lembrar, achava que todas as neuroses tinham origem sexual; ele via as mulheres apenas nos termos de sua relação sexual com os homens. Mas em todas as mulheres nas quais ele identificou problemas sexuais deveria haver sérios problemas de desenvolvimento bloqueado, um desenvolvimento interrompido antes de chegar à identidade humana plena – um *self* imaturo e incompleto. A sociedade da época, por meio da negação explícita de educação e independência, impediu as mulheres de desenvolver todo o seu potencial ou de perseguir os interesses e ideais que poderiam ter estimulado seu crescimento. Freud relatou essas deficiências, mas só conseguiu explicá-las como consequências da "inveja do pênis". Ele via a inveja que as mulheres tinham dos homens *apenas* como doença sexual. Ele via que as mulheres que secretamente desejavam ser iguais aos homens não gostavam de ser seu objeto; e nisso ele parecia estar descrevendo um fato. Contudo, quando reduzia o anseio da mulher por igualdade à "inveja do pênis", ele não estava apenas expressando sua opinião de que a mulher jamais poderia ser realmente igual ao homem, assim como não podia trajar o pênis dele?

Freud não estava preocupado em mudar a sociedade, mas em ajudar homens, e mulheres, a se ajustarem a ela. Assim, ele relata o caso de uma solteirona de meia-idade a quem libertou com sucesso de um complexo sintomático que a impediu de participar da vida durante quinze anos. Livre desses sintomas, ela "mergulhou em um redemoinho de atividade, a fim de desenvolver seus talentos, que não eram de forma alguma pequenos, e obter um pouco de valorização, prazer e sucesso na vida antes que fosse tarde demais". Mas todos os seus esforços cessaram quando viu que não havia lugar para ela. Como não podia mais recair em seus sintomas neuróticos, ela começou a sofrer acidentes; torceu o tornozelo,

O SOLIPSISMO SEXUAL DE SIGMUND FREUD

o pé, a mão. Quando isso também foi analisado, "em vez de acidentes ela passou a contrair, nas mesmas ocasiões, enfermidade leves, como catarro, dor de garganta, resfriados ou inchaços reumáticos, até que, por fim, quando resolveu se resignar à inatividade, tudo aquilo desapareceu".[28]

Mesmo que Freud e seus contemporâneos considerassem as mulheres inferiores por sua natureza irrevogável concedida por Deus, a ciência não justifica essa visão hoje. Essa inferioridade, sabemos agora, foi causada pela ausência de educação, por ficarem confinadas no lar. Hoje, depois que a ciência provou que a inteligência da mulher é igual à do homem, quando se demonstrou que sua capacidade é igual em todas as esferas, exceto na força muscular pura, uma teoria explicitamente baseada na inferioridade natural da mulher pareceria não só ridícula como hipócrita. Mas essa continua sendo a base da teoria freudiana das mulheres, apesar da máscara de verdade sexual atemporal que disfarça suas elaborações atualmente.

Como os seguidores de Freud só conseguiam ver a mulher de acordo com a imagem definida por ele – inferior, infantil, desamparada, sem possibilidade de ser feliz a menos que se adaptasse a ser um objeto passivo do homem –, queriam ajudar as mulheres a se livrar de sua inveja suprimida, de seu desejo neurótico de igualdade. Eles queriam ajudar as mulheres a encontrar satisfação sexual como mulheres por meio da afirmação de sua inferioridade natural.

Mas a sociedade, que definiu essa inferioridade, havia mudado drasticamente quando os discípulos de Freud transpuseram para os Estados Unidos do século XX as causas e também a cura da condição que Freud chamava de inveja do pênis. À luz de nosso novo conhecimento acerca dos processos culturais e do crescimento humano, poderíamos supor que as mulheres que cresceram com os direitos, a liberdade e a educação que eram negados às mulheres vitorianas seriam diferentes das mulheres que Freud tentou curar. Poderíamos supor que elas teriam muito menos motivos para invejar o homem. Mas Freud foi interpretado para a mulher estadunidense em termos tão curiosamente literais que o conceito de inveja do pênis adquiriu uma vida mística própria, como se existisse de maneira bastante independente das mulheres nas quais havia sido observado. Era como se

A MÍSTICA FEMININA

a imagem vitoriana de Freud se tornasse mais real do que as mulheres do século XX às quais ela era aplicada. A teoria freudiana da feminilidade foi apreendida de maneira tão literal nos Estados Unidos que as mulheres de hoje não eram consideradas diferentes das vitorianas. As verdadeiras injustiças que as mulheres sofreram há um século, comparadas aos homens, foram descartadas como meras racionalizações da inveja do pênis. E as oportunidades reais que a vida oferecia às mulheres agora, comparadas às mulheres de então, foram proibidas em nome da inveja do pênis.

A aplicação literal da teoria freudiana pode ser vista nestas passagens de *Modern Woman: The Lost Sex*, da psicanalista Marynia Farnham e do sociólogo Ferdinand Lundberg, que foi parafraseada *ad nauseam* nas revistas e nos cursos preparatórios para o casamento, até que a maioria de suas declarações se tornou uma parte da verdade convencional e aceita de nosso tempo. Igualando o feminismo à inveja do pênis, eles afirmaram categoricamente:

> O feminismo, apesar da validade externa de seu programa político e da maior parte de seu programa social (não todo), era em sua essência uma doença profunda [...]. A direção dominante da formação e do desenvolvimento feminino hoje [...] desencoraja justamente as características necessárias à obtenção do prazer sexual: receptividade e passividade, disposição para aceitar a dependência sem medo ou ressentimento, com uma profunda interioridade e prontidão para o objetivo final da vida sexual: a fecundação [...].
>
> Não está na capacidade do organismo feminino alcançar sentimentos de bem-estar pelo caminho da realização masculina [...]. Foi um erro das feministas tentar colocar as mulheres no caminho essencialmente masculino da exploração, fora do caminho feminino do cuidado [...].
>
> A regra psicossocial que começa a tomar forma, então, é esta: quanto mais educada a mulher for, maior é a chance de desenvolver um distúrbio sexual, mais ou menos grave. Quanto mais desorde-

O SOLIPSISMO SEXUAL DE SIGMUND FREUD

nada a sexualidade em um dado grupo de mulheres, menos filhos elas têm [...]. O destino lhes concedeu a dádiva que importunava Lady Macbeth; elas se tornaram assexuadas não apenas em relação à procriação, mas também em relação às sensações de prazer.[29]

Assim, os divulgadores do trabalho de Freud incorporaram sua essência de preconceito tradicional não reconhecido contra as mulheres cada vez mais profundamente na argamassa pseudocientífica. Freud tinha plena consciência de sua própria tendência de construir um enorme corpo de deduções a partir de um único fato – um método fértil e criativo, mas uma faca de dois gumes caso o significado desse único fato fosse mal interpretado. Freud escreveu a Jung em 1909:

> Sua suposição de que depois da minha partida meus erros serão adorados como relíquias sagradas me divertiram enormemente, mas eu não acredito nisso. Pelo contrário, acredito que meus seguidores se apressarão em demolir o mais rápido possível tudo o que não seja seguro e sadio naquilo que eu deixar para trás.[30]

Entretanto, no que diz respeito às mulheres, os seguidores de Freud não apenas agravaram seus erros como, em suas tortuosas tentativas de encaixar suas observações sobre mulheres reais na estrutura teórica dele, encerraram questões que ele próprio deixara em aberto. Assim, por exemplo, Helene Deutsch, cuja obra mais importante, *The Psychology of Woman – A Psychoanalytical Interpretation* [A psicologia da mulher – Uma interpretação psicanalítica], foi publicada em 1944, em dois volumes, não consegue associar todos os problemas das mulheres à inveja do pênis. Então faz o que até mesmo Freud considerou imprudente e equipara "feminilidade" com "passividade" e "masculinidade" com "atividade", não apenas na esfera sexual, mas em todas as esferas da vida.

A MÍSTICA FEMININA

Embora reconheça plenamente que a posição da mulher está sujeita a influências externas, atrevo-me a dizer que as identidades fundamentais "feminino-passivo" e "masculino-ativo" se afirmam em todas as culturas e raças conhecidas, em várias formas e várias proporções quantitativas.

Muitas vezes uma mulher resiste a essa característica que lhe foi dada pela natureza e, apesar de certas vantagens que derivam disso, apresenta muitos comportamentos que sugerem que ela não está inteiramente satisfeita com sua própria constituição [...] a expressão dessa insatisfação, combinada a tentativas de remediá-la, resulta no "complexo de masculinidade" da mulher.[31]

O "complexo de masculinidade", aperfeiçoado pela dra. Deutsch, deriva diretamente do "complexo de castração feminina". Assim, a anatomia ainda é destino, a mulher ainda é um *"homme manqué"*. Naturalmente, a dra. Deutsch menciona de passagem que, "no que diz respeito à menina, no entanto, o ambiente exerce uma influência inibidora em relação a suas agressões e sua atividade". Ou seja, a inveja do pênis, a anatomia feminina deficiente e a sociedade "parecem trabalhar juntas para produzir a feminilidade".[32]

A feminilidade "normal", porém, só é alcançada quando a mulher finalmente renuncia a todos os seus objetivos e a toda a sua "originalidade", para se identificar e se realizar através das atividades e dos objetivos do marido ou do filho. Esse processo pode ser sublimado de formas não sexuais – por exemplo, a mulher que faz a pesquisa básica para as descobertas de seu superior masculino. A filha que dedica a vida ao pai também está realizando uma satisfatória sublimação feminina. Somente a atividade própria ou a originalidade, com base na igualdade, merece o opróbrio do "complexo de masculinidade". Essa brilhante seguidora feminina de Freud declara categoricamente que as mulheres que, em 1944, nos Estados Unidos, alcançaram notoriedade por sua própria atividade em vários campos, fizeram-no à custa de sua realização feminina. Ela não menciona nomes, mas todas sofrem do "complexo de masculinidade".

O SOLIPSISMO SEXUAL DE SIGMUND FREUD

Como uma menina ou uma mulher que não era psicanalista poderia desconsiderar essas declarações nefastas que, na década de 1940, começaram subitamente a surgir de todos os oráculos de pensamento sofisticado?

Seria ridículo sugerir que o modo como as teorias freudianas foram usadas para fazer lavagem cerebral em duas gerações de mulheres estadunidenses instruídas era parte de uma conspiração psicanalítica. Isso foi feito por divulgadores bem-intencionados e "desvirtuadores" inadvertidos; por convertidos ortodoxos e seguidores de modas; por aqueles que sofriam, aqueles que curavam e aqueles que lucravam com o sofrimento; e, acima de tudo, por uma congruência de forças e necessidades peculiares ao povo estadunidense naquele momento particular. Na verdade, a aceitação literal, na cultura estadunidense, da teoria freudiana da realização feminina estava em contraste trágico com a luta pessoal de muitos psicanalistas estadunidenses para conciliar o que observavam em suas pacientes com a teoria freudiana. A teoria dizia que as mulheres deveriam ser capazes de se realizar como esposas e mães se conseguissem, por meio da análise, se libertar de seus "esforços masculinos" e da "inveja do pênis". Mas não era tão fácil assim. "Não sei por que as mulheres estadunidenses estão tão insatisfeitas", insistia um analista de Westchester. "A inveja do pênis parece muito difícil de erradicar nas mulheres estadunidenses."

Um analista de Nova York, um dos últimos a fazer a formação no Instituto Psicanalítico de Viena, fundado pelo próprio Freud, disse-me:

Faz vinte anos que analiso mulheres estadunidenses, e repetidas vezes me vi na posição de ter que sobrepor a teoria da feminilidade de Freud à vida psíquica de minhas pacientes de uma maneira que não me agradava. Cheguei à conclusão de que a inveja do pênis simplesmente não existe. Atendi mulheres totalmente expressivas, sexualmente, vaginalmente, e que, no entanto, não eram maduras, integradas, satisfeitas. Eu tive uma paciente no divã por quase dois anos antes de identificar seu verdadeiro problema: que para ela não era suficiente ser apenas dona de casa e mãe. Um dia, ela sonhou que estava dando aula. Eu não podia ignorar o anseio poderoso

A MÍSTICA FEMININA

do sonho dessa dona de casa e interpretá-lo como inveja do pênis. Era a expressão de sua própria necessidade de autorrealização madura. Eu disse a ela: "Não consigo analisar esse sonho para ele ir embora. Você precisa fazer algo a respeito."

Esse mesmo homem ensina jovens analistas em sua clínica de pós--graduação em uma importante universidade do Leste: "Se o paciente não se encaixa no livro, jogue o livro fora e escute o paciente."

Muitos analistas, no entanto, jogaram o livro *em* seus pacientes, e as teorias freudianas se tornaram aceitas mesmo entre mulheres que nunca tinham se deitado no divã de um analista e sabiam apenas o que tinham lido ou ouvido. Até hoje, não penetrou na cultura popular que a crescente e generalizada frustração das mulheres estadunidenses pode não ser uma questão de sexualidade feminina. Alguns analistas, é verdade, modificaram drasticamente as teorias para adequá-las a seus pacientes, ou até as descartaram por completo – mas esses fatos nunca permearam o conhecimento público. Freud foi aceito de forma tão rápida e completa no fim dos anos 1940 que, por mais de uma década, ninguém questionou a corrida da mulher estadunidense educada de volta ao lar. Quando as perguntas finalmente tiveram que ser feitas, porque ficou claro que havia alguma coisa errada, elas foram feitas tão completamente dentro da estrutura freudiana que apenas uma resposta era possível: educação, liberdade, direitos são coisas impróprias para as mulheres.

A aceitação acrítica da doutrina freudiana nos Estados Unidos foi causada, pelo menos em parte, pelo próprio alívio que ela proporcionou em relação a questões incômodas sobre realidades objetivas. Depois da depressão, depois da guerra, a psicologia freudiana tornou-se muito mais do que uma ciência do comportamento humano, uma terapia para os sofredores. Tornou-se uma ideologia estadunidense abrangente, uma nova religião. Ela preencheu o vácuo de pensamento e propósito de muitos para os quais Deus, a bandeira e a conta bancária não eram mais suficientes – e que ao mesmo tempo estavam cansados de se sentir responsáveis por linchamentos, campos de concentração e crianças

O SOLIPSISMO SEXUAL DE SIGMUND FREUD

famintas na Índia e na África. Forneceu uma fuga conveniente da bomba atômica, de McCarthy, de todos os problemas desconcertantes que poderiam estragar o sabor dos bifes, dos carros, dos aparelhos de televisão em cores e das piscinas nos quintais. Ela nos deu permissão para reprimir as questões perturbadoras do mundo exterior e nos dedicar a nossos prazeres pessoais. E se a nova religião psicológica – que tornava o sexo uma virtude, livrava o vício da ideia de pecado e lançava suspeitas sobre as aspirações mais elevadas da mente e do espírito – tinha um efeito pessoal mais devastador sobre as mulheres do que sobre os homens, ninguém tinha planejado isso.

A psicologia, há muito preocupada com seu próprio complexo de inferioridade científica, obcecada por pequenos experimentos laboratoriais que davam a ilusão de reduzir a complexidade humana ao simples comportamento mensurável de ratos em um labirinto, transformou-se em uma cruzada estimulante que varreu os campos estéreis do pensamento estadunidense. Freud era o líder espiritual, suas teorias eram a Bíblia. E como tudo aquilo era emocionante, real e importante. Sua complexidade misteriosa era parte de seu charme para os estadunidenses entediados. E se parte dela permanecia incompreensível, quem admitiria não ser capaz de compreender? Os Estados Unidos se tornaram o centro do movimento psicanalítico, conforme analistas freudianos, junguianos e adlerianos fugiram de Viena e Berlim, e novas escolas floresceram graças às múltiplas neuroses e aos dólares estadunidenses.

A prática da psicanálise como terapia, contudo, não foi a principal responsável pela mística feminina. Foi a criação de escritores e editores das mídias de massa, pesquisadores motivacionais das agências de publicidade e, por trás deles, os divulgadores e tradutores do pensamento freudiano nas faculdades e universidades. Teorias freudianas e pseudofreudianas se espalharam por toda parte, como a fina cinza de um vulcão. A sociologia, a antropologia, a educação e até o estudo da história e da literatura foram permeados e transfigurados pelo pensamento freudiano. Os missionários mais zelosos da mística feminina

A MÍSTICA FEMININA

foram os funcionalistas, que tomavam goles apressados de teoria freudiana pré-digerida antes de inaugurar seus novos departamentos de "Educação para o Casamento e a Vida Familiar". Os cursos funcionais sobre o casamento ensinavam as universitárias estadunidenses a "desempenhar o papel" da mulher – o antigo papel se tornou uma nova ciência. Movimentos similares fora das faculdades – educação parental, grupos de estudo sobre a infância, grupos de estudo sobre maternidade pré-natal e formação em saúde mental – disseminaram o novo supereu psicológico por todo o país, substituindo os jogos de baralho como entretenimento para as jovens esposas instruídas. E esse supereu freudiano atuou sobre um número cada vez maior de mulheres estadunidenses jovens e impressionáveis, tal como Freud dissera que o supereu atuava: perpetuando o passado.

> A humanidade nunca vive completamente no presente; as ideologias do supereu perpetuam o passado, as tradições das raças e dos povos, que lentamente sucumbem à influência do presente e aos novos desenvolvimentos e, enquanto atuam por intermédio do supereu, desempenham um papel importante na vida do homem, independentemente das condições econômicas.[33]

A mística feminina, elevada pela teoria freudiana a uma religião científica, apresentava uma perspectiva única, superprotetora, que limitava a vida e negava o futuro às mulheres. Meninas que cresceram jogando beisebol, trabalhando como babás, dominando geometria – quase independentes o suficiente, quase engenhosas o suficiente para enfrentar os problemas da era da fissão e da fusão nuclear – foram informadas pelos pensadores mais avançados do nosso tempo que deveriam voltar atrás e viver como se fossem Noras, restritas à casa de bonecas pelo preconceito vitoriano. E seu próprio respeito e reverência pela autoridade da ciência – a antropologia, a sociologia e a psicologia compartilham essa autoridade agora – as impediu de questionar a mística feminina.

NOTAS

1. Clara Thompson, *Psychoanalysis: Evolution and Development*, Nova York, 1950, pp. 131 [ed. bras.: *Evolução da psicanálise*, Rio de Janeiro, Jorge Zahar, 1969]:

   > Freud não apenas enfatizava o biológico em detrimento do cultural como também desenvolveu uma teoria cultural própria baseada em sua teoria biológica. Havia dois obstáculos no modo de entender a importância do fenômeno cultural que ele via e registrava. Ele estava envolvido demais no desenvolvimento de suas teorias biológicas para dar atenção a outros aspectos dos dados que coletava. Assim, estava interessado principalmente em aplicar à sociedade humana sua teoria das pulsões. Começando pela presunção de uma pulsão de morte, por exemplo, ele desenvolveu uma explicação dos fenômenos culturais que observava nos termos da pulsão de morte. Como não tinha a perspectiva a ser adquirida a partir do conhecimento de culturas comparativas, ele não podia avaliar os processos culturais como tais [...]. Muito do que Freud acreditava ser biológico foi comprovado pela pesquisa moderna ser uma reação a um determinado tipo de cultura, e não uma característica da natureza humana universal.

2. Richard La Piere, *The Freudian Ethic* [A ética freudiana], Nova York, 1959, p. 62.
3. Ernest Jones, *The Life and Work of Sigmund Freud*, Nova York, 1953, vol. I, p. 384 [ed. bras.: *A vida e a obra de Sigmund Freud*, vols. 1 e 2, Rio de Janeiro, Imago, 1999].
4. *Ibid.*, vol. II (1955), p. 432.
5. *Ibid.*, vol. I, pp. 7-14, 294; vol. II, p. 483.
6. Bruno Bettelheim, *Love Is Not Enough: The Treatment of Emotionally Disturbed Children* [Amor não basta: tratamento para crianças com distúrbios emocionais], Glencoe, III, 1950, pp. 7 ss.
7. Ernest L. Freud, *Letters of Sigmund Freud* [Cartas de Sigmund Freud], Nova York, 1960, Carta 10, p. 27; Carta 26, p. 71; Carta 65, p. 145.

A MÍSTICA FEMININA

8. *Ibid.*, Carta 74, p. 60; Carta 76, pp. 161 ff.

9. Jones, *op. cit.*, vol. I, pp. 176 ss.

10. *Ibid.*, vol. II, p. 422.

11. *Ibid.*, vol. I, p. 271:

> Suas descrições de atividades sexuais são tão prosaicas que diversos leitores as consideraram quase áridas e totalmente desprovidas de entusiasmo. Por tudo o que sei a respeito dele, devo dizer que ele demonstrava um interesse pessoal abaixo da média em relação ao que costuma ser um tópico atraente. Jamais houve entusiasmo ou mesmo interesse em mencionar um tópico sexual [...]. Ele sempre deu a impressão de ser uma pessoa incomumente casta – a palavra "puritano" não seria descabida –, e tudo o que sabemos sobre seu desenvolvimento inicial confirma esse conceito.

12. *Ibid.*, vol. I, p. 102.

13. *Ibid.*, vol. I, pp. 110 ss.

14. *Ibid.*, vol. I, p. 124.

15. *Ibid.*, vol. I, p. 127.

16. *Ibid.*, vol. I, p. 138.

17. *Ibid.*, vol. I, p. 151.

18. Helen Walker Puner, *Freud, His Life and His Mind* [Freud, sua vida e sua mente], Nova York, 1947, p. 152.

19. Jones, *op. cit.*, vol. II, p. 121.

20. *Ibid.*, vol. I, pp. 301 ss. Durante os anos em que Freud estava germinando sua teoria sexual, antes que sua autoanálise heroica o libertasse de uma dependência passional em relação a uma série de homens, suas emoções estavam focadas em um extravagante médico otorrinolaringologista chamado Fliess. Trata-se de uma coincidência histórica que foi bastante fatídica para as mulheres. Pois Fliess havia proposto e obtido a lealdade vitalícia de Freud nesse sentido, uma fantástica "teoria científica" que reduzia todos os fenômenos da vida e da morte à "bissexualidade", expressa em termos matemáticos por meio de uma tabela periódica baseada no número 28, o ciclo menstrual feminino. Freud ansiava por

reuniões com Fliess "como o saciar da fome e da sede". Ele escreveu: "Ninguém pode substituir o diálogo com um amigo que um lado particular meu, talvez feminino, exige." Mesmo depois de se autoanalisar, Freud ainda esperava morrer no dia previsto pela tabela periódica de Fliess, na qual tudo poderia ser descoberto com base no número feminino 28, ou o masculino 23, derivado do fim de um período menstrual feminino até o começo do próximo.

21. *Ibid.*, vol. I, p. 320.
22. Sigmund Freud, "Degradation in Erotic Life" [Degradação na vida erótica], in *The Collected Papers of Sigmund Freud*, vol. IV.
23. Thompson, *op. cit.*, p. 133.
24. Sigmund Freud, "The Psychology of Women" [A psicologia das mulheres], in *New Introductory Lectures on Psychoanalysis*, trad. por W. J. H. Sprott, Nova York, 1933, pp. 170 ss.
25. *Ibid.*, p. 182.
26. *Ibid.*, p. 184.
27. Thompson, *op. cit.*, pp. 12 ss:

> A guerra de 1914-1918 concentrou ainda mais a atenção nos impulsos do eu [...]. Outra ideia chegou à análise nesse período [...] a de que a agressividade, assim como o sexo, podia ser um importante impulso reprimido [...]. O problema era como incluir isso na teoria das pulsões [...]. Por fim, Freud resolveu isso com sua segunda teoria das pulsões. A agressividade encontrou seu lugar como parte da pulsão de morte. É interessante que a autoafirmação normal, ou seja, a pulsão de dominar, controlar ou chegar a termos autorrealizáveis com o meio, não foi especialmente enfatizada por Freud.

28. Sigmund Freud, "Anxiety and Instinctual Life" [Ansiedade e vida instintiva], in *New Introductory Lectures on Psychoanalysis*, p. 149.
29. Marynia Farnham e Ferdinand Lundberg, *Modern Woman: The Lost Sex* [Mulher moderna: o sexo perdido], Nova York e Londres, 1947, pp. 142 ss.
30. Ernest Jones, *op. cit.*, vol. II, p. 446.

A MÍSTICA FEMININA

31. Helene Deutsch, *The Psychology of Woman – A Psychoanalytical Interpretation* [A psicologia da mulher – Uma interpretação psicanalítica], Nova York, 1944, vol. I, pp. 224 ss.
32. *Ibid.*, vol. I, pp. 251 ss.
33. Sigmund Freud, "The Anatomy of the Mental Personality" [A anatomia da personalidade mental], in *New Introductory Lectures on Psychoanalysis*, p. 96.

6. A paralisia funcional, o protesto feminino e Margaret Mead

Em vez de destruir os antigos preconceitos que restringiam a vida das mulheres, as ciências sociais nos Estados Unidos apenas lhes conferiram nova autoridade. Por meio de um processo circular curioso, as reflexões da psicologia, da antropologia e da sociologia, que deveriam ser armas poderosas para libertar as mulheres, de algum modo anulavam uma à outra, aprisionando a mulher em um ponto morto.

Ao longo dos últimos vinte anos, sob o impacto catalítico do pensamento freudiano, psicanalistas, antropólogos, sociólogos, psicólogos sociais e outros profissionais das ciências comportamentais se encontraram em seminários e conferências patrocinadas por fundações em muitos centros universitários. A fertilização cruzada parece ter feito com que todos florescessem, mas alguns híbridos estranhos foram produzidos. Conforme psicanalistas começaram a reinterpretar conceitos freudianos como personalidade "oral" e "anal" à luz de um entendimento, emprestado da antropologia, de que processos culturais deveriam estar em ação na Viena de Freud, antropólogos partiram para as ilhas dos Mares do Sul para mapear personalidades tribais de acordo com conceitos literais de "oral" e "anal". Armados com "sugestões psicológicas para trabalhadores do campo etnológico", os antropólogos com frequência encontravam aquilo que buscavam. Em vez de traduzir e examinar minuciosamente, eliminando o viés cultural das teorias freudianas, Margaret Mead e outros pioneiros nos campos da cultura e da personalidade agravaram o erro adequando as próprias observações antropológicas à rubrica freudiana. Mas nada disso teria produzido o mesmo efeito paralisante nas mulheres se não fosse por uma aberração simultânea dos cientistas sociais estadunidenses chamada funcionalismo.

A MÍSTICA FEMININA

Centrado primordialmente na antropologia cultural e na sociologia e atingindo seus extremos no campo aplicado da educação para a vida em família, o funcionalismo começou como uma tentativa de tornar as ciências sociais mais "científicas" tomando emprestado da biologia a ideia de estudar instituições como se fossem músculos ou ossos, em termos de sua "estrutura" e "função" no corpo social. Ao estudar uma instituição apenas nos termos de sua função dentro de sua própria sociedade, os cientistas sociais pretendiam evitar julgamentos de valor não científicos. Na prática, o funcionalismo era mais um jogo de palavras científico do que um movimento científico. "A função é" era com frequência traduzida para "a função deveria ser"; os cientistas sociais não reconheciam os próprios preconceitos sob o disfarce funcional da mesma maneira que os analistas não reconheciam os deles sob o disfarce freudiano. Ao atribuir um significado absoluto e um valor puritano ao termo genérico "papel da mulher", o funcionalismo colocou a mulher estadunidense em uma espécie de paralisia profunda – como Belas Adormecidas à espera de um Príncipe Encantado que as acordasse, enquanto em volta do círculo mágico o mundo seguia em frente.

Os cientistas sociais, homens e mulheres, que, em nome do funcionalismo, desenharam esse círculo torturantemente apertado em volta da mulher estadunidense, também pareciam compartilhar uma certa atitude que chamarei de "protesto feminino". Se é que existe algo como um protesto masculino – o conceito psicanalítico adotado pelos funcionalistas para descrever as mulheres que invejavam os homens e queriam ser homens, e dessa forma negavam que eram mulheres, e se tornavam mais masculinas que qualquer homem –, sua contraparte pode ser observada hoje no protesto feminino, feito tanto por homens quanto por mulheres, que negam o que as mulheres realmente são e transformam a "condição feminina" em mais do que jamais poderia ser. O protesto feminino, em sua versão mais direta, é simplesmente um meio de proteger as mulheres dos perigos inerentes em assumir uma condição de verdadeira igualdade em relação aos homens. Mas por que um cientista social, com uma superioridade manipuladora divina, assumiria para si a tarefa de proteger as mulheres das dores do crescimento?

A PARALISIA FUNCIONAL, O PROTESTO FEMININO E MARGARET MEAD

A proteção com frequência abafa o som de portas fechando para as mulheres; com frequência encobre um preconceito muito real, mesmo quando é oferecida em nome da ciência. Se um avô antiquado fizesse cara feia para Nora, que está estudando cálculo pois quer ser física, e murmurasse: "O lugar da mulher é em casa", Nora riria, impaciente: "Vovô, estamos em 1963." Mas ela não ri do professor de sociologia fumando seu cachimbo, ou do livro de Margaret Mead, ou da obra em dois volumes que é referência sobre a sexualidade feminina, quando lhe dizem a mesma coisa. A linguagem complexa e misteriosa do funcionalismo, da psicologia freudiana e da antropologia cultural esconde dela o fato de que diz isso com uma fundamentação não muito maior que a do vovô.

Então nossa Nora sorriria ao ler a carta da Rainha Vitória, escrita em 1870: "A Rainha está ansiosa para recrutar todos aqueles capazes de falar ou escrever no esforço de deter essa loucura insensata e perversa de 'direitos da mulher' com todos os seus horríveis resultados, para os quais seu pobre sexo se encaminha, esquecendo-se de todo o senso de decoro e sensibilidade feminina [...]. É um assunto que enfurece tanto a Rainha que ela não é capaz de se conter. Deus criou homens e mulheres diferentes – então que eles permaneçam cada um em sua posição."

Mas ela não sorri quando lê em *Marriage for Moderns* [Casamento para modernos]:

> Os sexos são complementares. É o mecanismo do relógio que move os ponteiros e permite que eu saiba as horas. Seria o mecanismo então mais importante que a caixa? [...] Nenhum é superior nem inferior. Cada um deve ser julgado de acordo com suas funções. Juntos formam uma unidade funcional. Assim é com homens e mulheres: juntos formam uma unidade funcional. Sozinhos, ambos são, de certa forma, incompletos. São complementares [...]. Quando homens e mulheres se dedicam às mesmas ocupações ou exercem funções em comum, a relação complementar pode se romper.[1]

A MÍSTICA FEMININA

Esse livro foi publicado em 1942. As jovens mulheres o estudaram na faculdade ao longo dos últimos vinte anos. Sob o disfarce de sociologia ou "Casamento e vida em família" ou "Adequação à vida", elas recebem conselhos do tipo:

> O fato é, no entanto, que vivemos em um mundo de realidades, um mundo do presente e do futuro imediato, sobre os quais repousa a pesada mão do passado, um mundo onde a tradição ainda tem influência e os costumes exercem uma influência maior do que a dos teóricos [...] um mundo onde a maioria dos homens e mulheres se casam e a maioria das mulheres casadas é dona de casa. Falar a respeito do que poderia acontecer se a tradição e os costumes fossem radicalmente mudados ou do que pode suceder no ano 2000 pode ser um interessante exercício mental, mas não ajuda os jovens de hoje a se adequar às inevitabilidades da vida ou levar seu casamento a um estado mais elevado de satisfação.[2]

Claro que "se adequar às inevitabilidades da vida" nega a velocidade com que as condições de vida atualmente estão mudando – e o fato de que muitas jovens que fizerem isso aos 20 anos ainda estarão vivas no ano 2000. Esse funcionalista alerta especificamente contra toda e qualquer abordagem a respeito das "diferenças entre homens e mulheres" que não seja a "adequação" a essas diferenças como existem hoje. E se, como nossa Nora, uma mulher pensa em ter uma carreira, ele aponta o dedo admoestador.

> Pela primeira vez na história, muitas jovens estadunidenses estão diante destas questões: devo me preparar voluntariamente para uma carreira vitalícia e celibatária? Ou devo me preparar para uma vocação temporária, da qual deverei desistir quando me casar e assumir as responsabilidades do lar e da maternidade? Ou devo tentar combinar o lar e uma carreira? [...] A maioria das mulheres casadas é dona de casa [...].

A PARALISIA FUNCIONAL, O PROTESTO FEMININO E MARGARET MEAD

> Se uma mulher consegue encontrar autoexpressão adequada por meio de uma carreira em vez de no casamento, tudo bem. Muitas jovens, no entanto, negligenciam o fato de que há muitas carreiras que não proporcionam nenhum meio nem oferecem nenhuma oportunidade de autoexpressão. Além disso, não percebem que apenas uma minoria entre as mulheres, como a minoria dos homens, tem algo realmente digno de expressão.[3]

E então Nora fica com a alegre impressão de que, se escolher ter uma carreira, também estará escolhendo o celibato. Se ela tem alguma ilusão a respeito de combinar casamento e carreira, o funcionalista adverte:

> Quantos indivíduos [...] conseguem ser bem-sucedidos em duas carreiras ao mesmo tempo? Não muitos. Uma pessoa extraordinária consegue, mas uma pessoa comum não. Conciliar casamento e tarefas do lar com outra carreira é especialmente difícil, pois é provável que os dois empreendimentos exijam qualidades de tipos diferentes. Para ser bem-sucedido no primeiro, é necessário abnegação; no segundo, aprimoramento pessoal. O primeiro exige cooperação; o segundo, competição [...]. Há mais chance de felicidade quando marido e mulher se suplementam do que quando há duplicação de funções.[4]

E caso Nora tenha alguma dúvida a respeito de abandonar suas ambições profissionais, ela recebe essa racionalização reconfortante:

> Para ser uma dona de casa eficiente, a mulher deve ter conhecimento sobre educação, decoração, culinária, nutrição, consumo, psicologia, fisiologia, relações sociais, recursos comunitários, vestuário, equipamentos domésticos, manutenção, higiene e uma variedade de outras coisas [...]. Ela é mais uma clínica geral do que uma especialista.

A jovem mulher que se decidir pela carreira de dona de casa não deve se sentir inferior [...]. Pode-se dizer, como fazem alguns: "Os homens podem ter carreiras porque as mulheres cuidam do lar." Pode-se dizer que as mulheres ficam livres da necessidade de ganhar um salário e podem devotar seu tempo à dimensão extremamente importante do lar porque os homens se especializaram em ganhar o pão. Ou pode-se dizer que, juntos, a dona de casa e o provedor formam uma combinação complementar sem igual.[5]

Esse manual do casamento não é o mais sutil da sua estirpe. É muito fácil perceber que seu argumento funcional não está baseado em nenhum encadeamento de fatos científicos. (Não é nem um pouco científico simplesmente dizer "isto é o que é, portanto, é assim que deveria ser".) No entanto, essa é a essência do funcionalismo que passou a permear toda a sociologia estadunidense da época, quer o sociólogo se considerasse "funcionalista" quer não. Nas universidades que não se curvaram às "aulas sobre representação de papéis" do chamado curso de família funcional, as jovens deviam estudar a autoritária "análise dos papéis sexuais na estrutura social dos Estados Unidos", de Talcott Parsons, que não contempla nenhuma alternativa para a mulher além de seu papel de "dona de casa", baseado com ênfase variada em "domesticidade", "glamour" e "companheirismo".

> Talvez não seja exagero dizer que apenas em casos muito excepcionais um homem adulto pode ter verdadeiro respeito por si mesmo e gozar do respeito dos outros sem ter um "ganha-pão" em um papel ocupacional aprovado [...]. No caso do papel feminino, a situação é radicalmente diferente [...]. A posição fundamental da mulher é a de esposa do marido e mãe dos filhos.[6]

Parsons, um sociólogo muito respeitado e o principal teórico do funcionalismo, descreve com discernimento e precisão as fontes de tensão nessa "segregação dos papéis sexuais". Ele salienta que o aspecto "doméstico" do

A PARALISIA FUNCIONAL, O PROTESTO FEMININO E MARGARET MEAD

papel da dona de casa "perdeu a importância a ponto de mal se aproximar de uma ocupação integral para uma pessoa vigorosa"; que o "padrão de glamour" é "inevitavelmente associado a um patamar de idade bastante jovem" e, portanto, "sérias tensões resultam do problema de adaptação ao avanço da idade"; que o modelo de "boa companheira" – que inclui dedicação "humanística" à artes e ao bem-estar da comunidade – "sofre com a falta de um status totalmente institucionalizado [...]. Apenas aquelas com mais iniciativa e mais inteligência conseguem se adaptar de forma totalmente satisfatória nesse sentido." Ele afirma que "está bem claro que no papel feminino adulto há muita tensão e insegurança, de forma que amplas manifestações de comportamento neurótico são esperadas". Mas Parsons alerta:

> É possível, é claro, que a mulher adulta siga o modelo masculino e busque uma carreira em campos de conquista ocupacional em competição direta com os homens da sua classe. É, no entanto, notável que, apesar de um progresso muito grande na emancipação da mulher do modelo doméstico tradicional, apenas uma ínfima parcela tenha ido muito longe nessa direção. É também claro que essa generalização só seria possível com alterações profundas na estrutura familiar.

Igualdade verdadeira entre homens e mulheres não seria "funcional"; o *status quo* só pode ser mantido se a esposa e mãe se dedicar exclusivamente ao papel de dona de casa, ou, no máximo, tiver um "emprego" em vez de uma "carreira" que lhe dê um status igual ao do marido. Parsons, portanto, acredita que a segregação sexual seja "funcional" para manter a estrutura social como é, o que parece ser a principal preocupação do funcionalista.

> A igualdade absoluta de oportunidades é claramente incompatível com qualquer solidariedade na família [...]. Quando mulheres casadas têm um emprego fora do lar, isso acontece, para a grande

A MÍSTICA FEMININA

maioria, em ocupações que não estão em competição direta com aquelas dos homens de sua própria classe. Os interesses das mulheres, e o padrão de julgamento aplicado a eles, correm, em nossa sociedade, bem mais na direção do adorno pessoal [...]. Sugere-se que essa diferença está funcionalmente relacionada com a manutenção da solidariedade social em nossa estrutura de classes.[7]

Nem mesmo a eminente socióloga Mirra Komarovsky – cuja análise funcional de como as meninas aprendem a "cumprir o papel da mulher" em nossa sociedade é de fato brilhante – foi capaz de escapar dos moldes rígidos que o funcionalismo impõe: adequação ao *status quo*. Pois limitar o campo de investigação à função de uma instituição em dado sistema social, sem considerar outras alternativas, disponibiliza um número infinito de racionalizações a respeito de todas as desigualdades e iniquidades de tal sistema. Não é de surpreender que os cientistas sociais tenham começado a confundir sua própria função com a de alguém ajudando o indivíduo a se "adequar" a seu "papel" nesse sistema.

Uma ordem social só pode funcionar porque a vasta maioria de alguma forma se adequou ao seu lugar na sociedade e desempenha as funções esperadas dela [...]. As diferenças entre os sexos na criação [...] estão obviamente ligadas aos seus respectivos papéis na vida adulta. A futura dona de casa treina para seu papel no lar, mas o menino se prepara para o seu recebendo mais independência fora de casa, entregando o jornal ou arrumando um trabalho no verão. Um provedor tirará proveito da independência, dominância, agressividade, competição.[8]

O risco da "criação tradicional" para meninas, na opinião dessa socióloga, é seu possível "fracasso em desenvolver na menina a independência, os recursos internos e o nível de autoafirmação que a vida vai exigir dela" – em seu papel de esposa. O aviso funcional segue:

A PARALISIA FUNCIONAL, O PROTESTO FEMININO E MARGARET MEAD

> Mesmo que um pai ou uma mãe considere corretamente [*sic*] que certos atributos convencionais do papel feminino são inúteis, ele cria um risco para a menina ao forçá-la a se afastar muito dos costumes aceitos de sua época [...]. Os passos que os pais devem dar para preparar as filhas para as exigências econômicas e responsabilidades familiares da vida moderna – esses passos em si podem despertar aspirações e desenvolver hábitos que entram em conflito com certas características dos papéis femininos, conforme definidos hoje. A própria educação que deve tornar a dona de casa com diploma um fermento cultural para a família e a comunidade pode desenvolver nela interesses que serão frustrados por outras fases da vida doméstica [...]. Corremos o risco de despertar interesses e habilidades, que, novamente, contrariam a atual definição de feminilidade.[9]

Ela continua e cita o caso recente de uma garota que queria ser socióloga. Ela estava noiva de um soldado que não queria que a esposa trabalhasse fora. A própria garota torcia para não conseguir um bom emprego na área da sociologia.

> Ela pensava que em um emprego pouco satisfatório seria mais fácil, futuramente, ceder aos caprichos do marido. Não obstante a necessidade do país de mais profissionais treinados, a incerteza a respeito do próprio futuro e seus interesses no momento, ela aceitou um trabalho rotineiro. Apenas o futuro dirá se a decisão foi prudente. Se o noivo voltar do front, se o casamento acontecer, se ele for capaz de sustentar a família sem a ajuda dela, se os desejos frustrados não se voltarem contra ela, então não se arrependerá da decisão [...].
>
> No presente momento histórico, a garota mais bem ajustada provavelmente é aquela inteligente o suficiente para ir bem na escola, mas não tão brilhante a ponto de tirar apenas notas máximas [...] competente, mas não em áreas relativamente novas

A MÍSTICA FEMININA

para as mulheres; capaz de se erguer e se manter, mas não com uma renda tão boa quanto a de um homem; capaz de realizar um bom trabalho (se porventura não se casar ou se precisar trabalhar mesmo assim), mas não com tanta identificação com uma profissão que necessite dela para ser feliz.[10]

Assim, em nome da adequação à definição cultural de feminilidade – na qual essa brilhante socióloga obviamente não acredita (a palavra "corretamente" a trai) –, ela acaba virtualmente endossando a *infantilização* contínua da mulher estadunidense, exceto na medida em que ela tenha a consequência não intencional de tornar "a transição do papel de filha para o de esposa mais difícil para ela do que para o filho".

Essencialmente, assume-se que à medida que a mulher permaneça mais "infantil", menos capaz de tomar as próprias decisões, mais dependente de um ou de ambos os pais para iniciar e canalizar comportamento e atitudes, mais apegada a eles, de forma a ter dificuldade de se separar deles ou encarar sua desaprovação [...] ou mostre qualquer outro indício de falta de emancipação emocional –, ela vai considerar mais difícil do que para o homem se conformar à norma cultural de lealdade primária à família que estabelecer mais tarde. É possível, claro, que o único efeito dessa proteção maior seja criar nas mulheres uma dependência generalizada que depois será transferida para o marido e que permitirá a ela aceitar ainda mais prontamente o papel de esposa em uma família que ainda tem muitos traços patriarcais.[11]

Ela encontra evidências em inúmeros estudos de que as universitárias são, de fato, mais infantis, dependentes e ligadas aos pais do que os garotos, e não amadurecem como os garotos, aprendendo a se virar sozinhas. Mas não encontra nenhuma evidência – em vinte textos psiquiátricos – de que exista, nesse sentido, mais problemas com os sogros no caso dos pais da esposa do que no caso dos pais do marido. Evidentemente, apenas

A PARALISIA FUNCIONAL, O PROTESTO FEMININO E MARGARET MEAD

com esse dado um funcionalista poderia questionar confortavelmente a infantilização deliberada das jovens estadunidenses!

O funcionalismo era uma saída fácil para os sociólogos estadunidenses. Não há dúvida de que eles estavam descrevendo as coisas "como elas eram", mas ao fazer isso, se livraram da responsabilidade de construir uma teoria com base em fatos, de investigar em busca de uma verdade mais profunda. Também se livraram da necessidade de formular questões e respostas que seriam inevitavelmente controversas (em uma época em que, nos círculos acadêmicos, bem como nos Estados Unidos como um todo, a controvérsia não era bem-vinda). Eles supuseram um presente infinito, e basearam seu raciocínio em negar a possibilidade de um futuro diferente do passado. É claro que esse raciocínio só se sustentaria se o futuro não mudasse. Conforme C. P. Snow apontou, a ciência e os cientistas têm a mente futurista. Cientistas sociais sob a bandeira do funcionalismo eram tão rigidamente presencialistas que negavam o futuro; suas teorias reforçavam os preconceitos do passado e, na verdade, impediam a mudança.

Os próprios sociólogos chegaram recentemente à conclusão de que o funcionalismo foi "constrangedor", pois na realidade não dizia absolutamente nada. Conforme Kingsley Davis apontou em seu discurso presidencial sobre "O mito da análise funcional como método especial em sociologia e antropologia", na Associação Estadunidense de Sociologia, em 1959:

> Há mais de trinta anos, "análise funcional" vem sendo debatida entre sociólogos e antropólogos [...]. Por mais estratégica que tenha sido no passado, agora se tornou um impedimento em vez de um apoio ao progresso científico [...]. A alegação de que o funcionalismo não é capaz de lidar com a mudança social porque postula uma sociedade integrada e estática é verdadeira por definição.[12]

Infelizmente, os objetos femininos de estudo da análise funcional foram profundamente afetados por ela. Em uma época de grande mudança para as mulheres, em uma época em que a educação, a ciência e as ciências sociais deveriam ter ajudado as mulheres a construir pontes para a mudança, o funcionalismo transformou "o que é" para as mulheres, ou "o que era", em "o que deveria ser". Aquelas que praticavam o protesto feminino e faziam mais do "ser mulher" do que jamais poderá ser, em nome do funcionalismo ou por qualquer complexo de razões de natureza pessoal ou intelectual, fecharam as portas do futuro para as mulheres. Entre toda a preocupação com adequação, uma verdade foi esquecida: as mulheres estavam se adequando a uma situação inferior às suas plenas capacidades. Os funcionalistas não aceitavam completamente o argumento freudiano de que "anatomia é destino", mas aceitavam sem reservas uma definição igualmente restritiva da mulher: a mulher é o que a sociedade diz que ela é. E a maioria dos antropólogos funcionais estudaram sociedades nas quais o destino da mulher era definido pela anatomia.

A influência mais poderosa na mulher moderna, tanto em termos do funcionalismo quanto do protesto feminino, foi Margaret Mead. O trabalho dela sobre cultura e personalidade – livro após livro, estudo após estudo – teve um efeito profundo nas mulheres da minha geração, na anterior e na geração mais jovem. Ela foi, e ainda é, o símbolo da pensadora estadunidense. Ela escreveu milhões de palavras durante os trinta e tantos anos entre *Adolescência, sexo e cultura em Samoa*, de 1928, e seu último artigo sobre mulheres estadunidenses na revista do *New York Times* ou na *Redbook*. Ela é estudada nas salas de aula das universidades por garotas que fazem matérias de antropologia, sociologia, psicologia, educação e casamento e vida em família; na pós-graduação, por quem um dia ensinará meninas e aconselhará mulheres; nas escolas de medicina, por futuros pediatras e psiquiatras; até mesmo em faculdades de teologia, por jovens pastores progressistas. E ela é lida nas revistas femininas e nos suplementos dominicais – nos quais é publicada tão facilmente quanto em uma revista científica – por meninas e mulheres de todas as idades. Margaret Mead é ela mesma sua melhor divulgadora, e sua influência é sentida em quase todas as camadas do pensamento estadunidense.

A PARALISIA FUNCIONAL, O PROTESTO FEMININO E MARGARET MEAD

Mas sua influência, para as mulheres, tem sido um paradoxo. A mística toma aquilo de que necessita de qualquer pensador da época. A mística feminina pode ter tomado de Margaret Mead sua visão da variedade infinita de padrões sexuais e a enorme plasticidade da natureza humana, uma visão baseada nas diferenças de sexo e temperamento que ela encontrou em três sociedades primitivas: os arapesh, na qual tanto homens quanto mulheres eram "femininos" e "maternais" na personalidade, com sexualidade passiva, pois ambos eram treinados para ser cooperativos, não agressivos, sensíveis às necessidades e demandas dos outros; os mundugumor, na qual tanto marido quando esposa eram violentos, agressivos, claramente sexuados, "masculinos"; e os tchambuli, na qual a mulher era a dominadora, a parceira controladora e impessoal, e o homem era a pessoa menos responsável e emocionalmente dependente.

> Se essas atitudes temperamentais que tradicionalmente consideramos femininas – como passividade, sensibilidade e disposição para cuidar de crianças – podem ser tão facilmente estabelecidas como o padrão masculino em dada tribo, e em outra ser proibidas para a maioria das mulheres tanto quanto para a maioria dos homens, então não temos mais nenhuma base para considerar esses aspectos do comportamento ligados ao sexo [...]. O material sugere que podemos afirmar que muitos, se não todos, traços de personalidade que chamamos de masculinos ou femininos são tão pouco vinculados ao sexo quanto as roupas, os modos e o formato de cocar que uma sociedade em determinado período designa para cada sexo.[13]

A partir dessas observações antropológicas, ela poderia ter passado para a cultura popular uma visão verdadeiramente revolucionária das mulheres livres, por fim, para realizar sua plena capacidade em uma sociedade que substituiu definições sexuais arbitrárias por um reconhecimento dos talentos individuais genuínos conforme ocorrem em ambos os sexos. Ela teve tal visão, mais de uma vez:

A MÍSTICA FEMININA

Uma vez que a função de escritor é aceita para ambos os sexos, com perfeita adequação, indivíduos que possuem a habilidade de escrever não precisam ser impedidos de fazê-lo por conta do sexo, tampouco precisam, caso escrevam, duvidar de sua masculinidade ou feminilidade essencial [...] e é aqui que encontramos uma base sobre a qual construir uma sociedade que substituiria diferenças arbitrárias por diferenças reais. Devemos reconhecer que, sob as classificações superficiais de sexo e raça, existem as mesmas potencialidades, ocorrendo geração após geração, terminando por perecer quando a sociedade não abre espaço para elas.

Assim como hoje a sociedade permite o exercício da arte para pessoas de ambos os sexos, pode também permitir o desenvolvimento de muitos dons temperamentais contrastantes em ambos os sexos. Abandonaria suas várias tentativas de fazer os meninos lutarem e as meninas permanecerem passivas, ou de fazer todas as crianças lutarem [...]. Nenhuma criança seria incessantemente moldada de acordo com um modelo único de comportamento, em vez disso, haveria muitos modelos, em um mundo que tivesse aprendido a permitir a cada indivíduo o modelo mais apropriado aos seus talentos.[14]

Mas essa não é a visão que a mística tomou de Margaret Mead; tampouco é a visão que ela continua a oferecer. Cada vez mais, em suas próprias páginas, sua interpretação se distorce, sutilmente transformada em uma glorificação da mulher no papel feminino (conforme definido por sua função biológica sexual). Às vezes parece que ela perde sua própria consciência antropológica da maleabilidade da personalidade humana e analisa dados antropológicos do ponto de vista freudiano: a biologia sexual determina tudo, anatomia é destino. Às vezes, ela parece estar argumentando em termos funcionais que, embora o potencial da mulher seja tão grande e variado quanto o potencial humano ilimitado, é melhor preservar as limitações biológicas sexuais estabelecidas pela cultura. Às vezes ela diz as duas coisas na mesma página, e faz até mesmo um alerta,

A PARALISIA FUNCIONAL, O PROTESTO FEMININO E MARGARET MEAD

advertindo contra os perigos que uma mulher enfrenta ao tentar alcançar um potencial humano definido como masculino pela sociedade.

A diferença entre os dois sexos é uma das importantes condições sobre as quais construímos as muitas variedades da cultura humana que dão aos seres humanos dignidade e envergadura [...]. Às vezes, uma qualidade é designada a determinado sexo, às vezes a outro. Ora os meninos são considerados infinitamente vulneráveis e necessitados de cuidado especial, ora são as meninas [...]. Algumas pessoas pensam que as mulheres são fracas demais para o trabalho fora de casa, outras veem as mulheres como carregadoras apropriadas de fardos pesados "pois a cabeça delas é mais forte que a dos homens" [...]. Algumas religiões, incluindo nossas religiões europeias tradicionais, designaram às mulheres um papel inferior na hierarquia religiosa, outras construíram todo o relacionamento simbólico com o mundo sobrenatural sobre as imitações masculinas das funções naturais da mulher [...]. Quer lidemos com questões menores ou maiores, com as frivolidades do ornamento e da cosmética ou as santidades do lugar do homem no universo, encontramos essa enorme variedade de formas, muitas vezes categoricamente contraditórias, nas quais os papéis de ambos os sexos foram modelados.

Mas sempre encontramos o modelo. Não conhecemos nenhuma cultura que tenha afirmado, articuladamente, que não há diferença entre homens e mulheres, exceto no modo como contribuem para a criação da geração seguinte; que, de resto, em todos os aspectos, sejam simplesmente seres humanos com qualidades variadas, nenhuma das quais pode ser exclusivamente atribuída a um ou outro sexo.

Estaremos lidando com algo que não ousamos desprezar porque está enraizado de forma tão profunda em nossa natureza biológica mamífera que desprezá-lo significaria uma doença individual e social? Ou com algo que, embora não tão profundamente enraizado, ainda assim é tão socialmente conveniente e tão testado que seria pouco econômico desprezá-lo – algo que diga, por exemplo, que é mais fácil conceber e criar crianças se estilizarmos o comportamento dos sexos de forma muito diferente, ensinando-os a andar, se vestir e agir de maneira contrastante e a se especializar em tipos diferentes de trabalho?[15]

Também precisamos perguntar: quais são as potencialidades das diferenças entre os sexos? [...] Se em contato meninos precisam encarar e assimilar tão cedo o choque de saber que nunca poderão gerar um bebê com a mesma certeza e incontestabilidade de que é um direito de nascença da mulher, como isso os torna mais criativamente ambiciosos, bem como mais dependentes de conquistas? Se as meninas têm um ritmo de crescimento no qual o próprio sexo aparece de forma inicialmente mais incerta para elas do que o dos irmãos, dando-lhe assim uma leve centelha ilusória na direção da conquista compensatória que quase sempre definha antes da certeza da maternidade, isso provavelmente significa uma limitação ao seu senso de ambição? Mas também potencialidades positivas existem?[16]

Nessas passagens de *Masculino e feminino*, um livro que se tornou o alicerce da mística feminina, Margaret Mead revela sua orientação freudiana, embora ela prefacie com cautela cada afirmação de aparente fato científico com a palavrinha "se". Mas se trata de um "se" muito significativo. Pois quando as diferenças sexuais se tornam a base de sua abordagem da cultura e da personalidade e quando você assume que a sexualidade é a força motriz da personalidade humana (uma suposição que tomou de Freud) e quando, além disso, como antropóloga, sabe que não há diferenças sexuais verdadeiras para todas as culturas, exceto aquelas envolvidas no ato de procriação, você vai inevitavelmente dar a essa única diferença biológica, a diferença no papel reprodutivo, importância cada vez maior na determinação da personalidade feminina.

A PARALISIA FUNCIONAL, O PROTESTO FEMININO E MARGARET MEAD

Margaret Mead não escondeu o fato de que, depois de 1931, rubricas freudianas, baseadas nas zonas do corpo, faziam parte do equipamento que levou consigo nas pesquisas de campo antropológicas.[17] Dessa maneira, ela começou a equiparar "aqueles aspectos assertivos, criativos e produtivos da vida dos quais a superestrutura da civilização depende" com o pênis, e a definir a criatividade feminina nos termos da "receptividade passiva" do útero.

> Ao discutir homens e mulheres, vou me preocupar com as principais diferenças entre eles, a diferença em seu papel reprodutivo. A partir dos corpos constituídos para papéis complementares na perpetuação da raça, que diferenças de funcionamento, capacidade, sensibilidade e vulnerabilidade surgem? Como aquilo que os homens são capazes de fazer está relacionado ao fato de que seu papel reprodutivo termina após um único ato, e como o que as mulheres são capazes de fazer está relacionado ao fato de que seu papel reprodutivo dura nove meses de gestação, e até recentemente, muitos meses de amamentação? Qual é a contribuição de cada sexo, visto como ele mesmo, não como uma versão imperfeita do outro?
>
> Vivendo no mundo moderno, vestidos e agasalhados, forçados a transmitir nosso senso corporal por meio de símbolos remotos como bengalas, sombrinhas e bolsas, é fácil perder de vista o imediatismo do plano do corpo humano. Mas quando se vive entre povos primitivos, nos quais mulheres vestem apenas um aventalzinho de palha e podem se livrar até mesmo deles para insultar umas às outras ou se banhar em grupo, homens vestem um fio-dental muito fino de casca de árvore torcida [...] e bebês não vestem nada, todas as comunicações básicas [...] entre os corpos se tornam muito reais. Em nossa sociedade, inventamos um método terapêutico capaz de deduzir com muito esforço, a partir das lembranças de um neurótico, ou das fantasias descontroladas de um psicótico, como o corpo humano, com suas entradas e saídas, moldou originalmente a visão de mundo do indivíduo em crescimento.[18]

A MÍSTICA FEMININA

Na verdade, a lente da "anatomia é destino" parecia especialmente correta para observar as culturas e personalidades de Samoa, Manus, Arapesh, Mundugumor, Tchambuli, Iatmul e Bali. Correta como talvez nunca tenha sido correta, nessa formulação, para a Viena de fim do século XIX ou para os Estados Unidos no século XX.

Nas civilizações primitivas das ilhas dos Mares do Sul, anatomia ainda era destino quando Margaret Mead as visitou pela primeira vez. A teoria de Freud sobre como instintos primitivos do corpo determinam a personalidade adulta podia encontrar uma demonstração convincente. Os objetivos complexos de civilizações mais avançadas, nas quais instinto e ambiente são cada vez mais controlados e transformados pela mente humana, não formavam, na época, a matriz irreversível de cada vida humana. Deve ter sido bem mais fácil encarar as diferenças biológicas entre homens e mulheres como força básica da vida nesses povos despidos e primitivos. Mas apenas se for até essas ilhas com lentes freudianas nos olhos, aceitando antes de começar o que alguns antropólogos irreverentes chamam de "teoria do papel higiênico da história", você poderá derivar, das observações sobre o papel do corpo despido, masculino ou feminino, em civilizações primitivas, uma lição para as mulheres modernas, que supõe que o corpo despido pode determinar o curso da vida humana e da personalidade também em uma civilização moderna complexa.

Antropólogos hoje em dia estão menos inclinados a considerar as civilizações primitivas um laboratório para observação de nossa própria civilização, um modelo em escala com todas as irrelevâncias apagadas; a civilização não é tão irrelevante assim.

Como o corpo humano é o mesmo nas tribos dos Mares do Sul e nas cidades modernas, um antropólogo que começa com uma teoria psicológica que reduz a personalidade humana e a civilização a analogias corporais pode acabar aconselhando as mulheres modernas a viver através de seu corpo da mesma forma que as mulheres dos Mares do Sul. O problema é que Margaret Mead não era capaz de recriar um mundo dos Mares do Sul no qual pudéssemos viver: um mundo onde ter um bebê era o auge da realização humana. (Se a reprodução fosse o

A PARALISIA FUNCIONAL, O PROTESTO FEMININO E MARGARET MEAD

principal e único fato da vida humana, todos os homens de hoje sofreriam de "inveja do útero"?)

> Em Bali, menininhas com idade entre dois e três anos andam a maior parte do tempo com a barriguinha propositalmente empinada para fora, e as mulheres mais velhas dão tapinhas nelas quando passam. "Grávida", brincam. Então a menininha aprende que, embora os sinais de pertencimento ao seu próprio sexo sejam tênues, os seios pequenos, botões do tamanho dos do irmão, os genitais uma prega imperceptível, um dia ficará grávida, um dia terá um bebê, e ter um bebê é, no geral, uma das realizações mais excitantes e perceptíveis que podem ser apresentadas aos olhos de crianças pequenas nesses mundos simples, em alguns dos quais as construções mais altas têm apenas cinco metros de altura, os barcos mais compridos seis metros de comprimento. Além disso, a menininha aprende que terá um bebê não por ser forte ou vigorosa ou por ter iniciativa, não porque trabalha, se esforça e tenta, e no fim consegue, mas simplesmente porque é uma menina, não um menino, e meninas viram mulheres e, no fim (se protegerem sua feminilidade), têm bebês.[19]

Para uma mulher estadunidense no século XX, que compete em um campo que exige iniciativa, energia e trabalho e no qual os homens se ressentem do sucesso dela, para uma mulher com menos força de vontade e capacidade de competir do que Margaret Mead, como é tentadora essa visão do mundo dos Mares do Sul onde uma mulher atinge o sucesso e é invejada pelo homem apenas por ser mulher.

> Em nossa visão de mundo ocidental, a mulher, moldada a partir da costela do homem, pode, no máximo, tentar sem sucesso imitar os poderes e vocações superiores do homem. O tema básico do culto de iniciação, no entanto, é que as mulheres, por conta da virtude de sua capacidade de gestar filhos, detêm o segredo da vida. O papel

A MÍSTICA FEMININA

do homem é incerto, indefinido e talvez desnecessário. Com um grande esforço, o homem encontrou um método de compensar a si mesmo por sua inferioridade básica. Equipados com vários instrumentos barulhentos e misteriosos, cuja potência jaz no fato de sua verdadeira forma ser desconhecida para quem ouve o som – ou seja, mulheres e crianças nunca devem saber que na verdade são flautas de bambu ou troncos ocos [...], eles tiram os meninos das mulheres, marcando-as como incompletas, e eles mesmos os transformam em homens. É verdade que as mulheres fazem seres humanos, mas apenas os homens podem fazer outros homens.[20]

Sim, essa sociedade primitiva era uma "estrutura instável, protegida por tabus e precauções sem fim" – pelo constrangimento da mulher, por seus temores inquietos e pela indulgência com a vaidade masculina – e sobrevivia apenas enquanto todos se ativessem às regras. "O missionário que mostra a flauta às mulheres destrói a cultura."[21] Mas Margaret Mead, que poderia ter mostrado aos homens e mulheres estadunidenses as "flautas" de seus próprios tabus, precauções, constrangimentos e temores arbitrários e instáveis, além da indulgência em relação à vaidade masculina, não usou seu conhecimento dessa forma. A partir da vida como ela era – em Samoa, em Bali, onde todos os homens invejavam as mulheres –, ela estabeleceu um ideal para a mulher estadunidense que deu nova realidade à estrutura instável de preconceito sexual, a mística feminina.

A linguagem é antropológica, a teoria apresentada como fato é freudiana, mas o desejo é por um retorno ao Jardim do Éden: um jardim onde basta que as mulheres esqueçam o "descontentamento divino" originado do conhecimento para retornarem a um mundo no qual a realização masculina se torna apenas um substituto inferior para a geração de filhos.

> O problema recorrente da civilização é definir o papel masculino de forma satisfatória o suficiente – seja ele plantar jardins ou criar gado, matar animais ou matar inimigos, construir pontes ou fazer transações bancárias –, de modo que o macho possa, ao longo

A PARALISIA FUNCIONAL, O PROTESTO FEMININO E MARGARET MEAD

da vida, alcançar um senso sólido de realização irreversível do qual seu conhecimento infantil sobre as satisfações de gerar um filho lhe dera um vislumbre. No caso das mulheres, é necessário apenas que os arranjos sociais lhes permitam cumprir seu papel biológico para que alcancem esse senso irreversível de realização. Se as mulheres ficam inquietas e questionadoras, mesmo diante da procriação, isso se dá por causa da educação.[22]

O que a mística feminina extraiu de Margaret Mead não foi sua visão do grande potencial humano inexplorado da mulher, mas essa glorificação da função sexual feminina que de fato já foi testada em todas as culturas, mas raras vezes, em culturas civilizadas, tão valorizada quanto o potencial ilimitado da criatividade humana, até o momento exibido principalmente pelo homem. A visão que a mística extraiu de Margaret Mead foi a de um mundo onde mulheres, simplesmente por serem mulheres e terem filhos, receberão o mesmo respeito conferido aos homens por seus feitos criativos – como se o fato de possuírem útero e seios concedesse às mulheres uma glória que os homens jamais conhecerão, embora passem a vida se esforçando por criar. Nesse mundo, todas as outras coisas que uma mulher pode fazer ou ser são apenas pálidos substitutos da concepção de uma criança. A feminilidade se torna mais do que sua definição pela sociedade; ela se torna um valor que a sociedade deve proteger da investida destrutiva da civilização, como o búfalo em vias de extinção.

As páginas eloquentes de Margaret Mead fizeram muitas mulheres estadunidenses invejarem a feminilidade serena das samoanas de peitos desnudos e tentarem se tornar selvagens langorosas, os seios libertos dos sutiãs da civilização e o cérebro não afetado pelo pálido conhecimento produzido pelo homem sobre o progresso da humanidade.

A carreira biológica da mulher possui uma estrutura de clímax natural que pode ser recoberta, silenciada, abafada e publicamente negada, mas que permanece um elemento essencial na visão de ambos os sexos sobre si mesmo [...]. A jovem balinesa que ouve

"Seu nome é I Tewa?" e que se orgulha de responder "Eu sou Men Bawa" (Mãe de Bawa) está falando de forma absoluta. Ela é a mãe de Bawa; Bawa pode morrer amanhã, mas ela continuará sendo a mãe de Bawa; apenas se ele tivesse morrido sem ser nomeado seus vizinhos a chamariam de "Men Belasin", "Mãe Desprovida". Estágio após estágio na história de vida das mulheres assim permanecem, irrevogáveis, indiscutíveis, consumados. Isso dá a base natural para a ênfase da menina em ser em vez de fazer. O menino aprende que deve agir como um menino, fazer coisas, provar que é um menino e provar isso diversas vezes, enquanto a menina aprende que é uma menina, e tudo o que precisa fazer é não agir como um menino.[23]

E assim a história continua, indefinidamente, até que alguém decide perguntar: e daí? Você nasce, cresce, engravida, tem um filho, ele cresce; isso é verdadeiro em todas as culturas, registradas ou não, a que conhecemos da vida e as recônditas que apenas os antropólogos viajados conhecem. Mas isso é tudo na vida de uma mulher hoje?

Questionar uma definição da natureza da mulher baseada de forma tão absoluta em suas diferenças biológicas em relação ao homem não é negar a importância da biologia. A biologia feminina, "a carreira biológica" da mulher, pode ser imutável – a mesma para as mulheres da Idade da Pedra, 20 mil anos atrás, para as mulheres samoanas em ilhas remotas e as mulheres nos Estados Unidos do século XX –, mas a natureza da relação humana com a biologia *mudou*. Nosso conhecimento crescente, o potencial cada vez maior da inteligência humana, forneceu-nos consciência de propósitos e objetivos para além das necessidades biológicas básicas de fome, sede e sexo. Mesmo essas necessidades básicas, em homens e mulheres de hoje, não são as mesmas que na Idade da Pedra ou nas culturas dos Mares dos Sul, porque agora fazem parte de um padrão mais complexo de vida humana.

Como antropóloga, é claro, Margaret Mead sabia disso. E para todas as palavras dela glorificando o papel feminino, há outras descrevendo as maravilhas de um mundo onde as mulheres poderiam explorar por

A PARALISIA FUNCIONAL, O PROTESTO FEMININO E MARGARET MEAD

completo suas capacidades. Mas essa descrição é quase invariavelmente recoberta pela cautela terapêutica e a superioridade manipuladora, típicas de muitos cientistas sociais estadunidenses. Quando essa cautela é combinada a uma possível supervalorização do poder das ciências sociais não apenas de interpretar a cultura e a personalidade, mas também de ordenar nossa vida, as palavras dela adquirem a aura de uma cruzada justa – uma cruzada contra a mudança. Ela se une a outros cientistas sociais funcionalistas em sua ênfase em nos adequarmos à sociedade como ela se encontra, em viver nossa vida de acordo com as definições culturais convencionais dos papéis masculino e feminino. Essa atitude fica explícita nas últimas páginas de *Masculino e feminino*.

> Dar a cada sexo o que lhe é cabido, um reconhecimento completo de suas vulnerabilidades e necessidades de proteção especiais, significa olhar para além das semelhanças superficiais durante o período do fim da infância, quando tanto meninos quanto meninas, cada um tendo deixado de lado os problemas de adequação sexual, parecem ávidos por aprender, e muito capazes de aprender as mesmas coisas. [...] Mas todo ajuste que minimiza uma diferença, uma vulnerabilidade, em um sexo, uma força diferencial, no outro, diminui a possibilidade de eles complementarem um ao outro, e corresponde – simbolicamente – a vedar a receptividade construtiva da fêmea e a atividade construtiva vigorosa e extrovertida do macho, silenciando ambos, no fim, em uma versão mais baça da vida humana, na qual todos são privados da inteireza de humanidade que cada um poderia ter.[24]
>
> Nenhum dom humano é forte o suficiente para desabrochar por completo em uma pessoa sob ameaça de perder o pertencimento ao seu sexo. [...] Não importa com quanta boa vontade embarquemos em um programa cujo objetivo seja educar homens e mulheres para que deem sua total e especial contribuição a todos os complexos processos da civilização – medicina e direito, educação e religião, artes e ciências –, a tarefa será muito difícil. [...]

A MÍSTICA FEMININA

É de valor muito duvidoso recorrer aos dons das mulheres se levar as mulheres para campos definidos como masculinos assusta os homens, assexua as mulheres, abafa e distorce as contribuições que as mulheres poderiam fazer, seja porque a presença delas exclui os homens da profissão seja porque muda a qualidade dos homens que adentram nela. [...] É loucura ignorar os sinais de alerta de que as atuais condições nas quais as mulheres são atraídas, por sua própria curiosidade e impulsos, desenvolvidos sob o mesmo sistema educacional dos garotos [...] são nocivos tanto para homens quanto para mulheres.[25]

O papel de Margaret Mead como porta-voz profissional da feminilidade teria sido menos importante se as estadunidenses tivessem tomado o exemplo da própria vida dela, em vez de ouvir o que ela dizia em seus livros. Margaret Mead viveu uma vida de franco desafio, e a viveu com orgulho, apesar de às vezes se mostrar insegura, como mulher. Ela fez as fronteiras do pensamento avançarem e deu contribuições à superestrutura do nosso conhecimento. Demonstrou capacidades femininas que vão muito além da maternidade; abriu caminho no que era ainda, em grande parte, um "mundo dos homens" sem negar o fato de ser mulher; na verdade, ela revelou em seu trabalho um conhecimento feminino único com o qual nenhum antropólogo poderia competir. Depois de muitos séculos de autoridade masculina inquestionada, pareceu natural que alguém proclamasse uma autoridade feminina. Mas os grandes ideais humanos de pôr fim às guerras, curar doenças, ensinar as diferentes raças a conviverem, construir estruturas novas e belas para as pessoas morarem são mais do que "outras maneiras de dar à luz".

Não é fácil combater preconceitos antigos. Como cientista social, e mulher, ela desferiu golpes na imagem preconceituosa a respeito da mulher que talvez sobrevivam muito além do seu tempo de vida. Em sua insistência de que mulheres são seres humanos – seres humanos únicos, e não homens aos quais falta uma parte –, ela deu um passo além de Freud. E, ainda assim, devido ao fato de suas observações terem se

A PARALISIA FUNCIONAL, O PROTESTO FEMININO E MARGARET MEAD

baseado nas analogias corporais freudianas, ela podou sua própria visão da mulher ao glorificar o milagre misterioso da feminilidade, que uma mulher realiza simplesmente sendo fêmea, deixando os seios crescerem, o sangue menstrual fluir e o bebê mamar no seio inchado. Em seu alerta sobre o perigo de que mulheres que buscam realização fora de seu papel biológico se tornem bruxas assexuadas, ela explicitou outra vez uma escolha desnecessária. Persuadiu jovens mulheres a abandonar parte de sua humanidade duramente conquistada para não perder a feminilidade. No fim, ela acabou fazendo justamente aquilo contra o que havia alertado, recriando em seu trabalho o círculo vicioso que quebrou na própria vida.

> Podemos subir na escala, indo de simples diferenças físicas a distinções complementares que sublinham o papel da diferença sexual e o estendem de maneira inapropriada a outros aspectos da vida, a estereótipos de atividades tão complexas quanto aquelas envolvidas no uso formal do intelecto, nas artes, no governo e na religião.
>
> Em todas essas realizações complexas da civilização, nas atividades que são a glória da humanidade, e das quais depende nossa esperança de sobrevivência neste mundo que construímos, houve uma tendência a estabelecer definições artificiais que limitam a atividade a um sexo e ao negar as potencialidades reais do ser humano, limitam não apenas homens e mulheres, mas igualmente o desenvolvimento da atividade em si [...].
>
> Eis um círculo vicioso para o qual não é possível fixar um começo nem um fim, no qual a supervalorização dos papéis da mulher pelo homem, ou do papel do homem pela mulher, leva um sexo ou o outro a se apropriar, negligenciar ou mesmo abdicar de parte de nossa humanidade duramente conquistada. Aqueles que quebrariam o ciclo são eles próprios um produto dele, expressam parte de seus defeitos em cada gesto, poderiam ser fortes o suficiente apenas para desafiá-lo, mas não para rompê-lo de fato. No entanto, uma vez identificados, uma vez analisados, deveria ser possível criar um contexto de opinião no qual outros, um pouco

menos resultantes do passado obscuro por terem sido criados empunhando uma luz capaz de iluminar tanto o que ficou para trás quanto o que está adiante, possam, por sua vez, dar um passo à frente.[26]

Talvez o protesto feminino tenha sido um passo necessário depois do protesto masculino feito por algumas das feministas. Margaret Mead foi uma das primeiras mulheres a ganhar proeminência na vida estadunidense depois que as mulheres conquistaram alguns direitos. A mãe dela era cientista social, a avó, professora; ela teve imagens privadas de mulheres totalmente humanas, recebeu uma educação equivalente à de qualquer homem. E pôde dizer com convicção: é bom ser mulher, não é necessário copiar o homem, é possível se respeitar como mulher. Na vida e em sua obra, ela fez um protesto feminino ressonante. E foi um passo adiante quando influenciou mulheres modernas emancipadas a escolher, com uma inteligência livre, ter filhos, gestá-los com uma consciência orgulhosa que negava a dor, amamentá-los e devotar corpo e mente a cuidar deles. Foi um passo adiante na jornada apaixonada – e um passo possível por causa dela – que mulheres cultas pudessem dizer "sim" à maternidade como um propósito humano consciente, e não um fardo imposto pela carne. Porque, é claro, o movimento de parto natural e amamentação que Margaret Mead ajudou a inspirar não foi de maneira nenhuma um retrocesso para a maternidade mãe-terra primitiva. Despertava o interesse da mulher estadunidense independente, educada e corajosa – e de suas contrapartes na Europa ocidental e na Rússia –, pois permitia que ela vivenciasse o parto não como uma fêmea irracional, um objeto manipulado pelo obstetra, mas como uma pessoa completa, capaz de controlar o próprio corpo com a mente consciente. Talvez menos importante que o controle de natalidade e os outros direitos que colocaram a mulher em um papel mais igualitário em relação ao homem, o trabalho de Margaret Mead ajudou a humanizar o sexo. Foi necessário uma supervendedora científica para recriar na vida moderna estadunidense algo que ao menos se assemelhasse às condições nas quais

A PARALISIA FUNCIONAL, O PROTESTO FEMININO E MARGARET MEAD

homens de tribos primitivas imitavam invejosamente a maternidade e sangravam a si mesmos. (O marido moderno pratica os exercícios respiratórios com a esposa enquanto ela se prepara para o parto natural.) Mas será que ela exagerou?

Talvez não tenha sido culpa dela o fato de ter sido interpretada de maneira tão literal a ponto de a procriação ter se tornado um culto, uma carreira, excluindo qualquer outro tipo de empreendimento criativo até que as mulheres passaram a ter filhos pois não conheciam nenhuma outra maneira de criar. Muitas vezes ela foi citada fora de contexto por funcionalistas inferiores e pelas revistas femininas. Aqueles que encontraram no trabalho dela a confirmação de seus próprios preconceitos e medos não confessados ignoraram não somente a complexidade de seu trabalho como um todo, mas o exemplo de sua própria vida complexa. Apesar de todas as dificuldades que deve ter enfrentado, sendo uma mulher pioneira no reino do pensamento abstrato – que era domínio masculino (a crítica de uma única frase sobre o livro *Sexo e temperamento* mostra o ressentimento com o qual ela com frequência se deparava: "Margaret, já encontrou uma cultura na qual os homens é que têm os bebês?") –, ela jamais recuou do duro caminho para a autorrealização que tão poucas mulheres se aventuraram a percorrer desde então. Ela disse muitas vezes às mulheres que permanecessem nessa estrada. Se elas ouviram apenas suas outras palavras de alerta, e se conformaram com a glorificação da feminilidade, talvez tenha sido por não estarem tão seguras de si e de suas capacidades humanas quanto ela.

Margaret Mead e os funcionalistas menores conheciam o custo, os riscos de romper com restrições sociais tão antigas.[27] Essa consciência era a justificativa deles para restringir suas afirmações sobre o potencial da mulher aconselhando as mulheres a não competir com os homens, mas sim buscar respeito por sua singularidade como mulheres. Não foi um conselho nada revolucionário; não abalou a imagem tradicional da mulher, assim como não o fez o pensamento freudiano. Talvez a intenção deles fosse subverter a velha imagem, mas em vez disso deram à mística feminina sua autoridade científica.

A MÍSTICA FEMININA

Ironicamente, na década de 1960, Margaret Mead começou a expressar preocupação em relação ao "retorno da mulher das cavernas": o movimento da mulher estadunidense de volta a uma vida doméstica limitada, enquanto o mundo tremia à beira de um holocausto tecnológico. Em trecho de um livro intitulado *American Women: The Changing Image* [A mulher estadunidense: a imagem em mutação], publicado no *Saturday Evening Post* (3 de março de 1962), ela perguntou:

> Por que voltamos, apesar dos avanços tecnológicos, à imagem da Idade da Pedra? [...] As mulheres voltaram cada uma para sua caverna, esperando ansiosamente pelo retorno do companheiro e dos filhos, protegendo de forma ciumenta o companheiro de outras mulheres, quase totalmente inconscientes de qualquer vida porta afora. [...]. Nesse retorno à fecundidade, a culpa não é da mulher como indivíduo. É o clima de opinião que se desenvolveu neste país.

Aparentemente, Margaret Mead não aceitava, ou talvez não reconhecesse, seu próprio papel como uma das principais arquitetas desse "clima de opinião". Aparentemente ela negligenciou grande parte de sua própria obra, que ajudou a persuadir diversas gerações de estadunidenses modernas e capazes "em um estilo de mulher das cavernas desesperada, a devotar toda a sua existência a uma vida doméstica limitada – primeiro nos devaneios de menina e em uma busca por papéis que as tornam sedutoramente ignorantes, depois como mães e avós [...], restringindo suas atividades à preservação de suas existências privadas e muitas vezes entediantes".

Embora pareça que agora Margaret Mead esteja tentando tirar as mulheres do lar, ela ainda atribui uma singularidade sexual a tudo o que a mulher faz. Ao tentar atraí-las para o mundo moderno da ciência como "as professoras-mães de jovens cientistas", ela ainda está traduzindo as novas possibilidades abertas às mulheres e os novos problemas que elas enfrentam como membros da raça humana em termos sexuais. Mas agora "os papéis que historicamente pertenceram às mulheres" são ampliados

A PARALISIA FUNCIONAL, O PROTESTO FEMININO E MARGARET MEAD

para incluir a responsabilidade política pelo desarmamento nuclear – "a valorizar não somente os próprios filhos, mas também os filhos do inimigo". Uma vez que, partindo da mesma premissa e examinando o mesmo corpo de evidências antropológicas, ela chega agora a um papel sexual ligeiramente diferente para as mulheres, pode-se questionar seriamente aquilo no que ela se baseia quando decide que papéis as mulheres deveriam desempenhar – e a facilidade com que muda as regras do jogo de uma década para a outra.

Outros cientistas sociais chegaram à espantosa conclusão de que "ser mulher não é mais nem menos do que ser humano".[28] Mas há um atraso cultural inerente à mística feminina. Quando alguns poucos cientistas sociais começaram a identificar as falhas no "papel da mulher", educadores estadunidenses já tinham se apropriado dele como uma semente mágica. Em vez de educar mulheres dando-lhes a maturidade necessária para participar da sociedade moderna – com todos os problemas, os conflitos e o trabalho duro envolvidos, tanto para os educadores quanto para as mulheres –, começaram a educá-las para "desempenhar o papel da mulher".

NOTAS

1. Henry A. Bowman, *Marriage for Moderns* [Casamento para modernos], Nova York, 1942, p. 21.
2. *Ibid.*, pp. 22 ss.
3. *Ibid.*, pp. 62 ss.
4. *Ibid.*, pp. 74-76.
5. *Ibid.*, pp. 66 ss.
6. Talcott Parsons, "Age and Sex in the Social Structure of the United States" [Idade e sexo na estrutura social dos Estados Unidos], em *Essays in Sociological Theory*, Glencoe, Ill., 1949, pp. 223 ss.
7. Talcott Parsons, "An Analytical Approach to the Theory of Social Stratification" [Uma abordagem analítica sobre a teoria de estratificação social], *op. cit.*, pp. 174 ss.

A MÍSTICA FEMININA

8. Mirra Komarovsky, *Women in the Modern World, Their Education and Their Dilemmas* [Mulheres no mundo moderno – Sua educação e seus dilemas], Boston, 1953, pp. 52-61.

9. *Ibid.*, p. 66.

10. *Ibid.*, pp. 72-74.

11. Mirra Komarovsky, "Functional Analysis of Sex Roles" [Análise funcional dos papéis sexuais], *American Sociological Review*, agosto de 1950. Ver também: "Cultural Contradictions and Sex Roles" [Contradições culturais e papéis sexuais], *American Journal of Sociology*, novembro de 1946.

12. Kingsley Davis, "The Myth of Functional Analysis as a Special Method in Sociology and Anthropology" [O mito da análise funcional como método especial em sociologia e antropologia], *American Sociological Review*, vol. 24, n. 6, dezembro de 1959, pp. 757-772. Davis aponta que o funcionalismo se tornou mais ou menos idêntico à sociologia em si. Há evidência provocativa de que o próprio estudo da sociologia, nos anos recentes, persuadiu universitárias a se limitar ao seu tradicional papel sexual "funcional". Um relatório intitulado "The Status of Women in Professional Sociology" [O status das mulheres na sociologia profissional] (Sylvia Fleis Fava, *American Sociological Review*, vol. 25, nº 2, abril de 1960) mostra que embora a maioria dos alunos nas turmas de graduação em sociologia sejam mulheres, de 1949 a 1958 houve um declínio acentuado tanto no número quanto na proporção dos diplomas em sociologia concedidos a mulheres (de 4.143 diplomas de bacharel em 1949, o número caiu para apenas 3.200 em 1955 e 3.606 em 1958). E embora de metade a dois terços dos diplomas de sociologia fossem concedidos a mulheres, elas receberam apenas de 25% a 43% dos diplomas de mestrado e apenas de 8% a 19% dos diplomas de doutorado. Embora o número de diplomadas de graduação em qualquer área tenha caído acentuadamente durante a era da mística feminina, o campo da sociologia mostrou, em comparação com outros campos, uma taxa de "mortalidade" excepcionalmente alta.

13 Margaret Mead, *Sex and Temperament in Three Primitive Societies*, Nova York, 1935, pp. 279 ss [ed. bras.: *Sexo e temperamento*, São Paulo, Perspectiva, 2015].

A PARALISIA FUNCIONAL, O PROTESTO FEMININO E MARGARET MEAD

14. Margaret Mead, *From the South Seas* [Dos Mares do Sul], Nova York, 1939, p. 321.

15. Margaret Mead, *Male and Female* [Masculino e feminino], Nova York, 1955, pp. 16-18.

16. *Ibid.*, p. 26.

17. *Ibid.*, notas de rodapé, pp. 289 ss:

> Eu só comecei a trabalhar seriamente com as zonas do corpo quando conheci os arapesh, em 1931. Embora estivesse familiarizada, de modo geral, com o trabalho básico de Freud sobre o assunto, não percebi como poderia ser aplicado ao campo até ler o primeiro relato de campo de Geza Roheim, "Psychoanalysis of Primitive Culture Types" [Psicanálise dos tipos primitivos culturais] [...]. Então pedi que me enviassem resumos da obra de K. Abraham. Depois de ter me familiarizado com a maneira sistemática de Erik Homburger Erikson lidar com essas ideias, elas se tornaram parte integral do meu material teórico.

18. *Ibid.*, pp. 50 s.

19. *Ibid.*, pp. 72 ss.

20. *Ibid.*, pp. 84 ss.

21. *Ibid.*, p. 85.

22. *Ibid.*, pp. 125 ss.

23. *Ibid.*, pp. 135 ss.

24. *Ibid.*, pp. 274 ss.

25. *Ibid.*, pp. 278 ss.

26. *Ibid.*, pp. 276-285.

27. Margaret Mead, introdução do livro *From the South Seas* [Dos mares do Sul], Nova York, 1939, p. xiii. "Era inútil permitir às crianças que desenvolvessem valores diferentes daqueles de sua sociedade."

28. Marie Jahoda e Joan Havel, "Psychological Problems of Women in Different Social Roles – A Case History of Problem Formulation in Research" [Problemas psicológicos das mulheres em diferentes papéis sociais – Um estudo de caso da formulação de problema em pesquisa], *Educational Record*, vol. 36, 1955, pp. 325-333.

7. Educadores orientados pelo sexo

É provável que já estivesse ocorrendo havia mais ou menos dez ou quinze anos antes que os educadores suspeitassem – os educadores à moda antiga, na verdade. Os novos educadores que se orientavam pelo sexo se surpreenderam com a surpresa, chocaram-se com o choque.

O choque, o enigma, para os ingênuos que tinham grandes esperanças para a educação superior feminina, era o fato de mais estadunidenses do que nunca estarem frequentando a universidade – mas cada vez menos mulheres se tornavam físicas, filósofas, poetas, médicas, advogadas, estadistas, pioneiras sociais e até mesmo professoras universitárias. Menos mulheres recém-formadas se distinguiam em uma carreira ou profissão do que antes da Segunda Guerra Mundial, a Grande Divisão. Cada vez menos universitárias se preparavam para uma carreira ou profissão que exigisse mais do que um compromisso casual. Duas em cada três garotas que entravam na faculdade abandonavam o curso antes do término. Nos anos 1950, aquelas que permaneciam, mesmo as mais capazes, não mostravam sinais de desejar ser algo mais do que donas de casa e mães suburbanas. Na verdade, para os professores das faculdades Vassar, Smith e Bernard, que recorriam a meios desesperados para despertar o interesse das estudantes por *qualquer coisa* que a faculdade pudesse lhes ensinar, as meninas pareciam subitamente incapazes de ter ambição, objetivos, paixões, exceto pelo anel de noivado. Nessa busca, elas pareciam quase desesperadas, logo no primeiro ano de curso.

Por lealdade a essa ilusão cada vez mais vã (a importância da educação superior para mulheres), os professores puristas mantiveram-se, a princípio, calados. Mas o desuso, a resistência das mulheres estadunidenses à educação superior por fim começou a aparecer nas estatísticas:[1] na saída de presidentes, pesquisadores e professores das faculdades para mulheres; na desilusão, na frustração perplexa ou no cinismo frio dos que permaneceram; e, por fim, no ceticismo, em faculdades e universidades, em relação ao valor de um investimento professoral em qualquer garota ou mulher, não importava quão capaz e ambiciosa ela parecesse ser. Algumas faculdades para mulheres fecharam; alguns professores, em faculdades mistas, diziam que um terço das vagas não devia mais ser desperdiçado com mulheres; o presidente da Sarah Lawrence, uma faculdade para mulheres com valores altamente intelectuais, falou em abrir vagas para homens; o presidente da Vassar previu o fim de todas as boas faculdades para mulheres que haviam sido pioneiras no ensino superior para mulheres.

Quando li os primeiros indícios cautelosos sobre o que estava acontecendo, no relatório preliminar de um estudo psicossocio-antropológico da Fundação Mellon sobre as garotas da Vassar, em 1956, pensei: "Minha nossa, como Vassar deve ter se deteriorado."

> O compromisso sério com qualquer atividade ou carreira que não seja a de esposa dona de casa é raro. Muitas estudantes, talvez um terço, estão interessadas em pós-graduação e carreiras, por exemplo, que envolvam lecionar. Poucas, no entanto, planejam seguir adiante com uma carreira que entre em conflito com as necessidades familiares [...]. No entanto, em comparação com períodos anteriores, por exemplo, com a "era feminista", poucas estudantes estão interessadas em carreiras que exijam muita dedicação, como direito ou medicina, independentemente das pressões pessoais e sociais. Da mesma maneira, é difícil encontrar casos como o de Edna St. Vincent Millay: indivíduos completamente dedicados à sua arte já na adolescência e resistentes a qualquer tentativa de interferência nesse sentido.[2]

Um relatório posterior elaborou:

EDUCADORES ORIENTADOS PELO SEXO

> As alunas da Vassar [...] estão ainda mais convencidas de que os males da sociedade vão gradualmente se corrigir com pouca ou nenhuma intervenção direta das estudantes universitárias [...]. As garotas da Vassar, no geral, não esperam ficar famosas, dar uma contribuição duradoura à sociedade, ser pioneiras em algum campo ou perturbar de alguma maneira a plácida ordem das coisas [...]. Não apenas virar uma solteirona é encarado como uma tragédia pessoal, mas ter descendentes é considerado essencial para uma vida realizada, e a aluna da Vassar acredita que adotaria de bom grado uma criança, se necessário, para ter uma família. Em resumo, sua identidade futura é em grande medida englobada pelo papel projetado de esposa-mãe [...]. Ao descrever as qualidades de um marido ideal, a maioria das garotas da Vassar é bem explícita em sua preferência por um homem que assuma o papel mais importante, ou seja, que cuide da própria carreira e tome a maioria das decisões que afetem as questões fora do lar [...]. De acordo com elas, o fato de a mulher tentar usurpar as prerrogativas do homem é uma ideia repugnante que perturbaria seriamente o papel projetado para elas, de ajudante e complemento fiel do homem da casa.[3]

Eu vi a mudança, uma mudança bem real, quando voltei à minha própria faculdade, em 1959, para morar por uma semana com as estudantes em um dos alojamentos no campus da Smith, e depois entrevistei alunas de faculdades e universidades por todo o país.

Um querido professor de psicologia, prestes a se aposentar, reclamou:

> Elas são inteligentes. Têm que ser, para ter chegado até aqui. Mas simplesmente não se permitem ter interesse. Parecem achar que isso as atrapalhará quando chegar a hora de se casar com o jovem executivo e criar um monte de crianças no subúrbio de classe média. Não consegui marcar o seminário final para minhas melhores alunas do último ano. Muitos chás de panela interferiram.

A MÍSTICA FEMININA

Nenhuma delas considerou o seminário importante o suficiente para adiar os chás de panela.

Ele está exagerando, pensei.

Peguei um exemplar do jornal universitário que eu editava. A editora atual descrevia uma aula de estudos políticos durante a qual quinze das vinte garotas presentes tricotavam "com o semblante fechado de Madame Defarge.* O professor, em um tom mais de desafio do que de seriedade, anunciou que a civilização ocidental estava chegando ao fim. As alunas se voltaram para o caderno e escreveram 'civ. oci. chegando ao fim', tudo sem perder um ponto sequer do tricô".

Por que elas precisam de tanto incentivo?, pensei, lembrando-me de como costumávamos ficar depois das aulas, discutindo sobre o que o professor tinha dito – teoria econômica, filosofia política, história da civilização ocidental, sociologia, ciência e imaginação, até mesmo Chaucer. "Por quais cursos as pessoas andam se interessando?", perguntei a uma loira de beca. Física nuclear, talvez? Arte moderna? Civilizações da África? Olhando para mim como se eu fosse um dinossauro pré-histórico, ela respondeu:

> As garotas não se interessam mais por esse tipo de coisa. Não queremos carreiras. Nossos pais esperam que frequentemos a faculdade. Todo mundo faz faculdade. Você vira um pária em casa se não for para a faculdade. Mas uma garota que leva a sério qualquer estudo – por exemplo, querer virar pesquisadora – é considerada peculiar, pouco feminina. Acho que todas querem se formar com um anel de diamante no dedo. É isso que importa.

Descobri uma regra tácita que proibia "conversa fiada" sobre cursos, bate-papo intelectual, em alguns alojamentos estudantis. No campus, as

---

* Vilã de *Um conto de duas cidades*, de Charles Dickens, Madame Defarge é uma tricoteira cuja expressão é sempre séria. (*N. T.*)

EDUCADORES ORIENTADOS PELO SEXO

garotas pareciam sempre apressadas, correndo de um lado para outro. Ninguém, exceto alguns membros do corpo docente, ficava nos cafés ou na farmácia da esquina conversando. Nós costumávamos ficar horas sentadas, discutindo sobre a verdade, a arte pela arte, religião, sexo, guerra e paz, Freud e Marx, e todas as coisas que estavam erradas no mundo. Uma aluna descolada do terceiro ano me contou:

> Nunca perdemos tempo assim. Não temos discussões sobre coisas abstratas. Na maior parte do tempo, conversamos sobre namorados. Enfim, eu passo três dias da semana fora do campus. Estou interessada em um garoto. Quero ficar com ele.

Uma aluna do último ano de olhos escuros, trajando uma capa de chuva, admitiu, como se fosse uma espécie de vício secreto, que gostava de passear pela biblioteca e "pegar livros que me interessam".

> Você aprende logo no primeiro ano a desprezar a biblioteca. Nos últimos tempos, porém... bem, você se dá conta que não estará na faculdade ano que vem. De repente, dá vontade de ter lido mais, conversado mais, cursado as matérias mais difíceis. Para saber o que desperta o seu interesse. Mas acho que essas coisas não importam depois que você se casa. Você se interessa pela casa e por ensinar as crianças a nadar e andar de skate, e à noite conversa com seu marido. Acho que seremos mais felizes do que as universitárias costumavam ser.

Essas garotas se comportavam como se a faculdade fosse apenas um intervalo que deveriam superar com paciência, eficiência, entediadas mas comprometidas, para que a vida "real" pudesse começar. E vida real começava depois que você estava casada, morando em uma casa em um subúrbio de classe média, com marido e filhos. Era natural esse tédio, essa pressa metódica? Era real essa preocupação com o casamento? Descobri que as garotas que rejeitavam sem hesitar qualquer interesse sério pela própria educação com a conversa de "quando eu me casar" com frequência não tinham interesse sério por nenhum homem em particular. Aquelas que se apressavam em fazer os trabalhos para poder passar três dias fora do campus às vezes não tinham um namorado com quem quisessem de fato se casar.

Na minha época, as meninas populares que passavam muitos fins de semana em Yale costumavam levar os estudos tão a sério quanto as "crânios". Mesmo que ficasse temporariamente, ou seriamente, apaixonada, durante a semana na faculdade você vivia a vida da mente – e a considerava absorvente, exigente, às vezes excitante, sempre real. É possível que as garotas de agora, que precisam se esforçar muito mais, ter bem mais habilidade para entrar em uma faculdade com a crescente concorrência, realmente estejam tão entediadas com a vida intelectual?

Aos poucos eu fui percebendo a tensão, o protesto quase taciturno, o esforço deliberado – ou esforço deliberadamente evitado – por trás da aparência impassível. O tédio delas não era exatamente o que parecia. Era uma defesa, uma recusa em se envolver. Da mesma maneira que uma mulher que inconscientemente considera o sexo pecado não está realmente lá, está em outro lugar, durante o ato sexual, aquelas garotas também estavam em outro lugar. Elas encenam, mas se defendem das paixões impessoais da mente e do espírito que a faculdade poderia instigar nelas: as perigosas paixões não sexuais do intelecto.

Uma bela estudante do segundo ano me explicou:

> A ideia é ser casual, muito sofisticada. Não se entusiasmar demais com seu trabalho nem nada do tipo. As pessoas que levam as coisas a sério demais são mais ou menos motivo de pena ou piada. Como, ao querer cantar, ficar tão concentrada nisso que deixa os outros desconfortáveis. Uma excêntrica.

Outra menina elaborou:

EDUCADORES ORIENTADOS PELO SEXO

Podem ter pena de você. Acho que dá para levar o trabalho a sério e não ser desprezada como uma intelectual completa se parar de vez em quando e pensar se tudo isso não é cômico demais. Pois se fizer de forma irônica, tudo bem.

Uma garota com um broche de fraternidade no suéter rosa falou:

Talvez a gente devesse levar os estudos mais a sério. Mas ninguém quer se formar e depois ir para um lugar onde não poderá usar o que aprendeu. Se o seu marido trabalhar em uma organização, você não pode ser culta demais. A esposa é importante demais para a carreira do marido. Você não pode ser interessada demais em artes, ou algo do tipo.

Uma estudante que abandonou o curso de história, apesar de ser uma das melhores alunas, me contou:

Eu amava. Ficava tão animada com o estudo que às vezes ia para a biblioteca às oito da manhã e só saía às dez da noite. Pensava até em fazer uma pós-graduação ou em fazer direito e realmente usar minha mente. De repente, fiquei com medo do que poderia acontecer. Eu queria viver uma vida completa. Queria me casar, ter filhos, uma casa boa. De repente, pensei: Por que estou me esforçando tanto? Este ano estou tentando ter uma vida mais equilibrada. Faço as matérias, mas não leio oito livros e ainda penso em ler o nono. Eu paro e vou ao cinema. O outro caminho era mais difícil, e mais excitante. Não sei por que parei. Talvez apenas tenha perdido a coragem.

O fenômeno não parece se restringir a uma faculdade em particular; é possível observá-lo entre garotas de qualquer faculdade ou departamento de faculdade que ainda exponha as estudantes à vida intelectual. Uma do terceiro ano de uma faculdade sulina me disse:

A MÍSTICA FEMININA

Desde pequena a ciência me fascina. Eu ia me formar em bacteriologia e me dedicar à pesquisa sobre o câncer. Agora mudei para economia doméstica. Percebi que não quero me envolver em nada tão profundo. Se continuasse, eu seria uma daquelas pessoas dedicadas. Fiquei tão arrebatada nos dois primeiros anos, não saía do laboratório. Eu amava, mas perdi muitas coisas. Se as meninas saíam à tarde para nadar, eu ficava trabalhando com esfregaços e lâminas. Não há nenhuma garota estudando bacteriologia aqui: são sessenta garotos e eu no laboratório. Eu não conseguia mais me dar bem com as outras garotas que não entendiam de ciência. Não tenho tanto interesse por economia doméstica como tinha por bacteriologia, mas percebi que foi melhor para mim mudar, sair com as pessoas. Percebi que não devia ser tão séria. Vou para casa trabalhar em uma loja de departamentos até me casar.

O mistério para mim não é o fato de as garotas resistirem a um envolvimento com a vida intelectual, mas o fato de os educadores ficarem perplexos diante dessa resistência, ou culparem a "cultura estudantil", como fazem alguns. Uma lição que uma garota dificilmente conseguia ignorar era que, se fosse para a faculdade entre 1945 e 1960, *não* deveria se interessar, com seriedade, por nada além de casar e ter filhos, se quisesse ser normal, feliz, ajustada, feminina, ter um marido bem-sucedido, filhos bem-sucedidos e uma vida sexual normal, feminina, ajustada e bem-sucedida. Ela pode ter aprendido parte dessa lição em casa, e parte com as outras garotas da faculdade, mas também a aprendia, indiscutivelmente, com aqueles responsáveis pelo desenvolvimento de sua inteligência crítica e criativa: os professores universitários.

Uma mudança sutil e pouco notada tinha acontecido na cultura acadêmica para as estadunidenses nos últimos quinze anos: o novo norteamento pelo sexo de seus educadores. Sob a influência da mística feminina, alguns presidentes e professores universitários responsáveis pela educação de mulheres tinham passado a se preocupar mais com a capacidade futura de suas alunas terem um orgasmo do que com o uso

EDUCADORES ORIENTADOS PELO SEXO

futuro de sua inteligência. Na verdade, alguns dos principais educadores de mulheres começaram a se preocupar, de maneira conscienciosa, em proteger as estudantes da tentação de usar a inteligência crítica e criativa – por meio do método engenhoso de fazer com que ela *não* fosse crítica e criativa. Dessa forma, o ensino superior acrescentou seu peso ao processo pelo qual as mulheres estadunidenses nesse período eram cada vez mais moldadas de acordo com sua função biológica, e cada vez menos para a realização de suas capacidades individuais. As meninas que iam para a faculdade mal podiam escapar daqueles trechos de Freud e Margaret Mead, ou evitar uma matéria como "Casamento e vida em família" com sua doutrinação funcionalista sobre "como desempenhar o papel de mulher".

A nova orientação sexual da educação feminina não estava, no entanto, restrita a um curso ou departamento acadêmico específico. Estava implícita em todas as ciências sociais; mas mais do que disso, tornou-se parte da educação em si, não apenas porque o professor de inglês, o orientador ou o presidente da faculdade haviam lido Freud ou Mead, mas porque a educação era o principal alvo da nova mística – a educação de meninas estadunidenses com ou como meninos. Se os freudianos e os funcionalistas estivessem certos, os educadores seriam culpados pela desfeminização das mulheres estadunidenses, por condená-las à frustração como donas de casa e mães ou a carreiras celibatárias, a uma vida sem orgasmo. Era uma acusação grave; muitos presidentes de universidades e teóricos da educação confessaram sua culpa sem um murmúrio, caindo na linha educacional voltada para o sexo. Houve alguns gritos de ultraje, é claro, dos educadores à moda antiga que ainda acreditavam que a mente era mais importante do que o leito conjugal, mas a maioria estava prestes a se aposentar, prestes a serem substituídos por professores mais jovens e mais doutrinados pela educação voltada para o sexo, ou estavam tão envolvidos com seus temas de estudo que não opinavam muito sobre as políticas gerais das instituições de ensino.

O clima educacional em geral estava no ponto para a nova linha orientada pelo sexo, com sua ênfase na adequação. O antigo objetivo da

A MÍSTICA FEMININA

educação – o desenvolvimento da inteligência por meio de um domínio vigoroso das principais disciplinas intelectuais – já vinha sendo desprestigiado pelos educadores centrados na criança. A Teachers College [Faculdade de Educação] na Columbia University foi o terreno fértil natural para o funcionalismo educacional. Assim como a psicologia, a antropologia e a sociologia permeavam toda a atmosfera acadêmica, a educação para a feminilidade também se espalhou de Mills, Stephens e das escolas de etiqueta (onde sua base era mais tradicional do que teórica) até os bastiões mais orgulhosos da Ivy League feminina, as faculdades pioneiras no ensino superior para mulheres nos Estados Unidos, conhecidas por seu firme padrão intelectual.

Em vez de expandir horizontes e ampliar mundos para mulheres capazes, o educador orientado pelo sexo passou a ensinar a elas como se adequar ao mundo do lar e dos filhos. Em vez de ensinar verdades que combatessem os preconceitos do passado, ou modos críticos de pensar contra os quais o preconceito não sobrevive, os educadores orientados pelo sexo ofereciam às meninas uma sofisticada mistura de prescrições e pressentimentos acríticos, bem mais cerceadores da mente e prejudiciais ao futuro do que os tradicionais "faça isso, não faça aquilo". A maior parte disso era feita de forma consciente e com as melhores intenções, por educadores que realmente acreditavam na mística que lhes era transmitida pelos cientistas sociais. Se um professor ou presidente de universidade não considerava a mística um conforto positivo, uma confirmação dos próprios preconceitos, ele ainda assim não tinha motivo para *não* acreditar nela.

As poucas presidentas e professoras universitárias seguiam o mesmo caminho ou tinham sua autoridade – como professoras e mulheres – questionada. Se fossem solteironas, se não tivessem tido filhos, eram proibidas pela mística de falar como mulheres. (*Modern Woman: The Lost Sex* as proibia até mesmo de lecionar.) A acadêmica brilhante, que não se casou mas inspirou muitas gerações de universitárias a buscar a verdade, ficou manchada como uma educadora de mulheres. Não era nomeada presidenta da faculdade feminina cuja tradição intelectual ela levou até

EDUCADORES ORIENTADOS PELO SEXO

seu ponto máximo; a educação das meninas era colocada nas mãos de um homem bonito, "para casar", mais adequado para doutriná-las a desempenhar o papel feminino adequado. A acadêmica geralmente deixava a faculdade para mulheres para comandar um departamento em alguma grande universidade, onde os potenciais doutores eram seguramente homens, para quem a sedução do conhecimento e a busca pela verdade não eram consideradas um impedimento para a realização sexual.

Nos termos da nova mística, uma acadêmica era encarada com suspeita pelo simples fato de ser acadêmica. Ela não estava simplesmente trabalhando para sustentar o lar; ela devia ser culpada de um compromisso não feminino, por ter continuado a trabalhar em seu campo durante todos aqueles anos difíceis, opressivos e mal pagos até terminar o doutorado. Em defesa própria, ela às vezes usava blusas com babados ou outra versão inócua de protesto feminino. (Em convenções de psicanálise, um observador certa vez notou, as analistas se camuflam com chapéus bonitos, floridos, chiques e femininos que fariam uma dona de casa suburbana casual parecer definitivamente masculina.) Mestre ou doutora, os chapéus e blusas com frufrus diziam: *Que ninguém questione nossa feminilidade.* Mas a verdade era que sua feminilidade era questionada. Uma famosa faculdade para mulheres adotou em defesa o slogan: "Não estamos educando mulheres para se tornarem acadêmicas; nós as estamos educando para se tornarem esposas e mães." (As meninas, por sua vez, se cansaram de repetir o slogan por completo e o abreviaram para EM:* esposa e mãe.)

•

Ao criar um currículo direcionado para o sexo do aluno, nem todos foram tão longe quanto Lynn White, ex-presidente da Faculdade Mills, mas se você partisse da premissa de que mulheres não deveriam mais ser educadas como homens, mas sim de acordo com seu papel como mulheres,

---

* Em inglês, WAM, *wife and mother*; esposa e mãe. (*N. T.*)

quase sempre terminava com o currículo dele – o que significava trocar a faculdade de química por uma matéria de culinária avançada.

O educador orientado pelo sexo do aluno começa por aceitar a responsabilidade da educação pela frustração, geral e sexual, da mulher estadunidense.

Sobre a minha mesa, uma carta de uma jovem mãe, que há poucos anos deixou a faculdade:

> "Percebi que fui educada para ser um homem de sucesso e agora preciso aprender por conta própria a ser uma mulher de sucesso." A completa irrelevância de muito do que se considera educação de mulheres nos Estados Unidos não poderia ser expressa de forma mais compacta [...]. O fracasso do nosso sistema educacional em levar em conta essas diferenças básicas entre os padrões de vida do homem e da mulher médios é ao menos em parte responsável pela inquietação e pela insatisfação profunda que afeta milhões de mulheres [...].
>
> Parece que se as mulheres quiserem recuperar o respeito próprio, elas precisam reverter as táticas do velho feminismo, que de forma indigna negava diferenças inerentes nas tendências intelectuais e emocionais de homens e mulheres. Apenas ao reconhecer e insistir na importância de tais diferenças as mulheres podem se salvar, a seus próprios olhos, de serem condenadas como seres inferiores.[4]

O educador orientado pelo sexo sentencia como masculina nossa "criatividade cultural amplamente superestimada", "nossa aceitação acrítica do 'progresso' como algo bom por si só", o "individualismo egoísta", a "inovação", a "construção abstrata", o "pensamento quantitativo" – dos quais, é claro, o símbolo temido é o comunismo ou a bomba atômica. Contra estes, e considerados femininos, estão "o senso das pessoas, do imediato, de relacionamentos intangíveis qualitativos, uma aversão por estatísticas e quantidades", "o intuitivo", "o emocional", e todas as

EDUCADORES ORIENTADOS PELO SEXO

forças que "cuidam" e "conservam" o que é "bom, verdadeiro, belo, útil e sagrado".

Uma educação superior feminilizada poderia incluir sociologia, antropologia e psicologia. ("São estudos pouco preocupados com o gênio laureado do homem forte", celebra o protetor educacional da feminilidade. "São devotados a explorar as forças serenas e não espetaculares da sociedade e da mente [...]. Englobam a preocupação feminina com a conservação e o cuidado.") Dificilmente incluiriam as ciências puras (já que a teoria abstrata e o pensamento quantitativo são pouco femininos) ou as belas-artes, que são masculinas, "exuberantes e abstratas". As artes aplicadas, no entanto, são femininas: cerâmica, tecelagem, trabalhos moldados mais pelas mãos do que pelo cérebro. "As mulheres amam a beleza tanto quanto os homens, mas querem uma beleza conectada aos processos da vida [...] a mão é tão notável e digna de respeito quanto o cérebro."

O educador orientado pelo sexo, por conseguinte, cita o cardeal Tisserant: "As mulheres devem ser educadas de forma a poder debater com o marido." Paremos por completo com o treinamento profissional para mulheres, ele insiste: todas as mulheres devem ser educadas para serem donas de casa. Mesmo a economia e as ciências domésticas, como são ensinadas hoje na faculdade, são masculinas porque "foram elevadas a um nível profissional".[5]

Eis uma educação verdadeiramente feminina:

> Pode-se profetizar com confiança que conforme as mulheres começam a fazer com que seus desejos específicos se reflitam em termos curriculares, não somente todas as faculdades femininas e mistas começarão a oferecer um curso nuclear firme sobre Família, como dele derivarão séries curriculares tratando de alimentação e nutrição, tecidos e vestuário, saúde e cuidados, planejamento doméstico e decoração de interiores, paisagismo e botânica aplicada e desenvolvimento infantil [...]. Seria impossível apresentar um curso sobre alimentos para iniciantes tão excitante e difícil

A MÍSTICA FEMININA

de acompanhar depois da faculdade quanto um curso de filosofia pós-kantiana? [...] Vamos deixar de lado a menção a proteínas, carboidratos e afins, salvo inadvertidamente quando, por exemplo, observarmos que a couve-de-bruxelas excessivamente cozida se torna inferior não somente em sabor e textura, mas também em quantidade de vitaminas. Por que não estudar a teoria e a preparação da *paella* basca, de um espetinho de carne bem marinado, de rins de cordeiro salteados no xerez, de um *curry* confiável, do uso de ervas, e até mesmo de sofisticações simples como servir alcachofras frias com leite fresco.[6]

O educador orientado pelo sexo não se impressiona com o argumento de que um currículo universitário não deveria ser contaminado nem diluído com assuntos como culinária ou artesanato, que podem ser ensinados com sucesso no ensino médio. Que sejam ensinados às meninas no ensino médio, e "com mais intensidade e imaginação" outra vez na faculdade. Os meninos também devem receber educação "voltada para a família", mas não durante seu precioso tempo de formação universitária; o treinamento em atividades manuais no início do ensino médio seria o suficiente para "capacitá-los a, no futuro, trabalhar com alegria em uma bancada na garagem ou no jardim, rodeados por crianças admiradas [...], ou diante da churrasqueira".[7]

•

Esse tipo de educação, em nome da adequação à vida, tornou-se realidade em muitos campi, tanto de escolas de ensino médio quanto de faculdades. Não foi imaginada para reverter o crescimento feminino, mas certamente contribuiu. Quando por fim começaram a investigar o desperdício de nossas fontes nacionais de inteligência criativa, os educadores estadunidenses descobriram que os Einsteins, Schweitzers, Roosevelts, Edisons, Fords, Fermis e Frosts perdidos eram mulheres. Dos 40% com melhor desempenho no ensino médio do país, apenas metade

EDUCADORES ORIENTADOS PELO SEXO

seguia para o ensino superior; da metade que parava de estudar, *dois em cada três eram meninas*.[8] Quando atravessou o país para descobrir o que havia de errado com as escolas de ensino médio estadunidenses, o dr. James B. Conant descobriu que havia estudantes demais fazendo matérias "tutoriais" fáceis que não expandiam de fato sua mente. Novamente, a maioria daqueles que deveriam estar estudando física, álgebra avançada, geometria analítica, quatro anos de alguma língua, mas não estavam, era meninas. Elas eram inteligentes, tinham o dom especial que independia do sexo, mas também tinham aquela atitude direcionada pelo sexo do aluno, de que esses estudos não eram "femininos".

Às vezes, uma garota queria fazer uma matéria difícil, mas era aconselhada por um orientador ou um professor de que seria perda de tempo – por exemplo, a menina em uma escola de ensino médio do leste que queria ser arquiteta. O orientador educacional a aconselhou firmemente a não tentar entrar em um curso de arquitetura em uma universidade, com a justificativa de que mulheres são raras nessa profissão, e ela nunca conseguiria entrar de qualquer forma. Determinada, ela tentou assim mesmo entrar em duas universidades nas quais havia curso superior de arquitetura; para sua surpresa, ambas a aceitaram. Então o orientador disse que mesmo que ela tivesse sido aceita, não havia futuro para mulheres nessa profissão; que ela passaria a vida rascunhando projetos. Ela foi aconselhada a fazer um curso superior técnico, que exigiria uma dedicação bem menor do que o curso de arquitetura e onde ela aprenderia tudo de que precisaria saber quando se casasse.[9]

A influência da educação orientada pelo sexo foi talvez ainda mais insidiosa no ensino médio do que no ensino superior, pois muitas meninas sujeitas a ela sequer foram para a faculdade. Eu li um plano de aula de um desses cursos de adequação à vida que existem hoje na escola do condado, no subúrbio de classe média onde moro. Intitulado "A garota esperta", o curso oferece conselhos funcionais sobre "o que fazer e o que não fazer em um namoro" para meninas de 11, 12 e 13 anos – uma espécie de reconhecimento precoce ou forçado de sua função sexual. Embora muitas não tenham nem com o quê preencher um sutiã, são

A MÍSTICA FEMININA

aconselhadas a não usar um suéter sem a peça e não se esquecer de usar combinação, para os meninos não poderem ver por baixo de sua saia. Não era de surpreender que, no segundo ano do ensino médio, muitas meninas inteligentes nessa escola estivessem conscientes de sua função sexual, entediadas com as matérias e sem nenhuma ambição exceto casar e ter filhos. Impossível não se perguntar (principalmente quando uma dessas meninas fica grávida no segundo ano e se casa aos 15 ou 16 anos) se elas não foram educadas para a sua função sexual cedo demais, enquanto suas outras capacidades permanecem ignoradas.

Esse ato de tolher o crescimento não sexual de meninas capazes acontece no país todo. Dos 10% que se formaram no ensino médio com melhores notas no estado de Indiana em 1955, apenas 15% dos garotos não prosseguiram nos estudos; 36% das meninas não foram adiante.[10] Justamente nos anos em que o ensino superior se tornou uma necessidade para quase todos que desejam ter uma função em nossa sociedade em explosão, *a proporção de mulheres entre os estudantes universitários caiu, ano após ano.* Nos anos 1950, as mulheres também abandonaram a faculdade em uma taxa mais rápida do que os homens: apenas 37% das mulheres se formaram, em contraste com 55% dos homens.[11] Na década de 1960, uma proporção equivalente de meninos abandonava a faculdade.[12] Mas, nesta era de competição acirrada por vagas nas universidades, a menina que entra a cada dois meninos foi "mais bem selecionada" e tem menos probabilidade de ser expulsa da faculdade por mau desempenho acadêmico. As mulheres abandonam o curso, como afirma David Riesman, para se casar ou por temer que o excesso de educação seja um "impeditivo ao casamento". A idade média para o primeiro casamento, nos últimos quinze anos, é a mais baixa na história dos Estados Unidos, a mais baixa entre os países ocidentais, quase tão baixa quanto costumava ser nos países ditos subdesenvolvidos. Nas novas nações da Ásia e da África, com o advento da ciência e da educação, a idade matrimonial das mulheres está subindo. Hoje, graças em parte à educação feminina orientada pelo sexo do estudante, a taxa anual de crescimento populacional nos

EDUCADORES ORIENTADOS PELO SEXO

Estados Unidos está entre as mais altas do mundo – quase três vezes maior do que a das nações europeias ocidentais, quase o dobro da do Japão e bem próxima às da África e da Índia.[13]

Os educadores orientados pelo sexo desempenharam um papel duplo nessa tendência: ao educar ativamente as meninas para a sua função sexual (que talvez elas cumprissem sem essa educação, de um modo bem menos propenso a impedir seu crescimento em outras direções) e abdicar de sua responsabilidade pela educação das mulheres, no senso estritamente intelectual. Com ou sem educação, as mulheres provavelmente cumprirão seu papel biológico e experimentarão o amor sexual e a maternidade. Mas sem educação, mulheres e homens provavelmente não desenvolverão interesses profundos que vão além da biologia.

A educação deveria, e pode, fazer com que uma pessoa tenha "perspectivas mais amplas, seja aberta a novas experiências, independente e disciplinada na maneira de pensar, profundamente comprometida com alguma atividade produtiva, dotada de convicções baseadas no entendimento do mundo e na integração de sua própria personalidade".[14] A principal barreira para esse crescimento no caso das meninas é a própria percepção rígida sobre o papel da mulher, reforçado pelos educadores orientados pelo sexo, seja explicitamente seja ao não encarar sua própria capacidade, e sua responsabilidade, de rompê-lo.

Esse impasse orientado pelo sexo é revelado nas profundezas do estudo de mil páginas intitulado *The American College* [A faculdade estadunidense], no qual "fatores motivacionais para a entrada na faculdade" são analisados a partir de uma pesquisa com 1.045 garotos e 1.925 garotas. O estudo reconhece que o que faz os garotos evoluírem na faculdade é a necessidade de ser independente e de encontrar uma identidade na sociedade não primordialmente por meio do papel sexual, mas sim pelo trabalho. A evasão do crescimento das garotas na faculdade é explicada pelo fato de que, para uma menina, a identidade é exclusivamente sexual; para a menina, a faculdade em si é vista, mesmo por esses acadêmicos, não como algo fundamental para uma identidade mais ampla, mas como um "escape [disfarçado] para impulsos sexuais".

A MÍSTICA FEMININA

A identidade para um rapaz é primordialmente uma questão vocacional-ocupacional, ao passo que a autodefinição para uma moça depende mais diretamente do casamento. Muitas diferenças resultam dessa distinção. A identidade de uma moça se centra mais exclusivamente no papel de seu sexo – de quem serei esposa, que tipo de família terei; enquanto a autodefinição do rapaz se forma em torno de dois núcleos: ele será marido e pai (a identidade que corresponde a seu papel sexual), mas também será, centralmente, um trabalhador. Uma diferença relacionada resulta disso, particularmente importante na adolescência: a identidade ocupacional é, de modo geral, uma questão de escolha pessoal que pode começar cedo e para a qual todos os recursos de planejamento racional e detalhado podem ser direcionados. O garoto pode começar a pensar e planejar bem cedo no que diz respeito a esse aspecto da identidade [...]. A identidade sexual, tão crítica para o desenvolvimento feminino, não permite um esforço tão consciente e ordenado. É uma questão misteriosa e romântica, carregada de ficção, mística, ilusão. Uma garota pode aprender algumas habilidades e atividades superficiais do papel feminino, mas será considerada sem graça e pouco feminina se seus esforços na direção da feminilidade forem claramente conscientes demais. O verdadeiro cerne do ajuste feminino – viver em intimidade com o homem amado – é uma perspectiva futura, para a qual não há ensaio. Observamos que meninos e meninas adolescentes têm abordagens diferentes quanto ao futuro; meninos planejam e se preparam ativamente para futuras identidades profissionais, aparentemente avaliando alternativas em um esforço para encontrar o papel que se adequará de maneira mais confortável a suas capacidades e seus interesses particulares, características temperamentais e necessidades. As meninas, por sua vez, ficam muito mais absorvidas pelas fantasias, em especial fantasias sobre garotos e popularidade, casamento e amor.

EDUCADORES ORIENTADOS PELO SEXO

> O sonho da faculdade aparentemente serve como substituto para uma preocupação mais direta com o casamento: as garotas que não planejam ir para a faculdade são mais explícitas em seu desejo de se casar e têm um senso mais desenvolvido de seu papel sexual. São mais conscientes e mais abertamente preocupadas com a sexualidade [...]. A fantasia como válvula de escape para impulsos sexuais segue a concepção psicanalítica geral de que impulsos que não encontram expressão direta procurarão um modo disfarçado de gratificação.[15]

Portanto, não ficaram surpresos que 70% das calouras de uma universidade do Meio-Oeste tenham respondido à questão "O que você espera obter da faculdade?" com, entre outras coisas, "o homem certo para mim". Também interpretaram respostas indicando desejo de "sair de casa" e "viajar" e respostas relacionadas a ocupações em potencial dadas por metade das garotas como símbolo de "curiosidade sobre os mistérios sexuais".

> Faculdade e viagem são alternativas a um interesse mais aberto pela sexualidade. Garotas que terminam sua educação no ensino médio estão mais próximas de assumir um papel sexual adulto em casamentos precoces e têm conceitos mais desenvolvidos sobre seus papéis e impulsos sexuais. Moças que entram na faculdade, por outro lado, adiam a realização direta e o estabelecimento de sua identidade sexual, pelo menos por um tempo. Nesse ínterim, a energia sexual é convertida e gratificada por meio de um sistema de fantasias que foca na faculdade, no glamour da vida universitária e na sublimação das experiências sexuais em geral.[16]

Por que educadores enxergam as meninas, e apenas as meninas, em termos tão completamente sexuais? Meninos adolescentes também têm impulsos sexuais cuja satisfação pode ser adiada pela faculdade. Mas, em se tratando deles, os educadores não se preocupam com a "fantasia"

A MÍSTICA FEMININA

sexual; eles se preocupam com a "realidade", e espera-se que eles alcancem autonomia pessoal e identidade "dedicando-se à esfera da nossa cultura que é a mais moralmente valiosa – o mundo do trabalho –, na qual serão aceitos como pessoas com realizações e potenciais reconhecidos". Mesmo que os objetivos e as imagens vocacionais dos garotos não sejam realistas no começo – e esse estudo mostrou que não eram –, os educadores orientados pelo sexo reconhecem que, para os meninos, os motivos, os objetivos, os interesses e as concepções infantis podem mudar. Também reconhecem que, para a maioria, a última chance crucial de mudança é na faculdade. Mas aparentemente não se esperam mudanças das meninas, elas nem ao menos recebem essa oportunidade. Mesmo em faculdades mistas, poucas moças recebem a mesma educação que os rapazes. Em vez de estimular o que os psicólogos sugeriram ser um desejo "latente" por autonomia nas garotas, os educadores que se norteavam pelo sexo do aluno estimulavam a fantasia sexual delas de realizar todos os desejos de sucesso, status e identidade por meio de um homem. Em vez de desafiar a concepção limitada, rígida e infantil dessas moças a respeito do papel da mulher, eles a atendem, oferecendo um *pot-pourri* de cursos de artes liberais, adequadas apenas para conferir um verniz à esposa, ou programas limitados como "dietética institucional", bem abaixo de sua capacidade e adequados apenas para um emprego "provisório" entre a faculdade e o casamento.

Como os próprios educadores admitem, a formação universitária para mulheres raramente as prepara para entrar no mundo profissional ou dos negócios em um nível importante, seja na graduação ou depois dela; não é direcionada a oportunidades de carreira que justificariam o planejamento e o trabalho necessários para uma formação profissional de nível superior. Para as mulheres, os educadores orientados pelo sexo dizem, em tom de aprovação, que a faculdade é um lugar para arranjarem marido. Presumivelmente, se o campus é o "melhor mercado matrimonial do mundo", como um educador observou, ambos os sexos são afetados. Nos campi universitários de hoje, professores e alunos concordam que as meninas são as algozes na caçada matrimonial. Os meninos, casados ou

EDUCADORES ORIENTADOS PELO SEXO

não, estão lá para ampliar a mente, para encontrar a própria identidade, para realizar seu plano de vida; as moças estão lá apenas para preencher sua função sexual.

As pesquisas revelam que 90% ou mais do número crescente de esposas universitárias motivadas a se casar pela "fantasia e pela necessidade de se adaptar" estão literalmente trabalhando para sustentar o marido enquanto ele faz faculdade.[17] A garota que larga a escola ou a faculdade para se casar e ter filhos, ou para conseguir um emprego e sustentar o marido enquanto ele estuda, é privada do crescimento mental e do conhecimento que o ensino superior supostamente proporciona, da mesma forma que o trabalho infantil costumava impedir o crescimento físico das crianças. Ela também é impedida de se preparar e de planejar de forma realista uma carreira ou outro compromisso que utilize suas habilidades e seja de alguma importância para a sociedade e para ela mesma.

No mesmo período durante o qual os educadores orientados pelo sexo se dedicavam à adequação sexual e à feminilidade das mulheres, economistas mapearam uma mudança nova e revolucionária nos empregos nos Estados Unidos: nos altos e baixos do crescimento e da recessão, encontraram um declínio absoluto e acentuado nas possibilidades de emprego para quem não tinha instrução nem qualificações. Quando os economistas do governo no estudo "Womanpower" ["Força de trabalho da mulher"] visitaram os campi das faculdades, encontraram meninas indiferentes à probabilidade estatística de passar 25 anos ou mais de sua vida adulta em empregos fora do lar. Mesmo quando é virtualmente certo que a maioria das mulheres não vai mais passar a vida como dona de casa e esposa em tempo integral, os educadores orientados pelo sexo as orientaram a não se planejar para uma carreira, por temer que isso fosse um impeditivo para sua adequação sexual.

Alguns anos atrás, a educação orientada pelo sexo finalmente se infiltrou em uma famosa faculdade feminina, que no passado se orgulhava da grande quantidade de formandas que exerciam papéis de liderança em educação, direito, medicina, artes e ciências, no governo e na assistência social. Essa faculdade era presidida por uma ex-feminista, que talvez estivesse começando a sentir uma leve culpa ao pensar em todas aquelas mulheres educadas como homens. Um questionário, enviado para ex-alunas de todas as idades, indicava que a grande maioria estava satisfeita com sua educação não voltada para o sexo do aluno; mas uma minoria reclamava que a educação as deixava conscientes demais dos direitos das mulheres e da igualdade em relação aos homens, interessadas demais em carreiras, tomadas por um sentimento incômodo de que deveriam fazer algo pela comunidade, que deveriam ao menos continuar lendo, estudando e desenvolvendo suas próprias habilidades e interesses. Por que não tinham sido ensinadas a ser donas de casa e mães felizes?

A presidenta culpada – culpada pessoalmente por ser presidenta de uma faculdade, além de ter muitos filhos e um marido bem-sucedido; culpada também por ter sido uma feminista ferrenha em seu tempo e de ter avançado consideravelmente na carreira antes de se casar; bombardeada por cientistas sociais terapêuticos que a acusavam de tentar moldar aquelas jovens de acordo com sua própria imagem impossível, irreal, ultrapassada, enérgica, autoexigente, visionária e pouco feminina – introduziu um curso funcionalista sobre casamento e família, obrigatório para todas as alunas do segundo ano.

As circunstâncias que levaram a faculdade a decidir, dois anos depois, *abandonar* essa matéria funcionalista estão envoltas em mistério. Ninguém oficialmente ligado à faculdade fala a respeito. Mas um educador próximo, ele próprio um defensor do funcionalismo, revelou, com certo desprezo pelo pensamento equivocado e ingênuo, que eles ficaram claramente chocados com o fato de as garotas que faziam o curso funcionalista se casarem tão rapidamente. (A turma de 1959 nessa faculdade incluiu um número recorde de 75 moças casadas, quase um quarto das meninas que ainda permaneciam matriculadas.) Ele me disse com tranquilidade:

> Por que eles ficaram incomodados com o fato de as meninas se casarem um pouco cedo? Não há nada de errado em se casar cedo, quando há a preparação correta. Acho que eles não superaram a antiga noção de que as mulheres devem receber educação para

EDUCADORES ORIENTADOS PELO SEXO

desenvolver a mente. Eles negam, mas é impossível não suspeitar que ainda acreditem em carreiras para mulheres. Infelizmente, a ideia de que mulheres vão para a faculdade para arrumar um marido é um anátema para alguns educadores.

Na faculdade em questão, "Casamento e família" voltou a ser ensinado, como uma matéria do curso de sociologia, voltada para análise crítica dessas instituições sociais em mutação, não para uma ação funcional ou terapia de grupo. Mas na instituição vizinha, meu professor-informante é o segundo no comando de um próspero departamento de "educação para vida em família", que no momento prepara cem estudantes de pós-graduação para ensinar matérias funcionalistas sobre casamento em faculdades, faculdades estaduais de licenciatura, cursos técnicos, institutos de formação e escolas por todos os Estados Unidos. Percebe-se que esses novos educadores orientados pelo sexo de fato encaram a si mesmos como defensores – defensores contra os antigos valores não terapêuticos e não funcionais do intelecto, contra a educação antiga, exigente, assexual, que se restringia ao desenvolvimento intelectual e à busca da verdade, e nunca sequer tentava ajudar as garotas a encontrar um homem, ter orgasmos, se adequar. Meu informante elaborou:

> Essas jovens estão preocupadas com namoro e sexo, como se relacionar com os meninos, se é adequado ter relações antes do casamento. Talvez uma garota esteja tentando decidir em que vai se formar; talvez esteja pensando em uma carreira e também em casamento. Montamos uma encenação para ajudá-la a se resolver […], para que ela enxergue os efeitos nos filhos. Ela vê que não precisa se sentir culpada por ser apenas uma dona de casa.

Os educadores orientados pelo sexo costumam ficar na defensiva quando pedimos que definam, para os não iniciados, a "abordagem funcionalista". Um deles disse a um repórter:

A MÍSTICA FEMININA

Tudo bem falar difícil – generalizações intelectuais, conceitos abstratos, Nações Unidas –, mas em algum momento precisaremos encarar os problemas de relacionamento interpessoal em uma escala mais modesta. Precisamos parar de nos concentrar tanto no professor e nos concentrar no aluno. Não é o que você pensa que eles precisam, mas o que eles pensam que precisam. Essa é a abordagem funcionalista. Você entra em uma sala de aula, e seu objetivo não é mais cobrir determinado conteúdo, mas criar uma atmosfera que deixe os alunos confortáveis para falar livremente sobre relações interpessoais, em termos básicos, não com generalizações grandiloquentes.

As adolescentes tendem a ser muito idealistas. Pensam que podem adquirir um conjunto de valores diferentes, se casar com um garoto de origem diferente, acham que isso não importará mais para a frente. Nós mostramos que isso vai importar sim, para que elas não se envolvam em casamentos mistos e outras armadilhas.[18]

A repórter perguntou por que "Seleção de parceiro", "Adequação ao casamento" e "Educação para a vida em família" são coisas ensinadas na faculdade, se o professor está comprometido a não ensinar, se não há matéria a aprender ou cobrir, se o único objetivo é ajudar a aluna a compreender problemas e emoções pessoais. Depois de analisar vários cursos matrimoniais para a *Mademoiselle*, ela chegou à conclusão: "Apenas nos Estados Unidos ouve-se uma graduanda dizer à outra com total ingenuidade: 'Você deveria ter ido à aula hoje. Discutimos a dramatização do papel masculino, algumas pessoas realmente se abriram e a coisa ficou bem pessoal.'"

O objetivo da dramatização, uma técnica adaptada da terapia de grupo, é levar as alunas a compreender os problemas "em um nível sentimental". Emoções mais arrebatadoras do que as que se costuma encontrar em uma sala de aula na universidade são sem dúvida despertadas quando o professor as convida a "encenar" os sentimentos de "um rapaz e uma moça na noite de núpcias".

EDUCADORES ORIENTADOS PELO SEXO

Há um ar pseudoterapêutico, enquanto o professor ouve pacientemente os intermináveis discursos constrangidos das alunas a respeito de seus sentimentos pessoais ("verbalização"), na esperança de chegar a um *insight* coletivo". E embora o curso funcionalista não seja terapia de grupo, é certamente uma doutrinação de opiniões e valores por meio da manipulação das emoções das alunas; sob esse disfarce manipulativo, ela não é mais submetida ao pensamento crítico exigido em outras disciplinas acadêmicas.

As alunas encaram como um evangelho os fragmentos de leitura que explicam Freud e citam Margaret Mead; não têm o escopo de referências que advém do estudo verdadeiro da psicologia ou da antropologia. Na verdade, ao banir de forma explícita as atitudes críticas comuns ao estudo universitário, esses cursos matrimoniais pseudocientíficos oferecem nada mais que opinião popular, o decreto da lei científica. Essa opinião pode estar na moda, ou já ultrapassada, nos círculos científicos, mas com frequência não passa de um preconceito acompanhado de jargão psicológico ou sociológico e de estatísticas bem escolhidas para lhe dar a aparência de verdade científica inquestionável.

A discussão sobre sexo antes do casamento geralmente leva à conclusão científica de que é errado. Um professor apresenta seus argumentos contra a relação sexual antes do casamento com estatísticas escolhidas para demonstrar que a experiência sexual pré-matrimonial tende a dificultar a adequação ao casamento. A aluna não conhecerá as outras estatísticas que refutam esse ponto; se o professor tem conhecimento delas, ele pode, no âmbito do curso matrimonial funcionalista, sentir-se livre para desconsiderá-las por serem antifuncionalistas. ("Vivemos em uma sociedade doente. Os alunos precisam de um conhecimento definitivo e acurado.") É um "conhecimento" funcionalista que "apenas uma mulher excepcional pode se dedicar com êxito a uma carreira". Claro, como a maioria das mulheres do passado não tinha carreira, as poucas que tinham eram todas "excepcionais" – da mesma forma que um casamento misto é "excepcional" e que ter relação sexual antes do casamento para uma garota é "excepcional". Todos são fenômenos de menos de 51%. A grande questão da educação funcionalista parece com frequência ser: o que 51% da população faz hoje, 100% deve fazer amanhã.

Então o educador orientado pelo sexo promove a adequação de uma garota dissuadindo-a de qualquer coisa que não seja o compromisso "normal" com o casamento e a família. Uma dessas educadoras vai além da encenação imaginária; ela leva para a sala de aula mães reais, que antes trabalhavam, para falar sobre a culpa que sentiam ao deixar os filhos pela manhã. De algum modo, as estudantes quase nunca ouvem falar de uma mulher que tenha rompido com as convenções com sucesso – a jovem médica cuja irmã cuidou do consultório quando seus filhos nasceram, a mãe que ajustava os horários de dormir do bebê ao cronograma de trabalho dela sem problemas, a protestante feliz que se casou com um católico, a esposa com uma vida sexual serena cujas experiências pré-matrimoniais não pareciam ter prejudicado seu casamento. Casos "excepcionais" não importam para o funcionalista, embora ele reconheça cuidadosamente que *há* exceções. (A "criança excepcional", no jargão educacional, carrega uma conotação de deficiência: a cega, a aleijada, a retardada,* a gênia, a que desafia convenções – qualquer pessoa que seja diferente da maioria, de qualquer forma, única – carrega uma vergonha em comum; é "excepcional".) De algum modo, a aluna entende que não deve querer ser uma "mulher excepcional".

A conformidade é incorporada de muitas maneiras à educação para adequação à vida. Há pouco ou nenhum desafio intelectual ou disciplina envolvidos em meramente aprender a se adequar. O curso sobre casamento é o mais fácil em quase todo o campus, não importa quão preocupados os professores estejam em torná-lo mais difícil por meio de leituras pesadas e relatórios semanais. Ninguém espera que estudos de caso (que quando são lidos sem que haja um propósito sério não passam de novelas psiquiátricas), dramatizações, bate-papos sobre sexo ou redações pessoais estimulem o pensamento crítico; este não é o objetivo da preparação funcionalista para o casamento.

---

* Optamos por manter, na tradução, os termos tais como Friedan os apresentou, inclusive aqueles com conotação pejorativa. (*N. T.*)

EDUCADORES ORIENTADOS PELO SEXO

Isso não quer dizer que o estudo de uma ciência social, em si, produza conformidade na mulher ou no homem. Quando é estudada de forma crítica e motivada pelos objetivos comuns da disciplina intelectual ou quando é dominada para uso profissional, dificilmente ela produz esse efeito. Mas para as garotas impedidas pela nova mística de ter um compromisso tanto intelectual quanto profissional, o estudo de sociologia, antropologia, psicologia é geralmente apenas "funcional". E no curso funcionalista, as meninas encaram os fragmentos de Freud e Mead, as estatísticas sexuais, os *insights* das dramatizações não apenas de forma literal e fora de contexto, mas de maneira pessoal – algo que devem aplicar em sua própria vida. Essa, afinal, é a ideia central da educação para adequação à vida. Isso pode acontecer com adolescentes em quase todas as disciplinas que envolvam material emocional básico. E certamente vai acontecer quando o material for usado deliberadamente não para promover conhecimento crítico, mas para despertar emoções pessoais. A terapia, na tradição psicanalítica ortodoxa, exige a supressão do pensamento crítico (resistência intelectual) para que as verdadeiras emoções apareçam e possam ser trabalhadas. Na terapia, isso pode funcionar. Mas a educação funciona, quando misturada à terapia? Uma só disciplina pode não ser crucial na vida de alguém, homem ou mulher, mas quando se decide que o foco principal da educação feminina não deve ser o desenvolvimento intelectual, mas a adequação sexual, algumas questões podem se tornar cruciais.

Pode-se questionar: se uma educação voltada para o desenvolvimento da mente humana enfraquece a feminilidade, então uma educação voltada para a feminilidade enfraquece o desenvolvimento da mente? O que é feminilidade, se pode ser destruída por uma educação que desenvolve a mente ou induzida ao se impedir esse desenvolvimento?

Pode-se até mesmo formular uma questão em termos freudianos: o que acontece quando o sexo se torna não apenas o id para as mulheres, mas também o eu e o supereu; quando a educação, em vez de desenvolver o *self*, se concentra no desenvolvimento das funções sexuais? O que acontece quando a educação confere uma autoridade renovada aos

209

A MÍSTICA FEMININA

"deveres" femininos – que já possuem a autoridade da tradição, da convenção, do preconceito e da opinião popular – em vez de dar às mulheres o poder do pensamento crítico, a independência e a autonomia para questionar a autoridade cega, seja ela nova ou antiga? Na Pembroke, a faculdade para mulheres da Universidade Brown, em Providence, Rhode Island, uma psicanalista visitante foi recentemente convidada a comandar um grupo de discussão informal sobre "o que significa ser mulher". As estudantes pareceram desconcertadas quando a analista visitante, dra. Margaret Lawrence, disse, em um inglês simples e não freudiano, que era uma tolice dizer às mulheres hoje em dia que o principal lugar para elas era o lar, quando a maior parte do trabalho costumeiramente feito pelas mulheres agora é realizado fora do lar, e quase todos da família passam a maior parte do tempo fora de casa. Não seria melhor que elas fossem educadas para se juntar ao resto da família lá fora, no mundo?

Isso, de alguma forma, não era o que as garotas esperavam ouvir de uma psicanalista. Ao contrário das aulas costumeiras, funcionalistas e orientada pelo sexo, isso contrariava um "dever" feminino convencional. Também sugeria que elas deveriam começar a tomar certas decisões por conta própria, a respeito de sua educação e de seu futuro.

A aula funcionalista é muito mais apaziguadora para a aluna insegura do segundo ano, que ainda não rompeu totalmente com a infância. Ela não desafia as convenções confortáveis e seguras; fornece palavras sofisticadas para que ela aceite a visão dos pais, a visão popular, sem precisar encontrar visões próprias. Também a assegura de que ela não precisa se esforçar enquanto está na faculdade; pode ser preguiçosa, seguir seus impulsos. Ela não precisa adiar os prazeres imediatos em nome de objetivos futuros; não precisa ler oito livros para um trabalho de história nem se matricular na disciplina difícil de física. Isso pode lhe dar um complexo de masculinidade. Afinal, o livro dizia:

> O intelecto da mulher é, em grande medida, desenvolvido em detrimentos de qualidades femininas valiosas [...]. Todas as observações apontam para o fato de que a mulher intelectual é

EDUCADORES ORIENTADOS PELO SEXO

masculinizada; nela, o conhecimento caloroso e intuitivo cedeu lugar a um raciocínio frio e improdutivo.[19]

Uma garota não precisa ser muito preguiçosa nem muito insegura para entender o recado. Pensar, afinal, dá muito trabalho. Na verdade, ela teria de raciocinar muito friamente a respeito de seu próprio conhecimento caloroso e intuitivo para questionar essa declaração autoritária.

Não é de admirar que várias gerações de universitárias estadunidenses com mentes afiadas e espírito inflamado tenham entendido a mensagem dos educadores orientados pelo sexo e abandonado a faculdade e a carreira para se casar e ter filhos antes que se tornassem tão "intelectuais" que, deus me livre, não fossem mais capazes de desfrutar do sexo "de forma feminina".

Mesmo sem a ajuda desses educadores, a garota inteligente e decidida crescendo nos Estados Unidos logo aprende a tomar cuidado, "a ser como todas as outras", a não ser ela mesma. Ela aprende a não se esforçar muito, não pensar demais, não fazer muitas perguntas. Nas escolas, em faculdades mistas, as meninas hesitam em fazer intervenções durante as aulas por medo de serem classificadas como "crânios". Esse fenômeno foi confirmado por muitos estudos;[20] qualquer garota ou mulher inteligente pode documentá-lo a partir de experiência própria. As meninas da Bryn Mawr têm um termo especial para o modo como falam quando há rapazes por perto, em comparação com o jeito verdadeiro que se permitem falar quando não temem mostrar sua inteligência. Nas faculdades mistas, as meninas são encaradas pelos outros – e pensam sobre si mesmas – primordialmente em termos de sua função sexual como namoradas e futuras esposas. Elas "buscam a própria segurança nele" em vez de encontrar nelas mesmas, e a cada ato de autotraição a balança pesa menos na direção de uma identidade e mais na direção de um autodesprezo passivo.

Há exceções, é claro. O estudo da Mellon concluiu que algumas veteranas da Vassar, comparadas às calouras, demonstraram um desenvolvimento enorme ao longo de quatro anos – o tipo de crescimento em direção a uma identidade e à autorrealização que os cientistas hoje sabem que acontece com as pessoas aos 20 e até 30, 40 e 50 anos, muito depois do fim do período de crescimento físico. Mas muitas garotas não mostravam nenhum sinal de crescimento. Essas eram as que resistiam, com sucesso, a se envolver com ideias, com o trabalho acadêmico da universidade, com as disciplinas intelectuais, os valores maiores. Elas resistiam ao desenvolvimento intelectual, o autodesenvolvimento, em favor da "feminilidade", de não serem muito inteligentes, muito interessadas, muito diferentes das outras garotas. Não era que seus interesses sexuais de fato interferissem; na verdade, os psicólogos tinham a impressão de que, para muitas dessas meninas, "o interesse em homens e casamento é um tipo de defesa contra o desenvolvimento intelectual". Para essas meninas, até mesmo o sexo não é real, e sim um mero tipo de conformidade. O educador orientado pelo sexo não veria problema nesse tipo de adequação. Mas diante de outras evidências, pode-se perguntar: essa adequação pode mascarar um fracasso em evoluir, que por fim se torna uma deformidade humana?

Muitos anos atrás, um grupo de psicólogos californianos, que vinha acompanhando o desenvolvimento de 140 jovens inteligentes, notou uma queda súbita e acentuada nas curvas de QI de alguns adolescentes. Quando foram investigar, descobriram que embora a maior parte das curvas permanecesse no mesmo nível alto, ano após ano, os adolescentes cuja curva caíra eram todos garotas. A queda não tinha nada a ver com mudanças fisiológicas da adolescência; não era observada em todas as garotas. Mas nos registros das meninas cuja inteligência caíra foram encontradas afirmações repetitivas no sentido de que "não é muito inteligente para uma garota ser inteligente". Em um sentido muito real, essas meninas tiveram seu crescimento intelectual interrompido, por volta dos 14 ou 15 anos, pela conformidade à imagem feminina.[21]

O fato é que, hoje, as meninas e aqueles responsáveis por sua educação precisam fazer uma escolha. Precisam decidir entre adequação, conformidade, evasão de conflito, terapia e individualidade, identidade humana, educação no sentido mais verdadeiro, com todas as suas dores

EDUCADORES ORIENTADOS PELO SEXO

de crescimento. Mas não precisam enfrentar a escolha equivocada, apresentada pelos educadores orientados pelo sexo, com suas terríveis advertências a respeito de perda da feminilidade e da frustração sexual. Pois o psicólogo perspicaz que estudou as garotas da Vassar descobriu novas e surpreendentes evidências sobre as estudantes que escolhiam se envolver de verdade com a própria educação. Aparentemente, as veteranas que demonstravam mais sinais de crescimento eram mais "masculinas", no sentido de serem menos passivas e convencionais; mas eram mais "femininas" em sua vida emocional interior e na capacidade de satisfazê-la. Também marcaram mais pontos, bem mais do que quando eram calouras, em algumas escalas que supostamente mediam as neuroses. O psicólogo comentou: "Passamos a considerar a elevação nessas escalas evidência de que havia uma educação em curso."[22] Ele descobriu que as garotas com conflitos mostravam mais crescimento do que as ajustadas, que não desejavam se tornar independentes. As menos ajustadas eram também as mais desenvolvidas, "já preparadas para ainda mais mudanças e mais independência". Resumindo o estudo de Vassar, o diretor responsável não foi capaz de evitar o paradoxo psicológico: a educação para mulheres as torna menos femininas e menos ajustadas, mas as faz crescer.

> Ser menos "feminina" está intimamente relacionado com ser mais culta e mais madura [...]. É interessante notar, no entanto, que a Sensibilidade Feminina, que pode muito bem ter sua fonte na fisiologia e em identificações precoces, não diminui durante os quatro anos; interesses "femininos" e comportamento de acordo com o papel feminino, *i.e.*, convencionalidade e passividade, podem ser considerados aquisições tardias e superficiais, e, portanto, mais suscetíveis de diminuir conforme o indivíduo se torna mais maduro e mais educado [...].
>
> Pode-se dizer que se o interesse for apenas estabilidade, faríamos bem em planejar um programa que mantivesse as calouras como estavam, em vez de tentar aumentar sua educação, sua

A MÍSTICA FEMININA

maturidade e sua flexibilidade em relação ao comportamento adequado ao papel sexual. As veteranas são mais instáveis porque há mais a ser estabilizado, estão menos certas a respeito de sua identidade pois há mais possibilidades abertas para elas.[23]

Depois de formadas, essas mulheres estavam, contudo, apenas na "metade" de seu crescimento em direção à autonomia. O futuro delas dependia de "agora encontrarem uma situação na qual pudessem continuar a crescer ou de encontrarem um meio rápido porém regressivo de aliviar o estresse". A fuga para o casamento é o meio mais fácil e mais rápido de aliviar esse estresse. Para o educador, voltado para o crescimento das mulheres em direção à autonomia, um casamento assim é "regressivo". Para o educador orientado pelo sexo, é a feminilidade realizada.

Um terapeuta em outra faculdade me contou sobre meninas que nunca tinham se comprometido, nem com os estudos nem com nenhuma outra atividade universitária, e que achavam que "desmoronariam" se os pais se recusassem a permitir que elas abandonassem a faculdade para se casar com rapazes, nos quais enxergavam "segurança". Quando essas moças, com ajuda, por fim se dedicavam aos estudos – ou até mesmo começavam a ter um sentido identitário ao tomar parte de alguma atividade como o centro acadêmico ou o jornal universitário –, deixavam de ter essa necessidade desesperada de "segurança". Terminavam os estudos, trabalhavam, namoravam rapazes mais maduros e agora se casam com uma base emocional bem diferente.

Ao contrário do educador orientado pelo sexo, esse terapeuta profissional achava que a garota que sofre a ponto de ter um colapso nervoso no último ano e que se vê diante de uma decisão pessoal sobre o próprio futuro – encara mesmo um conflito irreconciliável entre os valores, interesses e habilidades que sua educação lhe proporcionou e o papel convencional de dona de casa – ainda assim é mais "saudável" do que a garota ajustada, calma e estável, em quem a educação não "pegou" e que passa tranquilamente do papel de filha dos pais para o de esposa do marido, convencionalmente feminina, sem jamais acordar para a dolorosa identidade individual.

EDUCADORES ORIENTADOS PELO SEXO

E, no entanto, o fato é que hoje em dia a maioria das meninas não deixa a educação "pegar"; elas se detêm antes de se aproximarem demais da identidade. Percebi isso nas meninas da Smith e nas meninas que entrevistei em outras faculdades. Ficou claro na pesquisa da Vassar. Esse estudo mostrou que, quando começam a sentir os conflitos, as dores de crescimento da identidade, as meninas param de se desenvolver. De forma mais ou menos consciente, elas impedem o próprio avanço para desempenhar o papel feminino. Ou, dito de outra forma, evitam novas experiências que conduzam ao crescimento. Até agora, esse atraso ou essa evasão do crescimento têm sido considerados adequações femininas normais. No entanto, quando o estudo da Vassar acompanhou mulheres que terminavam o último ano – prestes a dar esse passo crucial para seu crescimento pessoal – e seguiam para a vida, onde a maioria desempenhava o papel feminino convencional, estes fatos emergiram:

1. Após 20 ou 25 anos de formadas, essas mulheres pontuavam menos do que as veteranas na "Escala de Desenvolvimento", que cobria toda a gama de crescimento mental, emocional e pessoal. Elas não perderam todo o progresso feito durante a faculdade (ex-alunas pontuaram mais do que calouras), mas – apesar de estarem psicologicamente prontas para crescer ainda aos 21 anos – não continuaram a se desenvolver.

2. Essas mulheres, em sua maioria, tinham se adequado ao papel de donas de casa de subúrbios de classe média, mães zelosas, ativas em suas comunidades. Mas, exceto aquelas com uma carreira profissional, não continuaram a aprofundar interesses pessoais. Parecia haver motivos para crer que a interrupção do crescimento estivesse relacionada com a falta de interesses pessoais profundos, a falta de comprometimento individual.

3. As mulheres que, vinte anos depois, eram as mais preocupantes para o psicólogo eram justamente aquelas mais convencionalmente femininas – aquelas que não estavam interessadas, nem mesmo durante a faculdade, em nada além de encontrar um marido.[24]

A MÍSTICA FEMININA

No estudo da Vassar, havia um grupo de estudantes que no último ano não sofreu com conflitos a ponto de ficar à beira de um colapso mental nem interrompeu o próprio desenvolvimento para fugir na direção do casamento. Eram as estudantes que se preparavam para uma profissão; elas haviam adquirido, na faculdade, interesses profundos o suficiente para se dedicarem a uma carreira. O estudo revelou que praticamente todas as alunas com ambições profissionais planejavam se casar, mas o casamento era para elas uma atividade da qual escolheriam participar voluntariamente e não algo necessário para ter um senso de identidade pessoal. Essas estudantes tinham um senso de direção claro, um nível maior de independência e mais autoconfiança do que a maioria. Elas poderiam estar noivas ou profundamente apaixonadas, mas não achavam que precisariam sacrificar a própria individualidade ou as ambições profissionais se desejassem se casar. Com essas meninas, os psicólogos não tinham a impressão, da mesma forma que com tantas outras, de que o interesse por homens e pelo casamento fosse um tipo de defesa contra o desenvolvimento intelectual. O interesse delas em um homem em particular era real. Ao mesmo tempo, não interferia na educação delas.

Mas o nível da lavagem cerebral que a mística feminina promoveu nos educadores estadunidenses foi demonstrado quando o diretor do estudo da Vassar descreveu, para um grupo de colegas, a jovem que "não apenas tira as melhores notas, mas que tem uma grande probabilidade de seguir uma carreira acadêmica ou profissional".

> A mãe de Julie B é professora, acadêmica e a força propulsora na família [...]. A mãe critica o pai por ser tranquilo demais. O pai não se importa que esposa e filha tenham gostos e ideias intelectualizados, só não compartilha do mesmo gosto. Julie se torna uma garota do mundo, não conformista, que domina o irmão mais velho, mas que se sente culpada quando não lê todo o material obrigatório ou se sua média cai um pouco. Mantém-se firme na intenção de continuar os estudos em uma pós-graduação e se tornar professora. O irmão mais velho é professor universitário, e

EDUCADORES ORIENTADOS PELO SEXO

Julie agora é estudante de pós-graduação, casada com um colega da pós em ciências naturais.

Quando era caloura, apresentamos os dados de sua entrevista, sem interpretação, a um grupo de psiquiatras, psicólogos e cientistas sociais. Nossa ideia de uma garota realmente promissora. Pergunta comum: "O que há de errado com ela?" Opinião comum: precisaria de psicoterapia. Na verdade, ficou noiva do cientista em ascensão no segundo ano, tornou-se cada vez mais consciente de si mesma como intelectual e *outsider*, mas ainda assim não conseguia negligenciar o trabalho. "Se ao menos eu reprovasse em algo", disse ela.

O educador precisa ser muito audacioso hoje em dia para atacar a linha orientada pelo sexo, pois precisa desafiar, em essência, a imagem convencional da feminilidade. A imagem diz que as mulheres são passivas, dependentes, conformistas, incapazes de pensamento crítico ou de dar uma contribuição original para a sociedade; e na melhor tradição da profecia autorrealizável, a educação direcionada para o sexo continua a fazer delas exatamente isso, da mesma maneira que a ausência de educação fazia em outros tempos. Ninguém pergunta se uma mulher passivamente feminina, descomplicada e dependente – em um vilarejo primitivo ou em um subúrbio de classe média – de fato é mais feliz, mais realizada sexualmente do que uma mulher que se compromete na faculdade com interesses sérios para além do lar. Ninguém, até muito recentemente, quando os russos orbitaram a lua e homens foram para o espaço, questionava-se se a adequação deveria ser o objetivo do educador. Na verdade, os educadores orientados pelo sexo, tão voltados para a adequação feminina da mulher, citavam alegremente os fatos mais nefastos sobre as donas de casa estadunidenses – seu vazio, sua ociosidade, seu tédio, seu alcoolismo, seu vício em drogas, sua desintegração para a obesidade, a doença e o desamparo depois dos 40 anos, quando a função sexual já foi cumprida – sem se desviar um centímetro da cruzada para educar todas as mulheres para esse único fim.

A MÍSTICA FEMININA

Então esse educador resolve os trinta anos que as mulheres provavelmente vão viver depois dos 40 com três propostas alegres:

1. Um curso sobre "Lei e ordem para a dona de casa", para capacitá-la a lidar, quando viúva, com seguros, impostos, testamentos e investimentos.
2. Os homens poderiam se aposentar mais cedo para fazer companhia às esposas.
3. Um rápido envolvimento com "serviços voluntários para a comunidade, política, artes ou algo assim" – embora, como a mulher não tem formação para isso, o valor principal será terapia pessoal. "Para escolher apenas um exemplo, a mulher que realmente quer uma experiência nova pode começar uma campanha para livrar a cidade ou o país desse eczema nauseabundo do mundo moderno: os outdoors."

"Os outdoors vão permanecer e se multiplicar como bactérias infestando a paisagem, mas ao menos ela terá recebido uma educação vigorosa e adulta sobre política local. Então poderá relaxar e se devotar a atividades na instituição em que se graduou. Muitas mulheres se aproximando da meia-idade encontram novo vigor e entusiasmo ao se identificar com a vida de sua faculdade e ao expandir seus instintos maternais, agora que seus filhos cresceram, abraçando as novas gerações de estudantes que habitam o campus."[25]

Ela também pode arrumar um emprego de meio período, mas não deve tirar vagas de homens que precisam sustentar a própria família, e, na verdade, ela não terá habilidade nem experiência para um trabalho muito "excitante".

[...] há uma grande demanda por mulheres experientes e confiáveis que possam aliviar as mulheres mais jovens de responsabilidades

EDUCADORES ORIENTADOS PELO SEXO

familiares em dias de semana ou durante as tardes, de modo que elas possam se dedicar a interesses comunitários ou trabalhar por meio período [...]. Não há motivo para que mulheres cultas e bem-educadas, que de qualquer modo devem ter feito a maior parte do próprio trabalho doméstico durante anos, recusem tais arranjos.[26]

Se a mística feminina não destruiu seu senso de humor, uma mulher poderá rir de uma descrição tão franca sobre a vida para a qual sua cara educação direcionada pelo sexo a preparou: uma ocasional reunião de ex-alunas e o trabalho doméstico de outras pessoas. O dado triste é que, na era de Freud, do funcionalismo e da mística feminina, poucos educadores escaparam de tamanha distorção sexual dos próprios valores. Max Lerner,[27] e até mesmo Riesman em *A multidão solitária*, sugeriram que as mulheres não precisavam buscar a própria autonomia por meio de uma contribuição produtiva para a sociedade – elas poderiam ajudar o marido a manter a autonomia deles, desempenhando seu papel. E, desse modo, a educação direcionada para o sexo do aluno segregou gerações recentes de estadunidenses capazes da mesma forma que a "educação separada porém igual" segregou negros estadunidenses capazes das oportunidades de realizar todo o seu potencial na vida estadunidense convencional.

Não serve de explicação dizer que nessa era de conformidade as faculdades não educaram ninguém de verdade. O relatório Jacob,[28] que apresentou essa acusação contra as faculdades estadunidenses em geral, e até mesmo a acusação ainda mais sofisticada feita por Nevitt Sanford e seu grupo, não reconhece que o fracasso da universidade em educar as mulheres para encontrarem uma identidade além do seu papel sexual foi sem dúvida um fator crucial na perpetuação, se não na criação, dessa conformidade contra a qual está na moda os educadores se manifestarem. Pois é impossível educar mulheres para se devotarem de maneira tão precoce e tão completa a seu papel sexual – mulheres que, como disse Freud, podem ser realmente muito ativas para alcançar um fim passivo – sem arrastar os homens para a mesma armadilha confortável. Na verdade, a educação orientada pelo sexo levou a uma falta de identidade

A MÍSTICA FEMININA

nas mulheres, facilmente solucionada por um casamento precoce. E um compromisso prematuro com qualquer papel – casamento ou vocação – fecha as portas para experiências, as tentativas, os fracassos e sucessos nas várias esferas de atividade necessárias para que uma pessoa atinja a maturidade completa, a identidade individual.

O perigo de retardar o crescimento dos meninos com a domesticidade precoce foi reconhecido pelos educadores orientados pelo sexo. Como Margaret Mead observou recentemente:

> A vida doméstica precoce sempre foi uma característica da maior parte dos selvagens, da maioria dos camponeses e dos pobres urbanos [...]. Se há bebês, isso significa, você sabe, que o trabalho acadêmico do pai se mistura às mamadeiras [...]. O casamento precoce entre estudantes domestica os rapazes tão cedo que eles não têm a chance de um desenvolvimento intelectual completo. Não têm a chance de devotar todo o seu tempo, não necessariamente ao estudo no sentido de se enfurnar na biblioteca, mas no sentido de que os estudantes casados não têm tempo de experimentar, de pensar, de passar a noite discutindo com colegas, de se desenvolver como indivíduos. Isso não é importante apenas para os intelectuais, mas também para os garotos que serão os futuros governantes do país, advogados, médicos e todo tipo de profissional.[29]

Mas e as garotas que jamais vão nem sequer escrever um trabalho acadêmico por causa das mamadeiras? Devido à mística feminina, poucas enxergaram como uma tragédia o fato de terem ficado presas a essa única paixão, essa única ocupação, esse único papel pelo resto da vida. Educadores progressistas do começo da década de 1960 têm suas próprias fantasias agradáveis sobre postergar a educação das mulheres para depois dos filhos; dessa forma eles reconhecem que elas se resignaram quase unanimemente aos casamentos precoces, que prosseguiam inabaláveis.

EDUCADORES ORIENTADOS PELO SEXO

Mas ao escolher a feminilidade em vez do crescimento doloroso até a identidade completa, ao jamais alcançar o cerne do *eu* que vem não da fantasia mas do domínio da realidade, essas garotas estão fadadas a sofrer daquele sentimento tedioso e difuso da falta de propósito, da não existência, do não envolvimento com o mundo que pode ser chamado de *anomia*, ou falta de identidade, ou simplesmente sentido como o problema sem nome.

Ainda assim, é fácil demais fazer da educação o bode expiatório. Quaisquer que tenham sido os erros dos educadores orientados pelo sexo, outros educadores lutaram uma batalha inútil e frustrante na retaguarda, tentando fazer com que mulheres capazes "idealizassem novos objetivos e crescessem ao tentar alcançá-los". Em última análise, milhões de mulheres capazes nesta terra livre escolheram, por conta própria, não usar a porta que a educação poderia ter aberto para elas. A escolha – e a responsabilidade – pelo retorno ao lar foi, por fim, delas mesmas.

NOTAS

1. Mabel Newcomer, *A Century of Higher Education for Women* [Um século de ensino superior para mulheres], Nova York, 1959, pp. 45 ss. A proporção de mulheres entre estudantes universitários nos Estados Unidos aumentou de 21% em 1870 para 47% em 1920, caindo para 35,2%, em 1958. Cinco faculdades para mulheres fecharam; 21 se tornaram mistas; duas se tornaram instituições profissionalizantes. Em 1956, três em cada cinco mulheres nas faculdades mistas estavam inscritas em cursos de secretariado, enfermagem, economia doméstica ou educação. Menos de um em cada dez doutorados eram concedidos a mulheres, comparado a um em seis em 1920, e 13% em 1940. Desde antes da Primeira Guerra Mundial, a porcentagem de estadunidenses que recebiam diplomas profissionais não era consistentemente tão baixa quanto nesse período. A extensão desse retrocesso também pode ser medida em termos do fracasso de mulheres em desenvolver o próprio potencial. De acordo com o

A MÍSTICA FEMININA

estudo *Womanpower*, de todas as jovens mulheres *capazes* de frequentar a universidade, apenas uma em cada quatro o faz, comparada a um em cada dois homens; apenas uma em cada trezentas mulheres capazes de completar uma pós-graduação de fato o fazem, comparada a um em cada trinta homens. Se a atual situação perdurar, as estadunidenses logo estarão entre as mulheres mais "atrasadas" do mundo. Os Estados Unidos provavelmente são a única nação onde a proporção de mulheres com nível superior tem diminuído nos últimos vinte anos; na Suécia, Grã-Bretanha e França, tem crescido de maneira consistente, bem como em países emergentes da Ásia e nos países comunistas. Na década de 1950, uma fatia bem maior de francesas do que estadunidenses recebia educação superior; a proporção de francesas com profissões mais do que dobrou em cinquenta anos. A proporção de francesas médicas é cinco vezes maior do que estadunidenses; 70% dos médicos na União Soviética são mulheres, comparado a 5% nos Estados Unidos. Cf. Alva Myrdal e Viola Klein, *Women's Two Roles – Home and Work* [Os dois papéis das mulheres: lar e trabalho], Londres, 1956, pp. 33-64.

2. Mervin B. Freedman, "The Passage through College" [A passagem pela faculdade] em *Personality Development During the College Years* [Desenvolvimento da personalidade durante os anos de faculdade], org. por Nevitt Sanford, *Journal of Social Issues*, vol. XII, nº 4, 1956, pp. 15 ss.

3. John Bushnel, "Student Culture at Vassar" [Cultura estudantil em Vassar] em *The American College* [A faculdade estadunidense], org. por Nevitt Sanford, Nova York e Londres, 1962, pp. 509 ss.

4. Lynn White, *Educating Our Daughters* [Educando nossas filhas], Nova York, 1950, pp. 18-48.

5. *Ibid.*, p. 76.

6. *Ibid.*, pp. 77 ss.

7. *Ibid.*, p. 79.

8. Cf. Dael Wolfle, *America's Resources of Specialized Talent* [As fontes estadunidenses de talento especializado], Nova York, 1954.

9. Citado em discurso pela juíza Mary H. Donlon nos autos de "Conference on the Present Status and Prospective Trends of Research on the Education of Women" [Conferência sobre o status atual e tendências

EDUCADORES ORIENTADOS PELO SEXO

possíveis da pesquisa sobre educação de mulheres], 1957, American Council on Education, Washington, D. C.

10. Cf. "The Bright Girl: A Major Source of Untapped Talent" [A garota inteligente: uma fonte importante de talento inexplorado], *Guidance Newsletter*, Science Research Associates Inc., Chicago, Ill., maio de 1959.

11. Cf. Dael Wolfle, *op. cit.*

12. John Summerskill, "Dropouts from College" [Desistentes da faculdade] em *The American College*, p. 631.

13. Joseph M. Jones, "Does Overpopulation Mean Poverty?" [Superpopulação significa pobreza?], Center for International Economic Growth [Centro para Crescimento Econômico Mundial], Washington, 1962. Vaja também *United Nations Demographic Yearbook* [Anuário Demográfico das Nações Unidas], Nova York, 1960, pp. 580 ss. Em 1958, nos Estados Unidos, mais meninas se casavam entre os 15 e os 19 anos do que em qualquer outra faixa etária. Em todas as outras nações avançadas, e em muitas das nações subdesenvolvidas emergentes, a maioria das meninas se casava entre os 20 e os 24 anos, ou depois dos 25. O padrão de casamento adolescente estadunidense era encontrado apenas em países como Paraguai, Venezuela, Honduras, Guatemala, México, Egito, Iraque e Ilhas Fiji.

14. Nevitt Sanford, "Higher Education as a Social Problem" [Ensino superior como problema social] em *The American College*, p. 23.

15. Elizabeth Douvan e Carol Kaye, "Motivational Factors in College Entrance" [Fatores motivacionais para a entrada na faculdade] em *The American College*, pp. 202-206.

16. *Ibid.*, pp. 208 ss.

17. Esther Lloyd-Jones, "Women Today and Their Education" [Mulheres hoje e sua educação], *Teacher's College Record*, vol. 57, nº 1, outubro de 1955; e nº 7, abril de 1956. Ver também Opal David, *The Education of Women – Signs for the Future* [A educação para mulheres – Sinais para o futuro], American Council on Education, Washington, D.C., 1957.

18. Mary Ann Guitar, "College Marriage Courses – Fun or Fraud?" [Matérias sobre casamento nas faculdades – Diversão ou fraude?], *Mademoiselle*, fevereiro de 1961.

A MÍSTICA FEMININA

19. Helen Deutsch, *op. cit.*, vol. 1, p. 290.
20. Mirra Komarovsky, *op. cit.*, p. 70. Pesquisas indicam que 40% das universitárias "fingem ser burras" para os homens. Já que aquelas que não o fazem incluem as não sobrecarregadas pela inteligência, a maioria das jovens estadunidenses dotadas de grande inteligência evidentemente aprende a disfarçá-la.
21. Jean Macfarlane e Lester Sontag, Research reported to the Commission on the Education of Women [Pesquisa apresentada à Comissão para Educação de Mulheres], Washington, D. C., 1954 (mimeo).
22. Harold Webster, "Some Quantitative Results" [Alguns resultados quantitativos] em *Personality Development During the College Years* [Desenvolvimento da personalidade durantes os anos universitários], ed. por Nevitt Sanford, *Journal of Social Issues*, 1956, vol. 12, nº 4, p. 36.
23. Nevitt Sanford, *"Personality Development During the College Years"* [Desenvolvimento da personalidade durante os anos de faculdade], *Journal of Social Issues*, 1956, vol. 12, nº 4.
24. Mervin B. Freedman, "Studies of College Alumni" [Estudo sobre ex--alunos universitários] em *The American College*, p. 878.
25. Lynn White, *op. cit.*, p. 117.
26. *Ibid.*, pp. 119 ss.
27. Max Lerner, *America As a Civilization* [Civilização estadunidense], Nova York, 1957, pp. 608-611:

> O cerne não está nem na biologia nem nas deficiências econômicas das mulheres, mas na sensação que têm de estar presas entre um mundo masculino do qual não possuem vontade real de participar e um mundo próprio no qual sentem dificuldade de se realizar [...]. Quando Walt Whitman exortou as mulheres a "largar brinquedos e ficções e lançar-se, como os homens, no meio da vida real, independente e tempestuosa", ele estava pensando – como muitos de seus contemporâneos – no tipo errado de igualitarismo [...]. Se for para ela descobrir sua identidade, deve começar fundamentando a crença em si mesma, em sua feminilidade, em vez de no movimento pelo feminismo. Margaret Mead apontou que o ciclo biológico da vida da

EDUCADORES ORIENTADOS PELO SEXO

mulher possui determinadas fases bem marcadas desde a primeira menstruação, passando pelo nascimento dos filhos até a menopausa; que nos estágios de seu ciclo de vida, bem como nos ritmos básicos de seu corpo, ela pode se sentir segura de sua feminilidade e não precisa fazer valer sua potência como o homem precisa. De forma semelhante, embora os múltiplos papéis que precisa desempenhar na vida sejam desconcertantes, ela pode realizá-los sem distrações se souber que seu papel central é o de mulher [...]. Sua função central, no entanto, permanece a de criar um estilo de vida para si mesma e para o lar no qual é a criadora e mantenedora da vida.

28. Cf. Philip E. Jacob, *Changing Values in College* [Mudança de valores na faculdade], Nova York, 1957.
29. Margaret Mead, "New Look at Early Marriages" [Novo olhar sobre casamentos precoces], entrevista para *U. S. News and World Report*, 6 de junho de 1960.

8. A escolha errada

Uma mística não impõe sua própria aceitação. Para que a mística feminina tenha feito uma "lavagem cerebral" em mulheres estadunidenses, varrendo de sua mente qualquer objetivo humano não sexual por mais de quinze anos, ela deve ter suprido necessidades reais daqueles que a impuseram a outros e daqueles que a aceitaram para si. Essas necessidades podem não ter sido as mesmas em todas as mulheres nem em todos os transmissores da mística. Mas havia muitas necessidades, nessa época particular dos Estados Unidos, que nos deixaram muito suscetíveis à mística; necessidades tão imperiosas que suspendemos o pensamento crítico, como se faz diante de uma verdade intuitiva. O problema é que, quando a necessidade é forte o suficiente, a intuição também pode mentir.

Pouco antes de a mística feminina tomar conta dos Estados Unidos, houve uma guerra, que foi sucedida por uma depressão e terminou com a explosão de uma bomba atômica. Depois da solidão da guerra e dos horrores da bomba, contra a incerteza assustadora, a imensidão fria do mundo em mudança, as mulheres, assim como os homens, buscaram a realidade confortadora do lar e dos filhos. Nas trincheiras, os soldados afixavam imagens da atriz Betty Grable, mas as músicas que pediam para ouvir eram canções de ninar. E quando deixavam o Exército, estavam velhos demais para voltar para a casa da mãe. As necessidades de sexo e de amor são indiscutivelmente reais em homens e mulheres, meninos e meninas, mas por que nessa época tantas pessoas achavam que eram as *únicas* necessidades?

Estávamos todos vulneráveis, com saudades de casa, solitários, assustados. Um anseio reprimido por casamento, lar e filhos foi sentido simultaneamente por várias gerações diferentes; um anseio que, na prosperidade dos Estados Unidos do pós-guerra, de repente qualquer um podia satisfazer. O jovem soldado, envelhecido pela guerra, podia atender sua necessidade solitária de amor e da figura materna recriando o lar de sua infância. Em vez de namorar diversas garotas antes de entrar na faculdade e ter uma profissão, ele tinha seu soldo, de forma que podia se casar e dar aos filhos o delicado amor materno que, por não ser mais um bebê, não podia buscar para si mesmo. E havia os homens um pouco mais velhos: homens de 25 anos cujos casamentos tinham sido adiados pela guerra e que agora sentiam a necessidade de recuperar o tempo perdido; homens na casa dos 30 anos impedidos, primeiro pela depressão, depois pela guerra, de se casar ou, quando se casavam, de aproveitar os confortos do lar.

Para as garotas, esses anos solitários acrescentavam uma urgência a mais à sua busca por amor. Aquelas que haviam se casado na década de 1930 viram os maridos irem para a guerra; aquelas que cresceram na década de 1940 temiam, e com razão, nunca encontrar o amor, o lar e os filhos de que poucas mulheres se dispunham a abrir mão. Quando os homens retornaram, houve uma corrida precipitada para o casamento. Os anos solitários durante os quais maridos e noivos estiveram longe, na guerra – ou podiam ser mortos pela explosão de uma bomba –, deixaram as mulheres particularmente vulneráveis à mística feminina. Disseram-lhes que a fria solidão que a guerra havia adicionado a suas vidas era o preço necessário a pagar por uma carreira e por qualquer interesse fora do lar. A mística apresentou uma escolha: amor, lar e filhos, ou outros objetivos e propósitos na vida. Diante dessas opções, é de admirar que tantas mulheres estadunidenses escolhessem o amor como seu único propósito?

O aumento da natalidade, o *baby boom*, nos anos imediatamente pós-guerra ocorreu em todos os países. Mas, na maioria dos outros países, o fenômeno não foi permeado pela mística da realização feminina. Em outros países, ela não resultou em um *baby boom* ainda maior nos anos 1950, com o aumento de casamentos e gravidezes na adolescência e aumento do tamanho das famílias. O número de mulheres estadunidenses com três ou mais filhos dobrou em um período de vinte anos. Uma mulher culta, depois da guerra, levou todas as outras a uma corrida para ter mais bebês.[1] (A geração anterior à minha, de mulheres nascidas entre 1910 e 1919, mostrou essa alteração de maneira mais aguda. Quando tinham entre 20 e 30 anos, sua baixa taxa de natalidade provocou alertas de que a educação iria acabar com a raça humana; entre os 30 e os 40 anos, elas de repente exibiram um *aumento* agudo nas gravidezes, apesar da redução da capacidade biológica que faz com que a taxa de fecundidade decline conforme se envelhece.)

Sempre nascem mais bebês depois de guerras. Atualmente, no entanto, a explosão populacional estadunidense resulta, em grande medida, dos casamentos de adolescentes. O número de crianças nascidas de adolescentes aumentou 165% entre 1940 e 1957, de acordo com números do Metropolitan Life Insurance. As meninas que costumavam ir para a faculdade mas a abandonam para se casar (18 e 19 anos são as idades mais frequentes de casamento entre as jovens estadunidenses hoje; metade de todas as estadunidenses já estão casadas quando completam 20 anos) são produto da mística. Elas abrem mão da educação sem pestanejar, acreditando que vão encontrar a "realização" como esposa e mãe. Suponho que uma garota de hoje – que sabe pelas estatísticas ou apenas por observação que, se esperar se formar na faculdade ou terminar a preparação para uma profissão para então se casar, a maioria dos homens já estará casada com outra pessoa – tem tantas razões para temer que talvez não atinja a realização feminina que a guerra proporcionava às garotas dos anos 1940. Isso, porém, não explica por que abandonam a faculdade para sustentar o marido enquanto os rapazes prosseguem com sua educação.

Isso não aconteceu em outros países. Mesmo em países onde, durante a guerra, bem mais homens foram mortos e mais mulheres se viram forçadas a esquecer para sempre a realização do casamento, as mulheres não corriam de volta para casa em pânico. E em outros países hoje, as garotas estão tão ávidas quanto os garotos pela educação, que é o caminho para o futuro.

A guerra deixou as mulheres particularmente vulneráveis à mística, mas a guerra, com todas as suas frustrações, não foi o único motivo

A MÍSTICA FEMININA

por que elas voltaram para casa. Isso tampouco pode ser explicado pelo "problema das empregadas",* que não passa de uma desculpa que as mulheres cultas com frequência dão para si mesmas. Durante a guerra, quando as cozinheiras e empregadas foram trabalhar nas fábricas de armamentos, o problema das empregadas era ainda mais pronunciado do que nos anos recentes. Mas, na época, mulheres de personalidade com frequência criavam arranjos domésticos não convencionais para manter os compromissos profissionais. (Conheci duas jovens mães do período da guerra que uniram esforços enquanto os maridos estavam no exterior. Uma delas, que era atriz, ficava com os dois bebês pela manhã, enquanto a outra fazia pós-graduação; a segunda ficava com as crianças à tarde, quando a outra tinha ensaios ou uma matinê. Também conheci uma mulher que inverteu o período de sono do bebê de modo que ele dormisse na casa de uma vizinha durante as horas em que ela estava na faculdade de medicina.) E, nas cidades, foi identificada e atendida a necessidade de creches para os filhos de mães que trabalhavam fora.

Entretanto, nos anos da feminilidade pós-guerra, mesmo as mulheres que tinham condições de pagar e que conseguiam encontrar uma babá ou empregada em tempo integral escolhiam se dedicar a cuidar da casa e dos filhos. E, nas cidades, nos anos 1950, os berçários e creches para os filhos de mães que trabalhavam fora praticamente desapareceram; a simples menção a essa necessidade provocava reações histéricas de donas de casa cultas, bem como dos perpetuadores da mística.[2]

Quando a guerra chegou ao fim, é claro, os soldados retornaram para assumir os postos de trabalho e ocupar os lugares nas salas de aula de faculdades e universidades que, por um tempo, tinham sido ocupados em grande parte por garotas. Por um curto período, a competição foi intensa, e o ressurgimento de antigos preconceitos antifemininos nos negócios e nas profissões tornou difícil para uma garota manter ou avançar em um

---

* *"The servant problem"*, no original. Refere-se, de modo geral, às reclamações das mulheres de classe média e alta em relação à escassez de trabalhadoras domésticas (predominantemente mulheres). (*N. T.*)

emprego. Isso, sem dúvida, fez com que diversas mulheres corressem para a proteção do casamento e do lar. A discriminação sutil contra as mulheres, para não falar da diferença salarial entre os gêneros, ainda hoje é uma lei tácita, e seus efeitos são quase tão devastadores e difíceis de combater quanto a oposição flagrante enfrentada pelas feministas. Uma pesquisadora da revista *Time*, por exemplo, não pode, não importa quais sejam suas habilidades, desejar ser escritora; a lei tácita diz que homens são escritores e editores, e mulheres são pesquisadoras. Ela não fica com raiva; gosta do trabalho, gosta do chefe. Ela não é uma defensora dos direitos das mulheres; não se trata de um caso para o sindicato dos jornalistas. Mas não deixa de ser desencorajador. Se nunca vai chegar a lugar algum, por que continuar?

As mulheres com frequência ficavam amarguradas em sua área de atuação quando, prontas e capazes de ter um cargo melhor, eram preteridas em favor de um homem. Em alguns empregos, a mulher tinha de se contentar em fazer o trabalho enquanto o homem recebia o crédito. Ou, se conseguisse o cargo melhor, tinha que enfrentar a amargura e a hostilidade do homem. Como a corrida para progredir, nas grandes empresas e em todas as profissões nos Estados Unidos, é tão terrivelmente competitiva para os homens, a competição das mulheres é, de alguma forma, o cúmulo – e muito mais fácil de combater simplesmente evocando essa lei tácita. Durante a guerra, as habilidades das mulheres e a inevitável competição foram bem-vindas; depois da guerra, elas foram confrontadas com essa cortina educada mas impenetrável de hostilidade. Era bem mais fácil para uma mulher amar e ser amada e ter uma desculpa para não competir com os homens.

Ainda assim, durante a depressão, garotas capazes e com disposição fizeram sacrifícios, combateram preconceitos e encararam competições a fim de construir suas carreiras, embora houvesse menos oportunidades pelas quais competir. Muitas delas tampouco viam conflito entre carreira e amor. Nos prósperos anos do pós-guerra, havia muitos empregos, muitas oportunidades em todas as profissões; não havia uma necessidade real de abrir mão de tudo por amor e pelo casamento. As garotas menos cultas, afinal, não deixaram as fábricas para voltar a ser empregadas. A proporção de mulheres na indústria cresceu de modo consistente desde a guerra – mas não a proporção de mulheres em carreiras e profissões que requerem formação, esforço e comprometimento pessoal.[3] "Eu vivo por meio do meu marido e dos meus filhos", disse uma integrante sincera da minha geração. "É mais fácil assim. No mundo de agora, é mais fácil ser mulher se você souber tirar proveito disso."

Nesse sentido, o que aconteceu às mulheres é parte do que aconteceu a todos nós nos anos depois da guerra. Buscamos desculpas para não encarar os problemas que antes tínhamos coragem de enfrentar. O espírito estadunidense caiu em um estranho sono; homens, assim como mulheres, liberais assustados, radicais desiludidos, conservadores desnorteados e frustrados pela mudança – a nação inteira parou de crescer. Todos voltamos para a luminosidade cálida do lar, como era quando éramos crianças e dormíamos tranquilos no andar de cima enquanto nossos pais liam ou jogavam baralho na sala de estar, ou se balançavam em cadeiras na varanda nas noites de verão em nossa cidade natal.

As mulheres voltaram para o lar do mesmo modo que os homens deixaram a bomba de lado, esqueceram os campos de concentração, perdoaram a corrupção e caíram em uma resignação desamparada; do mesmo modo que os pensadores evitaram os problemas maiores e mais complexos do mundo pós-guerra. Era mais fácil, mais seguro, pensar sobre amor e sexo do que sobre comunismo, McCarthy e a bomba incontrolável. Era mais fácil procurar as raízes sexuais freudianas no comportamento masculino, em suas ideias e suas guerras, do que olhar criticamente para sua sociedade e agir de modo construtivo para corrigir seus defeitos. Houve uma espécie de recolhimento pessoal, até mesmo da parte dos mais perspicazes, dos mais corajosos; afastamos os olhos do horizonte e passamos a contemplar com firmeza nosso próprio umbigo.

Podemos ver tudo isso agora, em retrospecto. Na época, era mais fácil transformar a necessidade de amor e sexo no objetivo máximo da vida, evitando o comprometimento pessoal com a verdade por meio de um comprometimento genérico com "lar" e "família". Para o assistente

A ESCOLHA ERRADA

social, o psicólogo e os numerosos terapeutas de "família", a terapia orientada de modo analítico para pacientes particulares com problemas pessoais de sexo, personalidade e relações interpessoais, era mais seguro e mais lucrativo do que examinar profundamente as causas comuns do sofrimento humano. Se não desejava mais pensar sobre toda a humanidade, ao menos você poderia "ajudar" indivíduos sem se meter em encrencas. Irwin Shaw, que antes instigava a consciência estadunidense sobre as grandes questões de guerra e paz e preconceito racial, agora escrevia sobre sexo e adultério; Norman Mailer e os jovens escritores *beatnik* restringiram seu espírito revolucionário a sexo, protestos e drogas, e a se autopromover por meio de palavras de baixo calão. Era mais fácil e mais elegante para os escritores pensar em psicologia do que em política, em motivos particulares em vez de fins públicos. Os pintores recuaram para um expressionismo abstrato que ostentava a disciplina e glorificava a ausência de significado. Dramaturgos reduziram o propósito humano a um *nonsense* amargurado e pretensioso: "o teatro do absurdo". O pensamento freudiano deu a todo esse processo de fuga sua dimensão de mistério infinito, fascinante e intelectual: o processo dentro do processo, o significado escondido dentro do significado até o significado em si desaparecer e o mundo externo sem esperança e sem graça praticamente não existir mais. Como disse um crítico de teatro, em um raro momento de repulsa ao mundo teatral de Tennessee Williams, era como se não restasse nenhuma realidade para o homem exceto suas perversões sexuais e o fato de que ele amava e odiava a própria mãe.

A obsessão freudiana na cultura estadunidense, além da prática da psicoterapia em si, também preencheu uma necessidade real nos anos 1940 e 1950: a necessidade de uma ideologia, um propósito nacional, uma aplicação da mente aos problemas das pessoas. Os próprios analistas sugeriram recentemente que a falta de uma ideologia ou de um propósito nacional pode ser parcialmente responsável pelo vazio pessoal que manda muitos homens e mulheres para a psicoterapia; eles estão na verdade procurando uma identidade que a terapia sozinha nunca poderá dar. A renovação religiosa nos Estados Unidos coincidiu com a corrida para a psicanálise, e talvez tenha se dado pela mesma razão: por trás da busca por identidade, ou por proteção, há o vácuo onde deveria haver um propósito maior. É significativo que muitos pastores passem a maior parte do tempo realizando psicoterapia – aconselhamento pastoral – com membros de suas congregações. Será que assim também evitam as questões maiores, a busca verdadeira?

Quando fazia entrevistas nos campi universitários no fim dos anos 1950, tanto capelães como sociólogos se referiam ao "individualismo" da geração mais jovem. Um dos principais motivos para o movimento do casamento precoce, eles achavam, era o fato de os jovens não enxergarem nenhum outro valor real na sociedade contemporânea. É fácil para o crítico social profissional culpar a geração mais jovem por uma preocupação cínica com prazeres particulares e segurança material – ou pelo negativismo vazio do comportamento *beatnik*. Mas se seus pais, professores e pregadores religiosos abdicaram de propósitos maiores do que a adequação emocional pessoal, o sucesso material e a segurança, que propósito maior os jovens podem aprender?

Os cinco filhos, a mudança para os subúrbios de classe média, o "faça você mesmo" e até o comportamento *beatnik* preenchiam as necessidades mais simples; também substituíram as necessidades e os propósitos maiores com os quais os mais corajosos desta nação uma vez se preocuparam. "Estou entediado com política… e não há nada que se possa fazer a respeito dela, de qualquer forma." Quando o dólar estava desvalorizado demais, ou valorizado demais, para se viver a vida por ele, e toda a sociedade parecia não ter outra preocupação que não fosse dinheiro, a família e seus amores e problemas, isso, pelo menos, se apresentava como algo bom e verdadeiro. E o consumo literal de Freud criava a ilusão de que era mais importante do que realmente era para toda a sociedade sofredora, pois a repetição literal das frases freudianas enganava os indivíduos sofredores, fazendo-os acreditar que estavam curados quando, por dentro, não haviam sequer enfrentado seus verdadeiros problemas.

Sob o microscópio freudiano, no entanto, um conceito bem diferente de família começou a emergir. Complexo de Édipo e rivalidade entre ir-

A ESCOLHA ERRADA

mãos se tornaram expressões familiares. A frustração era um perigo tão grande para a infância quanto a escarlatina. E, escolhida para ser objeto de especial atenção, estava a "mãe". De repente se descobriu que a mãe poderia ser culpada por praticamente tudo. Em todo histórico de criança difícil; de adulto alcoólatra, suicida, esquizofrênico, psicopata, neurótico; de homem impotente, homossexual; de mulher frígida, promíscua; de estadunidense que sofria de úlcera, asma ou qualquer outro tipo de distúrbio, havia uma mãe. Uma mulher frustrada, reprimida, perturbada, martirizada, infeliz e nunca satisfeita. Uma esposa exigente, irritante e rabugenta. Uma mãe desnaturada, superprotetora, dominadora. A Segunda Guerra Mundial revelou que milhões de homens estadunidenses eram psicologicamente incapazes de lidar com o choque da guerra, de encarar a vida longe da "mãe". Claramente havia algo de "errado" com as mulheres estadunidenses.

Por uma coincidência infeliz, essa investida contra as mães aconteceu no mesmo momento em que as mulheres estadunidenses estavam começando a usufruir os direitos de sua emancipação, a entrar em números crescentes em faculdades e escolas profissionalizantes, a avançar na indústria e nas profissões em uma competição inevitável com os homens. As mulheres estavam apenas começando a desempenhar um papel na sociedade estadunidense que não dependia do seu sexo, mas sim de suas habilidades individuais. Era visível, era óbvio para os soldados que voltavam da guerra, que essas mulheres estadunidenses eram de fato mais independentes, determinadas, assertivas em suas vontades e opiniões, menos passivas e femininas do que, por exemplo, as garotas alemãs e japonesas, que, alardeavam os soldados, "até esfregavam nossas costas". Era menos perceptível, contudo, que essas garotas eram diferentes das mães deles. Talvez seja por isso que, por alguma estranha distorção da lógica, a culpa por todas as neuroses de crianças no passado e no presente foi atribuída à independência e à individualidade dessa nova geração de garotas estadunidenses – independência e individualidade que as mães-donas de casa da geração anterior jamais tiveram.

A MÍSTICA FEMININA

As evidências pareciam inescapáveis: o número de dispensas psiquiátricas durante a guerra e as mães em seu histórico; os números iniciais de Kinsey sobre a incapacidade das mulheres estadunidenses de experimentar o orgasmo sexual, em especial as mulheres cultas; o fato de tantas mulheres *estarem* frustradas e descontarem isso no marido e nos filhos. Cada vez mais homens nos Estados Unidos se sentiam inadequados, impotentes. Muitas dessas primeiras gerações de mulheres com carreiras profissionais sentiam falta de amor e filhos, ficavam ressentidas com os homens com quem competiam e sofriam com o ressentimento deles. Cada vez mais homens, mulheres e crianças estadunidenses iam para hospitais psiquiátricos, clínicas, especialistas. Tudo isso foi colocado na conta da mãe estadunidense frustrada, "masculinizada" por sua educação, impedida por sua insistência em igualdade e independência de encontrar a realização sexual como mulher.

Tudo isso se encaixava tão perfeitamente na racionalização freudiana que ninguém parou para investigar como eram de fato essas mães pré--guerra. Elas eram de fato frustradas. Mas as mães dos soldados desajustados, dos homens inseguros e impotentes do pós-guerra, não eram mulheres cultas e independentes com carreiras profissionais, mas "mães" e donas de casa que sacrificaram a si mesmas, que eram dependentes e martirizadas.

Em 1940, menos de um quarto das mulheres estadunidenses trabalhava fora; as que o faziam eram, em sua maioria, solteiras. Um percentual minúsculo de 2,5% das mães era de "mulheres com uma carreira profissional". As mães dos soldados que tinham entre 18 e 30 anos em 1940 tinham nascido no século XIX ou no começo do século XX e já eram adultas quando as mulheres estadunidenses conquistaram o direito ao voto ou usufruíram a independência, a liberdade sexual, as oportunidades de educação e carreira dos anos 1920. De modo geral, essas "mães" não eram nem feministas nem produtos do feminismo, mas mulheres estadunidenses que levavam uma vida feminina tradicional de dona de casa e mãe. Será que foram mesmo a educação, os sonhos profissionais, a independência que fizeram com que essas "mães" ficassem frustradas e descontassem isso nos filhos? Até

A ESCOLHA ERRADA

mesmo um livro que ajudou a construir a nova mística – *Their Mothers'*
Sons [Os filhos da mãe deles], de Edward Strecker – confirma o fato de
que as "mães" não eram nem mulheres com carreira profissional nem feministas, tampouco usavam sua educação, quando a tinham; elas viviam
para os filhos, não tinham nenhum interesse além do lar, das crianças, da
família e da própria beleza. Na verdade, elas se encaixavam perfeitamente
na imagem da mística feminina.

Eis a "mãe" que o dr. Strecker, como consultor do diretor-geral de
saúde do Exército e da Marinha, considerou culpada pelos históricos
da grande maioria dos 1.825.000 homens rejeitados pelo serviço militar
estadunidense por causa de distúrbios psiquiátricos, dos 600 mil dis-
pensados do Exército por motivos neuropsiquiátricos, e dos outros 500
mil que tentaram escapar do alistamento – quase 3 milhões de homens,
dos 15 milhões em serviço, que mergulharam em psiconeuroses, muitas
vezes apenas alguns dias após assumir o posto, porque não tinham maturidade, "a habilidade de encarar a vida, conviver com outras pessoas,
pensar com independência e agir por conta própria".

> A mãe é uma mulher cujo comportamento maternal é motivado
> pela busca de recompensa emocional pelos golpes que a vida
> impôs a seu eu. No relacionamento com os filhos, todo ato e
> quase toda respiração são projetados de modo inconsciente, mas
> exclusivo, para absorver seus filhos emocionalmente e ligá-los
> com segurança a ela. A fim de alcançar esse objetivo, ela deve
> imprimir nos próprios filhos um padrão de comportamento
> imaturo [...]. As mães de homens e mulheres capazes de enfren-
> tar a vida de forma madura não estão aptas a ser o tipo materno
> tradicional. Uma mãe costuma ser doce, dedicada, abnegada
> [...]. Não vê limites nem poupa esforços ao escolher as roupas
> dos filhos adultos. Ela supervisiona seu penteado, a escolha de
> amigos e companheiros, os esportes que praticam e suas atitudes
> sociais e opiniões. Em geral, pensa tudo pelos filhos [...]. [Essa
> dominação] às vezes é dura e arbitrária, mas com mais frequência

é suave, persuasiva e um tanto ardilosa [...]. O mais frequente é o método indireto, por meio do qual, de algum modo, a criança é levada a achar que a mãe está magoada e que está se esforçando bastante para ocultar a mágoa. O método afável maior é infinitamente mais eficaz em bloquear as manifestações do pensamento e da ação juvenil [...].

A mãe "abnegada", quando pressionada, pode admitir, hesitante, que talvez pareça de fato abatida e que está mesmo um pouco cansada, mas acrescenta alegremente: "Qual é o problema?" A implicação é que ela não liga para sua aparência ou para seus sentimentos, pois em seu coração há a alegria altruísta de servir aos outros. Desde a madrugada até tarde da noite, ela encontra a felicidade em cuidar dos filhos. A casa pertence a eles. E é assim que deve ser; as refeições frescas, quentes e apetitosas. Deve haver comida disponível o tempo todo [...]. Nenhum botão pode faltar nas roupas dessa casa arrumada. Tudo está no lugar certo. Mamãe sabe onde é. Sem reclamar, satisfeita, ela põe as coisas onde devem ficar depois que as crianças espalham tudo aqui, ali, por todo canto [...]. Tudo que os filhos queiram ou precisem, a mãe providencia com alegria. É o lar perfeito [...]. Incapazes de encontrar um refúgio pacífico comparável no mundo exterior, é bem provável que um ou mais membros da prole permaneçam ou voltem para o lar feliz, para sempre no seio materno.[4]

A "mãe" também pode ser "a bela cabeça-oca", com seu culto à beleza, roupas, cosméticos, perfumes, penteados, dietas e exercícios, ou "a pseudointelectual, que está sempre fazendo cursos e assistindo a palestras, sem estudar a sério nem se informar completamente sobre nenhum assunto, mas em um mês higiene mental, no mês seguinte economia, arquitetura grega, creches." Essas eram as "mães" dos filhos que não podiam ser homens na guerra nem em casa, na cama nem fora dela, porque o que queriam de verdade era ser bebês. Todas essas mães tinham uma coisa em comum:

A ESCOLHA ERRADA

> [...] a satisfação emocional, quase plenitude, de manter os filhos boiando em uma espécie de líquido amniótico psicológico em vez de deixá-los nadar para longe do útero emocional materno com as braçadas firmes e decididas da maturidade [...]. Ela mesma imatura, semeia imaturidade nos filhos e, em geral, eles ficam condenados a vidas de insuficiência e infelicidade pessoal e social [...][5]

Cito passagens longas do dr. Strecker porque ele foi, estranhamente, uma das autoridades psiquiátricas citadas com mais frequência na avalanche de artigos e discursos no pós-guerra que condenavam as mulheres estadunidenses por terem perdido a feminilidade – e insistindo que voltassem para casa e dedicassem a vida aos filhos. Na verdade, a moral dos casos de Strecker era justamente o oposto; aqueles filhos imaturos tiveram mães devotadas *demais* aos filhos, mães que tinham de manter os filhos como bebês, caso contrário elas mesmas não teriam vida, mães que nunca alcançaram nem foram incentivadas a alcançar a maturidade: "o estado ou a característica de ser maduro; maturação, desenvolvimento pleno [...] independência de pensamento e ação" – a qualidade de ser um humano completo. O que não é exatamente a mesma coisa que feminilidade.

Os fatos são engolidos por uma mística da mesma maneira, eu acho, que no estranho fenômeno no qual o hambúrguer comido por um cachorro se torna cachorro, e o hambúrguer comido por um humano se torna humano. Os fatos das neuroses dos soldados se tornaram, na década de 1940, "prova" de que as mulheres estadunidenses tinham sido afastadas da realização feminina e seduzidas por uma educação voltada para a carreira, a independência, a igualdade com os homens, a "autorrealização a qualquer custo" – embora a maioria dessas mulheres frustradas fossem apenas donas de casa. Por algum fascinante paradoxo, as provas substanciais dos danos psicológicos causados a meninos e meninas por mães frustradas que dedicavam todos os seus dias a satisfazer as necessidades dos filhos foi distorcida pela mística feminina até se tornar uma convocação para que a nova geração de meninas voltasse ao lar e dedicasse *seus* dias a satisfazer as necessidades dos filhos.

A MÍSTICA FEMININA

Nada tornava esse hambúrguer mais palatável do que os primeiros números do relatório Kinsey, que mostravam que a frustração sexual nas mulheres estava relacionada à sua educação. Reforçado diversas vezes foi o fato horrendo de que entre 50% e 85% das universitárias entrevistadas nunca tiveram um orgasmo sexual, enquanto menos de um quinto das mulheres que haviam completado apenas o ensino médio relataram o mesmo problema. Eis como *Modern Woman: The Lost Sex* interpretou esses primeiros resultados do relatório Kinsey:

> Entre as mulheres com ensino fundamental completo ou incompleto, a total incapacidade de atingir um orgasmo diminuiu até quase zero. O dr. Kinsey e seus colegas relataram que praticamente 100% das reações orgásticas completas tinham sido observadas entre mulheres negras sem instrução [...]. A regra psicossexual que começa a tomar forma, portanto, é a seguinte: quanto mais educada a mulher, maior a chance de ter um distúrbio sexual, que pode ser mais ou menos grave [...][6]

Quase uma década se passou até a publicação do relatório Kinsey completo sobre as mulheres, que contradizia em absoluto as descobertas iniciais. Quantas mulheres sabem, mesmo agora, que os 5.940 casos de mulheres estadunidenses analisados por Kinsey mostraram que o número de mulheres que atingiam o orgasmo no casamento, e o número de mulheres que atingiam o orgasmo quase 100% das vezes, *estava* relacionado à educação, mas quanto mais educada a mulher, maior a chance de realização sexual? A mulher que estudara apenas até o ensino fundamental tinha mais chances de nunca experimentar um orgasmo, enquanto a mulher que terminava a faculdade, que fazia uma pós-graduação ou um curso profissionalizante, tinha muito mais probabilidade de atingir o orgasmo completo quase 100% das vezes. Nas palavras de Kinsey:

> Descobrimos que o número de mulheres que atingem o orgasmo em um período de cinco anos era significativamente mais elevado

A ESCOLHA ERRADA

entre aquelas com maior escolaridade [...]. Em todos os períodos do casamento, do primeiro até pelo menos o décimo quinto ano, um número maior de mulheres da amostra que tinha formação educacional mais limitada não havia conseguido atingir o orgasmo durante o coito conjugal, e um pequeno número das mulheres mais educadas havia igualmente fracassado nesse sentido [...].

Esses dados não estão de acordo com um cálculo preliminar, não publicado, que fizemos há alguns anos. Com base em uma amostra menor, e lançando mão de um método de cálculo menos adequado, aparentemente identificamos um maior número de mulheres de níveis educacionais inferiores que atingiam o orgasmo no coito conjugal. Esses dados agora precisam ser corrigidos [...].[7]

Mas a mística alimentada pelos números preliminares incorretos não foi corrigida tão facilmente.

E havia ainda os assustadores dados e histórias de crianças abandonadas e rejeitadas porque suas mães trabalhavam. Quantas mulheres se dão conta, mesmo agora, que os bebês nos casos divulgados, que definharam por falta de afeto materno, não eram filhos de mães educadas de classe média que os deixavam sob os cuidados de outras pessoas durante algumas horas do dia para exercer uma profissão, escrever um poema ou travar uma batalha política – mas crianças verdadeiramente abandonadas: rejeitados ao nascer por mães solteiras e pais bêbados, crianças que nunca tiveram um lar ou cuidado afetuoso? Qualquer estudo que sugerisse que as mães que trabalhavam fora eram responsáveis pela delinquência juvenil, pelas dificuldades escolares ou pelos distúrbios emocionais em seus filhos virava manchete. Recentemente, uma psicóloga da Universidade de Stanford, dra. Lois Meek Stolz, analisou todas as evidências desses estudos. Ela descobriu que, no momento, pode-se dizer *qualquer coisa* – boa ou ruim – sobre filhos de mães que trabalham fora e fundamentar essa afirmação com *algum* resultado de pesquisa. Mas não há provas definitivas de que essas crianças sejam menos felizes, saudáveis e ajustadas *porque* suas mães trabalham fora.[8]

Os estudos que mostram que mulheres que trabalham fora são mães mais felizes, melhores e mais maduras não recebem muita publicidade. Como a delinquência juvenil está aumentando e mais mulheres trabalham ou "são educadas para algum tipo de trabalho intelectual", há certamente uma relação direta de causa e efeito, diz um deles. Mas as evidências indicam que não há. Vários anos atrás, deu-se muita publicidade a um estudo que comparava grupos de meninos delinquentes e não delinquentes. Descobriu-se, entre outras coisas, que não havia mais delinquência, ou evasão escolar, quando as mães trabalhavam regularmente do que quando elas eram donas de casa. Mas, alertaram manchetes espetaculares, um número significativamente maior de delinquentes tinham mães que trabalhavam irregularmente. Essa descoberta provocou culpa e tristeza nas mães instruídas que haviam aberto mão de carreiras plenas, mas que conseguiram se manter em seu campo trabalhando meio período, trabalhando como autônomas ou aceitando postos temporários intercalados com períodos em casa. "Há anos venho aceitando empregos temporários ou de meio período, tentando conciliar minha vida profissional com o que é melhor para os meus filhos", uma dessas mães declarou ao *New York Times*, "e agora parece que tenho feito a pior coisa possível!".[9]

Na verdade, essa mãe, uma mulher com formação profissional que vivia em um confortável bairro de classe média, estava se igualando às mães daquele estudo que, no fim das contas, não só viviam em circunstâncias socioeconômicas precárias como também, em muitos casos, tinham sido elas mesmas delinquentes juvenis. E muitas vezes tinham maridos emocionalmente perturbados.

Os pesquisadores que realizaram esse estudo sugeriram que os filhos dessas mulheres tinham conflitos emocionais porque a motivação da mãe para se dedicar a esse trabalho esporádico "não era tanto suplementar à renda familiar, mas sim escapar das responsabilidades domésticas e maternas". Entretanto, outro especialista, analisando os mesmos dados, achava que a causa básica tanto do emprego esporádico da mãe quanto da delinquência do filho era a instabilidade emocional de ambos os pais.

A ESCOLHA ERRADA

Fosse qual fosse a razão, a situação não era de forma nenhuma comparável à da maioria das mulheres instruídas que se viam nela. Na verdade, como o dr. Stolz mostra, muitos estudos interpretados de maneira equivocada como "prova" de que as mulheres não podem conciliar carreira e maternidade na verdade indicam que, quando as outras condições são iguais, os filhos de mães que trabalham porque querem têm menos chance de ser perturbados, de ter problemas na escola ou de ter "falta de senso do próprio valor" do que os filhos de donas de casa.

Os primeiros estudos com filhos de mães que trabalham fora foram feitos em uma época em que poucas mulheres casadas trabalhavam, em creches que atendiam a mães que trabalhavam fora e que não tinham marido fosse por morte, por divórcio ou por abandono. Esses estudos foram feitos por assistentes sociais e economistas a fim de pressionar por reformas como a pensão para mães. Os distúrbios e a maior taxa de mortalidade entre essas crianças não foram encontrados em estudos feitos nesta última década, quando dos milhões de mulheres casadas que trabalhavam fora, apenas uma em cada oito não morava com o marido.

Em um desses estudos recentes, realizado com 2 mil mães, as únicas diferenças significativas foram que mais mães donas de casa declararam que "as crianças me deixam nervosa" do que mães que trabalhavam fora; e as donas de casa pareciam ter "mais filhos". Um famoso estudo realizado em Chicago, que parecia mostrar que mais mães de delinquentes estavam trabalhando fora, acabou mostrando apenas que mais delinquentes vinham de lares desfeitos. Outro estudo com quatrocentas crianças seriamente perturbadas (de uma população escolar de 16 mil) mostrou que, quando não havia um lar desfeito envolvido, o número de mães de crianças perturbadas que eram donas de casa era três vezes maior do que o número de mães de crianças perturbadas que trabalhavam fora.

Outros estudos mostraram que filhos de mães que trabalhavam foram eram menos propensos a ser extremamente agressivos ou extremamente inibidos, menos propensos a ter mau desempenho na escola ou ser "desprovidos de senso de valor pessoal" do que os filhos de donas de casa, e que as mães que trabalhavam fora tinham mais probabilidade de ficar "contentes" ao engravidar e eram menos propensas a ter conflitos em relação ao "papel de mãe" do que as donas de casa.

Parecia também haver uma relação mais próxima e mais positiva com os filhos entre as mães que gostavam de seu trabalho do que entre mães donas de casa ou mães que não gostavam de seu trabalho. E um estudo realizado durante os anos 1930 com mães com educação universitária, que têm mais chance de escolher o trabalho de que gostam, não mostrou nenhum efeito negativo do emprego no equilíbrio emocional e conjugal, nem no número ou na gravidade dos problemas dos filhos. Em geral, as mulheres que trabalhavam fora compartilhavam apenas dois atributos: era mais provável que tivessem educação superior e vivessem em cidades.[10]

Em nossa época, contudo, quando multidões de mulheres cultas se tornaram donas de casa suburbanas, quem dentre elas não se preocupava com o fato de ser um sinal de neurose incipiente o filho fazer xixi na cama, chupar o dedo, comer demais, se recusar a comer, não ter amigos, não conseguir ficar sozinho, ser agressivo, ser tímido, ler devagar, ler em excesso, não ter disciplina, ser rígido, ser inibido, ser exibicionista, ser sexualmente precoce ou não ter interesse sexual. Se não de uma anormalidade real ou uma delinquência real, devem ser pelo menos sinais de fracasso dos pais, prenúncios de uma neurose futura. Às vezes eram mesmo. A paternidade, mas especialmente a maternidade, sob o holofote freudiano, teve de se tornar um trabalho e uma carreira em tempo integral, quando não um culto religioso. Um passo em falso poderia significar um desastre. Sem carreira, sem nenhum compromisso a não ser com o lar, as mães podiam dedicar cada minuto aos filhos; toda a atenção delas poderia ser direcionada para identificar sinais de uma neurose incipiente – e talvez para produzi-la.

A ESCOLHA ERRADA

Em todos os casos, é claro, é possível encontrar fatos significativos sobre a mãe, especialmente se estiver procurando por fatos, ou memórias, dos supostamente cruciais primeiros cinco anos. Nos Estados Unidos, afinal, a mãe está sempre lá; ela *deveria* estar lá. Será que o fato de estar sempre lá, apenas como mãe, está ligado de alguma forma às neuroses dos filhos? Muitas culturas transmitem seus conflitos para as crianças por intermédio das mães; nas culturas modernas do mundo civilizado, no entanto, poucos educam suas mulheres mais fortes e mais capazes para transformar os próprios filhos em uma carreira.

Não muito tempo atrás, o dr. Spock confessou, um tanto desconfortável, que as crianças russas, cujas mães geralmente têm um propósito na vida além da maternidade – trabalham em áreas como medicina, ciência, educação, indústria, governo, arte – pareciam de alguma forma mais estáveis, ajustadas, amadurecidas, do que as crianças estadunidenses, cujas mães em tempo integral não fazem nada além de se preocupar com elas. Será que as mulheres russas são mães melhores porque têm um propósito sério na vida? Pelo menos, disse o bom dr. Spock, essas mães são mais seguras de si como mães. Elas não são, como as mães estadunidenses, dependentes da última palavra dos especialistas, da última novidade em puericultura.[11] É claramente um fardo terrível para o dr. Spock ter 13,5 milhões de mães tão inseguras de si que criam os filhos literalmente de acordo com o livro dele – e pedem socorro a ele toda vez que o livro não funciona.

Nenhuma manchete marcou a crescente preocupação dos psiquiatras com o problema da "dependência" em crianças estadunidenses e filhos adultos. O psiquiatra David Levy, em famoso trabalho sobre "superproteção materna", estudou, com detalhes exaustivos, vinte mães que haviam prejudicado seus filhos em um grau patológico com "infantilização, indulgência e superproteção materna".[12] Um caso típico era o de um menino de 12 anos que fazia "birras infantis aos 11 anos quando sua mãe se recusava a passar manteiga no pão para ele. Ele ainda exigia a ajuda dela para se vestir [...]. Ele resumiu muito bem o que desejava da vida ao dizer que sua mãe passaria manteiga no pão para ele até ele se casar, e depois sua esposa se encarregaria disso [...]".

Todas essas mães – de acordo com índices fisiológicos como fluxo menstrual, leite materno e indicadores precoces de um "tipo de comportamento materno" – eram extraordinariamente fortes em sua base instintiva feminina ou materna, se é que pode ser descrita dessa maneira. Todas, exceto duas das vinte, como o próprio dr. Levy descreveu, eram responsáveis, estáveis e agressivas: "A característica ativa ou agressiva do comportamento responsável era considerada um tipo distinto de comportamento maternal; e caracterizou a vida de dezoito das vinte mães superprotetoras desde a infância." Em nenhuma delas havia nem sequer uma pontinha de rejeição inconsciente da criança ou da maternidade.

O que fez com que essas vinte mulheres intensamente maternais (evidente que a força, e até mesmo a agressão, não é masculina quando um psiquiatra a considera parte do instinto materno) produzissem filhos tão patologicamente infantis? Por um lado, a "criança era utilizada como um meio de satisfazer um anseio anormal por amor". Essas mães se arrumavam e passavam batom antes de o filho chegar da escola, como uma esposa à espera do marido ou uma garota se arrumando para ir a um encontro, porque não tinham outra vida além da criança. A maioria, disse Levy, tivera ambições profissionais frustradas. A "superproteção materna" era na verdade causada pela força dessas mães, por sua energia feminina básica – responsável, estável, ativa e agressiva –, produzindo patologia na criança quando a mãe era impedida de ter "outros canais de expressão".

A maioria dessas mães também tivera mães dominadoras e pais submissos e os maridos também tinham sido filhos obedientes de mães dominadoras; em termos freudianos, a castração que havia por todos os lados era extrema. Filhos e mães foram submetidos a terapia psicanalítica intensiva durante anos, o que, esperava-se, romperia o ciclo patológico. Mas quando, alguns anos depois do estudo original, os pesquisadores foram conferir como estavam essas mulheres e os filhos que elas tinham superprotegido patologicamente, os resultados não foram exatamente o que se esperava. Na maior parte dos casos, a psicoterapia não havia surtido efeito. No entanto, algumas das crianças, de forma milagrosa, não

A ESCOLHA ERRADA

se tornaram adultos patológicos; não por causa da terapia, mas porque por acaso a mãe havia encontrado um interesse ou uma atividade em sua própria vida e simplesmente havia parado de viver a vida do filho por ele. Em alguns poucos casos, a criança sobreviveu porque, por meio de suas próprias habilidades, estabelecera uma área de independência da qual sua mãe não fazia parte.

Outras pistas sobre o verdadeiro problema do relacionamento entre mãe e filho nos Estados Unidos foram observadas por cientistas sociais sem nunca terem penetrado a mística. Um sociólogo chamado Arnold Green, quase por acidente, descobriu outra dimensão do relacionamento entre o amor materno cuidadoso, ou a falta dele, e a neurose.

Ao que parece, na cidade industrial de Massachusetts onde Green cresceu, toda uma geração foi criada sob condições psicológicas que deveriam ser traumáticas: condições de autoridade parental irracional, vingativa e até mesmo brutal e completa ausência de "amor" entre pais e filhos. Os pais, imigrantes poloneses, tentavam aplicar regras rígidas do velho mundo que seus filhos estadunidenses não respeitavam. A zombaria, a raiva e o desdém dos filhos faziam com que os pais aturdidos recorressem a uma "autoridade vingativa, pessoal, irracional, que não tem mais apoio nas esperanças e ambições futuras dos filhos".

> Diante da exasperação e do medo de perder todo o controle sobre seus jovens "americanizados", os pais aplicam o punho e o chicote indiscriminadamente. O som de golpes, gritos, uivos, aflições, lamentos de tormento e ódio são tão comuns nas fileiras de casas de madeira caindo aos pedaços que os transeuntes prestam pouca atenção.[13]

Sem dúvida, ali estavam as sementes de futuras neuroses, conforme as compreendem todos os bons pais pós-freudianos nos Estados Unidos. Mas, para a surpresa de Green, quando ele retornou e, como sociólogo, foi conferir as neuroses que, de acordo com o livro, certamente seriam muitas, não encontrou nenhum caso de dispensa do Exército por motivo de psiconeurose na comunidade polonesa local e, no comportamento apresentado por toda uma geração na aldeia, "nenhuma expressão de ansiedade, sentimento de culpa, rigidez nas reações, hostilidade reprimida – os vários sintomas descritos como característicos do comportamento neurótico padrão". Green se questionou. Por que aquelas crianças não tinham se tornado neuróticas? Por que elas não tinham sido destruídas por aquela autoridade brutal e irracional dos pais?

Elas não tinham nada daquele amor maternal constante e cuidadoso que é instado nas mães de classe média pelos psicologizadores infantis; suas mães, assim como os pais, trabalhavam o dia todo na fábrica; as crianças eram deixadas sob os cuidados de irmãs ou irmãos mais velhos, corriam livres por campos e bosques, evitavam os pais o máximo possível. Nessas famílias, o estresse recaía sobre o trabalho, em vez de sobre os sentimentos pessoais: "o respeito, e não o amor, é o vínculo que une". Demonstrações de afeto não eram totalmente inexistentes, disse Green, "mas tinham pouco em comum com as definições de amor entre pais e filhos encontradas nas revistas para mulheres de classe média".

Ocorreu ao sociólogo que talvez a própria ausência desse amor materno cuidadoso e onipresente pudesse explicar por que aquelas crianças não sofriam dos sintomas neuróticos tão comumente encontrados entre os filhos de pais de classe média. A autoridade dos pais poloneses, embora fosse brutal e irracional, era "externa ao âmago do *eu*", segundo Green. Os pais poloneses não tinham a técnica nem a oportunidade de "absorver a personalidade do filho". Talvez, sugeriu Green, "falta de amor" e "autoridade irracional" não causem neuroses por si sós, mas apenas em determinado contexto de "absorção de personalidade" – o encobrimento físico e emocional da criança, que provoca a dependência servil dos pais observada nos filhos da classe média branca estadunidense não imigrante, urbana e com formação universitária.

Será que é "ausência de amor" a causa das neuroses, ou os cuidados parentais da classe média, que "absorvem" a personalidade independente da criança e criam nela uma necessidade excessiva de amor? Os psicanalistas sempre se concentraram nas sementes das neuroses; Green queria

A ESCOLHA ERRADA

"descobrir o que existe no pai de classe média moderno que fertiliza o solo das neuroses do filho, não importa como a semente individual seja plantada".

Como de costume, a seta apontou infalivelmente para a mãe. Entretanto, Green não estava preocupado em ajudar a mãe estadunidense moderna a se adequar ao seu papel; pelo contrário, ele descobriu que ela não tinha nenhum "papel" verdadeiro como mulher na sociedade moderna.

> Ela se casa e às vezes até gera um filho sem nenhum papel ou série de funções definitivos, como antes [...]. Ela se sente inferior ao homem porque, comparativamente, foi e é mais limitada. A extensão da verdadeira emancipação feminina tem sido frequentemente exagerada [...].
>
> Por meio de um "bom" casamento, a garota de classe média alcança bem mais status do que seria possível por meio de uma carreira própria. Mas o período de flerte ilusório com uma carreira, ou de iniciação em uma, deixa-a despreparada para a labuta da faxina, das fraldas e da preparação de refeições [...]. A mãe tem pouco a fazer, dentro ou fora de casa; ela é a única companhia do filho único. Os modernos "cuidados científicos com a criança" exigem uma supervisão constante e uma preocupação difusa com a saúde da criança, o consumo de espinafre e o desenvolvimento do eu; isso é complicado pelo fato de que se gasta muita energia forçando a criança a andar, tirar as fraldas e falar precocemente, porque, em um ambiente de competitividade intensa, desde o dia do nascimento, os pais de classe média comparam constantemente o desenvolvimento do próprio filho com o desenvolvimento dos filhos dos vizinhos.

Talvez, especula Green, as mães de classe média

> [...] tenham transformado o "amor" em algo de suprema importância em sua relação com o filho – o delas por ele e o dele por elas

– em parte por causa do complexo amoroso de nossa época, que é particularmente difundido na classe média, e em parte como uma compensação pelos diversos sacrifícios que elas fizeram pelo filho. A necessidade de amor por parte do filho é observada justamente porque ele foi condicionado a precisar disso [...] condicionado a uma dependência emocional servil [...]. Não é a necessidade do amor parental, mas a ameaça constante de sua retirada depois que a criança foi condicionada a essa necessidade, que está na raiz das neuroses modernas mais típicas; a mamãe não vai gostar de você se não comer seu espinafre, ou se não parar de mexer seu leite, ou se não descer da escrivaninha. Assim, na medida em que a personalidade de uma criança tiver sido absorvida, ela ficará em pânico com esse tipo de tratamento [...]. Em uma criança assim, um olhar de desaprovação pode produzir mais terror do que vinte minutos de surra de cinto provocariam no pequeno Stanislaus Wojcik.

Green só estava interessado nas mães em termos de seu efeito sobre os filhos. Mas lhe ocorreu que a "absorção de personalidade", por si só, não era capaz de explicar neuroses, afinal. Porque, de outro modo, diz ele, as mulheres de classe média da geração anterior teriam todas sofrido tais neuroses – e ninguém registrou esse sofrimento nessas mulheres. Sem dúvida a personalidade da garota de classe média do fim do século XIX foi "absorvida" pelos pais, pelas exigências do "amor" e da obediência incondicional. Contudo, "a taxa de neurose sob essas condições provavelmente não era muito alta", conclui o sociólogo, porque, embora a própria personalidade da mulher tivesse sido "absorvida", ela foi absorvida de forma consistente "no âmbito de um papel que mudava relativamente muito pouco desde a infância, passando pela adolescência, os namoros e, por fim, até o casamento"; a mulher nunca pôde ser ela mesma.

O garoto de classe média moderna, por outro lado, é forçado a competir com outros, a conquistar – o que demanda certo grau de independência, firmeza de propósito, agressividade e autoafirmação. Assim, no menino, a necessidade nutrida pela mãe de que todos o amem, e a

A ESCOLHA ERRADA

incapacidade de erigir seus próprios valores e propósitos é algo neurótico, mas não na menina.

É provocativa essa conjectura feita por um sociólogo em 1946, mas ela nunca penetrou para além dos círculos internos de teoria social, jamais permeou os baluartes da mística feminina, apesar de uma percepção nacional cada vez maior de que havia algo de errado com as mães estadunidenses. Mesmo esse sociólogo, que conseguiu ultrapassar a mística e ver as crianças para além de sua necessidade de mais amor materno, preocupava-se somente com o problema dos filhos. Mas a verdadeira implicação não era o fato de que o papel de dona de casa estadunidense de classe média força muitas mães a sufocar, a absorver a personalidade de seus filhos e filhas? Muitos viram o trágico desperdício de filhos estadunidenses incapazes de realizações, de cultivar valores individuais, agir de forma independente; mas não consideravam igualmente trágico o desperdício das filhas, ou das mães que sofreram com isso gerações antes. Se uma cultura não espera maturidade humana de suas mulheres, não vê sua ausência como um desperdício ou como uma possível causa de neurose ou conflito. O insulto, a verdadeira reflexão sobre a definição do papel das mulheres em nossa cultura, é o fato de que, como nação, só termos percebido que havia algo de errado com as mulheres quando vimos os efeitos nos filhos delas.

É surpreendente que tenhamos nos equivocado sobre o que havia de errado de fato? Como poderíamos compreender isso, nos termos estáticos do funcionalismo e da adequação? Educadores e sociólogos aplaudiram quando a personalidade da garota de classe média foi "consistentemente" absorvida desde a infância até a idade adulta por seu "papel feminino". Vida longa ao papel, se a adequação for cumprida. O desperdício de um *eu* humano não era considerado um fenômeno a ser estudado nas mulheres – apenas a frustração causada por "inconsistências culturais no condicionamento aos papéis", como a grande cientista social Ruth Benedict descreveu a difícil situação das mulheres estadunidenses. Até as próprias mulheres, que sentiam a tristeza, o desamparo de sua falta de *eu*, não entendiam o sentimento; ele se tornou o problema sem nome.

A MÍSTICA FEMININA

E, em sua vergonha e culpa, elas se voltaram novamente para os filhos a fim de escapar do problema. Então o círculo se completa, da mãe para os filhos e filhas, geração após geração.

•

Os ataques incessantes às mulheres, que se tornaram uma preocupação estadunidense nos últimos anos, também podem derivar dos mesmos motivos escapistas que enviaram homens e mulheres de volta à segurança do lar. Dizem que o amor materno é sagrado nos Estados Unidos, mas, com toda a reverência e as falsas promessas que lhe são feitas, a mãe é um alvo bastante seguro, não importa se seus fracassos são interpretados correta ou incorretamente. Ninguém jamais perdeu oportunidades ou foi demitido por atacar a "mulher estadunidense". Além das pressões psicológicas das mães ou esposas, houve muitas pressões não sexuais nos Estados Unidos na última década – a competição comprometedora e incessante, o trabalho anônimo e muitas vezes despropositado em grandes corporações – que também impediam que um homem se sentisse como um homem. Era mais seguro descontar na esposa e na mãe do que reconhecer o fracasso em si mesmo ou no sagrado modo de vida estadunidense. Os homens nem sempre estavam brincando quando diziam que a esposa tinha sorte de poder ficar em casa o dia todo. Também era reconfortante racionalizar sua corrida desenfreada dizendo a si mesmos que era "pela esposa e pelos filhos". Assim, eles recriaram sua própria infância no subúrbio e transformaram suas esposas em mães. Concordaram com a mística sem um murmúrio de divergência. A mística lhes prometia mães pelo resto da vida, tanto como uma razão de sua existência quanto como uma desculpa pelos seus fracassos. Não é estranho que meninos que crescem com muito amor materno se tornem homens que jamais estão satisfeitos com o que têm?

Mas por que as mulheres ficavam quietas diante dessa enxurrada de culpa? Quando uma cultura erigiu diversas barreiras contra as mulheres como seres independentes; quando uma cultura erigiu barreiras legais,

A ESCOLHA ERRADA

políticas, sociais, econômicas e educacionais à aceitação da maturidade por parte das mulheres – e mesmo depois que a maioria dessas barreiras foi derrubada, ainda é mais fácil para uma mulher buscar o santuário do lar. É mais fácil viver com o marido e os filhos do que abrir seu próprio caminho no mundo. Porque ela é a filha daquela mesma mãe que tornou tão difícil para a menina, tanto quanto para o menino, crescer. E a liberdade é uma coisa assustadora. É assustador enfim crescer e se libertar da dependência passiva. Por que uma mulher deveria se preocupar em ser algo além de esposa e mãe se todas as forças de sua cultura lhe dizem que ela não precisa crescer e que será melhor assim?

E assim a mulher estadunidense fez sua escolha equivocada. Ela correu de volta para o lar para viver apenas seu papel sexual, trocando sua individualidade por segurança. O marido a seguiu, atraído pela mesma promessa, e a porta se fechou contra o mundo exterior. Eles começaram a viver a bela mentira da mística feminina, mas será que realmente acreditavam nisso? Ela era, afinal de contas, uma mulher estadunidense, um produto irreversível de uma cultura que esteve bem perto de lhe dar uma identidade própria. Ele era, afinal de contas, um homem estadunidense cujo respeito pela individualidade e liberdade de escolha é o orgulho de sua nação. Os dois frequentaram a mesma escola; ele sabe quem ela é. Será que a disposição dócil dele de encerar o chão e lavar a louça ao chegar cansado em casa no início da noite esconde de ambos sua consciência culpada da realidade por trás da bela mentira? O que os faz acreditar nela, apesar dos sinais de alerta que surgiram em todos os bairros do subúrbio de classe média? O que mantém as mulheres em casa? Que força em nossa cultura é forte o suficiente para escrever "Ocupação: *esposa dona de casa*" em letras tão grandes que todas as outras possibilidades para as mulheres ficaram quase obscurecidas?

Forças poderosas nesta nação devem ser servidas por aquelas lindas fotos de família que nos encaram em toda parte, proibindo uma mulher de usar suas próprias habilidades no mundo. A preservação da mística feminina nesse sentido poderia ter implicações que não são de nenhuma forma sexuais. Quando se começa a pensar no assunto, os Estados

A MÍSTICA FEMININA

Unidos dependem bastante da dependência passiva das mulheres, de sua feminilidade. A feminilidade, se há quem ainda queira chamar assim, faz das mulheres estadunidenses um alvo e uma vítima da venda sexual.

NOTAS

1. Ver *United Nations Demographic Yearbook* [Anúario Demográfico das Nações Unidas], Nova York, 1960, pp. 99-118 e pp. 476-490; p. 580. A taxa anual de aumento populacional nos Estados Unidos entre 1955 e 1959 foi muito maior do que a das outras nações ocidentais, e superior à de países como Índia, Japão, Birmânia e Paquistão. Na verdade, o aumento para a América do Norte (1,8) excedeu a taxa mundial (1,7). A taxa para a Europa foi de 0,8; para a União Soviética, 1,7; Ásia, 1,8; África, 1,9; e América do Sul, 2,3. O aumento nas nações subdesenvolvidas ocorreu, naturalmente, em grande parte pelos avanços da medicina e pela queda na taxa de mortalidade; nos Estados Unidos, foi quase completamente devida ao aumento da taxa de natalidade, ao casamento precoce e às famílias maiores. Pois a taxa de natalidade continuou a subir nos Estados Unidos de 1950 a 1959, enquanto caía em países como França, Noruega, Suécia, União Soviética, Índia e Japão. Os Estados Unidos eram a única nação "avançada" e uma das poucas nações do mundo onde, em 1958, mais meninas se casavam entre 15 e 19 anos do que com qualquer outra idade. Mesmo os outros países que tiveram um aumento na taxa de natalidade – Alemanha, Canadá, Reino Unido, Chile, Nova Zelândia, Peru – não apresentaram esse fenômeno do casamento na adolescência.

2. Ver "The Woman with Brains (continued)" [A mulher com cérebro (continuação)], *New York Times Magazine*, 17 de janeiro de 1960, para as cartas ultrajadas em resposta a um artigo de Marya Mannes, "Female Intelligence – Who Wants It?" [Inteligência feminina – Quem quer?], *New York Times Magazine*, 3 de janeiro de 1960.

3. Ver National Manpower Council, *Womanpower* [Força de trabalho da mulher], Nova York, 1957. Em 1940, mais da metade de todas

A ESCOLHA ERRADA

as mulheres empregadas nos Estados Unidos tinham menos de 25 anos, e um quinto tinha mais de 45 anos. Na década de 1950, o pico da participação em empregos remunerados ocorre entre mulheres jovens de 18 e 19 anos – e mulheres com mais de 45 anos, a maioria das quais ocupa postos de trabalho que exigem pouca formação. Essa nova preponderância de mulheres casadas mais velhas na força de trabalho deve-se em parte ao fato de tão poucas mulheres de 20 e 30 anos trabalharem nos Estados Unidos. Duas em cada cinco mulheres empregadas têm agora mais de 45 anos, a maioria delas são esposas e mães que trabalham meio período em empregos não qualificados. Esses relatos de milhões de esposas estadunidenses trabalhando fora de casa são enganosos de várias maneiras: de todas as mulheres empregadas, apenas um terço trabalha em período integral, um terço trabalha em período integral apenas em um período do ano – por exemplo, como vendedoras nas lojas de departamentos no Natal –, e um terço trabalha meio período durante parte do ano. As mulheres com profissões são, principalmente, aquela reduzida minoria de mulheres solteiras; as esposas e mães mais velhas inexperientes, assim como as jovens de 18 anos inexperientes, concentram-se na parte inferior da escala de habilidades e na escala salarial, nos setores industrial, de serviços, vendas e trabalho de escritório. Considerando o crescimento da população e a crescente profissionalização do trabalho nos Estados Unidos, o fenômeno surpreendente não é o aumento muito anunciado e relativamente insignificante do número de mulheres estadunidenses que agora trabalham fora de casa, mas sim o fato de que duas em cada três mulheres estadunidenses adultas *não* trabalham fora de casa, e os crescentes milhões de jovens mulheres que não são qualificadas nem formadas para atuar em nenhuma profissão. Ver também Theodore Caplow, *The Sociology of Work* [A sociologia do trabalho], 1954, e Alva Myrdal e Viola Klein, *Women's Two Roles – Home and Work* [Os dois papéis das mulheres: lar e trabalho], Londres, 1956.

4. Edward Strecker, *Their Mother's Sons* [Os filhos da mãe deles], Philadelphia e Nova York, 1946, pp. 52-59.

5. *Ibid.*, pp. 31 ss.

A MÍSTICA FEMININA

6. Farnham e Lundberg, *Modern Woman: The Lost Sex* [Mulher moderna: O sexo perdido], p. 271. Ver também Lynn White, *Educating Our Daughters* [Educando nossas filhas], p. 90.

> Os resultados preliminares da cuidadosa pesquisa dos hábitos sexuais estadunidenses, conduzida na Universidade de Indiana pelo dr. A. C. Kinsey, indicam que existe uma correlação inversa entre a educação e a habilidade de uma mulher de alcançar a experiência orgástica habitual no casamento. De acordo com as evidências atuais, reconhecidamente provisórias, quase 65% das relações sexuais conjugais vivenciadas por mulheres com formação universitária não resultou em orgasmo para elas, em comparação com cerca de 15% das mulheres casadas que não foram além do ensino fundamental.

7. Alfred C. Kinsey *et al.*, Equipe do Instituto de Pesquisa Sexual, Universidade de Indiana, *Sexual Behavior in the Human Female* [Comportamento sexual na fêmea humana], Philadelphia e Londres, 1953, pp. 378 ss.
8. Lois Meek Stolz, "Effects of Maternal Employment on Children: Evidence from Research" [Efeitos do emprego materno nas crianças: evidências da pesquisa], *Child Development*, vol. 31, nº 4, 1960, pp. 749-782.
9. H. F. Southard, "Mothers' Dilemma: To Work or Not?" [Dilema materno: trabalhar ou não?], *New York Times Magazine*, 17 de julho de 1960.
10. Stolz, *op. cit.* Ver também Myrdal e Klein, *op. cit.*, pp. 125 ss.
11. Benjamin Spock, "Russian Children Don't Whine, Squabble or Break Things – Why?" [Crianças russas não choramingam, não brigam nem quebram coisas – Por quê?], *Ladies' Home Journal*, outubro de 1960.
12. David Levy, *Maternal Overprotection* [Superproteção materna], Nova York, 1943.
13. Arnold W. Green, "The Middle-Class Male Child and Neurosis" [O menino de classe média e a neurose], *American Sociological Review*, vol. II, nº 1, 1946.

9. Comércio orientado pelo sexo

Alguns meses atrás, quando comecei a juntar as peças desse quebra--cabeça que é o recolhimento das mulheres ao lar, tive a sensação de não estar enxergando algo. Eu conseguia traçar os caminhos pelos quais o sofisticado pensamento se refez para perpetuar uma imagem obsoleta de feminilidade; eu conseguia ver como essa imagem se emaranhou com preconceito e frustrações mal interpretadas para esconder das próprias mulheres o vazio em "Ocupação: *esposa dona de casa*".

Mas, o que dá força a isso tudo? Se, apesar do desespero sem nome de tantas esposas donas de casa estadunidenses e apesar das oportunidades que agora estão abertas a todas as mulheres, tão poucas têm qualquer propósito na vida diferente de ser esposa e mãe, alguém ou alguma coisa bem poderosa deve estar agindo. A energia por trás do movimento feminista era dinâmica demais para simplesmente ter se dissipado; ela deve ter sido desligada, desviada, por algo mais poderoso que o subestimado poder das mulheres.

Existem alguns fatos da vida que são tão óbvios e mundanos que não se fala deles. Somente uma criança de repente soltaria: "Por que nos livros ninguém nunca vai ao banheiro?" Ora, nunca se diz que a função realmente crucial, o papel realmente importante da mulher como dona de casa é *comprar mais coisas para a casa*. Em todo o debate sobre a feminilidade e o papel da mulher, esquece-se que o verdadeiro negócio dos Estados Unidos são os negócios. Mas a perpetuação da "função esposa dona de casa", o crescimento da mística feminina, faz sentido (e dinheiro) quando se percebe que as mulheres são o principal consumidor dos negócios estadunidenses. De algum modo, em algum lugar, alguém deve ter percebido que mulheres comprarão mais coisas se forem mantidas como esposas e donas de casa subutilizadas, que têm um anseio inominável e energia para dar e vender.

Não faço ideia de como isso aconteceu. A tomada de decisões em indústrias não é algo tão simples nem tão racional quanto diriam aqueles que acreditam em teorias de conspiração na história. Tenho certeza de que a presidência da General Foods, da General Electric, da General Motors, da Macy's e da Gimbel's, e dos variados diretores de todas as empresas que produzem sabão e batedeiras elétricas, e fogões vermelhos com cantos arredondados, e peles sintéticas, e ceras, e tinturas para cabelo, e moldes para costura ou tapeçaria doméstica, e cremes para mãos danificadas por detergente, e alvejantes para manter as toalhas branquíssimas, jamais se sentaram à mesa de reuniões, feita em mogno, em uma sala de diretoria na Madison Avenue ou na Wall Street e puseram em votação: "Senhores, proponho, para o interesse de todos, darmos início a uma campanha coordenada de 50 bilhões de dólares para interromper esse perigoso movimento das mulheres estadunidenses fora de casa. Precisamos mantê-las como esposas e donas de casa; não podemos nos esquecer disso."

Um sábio vice-presidente diz: "Muitas mulheres estão recebendo educação. Não querem ficar em casa. Isso não é saudável. Se todas se tornarem cientistas ou algo do tipo, não terão tempo para fazer compras. Mas como vamos mantê-las em casa? Elas querem uma carreira agora."

"Vamos dar liberdade para que elas façam carreira em casa", sugere o novo executivo, com óculos de armação de tartaruga e Ph.D. em psicologia. "Vamos tornar o serviço doméstico criativo."

Obviamente não foi bem assim. Não foi uma conspiração econômica elaborada contra as mulheres. Foi um subproduto de nossa recente confusão generalizada entre meios e fins; apenas algo que aconteceu às mulheres quando o negócio de produzir e vender e investir em negócios para obter lucro – que não passa da maneira como nossa economia é organizada para atender às necessidades do homem de forma eficiente – começou a ser confundido com o propósito de nossa nação, com a finalidade da vida, propriamente dita. Tão surpreendente quanto a

COMÉRCIO ORIENTADO PELO SEXO

subversão da vida das mulheres nos Estados Unidos para fins comerciais é a subversão das ciências do comportamento humano para a empreitada de iludir mulheres a respeito de suas verdadeiras necessidades. Seria preciso um economista inteligente para descobrir o que manteria nossa economia emergente girando, se o mercado da dona de casa começasse a enfraquecer, assim como um economista teria de descobrir o que fazer, caso não houvesse qualquer ameaça de guerra.

É fácil ver por que isso aconteceu. Eu aprendi *como* aconteceu quando me encontrei com um homem que recebe aproximadamente um milhão de dólares por ano por seus serviços profissionais de manipulação das emoções das mulheres estadunidenses para atender às necessidades da indústria. Esse homem, propriamente dito, entrou para o negócio da persuasão disfarçada no início, em 1945, e seguiu em frente. A sede de seu instituto de manipulação motivacional é uma mansão baronial no Upper Westchester. As paredes de um salão de baile de dois andares estão cheias de prateleiras de aço com mil e poucos estudos para empresas e indústrias, 300 mil "entrevistas em profundidade" individuais, principalmente com esposas, donas de casa estadunidenses.[1]

Ele me permitiu ver o que eu quisesse, disse que eu poderia usar qualquer coisa que não fosse confidencial de uma empresa específica. Não havia nada ali que alguém pudesse querer esconder ou de que pudesse sentir culpa – havia apenas, em páginas e mais páginas daqueles estudos aprofundados, uma astuciosa e alegre consciência da vida vazia, sem propósito, sem criatividade, até mesmo sexualmente sem graça que a maioria das esposas, donas de casa estadunidenses leva. Nos impassíveis termos dele, este que era o mais útil dos persuasores disfarçados me mostrou qual era a função de manter as mulheres estadunidenses como donas de casa – o reservatório que a falta de identidade, falta de propósito, cria, para ser transformado em dólares no momento da compra.

Adequadamente transformadas ("se você não tiver medo dessa palavra" – ele observou), as esposas, donas de casa estadunidenses podem receber o senso de identidade, propósito, criatividade, realização pessoal, e até alegria sexual que lhes faltam: ao comprar coisas. De repente eu me

A MÍSTICA FEMININA

dei conta do significado em ostentar o fato de que as mulheres detêm 75% do poder de compra nos Estados Unidos. De repente, vi mulheres estadunidenses como *vítimas* desse presente medonho, aquele poder no momento da compra. As reflexões que ele compartilhou comigo tão livremente me revelaram muitas coisas...

•

O dilema dos negócios foi apresentado em detalhes em uma pesquisa feita em 1945 para a editora de uma importante revista feminina sobre o comportamento da mulher em relação a eletrodomésticos. A mensagem foi considerada do interesse de todas as empresas que, com a guerra prestes a acabar, precisariam fazer com que as vendas ao consumidor tomassem o lugar dos contratos de guerra. Era um estudo sobre "a psicologia dos cuidados do lar"; "o comportamento de uma mulher em relação a eletrodomésticos não pode ser separada de seu comportamento em relação ao serviço doméstico como um todo", alertava o estudo.

A partir de uma amostra nacional de 4.500 esposas (de classe média, com ensino médio completo ou ensino superior), as mulheres eram divididas em três categorias: "a verdadeira *esposa dona de casa*", "a mulher de carreira" e "a dona de casa equilibrada". Embora 51% das mulheres dessa época se encaixassem como "a verdadeira esposa, dona de casa" ("Do ponto de vista psicológico, o cuidado da casa é o assunto que mais desperta o interesse dessa mulher. Ela tem grande orgulho e satisfação em manter um lar confortável e bem administrado para sua família. Consciente ou subconscientemente, ela sente que é indispensável e que nenhuma outra pessoa conseguiria assumir seu trabalho. Ela tem pouco, se é que tem algum, desejo de ter um emprego fora do lar e, se tem um, é por obrigação, circunstância ou necessidade"), era evidente que esse grupo estava diminuindo e provavelmente continuaria a diminuir, visto que novos campos, interesses e educação estavam agora disponíveis às mulheres.

O maior mercado para eletrodomésticos, no entanto, era essa "verdadeira esposa dona de casa" – ainda que ela tivesse certa "resistência" a

COMÉRCIO ORIENTADO PELO SEXO

aceitar novos aparelhos que tinham de ser reconhecidos e superados. ("Ela talvez até tema que eles [os eletrodomésticos] tornarão desnecessários os modos antigos de fazer as coisas que sempre combinaram com ela.") Afinal, o trabalho doméstico era a justificativa de toda a sua existência. ("Não acho que exista algum jeito de facilitar o serviço doméstico para mim", disse uma verdadeira esposa dona de casa, "porque não acredito que uma máquina consiga substituir o trabalho pesado".)

O segundo tipo – a mulher de carreira ou aspirante a mulher de carreira – era uma minoria, porém extremamente "não saudável" do ponto de vista dos vendedores; anunciantes foram alertados que seria vantajoso para eles não deixar que esse grupo crescesse mais. Porque essas mulheres, embora não necessariamente tivessem empregos, "não acreditam que o lugar da mulher é primordialmente em casa". ("Muitas que pertencem a esse grupo nunca trabalharam de verdade, mas sua postura é: 'Acho que o serviço doméstico é uma terrível perda de tempo. Se meus filhos estivessem grandes o bastante e eu fosse livre para sair de casa, eu aproveitaria melhor meu tempo. Se alguém pudesse cuidar das refeições e das roupas da minha família, eu acharia ótimo poder sair e arrumar um emprego'".) O que devemos ter em mente em relação a mulheres de carreira, diz o estudo, é que, embora elas comprem eletrodomésticos modernos, não são o tipo ideal de consumidor. *Elas são críticas demais.*

O terceiro tipo – "a dona de casa equilibrada" – é, "do ponto de vista comercial, o tipo ideal". Ela tem alguns interesses externos ou teve um emprego antes de se voltar exclusivamente para os cuidados do lar; ela "rapidamente aceita" a ajuda dos eletrodomésticos, mas "não espera que eles façam o impossível" porque ela precisa utilizar sua própria habilidade executiva "no gerenciamento de uma casa bem administrada".

A moral do estudo era clara: "Uma vez que a dona de casa equilibrada representa o mercado que tem o melhor potencial futuro, seria vantajoso para as fábricas de eletrodomésticos fazer com que mais e mais mulheres soubessem da conveniência de pertencer a esse grupo. Instruí-las por meio da publicidade sobre a possibilidade de ter interesses externos e estar atenta a influências intelectuais mais diversas (sem se tornar uma

A MÍSTICA FEMININA

mulher de carreira). A arte de cuidar bem do lar deve ser o objetivo de toda mulher normal."

O problema – que, se reconhecido naquela época por um persuasor oculto da indústria de eletrodomésticos, foi certamente reconhecido por outros com produtos para o lar – era que "toda uma nova geração de mulheres está sendo educada para trabalhar fora de casa. Além disso, um desejo maior por emancipação está evidente". A solução, bastante simples, era encorajá-las a serem *esposas donas de casa* "modernas". A mulher de carreira ou aspirante a mulher de carreira que abertamente desgosta de limpar, tirar pó, passar e lavar roupas, está menos interessada em uma nova cera, em um novo sabão em pó. Diferentemente da "verdadeira *esposa dona de casa*" e da "dona de casa equilibrada", que preferem ter vários eletrodomésticos e fazer, elas mesmas, o serviço, a mulher de carreira "preferiria ter empregados – o trabalho doméstico demanda muito tempo e energia". No entanto, ela compra eletrodomésticos, quer tenha empregados ou não, mas é "mais propensa a reclamar do serviço que eles fazem" e é "mais difícil vender para ela".

Tarde demais – impossível – para fazer com que essas mulheres modernas que seriam ou poderiam ser de carreira voltassem a ser verdadeiras esposas donas de casa, mas a pesquisa destacava, em 1945, o potencial para dona de casa equilibrada: a carreira doméstica. Deixe-as "querer fazer o bolo e também comê-lo... Economizar tempo, ter mais conforto, evitar sujeira e bagunça, ter supervisão mecânica, mas sem abrir mão da sensação de conquista pessoal e orgulho por um lar bem administrado, resultado de 'fazer com as próprias mãos'. Como disse uma jovem esposa dona de casa: 'É agradável ser moderna – é como dirigir uma fábrica onde todo seu maquinário é de última geração'".

Contudo, esse não era um trabalho fácil nem para empresas nem para anunciantes. Novos utensílios capazes de fazer quase todo o serviço doméstico lotaram o mercado; era preciso uma engenhosidade maior para dar à mulher estadunidense a "sensação de conquista" e ainda assim manter o trabalho doméstico como principal propósito de vida delas. Educação, independência, aumento da individualidade, tudo o que as

COMÉRCIO ORIENTADO PELO SEXO

deixava prontas para outros propósitos era necessário constantemente contrariar e canalizar de volta para o lar.

Os serviços prestados pelo manipulador se tornaram cada vez mais valiosos. Em pesquisas posteriores, ele havia deixado de entrevistar as mulheres profissionais; elas não estavam em casa durante o dia. As mulheres em suas amostragens eram deliberadamente verdadeiras esposas donas de casa ou donas de casa equilibradas, as novas donas de casa suburbanas. Os produtos domésticos e de consumo são, afinal, voltados para as mulheres; 75% de todos os orçamentos de publicidade para consumidores são gastos para atrair as mulheres; isto é, para as esposas donas de casa, as mulheres que estão disponíveis durante o dia para serem entrevistadas, as mulheres com tempo para fazer compras. Naturalmente, suas entrevistas em profundidade, seus testes de projeção e "laboratórios vivos" foram projetados para impressionar seus clientes, mas na maioria das vezes continham as percepções astuciosas de um cientista social habilidoso, percepções que poderiam ser usadas de modo lucrativo.

Seus clientes foram informados de que precisavam fazer algo em relação a essa necessidade crescente das mulheres estadunidenses de realizar um trabalho criativo – "a maior necessidade não satisfeita da esposa dona de casa moderna". Ele escreveu em um relatório, por exemplo:

> Todo esforço deve ser feito para vender a mistura pronta X, como base sobre a qual o esforço criativo da mulher é usado.
>
> O apelo deve enfatizar o fato de que a mistura pronta X ajuda a mulher a expressar sua criatividade, porque a livra do trabalho penoso. Ao mesmo tempo, devem-se reforçar as manipulações inerentes à culinária, a diversão que há nisso, proporcionando o sentimento de que cozinhar com a mistura pronta X é cozinhar de verdade.

Porém, novamente o dilema: como fazê-la gastar dinheiro com a mistura pronta que elimina um pouco do trabalho penoso de cozinhar, dizendo a ela que "pode usar sua energia com o que realmente importa" e, ainda assim, evitar que ela fique "ocupada demais para cozinhar"? ("Eu não uso a mistura porque não faço nada no forno. É trabalhoso demais. Eu moro num apartamento grande e como tenho que mantê-lo limpo e cuidar de meu filho, além de trabalhar meio período, não tenho tempo para assar nada.") O que fazer a respeito do "sentimento de decepção" quando a rosca sai do forno e, na verdade, é apenas um pão, e não há um sentimento de conquista criativa? ("Por que eu deveria fazer a rosca do zero quando há tantas opções boas no mercado, prontas para consumo? Simplesmente não faz sentido algum passar por todo o trabalho de preparar a massa, untar a forma e assar.") O que fazer quando a mulher não tem a mesma sensação que a mãe dela tinha quando o bolo *precisava* ser preparado do zero? ("Do jeito que minha mãe fazia, deve-se peneirar a farinha e adicionar os ovos e a manteiga, e então sabia-se ter feito algo do qual se pode orgulhar.")

O problema é contornável, o relatório garantia:

> Ao usar a mistura pronta X, a mulher pode se afirmar como esposa e mãe, não apenas assando algo como também passando mais tempo com a família... Obviamente, deve-se também deixar claro que alimentos preparados em casa são, em todos os sentidos, preferíveis a alimentos comprados em padarias [...].

Acima de tudo, dê à mistura pronta X "um valor terapêutico" desvalorizando as receitas fáceis, enfatizando, em vez disso, "o esforço estimulante de assar". Do ponto de vista publicitário, isso significa realçar que, "com a mistura pronta X em sua casa, você se sentirá uma mulher diferente... Uma mulher mais feliz".

Além disso, foi dito ao cliente que uma frase em sua propaganda, "e você faz o bolo da maneira mais fácil, mais preguiçosa que existe", evocava uma "resposta negativa" nas esposas donas de casa estadunidenses – tocava perto demais da "culpa subjacente" delas. ("Como elas nunca sentem que estão de fato se esforçando o suficiente, certamente é

COMÉRCIO ORIENTADO PELO SEXO

errado dizer-lhes que assar um bolo com a mistura pronta X é a maneira preguiçosa de fazê-lo.") Supondo, ele sugeriu, que essa devotada esposa e mãe com a barriga no fogão da cozinha, preparando com ansiedade um bolo ou uma torta para o marido ou para as crianças "está simplesmente satisfazendo sua própria vontade de comer doces". O próprio fato de que, para a esposa dona de casa, assar é trabalhar ajuda a dissipar quaisquer dúvidas que ela possa ter sobre suas motivações reais.

Mas há maneiras de manipular até mesmo a culpa das donas de casa, disse o relatório:

> Pode ser possível sugerir, por meio da publicidade, que não aproveitar todos os doze usos da mistura pronta X é limitar seus esforços para dar prazer à sua família. Uma transferência de culpa pode ser alcançada. Em vez de se sentir culpada por usar a mistura pronta X para preparar uma sobremesa, a mulher seria levada a se sentir culpada se não aproveitasse essa oportunidade para dar à sua família doze guloseimas diferentes e deliciosas. "Não desperdice sua habilidade; não se limite."

Em meados dos anos 1950, as pesquisas reportavam com prazer que a mulher de carreira ("a mulher que clamou por igualdade – quase por identidade em todas as esferas da vida, a mulher que reagiu à "escravidão doméstica" com indignação e veemência") tinha acabado, substituída pela mulher "menos do mundo, menos sofisticada", cuja atividade na associação de pais e mestres da escola proporciona "contatos mais amplos com o mundo externo de seu lar", no entanto, ela "encontra no serviço doméstico um meio de expressar sua feminilidade e individualidade". Ela não é como a dona de casa de antigamente, que se sacrificava; ela se considera em igualdade com o homem. Mas ainda se sente "preguiçosa, negligenciada, assombrada por sentimentos de culpa", porque não tem tanto trabalho para fazer. O anunciante deve manipular a necessidade que ela tem de uma "sensação de criatividade" no ato da compra do produto.

Após uma resistência inicial, ela agora tende a aceitar o café instantâneo, comidas congeladas, comidas pré-cozidas e itens que economizam o serviço como parte de sua rotina. Porém, ela precisa de uma justificativa e a encontra na ideia de que, "ao usar comidas congeladas, estou me liberando para cumprir outras tarefas importantes como mãe e esposa moderna".

Criatividade é a resposta dialética da mulher moderna ao problema de sua alterada posição no lar. Tese: Sou uma esposa dona de casa. Antítese: Detesto o trabalho árduo. Síntese: Sou criativa!

Essencialmente, isso significa que muito embora a dona de casa possa comprar comida enlatada, por exemplo, e assim economizar tempo e esforço, ela não se acomoda. Ela tem uma grande necessidade de "dar seus toques" ao enlatado e, assim, marcar sua participação pessoal e sua preocupação em dar satisfação à família.

A sensação de criatividade também serve a outro propósito: é um escape para os talentos liberados, o gosto mais apurado, a imaginação mais livre, a iniciativa maior da mulher moderna. Permite-lhe usar no lar *todas as habilidades que ela aplicaria em uma carreira externa*.

O anseio por oportunidades e momentos criativos é um aspecto importante na motivação da compra.

O único problema, alertava as pesquisas, é que ela "tenta usar sua própria inteligência e discernimento. Ela está rapidamente se afastando do julgamento por padrões coletivos ou majoritários. Está desenvolvendo padrões independentes". ("Não me importo com os vizinhos. Não quero ser "tão boa quanto eles" ou ficar me comparando com eles a cada momento.") Agora, nem sempre é possível tocá-la com "tenha tantas coisas quanto seus vizinhos" – o anunciante deve apelar para a necessidade *dela* de viver.

Apele para essa sede [...] Diga-lhe que você está adicionando mais entusiasmo, mais prazer à vida dela, que está ao seu alcance viver novas experiências e que ela tem o direito de experimentá-las.

COMÉRCIO ORIENTADO PELO SEXO

Ainda mais positivo, você deve dizer que está lhe dando "lições de vida".

"Limpar a casa deveria ser divertido", foi a orientação recebida pelo fabricante de certo eletrodoméstico de limpeza. Embora o produto dele fosse, talvez, menos eficiente que um aspirador de pó, permitia que a dona de casa usasse mais da própria energia no trabalho. Além disso, permitia que a dona de casa tivesse a ilusão de que havia se tornado "uma profissional, uma especialista em determinar quais ferramentas de limpeza usar para cada serviço específico".

Essa profissionalização é uma defesa psicológica da esposa dona de casa contra ser uma faxineira e empregada subalterna para sua família em dias e época de emancipação generalizada do trabalho.

O papel do especialista desempenha uma função emocional dupla: (1) ajuda a esposa dona de casa a alcançar status, e (2) ela vai além da órbita de sua casa, para o mundo da ciência moderna em sua busca por novas e melhores formas de fazer as coisas.

Como resultado, nunca houve um clima psicológico mais favorável para eletrodomésticos e produtos. A esposa dona de casa moderna [...] é, na verdade, determinada em seus esforços para encontrar os produtos domésticos que, em sua opinião especializada, realmente satisfazem sua necessidade. Essa tendência explica a popularidade de ceras e polimentos diferentes para diferentes materiais em casa, o uso crescente de polidores de piso e a variedade de esfregões e utensílios de limpeza para pisos e paredes.

A dificuldade é lhe dar o "sentimento de realização" de "desenvolvimento do eu" que foi convencida a buscar na "profissão" esposa dona de casa, quando, na verdade, "a tarefa com a qual está mais ocupada, o serviço doméstico, não apenas é infindável como também é uma tarefa para a qual a sociedade contrata indivíduos e grupos com níveis mais inferiores, com menor treinamento e em situação mais difícil [...]. Qualquer pessoa que tiver as costas fortes o suficiente (e o cérebro pequeno o suficiente) pode fazer essas tarefas degradantes". Contudo, até mesmo essa dificuldade pode ser manipulada para vender mais coisas à mulher:

> Uma das maneiras pelas quais a dona de casa eleva seu próprio prestígio como faxineira de seu lar é por meio do uso de produtos especializados para tarefas especializadas [...].
>
> Quando ela usa um produto para lavar roupas, outro para lavar pratos, um terceiro para as paredes, um quarto para os pisos, um quinto para as venezianas etc., em vez de um mesmo limpador geral, ela se sente menos como trabalhadora não qualificada e mais como engenheira, especialista.
>
> Uma segunda maneira de melhorar sua própria reputação é "fazer as coisas do meu jeito" – estabelecer o papel de especialista para si criando seu próprio "pulo do gato". Por exemplo, ela pode "sempre colocar um pouco de alvejante em todas as minhas lavagens – até nas roupas coloridas, para deixá-las *realmente* limpas!".

Colabore com ela para "justificar sua tarefa degradante, construindo seu papel como protetora da própria família – a aniquiladora de milhões de micróbios e germes", esse relatório recomendava. "Enfatize o papel de chefia dela na família... Colabore para que ela seja especialista, em vez de serviçal [...]. Torne o trabalho doméstico uma questão de conhecimento e habilidade, em vez de uma questão de esforço físico e monótono contínuo." Um jeito efetivo de fazer isso é lançando um produto *novo*. Pois, ao que parece, existe uma onda crescente de esposas donas de casa "à espera de novos produtos que não apenas reduzam a carga de trabalho diária, mas de fato envolva o interesse emocional e intelectual delas no mundo do desenvolvimento científico fora do lar".

A ingenuidade nisso tudo é de admirar. A esposa dona de casa pode participar da ciência, propriamente dita, ao simplesmente comprar algo novo – ou algo velho que tenha ganhado personalidade nova.

COMÉRCIO ORIENTADO PELO SEXO

Além de elevar o status profissional dela, um *novo* eletrodoméstico ou produto de limpeza aumenta na mulher a sensação de segurança econômica e luxo, exatamente como o automóvel faz para o homem. Isso foi reportado por 28% das entrevistadas, que concordaram com este sentimento em particular: "Gosto de experimentar coisas novas. Acabei de começar a usar um novo detergente líquido – e, de alguma maneira, ele me faz sentir uma rainha."

A questão de deixar a mulher usar a mente e até mesmo participar da ciência por meio do trabalho doméstico não deixa, contudo, de ter suas desvantagens. A ciência não deve aliviar as donas de casa do excesso de trabalho penoso; em vez disso, deve concentrar-se em criar a *ilusão* desse sentimento de realização de que as esposas donas de casa parecem precisar.

Para provar esse argumento, 250 esposas donas de casa passaram por um teste intenso: pediram-lhes que escolhessem entre quatro métodos imaginários de limpeza. O primeiro era um sistema completamente automático tirar pó e sujeira em geral, que operava de modo contínuo, tal como um sistema de aquecimento central. No segundo, a esposa dona de casa teria de apertar um botão para dar início ao processo. O terceiro era portátil; ela teria que carregá-lo pela casa e apontá-lo na direção de uma área, para remover a sujeira. O quarto era um objeto completamente novo, moderno, com o qual ela mesma poderia varrer a sujeira. As esposas donas de casa favoreceram esse último eletrodoméstico. Se "parece novo e moderno", ela preferiria o que permite que ela mesma fizesse o trabalho, informava o relatório. "Uma justificativa convincente é seu desejo de participar, e não de só apertar um botão." Como uma esposa dona de casa ressaltou: "Em relação a um tal sistema de limpeza mágico que só precisaria apertar botão, bem, o que seria então do meu exercício, do meu sentimento de realização, e o que eu faria com as minhas manhãs?"

Esse fascinante estudo revelou, incidentalmente, que certo eletrodoméstico de limpeza – há muito tempo considerado um dos grandes

A MÍSTICA FEMININA

redutores de trabalho – na verdade tornava "a limpeza da casa mais difícil do que precisaria ser". Pela resposta de 80% dessas esposas donas de casa, parecia que, uma vez que a mulher iniciasse o uso desse aparelho, ela "se sentiria impelida a fazer limpezas que não eram exatamente necessárias". O eletrodoméstico, na verdade, determinava a extensão e o tipo de limpeza que precisava ser feito.

Deveria, então, a esposa dona de casa ser incentivada a voltar à vassoura barata que lhe permitia limpar somente o que lhe parecia necessário? Não, dizia o relatório, obviamente não. Basta dar à velha vassoura o "status" de eletrodoméstico como uma "necessidade que reduz o serviço" para a esposa dona de casa moderna "e, então, indicar que a moderna dona de casa teria os dois, naturalmente".

Ninguém, nem mesmo os intensos pesquisadores, negava que o serviço doméstico era infindável e que sua repetição tediosa simplesmente não dava tanta satisfação nem exigia aquele conhecimento específico tão vangloriado. Mas a infinitude disso tudo era uma vantagem do ponto de vista do vendedor. O problema era controlar a percepção subjacente que perigosamente espreitava "milhares de entrevistas em profundidade que conduzimos para dezenas de diferentes tipos de produtos de limpeza" – a percepção de que, como disse uma esposa dona de casa, "É um saco! Eu preciso fazer isso, então faço. É um mal necessário, e só". O que fazer? Para começar, oferecer mais e mais produtos, complicar mais as orientações de uso, tornar realmente necessário que a esposa dona de casa seja "uma especialista". (Lavar roupas, o relatório recomendava, deve se tornar mais do que uma questão de jogar as roupas dentro da máquina e adicionar sabão. As peças devem ser cuidadosamente separadas, e para uma das partes dar o tratamento A, para outra o tratamento B, algumas deverão ser lavadas à mão. A esposa dona de casa pode, então, "se orgulhar de saber exatamente qual arsenal de produtos deve ser usado em cada ocasião".)

Capitalize, o relatório prosseguiu, a "culpa que a sujeira escondida" provoca na esposa dona de casa, para que ela coloque a casa abaixo em uma operação de "limpeza profunda", que proporcionará "sensação de

COMÉRCIO ORIENTADO PELO SEXO

completude" por algumas semanas. ("As ocasiões de limpeza minuciosa são os momentos em que ela está mais disposta a testar novos produtos, e anúncios de 'limpeza profunda' prometem completude.")

O vendedor deve também ressaltar as alegrias de completar cada tarefa separadamente, lembrando que "quase todas as donas de casa, até mesmo quem detesta seu trabalho, de modo paradoxal acham uma saída para seu destino infindável ao aceitá-lo – ao 'mergulhar nele', como ela diz".

> Absorvida em seu trabalho, cercada por todas as ferramentas, cremes, pós, sabões, ela se esquece por um tempo de que logo precisará refazer a tarefa. Em outras palavras, uma esposa dona de casa se permite esquecer por um momento da rapidez com que a pia se encherá novamente de louça, a rapidez com que o chão voltará a ficar sujo, e ela aproveita o momento de conclusão de uma tarefa como um momento de prazer tão puro quanto se ela tivesse acabado de terminar uma obra de arte que seria para sempre um monumento em seu nome.

Esse é o tipo de experiência criativa que o vendedor de coisas pode dar à dona de casa. Nas próprias palavras de uma esposa dona de casa:

> Realmente não gosto do serviço de casa. Sou uma péssima esposa dona de casa. Mas, de vez em quando, fico animada e vou fundo... Quando eu consigo algum tipo de material de limpeza novo – como quando lançaram Glass Wax [polidor de vidro e metal] ou aqueles polidores de silicone para móveis, eu me diverti muito com eles e fui polindo tudo pela casa. Gosto de ver as coisas brilharem. Eu me sinto muito bem quando vejo o banheiro reluzindo.

Assim, o manipulador recomendava:

> Identifique seu produto com as recompensas físicas e espirituais que ela recebe do sentimento quase religioso de segurança básica

A MÍSTICA FEMININA

> fornecido pela casa dela. Fale sobre seus "sentimentos leves, felizes e pacíficos"; seu "profundo senso de realização"... Mas lembre-se de que ela, na verdade, não quer elogios só para ser elogiada... Lembre-se também de que o humor dela não é simplesmente "alegre". Ela está cansada e um pouco solene. Adjetivos ou cores superficialmente alegres não refletirão seus sentimentos. Sua reação será mais favorável a mensagens simples, calorosas e sinceras.

Nos anos 1950, houve a descoberta revolucionária do mercado adolescente. Adolescentes e jovens esposas começaram a aparecer de modo proeminente nas pesquisas. Descobriu-se que jovens esposas que tinham passado apenas pelo ensino médio e nunca haviam trabalhado eram mais "inseguras", menos independentes e era mais fácil vender a elas. A essas jovens poderia ser dito que, ao comprar as coisas certas, elas conquistariam o status de classe média sem trabalhar nem estudar. A venda a partir do argumento "tenha tantas coisas quanto seus vizinhos" funcionaria novamente; a individualidade e a independência que as mulheres estadunidenses estavam conseguindo com educação e trabalho fora do lar não eram tanto um problema com essas noivas adolescentes. Na verdade, diziam as pesquisas, se o padrão de "felicidade por meio das coisas" pudesse ser estabelecido quando essas mulheres fossem jovens o bastante, seria seguro incentivá-las a sair e obter um emprego de meio período para ajudar o marido a pagar todas as coisas que elas compram. A questão principal agora era convencer as adolescentes que "felicidade por meio das coisas" não é mais uma prerrogativa dos ricos ou talentosos; ela pode ser desfrutada por todas as pessoas, se aprenderem o "jeito certo", o jeito como os outros fazem, se entenderem o constrangimento de ser diferente.

Nas palavras de um desses relatórios:

> Quarenta e nove por centro das recém-casadas eram adolescentes, e mais garotas se casam aos 18 anos do que em qualquer outra idade. Essa formação familiar precoce produz uma quantidade

COMÉRCIO ORIENTADO PELO SEXO

maior de jovens que estão no limiar de suas próprias responsabilidades e tomada de decisão nas compras [...].

Contudo, o fato mais importante é de natureza psicológica: o casamento hoje não é apenas a culminação de uma ligação romântica; com mais consciência e mais clareza que no passado, é também a decisão de criar uma parceria no estabelecimento de um lar confortável, equipado com um grande número de produtos desejáveis.

Ao conversar com vários jovens casais e futuras noivas, descobrimos que, em geral, suas conversas e seus sonhos se concentravam em grande parte em torno da futura casa e dos móveis, em torno de ir às compras "para ter ideias", em torno de debates sobre vantagens e desvantagens de diversos produtos [...].

A noiva moderna está profundamente convencida do valor único do amor marital, das possibilidades de encontrar felicidade verdadeira no casamento e de realizar seu destino pessoal nele e por meio dele.

Entretanto, o período de noivado hoje é romântico, sonhador e inebriante por um tempo limitado. Provavelmente é seguro dizer que o período do noivado tende a ser um ensaio para as obrigações e responsabilidades materiais do casamento. Enquanto aguardam pelas núpcias, os casais trabalham duro, economizam dinheiro para compras definidas ou até mesmo dão entrada em um financiamento.

Qual é o significado mais profundo dessa nova combinação de uma crença quase religiosa na importância e beleza da vida de casada, por um lado, e, por outro, da perspectiva centrada no produto? [...].

A noiva moderna busca como um objetivo consciente o que, em muitos casos, sua avó percebia como um destino inescapável, e sua mãe, como escravidão: pertencer a um homem para ter seus próprios lar e filhos, para escolher, entre todas as carreiras possíveis, a carreira de esposa-mãe-dona de casa.

O fato de que a jovem noiva agora busca em seu casamento a "realização" plena, que ela agora espera "provar seu próprio valor" e encontrar todos os "significados fundamentais" da vida em seu lar e de participar a partir de seu lar "das ideias interessantes da era moderna, do futuro", tem enormes "aplicações práticas", foi dito aos anunciantes. Pois todos esses significados que ela busca no casamento, até mesmo seu medo de "ficar para trás", podem ser canalizados na compra de produtos. Por exemplo, a um fabricante de prataria, produto bem difícil de vender, disseram:

> Reafirme que somente com prataria ela estará totalmente segura em seu novo papel [...]. A prata simboliza seu sucesso como mulher moderna. Acima de tudo, dramatize a diversão e o orgulho que derivam do trabalho de limpar prata. Estimule o orgulho da conquista. "Quanto orgulho você obtém da curta tarefa que é tão divertida [...]"

Focado nas garotas adolescentes bem novas, esse relatório fazia mais recomendações. As mais novas vão querer o que "as outras" querem, mesmo que suas mães não queiram. ("Como disse uma das nossas adolescentes: 'A turma toda começou a montar o próprio jogo de prata. Estamos bem interessadas nisso – comparamos modelos e analisamos os anúncios juntas. Minha própria família nunca teve nada de prata, e eles acham que estou me exibindo quando gasto meu dinheiro com isso – eles acham que galvanizado é tão bom quanto. Mas os jovens acham que eles estão por fora'".) Fale com elas em escolas, igrejas, irmandades, clubes sociais; fale com elas por meio de professores de economia doméstica, líderes de grupos, programas de TV e publicidade direcionados a adolescentes. "Esse é o grande mercado do futuro, e propaganda boca a boca, combinada à pressão dos pares, não apenas é a influência mais potente como, na ausência de tradição, é a mais necessária."

Quanto à esposa mais velha e mais independente, aquela tendência infeliz de usar materiais que exigem menos cuidado – aço inoxidável, pratos de plástico, guardanapos de papel – pode ser rebatida ao fazê-la

COMÉRCIO ORIENTADO PELO SEXO

se sentir culpada dos efeitos nas crianças. ("Como uma jovem esposa nos disse: 'Eu fico o dia todo fora de casa, por isso não consigo preparar e servir refeições do modo como quero. Não gosto das coisas desse jeito – meu marido e as crianças merecem algo melhor. Às vezes, acho que seria melhor se tentássemos viver com um único salário e ter uma verdadeira vida doméstica, mas sempre há tantas coisas de que precisamos.'") Essa culpa, sustentava o relatório, pode ser usada para fazê-la ver o produto, a prataria, como um meio de manter a família unida; ele "adiciona valor psicológico". E, mais ainda, o produto pode até preencher a necessidade da dona de casa por identidade: "Sugira que o objeto se torna verdadeira parte de *você*, refletindo *você*. Não tenha medo de sugerir de modo místico que prataria se adapta a qualquer casa e a qualquer pessoa."

A indústria de peles está em apuros, uma outra pesquisa relatou, porque jovens do ensino médio e universitárias relacionam os casacos de pele a "inutilidade" e "amante". Novamente, o conselho era chegar às muito jovens antes que essas conotações infelizes se formassem. ("Ao apresentar às jovens experiências positivas com casacos de pele, aumentam-se as probabilidades de, aos poucos, abrir o caminho delas para a compra dessas roupas na adolescência.") Saliente que "o uso de uma roupa de pele realmente estabelece feminilidade e sexualidade para uma mulher". ("É o tipo de coisa pela qual uma garota anseia. Tem significado. É feminino." "Estou criando minha filha direito. Ela sempre quer vestir o 'casaco da mamãe'. Ela vai querer um. Ela é uma garota de verdade.") Mas tenha em mente que "o *vison* colaborou para dar um simbolismo feminino negativo a todo o mercado de peles". Infelizmente, duas em cada três mulheres sentiam que usuárias de *vison* eram "predatórias [...] exploradoras [...] dependentes [...] socialmente improdutivas [...]".

Feminilidade hoje não pode ser tão explicitamente predatória, exploradora, disse o relatório; nem pode ter as velhas e elegantes "conotações de um egocentrismo que deseja 'destacar-se da multidão'". Assim, a relação das peles com o eu deve ser reduzida e substituída pela nova feminilidade da esposa dona de casa, para quem o foco no eu deve ser traduzido em união e foco na família.

A MÍSTICA FEMININA

Comece a criar o sentimento de que pele é uma necessidade – uma necessidade maravilhosa [...], assim, dando à consumidora permissão moral para comprar algo que agora ela sente ser voltado para o eu [...]. Dê à feminilidade da pele um aspecto mais amplo, desenvolvendo alguns dos seguintes status e símbolos de prestígio [...] uma mulher emocionalmente feliz [...] esposa e mãe que conquista o afeto e o respeito do marido e dos filhos por causa do tipo de pessoa que ela é e do tipo de papel que ela desempenha [...].

Coloque peles no contexto familiar; mostre o prazer e a admiração que membros da família, marido e crianças sentem com uma roupa de pele; o orgulho que sentem da aparência da mãe, de ela ser proprietária de uma roupa de pele. Desenvolva roupas de pele como presentes de "família" – permita que a família toda desfrute da roupa no Natal etc., reduzindo assim o egocentrismo para a proprietária e eliminando sua culpa em relação à suposta autoindulgência.

Portanto, o único jeito que uma jovem dona de casa deveria se expressar, e não se sentir culpada por isso, era comprando produtos para a casa e para a família. Quaisquer impulsos criativos que ela pudesse ter deveriam também ser orientados para a casa e para a família, como outra pesquisa relatava à indústria de costura doméstica.

Atividades tais como costura ganham um novo significado e um novo status. Costurar não é mais considerada uma atividade essencial [...]. Além disso, com a elevação moral de atividades voltadas para o lar, costura, assim como culinária, jardinagem e decoração da casa, é vista como meio de expressão da criatividade e da individualidade e também como meio de conquistar a "qualidade" determinada por um novo padrão de gosto.

A mulher que costura, essa pesquisa descobriu, são as esposas donas de casa ativas, enérgicas, inteligentes e modernas, as novas mulheres

COMÉRCIO ORIENTADO PELO SEXO

estadunidenses modernas, focadas no lar, que têm uma grande necessidade insatisfeita de criar, conquistar e concretizar sua própria individualidade – a qual deve satisfazer por meio de alguma atividade doméstica. O grande problema para a indústria da costura doméstica era que a "imagem" relacionada à costura era "sem graça" demais; por algum motivo, não alcançava o sentimento de criação de algo importante. Ao vender seus produtos, a indústria deve enfatizar a "criatividade duradoura" de costurar.

Mas até mesmo na costura não se pode ser muito criativo nem muito individual, de acordo com a recomendação dada a um fabricante de moldes. Os moldes dele exigiam alguma inteligência para serem usados, abriam bastante espaço para a expressão individual, e o fabricante estava com problemas exatamente por isso, os moldes que ele produzia sugeriam que uma mulher "saberia do que gosta e provavelmente teria ideias bem estabelecidas". Recomendaram-lhe expandir essa "personalidade de moda excessivamente limitada" e obter uma "conformidade de moda" – atendendo à "mulher insegura em relação à moda", "o elemento conformista da moda", que sente "não ser inteligente vestir-se de modo tão diferente". Porque, obviamente, o problema do fabricante não era satisfazer a necessidade da mulher por individualidade, por expressão ou criatividade, era vender mais moldes – o que é mais bem-feito ao se estabelecer conformidade.

Repetidas vezes, as pesquisas foram astutas na análise das necessidades e até mesmo das frustrações secretas da esposa dona de casa estadunidense; e, em cada uma dessas vezes, se essas necessidades fossem manipuladas do jeito adequado, essa mulher poderia ser induzida a comprar mais "coisas". Em 1957, uma pesquisa revelou às lojas de departamentos que seu papel neste novo mundo era não apenas "vender" à esposa dona de casa como também satisfazer à necessidade dela por "educação" – satisfazer ao anseio que ela tem, sozinha em casa, por sentir-se parte do mundo em transformação. A loja venderá mais, dizia o relatório, se compreender que a verdadeira necessidade que ela está tentando satisfazer com compras não é por nada que ela possa comprar ali.

A maioria das mulheres tem não apenas necessidade material como também uma compulsão psicológica de visitar lojas de departamentos. Elas vivem em relativo isolamento. Sua visão e suas experiências são limitadas. Elas sabem que existe uma vida mais ampla além do seu horizonte e temem que a vida passe direto por elas.

As lojas de departamentos rompem com esse isolamento. A mulher que entra em uma loja de departamentos de repente tem a sensação de saber o que está acontecendo no mundo. Lojas de departamentos, mais do que revistas, TV ou qualquer outro meio de comunicação em massa, são a principal fonte de informação da maioria das mulheres a respeito dos diversos aspectos da vida...

Há muitas necessidades às quais a loja de departamentos deve satisfazer, continuava esse relatório. Por um lado, a "necessidade de aprender e avançar na vida" que a esposa dona de casa tem.

Simbolizamos nossa posição social pelos objetos com os quais nos cercamos. Uma mulher cujo marido ganhava 6 mil dólares poucos anos atrás e agora ganha 10 mil precisa aprender todo um novo conjunto de símbolos. Lojas de departamentos são suas melhores professoras nesse assunto.

Por outro lado, há necessidade de conquista, que a nova esposa dona de casa moderna satisfaz, principalmente, através de uma "barganha".

Descobrimos que, na nossa economia de abundância, a preocupação com preços é menos financeira e mais uma necessidade psicológica para a maioria das mulheres... Cada vez mais, a "barganha" não significa que "agora posso comprar algo que eu não conseguiria pagar antes, com o preço mais alto"; significa, essencialmente, "estou fazendo um bom trabalho como esposa dona de casa; estou colaborando para a prosperidade da família tanto quanto meu marido quando ele trabalha e traz para casa seu pagamento".

COMÉRCIO ORIENTADO PELO SEXO

O preço em si importa pouco, de acordo com o relatório:

> Visto que comprar é apenas o clímax de uma relação complicada, baseada, em grande medida, no anseio da mulher por descobrir como ser uma mulher mais atraente, uma esposa dona de casa melhor, mãe com qualidades superiores etc., use esse incentivo em todas suas promoções e anúncios. Aproveite todas as oportunidades para explicar como sua loja a ajudará a satisfazer seus mais queridos papéis na vida [...]
> Se as lojas são a escola da vida para as mulheres, anúncios são os livros didáticos. Elas têm inesgotável entusiasmo com esses anúncios que lhes dão ilusão de estarem em contato com o que está acontecendo no mundo dos objetos inanimados, objetos através dos quais elas expressam tanto de grande parte de seus impulsos [...]

Mais uma vez, em 1957, uma pesquisa revelou muito corretamente que, apesar dos "diversos aspectos positivos" da "nova era centrada no lar", infelizmente uma quantidade grande demais de necessidades agora se concentrava no lar – e esse lar não era capaz de satisfazê-las. Motivo para desespero? De jeito nenhum; mesmo essas necessidades são matéria para manipulação.

> A família nem sempre é o pote de ouro psicológico ao fim do arco-íris de promessas da vida moderna como por vezes já foi representada. Na verdade, hoje em dia, à família fazem-se exigências psicológicas que não podem ser satisfeitas...
> Felizmente para os fabricantes e anunciantes dos Estados Unidos (e também para a família e o bem-estar psicológico dos nossos cidadãos), grande parte dessa lacuna pode ser e está sendo preenchida pela aquisição de bens de consumo.
> Centenas de produtos satisfazem a todo um conjunto de funções psicológicas que fabricantes e anunciantes deveriam conhecer

A MÍSTICA FEMININA

e usar no desenvolvimento de abordagens de venda mais efetivas. Assim como a produção já serviu como saída para tensões sociais, agora o consumo serve ao mesmo propósito.

A compra de coisas drena as necessidades que não podem ser realmente satisfeitas pelo lar e pela família – a necessidade da esposa dona de casa por "algo além delas mesmas com que se identificar", "uma noção de movimento com outras pessoas rumo a objetivos que dão significado e propósito para a vida", "um objetivo social inquestionável ao qual cada indivíduo pode dedicar seus esforços".

Profundamente estabelecida na natureza humana é a necessidade de ter um lugar significativo em um grupo que luta por metas sociais significativas. Sempre que há falta disso, o indivíduo fica inquieto. O que explica por que, conforme falamos com gente de toda a nação, repetidas vezes ouvimos questionamentos como: "Qual é o significado de tudo isso?", "Para onde estou indo?", "Por que as coisas não parecem valer mais a pena, e logo quando trabalhamos tanto e temos coisas demais com as quais lidar?"
A questão é: o seu produto consegue preencher essa lacuna?

"A necessidade frustrada de ter privacidade na vida familiar" nesta era de "união" era outro desejo secreto revelado em uma pesquisa em profundidade. Essa necessidade, contudo, pode ser usada para vender um segundo carro...

Além do carro que todos da família aproveitam juntos, há um carro separado para o marido e para a esposa – "Sozinha no carro, uma pessoa pode ter o respiro de que precisa tão desesperadamente e pode passar a considerar o carro como seu castelo ou como instrumento da sua privacidade reconquistada". Ou pasta de dente, sabão ou shampoo "individual", "pessoal".

280

COMÉRCIO ORIENTADO PELO SEXO

Outra pesquisa relatou que havia uma intrigante "dessexualização da vida de casado", apesar da grande ênfase em casamento, família e sexo. O problema: o que pode suprir o que o relatório diagnosticou como "falta de faísca sexual"? A solução: o relatório recomendava aos vendedores "voltar a pôr libido nos anúncios". Apesar da sensação de que nossos fabricantes estão tentando usar sexo para direcionar todas as vendas, sexo, conforme se vê nos comerciais de televisão e anúncios em revistas nacionais, é fraco demais, dizia o relatório, limitado demais. O "consumismo" está dessexualizando a libido estadunidense porque "falhou em refletir as poderosas forças vitais em cada indivíduo que vão muito além da relação entre os sexos". Parecia que os vendedores tinham exaurido sexualmente o próprio sexo.

> A maioria dos anúncios modernos reflete e exagera de modo grosseiro nossa tendência nacional corrente de reduzir, simplificar e enfraquecer os aspectos arrebatadores, turbulentos e eletrizantes dos impulsos de vida da humanidade [...]. Ninguém está sugerindo que os anúncios possam ou devam se tornar obscenos ou devassos. O problema está no fato de que, por sua timidez e falta de imaginação, eles correm o risco de se tornarem pobres de libido e, consequentemente, irreais, inumanos e tediosos.

Como devolver a libido, restaurar a espontaneidade perdida, a energia, o amor pela vida, a individualidade, que parece não haver no sexo, nos Estados Unidos? Em um momento distraído, o relatório concluiu que "o amor pela vida, assim como pelo outro sexo, deve permanecer imaculado por razões externas [...]. Permita que a esposa seja mais que uma dona de casa [...]. Uma mulher [...]."

•

Certo dia, depois de ter mergulhado nas variadas observações perspicazes que esses relatórios vinham apresentando a anunciantes estadunidenses pelos últimos quinze anos, fui convidada para almoçar com o homem responsável por essa operação de pesquisa motivacional. Ele foi muito prestativo ao me mostrar as forças comerciais por trás da mística feminina, talvez eu pudesse ser útil para ele. Ingenuamente, perguntei por que – afinal ele achou tão difícil proporcionar a mulheres a verdadeira sensação de criatividade e realização no trabalho doméstico, e tentou aliviar a culpa, a desilusão e as frustrações delas fazendo com que comprassem mais "coisas" – ele não as encorajou a comprar o máximo de coisas que pudessem, para que tivessem tempo de sair de casa e ir atrás de objetivos verdadeiramente criativos no mundo exterior.

"Mas nós a ajudamos a redescobrir o lar como a expressão de sua criatividade", disse ele. "Nós a ajudamos a pensar no lar moderno como o estúdio de um artista, o laboratório de um cientista. Além disso", ele deu de ombros, "a maioria dos fabricantes com quem lidamos está produzindo coisas relacionadas ao serviço doméstico".

"Em uma economia de livre iniciativa", ele prosseguiu, "temos de desenvolver a necessidade por novos produtos. E, para fazer isso, temos que libertar as mulheres para desejarem esses novos produtos. Nós as ajudamos a redescobrir que o serviço doméstico é mais criativo que competir com os homens. Isso pode ser manipulado. Vendemos a elas o que devem querer, aceleramos o inconsciente, seguimos juntos. O grande problema é libertar a mulher para não ter medo do que vai lhe acontecer se ela não tiver que gastar tanto tempo cozinhando e limpando".

"É isso o que eu queria dizer", falei. "Por que o anúncio de mistura pronta para tortas não diz à mulher que ela poderia usar o tempo economizado para se tornar uma astrônoma?"

"Não seria muito difícil", ele respondeu. "Algumas imagens – a astrônoma conquista o homem que ama, a astrônoma como heroína – tornam glamouroso uma mulher ser astrônoma... mas não", ele deu de ombros de novo. "O cliente ficaria assustado demais. Ele quer vender a mistura para torta. A mulher tem que querer ficar na cozinha. O fabricante quer estimulá-la a voltar para a cozinha – e nós mostramos a ele como fazer isso do jeito certo. Se ele disser a ela que não poderá ser nada além

COMÉRCIO ORIENTADO PELO SEXO

de esposa e mãe, ela vai cuspir na cara dele. Mas nós mostramos para ele como dizer a ela que é criativo estar na cozinha. Nós libertamos a necessidade dela de ser criativa na cozinha. Se lhe dissermos para ser astrônoma, ela pode se afastar demais da cozinha. Além disso", ele acrescentou, "se você quisesse fazer uma campanha publicitária para libertar mulheres para serem astrônomas, teria que achar alguém como a Associação Nacional de Educação para pagar por isso".

•

Os pesquisadores motivacionais devem receber crédito pelas observações a respeito da realidade da vida e das necessidades da esposa dona de casa – uma realidade que com frequência foge da percepção de seus colegas na sociologia acadêmica e na psicologia terapêutica, que enxergavam as mulheres através do véu freudiano-funcional. Para seu próprio proveito e o de seus clientes, os manipuladores descobriram que milhões de esposas donas de casa estadunidenses supostamente felizes têm necessidades complexas, que "lar e família", "amor e filhos" não conseguem satisfazer. Entretanto, por uma moralidade que supera o dinheiro, os manipuladores sentem-se culpados por usar a compreensão que têm, para vender às mulheres coisas que, por mais engenhosas que possam ser, nunca satisfarão aquelas necessidades cada vez mais intensas. Eles são culpados de persuadir donas de casa a ficarem em casa, hipnotizadas diante de uma televisão, com suas necessidades humanas não sexuais inominadas, insatisfeitas, drenadas pelo comércio direcionado pelo sexo, para a compra de coisas.

Os manipuladores e seus clientes nos negócios estadunidenses dificilmente podem ser acusados de terem criado a mística feminina. Porém, eles são seus perpetuadores mais poderosos; são os milhões deles que cobriram a terra com imagens persuasivas, bajulando a esposa dona de casa estadunidense, afastando a culpa dela e disfarçando sua sensação cada vez maior de vazio. Eles foram tão bem-sucedidos, ao empregar técnicas e conceitos da ciência social moderna, transpondo-os para aqueles anúncios e comerciais enganosamente simples, inteligentes e ultrajantes, que um observador do cenário estadunidense hoje aceita como fato que a grande maioria das mulheres estadunidenses não tem qualquer ambição que não seja tornar-se esposa dona de casa. Se eles não são os únicos responsáveis por mandar as mulheres para casa, sem dúvida o são por mantê-las lá. É difícil escapar dessa incessante lenga-lenga nesta era de comunicações de massa; eles imprimiram a mística feminina bem fundo na mente de todas as mulheres e na mente de maridos, filhos, vizinhos. Eles tornaram a mística parte do tecido da vida cotidiana delas, ridicularizando-as por não serem esposas donas de casa melhores, por não amarem a família o suficiente, por estarem envelhecendo.

> Uma mulher consegue se sentir bem cozinhando em um fogão sujo? Até hoje, não era possível manter nenhum fogão realmente limpo. Agora, os novos fogões da RCA Whirlpool têm portas de forno removíveis, gaveta estufa que pode ser lavada na pia, bandejas de gotejamento que deslizam facilmente para fora [...]. O primeiro fogão que qualquer mulher consegue manter totalmente limpo com facilidade [...]. E que faz tudo o que é cozido nele ficar mais gostoso.

> Amor é sentimento que se expressa de várias maneiras. É dar e receber. É proteger e selecionar [...]. Saber o que é mais seguro para aqueles que ama. O papel higiênico deles é sempre Scott [...]. Agora em quatro cores além de branco.

Com que habilidade eles desviam a necessidade dela de realizar fantasias sexuais que prometem juventude eterna, enfraquecendo sua noção de tempo. Eles até dizem que ela pode fazer o tempo parar:

> Será que pode, ou será que não? Ela é tão divertida quanto os filhos – e com o mesmo frescor na aparência! Sua naturalidade, o modo como seus cabelos brilham e captam a luz – como se ela

COMÉRCIO ORIENTADO PELO SEXO

tivesse descoberto o segredo de fazer o tempo parar. E, de certa maneira, ela descobriu [...].

Com habilidade cada vez maior, os anúncios glorificam o "papel" dela de esposa dona de casa estadunidense – sabendo que é justamente a falta de identidade dela nesse papel que a fará comprar qualquer coisa que estiverem vendendo.

> Quem é ela? Ela fica tão empolgada quanto seu filho de 6 anos na volta às aulas. Ela conta seus dias em encontros no trem, lancheiras preparadas, curativos nos dedos e 1.001 detalhes. Ela poderia ser você, necessitando de um tipo especial de roupa para sua vida ocupada e recompensadora.

> Você é essa mulher? Dando aos filhos a diversão e as vantagens que você deseja para eles? Levando-os para os lugares e ajudando-os a fazer coisas? Assumindo o que esperam de você nos assuntos da igreja e da comunidade [...] desenvolvendo seus talentos para se tornar mais interessante? Com um Plymouth só seu você poderá ser a mulher que tanto deseja ser [...]. Vá para onde quiser, quando quiser, em um belo Plymouth que é só seu e de mais ninguém [...].

Mas um novo fogão e um papel higiênico mais macio não transformam uma mulher em uma esposa ou mãe melhor, mesmo que ela pense que isso é o que precisa ser. Tingir os cabelos não faz o tempo parar; comprar um Plymouth não lhe dá uma nova identidade; ao fumar Marlboro ela não será levada para a cama, mesmo que isso seja o que ela pensa que quer. Contudo, essas promessas não cumpridas podem fazê-la sentir uma infindável fome de coisas, podem fazê-la jamais descobrir o que realmente precisa ou quer.

Um anúncio de página inteira no *New York Times*, de 10 de junho de 1962, era "Dedicado à mulher que passa a vida vivendo plenamente seu potencial!" Abaixo da imagem de uma mulher bonita, enfeitada com um vestido para a noite e joias e acompanhada de duas belas crianças, a legenda dizia: "O único programa totalmente integrado de maquiagem nutritiva e cuidados para a pele – desenvolvido para elevar o visual da mulher ao seu ponto máximo. A mulher que usa 'Ultima' sente-se profundamente realizada. Um novo tipo de orgulho. Porque esta nova e luxuosa coleção de cosméticos é *definitiva*... não existe nada melhor."

Tudo parece ridículo quando entendemos a intenção deles. Talvez a esposa dona de casa não tenha ninguém a quem culpar, se deixar os manipuladores bajularem ou ameaçarem-na a comprar coisas que não atendem às necessidades de sua família nem às suas próprias. Entretanto, se os anúncios e comerciais são um caso claro de "o risco é do comprador",* o mesmo comércio orientado pelo sexo disfarçado no conteúdo editorial de uma revista ou de um programa de televisão é menos ridículo e mais insidioso. Nesses casos, a esposa dona de casa é com frequência uma vítima inconsciente. Escrevi para algumas das revistas em que o comércio orientado pelo sexo está inextricavelmente ligado ao conteúdo editorial. Consciente ou inconscientemente, os editores sabem o que o anunciante deseja.

> O coração da revista X é serviço – serviço completo para a mulher inteira que é a esposa dona de casa estadunidense; serviço em todas as áreas de grande interesse para os anunciantes, que são também homens de negócios. A revista oferece ao anunciante uma concentração intensa de donas de casa sérias, conscienciosas e dedicadas. Mulheres que estão mais interessadas no lar e em produtos para o lar. Mulheres que estão mais dispostas a pagar [...].

---

* No original, *caveat emptor*, expressão latina que significa "cuidado, consumidor". Tornou-se um princípio comercial, quando, na época do comércio direto, entendia-se que vendedor e consumidor estavam em pé de igualdade no ato da venda. No comércio moderno, porém, o consumidor ficou em desvantagem, por isso cada país desenvolveu leis específicas e advertências obrigatórias que devem estar presentes nos produtos. (*N. T.*)

COMÉRCIO ORIENTADO PELO SEXO

Um memorando nunca precisa ser escrito, uma frase nunca precisa ser dita em uma conferência editorial; os homens e as mulheres que tomam as decisões editoriais muitas vezes abrem mão de seus próprios padrões bastante elevados em prol do dinheiro publicitário. Com frequência, como um antigo editor da *McCall* revelou recentemente,[2] a influência do anunciante não é nada sutil. O tipo de lar retratado nas páginas de "serviço" é ditado de forma inequívoca pelos garotos do marketing.

No entanto, uma empresa precisa lucrar com seus produtos; uma revista, uma rede de televisão precisam de publicidade para sobreviver. Mas ainda que lucro seja o único motivo e o único parâmetro de sucesso, eu me pergunto se a mídia não está cometendo um erro quando dá ao cliente o que acha que ele quer. Eu me pergunto se o desafio e as oportunidades para a economia estadunidense e para os negócios em si não estariam, a longo prazo, em deixar as mulheres crescerem, em vez de cobri-las com o soro juvenil que as mantém desatentas e famintas por coisas.

O verdadeiro crime, não importa quão lucrativo para a economia estadunidense, é a aceitação cruel e crescente do conselho do manipulador "para mantê-las jovens" – os comerciais de televisão que as crianças cantam ou recitam mesmo antes de aprenderem a ler, os enormes e belos anúncios quase tão simples quanto um livro infantil, as revistas deliberadamente pensadas para transformar meninas adolescentes em esposas donas de casa consumidoras, antes de crescerem e se tornarem mulheres:

> Ela lê a Revista X do começo ao fim [...]. Ela aprende a fazer compras, a cozinhar e a costurar e tudo mais que uma jovem mulher deveria saber. Ela planeja o guarda-roupa a partir das roupas da Revista X, presta atenção aos conselhos de beleza e namoro da Revista X [...]. Consulta a Revista X para ficar por dentro da moda adolescente [...]. E como ela compra por causa desses anúncios na Revista X! Hábitos de consumo têm início na Revista X. É mais fácil COMEÇAR do que ACABAR com um hábito! (Descubra como a publicação exclusiva da Revista X, Revista X na Escola, leva seu anúncio às salas de aula de economia doméstica do ensino médio.)

A MÍSTICA FEMININA

Como uma cultura primitiva que sacrificava suas garotinhas aos deuses tribais, nós sacrificamos nossas garotas à mística feminina, preparando-as de forma cada vez mais eficiente, por meio do comércio orientado pelo sexo, para se tornarem consumidoras de coisas a cuja venda lucrativa nossa nação se dedica. Dois anúncios apareceram recentemente em uma revista de notícias nacional, voltada não para garotas adolescentes, mas para executivos que produzem e vendem coisas. Um desses anúncios mostrava a imagem de um menino:

> Eu *com certeza* vou à Lua [...]. E você não pode ir, porque é menina! Hoje em dia as crianças estão crescendo mais rápido, seus interesses podem ser bastante variados – de patins a foguetes. A companhia X também cresceu, com um espectro amplo de produtos eletrônicos que se aplicam, no mundo inteiro, ao governo, à indústria e ao espaço.

O outro anúncio mostrava o rosto de uma menina:

> Será que uma criança talentosa deveria se tornar esposa dona de casa ao crescer? Especialistas em educação estimam que o dom de uma inteligência elevada é concedido a apenas uma em cada cinquenta crianças em nossa nação. Quando essa criança talentosa é uma menina, uma pergunta é inevitável: "Será que esse dom raro será desperdiçado se ela se tornar esposa dona de casa?" Deixe que essas meninas talentosas respondam à questão por si mesmas. Mais de 90% delas se casam, e a maioria considera a tarefa de ser esposa dona de casa desafiadora e recompensadora o suficiente para fazer pleno uso de toda sua inteligência, tempo e energia [...]. Em seus papéis diários de enfermeira, educadora, economista e simples esposa dona de casa, ela constantemente busca meios de melhorar a vida de sua família [...]. Milhões de mulheres – que compram por metade das famílias nos Estados Unidos – fazem isso economizando com Cupons X.

COMÉRCIO ORIENTADO PELO SEXO

Se essa menina talentosa se torna uma esposa dona de casa ao crescer, será que até mesmo o manipulador consegue fazer com que cupons de supermercados ponham em uso toda a inteligência humana dela, sua energia humana, no século em que ela pode viver enquanto o menino vai à Lua?

Nunca subestime o poder de uma mulher, diz outro anúncio. Mas esse poder era e continua sendo subestimado nos Estados Unidos. Ou ainda, somente é levado em consideração de forma que possa ser manipulado no ato da compra. A inteligência e a energia humana da mulher na verdade não contam. E, no entanto, elas existem, para serem usadas para propósitos maiores que o serviço doméstico e a compra de coisas – ou para serem desperdiçadas. Talvez isso seja apenas uma sociedade doente, relutante em enfrentar seus próprios problemas e incapaz de conceber metas e propósitos equivalentes à capacidade e ao conhecimento de seus membros, e que escolhe ignorar a força das mulheres. Talvez isso seja apenas uma sociedade doente ou imatura que escolhe tornar as mulheres "esposas donas de casa" e não pessoas. Talvez isso seja apenas homens e mulheres doentes ou imaturos, relutantes em enfrentar os grandes desafios da sociedade, que são capazes de se recolher por muito tempo, sem um sofrimento insuportável, naquela casa cheia de coisas e transformá-la na finalidade da vida em si.

NOTAS

1. As pesquisas nas quais este capítulo foi baseado foram feitas pela equipe do Instituto de Pesquisa Motivacional, dirigido pelo dr. Ernest Dichter. Elas ficaram disponíveis para minha consulta graças à gentileza do dr. Dichter e de seus colegas, e estão arquivadas no Instituto, em Croton--on-Hudson, Nova York.
2. Harrison Kinney, *Has Anybody Seen My Father?* [Alguém viu meu pai?], Nova York, 1960.

10. As tarefas domésticas expandem para ocupar o tempo disponível

Trazendo comigo a concepção de esposa dona de casa moderna e feliz, conforme ela é descrita pelas revistas, pela televisão, pelos sociólogos funcionalistas, pelos educadores orientados pelo sexo e pelos manipuladores, e que chama atenção de quem quiser ver, saí em busca de uma dessas criaturas míticas. Assim como Diógenes com sua lamparina, fui de subúrbio em subúrbio como repórter, em busca de uma mulher que tivesse habilidades e formação educacional e que se sentisse realizada como esposa dona de casa. Fui primeiro aos centros de saúde mental e clínicas de aconselhamento dos subúrbios, a analistas bem conceituados da região e a residentes bem informados. Declarando meu propósito, pedi que me direcionassem não para as esposas donas de casa neuróticas e frustradas, mas para as mulheres capazes, inteligentes e com formação educacional, que fossem bem ajustadas como esposas donas de casa e mães em tempo integral.

"Conheço muitas dessas esposas donas de casa que se realizaram como mulher", disse um psicanalista. Pedi-lhe que desse o nome de quatro delas e fui visitá-las.

Uma delas, depois de cinco anos de terapia, não era mais uma mulher subordinada, mas também não era esposa dona de casa em período integral; ela havia se tornado programadora de computadores. A segunda era uma mulher gloriosamente feliz, com um marido bem-sucedido e três filhos inteligentes e alegres. Ao longo de toda sua vida de casada, ela atuou como psicanalista profissional. A terceira, entre as gestações, levou a sério a carreira de dançarina. E a quarta, depois de psicoterapia, progredia cada vez mais comprometida com a política.

A MÍSTICA FEMININA

Relatei as visitas ao meu guia, contando que, apesar de as quatro mulheres parecerem "realizadas", nenhuma delas era dona de casa em tempo integral, e uma, além de tudo, tinha a mesma profissão que ele. "Isso é coincidência com essas quatro", ele disse. Mas fiquei me perguntando se era *mesmo* coincidência.

Em outra comunidade, indicaram-me uma mulher que, segundo meu informante, era realmente realizada como esposa dona de casa ("ela até assa o próprio pão"). Descobri que, durante o período em que os quatro filhos tinham menos de seis anos e ela escreveu no formulário do censo "ocupação: *esposa dona de casa*", tinha aprendido uma nova língua (com certificação para lecionar) e usado seu treinamento em música primeiro como organista voluntária na igreja e, depois, como profissional assalariada. Pouco depois de eu a entrevistar, ela aceitou uma vaga como professora.

Em muitas instâncias, entretanto, as mulheres que entrevistei realmente se encaixavam nessa nova imagem de realização feminina – quatro, cinco ou seis filhos, assavam o próprio pão, ajudavam a construir a casa com as próprias mãos, costuravam toda a roupa das crianças. Essas mulheres não tiveram sonhos de carreira, não enxergaram um mundo maior que o lar; toda sua energia estava centrada na vida como esposa dona de casa e mãe; essa era a única ambição que tinham, o único sonho já realizado. Mas elas eram mulheres realizadas?

Em um condomínio de alto padrão onde fiz entrevistas, havia 28 esposas. Algumas tinham acabado de concluir a faculdade e tinham entre 30 e 40 e poucos anos; as mais jovens, em geral, largaram a faculdade para casar. Os maridos estavam, na maior parte, ocupados com alguma profissão desafiadora. Apenas uma dessas esposas trabalhava profissionalmente; a maioria fez da maternidade carreira com um toque de atividade comunitária. Dezenove das 28 optaram por parto natural (nos jantares de encontro, havia alguns anos, esposas e maridos com frequência se sentavam no chão para treinar exercícios de relaxamento). Vinte dentre essas 28 amamentaram os bebês. Aos 40 anos, ou quase, muitas estavam grávidas. A mística da realização feminina era seguida

AS TAREFAS DOMÉSTICAS EXPANDEM PARA OCUPAR...

nessa comunidade de forma tão literal que, se uma garotinha dissesse: "Quando crescer, serei médica", a mãe dela a corrigiria: "Não, querida, você é menina. Será esposa e mãe, como a mamãe."

Mas como a mamãe realmente era? Dezesseis dentre as 28 faziam análise ou psicoterapia. Dezoito tomavam calmantes; várias tinham tentado suicídio; e algumas já haviam sido hospitalizadas durante períodos variados, por depressão ou algum estado psicótico vagamente diagnosticado. ("Você ficaria surpresa com quantas dessas esposas felizes do subúrbio simplesmente surtam em uma determinada noite e saem correndo e gritando sem roupa pela rua", um médico local, não um psiquiatra, contou; ele foi chamado em tais emergências.) Das mulheres que amamentaram, uma continuou desesperadamente, até a criança ficar tão subnutrida que o médico precisou intervir à força. Doze tinham casos extraconjugais, de fato ou em fantasias.

Essas eram estadunidenses admiráveis e inteligentes, dignas de inveja por conta da casa, do marido, dos filhos e pelos talentos pessoais da mente e do espírito. Por que tantas delas eram subordinadas? Depois, quando vi o mesmo padrão repetidas vezes em subúrbios semelhantes, eu soube que aquilo dificilmente seria coincidência. Aquelas mulheres eram similares principalmente em um aspecto: elas tinham um incomum dom da inteligência e habilidades nutridas por ao menos o início do ensino superior – e a vida que viviam como esposas donas de casa suburbanas negava a elas o uso total desses dons.

Foi nessas mulheres que comecei a perceber os sinais evidentes do problema sem nome; a voz delas era monótona e sem emoção, ou nervosa e agitada; eram apáticas e entediadas, ou freneticamente "ocupadas" com a casa e a comunidade. Falavam sobre "realização" nos termos de "esposa e mãe" da mística, mas tinham um desesperado anseio de conversar sobre esse outro "problema", com o qual pareciam realmente familiarizadas.

Uma mulher tinha sido pioneira na busca por bons professores para o sistema escolar ultrapassado em sua região; ela havia servido seu mandato no conselho da escola. Quando todos seus filhos já estavam na escola, ela pensou seriamente, aos 39 anos, sobre seu próprio futuro:

A MÍSTICA FEMININA

deveria voltar para a faculdade, fazer mestrado e se tornar professora? Mas então, subitamente, decidiu não ir em frente. Em vez disso, teve um bebê temporão, seu quinto. Escutei aquele tom monótono em sua voz quando me contou que agora tinha se afastado da liderança comunitária para "se especializar no lar outra vez".

Escutei o mesmo tom triste e monótono na voz de uma mulher mais velha, que me contou:

> Estou em busca de algo que me satisfaça. Penso que seria a coisa mais maravilhosa do mundo trabalhar, ser útil. Mas não sei fazer nada. Meu marido não concorda com esposas trabalhando. Eu daria meus dois braços para ter meus filhos pequenos em casa outra vez. Meu marido fala: arrume alguma coisa para se ocupar, de que você goste, para que trabalhar? Então agora eu jogo golfe, quase todo dia, sozinha. Quando você caminha três ou quatro horas por dia, pelo menos consegue dormir à noite.

Entrevistei outra mulher em uma cozinha enorme de uma casa que ela ajudara a construir. Ela estava ocupada sovando a massa de seu famoso pão caseiro; um vestido que costurava para a filha estava quase pronto na máquina; havia um tear no canto. Material de arte e brinquedos infantis estavam espalhados pelo chão da casa toda, desde a porta da frente até o fogão: nesta casa moderna e valiosa, como muitas das casas de plano aberto desta era, não havia porta alguma entre cozinha e sala de estar. Nem essa mãe tinha sonho ou desejo ou pensamento ou frustração próprios para se distinguir das crianças. Ela estava grávida do sétimo; sua felicidade estava completa, contou, passando os dias com as crianças. Talvez essa fosse uma esposa dona de casa feliz.

Porém, pouco antes de eu ir embora, falei que achava que ela devia estar brincando quando disse que invejava a vizinha, que era designer profissional e mãe de três, foi algo que de repente me ocorreu. "Não, eu não estava brincando", ela disse; então essa esposa dona de casa serena, sovando a massa para o pão que sempre fazia, começou a chorar. "Tenho

AS TAREFAS DOMÉSTICAS EXPANDEM PARA OCUPAR...

muita inveja", ela disse. "Ela sabe o que quer fazer. Eu não sei. Nunca soube. Quando estou grávida e o bebê é pequeno, eu sou *alguém*, finalmente, sou mãe. Mas então eles crescem. Não posso simplesmente ter bebês para sempre."

•

Embora eu nunca tenha encontrado uma mulher que de fato se encaixasse na imagem de "esposa dona de casa feliz", percebi outra coisa sobre essas mulheres talentosas que levavam a vida na sombra protetora da mística feminina. Elas estavam muito *ocupadas*: ocupadas comprando, sendo chofer, usando a lava-louça, a secadora, o mixer, ocupadas no jardim, encerando, lustrando, ajudando as crianças com a lição de casa, fazendo coleções para manter a saúde mental e fazendo milhares de tarefas simples. Ao longo de minhas entrevistas com essas mulheres, comecei a notar algo peculiar a respeito do *tempo* gasto com trabalho doméstico hoje em dia.

Em uma rua suburbana, havia duas casas coloniais, cada uma com sua sala de estar ampla e confortável, uma pequena biblioteca, uma sala de jantar formal, uma cozinha grande e alegre, quatro quartos, 4 mil metros quadrados de jardim e gramado, e, em cada uma das famílias, um marido que trabalhava longe de casa e três crianças em idade escolar. Ambas as casas eram bem-cuidadas, com faxineira duas vezes por semana; mas a esposa cozinhava e fazia as demais tarefas domésticas; ambas tinham quase 40 anos de idade, eram inteligentes, saudáveis, atraentes e tinham boa formação educacional.

Na primeira residência, a sra. W., esposa dona de casa em tempo integral, estava ocupada quase o dia inteiro, cozinhando, limpando, fazendo compras, sendo chofer e cuidando das crianças. Na casa vizinha, a sra. D., microbiologista, resolvia a maioria dessas tarefas antes de sair para o laboratório às nove horas ou depois que chegava, às cinco e meia. Em nenhuma das famílias as crianças eram negligenciadas, embora na da sra. D. elas fossem um pouco mais independentes. Ambas as mulheres eram bastante hospitaleiras. A sra. W., a esposa dona de casa, fazia

A MÍSTICA FEMININA

bastante trabalho social, mas não "tinha tempo" para ocupar um cargo de elaboração de políticas e regras – para o qual sempre recebia convite, por ser uma mulher inteligente e capacitada. No máximo, liderava um comitê de organização de baile ou feira de pais e professores. A sra. D., a cientista, não fazia qualquer trabalho social, mas, além do emprego e da casa, tocava em um quinteto de cordas (música era seu principal interesse além da ciência) e ocupava um cargo de elaboração de políticas na organização de relações internacionais que era seu interesse desde a faculdade.

Como uma casa do mesmo tamanho e uma família do mesmo tamanho, com condições quase idênticas no que diz respeito à renda, ajuda de terceiros e estilo de vida, podia ocupar mais o tempo da sra. W. do que da sra. D.? E a sra. W. nunca ficava ociosa, é verdade. Nunca tinha tempo de "ficar lendo" à noite, como a sra. D. fazia com frequência.

Em um prédio amplo e moderno em uma cidade grande do leste, havia dois apartamentos de seis cômodos, ambos um pouco bagunçados, exceto quando a faxineira tinha acabado de sair ou antes de uma festa. Ambos os G. e os R. tinham três crianças com menos de 10 anos, uma ainda bebê. Ambos os maridos tinham pouco mais de 30 anos, e ambos tinham empregos exigentes. Mas o sr. G., cuja esposa é dona de casa em tempo integral, precisava fazer, e fazia, muito mais serviço doméstico à noite depois do trabalho ou aos sábados do que o sr. R., cuja esposa era ilustradora autônoma e evidentemente precisava cumprir as mesmas tarefas de casa entre as horas que se dedicava à mesa de desenho. A sra. G., de algum modo, não conseguia fazer todo o serviço doméstico antes de o marido chegar à noite e ficava tão cansada que ele precisava fazê-lo. Por que a sra. R., que não considerava o serviço doméstico seu emprego principal, fazia tudo em bem menos tempo?

Percebi esse padrão repetidas vezes, conforme entrevistava mulheres que se definiam como "esposas donas de casa" e as comparava com as poucas que seguiam uma profissão, em meio período ou em tempo integral. O mesmo padrão se mantinha mesmo quando ambas, esposa dona de casa e trabalhadora, tinham ajuda com as atividades domésticas em tempo integral, embora com mais frequência as "esposas donas de casa" escolhessem fazer seu próprio serviço doméstico, em tempo integral, mesmo quando tinham condições financeiras para contratar duas empregadas. Mas também descobri que muitas das esposas donas de casa em tempo integral freneticamente ocupadas se surpreendiam ao perceber que conseguiam fazer em uma hora o serviço doméstico com o qual costumavam gastar seis horas – ou que à hora do jantar ainda estava sem fazer – assim que começavam a estudar ou trabalhar ou se dedicar seriamente a algum interesse fora do lar.

Brincando com a questão de como uma hora de trabalho doméstico pode se expandir para preencher seis horas (mesma casa, mesmo serviço, mesma esposa), voltei ao paradoxo básico da mística feminina: que emerge para glorificar o papel da mulher como esposa dona de casa no momento exato em que as barreiras para a participação total dela na sociedade foram abaixadas, no momento exato em que ciência e educação e a própria engenhosidade da mulher permitiram que ela fosse tanto esposa quanto mãe e tivesse um papel ativo no mundo fora do lar. A glorificação do "papel da mulher", então, parece seguir a proporção da relutância da sociedade em tratar mulheres como seres humanos completos; pois, quanto menos função real esse papel tem, mais ele é decorado com detalhes insignificantes para camuflar seu vazio. Esse fenômeno foi observado, em termos gerais, nos anais de ciência social e de história – o cavalheirismo da Idade Média, por exemplo, e o pedestal artificial para a mulher vitoriana –, mas pode ser um choque para a estadunidense emancipada descobrir que se aplica de maneira concreta e extrema à situação da esposa dona de casa nos Estados Unidos de hoje.

A nova mística de feminilidade "separada, porém igual"* surgiu porque o desenvolvimento das mulheres nos Estados Unidos não podia mais ser reprimido pela mística antiga de feminilidade inferior? As mulheres podiam ser impedidas de desenvolver todas as suas capacidades ao

---

* "*Separate but equal*", no original. A autora faz referência à doutrina legal que permitiu a instituição da segregação racial nos Estados Unidos. (*N. T.*)

A MÍSTICA FEMININA

tornarem seu papel no lar *igual* ao papel do homem na sociedade? "Lugar de mulher é no lar" não podia mais ser dito em tom de desprezo. Trabalho doméstico, lavar louças, trocar fraldas precisavam ser fantasiados pela nova mística para se equipararem a dividir átomos, adentrar o espaço, criar arte que ilumina o destino humano, desbravar as fronteiras da sociedade. Precisava se tornar o próprio fim da vida em si, para encobrir o fato óbvio de mal ser o começo.

Quando se analisa por esse viés, a dupla fraude da mística feminina se torna bem aparente:

1. Quanto mais uma mulher é privada de função social no nível de sua própria capacidade, mais seu trabalho doméstico, materno e matrimonial vai expandir – e mais ela resistirá a terminar esse trabalho doméstico e maternal e assim ficar sem função alguma. (Evidentemente, a natureza humana abomina o vácuo, mesmo nas mulheres.)

2. O tempo necessário para o trabalho doméstico de qualquer mulher varia inversamente em relação ao desafio do outro trabalho ao qual ela se dedica. Sem outros interesses externos, uma mulher é praticamente forçada a devotar cada momento seu à trivialidade de manter a casa.

O princípio simples de que "o trabalho se expande para ocupar o tempo disponível" foi formulado pela primeira vez pelo inglês C. Northcote Parkinson a partir de sua experiência com burocracia administrativa durante a Segunda Guerra Mundial. A lei de Parkinson pode ser facilmente reformulada para a dona de casa estadunidense: as tarefas domésticas se expandem para ocupar o tempo disponível, ou a maternidade se expande para ocupar o tempo disponível, ou mesmo o sexo se expande para ocupar o tempo disponível. Isto é, sem dúvida, a verdadeira explicação para o fato de que, mesmo com todos os novos aparelhos domésticos reduzindo o trabalho, a dona de casa estadunidense moderna provavelmente gasta mais tempo com serviço de casa do que sua avó gastava. Também é parte

AS TAREFAS DOMÉSTICAS EXPANDEM PARA OCUPAR...

da explicação para nossa preocupação nacional com sexo e amor, e para o *baby boom* contínuo.

Por ora deixando de lado as implicações sexuais, que são vastas, vamos considerar um pouco da dinâmica da lei em si, como explicação para o uso da energia feminina no país. Voltando várias gerações: sugeri que a causa real para o feminismo e a frustração das mulheres era o vazio do papel da esposa dona de casa. O trabalho principal e as decisões da sociedade estavam acontecendo fora do lar, e as mulheres sentiram necessidade, ou lutaram pelo direito, de participar desse trabalho. Se as mulheres tivessem seguido em busca de usar a recém-adquirida educação e encontrar uma nova identidade no trabalho fora do lar, o mecanismo das tarefas domésticas teria ficado na mesma posição secundária na vida delas que o carro, a jardim e a carpintaria na vida do homem. Maternidade, matrimônio, amor sexual, responsabilidade familiar teriam apenas adquirido nova importância emocional, como ocorreu para os homens. (Muitos observaram a alegria recente dos estadunidenses em cuidar das crianças – conforme o trabalho da semana é menor – sem aquela ponta de raiva que as mulheres cujos filhos *são* o trabalho delas parecem sentir.)

Entretanto, quando a mística de realização feminina mandou a mulher de volta para o lar, as atividades domésticas precisaram se expandir até virar uma carreira em tempo integral. Amor sexual e maternidade precisaram virar tudo na vida, precisaram utilizar e esgotar as energias criativas das mulheres. A própria natureza da responsabilidade familiar precisou expandir para tomar o lugar da responsabilidade para com a sociedade. Conforme isso começou a ocorrer, cada aparelho doméstico que economizava trabalho trouxe consigo uma elaboração da tarefa que exigia atuação direta. Cada avanço científico que poderia ter libertado as mulheres da labuta de cozinhar, limpar e lavar, assim dando a elas mais tempo para outros propósitos, ao contrário, impôs mais esforço, até que o trabalho de casa não somente se expandisse para ocupar o tempo disponível como quase não pudesse ser completado nesse tempo disponível.

A secadora de roupas não poupa a mulher das quatro ou cinco horas semanais que ela costumava passar no varal, se, por exemplo, ela tiver que ligar a máquina de lavar e a de secar todos os dias. Afinal, ela ainda precisa encher e esvaziar a máquina, separar as roupas e guardar. Conforme uma jovem mãe falou: "Agora é possível trocar o lençol duas vezes por semana. Semana passada, quando a secadora quebrou, fiquei sem trocar o lençol por oito dias. Todo mundo reclamou. Todos nos sentimos sujos. Eu me senti culpada. Não é uma bobeira?"[1]

A esposa dona de casa estadunidense da atualidade gasta mais tempo lavando, secando e passando do que sua mãe gastava. Se ela tem um freezer ou um mixer, ela gasta mais tempo cozinhando do que uma mulher que não possui esses utensílios práticos. O freezer doméstico, pelo simples fato de existir, toma mais tempo: feijões, cultivados na horta, devem ser preparados para congelamento. Se você tiver um mixer elétrico, é preciso usá-lo: as receitas elaboradas de purê de castanhas, agrião e amêndoas levam mais tempo do que assar costelas de cordeiro.

De acordo com uma pesquisa feita pela Bryn Mawr logo após a guerra, em uma fazenda familiar típica dos Estados Unidos, o trabalho doméstico levava 60,55 horas por semana; 78,35 horas em cidades com menos de 100 mil habitantes; 80,56 em cidades com mais de 100 mil habitantes.[2] Com todos seus equipamentos, as esposas donas de casa suburbanas e urbanas gastam mais tempo com o trabalho doméstico do que a ocupada esposa do fazendeiro. A esposa do fazendeiro, obviamente, tem vários outros serviços a desempenhar.

Na década de 1950, sociólogos e economistas domésticos relataram perplexidade e estranha inconsistência em relação ao tempo gasto pelas estadunidenses em trabalho doméstico. Estudos após estudos revelaram que as esposas donas de casa do país ainda estavam gastando quase o mesmo tempo, ou mais, por dia em trabalho doméstico, se comparadas às mulheres de trinta anos antes, apesar de as casas serem menores e mais fáceis de cuidar e de possuírem sete vezes mais capital em equipamentos para o cuidado do lar. Havia, no entanto, algumas exceções. As mulheres que trabalhavam muitas horas por semana fora do lar – tanto assalariadas quanto voluntárias – faziam as atividades domésticas, para as quais a esposa dona de casa em tempo integral ainda gastava mais de

AS TAREFAS DOMÉSTICAS EXPANDEM PARA OCUPAR...

sessenta horas por semana, em metade do tempo. Elas pareciam ainda fazer todas as tarefas domésticas de uma esposa dona de casa (refeições, compras, limpeza, as crianças), porém, mesmo com um emprego de 35 horas semanais, a semana de trabalho delas era apenas uma hora e meia por dia mais longa do que a da dona de casa. Que tal fenômeno estranho tenha gerado tão pouco comentário se deveu à relativa escassez dessas mulheres. Afinal, o fenômeno mais estranho ainda, o verdadeiro significado encoberto pela mística, foi o fato de que, apesar do crescimento da população estadunidense e do movimento populacional do campo para a cidade com o crescimento em paralelo da indústria estadunidense e de profissões, nos primeiros cinquenta anos do século XX, a proporção de mulheres estadunidenses trabalhando fora do lar cresceu muito pouco, enquanto a proporção de mulheres estadunidenses que seguiam uma profissão na verdade caiu.[3] De quase metade da força de trabalho da nação em 1930, as mulheres caíram para apenas 35% em 1960, apesar de a quantidade de universitárias ter quase triplicado. O fenômeno foi o grande aumento na quantidade de mulheres com formação educacional que escolhiam ser apenas esposas dona de casa.

Ainda assim, para a esposa dona de casa suburbana e urbana, o fato é que mais e mais serviços que costumavam ser desempenhados em casa agora não são mais: preparar conservas de alimentos, assar pães, tecer, costurar roupas, lecionar para os filhos, cuidar de doentes e de idosos. É possível para as mulheres reverter a história – ou fingir que podem revertê-la – assando os próprios pães, mas a lei não permite que elas lecionem para as crianças em casa, e poucas esposas donas de casa conseguiriam fazer uma conexão entre suas conhecidas habilidades generalistas com o conhecimento profissional em medicina e de um hospital, para atender a uma criança com amidalite ou pneumonia, em casa.

Há um fundamento verdadeiro, então, para a reclamação de muitas esposas donas de casa: "De certo modo me sinto tão vazia, inútil, como se eu não existisse." "Às vezes tenho a sensação de que o mundo está passando aqui em frente de casa, enquanto eu fico sentada, só assistindo." Esse sentimento de vazio, essa negação incômoda do mundo fora do lar, com frequência leva a esposa dona de casa a se esforçar ainda mais e a ficar mais frenética com o trabalho doméstico, para manter o futuro distante. E as decisões que a esposa dona de casa toma para preencher esse vazio – embora ela pareça tomá-las por motivos lógicos e necessários – são armadilhas que a mantêm presa à rotina doméstica trivial.

A mulher com duas crianças, por exemplo, entediada e inquieta em seu apartamento na cidade, é levada por esse sentimento de futilidade e vazio a se mudar, "pelo bem das crianças", para uma casa espaçosa no subúrbio. Demora mais para limpar a casa; as compras e a jardinagem e a atividade de chofer, além das outras do tipo "faça você mesma", consomem tanto tempo que, por um período, parece ter solucionado o problema do vazio. Mas, depois que a casa já está mobiliada, as crianças estão na escola e o lugar da família na comunidade se sedimentou, "não há nada pelo que ansiar", conforme expressou uma mulher que entrevistei. O sentimento de vazio retorna, então ela precisa redecorar a sala, ou encerar o chão da cozinha mais vezes do que o necessário – ou ter outro bebê. Trocar as fraldas do bebê, junto com todo o resto do serviço de casa, pode colocá-la em uma correria tão intensa que precisará mesmo da ajuda do marido na cozinha, à noite. No entanto, nada disso é tão real, tão necessário quanto parece.

Uma das grandes mudanças nos Estados Unidos desde a Segunda Guerra Mundial tem sido o movimento intenso para os subúrbios, aqueles alastramentos urbanos feios e infindáveis que têm se tornado problema nacional. Sociólogos destacam que uma característica peculiar desses subúrbios é o fato de as mulheres que moram ali terem uma formação educacional melhor do que as urbanas, e que a grande maioria é esposa dona de casa em tempo integral.[4]

À primeira vista, pode-se suspeitar de que o próprio crescimento e existência dos subúrbios leva mulheres estadunidenses modernas e com formação educacional a se tornarem e a permanecerem esposas donas de casa em tempo integral. Ou será que esse crescimento acelerado ocorreu no pós-guerra, ao menos parcialmente, como resultado da escolha coincidente de milhões de mulheres estadunidenses por "buscar realização no

AS TAREFAS DOMÉSTICAS EXPANDEM PARA OCUPAR...

lar"? Dentre as mulheres que entrevistei, a decisão de se mudar para os subúrbios "pelo bem das crianças" seguiu a decisão de abandonar emprego ou profissão e se tornar dona de casa em tempo integral, geralmente depois do nascimento do primeiro ou do segundo bebê, dependendo da idade da mulher quando foi impactada pela mística. Obviamente, no caso das esposas mais jovens, o impacto da mística foi tão cedo que a escolha de casamento e maternidade como carreira em tempo integral desconsiderou formação para qualquer profissão, e a mudança para o subúrbio veio com o casamento ou assim que a esposa não precisasse mais trabalhar para sustentar o marido durante a faculdade ou a pós--graduação em direito.

Famílias nas quais a esposa tem intenção de seguir um objetivo profissional específico têm menos probabilidade de se mudar para o subúrbio. Obviamente, na cidade há mais e melhores empregos para mulheres com formação educacional; mais universidades, às vezes gratuitas, com cursos noturnos voltados para homens que trabalham de dia e, com frequência, mais convenientes do que o programa diurno convencional para a jovem mãe que deseja terminar a faculdade ou batalhar por um diploma de pós--graduação. Há também mais opções de babás e faxineiras em período integral ou meio período, berçários, creches, atividades extracurriculares na escola. Mas essas considerações só importam para a mulher que se compromete a trabalhar fora do lar.

Ademais, na cidade há menos espaço para expansão das tarefas domésticas com intuito de ocupar o tempo disponível. Aquela sensação inquietante de "matar tempo", enquanto se espera por algo, surge cedo para a esposa dona de casa que tem formação educacional, é talentosa e mora na cidade, ainda que, quando os bebês são pequenos, o tempo fique mais do que ocupado – empurrando o carrinho para a frente e para trás no parque, sentada sozinha no banco do parquinho, porque as crianças ainda não podem brincar sozinhas, fora de casa. No entanto, no apartamento da cidade não há lugar para freezer nem para a horta na qual cultivar feijões. E todas as organizações da cidade são enormes; as bibliotecas já foram construídas; profissionais comandam as creches e os programas recreativos.

A MÍSTICA FEMININA

Não é de surpreender, então, que muitas jovens esposas se declarem a favor de uma mudança para os subúrbios, assim que possível. Da mesma forma que as planícies vazias do Kansas seduziram os imigrantes inquietos, os subúrbios, com sua novidade e falta de serviço estruturado, ofereceram, ao menos a princípio, um desafio ilimitado para a energia dessas estadunidenses com formação educacional. As mulheres que eram fortes o suficiente, independentes o suficiente, aproveitaram a oportunidade e se tornaram líderes e inovadoras nessas novas comunidades. Contudo, na maioria dos casos, essas eram mulheres que se formaram antes da era da realização feminina. A capacidade de a vida suburbana preencher ou de realmente utilizar o potencial dessas mulheres estadunidenses formadas e capacitadas parece depender de sua própria autonomia ou autorrealização prévia – ou seja, na sua força para resistir à pressão de se conformar, resistir ao trabalho devorador de tempo da vida suburbana e encontrar, ou criar, o mesmo tipo de comprometimento sério fora do lar que teria na cidade. Tal comprometimento no subúrbio, pelo menos no começo, era mais provável ser voluntário, mas era desafiador e necessário.

Quando a mística se firmou, no entanto, uma nova espécie de mulher foi para o subúrbio. Elas estavam em busca de um santuário; estavam totalmente dispostas a aceitar a comunidade suburbana tal como a encontraram (o único problema era "como se encaixar"); estavam totalmente dispostas a preencher seus dias com a trivialidade das tarefas domésticas. Mulheres desse tipo e a maioria daquelas que entrevistei eram da geração universitária pós-1950 e se recusavam a ocupar cargos de elaboração de políticas e de regras nas organizações comunitárias; elas pedem dinheiro para a Cruz Vermelha, March of Dimes,* ou para os escoteiros, ou são chefes de lobinhos, ou aceitam trabalhos menos importantes nas associações de pais e mestres. A resistência à responsabilidade comunitária séria costuma ser explicada por "não posso usar o tempo que é da minha família". Mas a maior parte dessa ajuda à família é desnecessária. O tipo de trabalho comunitário que elas escolhem fazer não desafia sua

---

* Organização que busca melhorar a saúde de gestantes e recém-nascidos. (*N. T.*)

AS TAREFAS DOMÉSTICAS EXPANDEM PARA OCUPAR...

inteligência – às vezes, sequer é uma função de fato – nem proporciona a elas satisfação pessoal, no entanto, preenche as horas.

Assim, cada vez mais, nesses novos subúrbios dormitórios, os trabalhos voluntários realmente interessantes – liderança dos berçários cooperativos e bibliotecas públicas, vagas no conselho escolar, funções executivas no governo, e, em alguns subúrbios, até mesmo a presidência nas associações de pais e mestres – são ocupadas por homens.[5] A dona de casa que "não tem tempo" para assumir responsabilidades importantes na comunidade, como a mulher que "não tem tempo" de fazer carreira, exime-se de um compromisso sério pelo qual ela poderia enfim se realizar; exime-se dele ampliando sua rotina doméstica até ficar realmente presa a ela.

As dimensões da armadilha parecem fisicamente inalteradas, da mesma forma que as tarefas que preenchem o dia da esposa dona de casa parecem estritamente necessárias. Mas essa armadilha doméstica é uma ilusão, apesar de sua solidez real, é uma ilusão criada pela mística feminina? Veja, por exemplo, o "rancho" contemporâneo de plano aberto ou as casas de dois andares, de 14.990 a 54.990 dólares, construídas aos milhões de Roslyn Heights [Nova York], até Pacific Palisades [Califórnia]. Elas dão a ilusão de mais espaço por menos dinheiro. Mas as mulheres para quem essas casas são vendidas praticamente *precisam* viver a mística feminina. Não há portas e paredes de verdade; a mulher na bela cozinha eletrônica nunca fica separada dos filhos. Ela não precisa se sentir sozinha por um minuto sequer, não precisa ficar sozinha. Ela pode esquecer sua própria identidade nessas casas abertas e barulhentas. O plano aberto também ajuda a expandir o trabalho doméstico para ocupar o tempo disponível. Nele, que é basicamente de um aposento amplo de fluxo livre, em vez de muitos cômodos separados por paredes e escadas, a bagunça contínua precisa ser continuamente recolhida. Um homem, obviamente, fica fora de casa quase o dia todo. Mas a mística feminina proíbe a mulher disso.

Uma amiga, escritora talentosa que virou dona de casa em tempo integral, teve a casa suburbana dos sonhos projetada por um arquiteto de acordo com as próprias especificações dela, durante o período em que se definiu como esposa dona de casa e parou de escrever. A casa, que custou aproximadamente 50 mil dólares,* era quase literalmente uma cozinha gigante. Havia um estúdio separado para o marido, que era fotógrafo, e cubículos para dormir, mas não havia um lugar onde ela pudesse sair da cozinha, longe das crianças, durante as horas de trabalho. O mogno maravilhoso e o aço inoxidável dos armários projetados e dos eletrodomésticos eram de fato um sonho, mas quando vi aquela casa, pensei onde ela colocaria a máquina se quisesse voltar a escrever.

É estranho como há poucos lugares para onde você possa ir com intenção de ficar sozinho nessas casas espaçosas e nesses subúrbios que se alastram. Um estudo sociológico sobre esposas de subúrbios de classe alta que se casaram jovens e acordaram, depois de quinze anos de cuidados com os filhos, reuniões de pais e professores, atividades do tipo "faça você mesmo", jardim e churrasco, percebendo de repente que elas queriam ter algum trabalho de verdade concluiu que aquelas que tomavam alguma atitude em relação a isso, com frequência, voltavam para a cidade.[6] Entretanto, entre as mulheres com quem conversei, esse momento da verdade pessoal tinha mais probabilidade de ser marcado pela adição de um cômodo com porta na casa de plano aberto, ou simplesmente instalando uma porta em um quarto da casa, "para que eu possa ter um lugar só para mim, apenas uma porta para fechar entre mim e as crianças, quando eu quiser pensar" – ou trabalhar, ou estudar, ou ficar sozinha.

A maioria das esposas donas de casa estadunidenses, contudo, não fecham essa porta. Talvez elas tenham medo de, finalmente, ficarem sozinhas naquele quarto. Conforme outro cientista social afirmou, o dilema da esposa dona de casa estadunidense é que ela não tem privacidade para ir atrás de seus próprios interesses, mas, mesmo se tivesse mais tempo e espaço para si, não saberia o que fazer com isso.[7] Se ela transformar casamento e maternidade em carreira, conforme manda a mística, se ela se tornar executiva da casa – e tiver uma quantidade

---

* O equivalente a cerca de 420 mil dólares, ou 1,5 milhão reais, em 2019. (*N. T.*)

AS TAREFAS DOMÉSTICAS EXPANDEM PARA OCUPAR...

suficiente de filhos que faça com que esse seja seu grande negócio para gerir –, se ela exercer a força humana, a qual a mística lhe proíbe de exercer em qualquer outro lugar, em administrar a casa perfeita e supervisionar suas crianças e compartilhar da carreira do marido em detalhismo onipresente a ponto de lhe sobrar apenas alguns minutos para gastar com trabalho comunitário e tempo nenhum para interesses maiores e mais sérios, quem vai dizer que isso não é importante, que não é um bom modo de passar a vida, equivalente a dominar os segredos dos átomos e das estrelas, compor sinfonias, desbravar um novo conceito no governo ou na sociedade?

Para a mulher muito talentosa, que tem habilidade tanto cultural quanto biologicamente para criar, a única racionalização possível é convencer a si mesma – à medida que a mística se esforça tanto para convencê-la – de que os mínimos detalhes físicos do cuidado infantil são de fato misticamente criativos; de que seus filhos se sentirão tragicamente abandonados se ela não estiver por perto a cada minuto; que o jantar oferecido à esposa do chefe do marido é tão crucial para a carreira dele quanto os casos que ele defende no tribunal ou o problema que ele soluciona no laboratório. E porque marido e filhos logo ficam fora de casa quase o dia todo, ela precisa ter outros bebês, ou de algum modo fazer as minúcias do serviço doméstico serem, por si só, importantes o suficiente, necessárias o suficiente, difíceis o suficiente, criativas o suficiente, para justificar a própria existência dela.

Se é para justificar a existência inteira de uma mulher dessa forma, se o trabalho da esposa dona de casa é realmente tão importante e tão necessário, por que alguém reprovaria que a esposa de um Einstein dos tempos atuais esperasse que o marido deixasse de lado aquela teoria da relatividade sem vida e a ajudasse com o trabalho que supostamente é a própria essência da vida: trocar a fralda do bebê e não se esquecer de limpar o excesso da fralda na privada, antes de jogar na lixeira, e depois encerar o chão da cozinha?

A prova mais evidente de que, não importa quão elaborada, "ocupação: *esposa dona de casa*" não é uma substituta adequada para um trabalho realmente desafiador, importante o suficiente para a sociedade

A MÍSTICA FEMININA

a ponto de ser remunerado em moeda corrente, surgiu da comédia da "união". Às mulheres atuando nesse teatrinho de moralidade foi dito que eram a estrela principal, que o papel delas era tão importante quanto, talvez até mais, do que o papel do marido no mundo lá fora. Não seria estranho, então, já que faziam um trabalho tão vital, insistirem na divisão do trabalho de casa com o marido? Com certeza, era uma culpa silenciosa, uma percepção silenciosa da prisão da esposa que fez tantos homens concordarem, em variados graus de elegância, com as demandas da esposa. Mas dividir o trabalho com eles não foi uma real compensação para elas por seu afastamento do mundo mais amplo. Se alguma coisa mudou, tirar ainda mais funções das mulheres aumentou o vazio individual delas. Elas precisaram compartilhar ainda mais da vida dos filhos e do marido. União era uma fraca substituta para igualdade; a glorificação do papel das mulheres era uma fraca substituta para a participação livre no mundo como indivíduo.

O verdadeiro vazio por trás da rotina da esposa dona de casa estadunidense foi revelado de muitas formas. Recentemente, em Minneapolis, um professor chamado Maurice K. Enghausen leu um artigo no jornal da cidade sobre a longa semana de trabalho da esposa dona de casa da atualidade. Declarando em carta ao editor que "qualquer mulher que gaste tantas horas nisso é terrivelmente lenta, má administradora das horas ou simplesmente ineficiente", esse solteirão de 36 anos ofereceu-se para ir até qualquer lar e mostrar como poderia ser feito.

Uma leva de esposas donas de casa enfurecidas desafiaram-no a provar. Ele assumiu o lar do sr. e da sra. Robert Dalton, com quatro crianças entre dois e sete anos, por três dias. Em um único dia, ele limpou o térreo, lavou três máquinas de roupas e pendurou todas para secar, passou todas as roupas, incluindo roupas de baixo e lençóis, preparou sopa e sanduíche para o almoço e um grande jantar no quintal, assou dois bolos, preparou duas saladas para o dia seguinte, colou e tirou roupa e deu banho nas crianças, limpou os móveis de madeira e esfregou o chão da cozinha. A sra. Dalton disse inclusive que ele cozinhava melhor que ela. "Quanto à limpeza," ela disse, "sou mais detalhista, mas talvez seja desnecessário".

AS TAREFAS DOMÉSTICAS EXPANDEM PARA OCUPAR...

Ressaltando que ele mesmo mantinha sua casa havia sete anos e tinha trabalhado como faxineiro durante a faculdade, Enghausen disse: "Quem dera lecionar para 115 alunos fosse tão fácil quanto cuidar de quatro crianças e uma casa... Mantenho a opinião de que trabalho doméstico não é a tarefa interminável que mulheres afirmam ser."[8]

Essa opinião, expressa periodicamente por homens, de forma privada ou pública, foi corroborada por um estudo recente sobre tempo e movimentação. Gravando e analisando cada movimento feito por um grupo de esposas donas de casa, esse estudo concluiu que a maior parte da energia despendida no trabalho doméstico é supérflua. Uma série de estudos intensivos patrocinada pela Associação do Coração em Michigan, na Universidade de Wayne, publicou que "mulheres estavam trabalhando mais do que o dobro do que deveriam", esbanjando energia por conta do hábito e da tradição em movimentos desperdiçados e passos desnecessários.

A questão intrigante sobre a "fadiga da dona de casa" ajuda a elucidar ainda mais. Médicos em muitos congressos recentes relataram a impossibilidade de curá-la ou chegar até a causa. Em uma reunião do Conselho Estadunidense de Obstetras e Ginecologistas, um médico de Cleveland afirmou que mães que não conseguem superar "aquela sensação de cansaço" e reclamam que os médicos não ajudam em nada, não estão doentes nem desajustadas, mas, sim, realmente cansadas. "Não é necessário psicanálise nem exame mais profundo", falou o dr. Leonard Lovshin, da Cleveland Clinic. "O dia de trabalho dela dura dezesseis horas e a semana de trabalho, sete dias. [...]. Dedicada, ela se envolve com os meninos e as meninas lobinhos, com o grupo de pais e professores da escola dos filhos, campanhas de sociais, trabalho na Igreja, levar e buscar as crianças na aula de música e de dança." Mas, estranhamente, ele ressaltou, nem a quantidade de trabalho, nem a fadiga de esposa dona de casa parecem afetadas pela quantidade de crianças. A maioria das pacientes tem apenas um ou dois. "Uma mulher com apenas uma criança se preocupa quatro vezes mais a respeito desse único filho do que quem tem quatro, então, no final das contas, tudo fica igual", disse o dr. Lovshin.

A MÍSTICA FEMININA

Alguns médicos, ao não encontrarem um problema orgânico nessas mães cronicamente cansadas, disseram-lhes: "Está tudo em sua mente"; outros prescreveram comprimidos, vitaminas ou injeções para anemia, pressão baixa, metabolismo baixo ou indicaram dieta (uma esposa dona de casa, em geral, tem cerca de 5,5 quilos a quase 7 quilos de sobrepeso), proibiram bebidas (há aproximadamente um milhão de esposas donas de casa identificadas como alcoólatras nos Estados Unidos), ou prescreveram calmantes. Todos esses tratamentos foram inúteis, disse o dr. Lovshin, porque essas mães estavam na verdade cansadas.[9]

Outros médicos, ao descobrirem que essas mães dormem o suficiente ou até mais do que precisam, afirmaram que a causa primária não era fadiga, mas tédio. O problema se tornou tão severo que as revistas femininas trataram do assunto excessivamente – ao modo Poliana da mística feminina. Em uma série de artigos que apareceram no fim da década de 1950, as "curas" sugeridas eram, em geral, do tipo "mais elogio e valorização por parte do marido", embora os médicos entrevistados nesses artigos tivessem indicado claramente que a causa estivesse no papel de "esposa dona de casa mãe". Mas as revistas chegavam às conclusões já costumeiras: que isso é, e sempre será, o destino da mulher, e ela deve fazer dele o melhor que puder. Assim, a revista *Redbook* ("Why Young Mothers Are Always Tired" [Por que mães jovens estão sempre cansadas], setembro de 1959) relatou os resultados de um estudo da Baruch a respeito de pacientes com fadiga crônica:

[...] Fadiga de qualquer tipo é sinal de que algo está errado. A fadiga física protege o organismo de dano provocado pelo excesso de atividade de qualquer parte do corpo. A fadiga nervosa, por outro lado, costuma ser um sinal de que a personalidade está em perigo. Isso é bastante evidente no caso da paciente que reclama amargamente por ser "apenas esposa dona de casa", por desperdiçar seus talentos e sua formação educacional na labuta doméstica e por perder sua beleza, sua inteligência, e, naturalmente, sua própria identidade como pessoa, explica o dr. Harley C. Sands, um dos responsáveis pelo projeto da Baruch. Na indústria, os trabalhos mais fatigantes são aqueles que ocupam apenas parcialmente a atenção do trabalhador, mas ao mesmo tempo o impedem de se concentrar em outra coisa. Muitas jovens esposas dizem que esse enfraquecimento da mente é o que mais as incomoda no cuidado das crianças e do lar. "Depois de um tempo sua mente apaga", dizem. "Não é possível se concentrar em nada. É como estar sonâmbula."

A revista também cita um psiquiatra da Johns Hopkins, relacionando-o à noção de que o principal fator gerador de fadiga crônica em pacientes é "a monotonia não interrompida por qualquer triunfo grandioso ou desastre", notando que isso "sintetiza a situação difícil de muitas mães jovens". Cita até mesmo os resultados de um estudo da Universidade de Michigan no qual 524 mulheres foram questionadas "quais são algumas coisas que fazem você se sentir 'útil e importante'?" e quase nenhuma respondeu "trabalho doméstico"; entre as mulheres que tinham emprego, "a maioria esmagadora, casada ou solteira, achava o emprego mais satisfatório que o trabalho doméstico". Nesse ponto, a revista intervém editorialmente: "Isso, obviamente, não significa que uma carreira seja a alternativa para a fadiga da mãe jovem. O que a mãe trabalhadora poderia obter com isso é mais perturbações do que a jovem matrona presa ao lar." A conclusão feliz da revista: "Como as demandas do trabalho doméstico e da educação filial não são muito flexíveis, não há uma solução satisfatória para os problemas de fadiga crônica. Muitas mulheres, no entanto, poderão diminuir a fadiga se pararem de exigir tanto de si. Ao tentar ser realista sobre o que é capaz de fazer – e, mais importante, o que não é capaz –, uma mulher pode, em longo prazo, ser melhor como esposa e mãe, apesar de cansada."

Outro artigo do tipo ("Is Boredom Bad for You?" [O tédio faz mal?], *McCall's*, abril de 1957) perguntava: "A fadiga crônica da esposa dona de casa é mesmo tédio?" E respondia: "Sim. A fadiga crônica de muitas esposas donas de casa surge por conta da repetição de tarefas, da monotonia

A MÍSTICA FEMININA

do ambiente, do isolamento e da falta de estímulo. O trabalho doméstico pesado, descobriu-se, não é suficiente para explicar a fadiga [...] Quanto mais sua inteligência exceder as necessidades do serviço, maior será seu tédio. É por isso que patrões experientes nunca contratam mentes acima da média para serviços rotineiros [...]. É esse tédio somado, obviamente, às frustrações cotidianas, que torna o trabalho da esposa dona de casa padrão mais fatigante emocionalmente do que o do marido." A cura: "um sincero prazer em algum aspecto do serviço, como cozinhar, ou um incentivo, como uma festa no futuro próximo, e, acima de tudo, ser elogiada pelo homem são bons antídotos para o tédio doméstico."

Para as mulheres que entrevistei, o problema não parecia ser que exigiam demais delas, mas, sim, que exigiam de menos. "Uma espécie de torpor toma conta de mim quando chego em casa depois das incumbências na rua", uma mulher me contou. "Como se não tivesse nada que eu realmente tivesse que fazer, embora tenha muito o que fazer na casa. Por isso deixo uma garrafa de martíni na geladeira, e bebo um pouco para me animar a fazer algo. Ou apenas aguentar até o Don chegar em casa."

Outras mulheres comem, enquanto esticam o trabalho doméstico, apenas para ocupar o tempo disponível. Obesidade e alcoolismo, assim como neuroses, costumam estar relacionados com padrões de personalidade oriundos da infância. Mas será que isso explica por que tantas esposas donas de casa estadunidenses por volta dos 40 anos de idade têm a mesma aparência entediada e sem vida? Será que explica a falta de vitalidade, a mesmice mortal da vida delas, os lanches furtivos entre refeições, além de drinques, calmantes e remédios para dormir? Mesmo com a variedade de personalidade dessas mulheres, deve haver algo na natureza de seu trabalho, da vida que vivem, que as leva a essas fugas.

Isso é verdade em relação ao trabalho da esposa dona de casa estadunidense tanto quanto é em relação ao trabalho da maioria dos homens estadunidenses nas linhas de montagem ou nos escritórios corporativos: o trabalho que não usa completamente a capacidade de um homem o deixa com uma necessidade vazia de escape – televisão, calmante, álcool, sexo. Porém, os maridos das mulheres que entrevistei costumavam estar envolvidos com trabalhos que exigiam habilidade, responsabilidade e decisão. Notei que, quando esses homens ficavam encarregados de determinada tarefa doméstica, cumpriam-na em bem menos tempo que a esposa. Mas, obviamente, para eles esse nunca era o serviço que dava sentido à vida. Independentemente de por esse motivo colocarem mais energia no trabalho para ficarem livres dele logo ou de o trabalho doméstico não precisar demandar tanta energia, os homens terminavam mais rápido e algumas vezes pareciam apreciar mais.

Críticos sociais, na era da união, costumavam reclamar que a carreira dos homens era prejudicada por todo esse trabalho doméstico. Mas a maioria dos maridos que entrevistei não parecia deixar o trabalho doméstico interferir na carreira. Quando os maridos cumpriam aquela porção de tarefas do lar à noite ou no fim de semana porque a esposa trabalhava fora, ou porque a carreira dela era no lar e ela não dava conta de tudo, ou porque era muito passiva, dependente e impotente para dar conta, ou mesmo porque a esposa deixava sobrar tarefas para o marido, para se vingar, esse trabalho não expandia.

Porém, percebi que o trabalho doméstico tinha, sim, tendência a expandir para ocupar o tempo, quando alguns poucos maridos pareciam usar essas tarefas do lar como desculpa para não enfrentar algum desafio da própria carreira. "Gostaria que ele não insistisse em passar o aspirador na casa toda, nas terças à noite. Não é necessário, e ele poderia trabalhar no livro dele", a esposa de um professor universitário me contou. Assistente social capacitada, ela organizou toda a vida profissional para dar um jeito de cuidar da casa e das crianças sem contratar uma empregada. Com a ajuda da filha, ela fazia faxina completa na casa aos sábados; o aspirador nas terças não era necessário.

Fazer o trabalho do qual é capaz é sinal de maturidade. Não são as exigências do trabalho doméstico e dos filhos, ou a ausência de empregadas, que impedem a maioria das mulheres estadunidenses de amadurecer e fazer o trabalho do qual são capazes. No passado, quando havia muitas empregadas domésticas, a maioria das mulheres de classe média que contratava uma não utilizava a liberdade para

A MÍSTICA FEMININA

exercer um papel mais ativo na sociedade; ficavam confinadas ao "papel feminino" de lazer. Em países como Israel e Rússia, onde se espera que mulheres sejam mais do que apenas esposas donas de casa, empregadas domésticas são raras, e, no entanto, o lar e as crianças e o amor evidentemente não são negligenciados.

É a mística da realização feminina e a imaturidade gerada por ela que impedem a mulher de realizar o trabalho do qual é capaz. Não é estranho que mulheres que tenham vivido dez ou vinte anos sob a mística, ou que tenham se ajustado a ela tão cedo que jamais experimentaram ficar sozinhas, tenham medo de enfrentar o teste do trabalho real no mundo e se apeguem à identidade delas como esposas donas de casa – ainda que, por isso, condenem-se ao sentimento de "vazia, inútil, como se não existisse". As tarefas domésticas podem, devem, expandir para ocupar o tempo disponível, quando não há qualquer outro propósito na vida, isso parece bastante óbvio. Afinal, sem qualquer outro propósito na vida, se o trabalho doméstico fosse completado em uma hora, e com as crianças na escola, a esposa dona de casa inteligente e cheia de energia acharia insuportável o vazio de seus dias.

Uma mulher de Scarsdale demitiu a empregada doméstica, e, mesmo fazendo todo o trabalho do lar sozinha, além do trabalho voluntário de sempre, não gastava toda sua energia. "Resolvemos o problema", ela contou, falando de si e de uma amiga que havia tentado se suicidar. "Jogamos boliche três manhãs por semana. Caso contrário, ficaríamos malucas. Pelo menos agora conseguimos dormir à noite." "Sempre há uma forma de se livrar disso", ouvi uma mulher falar à outra durante o almoço em um restaurante, debatendo, de modo um tanto quanto apático, sobre o que fazer com a "tarde livre", sem trabalho doméstico, que o médico prescreveu. Alimentos dietéticos e academias de ginástica se tornaram negócios lucrativos na batalha fútil para se livrar da gordura que não pode ser transformada em energia humana pela dona de casa estadunidense. É um pouco chocante pensar que mulheres estadunidenses inteligentes e com formação educacional sejam forçadas a "se livrar" de sua energia criativa humana se alimentando de algum pó pálido e digladiando

AS TAREFAS DOMÉSTICAS EXPANDEM PARA OCUPAR...

com máquinas. Mas ninguém fica chocado ao perceber que se livrar da energia criativa feminina, em vez de usá-la para um propósito maior na sociedade, é a própria essência de ser esposa dona de casa.

Viver de acordo com a mística depende de uma reversão da história, uma desvalorização do progresso humano. Para levar as mulheres de volta ao lar, sem obrigá-las, como fizeram os nazistas, mas com "propaganda com o propósito de restaurar o senso de prestígio e autoestima da mulher como mulher, mãe ou mãe em potencial [...] mulheres que vivem como mulheres", significava que as mulheres precisavam resistir ao próprio "desemprego tecnológico". As indústrias de alimentos enlatados e as padarias não fecharam, mas mesmo os criadores da mística sentiram necessidade de se defenderem contra a questão "ao sugerir que as mulheres possam, por vontade própria, retomar algumas de suas funções no lar, tais como cozinhar, preparar conservas e decorar, estamos tentando atrasar o relógio do progresso?".[10]

Progresso não é progresso, argumentaram; em teoria, livrar a mulher da labuta doméstica a liberta para o cultivo de objetivos mais grandiosos, contudo, "entende-se que, desses objetivos, muitos são arranjados e poucos são escolhidos, entre os homens tanto quanto entre as mulheres". Portanto, que todas as mulheres retomem o trabalho no lar, o qual todas conseguem fazer com facilidade – e que a sociedade dirija esse teatro de tal forma que o prestígio das mulheres "passe enfaticamente a ser para aquelas que reconhecidamente sirvam à sociedade de forma mais completa como mulher".

Por quinze anos ou mais, tem acontecido uma campanha publicitária, tão difundida nesta nação democrática quanto na mais eficiente das ditaduras, para dar "prestígio" às esposas donas de casa. Mas será que o senso de *self* na mulher, que já se baseou em trabalho necessário e realização no lar, pode ser recriado pelo trabalho doméstico, que não é mais realmente necessário nem exige, de fato, alguma habilidade, em um país e em uma época nos quais enfim a mulher pode ser livre para seguir adiante? É errado para uma mulher, por qualquer motivo, passar seus dias em um trabalho que não avança como o mundo ao redor dela, em um trabalho que não utiliza de fato sua energia criativa. As mulheres estão descobrindo elas mesmas que, embora sempre haja "uma forma de se livrar dele", elas não terão paz até que comecem a *usar* suas habilidades.

Certamente há muitas mulheres nos Estados Unidos que no momento estão felizes como esposas donas de casa, e algumas cujas habilidades são totalmente utilizadas em seu papel de dona de casa. Mas felicidade não é a mesma coisa que a vivacidade de ser totalmente utilizada. E a inteligência e a capacidade humanas não são estáticas. O trabalho doméstico, não importa o quanto expanda para ocupar o tempo disponível, não é capaz de utilizar as habilidades de uma mulher de inteligência mediana ou normal, muito menos daqueles 50% da população feminina cuja inteligência, na infância, era acima da média.

Há algumas décadas, certas instituições que se ocupam de pessoas com incapacidade cognitiva descobriram que o trabalho doméstico é particularmente adequado às habilidades das garotas com inteligência abaixo da média. Em muitas cidades, meninas internadas em instituições para pessoas com doenças mentais eram muito requisitadas como empregadas domésticas, e o trabalho do lar naquela época era muito mais difícil.

Decisões básicas sobre a criação dos filhos, decoração da casa, planejamento das refeições, orçamento familiar, educação escolar e recreação envolvem inteligência, é óbvio. Porém, conforme afirmou um dos poucos especialistas em lar e família que enxergou o verdadeiro absurdo da mística feminina, a maioria do trabalho doméstico, a parte que ainda toma mais tempo, "pode ser executada com aptidão por uma criança de oito anos".

> O papel da dona de casa é, portanto, análogo ao de um presidente de uma corporação que não apenas determinaria política e planos gerais como também gastaria boa parte de seu tempo e de sua energia em atividades como varrer a fábrica ou lubrificar as máquinas. A indústria, obviamente, é muito parcimoniosa com as capacidades de seus funcionários para desperdiçá-las dessa forma.

AS TAREFAS DOMÉSTICAS EXPANDEM PARA OCUPAR...

A verdadeira satisfação de "criar um lar" – o relacionamento pessoal com marido e crianças, a atmosfera de hospitalidade, serenidade, cultura, calor ou segurança que uma mulher proporciona ao lar vem de sua personalidade, não da vassoura, do fogão ou da pia. Uma mulher ter a sensação gratificante de criação plena por meio das múltiplas tarefas monótonas que são sua responsabilidade diária é tão irracional quanto um operário da linha de montagem alegrar-se por ter criado um automóvel quando apertou um parafuso. É difícil enxergar como a arrumação depois das refeições, três vezes ao dia, e fazer listas de supermercado (3 limões, 2 pacotes de sabão em pó, 1 lata de sopa), limpar o filtro do ar condicionado com o apetrecho especial de borracha do aspirador, esvaziar lixeiras e lavar o chão do banheiro, dia após dia, semana após semana, ano após ano, possam resultar em algo além de ninharias que levam a nada.[11]

Vários dos fenômenos sexuais mais desagradáveis desta época podem ser vistos agora como resultado inevitável dessa concessão ridícula que milhões de mulheres fazem para passar os dias executando o trabalho que uma criança de oito anos é capaz de fazer. Afinal, não importa o quanto a "carreira do lar e da família" seja racionalizada para justificar tamanho desperdício de força feminina capacitada; não importa o quão engenhosamente os manipuladores inventem palavras novas com ares de cientificismo, "*lubrilator*" e semelhantes, para dar a ilusão de que enfiar roupas na máquina é um ato semelhante a decifrar o código genético; não importa o quanto as tarefas domésticas são expandidas para ocupar o tempo livre, ainda assim representam pouco desafio para a mente adulta. Esse vácuo mental foi inundado por uma infinita fileira de livros sobre cozinha gourmet, tratados científicos sobre cuidado infantil e, sobretudo, conselhos sobre técnicas de "amor matrimonial", relações sexuais. Isso também oferece pouco desafio à mente adulta. Quase seria possível prever os resultados. Para grande consternação dos homens, as mulheres se tornaram subitamente "especialistas", as sabe-tudo, cuja

A MÍSTICA FEMININA

superioridade inabalável no lar, um domínio que ambos ocupavam, era impossível vencer e muito complicada de conviver. Conforme Russell Lynes destaca, esposas começaram a tratar o marido como empregado de meio período – ou como o eletrodoméstico mais moderno.[12] Com um curso rápido sobre economia doméstica ou casamento e família na bagagem e exemplares do dr. Spock e do dr. Van de Velde* lado a lado na prateleira; com todo aquele tempo, energia e inteligência direcionados para marido, crianças e casa, a esposa jovem estadunidense – fácil, inevitável e desastrosamente – começou a dominar a família mais completamente do que sua "mamãe".

NOTAS

1. Jhan e June Robbins, "Why Young Mothers Feel Trapped" [Por que mães jovens se sentem aprisionadas], *Redbook*, set. 1960.
2. Departamento de Pós-graduação em Economia Social e Pesquisa Social Carola Woerishoffer, "Women During the War and After" [Mulheres durante e após a guerra], Faculdade de Bryn Mawr, 1945.
3. Theodore Caplow destaca em *The Sociology of Work* [A sociologia do trabalho], p. 234, que com a economia em rápida expansão desde 1900, e a urbanização extremamente rápida dos Estados Unidos, o aumento no emprego feminino de 20,4% em 1900 para 28,5% em 1950 foi extremamente modesto. Estudos recentes sobre o tempo despendido por esposas donas de casa estadunidenses no trabalho doméstico, que confirmam minha descrição do efeito Parkinson, resumidos por Jean Warren, "Time: Resource or Utility" [Tempo: recurso ou utilidade], *Journal of Home Economics*, vol. 49, jan. 1957, pp. 21 ss. Alva Myrdal e Viola Klein em *Women's Two Roles – Home and Work* [Os dois papéis das mulheres: casa e trabalho], citam um estudo francês que mostrou

---

* Ginecologista holandês que lançou livros sobre sexualidade, principalmente manuais sobre a sexualidade após o casamento. (*N. T.*)

AS TAREFAS DOMÉSTICAS EXPANDEM PARA OCUPAR...

que mães trabalhando fora reduziram trinta horas semanais do tempo gasto com trabalho doméstico, comparadas a donas de casa em tempo integral. A semana de trabalho da mãe trabalhadora, com três crianças, passou a ser de 35,2 horas no emprego, 48,3 horas em trabalhos domésticos; a esposa dona de casa em tempo integral gastava 77,7 horas em trabalho doméstico. A mãe com emprego ou profissão em tempo integral, além do trabalho doméstico e das crianças, trabalhava apenas uma hora a mais por dia do que a esposa dona de casa em tempo integral.

4. Robert Wood, *Suburbia, Its People and Their Politics* [Subúrbio, seu povo e suas políticas], Boston, 1959.

5. Veja "Papa's Taking Over the PTA Mama Started" [Papai está assumindo o comando da associação de pais e mestres que a mamãe fundou], *New York Herald Tribune*, fev. 10, 1962. Na convenção nacional das Associações de Pais e Mestres, em 1962, foi revelado que 32% dos 46.457 presidentes são agora homens. Em certos estados, a porcentagem de homens no papel de líder da associação é ainda maior, incluindo Nova York (33%), Connecticut (45%) e Delaware (80%).

6. Nanette E. Scofield, "Some Changing Roles of Women in Suburbia: A Social Anthropological Case Study" [Alguns papéis em mutação de mulheres nos subúrbios: um estudo de caso socioantropológico], transações da Academia de Ciências de Nova York, vol. 22, n. 6, abr. 1960.

7. Mervin B. Freedman, "Studies of College Alumni" [Estudos sobre ex-alunos de faculdade], em *The American College*, pp. 872 ss.

8. Murray T. Pringle, "Women Are Wretched Housekeepers" [Mulheres são péssimas donas de casa], *Science Digest*, jun. 1960.

9. Veja *Time*, 20 abr. 1959.

10. Farnham e Lundberg, *Modern Woman: The Lost Sex* [Mulher moderna: o sexo perdido], p. 369.

11. Edith M. Stern, "Women Are Household Slaves" [Mulheres são escravas do lar], *American Mercury*, jan. 1949.

12. Russell Lynes, "The New Servant Class" [A nova classe de criados], em *A Surfeit of Honey* [Um excesso de mel], Nova York, 1957, pp. 49-64.

11. Pessoas em busca de sexo

Não estudei os relatórios de Kinsey. Mas, quando eu estava no rastro do problema sem nome, as esposas donas de casa suburbanas que entrevistei com frequência me ofereciam uma resposta explicitamente sexual para uma pergunta nada sexual. Eu perguntava sobre seus interesses pessoais, ambições, o que faziam ou gostariam de fazer, não necessariamente como esposas e mães, mas quando não estavam ocupadas com o marido ou as crianças, ou o trabalho doméstico. A pergunta poderia até ser o que estavam fazendo a respeito de sua educação. Mas algumas dessas mulheres simplesmente partiam do pressuposto de que eu estava perguntando sobre sexo. Seria o problema que não tem nome um problema sexual, afinal? Eu poderia ter pensado que sim, não fosse o fato de que, quando essas mulheres falavam de sexo, havia uma nota em falso, um aspecto estranho e irreal em suas palavras. Faziam alusões misteriosas ou insinuações descaradas; queriam muito que eu perguntasse sobre sexo; mesmo se eu não perguntasse, com frequência se orgulhavam ao descrever detalhes explícitos de alguma aventura sexual. Não inventavam; as aventuras eram bastante reais. Mas o que as tornava tão assexuais, tão irreais?

Uma mulher de 38 anos, mãe de quatro filhos, contou que sexo era a única coisa que a fazia se "sentir viva". Mas tinha algo errado: o marido dela não provocava mais essa sensação. Eles cumpriam as formalidades, mas ele não tinha mais interesse. Ela começava a zombar dele na cama. "Eu preciso de sexo para me sentir viva, mas eu nem sinto mais o meu marido", ela disse.

Em um tom prático e sem emoção que contribuiu para a irrealidade, uma mulher de trinta anos, mãe de cinco crianças calmamente tricotando um suéter, falou que estava pensando em ir embora, talvez para o México, para morar com o homem com quem estava tendo um caso. Ela não o amava, mas pensou que, caso se entregasse "completamente" para ele, poderia encontrar aquela sensação que agora sabia ser "a única coisa importante na vida". E as crianças? Vagamente, supôs que as levaria junto – o marido não se importaria. E qual era essa sensação que ela buscava? Ela pensava ser a que descobriu com o marido, no início. Pelo menos se lembra de que, quando se *casou* com ele – ela tinha 18 anos –, sentiu "tanta felicidade que queria morrer". Mas ele não "se entregou completamente" para ela; ele dava muito de si para o trabalho. Então ela encontrou a sensação por um tempo, pensou, com os filhos. Pouco tempo depois de desmamar o quinto, aos 3 anos, ela teve seu primeiro caso extraconjugal. Ela descobriu que "conseguia ter aquela sensação maravilhosa outra vez, de me entregar completamente a outra pessoa". Mas o caso não poderia durar; ele tinha muitos filhos, assim como ela. Quando terminaram, ele lhe disse: "Você me deu uma sensação de identidade." E ela pensou: "E a minha identidade?" Então passou um mês fora naquele verão, sozinha, e deixou os filhos com o marido. "Eu procurava por algo, não sei bem o quê, mas a única maneira de conseguir essa sensação é quando estou apaixonada." Ela teve outro caso, só que dessa vez a sensação não apareceu. Então, com este novo homem, ela queria ir embora de vez. "Agora que sei como conseguir aquela sensação", contou, tricotando com calma. "Simplesmente vou continuar tentando até encontrá-la outra vez."

Ela foi embora para o México com aquele homem desconhecido, levando seus cinco filhos; no entanto, seis meses depois, estava de volta com filhos e tudo. Evidentemente, não encontrou a "sensação" fantasma. O que quer que tenha acontecido, não foi real o suficiente para afetar o casamento, que foi retomado como antes. O que era essa sensação que ela esperava conseguir com sexo? E por que estava, de alguma forma, sempre fora de alcance? O sexo se torna irreal, uma fantasia, quando uma pessoa precisa dele para se sentir "viva", para sentir "a própria identidade"?

PESSOAS EM BUSCA DE SEXO

Em outro subúrbio, conversei com uma mulher atraente de quase 40 anos que tinha interesses "culturais", embora fossem bem vagos e desfocados. Ela começava a pintar quadros que não terminava, conseguia patrocínio para concertos aos quais não assistia, disse que "ainda não havia encontrado sua mídia". Descobri que ela se dedicava a uma espécie de busca sexual por status que tinha as mesmas pretensões vagas e desfocadas de suas aventuras culturais, e, na verdade, faziam parte delas. Gabava-se da proeza intelectual, da distinção profissional dos homens que, insinuava, queriam dormir com ela. "Isso faz você se sentir orgulhosa, como uma conquista. Você não quer esconder. Quer que todos saibam, quando é um homem dessa envergadura", ela me disse. O quanto ela realmente queria dormir com esse homem, de envergadura ou não, era outra questão. Mais tarde, fiquei sabendo por meio de vizinhos dela que ela era uma piada na comunidade. Todos de fato "sabiam", mas suas ofertas sexuais eram tão impessoais e previsíveis que apenas um marido novato no bairro as levaria a sério o suficiente.

Entretanto, a necessidade evidentemente insaciável de uma mãe de quatro filhos um pouco mais jovem naquele mesmo subúrbio não era piada. Sua busca por sexo, de algum modo nunca satisfeita apesar dos diversos casos, misturada a muitas "carícias extraconjugais", como Kinsey teria descrito, teve consequências reais e desastrosas em ao menos dois outros casamentos. Essas mulheres e outras como elas, em busca de sexo no subúrbio, viviam literalmente dentro das fronteiras estreitas da mística feminina. Eram inteligentes, mas estranhamente "incompletas". Haviam desistido de tentar expandir o trabalho doméstico ou o comunitário para ocupar o tempo disponível; em vez disso, voltaram-se para o sexo. Mas ainda assim permaneciam insatisfeitas. O marido já não satisfazia, elas diziam, e casos extraconjugais não eram melhores. Em termos de mística feminina, se uma mulher sente um "vazio" pessoal, se está insatisfeita, a causa deve ser sexual. Então, por que o sexo nunca a satisfaz?

Da mesma maneira que garotas universitárias usavam a fantasia sexual da vida de casada para se protegerem dos conflitos e de dores e trabalho crescentes de um comprometimento pessoal com ciência ou arte ou sociedade, estariam essas mulheres casadas colocando nessa busca sexual insaciável as energias agressivas as quais a mística feminina as proíbe de usar para propósitos humanos maiores? Estariam usando o sexo ou a fantasia sexual para atender a necessidades não sexuais? É por isso que o sexo delas, mesmo quando real, parece fantasia? Seria por isso que, mesmo quando experimentam o orgasmo, elas se sentem "insatisfeitas"? Estariam elas voltadas para essa busca sexual nunca satisfeita porque, no casamento, não encontraram a completude sexual prometida pela mística feminina? Ou seria esse sentimento de identidade pessoal, ou realização, que buscam no sexo algo que o sexo por si só não é capaz de fornecer?

O sexo é a única fronteira aberta para mulheres que sempre viveram confinadas pela mística feminina. Nos últimos quinze anos, a fronteira sexual foi forçada a se abrir talvez para além dos limites possíveis para ocupar o tempo disponível, para preencher o vácuo criado pela negação de objetivos e propósitos maiores às estadunidenses. A crescente fome por sexo das mulheres estadunidenses foi documentada *ad nauseam* – por Kinsey, pelos sociólogos e romancistas do subúrbio, pela mídia de massa, anúncios, televisão, filmes e revistas femininas que satisfazem o apetite feminino voraz por fantasia sexual. Não é um exagero dizer que diversas gerações de mulheres talentosas estadunidenses foram reduzidas, com sucesso, a criaturas sexuais, pessoas em busca de sexo. Mas algo evidentemente deu errado.

Em vez de cumprir a promessa de êxtase orgástico infinito, o sexo nos Estados Unidos da mística feminina está se tornando uma compulsão nacional estranhamente triste, quiçá uma desrespeitosa brincadeira. Os romances saturados de sexo estão se tornando cada vez mais explícitos e cada vez mais enfadonhos; o caráter sexual das revistas femininas tem uma melancolia doentia; a enxurrada interminável de manuais descrevendo novas técnicas sexuais aponta para uma falta de excitação interminável. O tédio sexual é traído pelo constante aumento dos seios das vedetes de Hollywood, pela repentina aparição do falo masculino como "truque" propagandístico. Sexo se tornou despersonalizado, visto nos termos desses símbolos exagerados. Porém, de todos esses fenômenos sexuais estranhos

PESSOAS EM BUSCA DE SEXO

que apareceram na era da mística feminina, os mais irônicos são estes: a fome sexual frustrada das mulheres estadunidenses aumentou, e seus conflitos em relação à feminilidade se intensificaram, quando elas retrocederam da atividade independente para a busca da realização exclusiva, por meio do papel sexual no lar. E, conforme as estadunidenses voltaram sua atenção para essa busca de realização sexual exclusiva, explícita e agressiva, ou a performance dessa fantasia sexual, o desinteresse sexual do homem estadunidense e sua hostilidade para com as mulheres também aumentaram.

Encontrei evidência desses fenômenos em toda parte. Há, como já disse, um ar de irrealidade exagerada a respeito de sexo hoje em dia, seja na descrição dele nas páginas abertamente lascivas dos romances populares ou nos corpos curiosos, quase assexuados, das mulheres que posam para fotografias de moda. De acordo com Kinsey, não houve aumento no "escape" sexual nas décadas recentes. Mas na última década houve um aumento enorme na preocupação estadunidense com sexo e fantasia sexual.[1]

Em janeiro de 1950, e depois novamente em janeiro de 1960, um psicólogo estudou todas as referências sobre sexo em jornais, revistas, televisão e programas de rádio, peças, canções populares, romances best-sellers e livros de não ficção estadunidenses. Ele encontrou um aumento enorme das referências explícitas a desejos sexuais e expressões (incluindo "nudez, órgãos sexuais, escatologia, 'obscenidade', lascívia e relação sexual"). Essas constituíam mais de 50% das referências observadas sobre sexualidade humana, com "coito extraconjugal" (incluindo "fornicação, adultério, promiscuidade sexual, prostituição e doença venérea") em segundo lugar. Na mídia estadunidense, ocorreram 2,5 vezes mais referências a sexo em 1960 do que em 1950, um aumento de 509 para 1.341 referências sexuais "permissivas" nos 200 veículos de comunicação estudados. As chamadas "revistas masculinas" não apenas alcançaram novos patamares em sua preocupação com órgãos sexuais femininos específicos, mas houve uma erupção de revistas abertamente voltadas para a homossexualidade. O novo fenômeno sexual mais

A MÍSTICA FEMININA

impactante, no entanto, foi a lubricidade aumentada e evidentemente "insaciável" dos romances best-sellers e ficção periódica, cujo público-alvo é, principalmente, mulheres.

Apesar de sua aprovação profissional à atitude "permissiva" diante do sexo comparada à sua prévia negação hipócrita, o psicólogo foi levado a especular:

> Descrições de órgãos sexuais [...] são tão frequentes nos romances modernos que é de se imaginar que sejam requisitos para um trabalho de ficção entrar na lista dos mais vendidos. Já que as antigas e moderadas descrições de relações sexuais parecem ter perdido a capacidade de excitar, e até mesmo as perversões sexuais se tornaram lugares-comuns na ficção moderna, atualmente, o passo lógico parece ser as descrições detalhadas dos órgãos sexuais propriamente ditos. É difícil imaginar qual será o próximo passo na questão da obscenidade.[2]

De 1950 a 1960, o interesse de homens pelos detalhes do coito não era nada comparado à avidez das mulheres – tanto a representada por essas mídias quanto a avidez delas como audiência. Já em 1950, os detalhes indecentes do ato sexual encontrados nas revistas masculinas eram ultrapassados pelos encontrados nos *best-sellers* de ficção vendidos, sobretudo, para mulheres.

Durante esse mesmo período, as revistas femininas apresentavam uma preocupação maior com sexo, disfarçada de forma bastante doentia.[3] Alguns destaques no tema "saúde" como "Dando um jeito no casamento", "Salvando o casamento", "Conte-me, doutor" descreviam os detalhes sexuais mais íntimos à guisa moralista de "problemas", e as mulheres os liam com o mesmo espírito com que liam os casos nos textos sobre psicologia. Filmes e teatro traíam a preocupação crescente com o sexo pervertido, ou transmissor de doenças, a cada novo filme e nova peça um pouco mais sensacionalista que o último, na tentativa de chocar ou excitar.

PESSOAS EM BUSCA DE SEXO

Ao mesmo tempo, podia-se enxergar, quase em paralelo, a sexualidade humana reduzida a seus limites fisiológicos mais estreitos nos inúmeros estudos sociológicos sobre sexo, nos subúrbios e na pesquisa de Kinsey. Os dois relatórios Kinsey, em 1948 e 1953, trataram a sexualidade humana como um jogo de busca por status no qual o objetivo era o maior número de "escapes", orgasmos alcançados igualmente por masturbação, emissões noturnas durante o sonho, relação com animais e variadas posições com o outro sexo, pré, extra ou pós-nupcial. O que os pesquisadores de Kinsey relataram e o modo como o fizeram, não menos do que os romances, revistas e peças empanturrados de sexo, eram todos sintomas da crescente despersonalização, imaturidade, falta de alegria e absurdo espúrio da nossa preocupação excessiva com sexo.

Que essa espiral de "desejo, sensacionalismo e lascívia" sexual não fosse exatamente um sinal de afirmação saudável da relação sexual humana tornou-se algo aparente, à medida que a imagem de homens cobiçando mulheres cedeu lugar à nova imagem de mulheres cobiçando homens. Situações sexuais extremas exageradas e pervertidas pareciam ser necessárias para excitar tanto herói quanto audiência. Talvez o melhor exemplo seja a reversão perversa do filme italiano *La Dolce Vita*, que, com todas suas pretensões artísticas e simbólicas, foi um *hit* nos Estados Unidos por conta de sua muito divulgada provocação sexual. Embora seja um comentário sobre sexo e sociedade italianos, esse filme em particular foi, com suas características principais de preocupação sexual, devastadoramente pertinente ao cenário estadunidense.

Assim como cada vez mais é o caso de romances, peças e filmes estadunidenses, pessoas em busca de sexo eram principalmente mulheres, apresentadas como criaturas sexuais desmioladas muito bem ou muito malvestidas (a estrela de Hollywood) e parasitas histéricas (a amiga do jornalista). Além dessas, havia a garota rica e promíscua que precisava do estímulo perverso da cama emprestada da prostituta, as mulheres agressivas e famintas por sexo na orgia "esconde-esconde" à luz de velas no castelo, e, por fim, a divorciada que fez um *striptease* contorcionista para uma plateia solitária, entediada e indiferente.

A MÍSTICA FEMININA

Todos os homens, na verdade, estavam entediados demais ou ocupados demais para se importar. O herói passivo e indiferente vagava de uma mulher em busca de sexo para outra – um Don Juan, um homossexual subentendido, atraído em fantasia pela garotinha assexuada, fora de alcance para além da água. Os extremos exagerados das situações sexuais terminam por fim em uma despersonalização que cria um tédio exagerado – tanto no herói quanto nos espectadores. (O próprio tédio do sexo despersonalizado pode também explicar a diminuição da plateia nos teatros da Broadway, da audiência dos filmes hollywoodianos e dos leitores de romances estadunidenses.) Muito antes das cenas finais de *La Dolce Vita* – quando todos saem para encarar aquele enorme peixe morto e inchado –, a mensagem do filme já estava bem clara: "a doce vida" é insípida.

A imagem da mulher agressiva em busca de sexo aparece em romances como *A caldeira do diabo* e *O relatório Chapman* – que conscientemente suprem a fome feminina por fantasia sexual. Se a imagem fictícia da mulher excessivamente luxuriosa significa que as estadunidenses se tornaram ávidas por sexo na vida real ou não, ao menos possuem um apetite insaciável por livros que tratam do ato sexual – um apetite que, na ficção e na vida real, nem sempre parece ser compartilhado com os homens. Essa discrepância entre a preocupação sexual de homens e mulheres estadunidenses – na ficção ou na realidade – pode ter uma explicação simples. As esposas donas de casa suburbanas, principalmente, são com mais frequência pessoas que buscam sexo do que pessoas que encontram sexo, não apenas devido aos problemas causados pelas crianças chegando em casa da escola, carros estacionados por tempo demais na frente da casa, empregadas fofoqueiras, mas porque, em termos simples, os homens não estão tão disponíveis. Homens, em geral, passam a maior parte de seu tempo dedicados a buscas e paixões não sexuais e têm menos necessidade de expandir o sexo para ocupar o tempo livre. Então, da adolescência até o fim da meia-idade, as estadunidenses estão condenadas a passar a maior parte da vida em fantasia sexual. Mesmo quando o caso sexual – ou as "carícias extraconjugais" que Kinsey percebeu terem aumentado – é real, nunca é tão real quanto a mística levou as mulheres a acreditar.

328

PESSOAS EM BUSCA DE SEXO

Conforme o autor de *The Exurbanites* [Os moradores do condomínio rico] afirma:

> Enquanto o parceiro pode estar, e provavelmente está, envolvido em algo bastante casual para ele, não se esquecendo, obviamente, de fazer lisonjas verbais criadas para persuadi-la do exato oposto, ela com frequência está genuinamente muito envolvida no que imagina ser o verdadeiro amor de sua vida. Desanimada pelas inadequações de seu casamento, confusa e infeliz, enraivecida e com frequência humilhada pelo comportamento do marido, ela está psicologicamente preparada para o homem que irá com maestria e critério usar de charme, sagacidade e comportamento sedutor [...]. Assim, em luaus, nas festas de sábado à noite, nas longas viagens de carro de um lugar para outro – em todas essas ocasiões nas quais os casais costumam se separar –, as primeiras palavras podem ser trocadas, o terreno preparado, as primeiras fantasias conjuradas, o primeiro olhar significativo trocado, o primeiro beijo desesperado roubado. E, com frequência, mais tarde, quando a mulher percebe que o que tinha importância para ela era casual para ele, poderá chorar, depois secar as lágrimas e olhar em volta outra vez.[4]

Mas o que acontece quando uma mulher baseia toda sua identidade em seu papel sexual; quando sexo é necessário para ela "se sentir viva"? Muito simples: ela faz exigências impossíveis sobre o próprio corpo, sua "feminilidade", bem como sobre o marido e sua "masculinidade". Um conselheiro matrimonial me contou que muitas das esposas suburbanas jovens com quem lida "exigem muito do amor e do casamento, mas não existe excitação nem mistério, às vezes não acontece quase nada, literalmente".

> É algo para o qual ela foi instruída e educada, toda essa informação e preocupação sexual, esse padrão apresentado de forma

clara, ao qual ela deve se devotar quando se torna esposa e mãe. Não há magia alguma em dois estranhos, homem e mulher, seres distintos, encontrando-se. Está tudo disposto previamente, um roteiro seguido sem a dificuldade, a beleza, o assombro misterioso da vida. Então ela diz para ele, faça alguma coisa, faça com que eu sinta algo, mas não há poder dentro dela para evocar isso.

Um psiquiatra afirma que tem visto com frequência o sexo "morrer uma morte lenta e agonizante" quando mulheres, ou homens, usam a família "para compensar em intimidade e afeição o fracasso de alcançar objetivos e satisfações na comunidade mais ampla".[5] Às vezes, ele me contou, "há tão pouca vida real que depois de um tempo até mesmo o sexo se deteriora, e por fim morre, e meses se passam sem desejo algum, embora sejam jovens". O ato sexual "tende a se tornar mecânico e despersonalizado, uma liberação física que deixa os parceiros se sentindo ainda mais solitários depois do ato do que antes. A expressão de sentimento afetuoso murcha. O sexo se torna a arena para a luta por dominância e controle. Ou se torna uma rotina enfadonha e vazia, executada de acordo com a agenda".

Embora não encontrem satisfação no sexo, essas mulheres continuam sua infindável busca. Para a mulher vivendo de acordo com a mística feminina, não há caminho para a realização, para o status, para a identidade, exceto o sexual: a realização da conquista sexual, o status como objeto sexual desejável, a identidade de esposa e mãe sexualmente bem-sucedida. E, no entanto, como o sexo não satisfaz de fato a essas necessidades, ela busca escorar seu vazio com coisas, até que, frequentemente, até mesmo o sexo, e o marido e as crianças, nos quais a identidade sexual repousa, tornam-se posses, coisas. Uma mulher que é apenas objeto sexual acaba vivendo em um mundo de objetos, incapaz de tocar nos outros a identidade individual que falta em si mesma.

É a necessidade de ter algum tipo de identidade ou realização que leva as esposas donas de casa suburbanas a se oferecerem tão avidamente para estranhos e vizinhos – e isso faz do marido delas "mobília" na própria casa? Em um romance recente sobre adultério suburbano, o autor fala por meio de um açougueiro que se aproveita das esposas donas de casa solitárias do bairro:

> Você sabe o que os Estados Unidos são? Uma grande e ensaboada bacia de tédio [...] e nenhum marido entende essa bacia ensaboada. E uma mulher não é capaz de explicar para outra porque todas elas estão com as mãos ocupadas dentro desse tédio ensaboado. Então tudo o que um homem precisa ser é compreensivo. Sim, querida, eu sei, eu sei, sua vida é horrível, tome umas flores, tome um perfume, tome um "eu te amo", tire a calça [...]. Você, eu, somos mobília na nossa própria casa. Mas se formos à casa ao lado, ahh! Na casa ao lado, somos heróis! Todas estão em busca de romance, porque aprenderam em livros e filmes. E o que pode ser mais romântico do que um homem que arrisca encarar a espingarda de seu marido apenas para ficar com você [...]. E a única coisa excitante sobre esse cara é que é um desconhecido [...]. Ela não o conquistou. Ela diz para si mesma que está apaixonada e está disposta a arriscar seu lar, sua felicidade, seu orgulho, tudo, só para ficar com esse desconhecido que a preenche uma vez por semana [...]. Qualquer lugar em que você tiver uma esposa dona de casa, você também terá uma potencial amante para um desconhecido.[6]

Kinsey, a partir de suas entrevistas com 5.940 mulheres, descobriu que as esposas estadunidenses, principalmente as de classe média, depois de dez ou quinze anos de casamento, relatavam mais desejo sexual do que o marido era capaz de satisfazer. Uma em cada quatro, aos quarenta anos, já tiveram alguma atividade extraconjugal – em geral bastante esporádica. Algumas pareciam insaciavelmente capazes de "orgasmos múltiplos". Uma quantidade crescente participava de "carícias extraconjugais", mais típicas da adolescência. Kinsey também descobriu que o desejo sexual dos maridos estadunidenses, principalmente em grupos de classe média com formação educacional, parecia diminuir conforme o da esposa aumentava.[7]

A MÍSTICA FEMININA

Mas ainda mais preocupante do que os sinais de apetite sexual aumentado, e não saciado, das esposas donas de casa estadunidenses, nesta era da mística feminina, são os sinais de conflito aumentado por conta da própria feminilidade. Há evidência de que sinais de conflito sexual feminino, com frequência nomeado pelo eufemismo "problemas femininos", ocorram cada vez mais cedo, e de forma intensificada, nesta era na qual mulheres buscam se realizar tão cedo e exclusivamente em termos sexuais.

O chefe do departamento de ginecologia de um hospital famoso me contou que vê com maior frequência nas mães jovens o mesmo problema no ciclo ovariano – corrimento vaginal, menstruações atrasadas, irregularidades no fluxo e na duração da menstruação, insônia, síndrome da fadiga, incapacidade física – que ele costumava ver apenas em mulheres durante a menopausa. Ele disse:

> A questão é se essas jovens mães desabarão patologicamente quando perderem a função reprodutiva. Vejo muitas mulheres com essas dificuldades da menopausa, que são ativadas, tenho certeza, pelo vazio da vida. E por simplesmente terem passado os últimos 28 anos apegadas à última criança, até não ter mais nada em que se apegar. Em contraste, mulheres que tiveram filhos, relações sexuais, mas que, de algum modo, têm personalidade muito mais genuína, sem ter que continuamente se racionalizar como fêmea, tendo outro bebê e se apegando a ele, têm bem menos ondas de calor, insônia, nervosismo, agitação.
>
> Aquelas com problemas femininos são as que negaram sua feminilidade, ou são patologicamente femininas. Mas agora, cada vez mais, vemos esses sintomas em jovens esposas, na casa dos vinte anos, jovens mulheres fatalmente dedicadas às crianças, que não desenvolveram recursos além dos próprios filhos, aparecendo com os mesmos problemas no ciclo ovariano, dificuldades menstruais, características da menopausa. Uma mulher de 22 anos, com três filhos, com sintomas mais comumente relacionados à

menopausa [...]. Eu falo para ela, "o seu único problema é que teve filhos demais, rápido demais" e reservo para mim a opinião "sua personalidade não se desenvolveu o suficiente".

Nesse mesmo hospital, estudos foram feitos sobre mulheres recuperando-se de histerectomia, mulheres com queixas menstruais e mulheres com gestações difíceis. Aquelas que sofriam mais de dor, náusea, vômitos, depressão e angústia física e emocional, apatia e ansiedade eram mulheres "cuja vida girava quase exclusivamente em torno da função reprodutiva e gratificação pela maternidade. Um exemplo dessa atitude foi expresso por uma mulher que falou, 'Para ser mulher, preciso poder ter filhos'".[8] Aquelas que menos sofriam tinham "egos bem integrados", tinham recursos intelectuais e direcionavam seus interesses para fora, mesmo no hospital, em vez de se preocuparem consigo mesmas e seus sofrimentos.

Obstetras também observam isto. Um me contou:

> É uma coisa engraçada. As mulheres que têm dores nas costas, sangramentos, gestação e parto difíceis são aquelas que acreditam que seu único propósito na vida é dar à luz. Mulheres com interesses diferentes de ser uma máquina reprodutora têm menos dificuldades para gerar filhos. Não me peça para explicar. Não sou psiquiatra. Mas todos nós já notamos isso.

Outro ginecologista falou sobre muitas pacientes nessa era de "feminilidade realizada" para quem nem ter filhos nem relações sexuais trouxe "realização". Elas eram, nas palavras dele:

> Mulheres que se sentem muito inseguras em relação a seu sexo e precisam ter filhos sem parar para provar que são femininas; mulheres que têm o quarto ou quinto filho porque não conseguem pensar em outra coisa para fazer; mulheres que são dominadoras, e isso é outra coisa para dominar; e também tenho centenas de pacientes universitárias que não sabem o que fazer consigo

A MÍSTICA FEMININA

mesmas, as mães delas as trazem para comprar diafragma. Por serem imaturas, ir para a cama significa nada – é como tomar um remédio, sem orgasmo, sem nada. Para elas, casar é uma evasão.

A alta incidência de cólicas menstruais, náusea e vômitos na gravidez, depressão pós-parto e aflições severas, tanto psicológicas quanto fisiológicas durante a menopausa, passaram a ser consideradas partes "normais" da biologia feminina.[9] Esses estigmas que marcam os estágios do ciclo sexual feminino – menstruação, gravidez, menopausa – são parte da natureza fixa e eterna das mulheres como popularmente aceitos, ou de alguma forma estão relacionados àquela escolha desnecessária entre "feminilidade" e crescimento humano, sexo e *self*? Quando uma mulher é uma "criatura sexual", ela enxerga inconscientemente em cada passo de seu ciclo sexual feminino uma desistência, uma espécie de morte, de sua própria razão para a existência? Essas mulheres que enchem as clínicas são personificações da mística feminina. A falta de orgasmo, os crescentes "problemas femininos", a promíscua e insaciável busca por sexo, a depressão no momento em que se torna mãe, a estranha vontade de terem seus órgãos sexuais removidos por histerectomias sem prescrição médica – tudo isso trai a grande mentira da mística. Como a profecia autorrealizável da morte em Samarra*, a mística feminina, com seu clamor contra a perda da feminilidade, está tornando cada vez mais difícil para as mulheres afirmarem sua feminilidade e para os homens serem realmente masculinos, e para ambos apreciarem o amor sexual humano.

O ar de irrealidade que pairava sobre minhas entrevistas com esposas donas de casa suburbanas em busca de sexo, a irrealidade que permeia os romances, peças e filmes preocupados com sexo – assim como permeia a conversa sexual ritualística das festas suburbanas –, subitamente o

---

* Referência a um trecho da peça *Sheppey*, de Somerset Maugham, no qual um rapaz, ao ver a Morte em Bagdá, assusta-se e foge para Samarra. Quando perguntam à Morte por que fizera menção de matar o jovem naquele dia, ela responde que não o ameaçou, apenas ficou surpresa de encontrá-lo ali, pois tinha um encontro marcado com ele naquele mesmo dia em Samarra. (*N. T.*)

compreendi, em uma ilha ostensivamente afastada dos subúrbios, onde a busca por sexo é onipresente, fantasia pura. Durante a semana, a ilha é o subúrbio exagerado, por ser completamente afastada de estímulos exteriores, do mundo do trabalho e da política; os homens nem precisam voltar para casa à noite. As mulheres que passavam o verão lá eram esposas donas de casa jovens extremamente atraentes. Elas tinham casado cedo; através do marido e das crianças se realizavam; não tinham qualquer interesse no mundo fora de casa. Nessa ilha, diferente do subúrbio, essas mulheres não tinham como organizar comitês ou expandir as tarefas domésticas para ocupar o tempo livre. Mas elas encontraram uma nova distração que matava dois coelhos com uma cajadada só, uma distração que lhes dava uma sensação espúria de status sexual, mas as aliviava da terrível necessidade de prová-lo. Nessa ilha, havia uma colônia de "meninos", saídos diretamente do mundo de Tennessee Williams. Durante a semana, quando os maridos estavam na cidade trabalhando, as jovens esposas donas de casa faziam orgias "selvagens", festas a noite toda, com esses meninos assexuados. Em uma espécie de assombro cômico, um marido que pegou o barco de surpresa no meio da semana para consolar a esposa entediada e solitária, especulou: "Por que elas fazem isso? Talvez tenha alguma relação com o fato de esse lugar ser um matriarcado."

Talvez também tivesse algo a ver com tédio – simplesmente não havia mais nada a fazer. Mas parecia sexo; isso que tornava tão excitante, embora não houvesse, obviamente, nenhum contato sexual. Talvez essas donas de casa e seus amigos reconheciam-se uns nos outros. Como a garota de programa em *Bonequinha de luxo*, de Truman Capote, que passa a noite sem sexo com o homossexual passivo, todos igualmente infantis nesse afastamento deles da vida. E, um no outro, buscavam a mesma reafirmação não sexual.

Mas nos subúrbios onde na maioria das horas do dia não se encontra homem algum – sequer para dar a aparência de sexo –, as mulheres que não têm uma identidade além de criatura sexual precisam buscar sua afirmação por meio da posse de "coisas". De repente, entende-se por que manipuladores servem à fome sexual em sua tentativa de vender produtos que não são nem remotamente sexuais. Contanto que as necessidades da mulher por realização e identidade possam ser canalizadas nessa busca por status sexual, ela é presa fácil para qualquer produto que presumidamente prometa esse status – um status que não pode ser alcançado pelo esforço ou por realização próprios. E uma vez que essa busca incessante por status como objeto sexual desejável é raramente de fato satisfeita na realidade da maioria das esposas donas de casa estadunidenses (que no máximo podem tentar *parecer* Elizabeth Taylor), ela é muito facilmente traduzida para uma busca por status por meio da posse de objetos.

Assim, mulheres são agressoras na busca por status no subúrbio, e essa busca tem a mesma falsidade e irrealidade que a busca por sexo. Status, afinal, é o que os homens buscam e adquirem por meio do trabalho na sociedade. O trabalho da mulher – o trabalho doméstico – não lhe dá status; é um dos trabalhos com menos status na sociedade. Uma mulher precisa adquirir seu status no trabalho do marido. O próprio marido, e até mesmo as crianças, se tornam símbolos de status, pois quando uma mulher se define como esposa dona de casa, a casa e as coisas dentro dela são, de certo modo, sua identidade; ela precisa desses ornamentos externos para suportar seu vazio de si mesma, para fazer com que se sinta alguém. Ela se torna uma parasita, não apenas porque as coisas de que precisa para o status vêm, afinal de contas, por meio do trabalho do marido, mas porque ela precisa dominá-lo, possuí-lo, por conta da falta de identidade própria. Se o marido não for capaz de prover as coisas de que ela precisa para o status, ele se torna um objeto de desprezo, assim como ela o despreza se ele não for capaz de atender a suas necessidades sexuais. A própria insatisfação consigo mesma ela sente como insatisfação com o marido e o relacionamento sexual dos dois. Conforme um psiquiatra afirma: "Ela exige satisfação em excesso do relacionamento conjugal. O marido a ressente e se torna incapaz de funcionar sexualmente com ela."

Seria esse o motivo para a onda de ressentimento entre jovens maridos em relação às garotas cuja única ambição era ser esposa deles? A velha hostilidade contra as "mamães" dominadoras e moças trabalhadoras agressivas pode, em longo prazo, parecer pouca coisa diante da nova hostilidade masculina por essas meninas cuja busca ativa pela "carreira do lar" resultou em um novo tipo de dominação e agressão. Tornar-se a ferramenta, o instrumento sexual, o "homem da casa", evidentemente não é um sonho realizado para um homem.

Em março de 1962, um repórter apresentou na *Redbook* um novo fenômeno na cena suburbana: "jovens pais se sentem presos".

> Muitos maridos sentem que as esposas, citando com veemência autoridades de gerenciamento doméstico, educação dos filhos e amor matrimonial, montaram um esquema de vida familiar com agenda rigorosa e concebido com precisão, deixando pouco espaço para a autoridade ou o ponto de vista do esposo. (Um marido falou: "Desde que me casei, sinto que perdi toda a coragem. Não me sinto mais um homem. Ainda sou jovem, no entanto, não aproveito muito a vida. Não quero conselhos, mas às vezes sinto que algo dentro de mim está prestes a explodir.") Os maridos nomearam as esposas como sua fonte principal de frustração, ultrapassando filhos, chefes, finanças, parentes, comunidade e amigos [...]. O jovem pai não tem liberdade para cometer os próprios erros ou dar sua opinião em uma crise familiar. A esposa, tendo acabado de ler o Capítulo VII, sabe exatamente o que deve ser feito.

O artigo continua com a citação de uma assistente social:

> A insistência da esposa moderna em alcançar satisfação sexual para ela pode ser um problema sério para o marido. Um marido pode ser provocado, elogiado e persuadido a agir como um amante experiente. Mas se a esposa zomba e o censura como se ele tivesse sido incapaz de carregar um baú para o sótão, ela criará um problema [...]. É alarmante notar que, cinco anos após o casamento, uma quantidade considerável de maridos estadunidenses cometeram adultério e uma proporção bem maior está seriamente tentada a isso. Com frequência, infidelidade é menos uma busca por prazer do que meio para autoafirmação.

A MÍSTICA FEMININA

Há quatro anos, entrevistei várias esposas em certo endereço "pseudor-rural", em um subúrbio da moda. Elas tinham tudo o que queriam: casas adoráveis, muitos filhos, maridos atenciosos. Hoje, na mesma localização, há uma inundação de casas dos sonhos onde, por vários e às vezes inexplicáveis motivos, as esposas agora vivem sozinhas com os filhos, enquanto o marido – médico, advogado, chefe financeiro – mudou-se para a cidade. De acordo com sociólogos, divórcio nos Estados Unidos é, em quase todas as ocorrências, uma busca do marido, embora seja a esposa quem, aparentemente, entra com o processo.[10] Há, obviamente, muitas razões para o divórcio, mas a principal parece ser a aversão crescente e a hostilidade dos homens em relação à mó feminina pendurada no pescoço deles, uma hostilidade que nem sempre é direcionada à esposa, mas à mãe, às colegas de trabalho, na verdade, às mulheres em geral.

De acordo com Kinsey, o escape sexual da maioria dos estadunidenses de classe média não é na relação com a esposa, depois de 15 anos casados; aos 55 anos, um em cada dois homens estadunidenses está envolvido com sexo extraconjugal.[11] Essa busca dos homens por sexo – o romance no escritório, o caso intenso ou fortuito, mesmo o despersonalizado sexo pelo sexo, satirizado recentemente no filme *Se meu apartamento falasse* – é, em geral, motivada simplesmente pela necessidade de escapar da esposa devoradora. Às vezes, o homem busca o relacionamento humano que foi perdido quando ele se torna um mero apêndice na agressiva "carreira do lar" da esposa. Às vezes, a aversão dele pela esposa por fim o leva a buscar no sexo um objeto totalmente divorciado de qualquer relacionamento humano. Às vezes, na fantasia mais do que na realidade, ele busca uma jovem infantilizada, uma Lolita, um objeto sexual – para escapar daquela adulta que devota todas as energias agressivas, bem como as energias sexuais, para se ver realizada na vida dele. Não há dúvida de que a indignação masculina contra mulheres – e inevitavelmente contra sexo – aumentou enormemente na era da mística feminina.[12] Conforme um homem escreveu numa carta para o *Village Voice*, o jornal nova-iorquino do bairro Greenwich Village, em fevereiro de 1962: "Não se trata mais de um problema de branco ser bom demais para se casar com negro, ou vice-versa, mas se mulheres são boas o suficiente para se casarem com homens, já que as mulheres estão desaparecendo."

O símbolo público dessa hostilidade masculina é o afastamento de dramaturgos e novelistas estadunidenses em relação aos problemas do mundo, direcionando-se à obsessão por imagens de fêmeas predadoras, do herói passivo martirizado (em roupagem homo ou heterossexual), da promíscua heroína infantilizada e dos detalhes físicos de desenvolvimento sexual atrasado. É um mundo especial, mas não tão especial que milhões de homens e mulheres, meninos e meninas, não possam se identificar com ele. A peça *De repente, no último verão*, de Tennessee Williams, é um exemplo flagrante desse mundo.

O herói homossexual envelhecido, membro de uma tradicional família do Sul, assombrado pelos pássaros monstruosos que devoram filhotes de tartarugas marinhas, desperdiçou sua vida em busca da juventude dourada perdida. Ele também foi "devorado" pela mãe sedutoramente feminina, bem como, no final, é literalmente devorado por um bando de garotos jovens. É significativo que o herói dessa peça nunca apareça; ele é sem rosto, sem corpo. A única personagem inegavelmente "real" é a mãe devoradora de homens. Ela aparece repetidas vezes nas peças de Williams e nas peças e romances de seus contemporâneos, junto com o filho homossexual, a filha ninfomaníaca e o Don Juan vingativo. Todas essas peças são um grito agonizante do amor-ódio obcecado contra mulheres. É notável que muitas dessas peças tenham sido escritas por escritores do Sul, onde a "feminilidade" que a mística consagra permanece mais intacta.

Essa indignação masculina é, certamente, o resultado de um ódio implacável pelas mulheres parasitas que impedem marido e filhos de crescer, que os mantêm imersos na fantasia sexual doentia. Pois o fato é que homens também estão agora sendo afastados do amplo mundo real para o mundo atrofiado da fantasia sexual, no qual suas filhas, esposa e mãe são forçadas a buscar "realização". E para os homens também o sexo está tomando caráter irreal de fantasia – despersonalizado, insatisfatório e, por fim, inumano.

A MÍSTICA FEMININA

Há, afinal, uma ligação entre o que está acontecendo com as mulheres nos Estados Unidos e o aumento de homossexuais assumidos do sexo masculino? De acordo com a mística feminina, a "masculinização" das estadunidenses, provocada por emancipação, educação, direitos iguais, carreiras, está produzindo uma estirpe de homens cada vez mais "femininos". Mas seria essa a explicação real? Na verdade, os dados de Kinsey não mostram aumento na homossexualidade nas gerações que testemunharam a emancipação das mulheres. O relatório Kinsey revelou que, em 1948, 37% dos homens estadunidenses tiveram algum tipo de experiência homossexual, 13% eram predominantemente homossexuais (por ao menos três anos entre 16 e 55 anos de idade) e 4%, exclusivamente homossexuais (algo em torno de 2 milhões de homens). Mas não havia "qualquer evidência de que o grupo homossexual tivesse mais ou menos homens hoje do que nas gerações anteriores".[13]

Independentemente de ter ocorrido ou não um aumento na homossexualidade nos Estados Unidos, certamente suas manifestações explícitas aumentaram recentemente.[14] Não creio que isso não tenha relação com a aceitação nacional da mística feminina. Afinal, a mística feminina glorificou e perpetuou, em nome da feminilidade, uma imaturidade passiva e infantilizada que é passada de mães para filhos, bem como para filhas. Homossexuais masculinos – e os Don Juans, cuja compulsão para testar sua potência é com frequência causada pela homossexualidade inconsciente – são, não menos do que as mulheres que estão em busca de sexo, Peter Pans, para sempre infantis, temerosos da idade, agarrando-se à juventude em sua contínua busca por reafirmação em algum tipo de magia sexual.

O papel da mãe na homossexualidade foi identificado por Freud e os psicanalistas. Mas a mãe cujo filho se torna homossexual geralmente não é a mulher "emancipada" que compete com homens no mundo, mas, sim, o próprio paradigma da mística feminina: uma mulher que encontra sua realização no filho, cuja feminilidade é usada em sedução virtual do filho, que prende o filho a ela com tamanha dependência que ele nunca consegue amadurecer para amar uma mulher e, com frequência, nem mesmo lidar com a própria vida adulta. O amor por homens mascara o amor excessivo proibido pela própria mãe; seu ódio e repugnância por todas as mulheres é uma reação àquela mulher que o impediu de se tornar homem. As condições desse amor excessivo entre mãe e filho são complexas. Freud escreveu:

> Em todos os casos examinados, averiguamos que os invertidos tardios passam, na infância, por uma fase curta, porém muita intensa, de fixação por uma mulher (geralmente a mãe), e depois de superá-la, identificam-se com essa mulher e se consideram o objeto sexual; assim, prosseguindo em uma base narcisística, procuram por jovens rapazes semelhantes a eles nas pessoas que desejam amar como a mãe os amou.[15]

Extrapolando as descobertas de Freud, pode-se dizer que esse excesso de amor-ódio é quase implícito no relacionamento entre mãe e filho – quando seu papel exclusivo como esposa e mãe, sua relegação ao lar, forçam-na a se realizar no filho. A homossexualidade masculina era e é bem mais comum que a homossexualidade feminina. O pai não é tão frequentemente tentado ou forçado pela sociedade a se realizar na filha ou a seduzi-la. Poucos homens se tornam homossexuais assumidos, mas muitos reprimiram o suficiente desse amor-ódio para sentir não apenas uma repugnância profunda pela homossexualidade, mas uma repugnância generalizada e sublimada por mulheres.

Hoje em dia, quando não apenas carreira, mas quaisquer compromissos sérios fora do lar estão fora de cogitação para as esposas donas de casa e mães realmente "femininas", o tipo de devoção entre mãe e filho que pode gerar homossexualidade latente ou assumida tem bastante espaço para se expandir e ocupar o tempo disponível. O garoto sufocado pelo amor maternal parasítico é impedido de amadurecer, não apenas sexualmente, mas de todas as formas. Com frequência, homossexuais não têm maturidade para se formar na escola e manter compromissos profissionais. (Kinsey descobriu que a homossexualidade é mais comum entre homens que não vão além do ensino médio, e menos comum entre universitários.)[16] Irrealidade superficial, imaturidade, promiscuidade, falta de satisfação humana duradoura que caracterizam a vida sexual do homossexual geralmente caracterizam toda a vida dele e seus interesses. Essa falta de compromisso pessoal no trabalho, na formação educacional, na vida fora do sexo, é assombrosamente "feminina". Como as filhas da mística feminina, os filhos passam a maior parte da vida em fantasia sexual; é provável que os tristes homossexuais "alegres" sintam afinidade com as jovens esposas donas de casa em busca de sexo.

Mas a homossexualidade que está se espalhando como uma névoa sombria sobre a paisagem estadunidense não é menos sinistra do que a busca por sexo inquieta e imatura das jovens que são as agressoras em casamentos precoces, agora a regra e não a exceção. Nem é mais assustadora do que a passividade de rapazes que aceitam o casamento precoce em vez de encarar o mundo sozinhos. Essas vítimas da mística feminina começam a busca pelo conforto do sexo em idade cada vez menor. Recentemente entrevistei várias garotas promíscuas, oriundas de famílias suburbanas bem de vida, incluindo uma quantidade – e essa quantidade está em ascensão[17] – de meninas que casam no começo da adolescência porque estão grávidas. Conversando com essas garotas, e com os profissionais que tentam ajudá-las, logo se vê que sexo, para elas, não é sexo coisa nenhuma. Elas nem começaram a sentir alguma reação sexual, muito menos "realização". Elas usam sexo – pseudossexo – para esconder sua falta de identidade; raramente importa quem seja o garoto; a menina quase literalmente não o "enxerga" quando ainda nem tem senso de si mesma. E nem nunca conseguirá ter senso de si mesma, se usar as racionalizações fáceis da mística feminina para, na busca por sexo, fugir dos esforços para alcançar essa identidade.

Sexo e casamento precoces sempre foram características de civilizações subdesenvolvidas e, nos Estados Unidos, de comunidades pobres, rurais ou urbanas. No entanto, uma das descobertas mais impressionantes de Kinsey foi que um atraso na atividade sexual era menos uma característica da origem socioeconômica do que do destino

PESSOAS EM BUSCA DE SEXO

final – conforme mensurado, por exemplo, pela formação educacional. Um garoto de origem pobre que consegue fazer faculdade e se tornar cientista ou juiz demonstrou ter postergado a atividade sexual na adolescência como outros que mais tarde se tornaram cientistas ou juízes, não como outros da mesma origem pobre. No entanto, garotos do lado bom da cidade, que não terminaram a faculdade nem se tornaram cientistas ou juízes, mostraram mais daquela atividade sexual precoce característica da comunidade pobre.[18] O que quer que isso indique sobre a relação entre sexo e intelecto, um certo adiamento da atividade sexual parece acompanhar o crescimento da atividade mental necessária para se ter educação superior e que é resultante dela, e o alcance de profissões mais valorizadas pela sociedade.

Entre as meninas na pesquisa de Kinsey, um nível mental ou intelectual mais elevado, conforme medido pela formação educacional, parece estar relacionado à satisfação sexual. Garotas que casaram na adolescência – que, nos estudos de Kinsey, geralmente pararam de estudar no ensino médio – começaram a ter relações sexuais cinco ou seis anos mais cedo do que as meninas que continuaram a educação na faculdade ou em cursos técnicos. Porém, essa atividade sexual mais precoce não costumava levar ao orgasmo; essas moças ainda experimentavam menos realização sexual, em termos de orgasmo, com cinco, dez ou quinze anos de casamento, se comparadas com aquelas que continuaram a estudar.[19] Da mesma forma que com as garotas promíscuas dos subúrbios, preocupação sexual precoce parece indicar uma individualidade frágil a qual nem mesmo o casamento fortalece.

Será esse o motivo real para a busca compulsiva por sexo vista hoje em dia na promiscuidade, precoce e tardia, hétero e homossexual? Será coincidência muitos dos fenômenos de sexo despersonalizado – sexo sem individualidade, sexo por falta de individualidade – estarem se tornando tão excessivos na era em que as mulheres estadunidenses estão ouvindo que devem viver pelo sexo? Será coincidência filhos e filhas possuírem individualidades tão fracas a ponto de recorrerem, em idade cada vez menor, à desumanizada e anônima busca por sexo? Os psiquiatras

A MÍSTICA FEMININA

explicaram que o problema-chave da promiscuidade geralmente é "baixa autoestima", que geralmente nasce de um apego excessivo entre mãe e filho; o tipo de busca por sexo é relativamente irrelevante. Conforme Clara Thompson, ao falar de homossexualidade, afirmou:

> Homossexualidade assumida pode expressar temor pelo sexo oposto, medo de responsabilidade adulta [...]. Pode representar fuga da realidade na absorção em estímulo corporal muito semelhante às atividades autoeróticas dos esquizofrênicos, ou pode ser um sintoma de destrutividade de si ou dos outros [...]. As pessoas com baixa autoestima [...] têm tendência a se apegar ao próprio sexo, porque é menos assustador [...]. No entanto, as considerações acima não produzem invariavelmente a homossexualidade, pois o medo da desaprovação da cultura e a necessidade de se conformar com frequência levam essas pessoas ao casamento. O fato de uma pessoa ser casada de modo algum comprova sua maturidade [...]. O apego mãe-filho é, às vezes, considerado parte importante do cenário [...]. A promiscuidade provavelmente é mais frequente entre homossexuais do que heterossexuais, mas seu significado na estrutura da personalidade é muito semelhante nos dois. Em ambos, o interesse principal é nos genitais e no estímulo corporal. A pessoa escolhida para compartilhar essa experiência não importa. A atividade sexual é compulsiva, além de ser interesse único.[20]

Atividade sexual compulsiva, homo ou heterossexual, costuma revelar falta de potência em outras esferas da vida. Contrária à mística feminina, a satisfação sexual não é necessariamente uma marca de realização, seja no homem ou na mulher. De acordo com Erich Fromm:

> Psicanalistas com frequência veem pacientes cuja habilidade para amar e, portanto, para se aproximar dos outros está prejudicada, mas se relacionam bem sexualmente, realmente fazendo da satisfação sexual um substituto para o amor, porque a potência sexual é o único

poder no qual eles têm confiança. A inabilidade de ser produtivo em todas as outras esferas da vida e a infelicidade resultante são compensadas e veladas pelas atividades sexuais.[21]

Há um subtexto semelhante a quem busca sexo na faculdade, embora a capacidade potencial para ser "produtivo em todas as outras esferas da vida" seja alta. O psiquiatra que atende estudantes de Harvard-Radcliffe recentemente destacou que as universitárias com frequência buscam "segurança" nesses relacionamentos sexuais intensos devido a seus sentimentos de inadequação, quando, provavelmente pela primeira vez na vida, precisam trabalhar duro, encarar uma competição real, pensar ativamente em vez de passivamente – algo que é "não somente uma experiência estranha, mas quase semelhante à dor física".

> Os fatos significantes são a autoestima diminuída e a perda de entusiasmo, energia e capacidade para funcionar de forma criativa. A depressão parece ser uma espécie de declaração de dependência, de desamparo, e um grito mudo por socorro também. E ocorre em algum momento, em intensidade variável, com praticamente todas as meninas durante a carreira universitária.[22]

Tudo isso pode simplesmente representar "uma resposta inicial de um adolescente sensível e ingênuo a um ambiente novo, assustadoramente complicado e sofisticado", o psiquiatra disse. Mas se a adolescente for menina, evidentemente não se deve esperar dela, como do menino, que encare o desafio, domine o trabalho doloroso e se iguale à concorrência. O psiquiatra considera "normal" que a menina busque sua "segurança" no "amor", ainda que o menino seja "absurdamente imaturo, adolescente, e dependente" – "não totalmente confiável, pelo menos do ponto de vista das necessidades da menina". A mística feminina esconde o fato de que essa busca por sexo precoce, inofensiva o suficiente para o garoto ou a garota que está em busca de nada além do que ela pode oferecer, não é capaz de proporcionar a essas mulheres jovens "uma visão mais clara de si" – a autoestima de que precisam e "o vigor para levar uma vida satisfatória e criativa". Mas a mística nem sempre esconde do garoto o fato de que a dependência que a menina tem dele não é realmente sexual, e que ela pode atrapalhar o crescimento dele. Daí a hostilidade do garoto – mesmo quando sucumbe ao convite sexual.

Um aluno da Radcliffe escreveu um relato sensível do rancor crescente de um garoto pela menina que não consegue estudar sem ele – um rancor que não suaviza nem com o sexo, que encerra todas as noites de estudo.

> Ela se curvava no canto da página e ele queria dizer para ela que parasse; aquela pequena ação mecânica o irritava excessivamente, e ele pensou se estaria tão tenso por não terem feito amor havia quatro dias [...]. Aposto que ela precisa disso agora, ele pensou, por isso está tão trêmula, quase chorando, e talvez por isso fui tão mal na prova. Mas ele sabia que não era desculpa; ele sentia o ressentimento esquentando quanto mais pensava por que não tinha realmente revisado a matéria [...]. O relógio nunca o deixava esquecer o tempo que estava perdendo [...] ele fechou os livros com força e começou a empilhá-los. Eleanor olhou para cima e ele viu o terror nos olhos dela [...].
>
> "Olha, vou te levar de volta agora", ele falou [...]. "Preciso fazer umas coisas hoje à noite" [...]. Ele se lembrou do longo caminho de volta, mas quando se abaixou para dar-lhe um beijo rápido, ela o envolveu nos braços e ele precisou se esforçar para se afastar. Ela o largou, enfim, e, sem sorrir, sussurrou: "Hal, não vá." Ele hesitou. "Por favor, não vá, por favor..." Ela se esticou para beijá-lo e quando abriu a boca, ele se sentiu numa armadilha, porque se colocasse a língua entre os lábios dela, não seria capaz de ir embora. Ele a beijou, começando a se esquecer, meio consciente, de que deveria ir embora [...]. Ele a puxou para perto, ouvindo-a gemer de dor e excitação. Depois ele se afastou e falou, com sua voz já fraca: "Não tem algum lugar aonde podemos ir?" [...]. Ela olhava ao redor, animada e esperançosa, e ele pensou outra vez

em quanto do desejo dela era paixão e quanto era voracidade: ele sabia que as meninas usavam sexo para controlar – era tão fácil para elas fingir excitação.[23]

Esses são, obviamente, os primeiros filhos que cresceram sob a mística feminina, esses jovens que usam sexo como alívio tão suspeitosamente fácil diante dos primeiros obstáculos difíceis da vida. Por que é tão difícil para esses jovens suportar desconforto, esforçar-se, adiar o prazer imediato para ter objetivos em longo prazo? Sexo e casamento precoces são a saída mais fácil; brincar de casinha aos 19 anos é uma fuga da responsabilidade de crescer sozinho. E mesmo se um pai tentasse fazer com que seu filho fosse "masculino", independente, ativo, forte, tanto mãe quanto pai encorajassem a filha a ser passiva, fraca, mantendo-se na dependência aprisionadora chamada "feminilidade", esperando, obviamente, que ela encontre "segurança" num garoto, nunca esperando que ela viva a própria vida.

Então o cerco se fecha. Sexo sem individualidade, louvado pela mística feminina, obscurece ainda mais a imagem que o homem tem da mulher e a que a mulher tem de si mesma. Tanto para o filho quanto para a filha fica cada vez mais difícil escapar, encontrar-se no mundo, amar o outro nas relações humanas. Os milhares que se casam antes dos 19 anos, em uma farsa cada vez mais precoce de busca por sexo, traem uma imaturidade aumentada, dependência emocional e passividade da parte das mais novas vítimas da mística feminina. A sombra do sexo sem individualidade pode ser dispersada momentaneamente em uma casa dos sonhos no subúrbio ensolarado. Mas o que essas mães infantilizadas e pais imaturos farão com as crianças, nesse paraíso fantasioso onde a busca por prazer e coisas esconde as ligações frágeis com a realidade moderna complexa? Que tipo de filhos e filhas são criados por meninas que se tornaram mães antes de terem encarado essa realidade ou de terem rompido a ligação com ela ao se tornarem mães?

Há implicações assustadoras para o futuro da nossa nação na suavização parasítica que estão sendo passadas para a nova geração de crianças, resultado de nosso envolvimento teimoso com a mística feminina. A tragédia de crianças representando as fantasias sexuais da mãe dona de casa é o único sinal da progressiva desumanização que está acontecendo. E nessa "representação" das crianças, a mística feminina pode enfim ser encarada em toda sua obsolescência doentia e perigosa.

NOTAS

1. Vários historiadores sociais comentaram a respeito da preocupação sexual dos Estados Unidos do ponto de vista do homem. "Os Estados Unidos passaram a dar importância ao sexo tanto quanto qualquer civilização desde os romanos", disse Max Lerner (*America as A Civilization* [Estados Unidos como uma civilização], p. 678). David Riesman em *The Lonely Crowd* [A multidão solitária] (New Haven, 1950, p. 172 ff.) chama sexo de "a Última Fronteira".

> Mais do que antes, conforme a mente orientada para o trabalho decresce, o sexo permeia a consciência da jornada, bem como as horas livres. É visto como um bem de consumo, não somente pelas antigas classes do lazer mas também pelas classes do lazer modernas [...].
>
> Um motivo para a mudança é que as mulheres não são mais objetos para o consumidor aquisitivo, são parte do grupo de pares [...]. Hoje em dia, milhões de mulheres, libertas de muitas tarefas domésticas pela tecnologia, recebendo da tecnologia muita ajuda romântica, tornaram-se pioneiras, junto com os homens, nas fronteiras do sexo. Conforme elas se tornam consumidoras entendidas, a ansiedade dos homens caso não consigam satisfazê-las também cresce [...].

Os médicos foram os principais a perceber que os homens agora estão menos dispostos como "consumidores" sexuais do que as esposas. O falecido dr. Abraham Stone, que entrevistei pouco antes de sua morte, contou que as esposas reclamam cada vez mais de maridos sexualmente

PESSOAS EM BUSCA DE SEXO

"inadequados". O dr. Karl Menninger relata que para cada esposa que reclama da sexualidade excessiva do marido, uma dúzia delas reclama que o marido é apático ou impotente. Esses "problemas" são citados na mídia como prova adicional de que as estadunidenses estão perdendo a "feminilidade", e, assim, providenciam nova munição para a mística. Veja John Kord Lagemann, "The Male Sex" [O sexo masculino], *Redbook*, dez. 1956.

2. Albert Ellis, *The Folklore of Sex* [O folclore do sexo], Nova York, 1961, p. 123.
3. Veja a divertida paródia "The Pious Pornographers" [Os pornógrafos piedosos] de Ray Russell, em *The Permanent Playboy*, Nova York, 1959.
4. A. C. Spectorsky, *The Exurbanites* [Os moradores do condomínio rico], Nova York, 1955, p. 223.
5. Nathan Ackerman, *The Psychodynamics of Family Life* [A psicodinâmica da vida em família], Nova York, 1958, pp. 112-127.
6. Evan Hunter, *Strangers When We Meet* [Desconhecidos quando nos conhecemos], Nova York, 1958, pp. 231-235.
7. Kinsey *et al.*, *Sexual Behavior in the Human Female* [Comportamento sexual na fêmea humana], pp. 353 ss., p. 426.
8. Doris Menzer-Benaron M.D. *et al.*, "Patterns of Emotional Recovery from Hysterectomy" [Padrões de recuperação emocional da histerectomia], *Psychosomatic Medicine*, XIX, n. 5, set. 1957, pp. 378-388.
9. O fato de que 75 a 85% das mães jovens nos Estados Unidos hoje sentem emoções negativas – ressentimento, luto, decepção, total rejeição – quando engravidam pela primeira vez foi reconhecido em muitos estudos. Na verdade, os perpetradores da mística feminina relatam dados para assegurar às jovens mães que elas são "normais" quando sentem essa rejeição estranha à gravidez – e que o único problema real é a "culpa" delas por sentir isso. Assim, a revista *Redbook*, em "How Women Really Feel about Pregnancy" [Como as mulheres realmente se sentem a respeito da gravidez] (novembro de 1958), relata que a Escola de Saúde Pública da Harvard descobriu que 80 a 85% das "mulheres normais rejeitam a gravidez quando a descobrem"; a Clínica Universitária de Long Island descobriu que menos do que um quar-

to das mulheres ficam "felizes" com a gravidez; um estudo da New Haven descobriu que apenas dezessete em cada cem mulheres ficam "satisfeitas" por ter um filho. A voz da autoridade editorial comenta:

O perigo real que surge quando uma gravidez é indesejada e repleta de sentimentos perturbados é que a mulher pode sentir-se culpada e ser atingida pelo pânico, pois acredita que suas reações sejam antinaturais ou anormais. Como resultado, tanto a relação conjugal quanto o relacionamento entre mãe e criança podem ser prejudicados [...]. Às vezes, um especialista em saúde mental é necessário para aliviar esses sentimentos de culpa [...]. Também não há situação em que uma mulher normal não se sinta deprimida ou tenha dúvidas, quando fica sabendo que está grávida.

Tais artigos nunca mencionam os diversos estudos que indicam que mulheres em outros países, tanto os mais ou os menos avançados que os Estados Unidos, e mesmo as estadunidenses com carreiras são menos propensas a experimentar essa rejeição emocional da gravidez. A depressão na gravidez pode ser "normal" para a esposa dona de casa-mãe na era da mística feminina, mas não é normal à maternidade. Conforme Ruth Benedict disse, não é uma necessidade biológica, mas nossa cultura que cria os desconfortos, físicos e psicológicos, do ciclo feminino. Veja seu *Continuities and Discontinuities in Cultural Conditioning* [Continuidades e descontinuidades no condicionamento cultural].

10. Veja William J. Goode, *After Divorce* [Depois do divórcio], Glencoe, Ill., 1956.

11. A. C. Kinsey *et al., Sexual Behavior in the Human Male* [Comportamento sexual no macho humano], Filadélfia e Londres, 1948, p. 259, pp. 585-588.

12. O desprezo masculino pela estadunidense, conforme ela foi se moldando de acordo com a mística feminina, é explícito de forma deprimente na edição de julho de 1962 da *Esquire*, "The American Woman, A New Point of View" [A mulher estadunidense, um novo ponto de vista]. Ver em especial "The Word to Women – 'No'" [A palavra para mulheres – "Não"] de Robert Alan Aurthur, p. 32.

PESSOAS EM BUSCA DE SEXO

A assexualidade das estadunidenses em busca de sexo é tema de tributo por Malcolm Muggeridge ("Bedding Down in the Colonies" [Indo para a cama nas colônias], p. 84): "Como elas mortificam a carne para torná-la apetitosa! A beleza delas é uma indústria vasta, seu apelo duradouro, uma disciplina que freiras e atletas podem achar excessiva. Com sexo demais para serem sensuais, e arrebatadoras demais para arrebatar, a idade não as envelhece nem o costume envelhece sua infinita monotonia."

13. Kinsey *et al.*, *Sexual Behavior in the Human Male*, p. 631.
14. Veja Donald Webster Cory, *The Homosexual in America* [O homossexual nos Estados Unidos], Nova York, 1960, prefácio para a segunda edição, pp. xxii ss. Veja também Albert Ellis, *op. cit.*, pp. 186-190.

Veja também Seward Hiltner, "Stability and Change in American Sexual Patterns" [Estabilidade e mudança nos padrões sexuais estadunidenses] em *Sexual Behavior in American Society* [Comportamento sexual na sociedade estadunidense], Jerome Himelhoch e Sylvia Fleis Fava, orgs., Nova York, 1955, p. 321.

15. Sigmund Freud, *Three Contributions to the Theory of Sex* [Três contribuições para a teoria do sexo], Nova York, 1948, p. 10.
16. Kinsey *et al.*, *Sexual Behavior in the Human Male*, pp. 610 ss. Veja também Donald Webster Cory, *op. cit.*, pp. 97 ss.
17. Nascimento fora do laço matrimonial aumentou 194% de 1956 a 1962; doenças venéreas entre jovens aumentou 132%. (*Time*, 16 mar. 1962).
18. Kinsey *et al.*, *Sexual Behavior in the Human Male*, pp. 348 ss., 427-433.
19. Kinsey *et al.*, *Sexual Behavior in the Human Male*, pp. 293, 378, 382.
20. Clara Thompson, "Changing Concepts of Homosexuality in Psychoanalysis" [Novos conceitos sobre homossexualidade na psicanálise], em *A Study of Interpersonal Relations, New Contributions to Psychiatry* [Um estudo de relacionamentos interpessoais, novas contribuições para a psiquiatria], Patrick Mullahy, ed., Nova York, 1949, pp. 218 ss.

A MÍSTICA FEMININA

21. Erich Fromm, "Sex and Character: the Kinsey Report Viewed from the Standpoint of Psychoanalysis" [Sexo e personalidade: o relatório Kinsey do ponto de vista da psicanálise] in *Sexual Behavior in American Society*, p. 307.

22. Carl Binger, "The Pressures on College Girls Today" [As pressões sobre as universitárias hoje em dia], *Atlantic Monthly*, fev. 1961.

23. Sallie Bingham, "Winter Term" [Período de inverno], *Mademoiselle*, jul. 1958.

12. Desumanização progressiva: o campo de concentração confortável

As vozes que agora deploram o recolhimento das mulheres estadunidenses ao lar nos asseguram que o pêndulo começou a balançar na direção oposta. Será? Há sinais de que as filhas de mulheres talentosas e energéticas que voltaram ao lar para viver na imagem da esposa dona de casa têm mais dificuldades que a mãe para seguir em frente no mundo. Ao longo dos últimos quinze anos, uma mudança sutil e devastadora parece ter ocorrido na personalidade das crianças estadunidenses. Evidência de algo semelhante ao problema sem nome da esposa dona de casa está sendo observada por muitos médicos, analistas e cientistas sociais, em forma mais patológica, nos filhos e filhas. Eles notaram, com preocupação crescente, uma nova e assustadora passividade, fragilidade e tédio nas crianças estadunidenses. O sinal de perigo não é a competitividade engendrada pela liga mirim de beisebol ou pela corrida para entrar na universidade, mas uma espécie de infantilismo que faz com que os filhos dessas mães-donas de casa sejam incapazes de se esforçar, de suportar dor e frustração, de ter a disciplina necessária para competir no campo de beisebol ou para entrar na faculdade. Há também um novo tipo de interpretação, sonâmbula e vazia, como característica dos jovens que fazem o que deve ser feito, o que os outros jovens fazem, mas não parecem se sentir vivos ou reais ao fazê-lo.

Em um subúrbio do leste, em 1960, ouvi um jovem do segundo ano do ensino médio perguntar a um psiquiatra que havia acabado de dar uma palestra na escola "o nome daquele remédio que a gente toma para se hipnotizar e acordar sabendo tudo de que precisa saber, sem estudar". Naquele mesmo inverno, duas colegiais no trem para Nova York, durante

A MÍSTICA FEMININA

a época dos exames semestrais, contaram-me que em vez de estudar para as provas elas iam a uma festa para "arejar a cabeça". "A psicologia já provou que quando se está realmente motivado, se aprende na hora", uma delas explicou. "Se o professor não torna o assunto interessante o suficiente para você saber, sem ter trabalho, a culpa é dele, não sua." Um garoto inteligente que havia largado a faculdade me falou que ela o fazia perder tempo; "intuição" era o que contava, e eles não ensinavam isso na faculdade. Ele trabalhou algumas semanas em um posto de gasolina, um mês, em uma livraria. Então, ele parou de trabalhar e passava o tempo literalmente fazendo nada – acordava, comia, ia para a cama, nem sequer lia.

Eu vi essa mesma qualidade de sonambulismo vacante em uma garota de 13 anos que entrevistei em um subúrbio de Westchester, durante uma pesquisa sobre promiscuidade sexual adolescente. Ela mal conseguia ser aprovada na escola, embora fosse inteligente; "não conseguia se esforçar", o orientador educacional afirmou. Ela parecia sempre entediada, desinteressada, desligada. Também não parecia totalmente desperta, como uma marionete manipulada, quando, todas as tardes, entrava em um carro com um grupo de garotos mais velhos – todos haviam "largado" a escola em busca de "aventuras".

A sensação de que essas crianças, por algum motivo, não estão crescendo "de verdade" foi sentida por diversos observadores. Um educador texano, incomodado com o fato de que jovens universitários não estavam realmente interessados nas matérias que cursavam como passaporte automático para o emprego certo, descobriu que também não estavam interessados em nada fora da escola. Na maior parte do tempo, eles apenas "matavam as horas". Um questionário revelou que não havia literalmente nada pelo que esses garotos pudessem dar a vida, nada que os interessasse o suficiente para se sentirem vivos. Ideias, pensamento conceitual unicamente humano, eram completamente ausentes da mente e da vida deles.[1]

Um crítico social, um ou outro psicanalista perceptivo, tentaram identificar essa mudança na geração mais jovem como uma mudança básica no caráter estadunidense. Para o bem ou para mal, fosse questão de doença ou saúde, viram que a personalidade humana, reconhecida

DESUMANIZAÇÃO PROGRESSIVA

por seu núcleo de individualidade forte e estável, estava sendo substituída por uma "personalidade voltada para o outro", vaga e amorfa.[2] Na
década de 1950, David Riesman não encontrou menino ou menina com
esse senso de individualidade emergente, que costumava caracterizar a
adolescência humana, "apesar de eu ter procurado por jovens autônomos
em diversas escolas públicas e privadas".[3]

Na Faculdade Sarah Lawrence, onde estudantes possuem ampla
responsabilidade sobre a própria formação educacional e organização
de suas atividades, descobriu-se que a nova geração de estudantes era
impotente, apática, incapaz de lidar com tal liberdade. Se precisassem
organizar as próprias atividades, nada seria organizado; um currículo
voltado para os interesses estudantis não funcionava mais, porque os
alunos não tinham fortes interesses próprios. Harold Taylor, então
presidente da Sarah Lawrence, descreveu a mudança da seguinte forma:

> Enquanto no passado foi possível contar com a motivação e a
> iniciativa fortes dos estudantes para conduzir suas próprias ativi-
> dades, formar novas organizações, inventar novos projetos, tanto
> para o bem-estar social quanto em campos intelectuais, hoje se
> tornou claro que para muitos estudantes a responsabilidade do
> autogoverno era mais um peso a suportar do que um direito a
> manter [...]. Alunos que recebiam total liberdade para gerenciar
> a própria vida e tomar as próprias decisões com frequência não
> queriam fazê-lo [...]. Estudantes universitários parecem considerar
> cada vez mais difícil se entreter, tendo se acostumado a depender
> de entretenimento organizado por outros no qual o papel deles
> é simplesmente participar da organização pronta [...]. Os alunos
> eram incapazes de planejar qualquer coisa para eles mesmos na
> qual tivessem interesse suficiente para se engajar.[4]

Os educadores, a princípio, culparam a cautela e o conservadorismo da
era McCarthy, o desamparo engendrado pela bomba atômica; mais tarde, diante dos avanços soviéticos na corrida espacial, políticos e opinião

A MÍSTICA FEMININA

pública culparam a "suavidade" generalizada de educadores. Mas, independentemente dos próprios defeitos, os melhores educadores sabiam muito bem que estavam lidando com uma passividade que as crianças traziam consigo para a escola, uma assustadora "passividade elementar que [...] obriga aqueles que precisam lidar com eles diariamente a fazerem esforços heroicos, dentro e fora da escola".[5] A passividade física da geração mais jovem mostrou-se em forma de deterioração muscular, o que, por fim, alarmou a Casa Branca. A passividade emocional era visível na moda *beatnik*, barbada e indisciplinada – uma forma de rebelião adolescente singular, sem paixão e sem propósito. A taxa de delinquência juvenil tão alta quanto nas comunidades pobres urbanas começou a aparecer nos quartos agradáveis do subúrbio, entre os filhos de membros da sociedade bem-sucedidos, instruídos, respeitados por todos e por si mesmos, filhos da classe média, que possuíam todas as "vantagens", todas as "oportunidades". Um filme chamado "I Was a Teenage Frankenstein" [Eu era um Frankenstein adolescente] pode não ter parecido engraçado para os pais e as mães em Westchester e Connecticut que recebiam visita da divisão antivício da polícia, em 1960, porque os filhos usavam drogas nas festas que faziam no quarto de jogos bem decorado uns dos outros. Ou os pais do condado de Bergen cujos filhos foram presos em 1962 por violação generalizada dos túmulos de um cemitério suburbano; ou pais e mães em um subúrbio de Long Island cuja filha, aos 13 anos, comandava um serviço virtual de "garotas de programa". Por trás desse vandalismo sem sentido, dos tumultos na Flórida durante o recesso da primavera, da promiscuidade, do aumento de doenças venéreas e de gestações ilegítimas entre adolescentes, do número alarmante de abandono do ensino médio e da faculdade está essa passividade nova. Para esses jovens entediados, preguiçosos, que querem tudo à mão, viver "aventuras" era a única maneira de acabar com a monotonia do tempo livre.

Que essa passividade era uma questão que ia além do tédio – que sinalizava a deterioração do caráter humano – foi algo sentido por aqueles que estudaram o comportamento de soldados estadunidenses prisioneiros de guerra na Coreia na década de 1950. Um médico do exército, major

DESUMANIZAÇÃO PROGRESSIVA

Clarence Anderson, que tinha permissão de entrar nos campos de prisão para tratar dos prisioneiros, observou:

> Na marcha, nos campos temporários e nos permanentes, os mais fortes com frequência pegavam a comida dos mais fracos. Não havia disciplina que impedisse. Muitos homens estavam doentes, e estes homens, em vez de receberem ajuda e cuidados dos outros, eram ignorados ou pior. Disenteria era comum, e fazia alguns homens ficarem fracos demais para andar. Em noites de inverno, homens incapacitados pela disenteria eram empurrados para fora da tenda por seus companheiros e morriam de frio.[6]

Algo em torno de 38% dos prisioneiros morreram, uma taxa de mortandade mais alta do que em qualquer guerra estadunidense anterior, incluindo a da Independência. A maioria dos prisioneiros se tornou inerte, inativa, afastando-se dentro de pequenas bolhas que criaram contra a realidade. Não faziam nada para conseguir alimento, lenha, manterem-se limpos ou se comunicarem uns com os outros. O major ficou espantado com o fato de que esses novos soldados estadunidenses quase universalmente "não tinham a velha desenvoltura *yankee*", habilidade para lidar com situações novas e primitivas. Ele concluiu: "Isso era parcialmente – mas acredito que apenas parcialmente – resultado do choque psicológico de ser capturado. Era também, acredito, resultado de algum tipo novo de fracasso na educação infantil e adolescente dos nossos rapazes – uma nova suavidade." Desprezando a propaganda do exército, um psicólogo educacional comentou: "Por certo, havia algo terrivelmente errado com esses jovens rapazes; não a suavidade, mas a dureza, a astúcia e a fragilidade. Eu chamaria de fracasso do eu – um colapso de identidade [...]. Amadurecimento adolescente pode e deve levar a uma maioridade completamente humana, definida como o desenvolvimento de um senso individual estável [...]."[7]

Os prisioneiros na Coreia, nesse sentido, eram modelos de um novo tipo de estadunidense, evidentemente criado de maneiras "prejudiciais à

A MÍSTICA FEMININA

clareza e ao crescimento" pelas mãos de indivíduos eles mesmos "insuficientemente caracterizados", para desenvolver "o tipo de caráter e mente que se concebem claramente demais para consentir à própria traição".

O reconhecimento abismado de que essa não identidade passiva era "algo novo na história" aconteceu somente quando começou a aparecer nos meninos. Mas esse ser apático, dependente, infantilizado, despropositado, que choca por parecer tão não humano quando apontado como o caráter emergente do novo estadunidense, é, de uma forma estranha, reminiscente da conhecida personalidade "feminina" conforme definida pela mística. Não são as características principais da feminilidade – que Freud relacionou à biologia sexual de forma errônea –: passividade; eu ou senso de individualidade frágeis; supereu ou consciência humana frágeis; renúncia de objetivos, ambições e interesses ativos próprios para se realizar nos outros; incapacidade para pensamento abstrato; afastamento de atividade direcionada para o mundo em favor de atividades direcionadas para dentro ou fantasia?

O que significa essa emergência agora, tanto nos meninos quanto nas meninas estadunidenses, de uma personalidade interrompida no nível da fantasia e da passividade infantis? Os meninos e meninas nos quais testemunhei isso eram filhos de mães que viviam dentro dos limites da mística feminina. Elas estavam cumprindo o papel de mulher de modo aceitável e normal. Algumas tinham habilidade mais do que normal, algumas tinham formação educacional mais do que normal, mas eram semelhantes na intensidade de preocupação com as crianças, que pareciam ser o principal e único interesse delas.

Determinada mãe, que estava terrivelmente perturbada com o filho que não aprendia a ler, contou-me que quando ele chegou em casa com o primeiro boletim do jardim de infância, ela ficou "animada, como se eu mesma fosse uma jovem, esperando que alguém me convidasse para sair sábado à noite". Ela estava convencida que as professoras estavam erradas ao dizerem que ele perambulava pela sala de aula, sonhando acordado, e que não conseguia prestar atenção o suficiente para fazer o teste de aptidão para leitura. Outra mãe falou que não era capaz de

DESUMANIZAÇÃO PROGRESSIVA

suportar quando os filhos sofriam com qualquer problema ou angústia. Era como se eles fossem ela mesma. Ela me contou:

> Eu costumava deixá-los virar toda a mobília e construir casas na sala de estar, que ficavam montadas por dias; então, eu não tinha lugar nem mesmo para sentar e ler. Não suportava obrigá-los a fazer o que eles não queriam fazer, até mesmo tomar remédio quando ficavam doentes. Eu não aguentava que eles ficassem tristes, ou brigassem, ou ficassem com raiva de mim. Não conseguia de modo algum separá-los de mim. Eu era sempre compreensiva, paciente. Sentia culpa de deixá-los sequer por uma tarde. Eu me preocupava com cada página da tarefa de casa; sempre me concentrava em ser uma boa mãe. Eu me orgulhava de que Steve não brigava com os outros meninos do bairro. Nem percebi que havia algo errado até que ele começou a ir muito mal na escola, a ter pesadelos sobre a morte e não querer ir para a escola porque tinha medo dos outros garotos.

Outra mulher falou:

> Eu achava que precisava estar lá todas as tardes quando eles chegavam em casa da escola. Eu lia todos os livros que eles precisavam ler, para ajudá-los com os trabalhos de escola. Havia muitos anos que eu não ficava tão alegre e animada quanto nas semanas em que ajudei Mary a preparar as roupas dela para a faculdade. Mas fiquei muito chateada quando ela não quis cursar artes. Esse era meu sonho, obviamente, antes de me casar. Talvez seja melhor vivermos nossos próprios sonhos.

Não penso que seja coincidência o fato de a passividade em ascensão – e a realidade fantasiosa – das crianças de hoje em dia ter se alastrado nos mesmos anos em que a mística feminina encorajou a grande maioria das mulheres estadunidenses – incluindo as mais habilidosas e o número crescente de mulheres com formação educacional – a abandonar os próprios sonhos, e até mesmo a própria educação, para se realizar nas crianças. A "absorção" da personalidade da criança pela mãe da classe média – já aparente para um sociólogo perceptivo na década de 1940 – inevitavelmente aumentou durante esses anos. Sem interesses sérios fora do lar, e com as tarefas domésticas facilitadas pelos eletrodomésticos, as mulheres podiam se devotar quase exclusivamente para o culto à criança, do berço até a pré-escola. E mesmo quando as crianças começavam a ir para a escola, as mães podiam compartilhar de sua vida, de forma vicária e às vezes literalmente. Para muitas, o relacionamento com as crianças se tornou um caso amoroso, ou uma espécie de simbiose.

"Simbiose" é um termo biológico; refere-se ao processo por meio do qual, em resumo, dois organismos vivem como um. Com os seres humanos, quando o feto está no ventre, o sangue da mãe o mantém vivo, a comida que ela come o alimenta também, o oxigênio dele vem do ar que ela respira, e ela se livra dos resíduos dele. Há uma unicidade biológica, no começo, entre mãe e filho, um processo maravilhoso e intrincado. Mas esse relacionamento termina com o rompimento do cordão umbilical e o nascimento do bebê como um ser humano separado.

A essa altura, os psicólogos infantis interpretam uma "simbiose" psicológica ou emocional entre mãe e filho como o amor maternal tomando o lugar do fluido amniótico que banhava e alimentava constantemente o feto no útero. Essa simbiose emocional alimenta a psiquê da criança até que ela esteja pronta para nascer psicologicamente, de certa forma. Dessa maneira, os escritores da psicologia – assim como os enaltecedores literários e religiosos do amor maternal antes da era da psicologia – descrevem um estado no qual mãe e bebê retêm essa unicidade mística; não são de fato seres separados. "Simbiose", nas mãos dos popularizadores da psicologia, subentendia que o cuidado constante e amoroso da mãe era realmente necessário para o crescimento da criança, por uma quantidade indeterminada de anos.

Mas o recente conceito de "simbiose" tem aparecido com cada vez mais frequência em relatos de casos de crianças perturbadas. Mais

DESUMANIZAÇÃO PROGRESSIVA

e mais dessas novas patologias infantis parecem ter raiz na própria relação simbiótica com a mãe, que de alguma forma impede as crianças de se tornarem indivíduos separados. Essas crianças perturbadas parecem "representar" os desejos ou conflitos inconscientes da mãe – sonhos infantis que ela não deixou para trás e ainda tenta satisfazer na pessoa do filho.

O termo "representação" é usado na psicoterapia para descrever o comportamento de um paciente que não está de acordo com a realidade de certa situação, mas é expressão de desejos ou fantasias do subconsciente infantil. Soa místico dizer que os desejos infantis inconscientes que a criança perturbada está "representando" não são seus, mas da mãe. Porém, terapeutas conseguem traçar os passos pelos quais a mãe, que está usando a criança para satisfazer seus próprios sonhos infantis, inconscientemente a empurra na direção do comportamento destrutivo para o crescimento dela. A esposa do executivo de Westchester, que empurrou a filha de 13 anos na direção da promiscuidade sexual, não apenas vinha preparando a menina com o desenvolvimento de sua graça sexual – de uma forma que ignorava totalmente a personalidade da filha –, mas, mesmo antes de os seios dela se desenvolverem, implantou, com avisos e certa intensidade no questionamento, sua expectativa de que a filha representasse na vida real as fantasias da mãe a respeito de prostituição.

Nunca foi considerado patológico para mães ou pais representarem seus sonhos por meio dos filhos, exceto quando o sonho ignora e distorce a realidade da criança. Romances, bem como estudos de caso, foram escritos sobre um garoto que se torna um mau empresário porque aquele era o sonho do pai, enquanto poderia ter sido um bom violinista; ou o menino que vai parar em um hospício e frustra o sonho da mãe de que ele se tornasse um grande violinista. Se recentemente o processo começou a parecer patológico é porque os sonhos das mães que as crianças estão representando vêm se tornando cada vez mais infantis. As próprias mães vêm se tornando mais infantis, e porque são forçadas a buscar cada vez mais satisfação nos filhos, são incapazes de finalmente se separarem das

A MÍSTICA FEMININA

crianças. Assim, ao que parece, é a criança que sustenta a vida da mãe no relacionamento "simbiótico", e a criança é virtualmente destruída no processo.

Essa simbiose destrutiva é literalmente integrada à mística feminina. E o processo é progressivo. Começa em uma geração, e continua na seguinte, mais ou menos da seguinte maneira:

1. Ao permitir que as garotas evadam testes de realidade e compromisso reais, na escola e no mundo, com a promessa de realização mágica por meio do casamento, a mística feminina interrompe o crescimento delas em um nível infantil, sem identidade pessoal, assim, com essência individual inevitavelmente fraca.

2. Quanto maior a infantilidade dela, e mais fraca a essência individual, mais cedo a menina buscará "realização" como mãe e esposa e mais exclusivamente buscará satisfação na vida do marido e das crianças. Desse modo, suas ligações com o mundo da realidade, seu próprio senso de si, se tornarão progressivamente mais fracos.

3. Como o organismo humano tem um impulso intrínseco de crescer, uma mulher que evade seu próprio crescimento, agarrando-se à proteção infantilizada do papel de esposa dona de casa irá – contanto que esse papel não permita seu crescimento – sofrer patologias cada vez mais severas, tanto fisiológicas quanto emocionais. Sua maternidade será cada vez mais patológica, tanto para ela quanto para as crianças. Quanto maior a infantilização da mãe, menor é a probabilidade de a criança ser capaz de alcançar a individualidade humana no mundo real. Mães com naturezas muito infantis terão crianças ainda mais infantis, que ainda mais cedo se afastarão dos testes da realidade, na fantasia.

4. Os sinais desse isolamento patológico serão mais aparentes nos meninos, uma vez que, já na infância, espera-se que meninos se comprometam com os testes de realidade dos quais a mística feminina permite que as meninas escapem em fantasia sexual. Mas essas próprias expectativas no final fazem os meninos

DESUMANIZAÇÃO PROGRESSIVA

amadurecerem na direção de uma individualidade mais forte e tornar as meninas as maiores vítimas, bem como as "Marias tifoides"* da desumanização progressiva das próprias crianças.

De psiquiatras e clínicos do subúrbio, fiquei sabendo como esse processo funciona. Um psiquiatra, Andras Angyal, o descreve, não necessariamente em relação a mulheres, como "evasão neurótica do amadurecimento". Há dois métodos-chave para evadir o amadurecimento. Um é o "não comprometimento": um homem vive sua vida – escola, emprego, casamento – "passando por ela, deixando-se levar, sem ficar totalmente comprometido a nenhuma ação". Ele considera a si mesmo vagamente "interpretando um papel". Na superfície, ele pode parecer estar vivendo uma vida normal, mas o que ele está fazendo na verdade é "se deixando levar".

O outro método de evadir o amadurecimento Angyal chamou de "vida vicária". Consiste na negação e repressão sistemáticas da própria individualidade e uma tentativa de substituir por outra personalidade, uma "concepção idealizada, um padrão de absoluta bondade pelo qual se tenta viver, suprimindo todos aqueles impulsos genuínos que são incompatíveis com esse padrão exagerado ou irrealista", ou simplesmente tomando a personalidade que é "o clichê popular da época".

A manifestação mais frequente de vida vicária é uma dependência particularmente estruturada de outra pessoa, que com frequência se confunde com amor. Tais apegos extremamente intensos e obstinados, no entanto, carecem de toda a essência do amor genuíno – devoção, compreensão intuitiva e alegria pela outra pessoa ser do jeito que é. Pelo contrário, esses apegos são extremamente possessivos e tendem a privar o parceiro de uma "vida própria" [...]. A outra pessoa é necessária não como alguém com quem se

---

* Mary Mallon, a "Maria tifoide", conhecida como "paciente zero" da febre tifoide, portadora da bactéria, porém, sem apresentar sintomas da doença. (*N. T.*)

A MÍSTICA FEMININA

relacionar; é necessária para preencher o vazio interno, o nada, do outro. Esse nada originalmente era apenas uma fantasia, mas com autorrepressão suficiente se aproxima do estado real do ser.

Todas essas tentativas de conseguir uma personalidade substituta pela vida vicária não libertam a pessoa da sensação vaga de vazio. A repressão de impulsos genuínos e espontâneos deixa a pessoa com uma vacuidade emocional dolorosa, quase uma sensação de não existência [...].[8]

"Não comprometimento" e "vida vicária", conclui Angyal, "podem ser entendidos como tentativas de soluções para o conflito entre o impulso para crescer e o temor de enfrentar situações novas" – porém, embora possam reduzir temporariamente a pressão, não resolvem de fato o problema; "o resultado disso, ainda que não seja a intenção, é sempre a evasão do crescimento pessoal".

Não comprometimento e vida vicária estão, no entanto, no centro da nossa definição convencional da feminilidade. Essa é a maneira como a mística feminina ensina meninas a buscarem "realização como mulheres"; essa é a maneira como a maioria das estadunidenses vive hoje. Mas se o organismo humano tem tendência inata para o crescimento, para expandir e se tornar tudo o que puder ser, não é surpreendente que corpo e mente de mulheres saudáveis comecem a se rebelar à medida que tentam se ajustar a um papel que não permite o crescimento. Seus sintomas, que tanto confundem médicos e analistas, são sinais de aviso de que elas não podem penhorar a própria existência, evadir o próprio crescimento, sem uma batalha.

Vi mulheres que entrevistei e mulheres de minha própria comunidade lutando essa batalha e, infelizmente, costuma ser uma batalha perdida. Uma jovem, primeiro no ensino médio e depois na faculdade, largou todos seus interesses sérios e ambições para ser "popular". Casou-se cedo e interpretou o papel convencional de esposa dona de casa, de maneira bastante semelhante ao modo como representou o papel de universitária popular. Não sei em que ponto ela perdeu a noção do que era real e do

DESUMANIZAÇÃO PROGRESSIVA

que era fachada, mas quando se tornou mãe, às vezes se deitava no chão e batia os pés em uma espécie de birra semelhante àquela que era incapaz de controlar na filha de três anos. Aos 38 anos, ela cortou os pulsos em uma tentativa de suicídio.

Outra mulher extremamente inteligente, que largou uma carreira desafiadora de pesquisadora sobre o câncer para se tornar esposa dona de casa, sofreu de depressão severa pouco antes de o bebê nascer. Depois que se recuperou, se tornou tão "próxima" dele que precisava ficar todas as manhãs no berçário com ele, por quatro meses, senão ele entrava em um frenesi violento de lágrimas e birras. No primeiro ano do ensino fundamental, o menino com frequência vomitava de manhã, quando precisava deixá-la. A violência dele no parquinho chegava a ser perigosa para ele e para os outros. Quando um vizinho pegou da mão dele um taco de beisebol com o qual estava prestes a atingir outra criança na cabeça, a mãe desaprovou violentamente a "frustração" provocada no filho. Ela achava extremamente difícil ela mesma discipliná-lo.

Ao longo de um período de dez anos, enquanto atravessava corretamente as fases da maternidade no subúrbio, exceto por essa incapacidade de ser firme com as crianças, ela visivelmente parecia cada vez menos viva, menos segura de seu próprio valor. Um dia antes de se enforcar no porão da casa de dois andares imaculada, ela levou os três filhos à consulta pediátrica e fez os preparativos para a festa de aniversário da filha.

Poucas esposas donas de casa suburbanas recorrem ao suicídio, e há ainda outras evidências de que mulheres pagam um preço, emocional e físico, alto por evadir do próprio amadurecimento. Elas não são, como sabemos agora, os seres biologicamente mais fracos da espécie. Em todas as faixas etárias, menos mulheres morrem do que homens. Mas nos Estados Unidos, a partir do momento em que as mulheres assumem seu papel sexual feminino como esposas donas de casa, não vivem mais com o entusiasmo, o prazer, o senso de propósito característico da verdadeira saúde humana.

Durante a década de 1950, psiquiatras, analistas e médicos de todas as áreas observaram que a síndrome da esposa dona de casa parecia cada

A MÍSTICA FEMININA

vez mais patológica. Os sintomas leves não diagnosticáveis – bolhas de sangue, indisposição, nervosismo e fadiga das jovens esposas donas de casa – tornaram-se ataques cardíacos, sangramento por úlcera, hipertensão, broncopneumonia; a angústia emocional sem nome se tornou um surto psicótico. Entre as novas esposas donas de casa e mães, em certos subúrbios ensolarados, somente nesta década testemunhou-se um aumento fantástico nas "psicoses maternas", depressões leves a suicidas ou alucinações pós-parto. De acordo com os dados médicos compilados pelo dr. Richard Gordon e sua esposa, Katherine (psiquiatra e psicóloga social, respectivamente), nos subúrbios do condado de Bergen, em Nova Jersey, durante a década de 1950, aproximadamente um terço das mães jovens sofreu de depressão ou surto psicótico logo após o parto. Comparam-se esses dados às estimativas médicas prévias de surto psicótico em uma a cada quatrocentas gestações e depressões menos severas em uma a cada oitenta.

> No condado de Bergen, entre os anos de 1953-1957, uma em cada dez dos 746 pacientes psiquiátricos adultos eram jovens esposas que surtaram após o parto. Na verdade, as esposas donas de casa jovens (18 a 44 anos) sofrendo não somente de depressão pós-parto, mas de todos os distúrbios psiquiátricos e psicossomáticos com gravidade crescente, tornaram-se, na década de 1950, de longe o grupo predominante de pacientes psiquiátricos adultos. A quantidade de esposas jovens perturbadas era mais do que 50% maior do que a quantidade de maridos jovens e três vezes maior do que qualquer outro grupo. (Outras pesquisas, tanto de pacientes do serviço público quanto do privado nos subúrbios, apresentaram resultados semelhantes.) Do começo ao fim da década de 1950, as esposas donas de casas jovens também tomaram o lugar dos homens como as principais doentes nos casos de ataque coronário, úlceras, hipertensão e broncopneumonia. No hospital que atende a esse condado suburbano, as mulheres agora são 40% dos pacientes sofrendo de úlcera.[9]

DESUMANIZAÇÃO PROGRESSIVA

Conversei com os Gordon, que atribuíram o aumento das patologias nessas novas esposas donas de casa jovens – o que não foi observado em mulheres nas áreas rurais comparáveis ou em subúrbios mais tradicionais e nas cidades – à "ascensão" dessa nova população suburbana. Mas maridos "em ascensão" não surtavam como a esposa e os filhos. Estudos anteriores sobre depressão pós-parto indicaram que a mulher profissional bem-sucedida ou de carreira às vezes sofria com "conflito de papéis" quando se tornava esposa dona de casa e mãe. Mas essas novas vítimas, cuja taxa de depressão pós-parto ou surto era bem maior do que as estimativas anteriores, nunca quiseram ser nada além do que esposas donas de casa e mães; isso era tudo o que se esperava delas. Os Gordon destacaram que os resultados de sua pesquisa não indicam que essas esposas donas de casa jovens são necessariamente submetidas a mais estresse do que o marido; por algum motivo essas mulheres apresentam simplesmente uma tendência maior a sucumbir ao estresse. Isso poderia significar que o papel de esposa dona de casa e mãe era excessivo para elas ou insuficiente?

Essas mulheres não compartilhavam das mesmas sementes da neurose na infância; algumas, na verdade, não apresentavam nada disso. Mas uma semelhança surpreendente emergiu em seus relatos de casos: o fato de que elas haviam abandonado a educação em um nível inferior à sua capacidade. As pacientes eram aquelas que haviam largado o ensino médio ou a faculdade; e com mais frequência do que outras mulheres comparáveis da mesma idade, começaram a faculdade e largaram cerca de um ano depois.[10] Muitas vinham de "grupos étnicos mais rígidos" (italianos ou judeus) ou de cidades pequenas no sul, onde "mulheres são protegidas e mantidas dependentes". A maioria não procurou formação educacional nem emprego, nem se moveu pelo mundo sozinha em qualquer que fosse a função. Poucas das que surtaram tiveram empregos não especializados ou começaram a demonstrar algum interesse do qual desistiram quando se tornaram esposas donas de casa e mães no subúrbio. Mas a maioria nunca teve outra ambição exceto se casar com um homem promissor; muitas realizavam não apenas seus próprios sonhos mas o

A MÍSTICA FEMININA

sonho de status frustrado da mãe de se casar com um homem talentoso e ambicioso. Conforme o dr. Gordon as descreveu para mim: "Não eram mulheres habilidosas. Nunca tinham feito nada. Não conseguiam sequer organizar os comitês que precisam ser organizados nesses lugares. Nunca foi exigido delas que se dedicassem, que aprendessem a fazer um serviço e depois fazê-lo. Muitas largaram a escola. É mais fácil ter um bebê do que tirar A. Nunca aprenderam a aguentar o estresse, a dor, o trabalho duro. Assim que as coisas ficavam difíceis, elas surtavam."

Talvez porque essas moças fossem mais passivas, mais dependentes do que outras mulheres, restritas nesses subúrbios, às vezes se tornavam mais infantis que as crianças. E elas apresentavam passividade e infantilidade que pareciam patológicas – muito precocemente nos filhos. Percebe-se que nas clínicas de saúde mental suburbanas de hoje, a maioria esmagadora dos pacientes infantis são meninos, em uma inversão dramática e inexplicável do fato de que a maioria dos pacientes adultos em todas as clínicas e consultórios de hoje são mulheres – ou melhor, esposas donas de casa. Deixando de lado o jargão teórico de sua profissão, um analista de Boston com muitas pacientes me contou:

> É verdade, há muito mais pacientes mulheres do que homens. As queixas variam, mas se você olhar sob a superfície, encontrará uma sensação subjacente de vazio. Não é inferioridade. É quase como um nada. A questão é que elas não estão buscando objetivos pessoais.

Outro médico, de uma clínica de saúde mental suburbana, contou-me de uma jovem mãe de uma garota de 17 anos, que, desde a mudança para o subúrbio sete anos antes, estava totalmente ocupada com os filhos exceto por alguns trabalhos voluntários na comunidade. Apesar da constante ansiedade da mãe em relação à filha ("Penso nela o dia todo: ela não tem amigo nenhum e vai conseguir entrar na faculdade?"), ela *esqueceu* o dia em que a filha deveria fazer o exame de admissão na faculdade.

DESUMANIZAÇÃO PROGRESSIVA

A ansiedade dela em relação à filha e ao que ela estava fazendo era ansiedade em relação a si mesma e ao que ela não estava fazendo. Quando essas mulheres sofrem de preocupação com o que não estão fazendo, as crianças, na verdade, têm muito pouco contato com elas. Lembro-me de um menino, 2 anos de idade, com sintomas muito severos porque quase não tem contato real com a mãe. Ela fica bastante em casa, o dia inteiro, todos os dias. Eu preciso ensiná-la a ter contato físico com a criança. Mas isso não resolverá o problema enquanto a mãe não enfrentar sua própria necessidade de autorrealização. Estar disponível para a criança não tem nada a ver com a quantidade de tempo – ser capaz de estar presente para a criança da maneira como ela precisa pode acontecer numa fração de segundo. E a mãe pode estar lá o dia inteiro e não estar presente para a criança, por conta de sua preocupação consigo mesma. Então o menino prende a respiração durante a birra; briga com raiva; recusa-se a deixá-la ir embora da creche; mesmo aos 9 anos, um menino ainda pede que a mãe vá ao banheiro com ele e deite-se com ele, caso contrário não dorme. Ou ele se torna tão retraído, quase esquizofrênico. E ela está freneticamente tentando atender a todas as necessidade e demandas da criança. Mas se ela fosse mesmo capaz de se realizar, seria capaz de estar presente para a criança. Ela precisa ser completa e estar presente por si mesma, para ajudar a criança a crescer e a aprender a lidar com a realidade, até mesmo para conhecer seus próprios sentimentos reais.

Em outra clínica, um terapeuta falou de uma mulher em pânico porque o filho não conseguia aprender a ler na escola, embora tivesse pontuado bem em testes de inteligência. Depois de ter largado a faculdade, a mãe entrou de cabeça no papel de esposa dona de casa e viveu à espera do momento em que o filho fosse para a escola, e assim ela se realizaria nas conquistas dele. Até a terapia fazer a mãe se "separar" do menino, ele não tinha senso algum de si mesmo como um ser separado dela. Ele não conseguia fazer, não faria, nem mesmo em uma brincadeira, coisa alguma, a não ser que alguém mandasse. Não conseguia nem aprender a ler, pois, para isso, é necessário ter individualidade.

O estranho era, disse o terapeuta, que como muitas outras mulheres dessa era do "papel feminino", em seu esforço para ser uma "mulher real", boa esposa e boa mãe, "ela na verdade interpretava um papel bem masculino [...]. Era mandona – dominando a vida das crianças, regendo a casa com mão de ferro, cuidando da carpintaria, importunando o marido para que ele fizesse trabalhos estranhos, que ele nunca concluía, cuidando das finanças, supervisionando a recreação e a educação –, e o marido, apenas o homem que pagava as contas".

Em uma comunidade de Westchester, cujo sistema educacional é mundialmente famoso, descobriu-se recentemente que graduandos com notas excelentes no ensino médio iam muito mal na faculdade e acabavam não dando em nada. Uma investigação revelou uma causa psicológica simples. Durante todo o ensino médio, as mães literalmente vinham fazendo todas as tarefas e trabalhos escolares. Elas estavam tirando de filhos e filhas o desenvolvimento mental deles.

Outro analista explica como a delinquência juvenil é causada pela representação das necessidades da mãe pela criança, no caso de o amadurecimento da mãe ter sido impedido.

> Com frequência, o genitor mais importante – em geral, a mãe, embora o pai sempre esteja de algum modo envolvido – inconscientemente encoraja comportamentos amorais e antissociais na criança. As necessidades neuróticas do genitor [...] são atendidas de forma vicária no comportamento da criança. Essas necessidades neuróticas do genitor existem seja por conta de alguma incapacidade atual de satisfazê-la no mundo adulto, seja por conta das próprias experiências de infância tolhida dos pais – ou, mais comumente, por conta de uma combinação de ambos fatores.[11]

Aqueles que observaram e tentaram ajudar jovens delinquentes testemunharam esse processo desumanizador progressivo em ação e descobriram

DESUMANIZAÇÃO PROGRESSIVA

que amor não é o suficiente para combatê-lo. O amor simbiótico ou permissividade que vem sendo a tradução de amor maternal nesses anos de mística feminina não é suficiente para gerar consciência social e força de caráter em uma criança. Para isso, é necessário uma mãe madura com essência individual forte, cujas necessidades sexuais instintivas estejam integradas com a consciência social. "A firmeza indica um genitor que aprendeu [...] como todos os objetivos importantes podem ser alcançados em algum plano de ação criativo [...]."[12]

Um terapeuta relatou o caso de uma menina de 9 anos que furtava. É uma fase, dizia a mãe protetora – com a "permissividade oriunda de sua própria necessidade de satisfação vicária". Em certo ponto, a menina perguntou ao terapeuta: "Quando a minha mãe vai começar a praticar os roubos dela?"

Em limites extremos, esse padrão de desumanização progressiva pode ser visto em casos de crianças esquizofrênicas: "autistas" ou "atípicas", como às vezes são chamadas. Visitei uma clínica famosa que vem estudando essas crianças há quase vinte anos. Durante esse período, casos de crianças como essas, que foram apreendidas em nível muito primitivo e subinfantil, para algumas pessoas parecem estar aumentando. As autoridades discordam quanto à causa dessa estranha condição mental e se está mesmo em ascensão ou apenas parece estar, porque agora é com mais frequência diagnosticada. Até bem recentemente, acreditava-se que a maioria dessas crianças tinha desenvolvimento cognitivo atrasado. Mas a doença está sendo observada com mais frequência agora, em hospitais e clínicas, por médicos e psiquiatras. E não é a mesma coisa que tipos de atraso no desenvolvimento mental irreversíveis e orgânicos. Pode ser tratada e por vezes curada.

Essas crianças com frequência se identificam com coisas, objetos inanimados (carros, rádios etc.) ou com animais (porcos, cães, gatos). O ponto crucial do problema parece ser que essas crianças não organizaram ou desenvolveram essência individual forte suficiente para lidar até mesmo com a realidade infantil; elas não são capazes de distinguir-se como separadas do mundo externo; elas vivem no nível dos objetos ou

A MÍSTICA FEMININA

de algum impulso biológico instintivo que não foi organizado dentro de uma estrutura humana. Quanto às causas, as autoridades pensam que "precisam examinar a personalidade da mãe, que é o meio pelo qual o bebê primitivo se transforma em um ser humano socializado".[13]

Na clínica que visitei (o Centro Infantil James Jackson Putnam, em Boston), os funcionários com cautela chegavam a conclusões a respeito dessas crianças profundamente perturbadas. Mas um dos médicos falou, um pouco impaciente, sobre o aumento do influxo de "eus ausentes, eus frágeis, individualidades pouco desenvolvidas" que ele tem encontrado. "É o que eu sempre soube, se um dos pais tem o eu frágil, a criança também terá."

A maioria das mães dessas crianças que nunca desenvolveram a essência individual humana eram "indivíduos extremamente imaturos", embora na superfície "dessem a impressão de serem bem-ajustadas". Eram muito dependentes da própria mãe, fugiram dessa dependência com o casamento precoce e "lutam heroicamente para construir e mar´er a imagem que criaram de boa mulher, mãe e esposa".

> A necessidade de ser mãe, a esperança e a expectativa de que por meio dessa experiência ela se torne uma pessoa real, capaz de emoções verdadeiras, é tão desesperada que por si só pode criar ansiedade, ambivalência, medo do fracasso. Por ser tão estéril de manifestações espontâneas do sentimento materno, ela estuda com atenção todos os métodos novos de criação e lê tratados sobre higiene física e mental.[14]

Seu cuidado onipresente com a criança é baseado não na espontaneidade, mas em seguir a "imagem do que uma boa mãe deve ser", na esperança de que "por meio da identificação com o filho, sangue do seu sangue, ela possa experimentar de forma vicária as alegrias da vida real, de sentimentos genuínos".

E, assim, a criança é reduzida de "inércia passiva" para "choradeira noturna" para não humanidade. "A criança passiva é uma ameaça menor,

DESUMANIZAÇÃO PROGRESSIVA

porque não faz exigências exageradas à mãe, que, por sua vez, sente estar em constante perigo de revelar que, emocionalmente, tem muito pouco ou nada a oferecer, que é uma fraude." Quando descobre não ser capaz de se realizar na criança:

> [...] luta desesperadamente por controle, não mais de si mesma, talvez, mas da criança. As dificuldades relacionadas a desfralde ou desmame em geral são batalhas em que a mãe tenta se redimir. A criança se torna a vítima real – vítima do desamparo da mãe que, por sua vez, gera uma agressão dentro de si que aumenta até o ponto da destruição. A única maneira de a criança sobreviver é se refugiar, se afastar, não apenas da mãe perigosa, mas também do mundo inteiro.[15]

Então a criança se torna uma "coisa", ou um animal, ou um "andarilho inquieto em busca de ninguém e de lugar nenhum, andando impaciente de um lado a outro do quarto, balançando para a frente e para trás, circulando pelas paredes como se elas fossem barras pelas quais escaparia".

Nessa clínica, os médicos com frequência eram capazes de traçar um padrão similar por muitas gerações anteriores. A desumanização era, de fato, progressiva.

> Ao levarmos em consideração essas observações clínicas, podemos presumir que o conflito descoberto em duas gerações pode muito bem ter existido em gerações anteriores e continuará nas vindouras, a não ser que o padrão seja interrompido com intervenção terapêutica ou a criança seja resgatada por uma figura paterna masculina, uma esperança que nossa experiência não nos permite ter.[16]

Mas nem terapia nem amor eram suficientes para ajudar essas crianças, se a vida da mãe continuasse a ser vicária na criança. Notei esse mesmo padrão em muitas das mulheres que entrevistei, mulheres que dominavam

A MÍSTICA FEMININA

as filhas, ou as criavam como dependentes passivas e conformadas ou inconscientemente as levavam a atividades sexuais. Uma das mulheres mais trágicas que conheci foi a mãe daquela menina de 13 anos "sonâmbula". Esposa de um executivo abastado cuja vida era repleta de símbolos de status, ela vivia a própria imagem da "união" suburbana, mas aquilo era apenas fachada. A vida real do marido era centrada nos negócios dele; uma vida que ele não podia, ou não queria, compartilhar com a esposa. Ela havia tentado recapturar seu senso de vida ao inconscientemente empurrar a filha de 13 anos para a promiscuidade. Ela vivia na vida pseudossexual da filha, que, para a menina, era tão carente de sentimento real que a garota se tornou um simples "objeto" dentro dela.

Muitos terapeutas e conciliadores tentavam "ajudar" a mãe e o pai, partindo da premissa, suponho, de que se as necessidades sexuais e emocionais da mãe fossem atendidas no casamento pelo marido, ela não precisaria supri-las na filha – e esta cresceria afastando-se da "objetificação" em direção à própria mulheridade. Como o marido tinha seus próprios e muitos problemas, e a probabilidade de a mãe conseguir amor suficiente dele era fraca, os conciliadores tentavam fazer com que ela desenvolvesse alguns interesses reais na própria vida.

Mas com outras mulheres que encontrei, que haviam evadido o próprio crescimento em vida vicária e ausência de propósitos pessoais, nem mesmo o mais carinhoso dos maridos conseguiu impedir o dano progressivo na vida deles e na dos filhos. Eu vi o que acontece quando as mulheres, inconscientemente, incentivam as filhas a ter uma sexualidade muito precoce, porque a aventura sexual é a única aventura real – ou meio de conseguir status ou identidade – na própria vida. Hoje, essas filhas, que representaram os sonhos ou ambições frustradas da mãe no modo feminino "normal" e tentaram ser bem-sucedidas no sucesso de homens ambiciosos e habilidosos em ascensão, estão, em muitos casos, tão frustradas e insatisfeitas quanto a mãe. Nem todas correm descalças para a delegacia com medo de que assassinarão o marido e o bebê, os quais, elas pensam, as prendem em casa. Nem todos os filhos se tornam ameaças violentas à vizinhança e à escola; nem todas as filhas representam as

DESUMANIZAÇÃO PROGRESSIVA

fantasias sexuais da mãe e engravidam aos 14 anos. E nem todas essas donas de casa começam a beber às onze da manhã, para abafar o barulho das máquinas de lavar louças, de lavar roupas e a de secar, que são, por fim, os únicos sons de vida naquela casa vazia, à medida que as crianças, uma a uma, saem para a escola.

Mas em subúrbios como o do condado de Bergen, a quantidade de "separações" dobrou desenfreadamente durante a década de 1950, conforme os homens habilidosos e ambiciosos continuavam crescendo na cidade enquanto as esposas fugiam do crescimento na vida vicária ou no não comprometimento, preenchendo seu papel feminino no lar. Enquanto as crianças estavam em casa, enquanto o marido estava lá, as esposas sofriam de doenças cada vez mais graves, mas se recuperavam. Mas no condado de Bergen, durante essa década, houve um aumento drástico no suicídio de mulheres com mais de 45 anos e de pacientes psiquiátricas hospitalizadas cujos filhos haviam crescido e saído de casa.[17] As esposas donas de casa que precisaram ser hospitalizadas e que não se recuperavam logo eram, principalmente, aquelas que jamais desenvolveram seus próprios talentos em trabalho fora do lar.[18]

O surto massivo que pode ocorrer conforme mais e mais dessas novas esposas donas de casa e mães jovens, que são produtos da mística feminina, atingem os 40 anos de idade ainda é especulação. Mas a infantilização progressiva de filhos e filhas, conforme espelhada pelos casamentos precoces desenfreados, ficou alarmante. Em março de 1962, na conferência nacional da Associação de Estudos da Infância, os novos casamento e parentalidade precoces, que haviam sido reconhecidos anteriormente como indício de "maturidade emocional aprimorada" na geração mais jovem, foram enfim reconhecidos como sinal de "infantilização" crescente. Os milhões de jovens estadunidenses que, na década de 1960, se casavam antes dos 20 anos, demonstravam dependência emocional e imaturidade que busca no casamento um atalho mágico para o status de adulto, uma solução mágica para problemas que não são capazes de, eles mesmos, enfrentar, concordaram os profissionais do campo de infância e família. Esses noivos e noivas infantis foram

A MÍSTICA FEMININA

diagnosticados como vítimas do "caso amoroso doentio e infeliz com os próprios filhos" da geração atual.

> Muitas garotas admitem que desejam se casar porque não querem trabalhar mais. Elas mantêm sonhos de serem cuidadas pelo resto da vida sem preocupações, com mobília suficiente para ter pouco trabalho doméstico, passeios interessantes para fazer compras na cidade, crianças felizes e vizinhos legais. Sonhar com um marido parece pouco importante, a não ser nas fantasias de meninas a respeito de casamento, que, em geral, trata-se de um homem com a força de um pai indestrutível, confiável e poderoso, e a gentileza, a generosidade e o amor autossacrificante de uma boa mãe. Com frequência, rapazes afirmam que o motivo para querer se casar é o desejo de ter uma mulher maternal em casa e de fazer sexo regularmente, bastando pedir, sem dificuldade nem aborrecimento [...]. Na verdade, o que supostamente deveria garantir maturidade e independência é esperança disfarçada, para garantir dependência, para prolongar o relacionamento pais-filho, com o menos possível de suas limitações.[19]

E havia outros sinais nefastos por toda a nação de aumento da violência incontrolável entre jovens genitores e seus filhos, presos nessa dependência passiva. Um psiquiatra relatou que essas esposas estavam reagindo à hostilidade do marido ficando ainda mais dependentes e passivas, até às vezes se tornarem literalmente incapazes de se mover, de dar um passo, por conta própria. E isso não fazia o marido tratá-las com mais amor, mas sim, com mais raiva. E o que acontecia com a raiva que as esposas não ousavam usar contra os maridos? Veja esta notícia (*Time*, 20 de julho, 1962) sobre "Síndrome da criança espancada".

> Para muitos médicos, o incidente está se tornando infelizmente familiar. Uma criança, em geral com menos de 3 anos de idade, é levada ao consultório com fraturas múltiplas – com frequência,

DESUMANIZAÇÃO PROGRESSIVA

inclusive com o crânio fraturado. Os pais expressam a preocupação apropriada, relatam que a criança caiu da cama ou da escada, ou foi machucada por um amigo. Mas os raios X e a experiência levam o médico a uma conclusão diferente: a criança apanhou dos pais.

Reunindo documentação de 71 hospitais, uma equipe da Universidade do Colorado encontrou 302 casos de crianças espancadas em apenas um ano; 33 morreram, 85 sofreram dano cerebral permanente. Pais e mães com impulso de "chutar e golpear seus filhos, torcer o braço deles, bater neles com martelos ou a fivela do cinto, queimá-los com cigarro ou ferro elétrico", podiam tanto morar nas casas de dois andares do subúrbio quanto em cortiços. A Associação Médica Estadunidense previu que quando as estatísticas sobre a síndrome da criança espancada forem finalizadas, "é provável que se descobrirá se tratar de uma forma mais frequente de morte do que as doenças reconhecidas e amplamente estudadas como leucemia, fibrose cística ou distrofia muscular".

O "genitor" que tinha mais oportunidade para bater nessa criança espancada era, obviamente, a mãe. Como falou uma jovem mãe de quatro filhos ao médico, ao confessar seu desejo de se matar:

> Não tenho motivo algum para viver. Não tenho nenhum planejamento para o futuro. Jim e eu nem conversamos mais, a não ser sobre contas e coisas para consertar na casa. Eu sei que ele se ressente por ser tão envelhecido e não ter liberdade, enquanto ainda é jovem, e me culpa porque fui eu quem quis que nos casássemos à época. Mas a pior coisa é que sinto muita inveja dos meus próprios filhos. Quase os odeio, porque eles têm a vida toda pela frente, e a minha já acabou.

Pode ou não ser uma coincidência simbólica, mas na mesma semana em que a profissão relacionada à infância e à família reconheceu o verdadeiro significado dos casamentos precoces, o *New York Times Book Review* (domingo, 18 de março, 1962) registrou entre estadunidenses adultos

A MÍSTICA FEMININA

uma popularidade inédita de livros sobre relacionamentos "amorosos" entre seres humanos e animais. Em meio século, jamais houve tantos livros sobre animais na lista de *best-sellers* do que nos últimos três anos (1959-1962). Enquanto os animais sempre dominaram a literatura infantil, com a maturidade, os seres humanos se tornam mais interessados em outros seres humanos. (É apenas um símbolo, mas no teste de Rorschach, preponderância de animais sobre imagens humanas é sinal de infantilismo.) E assim a desumanização progressiva levou a mente estadunidense, nos últimos quinze anos, de adoração à juventude àquele "caso amoroso doentio" com nossas próprias crianças; de preocupação com detalhes físicos do sexo, divorciado da estrutura humana, para um caso amoroso entre homem e animal. Onde irá parar?

Penso que não irá parar, enquanto a mística feminina mascarar o vazio do papel da esposa dona de casa, encorajando meninas a evadir o próprio crescimento em uma vida vicária, em não comprometimento. Já passamos tempo demais culpando as mães que devoram os filhos ou com pena delas, que semeiam as sementes da desumanização progressiva, porque nunca atingiram a humanidade completa. Se a mãe é culpada, por que já não é hora de quebrar o padrão e exortar essas Belas Adormecidas a crescer e viver a própria vida? Jamais existirão Príncipes Encantados ou terapeutas o suficiente para quebrar o padrão agora. O trabalho é da sociedade, e, por fim, de cada mulher, sozinha. Porque a culpa não é da força das mães, mas da fraqueza, da dependência passiva e infantilizada e da imaturidade que se confundem com "feminilidade". Nossa sociedade força os meninos, até onde consegue, a crescer, a enfrentar as dores do crescimento, a buscar formação educacional para o trabalho, a seguir em frente. Por que as meninas não são forçadas a crescer, a alcançar de algum modo sua essência individual, que irá acabar com esse dilema desnecessário, a escolha equivocada entre feminilidade e humanidade subjacente na mística feminina?

É hora de parar de exortar mães a "amar" mais os filhos e enfrentar o paradoxo entre a exigência da mística de que mulheres se devotem completamente ao lar e aos filhos e o fato de que a maioria dos problemas

DESUMANIZAÇÃO PROGRESSIVA

tratados atualmente nas clínicas de orientação infantil tem solução apenas quando as mães recebem ajuda para desenvolver interesses autônomos próprios, e não mais precisam satisfazer suas necessidades emocionais na criança. É hora de parar de exortar mulheres a serem mais "femininas" quando isso gera passividade e dependência que despersonalizam o sexo e impõem um fardo impossível no marido e uma passividade crescente nos filhos.

Não é exagero chamar de doença o estado estagnado de milhares de donas de casa estadunidenses, uma moléstia na forma de essência humana individual cada vez mais frágil, que está sendo herdada por filhos e filhas em uma época que os aspectos desumanizadores da cultura de massa moderna tornam necessário para homens e mulheres ter uma essência individual forte, que seja forte o suficiente para reter a individualidade humana em meio às pressões assustadoras e imprevisíveis do nosso ambiente mutante. A força da mulher não é a causa, mas a cura para essa doença. Apenas quando for permitido às mulheres usar sua força total, crescer em sua capacidade total, a mística feminina poderá ser destruída e a desumanização progressiva das crianças ser interrompida. E a maioria das mulheres não pode mais usar sua força total, crescer em sua capacidade humana total como esposa dona de casa.

É urgente entender como a própria condição de ser esposa dona de casa pode gerar nas mulheres a sensação de vazio, de não existência, de ser nada. Há aspectos no papel de esposa dona de casa que tornam quase impossível para uma mulher de inteligência adulta reter um senso de identidade humana, a essência individual forte ou o "eu" sem o qual um ser humano, homem ou mulher, não está realmente vivo. Estou convencida de que, para mulheres habilidosas, nos Estados Unidos de hoje, há algo a respeito do estado de esposa dona de casa em si que é perigoso. No sentido de que não é tão absurdo quanto soa, as mulheres que se "ajustam" ao papel de esposa dona de casa, que crescem querendo ser "apenas esposa dona de casa" estão tão em perigo quanto os milhões que caminharam para a própria morte nos campos de concentração – e os outros milhões que se recusaram a acreditar na existência dos campos de concentração.

A MÍSTICA FEMININA

Na verdade, há uma estranha e desconfortável ideia sobre o porquê de uma mulher facilmente perder seu senso de individualidade como esposa dona de casa, em certas observações psicológicas feitas sobre o comportamento de prisioneiros em campos de concentração nazistas. Nesses cenários artificiais criados com o propósito de desumanização do homem, os prisioneiros literalmente se tornaram "cadáveres ambulantes". Aqueles que se "ajustaram" às condições dos campos renunciaram à sua identidade humana e caminharam quase com indiferença para a morte. Estranhamente, as condições que destruíram a identidade humana de tantos prisioneiros não foram a tortura e a brutalidade, mas condições semelhantes àquelas que destroem a identidade da esposa dona de casa estadunidense.

Nos campos de concentração, os prisioneiros eram forçados a adotar comportamentos infantilizados, forçados a abandonar sua individualidade e se diluir na massa amorfa. A capacidade para autodeterminação, a habilidade de prever o futuro e de se preparar para ele foram sistematicamente destruídas. Foi um processo gradual que ocorreu em estágios virtualmente imperceptíveis – porém, no fim, com a destruição do autorrespeito adulto, da estrutura adulta de referência, o processo de desumanização se completou. Esse foi o processo conforme observado por Bruno Bettelheim, psicanalista e psicólogo da educação, quando ele foi prisioneiro em Dachau e Buchenwald, em 1939.[20]

Quando chegavam ao campo de concentração, os prisioneiros eram afastados de seus interesses adultos antigos de forma quase traumática. Isso por si só já era um golpe enorme à identidade deles, além do confinamento físico. Poucos, muito poucos, conseguiam se dedicar de forma privada a algum interesse do passado. Mas fazer isso sozinho era muito difícil; mesmo conversar sobre esses interesses importantes, ou mostrar iniciativa de colocá-los em prática, gerava hostilidade nos outros prisioneiros. Os prisioneiros recém-chegados tentavam manter os interesses vivos, mas "os prisioneiros antigos pareciam mais preocupados com o problema de como se manter vivo da melhor forma possível no campo".

DESUMANIZAÇÃO PROGRESSIVA

Para os prisioneiros antigos, o mundo do campo era a única realidade.[21] Eles eram reduzidos a preocupações infantis como comida, evacuação, a satisfação de necessidades físicas primárias; não tinham privacidade nem recebiam estímulo do mundo exterior. Mas, acima de tudo, eram forçados a passar os dias fazendo um trabalho fatigante – não porque fosse fisicamente extenuante, mas porque era monótono, sem-fim, não exigia concentração, não oferecia esperança de avanço ou reconhecimento, às vezes não fazia sentido algum e era controlado pelas necessidades de outros ou pela velocidade de máquinas. Era trabalho que não emanava da personalidade do prisioneiro; não permitia iniciativa verdadeira, expressão de individualidade nem demarcação real do tempo.

E quanto mais os prisioneiros abriam mão da identidade humana adulta, mais se preocupavam com a perda de potência sexual e com as necessidades animais mais básicas. No começo, ceder a individualidade trazia conforto, perder-se no anonimato da massa, sentir que "todo mundo está no mesmo barco". Mas, estranhamente, sob essas condições, amizades verdadeiras não floresciam.[22] Mesmo a conversa, o passatempo favorito dos prisioneiros e que ajudava muito a tornar a vida ali suportável, logo deixava de ter sentido real.[23] Então eram dominados pela raiva. Mas a raiva de milhões, que poderia ter derrubado as cercas de arame farpado e as armas da SS, voltou-se contra eles mesmos e contra os prisioneiros mais fracos. Então se sentiram ainda mais impotentes do que realmente eram, e enxergaram a SS e as cercas mais inexpugnáveis do que eram.

Disseram, por fim, que o pior inimigo dos prisioneiros não era a SS, mas sim, eles mesmos. Porque não suportavam enxergar a situação como realmente era, pois negavam a própria realidade do problema deles e, finalmente, "ajustavam-se" ao campo como se ele fosse a única realidade – ficaram confinados na prisão da própria mente. As armas da SS não eram poderosas o suficiente para manter todos os presos subjugados. Eram manipulados para se manterem presos; eles se aprisionavam ao tornar o campo de concentração o mundo todo, negando o mundo amplo do passado, a responsabilidade do presente e as possibilidades do futuro.

A MÍSTICA FEMININA

Aqueles que sobreviveram, que não morreram nem foram exterminados, foram aqueles que mantiveram, em algum grau essencial, os valores e interesses adultos que foram essenciais à sua identidade prévia.

Tudo isso parece terrivelmente distante da vida tranquila da esposa dona de casa estadunidense do subúrbio. Mas será a casa dela, na verdade, um campo de concentração confortável? As mulheres que vivem na imagem da mística feminina não se aprisionaram entre as estreitas paredes de seu lar? Elas aprenderam a se "ajustar" ao seu papel biológico. Tornaram-se dependentes, passivas, infantilizadas; abriram mão da referência adulta para viver em um nível humano inferior de comida e coisas. O trabalho que fazem não exige capacidades adultas; é infindável, monótono, sem recompensas. As estadunidenses, obviamente, não estão sendo preparadas para extermínio em massa, mas sofrem a morte lenta da mente e do espírito. Assim como ocorreu com prisioneiros nos campos de concentração, há mulheres estadunidenses que resistiram a essa morte, que foram capazes de manter a essência individual, sem perder o contato com o mundo exterior, que usam suas habilidades para propósitos criativos. São mulheres de espírito e inteligência que se recusaram a se "ajustar" como esposa dona de casa.

Foi repetido inúmeras vezes que a formação educacional impediu as estadunidenses de se "ajustarem" ao papel de esposa dona de casa. Mas se a educação, que serve ao crescimento humano, que destila aquilo que a mente humana descobriu e criou no passado e dá ao homem capacidade de criar seu próprio futuro, fez com que cada vez mais estadunidenses se sentissem presas, frustradas, culpadas como esposas donas de casa, certamente isso deveria ser encarado como um sinal claro de que *mulheres superaram o papel de esposa dona de casa.*

Não é possível preservar a identidade de alguém ajustando-se, pelo tempo que for, a um modelo que seja por si só destrutivo para essa identidade. É de fato extremamente difícil para um ser humano sustentar tamanha divisão "interna": conformar-se externamente com uma realidade, enquanto tenta manter internamente os valores que ela nega. O campo de concentração confortável para o qual as mulheres estadunidenses

DESUMANIZAÇÃO PROGRESSIVA

caminharam ou foram persuadidas a entrar é tão somente uma realidade dessas, um modelo que nega a identidade humana adulta da mulher. Ao se ajustar a ela, a mulher tolhe sua inteligência para se tornar infantilizada, dá as costas à identidade individual para se tornar um robô biológico anônimo parte de uma massa dócil. Passa a ser menos humana, vítima de pressões externas, e ela mesma pressiona marido e filhos. E quanto mais tempo se conforma, menos ela sente que realmente existe. Busca segurança em coisas, esconde o temor de perder sua potência humana testando a potência sexual, tem uma vida vicária em fantasias ou no marido e nos filhos. Ela não quer ser lembrada do mundo externo; ela se convence de que não há o que possa fazer a respeito da própria vida ou do mundo que faça diferença. Mas não importa o quanto ela tente dizer a si mesma que o abandono dessa identidade pessoal é um sacrifício necessário para filhos e marido, ele não tem propósito real. Assim, a energia agressiva que deveria usar no mundo torna-se a raiva terrível que ela não ousa virar contra o marido, envergonha-se de virar contra os filhos e, por fim, vira contra si mesma, até sentir que não existe. Ainda assim, tanto no campo de concentração confortável como no real, algo muito forte na mulher resiste à sua morte.

Descrevendo uma experiência inextinguível em um campo de concentração real, Bettelheim conta de um grupo de prisioneiros nus – não mais humanos, meros robôs dóceis – enfileirados para entrar na câmera de gás. O comandante da SS, ao saber que uma das prisioneiras havia sido dançarina, ordenou-a que dançasse para ele. Ela obedeceu. Enquanto dançava, aproximou-se do homem, tomou-lhe a arma e atirou nele. Ela foi imediatamente alvejada e faleceu, mas Bettelheim é levado a questionar:

> Não é provável que, apesar do cenário grotesco em que dançou, dançar fez dela uma pessoa outra vez? Dançando, ela foi destacada como indivíduo, solicitada a realizar o que um dia foi sua vocação por escolha. Ela já não era um número, uma prisioneira despersonalizada sem nome, mas era a dançarina de antes. Transformada, embora momentaneamente, ela reagiu como sua antiga

A MÍSTICA FEMININA

eu, destruindo o inimigo resolvido a destruí-la, mesmo que ela tivesse que morrer no processo.

Apesar das centenas de milhares de mortos-vivos que caminharam silenciosamente para o túmulo, esse exemplo mostra que, em um instante, a antiga personalidade pode ser reconquistada, sua destruição pode ser desfeita, no momento em que decidimos por conta própria que não queremos mais ser unidades em um sistema. Exercendo a liberdade perdida que nem mesmo o campo de concentração pode roubar – decidir como alguém deseja pensar e sentir a respeito das condições da própria vida –, essa dançarina se desfez de sua verdadeira prisão. Isso ela pôde fazer porque estava disposta a arriscar a própria vida em troca de conquistar autonomia mais uma vez.[24]

A casa no subúrbio não é um campo de concentração alemão, nem as esposas donas de casa estadunidenses estão a caminho da câmara de gás. Mas estão presas em uma armadilha, e para escapar devem, como a dançarina, enfim exercitar sua liberdade humana e recapturar seu senso de individualidade. Precisam se recusar a não ter nome, a ser despersonalizada e manipulada, e precisam viver a própria vida novamente, de acordo com um propósito escolhido por elas mesmas. Precisam começar a crescer.

NOTAS

1. Marjorie K. McCorquodale, "What They Will Die for in Houston" [Pelo que morrerão em Houston], *Harper's*, out. 1961.
2. Ver David Riesman, *The Lonely Crowd* [A multidão solitária]; e também Erich Fromm, *Escape from Freedom*, Nova York e Toronto, 1941, pp. 185-206. [Ed. bras.: *O medo à liberdade*. Rio de Janeiro, LTC, 1983.] Também Erik H. Erikson, *Childhood and Society*, p. 239.
3. David Riesman, introdução para o livro de Edgar Friedenberg *The Vanishing Adolescent* [O adolescente em desaparecimento], Boston, 1959.

DESUMANIZAÇÃO PROGRESSIVA

4. Harold Taylor, "Freedom and Authority on the Campus" [Liberdade e autoridade no campus] em *The American College*, pp. 780 ss.
5. David Riesman, introdução para o livro de Edgar Friedenberg *The Vanishing Adolescent*.
6. Ver Eugene Kinkead, *In Every War but One* [Em todas as guerras exceto uma], Nova York, 1959. Houve recentemente uma tentativa de desacreditar ou atenuar essas descobertas. Mas a gravação de uma palestra na Associação Estadunidense de Psiquiatria em 1958, pelo dr. William Mayer (que fez parte da equipe militar de psiquiatras e agentes da inteligência que entrevistou os prisioneiros em regresso em 1953 e analisou os dados), levou muitos pediatras e especialistas em infância a perguntar, nas palavras do dr. Spock: "Pais excepcionalmente permissivos e indulgentes são mais numerosos hoje em dia e estão enfraquecendo o caráter de nossas crianças?" (Benjamin Spock, "Are We Bringing Up Our Children Too 'Soft' for the Stern Realities They Must Face?" [Estamos criando crianças muito "moles" para a dura realidade que precisam enfrentar?], *Ladies' Home Journal*, set. 1960.) Embora uma injúria desagradável para o orgulho estadunidense, deve haver alguma explicação para o colapso dos prisioneiros estadunidenses na Coreia, pois diferiu não somente do comportamento de soldados dos Estados Unidos em guerras anteriores, mas também do comportamento de soldados de outras nações na Coreia. Nenhum soldado estadunidense conseguiu escapar dos campos de prisão inimigos, como tinham feito em todas as outras guerras. A taxa chocante de morte de 38% não tinha explicação, nem mesmo de acordo com autoridades militares, baseando-se em clima, alimentação ou instalações médicas inadequadas nos campos, nem foi causada por brutalidade ou tortura. "Desistencite" [ou morte psicogênica] é como um médico descreveu a doença de que os estadunidenses morreram; eles simplesmente passaram os dias enfiados debaixo dos cobertores, bebendo água e sem comer, até morrerem, dentro de três semanas, em geral. Isso parecia ser um fenômeno estadunidense. Os prisioneiros turcos, que também fizeram parte da força das Nações Unidas na Coreia, não perderam homem algum para doença ou fome; eles permaneceram juntos, obedeceram aos seus superiores, aderiram

A MÍSTICA FEMININA

a ordens de saúde, cooperaram no cuidado dos doentes e se recusaram a delatar um ao outro.

7. Edgar Friedenberg, *The Vanishing Adolescent*, pp. 212 ss.

8. Andras Angyal, M.D., "Evasion of Growth" [Evasão do crescimento], *American Journal of Psychiatry*, vol. 110, n. 5, nov. 1953, pp. 358-361. Veja também Erich Fromm, *Escape from Freedom*, pp. 138-206.

9. Ver Richard E. Gordon e Katherine K. Gordon, "Social Factors in the Prediction and Treatment of Emotional Disorders of Pregnancy" [Fatores sociais na previsão e tratamento de distúrbios emocionais na gravidez], *American Journal of Obstetrics and Gynecology*, 1959, 77:5, pp. 1074-1083; ver Richard E. Gordon e Katherine K. Gordon, "Psychiatric Problems of a Rapidly Growing Suburb" [Problemas psiquiátricos em um subúrbio em rápida expansão], *American Medical Association Archives of Neurology and Psychiatry*, 1958, vol. 79; "Psychosomatic Problems of a Rapidly Growing Suburb" [Problemas psicossomáticos em um subúrbio em rápida expansão], *Journal of the American Medical Association*, 1959, 170:15; e "Social Psychiatry of a Mobile Suburb" [Psiquiatria social em um subúrbio em ascensão], *International Journal of Social Psychiatry*, 1960, 6:1, 2, pp. 89-99. Algumas dessas descobertas foram popularizadas em relatos de casos selecionados em *The Split Level Trap* [Armadilha da casa de dois andares], escrito pelos Gordon em colaboração com Max Gunther (Nova York, 1960).

10. Richard E. Gordon, "Sociodynamics and Psychotherapy" [Sociodinâmica e psicoterapia], *A.M.A. Archives of Neurology and Psychiatry*, abr. 1959, vol. 81, pp. 486-503.

11. Adelaide M. Johnson e S. A. Szurels, "The Genesis of Antisocial Acting Out in Children and Adults" [A gênese da representação antissocial de crianças e adultos], *Psychoanalytic Quarterly*, 1952, 21:323-343.

12. *Ibid.*

13. Beata Rank, "Adaptation of the Psychoanalytical Technique for the Treatment of Young Children with Atypical Development" [Adaptação de técnica psicanalítica para o tratamento de crianças pequenas com desenvolvimento atípico], *American Journal of Orthopsychiatry*, XIX, 1, jan. 1949.

14. *Ibid.*

DESUMANIZAÇÃO PROGRESSIVA

15. *Ibid.*
16. Beata Rank, Marian C. Putnam, e Gregory Rochlin, M.D., "The Significance of the 'Emotional Climate' in Early Feeding Difficulties" [A importância do "clima emocional" nas dificuldades iniciais de amamentação], *Psychosomatic Medicine*, X, 5, out. 1948.
17. Richard E. Gordon and Katherine K. Gordon, "Social Psychiatry of a Mobile Suburb", *op. cit.*, pp. 89-100.
18. *Ibid.*
19. Oscar Sternbach, "Sex Without Love and Marriage Without Responsibility" [Sexo sem amor e casamento sem responsabilidade], discurso apresentado na 38ª Conferência Anual da Associação Estadunidense de Estudo da Infância, 12 de março de 1962, Nova York (mimeo ms.).
20. Bruno Bettelheim, *The Informed Heart – Autonomy in a Mass Age*, Glencoe, Ill., 1960. Ed. bras.: *O coração informado – Autonomia na era da massificação*. São Paulo: Paz e Terra, 1985.]
21. *Ibid.*, pp. 162-169.
22. *Ibid.*, p. 231.
23. *Ibid.*, pp. 233 ss.
24. *Ibid.*, p. 265.

13. O *self* perdido

Cientistas do comportamento humano tornaram-se cada vez mais interessados na necessidade humana básica de crescer, a vontade do homem de ser tudo o que ele tem potencial para ser. Pensadores de diversos campos – de Bergson a Kurt Goldstein, Heinz Hartmann, Allport, Rogers, Jung, Adler, Rank, Horney, Angyal, Fromm, May, Maslow, Bettelheim, Riesman, Tillich e os existencialistas –, todos, postulam alguma tendência de crescimento positiva inerente ao organismo, o qual, de dentro, leva a um desenvolvimento mais pleno, à autorrealização. Essa "vontade de poder", "autoafirmação", "domínio" ou "autonomia", variados nomes para a mesma coisa, não implica em agressão ou esforço competitivo no sentido comum; é o indivíduo afirmando sua existência e suas potencialidades como um ser em seu direito; é "a coragem de ser um indivíduo".[1] Além disso, muitos desses pensadores desenvolveram um novo conceito do homem psicologicamente saudável – e de normalidade e patologia. A normalidade é considerada a "mais alta excelência da qual somos capazes". A premissa é que o homem é feliz, saudável, aceita-se como é e vive sem culpa somente quando está se realizando e se transformando no que tem potencial para ser.

Nesse novo pensamento psicológico, que busca compreender o que torna humano o homem e define neurose em termos daquilo que destrói a capacidade do homem de realizar seu próprio ser, o tempo significativo é o futuro. Não basta ao indivíduo ser amado e aceito por outras pessoas, estar "ajustado" a sua cultura. Ele deve levar sua existência suficientemente a sério para estabelecer seu próprio comprometimento com a vida e com o futuro; ele perde sua existência quando não consegue satisfazer o seu ser por completo.

A MÍSTICA FEMININA

Durante anos, psiquiatras tentaram "curar" os conflitos de seus pacientes adequando-os à cultura. Porém, adequação a uma cultura que não permite a realização plena do ser de uma pessoa de jeito nenhum é uma cura, de acordo com os novos pensadores em psicologia.

> Então o paciente aceita um mundo confinado e sem conflito, pois agora seu mundo é idêntico à cultura. E, visto que ansiedade ocorre apenas quando há liberdade, o paciente naturalmente supera a ansiedade: liberta-se dos seus sintomas porque renuncia às possibilidades que causavam sua ansiedade... Sem dúvida há uma questão de saber até que ponto libertar-se do conflito renunciando ao ser pode prosseguir sem gerar em indivíduos e grupos um desespero submerso, um ressentimento que mais tarde explodirá como autodestruição, pois a história afirma repetidas vezes que mais cedo ou mais tarde a necessidade do homem de ser livre se revelará.[2]

Esses pensadores talvez não saibam quão precisamente estão descrevendo o tipo de adequação que foi infligido às esposas donas de casa estadunidenses. O que eles estão descrevendo como autodestruição nunca antes vista em homens não é, penso eu, nem um pouco menos destrutivo nas mulheres que se adaptam à mística feminina, que esperam se realizar no marido e nas crianças, que querem apenas ser amadas e estar seguras, ser aceitas pelos outros, que nunca estabelecem um compromisso pessoal com a sociedade ou com o futuro, que nunca alcançam seu potencial humano. Aquelas que se adequaram, ou que foram curadas, que vivem sem conflito nem ansiedade no confinado mundo doméstico, renunciaram ao próprio ser; as outras, aquelas que são infelizes e frustradas, ainda têm alguma esperança. Porque o problema que não tem nome, do qual tantas mulheres sofrem hoje nos Estados Unidos, é causado pela adequação a uma imagem que não permite a elas se tornarem o que podem ser agora. É o desespero crescente de mulheres que abdicaram de sua própria existência, embora, ao fazê-lo, elas talvez tenham também escapado daquele sentimento solitário e assustado que sempre vem com a liberdade.

O *SELF* PERDIDO

A ansiedade ocorre no momento em que alguma potencialidade ou possibilidade emergente enfrenta o indivíduo, alguma possibilidade de realizar sua existência; mas essa mesma possibilidade envolve a destruição da segurança presente – daí resulta a tendência a negar a nova potencialidade.[3]

O novo pensamento, que de modo algum está confinado aos existencialistas, não faria uma análise que "dispensa" a culpa de uma pessoa por se recusar a aceitar as possibilidades intelectuais e espirituais de sua existência. Nem todos os sentimentos de culpa humana são infundados; não se pode fazer uma análise que dispensa a culpa de uma pessoa pelo assassinato de outra, tampouco a culpa pelo assassinato de si mesma. Como foi dito sobre um homem: "O paciente sentia-se culpado porque tinha trancado dentro de si algumas potencialidades essenciais."[4]

O fato de as mulheres não alcançarem todas as possibilidades de sua existência não foi estudado como patologia, porque é considerado uma adequação feminina normal, tanto nos Estados Unidos quanto na maioria dos países do mundo. Mas pode-se aplicar a milhões de mulheres, ajustadas ao papel de esposa dona de casa, a compreensão de neurologistas e psiquiatras que estudaram pacientes do sexo masculino com partes do cérebro danificadas e esquizofrênicos que, por outras razões, perderam a capacidade de se relacionar com o mundo real. Tais pacientes são vistos agora como tendo perdido a marca única do ser humano: a capacidade de transcender o presente e de agir à luz da possibilidade, a misteriosa capacidade de moldar o futuro.[5]

É exatamente essa capacidade única do humano de transcender o presente, de viver a vida em propósitos que se estendem no futuro – de viver não à mercê do mundo, mas como construtor e planejador desse mundo –, que é a distinção entre o comportamento animal e o humano, ou entre o ser humano e a máquina. Em sua pesquisa com soldados que sofreram ferimentos cerebrais, o dr. Kurt Goldstein descobriu que eles perderam nem mais nem menos do que a habilidade humana de pensamento abstrato: pensar em termos de "o que é possível", pôr ordem no caos de detalhes concretos com uma ideia, mover-se de acordo com um propósito. Esses homens estavam presos à situação imediata na qual se encontravam; sua percepção de tempo e espaço estava drasticamente reduzida; eles haviam perdido sua liberdade humana.[6]

Um cotidiano similar faz encolher o mundo de um esquizofrênico deprimido, para quem "cada dia era uma ilha separada, sem passado nem futuro". Quando tal paciente tem uma ilusão terrível de que sua execução é iminente, é "o resultado, não a causa, de sua própria atitude distorcida em relação ao futuro".

> Não havia ação ou desejo que, emanando do presente, se estendesse ao futuro, abrangendo os dias sem graça e similares. Como resultado, cada dia mantinha uma independência incomum; falhando em imergir na percepção de qualquer continuidade de vida, a cada dia a vida recomeçava, como uma ilha solitária em um mar cinza de passagem do tempo... Parecia não haver vontade de ir mais longe; todo dia era uma monotonia exasperante das mesmas palavras, das mesmas queixas, até que sentiu que esse ser havia perdido todo o sentido de continuidade necessária [...]. Sua atenção foi de curta duração, e ele parecia incapaz de ir além das questões mais banais.[7]

Trabalhos experimentais recentes de vários psicólogos revelam que as ovelhas podem ligar o passado e o futuro ao presente por um período de cerca de 15 minutos, e os cães, por meia hora. Mas um ser humano pode trazer o passado de milhares de anos para o presente como orientação para suas ações pessoais, e pode se projetar, em imaginação, no futuro, não apenas por meia hora, mas por semanas e anos. Essa capacidade de "transcender as fronteiras imediatas do tempo", de agir e reagir, e de ver a própria experiência nas dimensões tanto do passado quanto do futuro, é a característica única da existência humana.[8] Portanto, os soldados com ferimentos cerebrais estavam condenados ao desumano inferno do eterno "cotidiano".

O *SELF* PERDIDO

As esposas donas de casa que sofrem o terror do problema sem nome são vítimas desse mesmo "cotidiano" mortal. Como uma delas me disse, "consigo encarar os problemas reais; são os dias intermináveis e entediantes que me deixam desesperada". Esposas donas de casa que vivem de acordo com a mística feminina não têm um propósito pessoal que se estenda para o futuro. Porém, sem tal propósito para evocar suas habilidades completas, elas não podem crescer até a autorrealização. Sem esse propósito, elas perdem a noção de quem são, pois é o propósito que dá um padrão humano aos dias de uma pessoa.[9]

As donas de casa estadunidenses não tiveram o cérebro danificado nem são esquizofrênicas no sentido clínico. Contudo, se esse novo raciocínio está correto e o impulso humano fundamental não é o desejo de prazer ou a satisfação das necessidades biológicas, mas a necessidade de crescer e realizar todo o seu potencial, seus dias confortáveis, vazios e sem propósito são de fato motivo para um terror inominado. Em nome da feminilidade, elas evitaram as escolhas que teriam lhes proporcionado um propósito pessoal, um senso de seu próprio ser. Afinal, como dizem os existencialistas, os valores da vida humana nunca vêm automaticamente. "O ser humano pode perder o próprio ser em suas próprias escolhas, de uma maneira que não é possível à árvore ou à pedra."[10]

Certamente, também é verdadeiro para o potencial humano das mulheres o que os antigos teóricos da psicologia consideraram verdadeiro apenas em relação ao potencial sexual delas – que, se for impedida de realizar sua verdadeira natureza, ficará doente. A frustração não apenas de necessidades como sexo, mas também de habilidades individuais, pode resultar em neurose. A ansiedade da mulher pode ser aliviada pela terapia, ou tranquilizada por comprimidos, ou evitada temporariamente pelo trabalho pesado. Mas seu desconforto, seu desespero, não deixa de ser um aviso de que sua existência humana está em perigo, embora tenha encontrado satisfação, de acordo com os princípios da mística feminina, como esposa e mãe.

Apenas recentemente chegamos a aceitar o fato de que existe uma escala evolutiva ou hierarquia de necessidades no homem (e, portanto, na mulher), variando de necessidades geralmente chamadas de instintos, porque são compartilhadas com animais, até necessidades que vêm depois no desenvolvimento humano. Essas necessidades posteriores, as necessidades de conhecimento, de autorrealização, são tão instintivas, em sentido humano, quanto as necessidades de alimento, sexo e sobrevivência, compartilhadas com outros animais. O surgimento claro das necessidades posteriores parece basear-se na satisfação prévia das necessidades fisiológicas. O homem que está extrema e perigosamente faminto não tem outro interesse além de comida. Habilidades que não são úteis para satisfazer a fome são empurradas para segundo plano. "Mas o que acontece com os desejos do homem quando há muita comida e sua barriga está sempre cheia? Imediatamente, emergem outras (e mais elevadas) necessidades, e essas dominam o organismo no lugar das fomes fisiológicas."[11]

Em certo sentido, essa hierarquia crescente de necessidades se afasta cada vez mais do nível fisiológico que depende do ambiente material e tende a um nível relativamente independente do ambiente, cada vez mais autodeterminado. Entretanto, um homem pode ser fixado em um nível inferior de necessidade; necessidades mais elevadas podem ser confundidas ou canalizadas nas antigas abordagens e podem nunca emergir. O progresso que enfim leva ao mais alto nível humano é facilmente impedido – impedido pela privação de uma necessidade menor, tal como a necessidade de comida ou sexo; também é impedido canalizando toda a existência para essas necessidades inferiores e se recusando a reconhecer que existem necessidades mais elevadas.

Em nossa cultura, o desenvolvimento das mulheres foi impedido no nível fisiológico sem, em muitos casos, ter reconhecida qualquer necessidade acima da necessidade de amor ou satisfação sexual. Mesmo as necessidades de respeito próprio, de autoestima e de estima dos outros – "o desejo de força, de realização, de adequação, de domínio e competência, de confiança para encarar o mundo e de independência e liberdade" – não são claramente reconhecidas para as mulheres. Mas, sem dúvida, a obstrução da necessidade de autoestima, o que provoca

O *SELF* PERDIDO

sentimentos de inferioridade, de fraqueza e de desamparo no homem, pode ter o mesmo efeito na mulher. A autoestima na mulher, assim como no homem, só pode ser baseada em capacidade, competência e realização reais; no respeito merecido dos outros, em vez de na adulação indevida. Apesar da glorificação de "Ocupação: *esposa dona de casa*", se essa ocupação não exige nem permite a realização de habilidades completas da mulher, ela não pode proporcionar autoestima adequada, muito menos preparar o caminho para um nível mais elevado de autorrealização.

Vivemos um período em que muitas das necessidades humanas mais elevadas são reduzidas a um funcionamento simbólico da necessidade sexual ou são vistas dessa forma. Diversos pensadores avançados agora questionam seriamente essas "explicações por redução". Embora todo tipo de simbolismo sexual e patologia emocional possa ser encontrado por aqueles que exploram, com esse objetivo, as obras e o início da vida de um Shakespeare, um Da Vinci, um Lincoln, um Einstein, um Freud ou um Tolstói, essas "reduções" não explicam o trabalho que transcendeu o homem, a criação única que era dele, e não a de um homem que sofre uma patologia semelhante. Mas o símbolo sexual é mais fácil de ver do que o próprio sexo como símbolo. Se as necessidades das mulheres sobre identidade, autoestima, realização e, finalmente, expressão de sua individualidade humana única não são reconhecidas por ela nem pelos outros em nossa cultura, ela é forçada a buscar identidade e autoestima nos únicos canais abertos a ela: busca por satisfação sexual, maternidade e posse de coisas materiais. E, acorrentada a essas procuras, ela acaba atrofiada em um nível inferior de vida, impedida de satisfazer suas necessidades humanas mais elevadas.

Obviamente, pouco se sabe sobre a patologia ou a dinâmica dessas necessidades humanas mais elevadas – o desejo de conhecer e compreender a busca por conhecimento, verdade e sabedoria, o desejo de resolver os mistérios cósmicos – porque elas não são importantes na clínica, na tradição médica de curar doenças. Comparado aos sintomas das neuroses clássicas, como os que Freud via como provenientes da repressão

A MÍSTICA FEMININA

da necessidade sexual, esse tipo de psicopatologia seria pálido, sutil e facilmente esquecido – ou seria definido como normal.

Porém, é fato documentado pela história, quiçá na clínica ou no laboratório, que o homem sempre procurou conhecimento e verdade, mesmo em face do maior perigo. Além disso, estudos recentes de pessoas psicologicamente saudáveis mostraram que essa busca, essa preocupação com grandes questões, é uma das características definidoras da saúde humana. Há algo menor do que totalmente humano naqueles que nunca vivenciaram um compromisso com uma ideia, que nunca arriscaram uma exploração do desconhecido, que nunca experimentaram o tipo de criatividade de que homens e mulheres são potencialmente capazes. Como A. H. Maslow afirma:

> As capacidades clamam para serem usadas e cessam seu clamor somente quando são bem usadas. Ou seja, capacidades também são necessidades. Não apenas é divertido usar nossas capacidades como também é necessário. Capacidade ou órgão não utilizados podem tornar-se centro de doença ou atrofiar-se, diminuindo a pessoa.[12]

Mas as mulheres nos Estados Unidos não são incentivadas a usarem suas capacidades totalmente nem se espera isso delas. Em nome da feminilidade, elas são encorajadas a evitar o crescimento humano.

> O crescimento não tem apenas recompensas e prazeres, mas também muitas dores intrínsecas, e sempre terá. Cada passo à frente é um passo para o desconhecido e é entendido como possivelmente perigoso. Também com frequência significa desistir de algo familiar, bom e satisfatório. Com frequência significa uma despedida e uma separação com consequente nostalgia, solidão e luto. Também significa, muitas vezes, desistir de uma vida mais simples, mais fácil e menos esforçada em troca de uma vida mais exigente e mais difícil. O crescimento ocorre a despeito dessas perdas e, portanto, requer coragem, força do

O *SELF* PERDIDO

indivíduo, bem como proteção, permissão e incentivo do ambiente, principalmente para a criança.[13]

O que acontece se o ambiente desaprova essa coragem e força – às vezes praticamente proíbe, e raras vezes estimula verdadeiramente esse crescimento na criança que é uma menina? O que acontece se o crescimento humano for considerado antagônico à feminilidade, à realização como mulher, à sexualidade da mulher? A mística feminina implica uma escolha entre "ser mulher" ou arriscar as dores do crescimento humano. Milhares de mulheres, reduzidas à vida biológica por seu ambiente, embaladas em uma falsa sensação de segurança anônima em seu confortável campo de concentração, fizeram uma escolha errada. A ironia de sua escolha equivocada é esta: a mística oferece a "realização feminina" como prêmio por ser apenas esposa e mãe. Mas não é por acaso que milhares de esposas donas de casa suburbanas não encontraram esse prêmio. A verdade simples parece ser que as mulheres nunca conhecerão a satisfação sexual e a experiência máxima do amor humano até que recebam permissão para crescer em sua plena força como seres humanos e sejam incentivadas para isso. Pois, de acordo com os novos teóricos da psicologia, a autorrealização, longe de impedir a mais alta satisfação sexual, está inextricavelmente ligada a ela. E há mais do que razões teóricas para acreditar que isso é verdade, tanto para mulheres quanto para homens.

No final dos anos 1930, o professor Maslow começou a estudar a relação entre sexualidade e o que ele chamou de "sentimento de dominância" ou "autoestima" ou "nível de eu" em mulheres – 130 mulheres, com educação em nível superior ou com inteligência comparável, entre 20 e 28 anos de idade, a maioria casada, de origem protestante de classe média urbana.[14] Ele descobriu, ao contrário do que se poderia esperar das teorias psicanalíticas e das imagens convencionais da feminilidade, que, quanto mais "dominante" a mulher, maior seu desfrute da sexualidade – e maior sua capacidade de se "submeter" em um sentido psicológico, de se entregar livremente ao amor, de ter orgasmo. Não que essas mulheres

A MÍSTICA FEMININA

de maior "dominância" fossem mais "altamente sexuadas", mas elas eram, acima de tudo, mais completamente elas mesmas, mais livres para serem elas mesmas – e isso parecia estar ligado de modo inextricável a uma maior liberdade de se entregar ao amor. Essas mulheres não eram, no sentido mais comum, "femininas", porém desfrutavam de satisfação sexual em grau muito maior do que as mulheres convencionalmente femininas no mesmo estudo.

Eu nunca vi as implicações dessa pesquisa discutidas na literatura psicológica popular sobre feminilidade ou sexualidade da mulher. Talvez não tenham sido notadas na época, nem mesmo pelos teóricos, como um marco importante. Mas as descobertas feitas ali são instigantes para as mulheres estadunidenses de hoje, que levam a vida de acordo com os preceitos da mística feminina. Lembre-se de que esse estudo foi realizado no final da década de 1930, antes que a mística se tornasse todo-poderosa. Para essas mulheres fortes, espirituosas e com formação educacional, evidentemente não havia conflito entre o ímpeto de serem elas mesmas e de amar. Aqui está a maneira como o professor Maslow comparou essas mulheres com suas irmãs mais "femininas" – em termos de si mesmas e em termos de sua sexualidade:

> O sentimento de dominância forte envolve boa autoconfiança, alta avaliação do *self*, sentimentos de capacidade geral ou superioridade e falta de timidez, acanhamento, autoconsciência ou constrangimento. Sentimento de dominância fraca envolve falta de autoconfiança e de autoestima; em vez disso, há sentimentos amplos de inferioridade geral e específica, timidez, acanhamento, medo, autoconsciência […]. A pessoa que se descreve como completamente carente do que ela pode chamar de "autoconfiança em geral" descreverá a si mesma como autoconfiante em sua casa, cozinhando, costurando ou sendo mãe […]. Mas quase sempre subestima em maior ou menor grau suas habilidades e dotes específicos; a pessoa de dominância forte geralmente mede suas habilidades de modo preciso e realista.[15]

O *SELF* PERDIDO

Essas mulheres de dominância forte não eram "femininas" no sentido convencional, em parte porque se sentiam livres para escolher, em vez de se limitarem às convenções, e em parte porque eram mais fortes como indivíduos do que a maioria das mulheres.

> Essas mulheres preferem ser tratadas "como pessoa, não como mulher". Elas preferem ser independentes, apoiarem-se nos próprios pés, e geralmente não ligam para concessões que sugerem serem inferiores, fracas ou que precisam de atenção especial e não podem cuidar de si. Isso não implica que elas não possam se comportar de modo convencional. Elas o fazem quando é necessário ou desejável por qualquer motivo, mas não levam a sério as convenções usuais. Uma frase comum é: "Eu posso ser agradável e doce e me apegar assim como qualquer outra pessoa, mas estarei fingindo"[...]. As regras em si geralmente não significam nada para essas mulheres. É somente quando elas aprovam as regras e podem ver e aprovar o propósito por trás delas que vão obedecê-las [...]. Elas são fortes, têm propósito e vivem de acordo com as regras, mas essas regras são autônomas e são alcançadas de modo pessoal [...].
> Mulheres de dominância fraca são bem diferentes. Elas [...] normalmente não ousam quebrar as regras, mesmo quando (raramente) as desaprovam [...]. Sua moralidade e ética costumam ser totalmente convencionais. Ou seja, elas fazem o que aprenderam a fazer com seus pais, seus professores ou sua religião. O preceito de autoridade não costuma ser questionado abertamente, e elas estão mais aptas a aprovar o *status quo* em todos os campos da vida: religioso, econômico, educacional e político.[16]

O professor Maslow descobriu que, quanto mais forte a dominância ou o *self* em uma mulher, menos ela era autocentrada e mais sua preocupação era direcionada para outras pessoas e para os problemas do mundo. Por outro lado, a principal preocupação das mulheres de dominância mais fraca, mais convencionalmente femininas, eram elas mesmas e suas próprias inferioridades. Do ponto de vista psicológico, uma mulher de dominância forte era mais parecida com um homem de dominância forte do que com uma mulher de dominância fraca. Assim, o professor Maslow sugeriu que ou se deve descrever como "masculinos" ambos homens e mulheres de dominância forte, ou abandonar completamente os termos "masculino" e "feminino", porque são "enganosos" demais.

> Nossas mulheres de dominância forte se parecem mais com homens do que com mulheres em gostos, atitudes, preconceitos, aptidões, filosofia e personalidade interior em geral [...]. Muitas das qualidades que são consideradas em nossa cultura como "masculinas" são vistas nelas em alto grau, por exemplo, liderança, força de caráter, forte propósito social, libertação das trivialidades, falta de medo, timidez etc. Comumente, não se preocupam em serem esposas donas de casa ou apenas cozinheiras, mas desejam combinar casamento com uma carreira [...]. Seu salário pode nem ultrapassar o salário de uma governanta, mas elas sentem que outro trabalho é mais importante do que costurar, cozinhar etc.[17]

Acima de tudo, a mulher de dominância forte era mais livre psicologicamente – mais autônoma. A mulher de dominância fraca não estava livre para ser ela mesma; era dirigida por outra pessoa. Quanto maior a autodepreciação, a desconfiança de si mesma, maior era a probabilidade de sentir que a opinião de outra pessoa era mais válida do que a dela própria e desejar que fosse mais parecida com outra pessoa. Tais mulheres "geralmente admiram e respeitam os outros mais do que elas mesmas"; e, junto com esse "tremendo respeito pela autoridade", com idolatria e imitação de outros, com a completa "subordinação voluntária aos outros" e o grande respeito pelos outros, vinha "ódio, ressentimento, inveja, ciúme, suspeita, desconfiança".

Onde mulheres de dominância forte estavam abertamente zangadas, as mulheres de dominância fraca não "tinham 'fibra' suficiente para dizer o que pensavam e coragem suficiente para mostrar raiva quando

O *SELF* PERDIDO

necessário". Assim, sua serenidade "feminina" era concomitante a "timidez, sentimentos de inferioridade e uma sensação geral de que qualquer coisa que dissessem seria considerada estúpida e seria ridicularizada". Tal mulher "não quer ser uma líder, exceto em suas fantasias, porque ela tem medo de estar em primeiro plano, tem medo de responsabilidade e sente que seria incompetente".

Mais uma vez, o professor Maslow encontrou uma ligação evidente entre a força do eu e da sexualidade, a liberdade de ser você mesmo e a liberdade de "submeter-se". Ele descobriu que as mulheres que eram "tímidas, envergonhadas, modestas, asseadas, discretas, silenciosas, introvertidas, reclusas, mais femininas, mais convencionais" não eram capazes de desfrutar o tipo de realização sexual que era francamente desfrutada por mulheres com dominância e autoestima fortes.

> Parece que todo impulso ou desejo sexual de que jamais se falou pode emergir livremente e sem inibição nessas mulheres [...]. De modo geral, o ato sexual é passível de ser tomado não como um rito sério com aspectos temerosos, e diferindo em características fundamentais de todos os outros atos, mas como um jogo, tão divertido quanto um ato animal altamente prazeroso.[18]

Além disso, Maslow descobriu que, mesmo em sonhos e fantasias, mulheres de dominância mais forte do que a média desfrutavam da sexualidade, enquanto em mulheres de dominância fraca os sonhos sexuais eram sempre "do tipo romântico, ou são ansiosos, distorcidos, simbolizados e dissimulados".

Será que os criadores da mística ignoraram mulheres tão fortes e sexualmente alegres quando definiram a passividade e a renúncia à conquista pessoal e à atuação no mundo como o preço da realização sexual feminina? Talvez Freud e seus seguidores não tenham visto essas mulheres na clínica quando criaram essa imagem de feminilidade passiva. Talvez a força do *self* que Maslow encontrou nos casos que estudou fosse um fenômeno novo nas mulheres.

A MÍSTICA FEMININA

A mística impediu inclusive os cientistas comportamentais de explorarem a relação entre o sexo e o *self* em mulheres da época seguinte. Contudo, além das questões das mulheres, nos últimos anos os cientistas comportamentais ficaram cada vez mais desconfortáveis em basear a imagem que tinham da natureza humana em um estudo de seus espécimes doentes ou raquíticos – pacientes na clínica. Nesse contexto, o professor Maslow mais tarde começou a estudar pessoas, mortas e vivas, que não mostravam evidências de neurose, psicose ou personalidade psicopática; pessoas que, em sua opinião, mostraram evidência positiva de autorrealização, ou "autossatisfação", que ele definiu como "o pleno uso e exploração de talentos, capacidades, potencialidades. Essas pessoas parecem estar satisfazendo a si mesmas e fazendo o melhor que são capazes de fazer [...]. São pessoas que se desenvolveram ou estão se desenvolvendo com a maior amplitude de que são capazes".[19]

Há muitas coisas que emergiram desse estudo e que têm relação direta com o problema das mulheres nos Estados Unidos hoje. A começar pelo fato de que entre as figuras públicas incluídas em seu estudo, o professor Maslow foi capaz de encontrar apenas duas mulheres que realmente se realizaram: Eleanor Roosevelt e Jane Addams. (Entre os homens, estavam Lincoln, Jefferson, Einstein, Freud, G. W. Carver, Debs, Schweitzer, Kreisler, Goethe, Thoreau, William James, Spinoza, Whitman, Franklin Roosevelt, Beethoven.) Além de figuras públicas e históricas, ele estudou de perto um pequeno número de indivíduos não identificados que preenchiam seus critérios – todos em seus 50 e 60 anos – e examinou três mil estudantes universitários, encontrando apenas vinte que pareciam estar se desenvolvendo para alcançar a autossatisfação; aqui também havia pouquíssimas mulheres. De fato, suas descobertas sugeriram que a autossatisfação, ou a plena realização do potencial humano, dificilmente era possível para as mulheres em nossa sociedade.

O professor Maslow descobriu em sua pesquisa que pessoas com autossatisfação invariavelmente têm um compromisso, uma noção de

O *SELF* PERDIDO

missão na vida que as fazem viver em um mundo humano bastante amplo, uma estrutura de referência para além do individualismo e da preocupação com trivialidades da vida cotidiana.

> Esses indivíduos costumam ter alguma missão na vida, alguma tarefa a cumprir, algum problema fora deles mesmos, que mobiliza grande parte de sua energia [...]. Em geral, essas tarefas são não pessoais ou altruístas, preocupam-se mais com o bem da humanidade ou de uma nação em geral [...]. Habitualmente preocupados com problemas básicos e questões eternas, essas pessoas costumam viver conforme o mais amplo modelo possível [...]. Elas trabalham dentro de uma estrutura de valores que são amplos em vez de triviais, universais em vez de locais, e em termos de um século em vez de um momento...[20]

Além disso, o professor Maslow viu que as pessoas com autossatisfação, que vivem em um mundo maior, de alguma forma nunca ficam entediadas com os prazeres do dia a dia, as trivialidades que podem se tornar insuportáveis para aqueles que veem nisso seu único mundo. Elas "... têm a maravilhosa capacidade de apreciar repetidas vezes, com frescor e ingenuidade, as coisas básicas da vida com admiração, prazer, maravilhamento e até mesmo êxtase, por mais que essas experiências possam ter se tornado entediantes para os outros".[21]

Ele também relatou "a forte impressão de que os prazeres sexuais são encontrados em sua perfeição mais intensa e extasiada nas pessoas com autossatisfação". Era como se a realização da capacidade pessoal nesse mundo maior abrisse novas perspectivas de êxtase sexual. E, no entanto, sexo ou até mesmo amor não eram o propósito condutor da vida dessas pessoas.

> Para as pessoas com autossatisfação, o orgasmo é, ao mesmo tempo, mais importante e menos importante do que para as pessoas comuns. Muitas vezes, é uma experiência profunda e quase mística,

e, no entanto, a ausência de sexualidade é mais facilmente tolerada por essas pessoas [...]. Amar em um nível de necessidade mais elevado torna as necessidades inferiores e suas frustrações e satisfações menos importantes, menos centrais, mais facilmente ignoradas. Mas também as torna mais apreciáveis quando gratificadas [...]. A comida é, ao mesmo tempo, apreciada e considerada relativamente sem importância no esquema geral da vida [...]. O sexo pode ser desfrutado com entusiasmo total, desfrutado muito além da possibilidade da pessoa comum, ainda que ao mesmo tempo não desempenhe um papel central na filosofia de vida. É algo para ser desfrutado, algo que deve ser considerado garantido, algo sobre o qual construir, algo que é muito importante de um modo básico, como água ou comida, e que pode ser apreciado tanto quanto isso; mas deve-se assumir que a gratificação é certa.[22]

Para essas pessoas, o orgasmo sexual nem sempre é uma "experiência mística"; também pode ser vivenciada com leveza, trazendo "diversão, alegria, exaltação, sensação de bem-estar, contentamento [...]. É animado, bem-humorado e lúdico – e não primariamente um esforço; é basicamente um prazer e um deleite". Ele também descobriu, em contradição tanto com a visão convencional quanto com os teóricos esotéricos do sexo que, em pessoas com autossatisfação, a qualidade do amor e da satisfação sexual melhora com a idade do relacionamento. ("Um relato muito comum desses indivíduos é que o sexo é melhor do que costumava ser e parece estar melhorando o tempo todo.") Afinal, como essa pessoa, com o passar dos anos, torna-se cada vez mais ela mesma e mais verdadeira consigo mesma, ela parece também ter relações mais profundas e intensas com os outros, ser capaz de mais fusão, de um amor maior, de uma identificação mais perfeita com os outros, mais transcendência das fronteiras do *self*, sem jamais abrir mão de sua individualidade.

O que vemos é uma fusão de grande capacidade de amar com, ao mesmo tempo, grande respeito pelo outro e grande respeito por

O *SELF* PERDIDO

si mesmo [...]. Ao longo dos mais intensos e extasiados casos de amor, essas pessoas permanecem elas mesmas e continuam sendo, fundamentalmente, mestres de si mesmas, vivendo de acordo com seus próprios valores, mesmo que se gostem intensamente.[23]

Em nossa sociedade, o hábito tem sido definir o amor, pelo menos para as mulheres, como uma fusão total de egos e uma perda de separação – "união", uma renúncia à individualidade, em vez de seu fortalecimento. Entretanto, no amor das pessoas que alcançaram a autossatisfação, Maslow descobriu que a individualidade é fortalecida, que "o eu é, em certo sentido, fundido com outro, porém em outro sentido permanece separado e forte como sempre. As duas tendências, transcender a individualidade e aguçá-la e fortalecê-la, devem ser vistas como parceiras, e não como contraditórias".

Ele também encontrou no amor das pessoas que alcançaram a autossatisfação a tendência a uma espontaneidade cada vez mais completa, à queda de defesas, à crescente intimidade, honestidade e expressão individual. Essas pessoas acharam possível ser elas mesmas, sentir-se naturais; elas podiam estar psicologicamente (bem como fisicamente) nuas e, ainda assim, sentirem-se amadas, desejadas e seguras; elas conseguiam deixar suas falhas, fraquezas, imperfeições físicas e psicológicas abertamente visíveis. Nem sempre tinham que dar o seu melhor, esconder dentes falsos, cabelos grisalhos, sinais de idade; elas não precisavam "trabalhar" continuamente em seus relacionamentos; havia muito menos mistério e glamour, muito menos reserva, dissimulação e sigilo. Nessas pessoas, não parecia haver hostilidade entre os sexos. Na verdade, ele descobriu que essas pessoas "não estabeleciam uma diferenciação muito exata entre os papéis e personalidades dos dois sexos".

> Ou seja, elas não pressupunham que a fêmea era passiva e o macho ativo, no sexo ou no amor ou em qualquer outra coisa. Essas pessoas estavam tão certas de sua masculinidade ou feminilidade que não se importavam em assumir alguns dos aspectos culturais

A MÍSTICA FEMININA

do papel do sexo oposto. Era particularmente perceptível o fato de que elas podiam ser amantes tanto ativas quanto passivas, e isso ficava mais evidente no ato sexual e no amor físico. Beijar e ser beijado, estar em cima ou embaixo durante o ato sexual, tomar a iniciativa, ficar em silêncio e receber amor, provocar e ser provocado – tudo isso foi encontrado em ambos os sexos.[24]

Assim, enquanto na visão convencional e até mesmo na sofisticada o amor masculino e o feminino, o ativo e o passivo, parecem estar em polos opostos, em pessoas que alcançaram a autossatisfação "as dicotomias são resolvidas e o indivíduo torna-se ativo e passivo, tanto egoísta quanto altruísta, tanto masculino quanto feminino, tanto vaidoso quanto modesto".

Amor para pessoas que alcançaram a autossatisfação era diferente da definição convencional de amor em outro sentido ainda: não era motivado por necessidade, para suprir uma deficiência do *self*; era mais puro, um "dom" do amor, um tipo de "admiração espontânea".[25]

Essa admiração e esse amor espontâneos costumavam ser considerados uma habilidade sobre-humana e não natural. Porém, como diz Maslow, "os seres humanos, em seu melhor estado, plenamente desenvolvidos, apresentam diversas características que, no passado, acreditavam ser prerrogativas sobrenaturais".

Ali, nas palavras "plenamente desenvolvidos", está a pista para o mistério do problema sem nome. A transcendência do *self*, no orgasmo sexual, assim como em experiências criativas, só pode ser obtida por uma pessoa que é completa, seja homem ou mulher, por uma pessoa que conhece sua própria identidade. Os teóricos sabem que isso é verdade para homens, embora jamais tenham pensado direito nas implicações disso para mulheres. Os médicos, ginecologistas, obstetras, clínicos de aconselhamento infantil, pediatras, conselheiros matrimoniais e pastores suburbanos que trataram dos problemas das mulheres, todos eles viram essa questão e não a nomearam nem sequer a relataram como fenômeno. O que eles viram confirma que, para mulheres, assim

O *SELF* PERDIDO

como para homens, a necessidade de satisfação pessoal – autonomia, autorrealização, independência, individualidade, autossatisfação – é tão importante quanto a necessidade sexual, com consequências também muito sérias quando é frustrada. Os problemas sexuais da mulher são, nesse sentido, resultados da supressão da necessidade básica de crescer e realizar suas potencialidades como ser humano, potencialidades as quais a mística da realização feminina ignora.

Por muito tempo, psicanalistas vêm suspeitando que a inteligência da mulher não floresce completamente quando ela nega sua natureza sexual; mas, por outro lado, será que é possível sua natureza sexual florescer quando ela deve negar sua inteligência, seu maior poten cial humano? Todas as palavras que foram escritas criticando as mulheres estadunidenses por castrarem marido e filhos, por dominarem as crianças, por sua ganância material, por sua frigidez sexual ou negação da feminilidade, podem simplesmente mascarar este fato oculto: que a mulher, não mais do que o homem, consegue viver apenas por sexo; que sua luta por identidade, autonomia – aquela "orientação produtiva pessoal baseada na necessidade humana de participação ativa em uma tarefa criativa" –, está inextricavelmente ligada à realização sexual, como uma condição para a maturidade. Na tentativa de viver apenas por sexo, na imagem da mística feminina, ela fatalmente deve "castrar" o marido e os filhos que nunca serão capazes de lhe dar satisfação suficiente para compensar a ausência do *self*, e deve passar para as filhas sua própria decepção silenciosa, sua autodepreciação e seu descontentamento.

O professor Maslow me contou que achava que a autossatisfação só é possível para mulheres, hoje nos Estados Unidos, se uma pessoa puder crescer por meio de outra – ou seja, se uma mulher puder atingir seu próprio potencial por meio do marido e dos filhos. "Nós não sabemos se isso é possível ou não", disse ele.

Os novos teóricos do *self*, que são homens, em geral evitaram a questão da autorrealização para a mulher. Estupefatos pela mística feminina, pressupõem que deve haver alguma "diferença" estranha que permite a uma mulher

A MÍSTICA FEMININA

encontrar a autorrealização no marido e nos filhos, enquanto os homens devem crescer para obter a deles. Ainda é muito difícil, mesmo para o mais avançado teórico em psicologia, ver a mulher como um *self* separado, um ser humano que, nesse aspecto, não é nem um pouco diferente do homem em sua necessidade de crescer. A maioria das teorias convencionais sobre as mulheres, assim como a mística feminina, baseia-se nessa "diferença". Contudo, o fundamento real para essa "diferença" é o fato de que, até agora, não existia a possibilidade de verdadeira autorrealização para as mulheres.

Muitos psicólogos, inclusive Freud, cometeram o erro de pressupor, a partir de observações de mulheres que não tiveram formação educacional nem liberdade de atuar num papel completo no mundo, que era da natureza essencial da mulher ser passiva, conformista, dependente, temerosa, infantil – assim como Aristóteles, baseando sua concepção da natureza humana em sua própria cultura e em sua época particular, cometeu o engano de supor que, só porque um homem era um escravo, essa era a natureza essencial dele e, portanto, "era bom para ele ser um escravo".

Agora que a formação educacional, a liberdade, o direito de participar das grandes fronteiras humanas – todos os caminhos pelos quais os homens se realizaram – estão abertos para as mulheres, apenas a sombra do passado conservada na mística da realização feminina impede que as mulheres encontrem seu caminho. A mística promete às mulheres realização sexual por meio da abdicação do *self*. Existe, porém, uma quantidade massiva de evidências estatísticas de que a própria abertura às mulheres estadunidenses daqueles caminhos para a própria identidade na sociedade acarretou um aumento concreto e repentino na capacidade da mulher para a realização sexual: o orgasmo. Nos anos entre a "emancipação" das mulheres, conquistada pelas feministas, e a contrarrevolução sexual da mística feminina, as mulheres estadunidenses desfrutaram de um aumento, a cada década, no orgasmo sexual. E as mulheres que mais apreciaram isso foram, sobretudo, aquelas que seguiram mais longe no caminho da autorrealização, mulheres que foram educadas para uma participação ativa no mundo fora de casa.

O *SELF* PERDIDO

Essa evidência é encontrada em dois estudos famosos, geralmente não citados para esse fim. O primeiro deles, o relatório Kinsey, foi baseado em entrevistas com 5.940 mulheres que cresceram nas várias décadas do século XX durante as quais a emancipação das mulheres foi conquistada e antes da era da mística feminina. Mesmo pela métrica de realização sexual de Kinsey, o orgasmo (que muitos psicólogos, sociólogos e analistas criticaram por sua ênfase limitada, mecanicista e excessivamente fisiológica, e seu desrespeito às nuances psicológicas básicas), seu estudo mostra um aumento súbito na realização sexual durante essas décadas. O aumento começou com a geração nascida entre 1900 e 1909, que amadureceu e se casou na década de 1920 – a era do feminismo, a conquista do direito ao voto e a grande ênfase nos direitos das mulheres, independência, carreiras e igualdade com os homens, incluindo o direito à realização sexual. O aumento de esposas atingindo o orgasmo e a diminuição de mulheres frígidas continuaram em cada geração subsequente até a geração mais jovem da amostra de Kinsey, que se casou na década de 1940.[26]

E as mulheres mais "emancipadas", mulheres com formação educacional além da faculdade voltada para uma carreira profissional, mostraram capacidade ainda maior de apreciação sexual completa, de orgasmo pleno, do que as outras. Contrariando a mística feminina, os números de Kinsey demonstraram que, quanto mais elevada a formação educacional da mulher, maiores eram as chances de ela ter um orgasmo sexual completo com mais frequência, e menores as chances de ela ser frígida. A maior satisfação sexual em mulheres que terminaram a faculdade, comparadas com mulheres que não passaram do ensino fundamental ou do ensino médio, e a ainda maior satisfação sexual em mulheres que foram além da faculdade e fizeram treinamento profissional foi identificada desde o primeiro ano de casamento e continuou a aparecer no quinto, no décimo e no décimo quinto ano de casamento. Embora Kinsey tenha descoberto que apenas uma em cada dez mulheres estadunidenses jamais teve experiência de orgasmo sexual, a maioria das mulheres que ele entrevistou não tinha essa experiência por completo, durante todo ou quase

A MÍSTICA FEMININA

todo o tempo – exceto as mulheres com formação educacional além da faculdade. Os números de Kinsey também mostraram que mulheres que se casaram antes dos 20 anos tinham menos chance de experienciar um orgasmo sexual e que provavelmente o teriam com menos frequência dentro ou fora do casamento, muito embora tivessem começado a vida sexual cinco ou seis anos antes do que as mulheres que terminaram a faculdade ou a pós-graduação.

Enquanto os dados de Kinsey mostraram que, ao longo dos anos, "uma proporção nitidamente mais alta das mulheres com formação educacional superior, em contraste com mulheres que não passaram do ensino fundamental ou do ensino médio, atingiram de verdade o orgasmo em uma porcentagem maior de seu coito conjugal", o aumento do prazer sexual não significava, em sua maior parte, um aumento da incidência dele na vida da mulher. No geral, houve uma ligeira tendência na direção oposta. E esse aumento no sexo extraconjugal foi menos acentuado com mulheres que tinham treinamento profissional.[27]

Talvez algo na força supostamente "não feminina", ou na autorrealização alcançada por mulheres que estudaram para ter carreira profissional, permitisse a elas ter maior satisfação sexual no casamento do que outras mulheres – conforme medida pelo orgasmo – e, portanto, as tornaram menos propensas a procurá-la fora do casamento. Ou talvez elas simplesmente tivessem menos necessidade de buscar status, realização ou identidade no sexo. A relação entre a realização sexual da mulher e a autorrealização indicada pelas descobertas de Kinsey é sublinhada pelo fato de que, como muitos críticos apontaram, a amostra de Kinsey tinha excesso de representação de mulheres profissionais, graduadas, mulheres com incomuns "dominância" forte ou força do *self*. A amostra de Kinsey sub-representou a dona de casa estadunidense "típica", que dedica a vida ao marido, ao lar e aos filhos; sub-representou mulheres com pouca escolaridade; devido ao uso de voluntários, sub-representou o tipo de mulher passiva, submissa e conformista, que Maslow descobriu ser incapaz de apreciar sexo.[28] O aumento da satisfação sexual

O *SELF* PERDIDO

e a diminuição da frigidez que Kinsey encontrou nas décadas após a emancipação das mulheres podem não ter sido sentidas pela dona de casa estadunidense "padrão" tanto quanto por essa minoria de mulheres que vivenciaram diretamente a emancipação por meio da educação e da participação nas profissões. No entanto, a diminuição da frigidez foi tão acentuada naquela amostra grande, ainda que não representativa, de quase seis mil mulheres, que até mesmo os críticos de Kinsey acharam isso significativo.

Não foi por acaso que esse aumento na realização sexual da mulher acompanhou seu progresso para a participação igualitária nos direitos, na educação, no trabalho e nas decisões da sociedade estadunidense. A emancipação sexual simultânea dos homens estadunidenses – quando se ergueu o véu do desprezo e da degradação das relações sexuais – sem dúvida estava relacionada ao fato de que o homem estadunidense passou a considerar a mulher estadunidense igual, pessoa como ele, em vez de apenas objeto sexual. Evidentemente, quanto mais as mulheres progrediam nesse papel, mais o sexo se tornava um ato de relação humana, em vez de uma piada suja para os homens; e mais as mulheres se tornavam capazes de amar os homens, em vez de se submeterem, em aversão passiva, ao desejo sexual. De fato, a própria mística feminina – com o reconhecimento da mulher como sujeito e não apenas como objeto do ato sexual, e o pressuposto de que sua participação ativa e voluntária era essencial ao prazer do homem – não poderia ter ocorrido sem a emancipação das mulheres à igualdade humana. Como as primeiras feministas previram, os direitos das mulheres de fato promoveram maior satisfação sexual, para homens e mulheres.

Outros estudos também mostraram que formação educacional e independência aumentaram a capacidade da mulher estadunidense de desfrutar de um relacionamento sexual com um homem e, assim, afirmar mais plenamente sua própria natureza sexual como mulher. Diversos relatórios, antes e depois de Kinsey, mostraram que as mulheres com formação universitária tinham uma taxa de divórcio muito

A MÍSTICA FEMININA

menor do que a média. Mais especificamente, um estudo sociológico maciço e famoso feito por Ernest W. Burgess e Leonard S. Cottrell indicou que as chances de felicidade das mulheres no casamento aumentavam à medida que sua preparação profissional aumentava – sendo que professoras, enfermeiras, médicas e advogadas apresentaram menos casamentos infelizes do que qualquer outro grupo de mulheres. Essas mulheres eram mais propensas a desfrutar da felicidade no casamento do que aquelas que ocupavam cargos qualificados em escritórios, que por sua vez tinham casamentos mais felizes do que mulheres que não haviam trabalhado antes do casamento, ou que não tinham ambição profissional, ou que trabalhavam em empregos que não correspondiam às suas próprias ambições, ou cujo único treinamento ou experiência profissional era doméstico ou não qualificado. De fato, quanto maior a renda da mulher no momento de seu casamento, mais provável que tivesse felicidade no matrimônio. Como os sociólogos afirmam:

> Aparentemente, no caso das esposas, os traços que contribuem para o sucesso no mundo dos negócios, medidos pela renda mensal, são os traços que contribuem para o sucesso no casamento. A questão, obviamente, pode ser que a renda indiretamente meça formação educacional, já que a quantidade de treinamento educacional influencia a renda.[29]

Entre 526 casais, menos de 10% apresentaram "baixa" adequação ao casamento, quando a esposa havia trabalhado durante sete anos ou mais, tinha completado a faculdade ou curso técnico e não se casara antes dos 22 anos de idade. Nos casos em que as esposas tinham estudado *além da faculdade*, menos de 5% dos casamentos tinham pontuação "baixa" em felicidade. A tabela a seguir mostra a relação entre o casamento e o histórico educacional da esposa.

Pontuação de adequação ao casamento em diferentes níveis educacionais

Nível de formação educacional da esposa	Pontuação de adequação ao casamento			
	Muito Baixo	*Baixo*	*Alto*	*Muito Alto*
Graduação	0,0	4,6	38,7	56,5
Faculdade	9,2	18,9	22,9	48,9
Ensino Médio	14,4	16,3	32,2	37,1
Apenas ensino fundamental	33,3	25,9	25,9	14,8

Seria possível prever, a partir de tais evidências, uma chance relativamente baixa de felicidade conjugal, ou de realização sexual, ou mesmo de orgasmo, em mulheres que a mística encoraja a se casar antes dos 20 anos de idade, a renunciar ao ensino superior, à carreira, à independência e à igualdade com os homens, em favor da feminilidade. E, na verdade, o grupo mais jovem de esposas estudado por Kinsey – a geração nascida entre 1920 e 1929, que encarou a mística feminina de frente na década de 1940, quando começou a corrida de volta para casa – mostrou, no quinto ano do casamento, uma reversão acentuada dessa tendência em direção ao aumento da realização sexual no casamento que se manifestara em todas as décadas desde a emancipação das mulheres nos anos 1920.

A porcentagem de mulheres que desfrutam do orgasmo em toda ou quase toda sua vida sexual marital no quinto ano de casamento aumentou de 37% das mulheres na geração nascida antes de 1900 para 42% nas gerações nascidas nas duas décadas seguintes. O grupo mais jovem, cujo quinto ano de casamento foi no final da década de 1940, gozou de orgasmo total em casos ainda menos recorrentes (36%) do que as mulheres nascidas antes de 1900.[30]

Será que um novo estudo de Kinsey descobriria que as jovens esposas, que são produtos da mística feminina, estariam tendo satisfação sexual ainda menor do que suas ancestrais mais emancipadas, mais independentes, mais instruídas, mais adultas quando casadas? Apenas 14% das mulheres de Kinsey se casaram aos 20 anos; a maioria absoluta – 53% – havia se casado aos 25 anos, embora a maioria tenha se casado. Trata-se de uma grande diferença em relação aos Estados Unidos dos anos 1960, quando 50% das mulheres se casam na adolescência.

Recentemente, Helene Deutsch, a eminente psicanalista que foi ainda mais além de Freud ao equiparar a feminilidade à passividade masoquista e ao advertir as mulheres de que a "atividade dirigida para o mundo exterior" e a "masculinização" da intelectualidade poderiam interferir no orgasmo feminino pleno, transformou uma conferência psicanalítica em alvoroço, sugerindo que talvez tivesse sido colocada muita ênfase no "orgasmo" das mulheres. Na década de 1960, de repente ela não tinha mais tanta certeza de que as mulheres precisavam ter, ou poderiam ter, um orgasmo verdadeiro. Talvez uma realização mais "difusa" fosse tudo o que se poderia esperar. Afinal, ela tinha pacientes mulheres que eram absolutamente psicóticas e pareciam ter orgasmos; mas a maioria das mulheres que ela atendia agora não parecia ter.

O que isso significa? As mulheres, então, não poderiam sentir orgasmo? Ou será que algo aconteceu, nesse período, quando muita ênfase foi dada à realização sexual, para impedir que as mulheres experimentassem o orgasmo? Os especialistas não chegavam a um consenso. Porém, em outros contextos, que não abordavam mulheres, analistas relataram que pessoas passivas que "se sentem psicologicamente vazias" – que não conseguem "desenvolver um eu adequado", têm "pouca noção de sua própria

O *SELF* PERDIDO

identidade" – não se submetem à experiência do orgasmo sexual por medo de sua própria não existência.[31] Confusas em uma busca sexual obsessiva pelos divulgadores da "feminilidade" freudiana, muitas mulheres haviam, com efeito, renunciado a tudo pelo orgasmo que deveria estar no fim do arco-íris. Para dizer o mínimo, elas direcionaram muito de sua energia e necessidades emocionais para o ato sexual. Como alguém falou sobre uma mulher verdadeiramente bonita dos Estados Unidos: a imagem dela tem sido tão superexposta nos anúncios, na televisão e em filmes que, quando encontramos a pessoal real, ficamos desapontados. Sem nem mesmo mergulhar nas profundezas sombrias do inconsciente, pode-se supor que era pedir demais ao belo orgasmo que não apenas fosse tão bom quanto se propagandeava, mas também que fosse o equivalente a uma nota dez no sexo, a um aumento salarial, a uma boa crítica de estreia, a uma promoção para editor sênior ou professor adjunto, muito menos a básica "experiência de si mesmo", o senso de identidade.[32] Como um psicoterapeuta relatou:

> Um dos principais motivos, ironicamente, de tantas mulheres não conquistarem a sexualidade plena hoje é porque elas estão determinadas demais a conquistá-la. Elas ficam tão envergonhadas se não alcançam as alturas da expressiva sensualidade que tragicamente sabotam seus próprios desejos. Ou seja, em vez de se concentrarem claramente no verdadeiro problema em questão, essas mulheres estão se concentrando em um problema bastante diferente, a saber: "Oh, que pessoa idiota e incompetente eu sou por não conseguir ter satisfação sem dificuldade." As mulheres de hoje muitas vezes estão obcecadas com a noção de *como*, em vez de *o que*, estão fazendo quando estão tendo relações conjugais. Isso é fatal.

Se o sexo em si, como diz outro psicanalista, está começando a ter uma característica "depressiva" nos Estados Unidos, talvez seja porque muitos estadunidenses – especialmente as mulheres em busca de sexo – estão

A MÍSTICA FEMININA

colocando na busca sexual todas suas necessidades frustradas de autor-realização. As mulheres estadunidenses estão sofrendo, simplesmente, de uma doença massiva do sexo sem o *self*. Ninguém lhes avisou que sexo nunca pode ser substituto para a identidade pessoal; que sexo em si não pode dar identidade a uma mulher, assim como não o dá a um homem; que não pode haver realização sexual para a mulher que busca seu próprio *self* no sexo.

•

A questão de como uma pessoa pode realizar mais plenamente suas próprias capacidades e, assim, conquistar sua identidade tornou-se uma preocupação importante dos filósofos e dos pensadores sociais e psicológicos de nosso tempo – e por bons motivos. Pensadores de outros tempos apresentaram a ideia de que as pessoas eram, em grande medida, definidas pelo trabalho que executavam. O trabalho de um homem para ter o que comer, para se manter vivo, para satisfazer às necessidades físicas de seu ambiente, ditava sua identidade. E, nesse sentido, quando o trabalho era visto apenas como meio de sobrevivência, a identidade humana era ditada pela biologia.

Contudo, hoje o problema da identidade humana mudou. Pois o trabalho que definiu o lugar do homem na sociedade e seu senso de identidade também mudou o mundo do homem. O trabalho e o avanço do conhecimento diminuíram a dependência do homem em relação ao seu ambiente; sua biologia e o trabalho que precisa realizar pela sua sobrevivência biológica não são mais suficientes para definir sua iden-tidade. Isso pode ser visto mais claramente em nossa própria sociedade abundante; os homens não precisam mais trabalhar o dia todo para comer. Eles têm uma liberdade sem precedentes para escolher o tipo de trabalho que realizarão; também têm uma quantidade de tempo sem precedentes, além das horas e dias que realmente precisam ser usados para ganhar a vida. E de repente percebe-se o significado da crise de identidade de hoje – para as mulheres e, cada vez mais, para os homens.

O *SELF* PERDIDO

Vê-se o significado humano do trabalho – não apenas como um meio de sobrevivência biológica, mas como provedor de *self* e como meio de transcender o *self*, como criador da identidade humana e da evolução humana.

Pois "autorrealização" ou "autossatisfação" ou "identidade" não vêm de olhar no espelho em uma contemplação extasiada da própria imagem. Aqueles que se realizaram mais plenamente, num sentido que pode ser reconhecido pela mente humana, embora não possa ser claramente definido, o fizeram a serviço de um propósito humano maior do que eles próprios. Homens de variados campos de estudos usaram palavras diferentes para esse processo misterioso do qual vem o senso do *self*. Místicos religiosos, filósofos, Marx, Freud – todos tinham nomes diferentes para isso: o homem se encontra ao perder a si mesmo; o homem é definido por sua relação com os meios de produção; o eu, o *self*, cresce por meio da compreensão e do domínio da realidade – por meio do trabalho e do amor.

A crise de identidade, que nos últimos anos foi notada no homem estadunidense por Erik Erikson e outros, parece ocorrer pela falta de, e pode ser curada ao se encontrar, trabalho, ou causa, ou propósito que evoque sua própria criatividade.[33] Algumas pessoas nunca encontram esse propósito, pois não se consegue obter da labuta ou de bater um relógio de ponto. Não se consegue obter isso apenas com seu meio de ganhar a vida, fazendo algo sem importância, encontrando um cargo seguro como homem de negócios. O próprio argumento, de Riesman e outros, de que o homem não encontra mais identidade no trabalho que lhe provê o salário pressupõe que a identidade para o homem vem do trabalho criativo que ele executa e que contribui para a comunidade humana: a essência do *self* torna-se consciente, torna-se real e cresce por meio do trabalho que conduz a sociedade humana para a frente.

Trabalho, a matéria-prima gasta dos economistas, tornou-se a nova fronteira da psicologia. Há muito tempo, psiquiatras usam "terapia ocupacional" com pacientes em hospitais psiquiátricos; eles descobriram recentemente que, para ter um valor psicológico real, não deve ser apenas "terapia", mas um trabalho concreto, servindo a um propósito concreto na comunidade. E o trabalho agora pode ser visto como a chave para o problema que não tem nome. A crise de identidade das mulheres estadunidenses começou há um século, desde que cada vez mais o trabalho importante para o mundo, o trabalho que empregava suas habilidades humanas e por meio do qual elas eram capazes de encontrar autorrealização, lhes foi tirado.

Até o último século, e inclusive durante ele, mulheres fortes e capazes eram necessárias para serem pioneiras em nossa nova terra; com o marido, elas administravam as fazendas e plantações e propriedades rurais no Oeste estadunidense. Essas mulheres eram respeitadas e eram membros importantes de uma sociedade cujo propósito pioneiro centrava-se no lar. Força e independência, responsabilidade e autoconfiança, autodisciplina e coragem, liberdade e igualdade faziam parte do caráter estadunidense tanto para homens quanto para mulheres, em todas as primeiras gerações. As mulheres que vieram em navios da Irlanda, da Itália, da Rússia e da Polônia trabalhavam ao lado do marido em fábricas e lavanderias, aprendiam o novo idioma e economizavam para mandar filhos e filhas para a faculdade. As mulheres nunca foram tão "femininas", ou sofreram tanto desprezo, nos Estados Unidos quanto na Europa. Aos viajantes europeus, muito antes de nosso tempo, as mulheres estadunidenses pareciam menos passivas, infantis e femininas do que a própria esposa, na França, na Alemanha ou na Inglaterra. Por um acidente da História, as mulheres estadunidenses compartilharam o trabalho da sociedade por mais tempo e cresceram com os homens. O ensino fundamental e médio para meninos e meninas era quase sempre a regra; e, no Oeste do país, onde as mulheres compartilharam do trabalho pioneiro durante mais tempo, até as universidades foram mistas desde o início.

A crise de identidade das mulheres não começou nos Estados Unidos até que as armas, a força e a capacidade das mulheres pioneiras deixassem de ser necessárias, deixassem de ser usadas nos lares de classe média

O *SELF* PERDIDO

das cidades do Leste e do Meio-Oeste, quando o pioneirismo acabou e os homens começaram a construir a nova sociedade em indústrias e profissões fora de casa. Porém, as filhas das mulheres pioneiras haviam se acostumado demais à liberdade e ao trabalho para se contentar com o ócio e a feminilidade passiva.[34]

Não foi uma mulher estadunidense, mas sim uma sul-africana, a sra. Olive Schreiner, quem alertou, na virada do século, que a qualidade e a quantidade das funções das mulheres no âmbito social estavam diminuindo tão rápido quanto a civilização avançava; que, se as mulheres não reconquistassem seu direito a uma parte integral do trabalho honrado e útil, a mente e os músculos da mulher enfraqueceriam até um estado parasitário; e sua descendência, masculina e feminina, enfraqueceria progressivamente, e a própria civilização se deterioraria.[35]

As feministas viram claramente que a educação e o direito de participar do trabalho mais avançado da sociedade eram as maiores necessidades das mulheres. Elas lutaram e conquistaram os direitos de uma nova identidade totalmente humana para mulheres. Mas como foi que tão poucas de suas filhas e netas escolheram usar sua formação educacional e suas habilidades para qualquer propósito criativo maior, para um trabalho responsável na sociedade? Quantas delas foram enganadas, ou se enganaram, para se apegarem à feminilidade superada e infantil de "Ocupação: *esposa dona de casa*"?

Não foi uma questão menor, a escolha errada delas. Agora sabemos que o mesmo alcance de capacidade potencial existe tanto para as mulheres quanto para os homens. As mulheres, assim como os homens, só podem encontrar sua identidade no trabalho que emprega suas capacidades completas. Uma mulher não consegue encontrar sua identidade em outras pessoas – seu marido, suas crianças. Ela não consegue encontrá-la na rotina tediosa do serviço doméstico. Como pensadores de todas as épocas disseram, apenas quando um ser humano enfrenta diretamente o fato de que pode perder a própria vida é que ele se torna verdadeiramente consciente de si mesmo e começa a levar sua existência a sério. Às vezes, essa consciência vem apenas no momento da morte. Às vezes, ocorre com um enfrentamento mais sutil da morte: a morte do *self* em conformidade passiva, em um trabalho sem sentido. A mística feminina prescreve esse tipo de morte em vida para as mulheres. Diante da lenta morte do *self*, a mulher estadunidense deve começar a levar sua vida a sério.

"Nós nos avaliamos por diversos parâmetros", disse o grande psicólogo estadunidense William James, quase um século atrás. "Nossa força e nossa inteligência, nossa riqueza e até mesmo nossa boa sorte são coisas que aquecem nosso coração e fazem com que nos sintamos à altura da vida. Contudo, mais profundo do que todas essas coisas, e capaz de se bastar sem elas, é o senso da quantidade de esforço que podemos fazer."[36]

Se, por fim, as mulheres não fizerem esse esforço para se tornarem tudo o que elas podem se tornar, renunciarão à própria humanidade. Uma mulher hoje que não tem objetivo, propósito ou ambição moldando seus dias para o futuro, fazendo-a expandir e crescer além do pequeno número de anos em que seu corpo pode atender à função biológica, está cometendo um tipo de suicídio. Pois esse futuro, meio século depois do término dos anos de gravidez, é um fato que uma mulher estadunidense não pode negar. Tampouco pode negar que, como esposa dona de casa, o mundo de fato está passando acelerado pela janela enquanto ela apenas observa, sentada. O terror que ela sente é real se ela não tem lugar nesse mundo.

A mística feminina conseguiu enterrar milhões de mulheres estadunidenses vivas. Não há como essas mulheres saírem do confortável campo de concentração, a não ser, enfim, fazendo um esforço – aquele esforço humano que vai além da biologia, além das paredes estreitas do lar, para ajudar a moldar o futuro. Somente com um compromisso tão pessoal com o futuro, as mulheres estadunidenses podem escapar da armadilha da esposa dona de casa e realmente encontrar realização como esposa e mãe – conquistando a própria possibilidade única como ser humano independente.

O *SELF* PERDIDO

NOTAS

1. Rollo May, "The Origins and Significance of the Existential Movement in Psychology" [As origens e a significância do movimento existencial na psicologia], in *Existence, A New Dimension in Psychiatry and Psychology*, Rollo May, Ernest Angel e Henri F. Ellenberger, eds., Nova York, 1958, pp. 30 ss. (Veja também Erich Fromm, *Escape from Freedom*, pp. 269 ss.; A. H. Maslow, *Motivation and Personality* [Motivação e personalidade], Nova York, 1954; David Riesman, *The Lonely Crowd*.)
2. Rollo May, "Contributions of Existential Psychotherapy" [Contribuições da psicoterapia existencial], in *Existence, A New Dimension in Psychiatry and Psychology*, p. 87.
3. *Ibid.*, p. 52.
4. *Ibid.*, p. 53.
5. *Ibid.*, pp. 59 ss.
6. Veja Kurt Goldstein, *The Organism, A Holistic Approach to Biology Derived From Pathological Data on Man* [O organismo, uma abordagem holística para a biologia derivada de dados patológicos sobre o homem], Nova York e Cincinnati, 1939; também *Abstract and Concrete Behavior* [Comportamento abstrato e concreto], Evanston, Il., 1950; *Case of Idiot Savant* [Caso do sábio idiota] (com Martin Scheerer), Evanston, 1945; *Human Nature in the Light of Psychopathology* [Natureza humana sob a luz da psicopatologia], Cambridge, 1947; *After--Effects of Brain Injuries in War* [Efeitos posteriores de lesões cerebrais em guerra], Nova York, 1942.
7. Eugene Minkowski, "Findings in a Case of Schizophrenic Depression" [Descobertas em um caso de depressão esquizofrênica], in *Existence, A New Dimension in Psychiatry and Psychology*, pp. 132 ff.
8. O. Hobart Mowrer, "Time as a Determinant in Integrative Learning" [O tempo como determinante na aprendizagem integrativa], in *Learning Theory and Personality Dynamics*, Nova York, 1950.
9. Eugene Minkowski, *op. cit.*, pp. 133-138:

A MÍSTICA FEMININA

Pensamos, agimos e desejamos além daquela morte da qual, mesmo assim, não poderíamos escapar. A própria existência de fenômenos como o desejo de fazer algo para as futuras gerações indica claramente nossa atitude em relação a isso. Em nosso paciente, era essa propulsão em direção ao futuro que parecia estar totalmente ausente [...] Nesse ímpeto pessoal, há um elemento de expansão; vamos além dos limites de nosso próprio eu e deixamos uma marca pessoal no mundo ao redor, criando obras que se separam de nós para viver a própria vida. Acompanha isso um sentimento específico e positivo que chamamos de contentamento – aquele prazer que acompanha cada ação finalizada ou decisão firme. Como sentimento, é incomparável [...] Toda a nossa evolução individual consiste em tentar superar o que já foi feito. Quando nossa vida mental diminui, o futuro se fecha diante de nós [...]

10. Rollo May, "Contributions of Existential Psychotherapy", pp. 31 ss. Na filosofia de Nietzsche, a individualidade e a dignidade humanas nos são "dadas ou atribuídas como uma tarefa que nós mesmos precisamos resolver"; na filosofia de Tillich, se você não tem a "coragem de ser", perde seu próprio ser; na de Sartre, você *é* suas escolhas.

11. A. H. Maslow, *Motivation and Personality*, p. 83.

12. A. H. Maslow, "Some Basic Propositions of Holistic-Dynamic Psychology" [Algumas proposições básicas da psicologia holístico-dinâmica], artigo não publicado, Universidade Brandeis.

13. *Ibid.*

14. A. H. Maslow, "Dominance, Personality and Social Behavior in Women" [Dominância, personalidade e comportamento social em mulheres], *Journal of Social Psychology*, 1939, vol. 10, pp. 3-39; e "Self Esteem (Dominance-Feeling) and Sexuality in Women" [Autoestima (sentimento de dominância) e sexualidade nas mulheres], *Journal of Social Psychology*, 1942, vol. 16, pp. 259-294.

15. A. H. Maslow, "Dominance, Personality and Social Behavior in Women", *op. cit.*, pp. 3-11.

16. *Ibid.*, pp. 13 ss.

17. *Ibid.*, p. 180.

18. A. H. Maslow, "Self-Esteem (Dominance-Feeling) and Sexuality in Women", p. 288. Maslow ressalta, no entanto, que as mulheres com "insegurança do eu" fingiam ter uma "autoestima" que não tinham. Tais mulheres tinham que ser "dominantes", no sentido comum, em suas relações sexuais, para compensar sua "insegurança do eu"; assim, eram ou castrativas, ou masoquistas. Como já ressaltei, essas mulheres devem ter sido bastante comuns em uma sociedade que dá às mulheres poucas chances de ter verdadeira autoestima; essa era, sem dúvida, a base do mito da devoradora de homens e da equação de feminilidade de Freud com a inveja castrativa do pênis e/ou a passividade masoquista.

19. A. H. Maslow, *Motivation and Personality*, pp. 200 ss.

20. *Ibid.*, pp. 211 ss.

21. *Ibid.*, p. 214.

22. *Ibid.*, pp. 242 ss.

23. *Ibid.*, pp. 257 ss. Maslow descobriu que pessoas que alcançaram a autossatisfação "têm em nível incomum a rara capacidade de se sentirem mais satisfeitas do que ameaçadas pelos triunfos do parceiro [...]. Um exemplo impressionante disso é o orgulho inusitado de tal homem em relação às conquistas da esposa, mesmo quando elas ofuscam as dele". (*Ibid.*, p. 252).

24. *Ibid.*, p. 245.

25. *Ibid.*, p. 255.

26. A. C. Kinsey *et al.*, *Sexual Behavior in the Human Female*, pp. 356 ss.; Tabela 97, p. 397; Tabela 104, p. 403.

A MÍSTICA FEMININA

Década de nascimento *versus* porcentagem
de coito marital que conduz ao orgasmo

% de coito marital com orgasmo	No primeiro ano do casamento, porcentagem de mulheres			
	Década do nascimento			
	Antes de 1900	*1900-1909*	*1910-1919*	*1920-1929*
Zero	33	27	23	22
1-29	9	13	12	8
30-59	10	22	15	12
60-89	11	11	12	15
90-100	37	37	38	43
Número de casos	331	589	834	484

% de coito marital com orgasmo	No quinto ano do casamento, porcentagem de mulheres			
	Década do nascimento			
	Antes de 1900	*1900-1909*	*1910-1919*	*1920-1929*
Zero	23	17	12	12
1-29	14	15	13	14
30-59	14	13	16	19
60-89	12	13	17	19
90-100	37	42	42	36
Número de casos	302	489	528	130

O *SELF* PERDIDO

27. *Ibid.*, p. 355.
28. Veja Judson T. Landis, "The Women Kinsey Studied" [As mulheres que Kinsey analisou]. George Simpson, "Nonsense about Women" [Bobagem sobre mulheres], e A. H. Maslow e James M. Sakoda, "Volunteer Error in the Kinsey Study" [Erro voluntário no estudo Kinsey], in *Sexual Behavior in American Society.*
29. Ernest W. Burgess e Leonard S. Cottrell, Jr., *Predicting Success or Failure in Marriage* [Prevendo sucesso ou fracasso no casamento], Nova York, 1939, p. 271.
30. A. C. Kinsey *et al., Sexual Behavior in the Human Female*, p. 403.
31. Sylvan Keiser, "Body Ego During Orgasm" [Eu corporal durante o orgasmo], *Psychoanalytic Quarterly*, 1952, vol. XXI, pp. 153-166:

> Indivíduos deste grupo são caracterizados pela incapacidade de desenvolver um ego adequado [...]. Sua devoção ansiosa e seu cuidado generoso com o corpo desmentem os sentimentos internos de vazio e inadequação [...]. Esses pacientes têm pouco senso de identidade e estão sempre prontos para assumir a personalidade de outra pessoa. Eles têm poucas convicções pessoais e cedem prontamente às opiniões dos outros [...]. É principalmente entre esses pacientes que o coito pode ser desfrutado apenas até o orgasmo [...]. Eles não ousaram se permitir progressão desinibida para o orgasmo, com a simultânea perda de controle, perda de consciência do corpo ou morte [...]. Em casos de incerteza sobre a estrutura e os limites da imagem corporal, pode-se dizer que a pele não serve como um envelope que define claramente a transição do eu para o ambiente; o que gradualmente se funde no outro; não há garantia de ser uma entidade distinta dotada da força para dar de si mesma sem pôr em risco a própria integridade.

32. Lawrence Kubie, "Psychiatric Implications of the Kinsey Report" [Implicações psiquiátricas do relatório Kinsey], in *Sexual Behavior in American Society*, pp. 270 ss:

> Esse simples objetivo biológico é revestido de muitos objetivos sutis, dos quais o próprio indivíduo geralmente não tem consciência.

A MÍSTICA FEMININA

Alguns são atingíveis, outros não. Quando a maioria é atingível, o resultado da atividade sexual é um resquício resplandecente de conclusão e satisfação pacíficas. Quando, no entanto, os objetivos inconscientes são inatingíveis, então quer o orgasmo tenha ocorrido, quer não, ali permanece um estado pós-coital de necessidade insatisfeita, e às vezes de medo, raiva ou depressão.

33. Erik H. Erikson, *Childhood and Society*, pp. 239-283, 367-380. Veja também Erich Fromm, *Escape from Freedom* and *Man for Himself* [Homem para si mesmo]; e David Riesman, *The Lonely Crowd*.

34. Veja Alva Myrdal e Viola Klein (*Women's Two Roles*), que chamam atenção para o fato de a quantidade de mulheres estadunidenses que agora trabalham fora de casa parecer maior do que é, porque a base de comparação costuma ser incomumente pequena: há um século, a proporção de mulheres estadunidenses trabalhando fora de casa era muito menor do que em países europeus. Em outras palavras, o problema da mulher nos Estados Unidos provavelmente foi severo de modo excepcional porque o deslocamento das mulheres estadunidenses do trabalho essencial e da identidade na sociedade foi muito mais drástico – principalmente devido ao crescimento e à industrialização muito rápidos da economia estadunidense. As mulheres que tinham crescido com os homens durante a expansão foram banidas, quase da noite para o dia, para a *anomia* – termo sociológico muito expressivo para aquela sensação de inexistência ou não identidade sofrida por alguém que não tem lugar concreto na sociedade – quando o trabalho importante deixou a casa, onde elas ficaram. Em contraste, na França, onde a industrialização foi mais lenta, e fazendas e lojinhas familiares ainda são muito importantes para a economia, as mulheres, um século atrás, ainda trabalhavam em grande quantidade – no campo e na loja –, e hoje a maioria das mulheres francesas não é esposa dona de casa em tempo integral no sentido estadunidense da mística, pois uma quantidade enorme ainda atua nos campos, além daquela única mulher em cada três que, assim como nos Estados Unidos, trabalha em indústrias, com vendas, em escritórios e nas áreas profissionais. O crescimento das mulheres na

O *SELF* PERDIDO

França está muito mais próximo do crescimento da sociedade, já que a proporção de mulheres francesas nas profissões dobrou em 50 anos. É interessante notar que a mística feminina não prevalece na França, não na medida como ocorre aqui; existe, na França, uma imagem legítima de uma mulher de carreira feminina e de uma intelectual feminina, e os franceses parecem receptivos às mulheres sexualmente, sem igualar a feminilidade ao vazio glorificado ou àquela mãe castradora devoradora de homens. Nem a família foi enfraquecida – na realidade ou na mística – pelo trabalho das mulheres na indústria e nas áreas profissionais. Myrdal e Klein mostram que as francesas que têm carreira continuam tendo filhos – porém, não a quantidade elevada que as novas esposas donas de casa estadunidenses com formação educacional produzem.

35. Sidney Ditzion, *Marriage, Morals and Sex in America, A History of Ideas* [Casamento, moral e sexo nos Estados Unidos. Uma história de ideias], Nova York, 1953, p. 277.

36. William James, *Psychology* [Psicologia], Nova York, 1892, p. 458.

14. Um novo plano de vida para as mulheres

"É fácil falar", comenta a mulher presa na armadilha da esposa dona de casa, "mas o que eu posso fazer, sozinha em casa, com as crianças berrando, a roupa para lavar e nenhuma avó para ficar de babá?" É mais fácil se realizar em outra pessoa do que se tornar completa sozinha. A liberdade para liderar e planejar a própria vida é assustadora se nunca tiver sido encarada antes. É assustador quando uma mulher enfim entende que não há resposta à questão "quem sou eu" a não ser a voz dentro de si. Ela pode passar anos no divã do analista, trabalhando sua "adequação ao papel feminino", seus bloqueios à "realização como esposa e mãe", e ainda assim a voz dentro dela poderá dizer: "não é isso". Mesmo o melhor psicanalista poderá apenas lhe dar coragem de ouvir a própria voz. Quando a sociedade exige tão pouco das mulheres, cada uma deve ouvir sua voz interna para encontrar sua identidade no mundo mutante. Ela deve criar, a partir de suas próprias necessidades e capacidades, um novo plano de vida, que harmonize o amor e os filhos e o lar, que definiram a feminilidade no passado, com o trabalho na direção de um propósito maior que molde o futuro.

Encarar o problema não é solucioná-lo. Contudo, assim que uma mulher o encara, como mulheres por todos os Estados Unidos vêm fazendo sem muito apoio de especialistas, assim que se questiona "o que quero fazer?", ela começa a encontrar as próprias respostas. Assim que ela começa a enxergar através dos delírios da mística feminina – e percebe que nem o marido, nem as crianças, nem as coisas da casa, nem o sexo, nem ser como todas as outras podem lhe dar a si mesma –, com frequência encontra a solução com bem mais facilidade do que previsto.

Das muitas mulheres com quem conversei nos subúrbios e cidades, algumas estavam apenas começando a enfrentar o problema, outras

A MÍSTICA FEMININA

estavam quase solucionando-o, e para outras, ainda, já não havia mais o problema. Na tranquilidade de uma tarde de abril, com todas as crianças na escola, uma mulher me contou:

> Botei todas as minhas energias nas crianças, levando-as para lá e para cá, preocupando-me com elas, ensinando-lhes várias coisas. De repente, esse sentimento terrível de vazio. Todo aquele trabalho voluntário que assumi – escoteiros, associação de pais e mestres, liga de beisebol – de uma hora para outra não parecia mais valer a pena. Quando eu era menina, queria ser atriz. Era tarde demais para ir atrás disso. Eu ficava em casa o dia inteiro, limpando coisas que não limpava havia anos. Passava muito tempo chorando. Meu marido e eu conversamos sobre como isso era um problema da mulher estadunidense, abandonar a carreira pelos filhos e depois chegar a um ponto em que não consegue retomar. Sentia muita inveja das poucas mulheres que conheço com um talento definido e que continuaram a trabalhar com ele. Meu sonho de ser atriz não era real – eu não me empenhei. Será que eu precisava me dedicar por inteiro às crianças? Passei a vida toda imersa nos outros e nunca soube que tipo de pessoa eu era. Agora penso que nem ter outro bebê resolveria esse vazio por muito tempo. Não dá para voltar atrás; é preciso seguir em frente. Deve haver algum caminho concreto que eu possa percorrer.

Essa mulher estava apenas começando sua busca pela identidade. Outra mulher havia chegado ao outro lado, e agora conseguia olhar para trás e ver o problema com clareza. A casa dela era colorida, informal, mas tecnicamente ela não era mais "apenas esposa dona de casa". Recebia pelo seu trabalho como pintora profissional. Ela me contou que, quando parou de se conformar à imagem convencional da feminilidade, finalmente começou a *apreciar* ser mulher. Ela disse:

> Eu me esforçava muito para manter essa imagem bonita de mim mesma como esposa e mãe. Tive todos os meus filhos por parto

natural. Amamentei todos. Fiquei brava certa vez com uma mulher numa festa, quando eu disse que o parto era a coisa mais importante na vida, instinto animal, e ela falou: "Você não quer ser mais do que um animal?"

Você quer algo mais, só não sabe o quê. Então se dedica mais aos cuidados da casa. Não é desafiador o suficiente passar os vestidos para suas filhinhas, então você arruma vestidos babados que precisam mais do ferro e assa os próprios pães, e se recusa a comprar uma lava-louça. Você acha que, se o desafio for grande, de algum modo ficará satisfatório. E mesmo assim não ficava.

Quase tive um caso. Me sentia muito descontente com meu marido. Sentia muita raiva se ele não me ajudasse com as tarefas domésticas. Insistia para que ele lavasse a louça, esfregasse o chão, tudo. A gente não discutia, mas às vezes no meio da noite não dá para se enganar.

Eu não conseguia controlar essa sensação de querer algo mais da vida. Então fui me consultar com um psiquiatra. Ele insistia para que eu apreciasse ser feminina, mas não ajudou. Então fui ver outro que parecia querer me fazer descobrir quem eu era e esquecer essa bela imagem feminina. Percebi que estava furiosa comigo mesma, com meu marido, porque tinha largado os estudos.

Eu costumava pôr as crianças no carro e sair dirigindo por aí porque não suportava ficar sozinha em casa. Queria fazer alguma coisa, mas tinha medo de tentar. Um dia, vi na rua um artista pintando, e minha voz pareceu incontrolável quando perguntei: "Você dá aula?"

Eu cuidava da casa e das crianças o dia todo, e depois de lavar a louça à noite eu pintava. Aí peguei o quarto que seria para mais um bebê – ter cinco filhos fazia parte do que para mim era uma bela visão – e o transformei em um estúdio para mim. Lembro-me de uma noite, trabalhando e trabalhando, e de repente eram duas da manhã quando terminei. Olhei para o quadro e foi como me encontrar.

Não consigo entender o que eu estava fazendo com minha vida antes, tentando me encaixar em alguma imagem de mulher pioneira de antigamente. Não preciso provar a ninguém que sou mulher ao costurar minhas próprias roupas. Sou mulher e sou eu mesma, compro minhas roupas e adoro. Não sou mais uma pobre mãe paciente, carinhosa e perfeita. Não troco as roupas das crianças da cabeça aos pés todos os dias, e chega de babados. Mas parece que tenho mais tempo para aproveitá-los mais. Não gasto mais tanto tempo com o trabalho doméstico, mas acabo o serviço antes de meu marido chegar. Compramos uma lava-louça.

Quanto mais tempo demorar para lavar a louça, menos tempo você terá para qualquer outra coisa. Não é criativo fazer a mesma coisa repetidamente. Por que uma mulher deveria se sentir culpada por se livrar de trabalho repetitivo? Não há virtude em lavar louça, esfregar chão. Poliéster, lava-louça, roupas que não precisam ser passadas – isso é bom, essa é a direção que a vida física deve tomar. Esse é nosso tempo, o único tempo que temos no mundo. Não podemos desperdiçá-lo. Meu tempo é tudo o que tenho, e é isso o que eu quero fazer com ele.

Não preciso mais fazer um teatro a respeito do casamento porque agora ele é real. De algum modo, assim que comecei a ter noção de mim mesma, me tornei consciente do meu marido. Antes, era como se ele fosse parte de mim, não um ser humano independente. Acho que só quando parei de tentar ser feminina que comecei a apreciar ser mulher.

E também havia outras, indo e voltando, conscientes do problema, mas ainda incertas sobre o que fazer. A presidenta de um comitê de captação de recursos do subúrbio falou:

Invejo a Jean que fica em casa e faz o trabalho que deseja fazer. Eu não monto meu cavalete há dois meses. Acabo ficando envolvida demais com comitês que não me interessam. É o que preciso fazer

UM NOVO PLANO DE VIDA PARA AS MULHERES

para me enturmar por aqui. Mas isso não me deixa tranquila por dentro, como eu me sinto quando pinto. Uma artista da cidade me falou: "Você deveria se levar mais a sério. É possível ser artista e esposa dona de casa e mãe, as três coisas." Acho que a única coisa que me impede é que é um trabalho duro.

Uma jovem mulher de Ohio me contou:

Recentemente, venho sentindo essa necessidade. Sinto que simplesmente precisamos nos mudar para uma casa maior, construir um anexo ou mudar para um bairro melhor. Passei por uma rodada frenética de festas na minha casa, mas foi como viver para as interrupções da vida.

Meu marido acha que ser uma boa mãe é a carreira mais importante. Penso que é ainda mais importante do que uma carreira. Mas não penso que a maioria das mulheres seja apenas mãe. Eu curto meus filhos, mas não gosto de passar o tempo todo com eles. É que não sou da idade deles. Eu poderia fazer o trabalho doméstico tomar mais do meu tempo. Mas não é necessário aspirar o chão mais de duas vezes por semana. Minha mãe varria todos os dias.

Sempre quis tocar violino. Quando entrei na faculdade, as meninas que levavam música a sério eram peculiares. De repente, foi como se uma voz dentro de mim dissesse, a hora é agora, nunca terá outra chance. Senti vergonha de aprender a tocar com 40 anos de idade. Fico exausta, meu ombro dói, mas me sinto unida com algo maior do que eu mesma. O universo de repente se torna real, e você faz parte dele. Você se sente como se existisse de verdade.

Seria muito errado da minha parte oferecer a qualquer mulher respostas fáceis para esse problema. Não há soluções fáceis nos Estados Unidos de hoje; é difícil, doloroso e leva talvez muito tempo para cada mulher encontrar sua própria resposta. Primeiro, sem hesitar, ela deve dizer "não" à imagem da esposa dona de casa. Isso não significa, obviamente,

A MÍSTICA FEMININA

divorciar-se, abandonar os filhos, largar a casa. Ela não precisa escolher entre casamento e carreira; essa foi a escolha errada da mística feminina. Na verdade, não é tão difícil quanto a mística insinua combinar casamento e maternidade, e mesmo o propósito pessoal de uma vida inteira que antes se chamava "carreira". É necessário apenas um novo plano de vida – em termos de uma vida completa como mulher.

O primeiro passo nesse plano é enxergar o trabalho doméstico pelo que ele é: não uma carreira, mas algo que deve ser feito tão rápida e eficientemente quanto possível. Uma vez que a mulher parar de tentar transformar cozinhar, limpar, lavar e passar a roupa em "algo mais", ela poderá dizer "não, eu não quero um fogão com cantos arredondados, não quero quatro tipos diferentes de sabão". Ela poderá dizer "não" às fantasias de massa das revistas femininas e da televisão, "não" aos pesquisadores das entrevistas em profundidade e os manipuladores que tentam controlar a vida dela. Então, poderá usar o aspirador e a lava-louça e todos os utensílios automáticos, e até mesmo o purê de batatas instantâneo, pelo que realmente valem: poupar tempo que poderá ser usado de forma mais criativa.

O segundo passo, e talvez o mais difícil para essas mulheres, produtos da educação voltada para o sexo, é enxergar o casamento como aquilo que ele realmente é, afastando o véu do excesso de glorificação imposto pela mística feminina. Muitas mulheres com quem conversei sentiam-se estranhamente descontentes com o marido, continuamente irritadas com as crianças, quando viam o casamento e a maternidade como a realização final de sua vida. Entretanto, quando começaram a usar suas muitas capacidades para um propósito próprio na sociedade, falavam não somente de um novo sentimento de "vivacidade" e "completude" nelas mesmas, mas de uma diferença nova, porém difícil de definir, no modo como se sentiam a respeito do marido e dos filhos. Muitas ecoaram as palavras desta mulher:

É engraçado como, agora que abri espaço para mim mesma, aprecio bem mais meus filhos. Antes, quando eu me dedicava

UM NOVO PLANO DE VIDA PARA AS MULHERES

inteiramente às crianças, era como se buscasse por algo nelas. Não era capaz de aproveitá-los como agora, como se fossem um pôr do sol, algo fora de mim, separado. Antes, eu me sentia tão ligada a eles que tentava fugir para dentro da minha mente. Talvez uma mulher precise estar *sozinha* para realmente estar *com* seus filhos.

A esposa de um advogado na Nova Inglaterra me contou:

> Pensei que estava completa. Tinha saído da infância, me casado, tido um filho, era feliz com meu casamento. Mas, de algum modo, estava desconsolada, porque supus que esse era o fim. Eu passava uma semana me dedicando à tapeçaria, pintura na semana seguinte. Minha casa era imaculada. Devotava tempo demais entretendo meu filho. Ele não precisava de toda aquela companhia de um adulto. Uma mulher adulta brincando com uma criança o dia todo, desintegrando-se em centenas de direções para ocupar seu tempo, cozinhando pratos chiques quando ninguém precisa disso e ficando furiosa se não comem – você perde o senso comum de adulto, seu senso de si mesma como ser humano.
>
> Agora estou estudando história, uma matéria por ano. Dá trabalho, mas não perdi uma noite de aula em dois anos e meio. Logo estarei lecionando. Adoro ser esposa e mãe, mas agora sei que, quando o casamento é o objetivo de vida, porque você não tem qualquer outra missão, ele se torna uma coisa infeliz e insatisfatória. Quem disse que mulheres precisam ser alegres, divertidas, entretidas? Você precisa trabalhar. Não precisa ter um emprego. Mas precisa agarrar algo seu e ir até o fim, para se sentir viva.

Uma hora por dia, um fim de semana ou mesmo uma semana afastada da maternidade não são a resposta para o problema que não tem nome. Aquela "hora livre da mãe",[1] conforme aconselhada por especialistas em infância e família ou médicos aturdidos, como antídoto para a fadiga e a sensação de aprisionamento da esposa dona de casa, assume automaticamente que a mulher é "apenas esposa dona de casa", agora e para sempre mãe. Uma pessoa completamente consumida pelo trabalho aproveita um "tempo livre". Mas as mães com quem conversei não encontravam alívio mágico algum em uma "hora livre"; na verdade, com frequência abriam mão dessa hora sob o mais simples pretexto, por culpa ou por tédio. Uma mulher que não tem seu próprio propósito na sociedade, uma mulher que não se permite pensar no futuro porque ela não faz nada para dar a si uma identidade real nele, continuará a sentir desespero no presente – não importa quantas "horas livres" tenha. Mesmo uma mulher muito jovem hoje em dia deve pensar em si mesma primeiro como ser humano, não como mãe com tempo livre, e fazer um plano de vida de acordo com as próprias capacidades, seu compromisso com a sociedade, com o qual devem ser integrados seus compromissos de esposa e mãe.

Uma mulher que entrevistei, uma educadora na área de saúde mental que foi por muitos anos "apenas esposa dona de casa" em sua comunidade suburbana, resume: "Lembro-me da minha própria sensação de que a vida não era plena para mim. Eu não me utilizava nos termos das minhas habilidades. Cuidar do lar não era suficiente. Não é possível colocar o gênio de volta na garrafa. Não é possível negar sua própria mente inteligente; é preciso fazer parte do esquema social."

E, olhando para a rua suburbana, silenciosa e vazia, por sobre as árvores de seu jardim, ela completou:

> Se você bater em qualquer uma dessas portas, quantas mulheres encontrará cujas habilidades estão sendo usadas? Você as encontrará bebendo, sentadas conversando com outras mulheres e observando as crianças brincando porque não suportam ficar sozinhas, ou vendo TV, ou lendo um livro. A sociedade ainda não alcançou a mulher, não encontrou uma maneira de usar seus talentos e sua energia, exceto para parir. Ao longo dos últimos quinze anos, acho que as mulheres vêm fugindo de si mesmas. O motivo pelo qual as mais jovens engoliram essa história de feminilidade é porque acham que será mais fácil se voltarem e procurarem toda a satis-

UM NOVO PLANO DE VIDA PARA AS MULHERES

fação no lar. Mas não será. Em algum momento, a mulher, para ajustar as contas consigo mesma, precisa se encontrar como pessoa.

A única maneira para uma mulher, assim como para um homem, se encontrar, se conhecer como pessoa, é por meio do próprio trabalho criativo. Não há alternativa. Mas um emprego, qualquer emprego, não é a resposta – na verdade, pode ser parte da armadilha. Mulheres que não procuram empregos de acordo com sua verdadeira capacidade, que não permitem a si mesmas desenvolverem interesses e objetivos vitalícios que requerem instrução e treinamento sérios, que aceitam um emprego aos 20 ou aos 40 anos para "dar uma mão em casa" ou apenas para matar o tempo livre, estão caminhando – isso é quase tão certo para elas quanto é para aquelas que se mantêm na armadilha da esposa dona de casa – para um futuro inexistente.

Se é para um emprego ser a rota de fuga da armadilha, deve ser um emprego que ela possa levar a sério, como parte de um plano de vida, um trabalho no qual ela possa crescer como parte da sociedade. Comunidades suburbanas, principalmente aquelas recentes, nas quais os padrões sociais, culturais, educacionais, políticos e recreativos ainda não estão bem estabelecidos, oferecem numerosas oportunidades para a mulher inteligente e capaz. Mas tal trabalho não é necessariamente um "emprego". Em Westchester, Long Island, subúrbios da Filadélfia, as mulheres abriram clínicas de saúde mental, centros culturais, colônias. Em cidades grandes e pequenas, mulheres desde a Nova Inglaterra até a Califórnia foram pioneiras em novos movimentos políticos e educacionais. Ainda que esse trabalho não tenha sido encarado como "emprego" ou "carreira", com frequência foi muito importante para as diversas comunidades nas quais agora profissionais estão sendo pagos para fazê-lo.

Em alguns subúrbios e comunidades, há pouco trabalho que exija inteligência disponível para uma não profissional – exceto por alguns poucos cargos de liderança para os quais a maioria das mulheres, hoje em dia, não possui a independência, a força e a autoconfiança necessárias. Se a comunidade tem uma proporção alta de mulheres com formação educacional, simplesmente não há cargos suficientes para todas. Como resultado, o trabalho comunitário com frequência se expande em uma espécie de estrutura conveniente de comitês e burocracia, no senso mais puro da lei de Parkinson, e seu propósito final acaba se tornando apenas manter as mulheres ocupadas. Tais tarefas não são satisfatórias para a mulher madura, nem ajuda as imaturas a amadurecerem. Isso não significa que liderar escoteiros, ajudar em uma associação de pais e mestres ou organizar um jantar comunitário não sejam trabalhos úteis; para uma mulher de inteligência e habilidade, simplesmente não é o suficiente.

Uma mulher que entrevistei havia se envolvido em um turbilhão de valiosas atividades comunitárias, mas que não levavam em nenhuma direção para o próprio futuro dela nem faziam uso efetivo de sua inteligência excepcional. Na verdade, a inteligência dela parecia se deteriorar; ela sofreu do problema sem nome, de forma cada vez mais severa, até dar o primeiro passo na direção de um compromisso sério. Hoje ela é "professora mestre", esposa e mãe serena.

No começo, assumi o comitê para arrecadação de fundos para o hospital, e o comitê de voluntários administrativos para a clínica. Eu era mãe voluntária nas excursões das crianças. Fazia aulas de piano por 30 dólares semanais, pagando babás para que eu pudesse tocar e me divertir. Organizei a biblioteca que inauguramos pelo sistema decimal Dewey, além de ser chefe dos escoteiros e participar da associação de pais e mestres de sempre. O gasto financeiro para todas essas coisas necessárias apenas para ocupar minha vida tomava uma boa fatia do salário do meu marido. E ainda assim minha vida não estava completa. Eu era mal-humorada e temperamental. Começava a chorar sem motivo. Não tinha concentração nem para terminar de ler uma história de detetive.

Estava tão ocupada, correndo da manhã à noite, e ainda assim nunca tinha um sentimento verdadeiro de satisfação. Você cria os filhos, obviamente, mas como isso pode justificar sua vida? Você precisa ter um objetivo maior, algum propósito de

UM NOVO PLANO DE VIDA PARA AS MULHERES

longo prazo para seguir em frente. Atividades comunitárias são metas de curto prazo; você faz um projeto e pronto, aí precisa ir atrás de outro. No trabalho voluntário, dizem que não devemos incomodar as mães jovens, com filhos pequenos. Esse trabalho é para as de meia-idade, cujos filhos já são crescidos. Mas são as que estão presas aos filhos que precisam fazer isso. Quando não se está presa aos filhos, esqueça essas coisas, você precisa de um trabalho de verdade.

Devido à mística feminina (e talvez por conta do simples medo humano do fracasso, quando alguém realmente compete sem o privilégio sexual ou desculpas), o salto de amador para profissional é o que costuma ser o mais difícil para uma mulher escapar da armadilha. Contudo, mesmo se uma mulher não precisa trabalhar para comer, ela consegue encontrar identidade apenas no trabalho que tem valor real para a sociedade[2] – trabalho para o qual geralmente nossa sociedade paga. Ser paga é, obviamente, mais do que uma recompensa: implica um compromisso definido. Por temer esse compromisso, hoje em dia centenas de esposas donas de casa habilidosas e com formação educacional, no subúrbio, enganam-se a respeito da escritora ou da atriz que poderiam ter sido, ou praticam arte e música no limbo diletante do "autoenriquecimento" ou se candidatam a empregos de recepcionista ou vendedora, trabalhos bem abaixo de suas qualificações. Essas também são maneiras de fugir do amadurecimento.

O tédio crescente da estadunidense com trabalho voluntário e sua preferência por empregos pagos, não importa quão baixo o nível de instrução necessário, têm sido atribuídos ao fato de que profissionais dominaram a maior parte dos cargos comunitários que necessitam de inteligência. Mas o fato de que mulheres não se tornaram profissionais, a relutância delas nos últimos vinte anos em se comprometer com o trabalho, pago ou não, que necessita de iniciativa, liderança e responsabilidade, é culpa da mística feminina. Essa atitude de descompromisso entre esposas donas de casa jovens foi confirmada em um estudo recente

A MÍSTICA FEMININA

feito no condado de Westchester.[3] Em um subúrbio de classe alta, mais de 50% de um grupo de esposas donas de casa entre 25 e 35 anos, com maridos no grupo salarial acima de 25 mil dólares ao ano, queriam trabalhar: 13%, imediatamente; o restante, em cinco ou em até quinze anos. Dentre as que planejavam trabalhar, três a cada quatro não se sentiam adequadamente preparadas. (Todas essas mulheres tinham algum ensino superior, mas apenas uma tinha feito pós-graduação; um terço delas havia se casado aos 20 anos ou menos.) Essas mulheres não sentiam necessidade de trabalho por motivos econômicos, mas devido ao que os antropólogos da pesquisa chamaram de "necessidade psicológica de serem economicamente produtivas". Evidentemente, o trabalho voluntário não satisfazia essa necessidade; embora 62% dessas mulheres fizessem trabalho voluntário, era do tipo "um dia ou menos". E, embora quisessem emprego e se sentissem despreparadas, das 45% que faziam cursos, bem poucas se dedicavam a obter um diploma. O elemento de fantasia nos planos de trabalho delas foi testemunhado pelas "pequenas empresas que abrem e fecham com infeliz regularidade". Quando uma associação de ex-alunos patrocinou um fórum sobre "Como mulheres de meia-idade podem voltar ao trabalho", em duas sessões no subúrbio, 25 mulheres compareceram. Como primeiro passo, solicitou-se que cada uma retornasse ao segundo encontro com um currículo. Esse currículo exigiu um pouco de reflexão e, como um pesquisador afirmou, "sinceridade no propósito". Apenas uma mulher foi séria o suficiente para elaborar o currículo.

Em outro subúrbio, há um centro de aconselhamento que, nos primeiros anos do movimento para a saúde mental, deu oportunidade real para a inteligência das mulheres da comunidade que tinham ensino superior. Elas não faziam terapia, obviamente, mas nos primeiros anos administravam o centro e lideravam os grupos de pais para discussões sobre educação. Agora que "educação para vida em família" se profissionalizou, o centro é administrado e os grupos de discussão são liderados por profissionais com frequência vindos da cidade, que possuem mestrado ou doutorado na área. Apenas em pouquíssimos casos as mulheres

UM NOVO PLANO DE VIDA PARA AS MULHERES

que "se encontraram" no trabalho do centro de aconselhamento foram adiante na nova profissão e obtiveram seus próprios mestrado e doutorado. A maioria se afastou, quando continuar significaria romper com o papel de esposa dona de casa e se tornar seriamente comprometida com uma profissão.

Ironicamente, o único tipo de trabalho que permite a uma mulher habilidosa concretizar plenamente suas habilidades, alcançar identidade social em um plano de vida que pode abranger casamento e maternidade, é o tipo proibido pela mística feminina: o compromisso vitalício com uma arte ou a ciência, com política ou profissão. Tal comprometimento não é vinculado a um emprego específico ou a um local. Permite uma variação ano a ano – um emprego remunerado, com jornada de tempo integral, em uma comunidade, uma jornada de meio período em outra, exercício da habilidade profissional em trabalho voluntário sério ou um período de estudo durante a gestação ou início da maternidade quando um emprego integral não é factível. É uma linha contínua, mantida viva pelo trabalho e pelo estudo e pelos contatos na área, em qualquer parte do país.

As mulheres com quem me encontrei e que haviam feito e mantido vivo esse compromisso de tão longo prazo não sofriam do problema sem nome. Nem viviam dentro da imagem de esposa dona de casa. Mas música ou arte ou política não ofereceram qualquer solução mágica para as mulheres que não se comprometeram seriamente ou não foram capazes disso. As "artes" parecem ser, à primeira vista, a resposta ideal para uma mulher. Podem, afinal, ser praticadas no lar. Elas não necessariamente implicam aquele terrível profissionalismo, são adequadamente femininas, e parecem oferecer espaço infinito para crescimento pessoal e para a identidade, sem ser necessário competir na sociedade por remuneração. Entretanto, percebi que, quando as mulheres não levam a pintura ou a cerâmica a sério o suficiente para se tornarem profissionais – para receber pelo trabalho, ou por ensinar aos outros e ser reconhecida como colega por outros profissionais –, cedo ou tarde deixam de se engajar; a pintura aos domingos, a cerâmica indolente não trazem aquele senso de

A MÍSTICA FEMININA

individualidade necessário quando não têm valor para mais ninguém. A amadora ou diletante cujo trabalho não é bom o bastante para que alguém queira pagar para ouvir ou ver ou ler não ganha status real na sociedade nem identidade pessoal real. Isso é reservado para aqueles que fizeram um esforço, que adquiriram conhecimento e *expertise* para se tornarem profissionais.

Há, obviamente, vários problemas práticos envolvidos em estabelecer um compromisso profissional sério. Mas de algum modo esses problemas só parecem intransponíveis quando uma mulher ainda está semissubmersa nos falsos dilemas e culpas da mística feminina – ou quando o desejo dela por "algo mais" é apenas fantasia e ela não está disposta a fazer o esforço necessário. Repetidas vezes, as mulheres me contaram que o passo crucial para elas foi simplesmente ir pela primeira vez à agência de empregos para ex-alunos ou enviar a inscrição para a certificação de professor ou marcar reuniões com antigos contatos de empregos na cidade. É impressionante quantos obstáculos e racionalizações a mística feminina pode conjurar para impedir uma mulher de ir à agência de empregos ou enviar aquela inscrição.

Uma esposa dona de casa suburbana que conheci havia sido colunista de jornal, mas estava certa de que nunca conseguiria esse tipo de emprego outra vez; estava afastada havia muito tempo. E, obviamente, ela não podia deixar os filhos (que, a essa época, passavam o dia todo na escola). Quando finalmente decidiu fazer algo a respeito, encontrou um emprego excelente em sua antiga área de atuação depois de apenas duas idas à cidade. Outra mulher, uma assistente social psiquiátrica, disse que não poderia aceitar um emprego normal, apenas trabalho voluntário sem prazos que pudesse largar quando bem entendesse, porque não podia contar com uma faxineira. Na verdade, se ela tivesse contratado uma faxineira, o que muitas de suas vizinhas faziam por muito menos, ela teria que se comprometer ao tipo de tarefa que testaria sua habilidade. Obviamente, ela tinha medo desse teste.

Hoje em dia, um bom número de esposas donas de casa se afasta ou desiste do trabalho voluntário, das artes ou de um emprego no momento exato em que tudo o que é necessário é comprometimento sério. A líder da Associação de Pais e Mestres não se candidata para fazer parte do corpo de diretores da escola. A líder da Liga de Eleitoras teme se aproximar do topo mais complicado de seu partido político. "As mulheres não conseguem um cargo legislador", ela diz. "Não vou lamber selos." Obviamente, conseguir um cargo legislador exigiria mais esforço contra os preconceitos e competições masculinas.

Algumas mulheres conseguem o emprego, mas não fazem o novo plano de vida necessário. Entrevistei duas mulheres habilidosas, ambas entediadas como esposa dona de casa e que haviam conseguido emprego no mesmo instituto de pesquisa. Elas amavam o trabalho cada vez mais desafiador e logo foram promovidas. Mas, na casa dos 30 anos, após dez anos como esposa dona de casa, elas ganhavam bem pouco. A primeira, reconhecendo claramente o futuro que a aguardava nesse serviço, gastava praticamente todo seu salário com uma faxineira três vezes por semana. A segunda mulher, que acreditava que seu trabalho só se justificaria se "ajudasse nos gastos familiares", não gastava nada com ajuda na faxina. Nem levava em consideração pedir ao marido e aos filhos que ajudassem nas tarefas domésticas ou poupar tempo pedindo as compras de mercado por telefone ou mandando a roupa para a lavanderia. Ela largou o emprego após um ano por pura exaustão. A primeira mulher, que fez as mudanças e sacrifícios necessários no lar, hoje, aos 38 anos de idade, ocupa uma das vagas de liderança no instituto e contribui substancialmente na renda familiar, bem mais do que paga para a doméstica contratada por meio período. A segunda, depois de duas semanas de "descanso", começou a sofrer do velho desespero. Mas ela se convenceu de que vai "trair" menos o marido e os filhos se encontrar um trabalho que possa fazer em casa.

A imagem da dona de casa feliz fazendo trabalho criativo no lar – pintando, esculpindo, escrevendo – é um dos semidelírios da mística feminina. Há homens e mulheres que conseguem; porém, quando um homem trabalha de casa, a esposa mantém as crianças totalmente afastadas do caminho dele, senão... Não é tão fácil para uma mulher; se ela leva seu trabalho a sério, com frequência precisa encontrar um lugar fora de casa para fazê-lo ou se arrisca a se tornar uma ogra para os filhos com suas exigências impacientes por privacidade. A atenção dela fica dividida, sua concentração interrompida, tanto no serviço quanto como mãe. Um emprego comum, com jornada de tempo integral, uma divisão clara entre trabalho profissional e trabalho de casa, demanda muito menos disciplina e geralmente é menos solitário. Parte do estímulo e das novas amizades oriundas do mundo profissional pode ser perdida se a mulher tentar encaixar a carreira nos limites físicos de sua vida de dona de casa.

Uma mulher deve dizer claramente "não" à mística feminina para sustentar a disciplina e o esforço que qualquer compromisso profissional exige. Afinal, a mística não é um mero construto intelectual. Muitas pessoas têm, ou pensam ter, interesse manifesto em "ocupação: *esposa dona de casa*". Independentemente do tempo que vai levar para revistas femininas, sociólogos, educadores e psicanalistas corrigirem os erros que perpetuam a mística feminina, uma mulher deve lidar com eles agora, nos preconceitos, medos errôneos e dilemas desnecessários expressos pelo marido, pelas amigas e vizinhas, talvez pelo pastor, padre ou rabino, ou pela professora da escolinha do filho, ou pela assistente social bem-intencionada na clínica de aconselhamento, ou pelas próprias crianças pequenas e inocentes. Mas resistência, qualquer que seja a fonte, deve ser encarada como aquilo que é.

Mesmo a resistência tradicional da ortodoxia religiosa é mascarada hoje em dia pelas técnicas manipuladoras da psicoterapia. Mulheres de origem católica ou judaica ortodoxas não rompem facilmente com a imagem de esposa dona de casa; ela é exaltada pelos cânones religiosos, nas suposições da infância própria e do marido e nas definições dogmáticas da igreja a respeito de casamento e maternidade. A facilidade com que dogma pode ser revestido de princípios psicológicos da mística pode ser observada no "Esquema sugerido para discussões de casal" do Escritório para Vida Familiar da Arquidiocese de Nova York. Um grupo de três ou quatro pares já casados, depois de um ensaio com o "padre moderador", é instruído a levantar a questão: "Uma esposa que trabalha fora pode ser um desafio para a autoridade do marido?"

UM NOVO PLANO DE VIDA PARA AS MULHERES

A maioria dos noivos participantes está convencida de que não há nada de errado ou estranho em a esposa trabalhar [...]. Não antagonize. Seja sugestivo em vez de dogmático [...]. O grupo de casais deve ressaltar que a noiva feliz em trabalhar uma jornada de tempo integral deve levar em conta o seguinte:

a. Ela pode estar sutilmente sabotando o senso de vocação do marido para arrimo e chefe da família. O competitivo mundo dos negócios pode inculcar na noiva trabalhadora atitudes e hábitos que podem dificultar a adequação à liderança do marido [...].
b. Ao fim de um dia de trabalho, ela se apresenta ao marido com mente e corpo cansados, em um momento que ele anseia por estímulo alegre e entusiasmo animado da esposa [...].
c. Para algumas noivas, a tensão causada pela jornada dupla como mulher de negócios e esposa dona de casa em meio período pode ser um dentre vários fatores associados à esterilidade.

Uma mulher católica que entrevistei retirou-se da junta estadual da Liga das Eleitoras quando, além do descontentamento do padre e do próprio marido, o psicólogo escolar afirmou que as dificuldades da filha na escola estavam relacionadas à atividade política da mãe. "É mais difícil para uma mulher católica permanecer emancipada", ela me disse. "Eu me aposentei. Será melhor para todos os envolvidos se eu for apenas esposa dona de casa." A essa altura, o telefone tocou, e entreouvi com interesse meia hora de alta política estratégica, evidentemente, não da Liga, mas do Partido Democrata regional. A política "aposentada" voltou para a cozinha para terminar o jantar e confessou que agora escondia sua atividade política no lar "como uma alcoólatra ou drogada, incapaz de largar o vício".

Outra mulher, judia, abandonou a profissão médica ao se tornar a esposa do médico, devotando-se a criar os quatro filhos. O marido não ficou muito contente quando ela começou a se organizar para refazer as provas do conselho de medicina depois que a mais nova foi para a escola. Uma mulher silenciosa e pouco assertiva, ela fez um esforço quase inacreditável para obter a licença depois de quinze anos inativa. Ela me disse, justificando-se: "Não dá para parar de se interessar. Eu tentei me obrigar, mas não consegui." E confessou que, quando recebe uma chamada noturna, sai escondida, tão culpada quanto estaria se estivesse indo encontrar um amante.

Mesmo para uma mulher de tradição menos ortodoxa, a arma mais poderosa da mística feminina é o argumento de que ela rejeita marido e filhos ao trabalhar fora de casa. Se, por qualquer motivo, a criança ficar doente ou o marido tiver problemas pessoais, a mística feminina, as vozes insidiosas da comunidade e até mesmo a voz interna da mulher, culparão a "rejeição" dela ao papel de esposa dona de casa. É aí que o compromisso de uma mulher com ela mesma e com a sociedade morre prematuramente ou faz um desvio importante.

Uma mulher me contou que largou o emprego na televisão para se tornar "apenas esposa dona de casa", porque o marido de repente concluiu que os problemas na profissão dele eram provocados pelo fracasso dela em "atuar no papel feminino"; ela estava tentando "competir" com ele; ela queria "usar as calças". Ela, como a maioria das mulheres hoje, estava vulnerável a tais acusações – um psiquiatra chama de "síndrome de culpa da mulher de carreira". E assim ela passa a devotar todas as energias, antes voltadas para o trabalho, no gerenciamento familiar – e em um interesse crítico e irritante na carreira do marido.

Em seu tempo livre nos subúrbios, no entanto, bastante abstraída, ela alcançou um sucesso local impressionante como diretora de um pequeno grupo de teatro amador. Isso, além da atenção crítica à carreira do marido, foram bem mais destrutivos para o eu dele e uma irritação muito mais constante para ele e os filhos do que o trabalho profissional no qual ela competia com impessoalidade entre os outros profissionais, num mundo bem distante do lar. Um dia, quando ela estava conduzindo um ensaio do teatro amador, seu filho foi atropelado por um carro. Ela se culpou pelo acidente e abandonou o grupo de teatro, decidida, dessa vez para valer, de que seria "apenas esposa dona de casa".

UM NOVO PLANO DE VIDA PARA AS MULHERES

Ela sofreu, quase imediatamente, de um caso severo do problema sem nome; a depressão e a dependência dela tornaram a vida do marido um inferno. Ela buscou ajuda na análise e, diferentemente da abordagem não diretiva dos analistas ortodoxos, o terapeuta dela praticamente ordenou que ela voltasse a trabalhar. Ela começou a escrever um romance sério com, enfim, o tipo de comprometimento do qual evadia mesmo quando estava empregada. Absorta nisso, parou de se preocupar com a carreira do marido; de modo imperceptível, parou de fantasiar outro acidente todas as vezes que o filho saía de vista. E, ainda assim, embora já tivesse ido longe demais para voltar atrás, às vezes pensava se estaria condenando o casamento.

Contrário à mística, o marido – reagindo talvez ao exemplo contagioso do comprometimento dela ou ao espaço que lhe foi garantido pelo fim da dependência histérica dela, ou por seus motivos particulares – se dedicou ao equivalente ao livro dela em sua própria carreira. Ainda havia problemas, obviamente, mas não aqueles antigos; quando eles se libertaram das próprias armadilhas, de algum modo o relacionamento dos dois voltou a crescer.

Contudo, para todo tipo de crescimento, há riscos. Entrevistei uma mulher cujo marido se divorciou dela pouco depois de ela voltar a trabalhar. O casamento havia se tornado extremamente destrutivo. O senso de identidade que a mulher conseguia por meio do trabalho pode tê-la deixado menos disposta a aceitar essa destrutividade e talvez tenha precipitado o divórcio, mas também a tornou capaz de sobreviver a ele.

Em outras instâncias, no entanto, mulheres me contaram que as objeções violentas do marido desapareceram quando elas tomaram a decisão e foram trabalhar. Teriam ampliado as objeções do marido para evadir de sua própria decisão? Maridos que entrevistei nesse mesmo contexto às vezes estavam surpresos com o "alívio" que sentiam por não ser mais o sol e a lua no mundo da esposa; eram objetos de menos implicâncias e menos exigências insaciáveis e não mais sentiam culpa pelo descontentamento da esposa. Conforme um deles disse: "Não só o fardo financeiro ficou mais leve – e, francamente, isso é um alívio –, mas o fardo da vida como um todo parece mais leve desde que a Margaret foi trabalhar."

A MÍSTICA FEMININA

Porém, há maridos cuja resistência não é tão facilmente dissipada. O marido incapaz de suportar a mulher dizendo "não" à mística feminina com frequência ou foi seduzido pela fantasia infantil de ter uma mãe sempre presente, ou está tentando reviver essa fantasia por meio dos filhos. É difícil para uma mulher dizer a esse tipo de marido que ela não é mãe dele e que será melhor para os filhos que não tenham a atenção constante dela. Talvez, se ela se tornar mais verdadeiramente ela mesma e se recusar a continuar representando a fantasia dele, de repente ele acorde e *a* enxergue outra vez. E, talvez, saia em busca de outra mãe.

Outro risco que uma mulher corre ao sair da armadilha da esposa dona de casa é ser tratada com hostilidade por outras esposas donas de casa. Da mesma forma que o homem evadindo amadurecimento no próprio trabalho ressente o amadurecimento da esposa, as mulheres que vivem de forma vicária, realizando-se no marido e nas crianças, ressentem as mulheres que têm vida própria. Nos jantares, nas reuniões da creche, nas festas da associação de pais e mestres, uma mulher que é mais do que apenas esposa dona de casa pode ir preparada para receber algumas farpas das vizinhas suburbanas. Ela não tem mais tempo para fofocar à toa enquanto toma infindáveis xícaras de café na mesinha da cozinha; não pode mais compartilhar com as outras esposas aquela ilusão confortável de "estamos todas no mesmo barco"; a própria presença dela sacode esse barco. E ela pode esperar que seu lar, seu marido e suas crianças sejam analisados com mais do que simples curiosidade, em busca do menor sinal de "problema". Esse tipo de hostilidade, no entanto, às vezes mascara uma inveja secreta. A mais hostil das "esposas donas de casa felizes" pode ser a primeira a pedir à vizinha que tem uma nova carreira dicas de como fazer o mesmo.

Para a mulher que segue em frente, sempre há a sensação de perda que acompanha mudanças: antigos amigos, rotinas familiares e reconfortantes perdidas, as novas que ainda não estão claras. É tão mais fácil para uma mulher dizer "sim" à mística feminina, e não arriscar as dores da mudança, que a vontade de fazer um esforço – "ambição" – é tão necessária quanto a capacidade em si, se ela quiser sair da armadilha

UM NOVO PLANO DE VIDA PARA AS MULHERES

da esposa dona de casa. "Ambição", como "carreira", foi transformada em palavrão pela mística feminina. Quando Polly Weaver, editora de "Universidade e carreiras" da *Mademoiselle*, entrevistou quatrocentas mulheres em 1956 sobre o assunto "ambição e competição",[4] a maioria tinha "sentimento de culpa" a respeito de ser ambiciosa. Elas tentavam, nas palavras da srta. Weaver, "transformar isso em algo divertido, em vez de tão mundano e egoísta quanto comer. Ficamos surpresas [...] com a quantidade de mulheres que trabalham de manhã até a noite em um emprego, ou num trabalho voluntário, ou na igreja, por exemplo, mas não querem ficar com um centavo para si. Não querem dinheiro, posição social, poder, influência, reconhecimento [...]. Essas mulheres estão se enganando?".

A mística quer que as mulheres renunciem à ambição voltada para si. Casamento e maternidade são os fins; depois disso, mulheres devem ser ambiciosas apenas para marido e filhos. Muitas mulheres que de fato "se enganam" forçam marido e crianças a preencher essa ambição inconfessa delas. Havia, no entanto, muitas mulheres francamente ambiciosas entre as que responderam ao questionário da *Mademoiselle* – e não pareciam sofrer com isso.

> As mulheres ambiciosas que responderam ao questionário tinham poucos arrependimentos a respeito de sacrifícios em relação a bons e velhos amigos, piqueniques em família e tempo para ler livros de que ninguém fala a respeito. Elas disseram ter recebido mais do que renunciaram, e citaram novos amigos, o mundo mais amplo em que se movem e os grandes saltos de desenvolvimento que deram ao trabalhar ao lado de gente talentosa e brilhante – e, acima de tudo, a satisfação de trabalhar a pleno vapor, apitando como uma panela de pressão. Na verdade, algumas felizes mulheres ambiciosas tornam as pessoas ao seu redor felizes também: marido, crianças, colegas [...]. Uma mulher muito ambiciosa não fica contente deixando o prestígio inteiramente para o sucesso do esposo [...]. Para a mulher ativa e ambiciosa, ambição é o fio que

alinhava sua vida do começo ao fim, firmando-a e permitindo a ela pensar na vida como uma obra de arte, em vez de uma coleção de fragmentos [...].

Para as mulheres que entrevistei que haviam sofrido do problema sem nome e o solucionado, realizar uma ambição própria, que há muito estivesse enterrada ou que fosse nova em folha, trabalhar no máximo de sua capacidade, ter um senso de realização, era como encontrar a peça que faltava para o quebra-cabeça de sua vida. O dinheiro que recebiam costumava facilitar a vida de toda a família, mas nenhuma fingiu ser esse o único motivo pelo qual trabalhava ou o principal fruto do trabalho. Aquela sensação de estar completa e pertencer totalmente ao mundo – "não mais uma ilha, mas parte do continente" – tinha voltado. Elas sabiam que a sensação não provinha apenas do trabalho em si, mas da totalidade: casamento, lar, crianças, trabalho, seus laços com a comunidade aumentando e se transformando. Eram outra vez seres humanos, não "apenas esposa dona de casa". Essas mulheres são as sortudas. Algumas podem ter sido levadas a essa ambição por conta de uma rejeição na infância, uma adolescência de patinho feio, pela infelicidade no casamento, pelo divórcio ou viuvez. É tanto ironia quanto acusação da mística feminina ter com frequência forçado as infelizes, as patinhas feias, a se encontrarem, enquanto as meninas que se encaixavam na imagem se tornaram esposas donas de casa "felizes" e ajustadas e nunca descobriram quem realmente eram. Mas dizer que "frustração" pode ser algo bom para uma menina é perder o foco; tal frustração não deveria ser o preço a se pagar em troca da identidade para uma mulher, nem é em si a chave. A mística impediu tanto meninas bonitas quanto feias, que poderiam ter escrito poemas como Edith Sitwell, de descobrirem seus talentos; impediu esposas felizes e infelizes de se encontrarem, como fez Ruth Benedict na antropologia, de sequer descobrirem qual sua área de atuação. E subitamente a última peça do quebra-cabeça se encaixa.

UM NOVO PLANO DE VIDA PARA AS MULHERES

Havia uma coisa sem a qual mesmo a mais frustrada das mulheres dificilmente conseguiria sair da armadilha. E, independentemente de experiências na infância, de sorte no casamento, havia uma coisa que gerava frustração em todas as mulheres dessa época que tentavam se adequar à imagem da dona de casa. Havia uma coisa compartilhada por todas entre as quais entrevistei e que haviam encontrado seu caminho.

A chave para sair da armadilha é, com certeza, educação. A mística feminina transformou o ensino superior para mulheres em algo suspeito, desnecessário e até mesmo perigoso. Mas penso que educação, e somente educação, salvou, e continua a salvar, as estadunidenses dos grandes perigos da mística feminina.

Em 1957, quando fui chamada para aplicar um questionário de ex--alunas em minhas colegas de classe, quinze anos após nossa graduação na Smith, agarrei a oportunidade, pensando que eu poderia desqualificar a crescente crença de que a educação "masculinizava" mulheres, atrapalhava a realização sexual delas, provocava conflitos e frustrações desnecessários. Descobri que os críticos tinham certa razão: educação era algo perigoso e frustrante – mas apenas quando as mulheres não a usavam.

Das duzentas mulheres que responderam ao questionário em 1957, 89% eram esposas donas de casa. Vivenciaram todas as frustrações possíveis que a educação pode causar em esposas donas de casa. Porém, quando indagadas "Quais dificuldades encontrou ao entender seu papel como mulher? [...] Quais são as principais satisfações e frustrações de sua vida hoje? [...] Como foi sua mudança por dentro? [...] O que pensa de envelhecer? [...] O que gostaria de ter feito diferente? [...]", descobriu-se que os verdadeiros problemas delas como mulheres não eram provocados pela educação. Em geral, arrependiam-se de apenas uma coisa: não ter levado a sério a educação, não ter planejado utilizá-la de forma séria.

Entre esses 97% de mulheres que se casaram – em geral, três anos depois da faculdade –, apenas 3% se divorciaram; de 20% das que se interessaram por outro homem desde o casamento, a maioria "não fez nada a respeito". Como mães, 86% planejaram o nascimento das crianças e curtiram a gravidez; 70% amamentaram os bebês até os nove meses. Tiveram mais filhos do que suas mães (média de 2,94), mas apenas 10% delas se sentiram "martirizadas" como mães. Noventa e nove por cento delas relataram que o sexo era apenas "um fator entre muitos" na vida, elas não se sentiam nem plenamente experientes, nem estavam apenas começando a sentir satisfação sexual em ser mulher. Em torno de 85% reportaram que sexo "melhora com o passar dos anos", mas também perceberam que se torna "menos importante do que antes". Elas compartilhavam a vida com o marido "tão completamente quanto alguém possa fazê-lo com outro ser humano", mas 75% admitiram prontamente que não eram capazes de compartilhar tudo.

A maioria delas (60%) não pôde afirmar honestamente, ao relatar que sua principal ocupação era a de dona de casa, que a considerasse "totalmente gratificante". Gastavam apenas em média quatro horas do dia com tarefas do lar e não as "apreciavam". Talvez fosse verdade que a formação educacional delas as tornasse frustradas com o papel de esposas donas de casa. Educadas antes da era da mística feminina, muitas delas encararam um rompimento agudo com sua identidade emergente ao entrar no papel de esposa dona de casa. No entanto, a maioria dessas mulheres continuou a amadurecer dentro da estrutura do lar suburbano – talvez por conta da autonomia, do senso de propósito, do compromisso com valores maiores, os quais a educação lhes proporcionou.

Cerca de 79% delas encontraram uma maneira de ir atrás dos objetivos que a formação educacional lhes fornecera, para a maioria, dentro dos limites físicos da comunidade. A despeito das antigas caricaturas de Helen Hokinson [cartunista do *New Yorker*] a tomada de responsabilidade comunitária era, em geral, um ato de maturidade, um compromisso que usava e renovava a força do *self*. Para essas mulheres, atividade comunitária quase sempre tinha a marca da inovação e da individualidade, em vez de uma marca de conformidade, busca por status ou escape. Elas criavam creches cooperativas nos subúrbios desfalcados; montavam cantinas e bibliotecas para adolescentes nas escolas onde Johnny não lia, porque simplesmente não havia livros. Inovavam com

UM NOVO PLANO DE VIDA PARA AS MULHERES

novos programas educacionais que acabavam integrando o currículo. Uma delas foi pessoalmente essencial na captura de 13 mil assinaturas em uma petição pública para tirar a politicagem do sistema escolar. Uma delas discursou publicamente contra a segregação nas escolas do Sul do país. Uma delas conseguiu que crianças brancas frequentassem uma escola de fato segregada, no Norte. Uma delas conseguiu a aprovação de fundos para clínicas de saúde mental por meio da legislação estadual de um estado do Oeste. Uma delas organizou programas de arte em museus, para crianças em idade escolar em cada uma das três cidades onde morou desde que casara. Outras inauguraram ou lideraram corais, teatros cívicos, grupos de estudo de política internacional, nos subúrbios. Trinta por cento delas eram ativas em partidos políticos locais, desde o nível de comitê até a assembleia estadual. Mais de 90% reportaram ler o jornal por inteiro todos os dias e votar regularmente. Elas evidentemente nunca assistiram à TV durante o dia e parecia que quase nunca jogavam *bridge* ou liam revistas femininas. Dos quinze a trezentos livros que cada uma tinha lido naquele ano, metade não era *best-seller*.

Chegando aos 40 anos de idade, a maioria dessas mulheres pôde relatar abertamente que o cabelo estava ficando grisalho e "a pele parece sem viço e cansada", e ainda dizer, sem muito arrependimento por uma juventude perdida, "tenho uma sensação crescente de autorrealização, serenidade interna e força". "Eu me tornei mais meu eu verdadeiro."

"Como você visualiza sua vida depois de os filhos crescerem?", foram questionadas. A maioria (60%) tinha planos concretos para trabalhar e estudar. Planejavam enfim terminar os estudos, pois muitas que não tiveram ambições de carreira na faculdade, tinham agora. Algumas poucas tinham chegado "às profundezas da amargura", "à beira da desilusão e do desespero", tentando viver apenas como esposas donas de casa. Algumas confessaram ansiosamente que "cuidar da casa e criar quatro filhos não usa de fato minha formação educacional ou habilidade que um dia eu parecia ter. Se ao menos fosse possível combinar maternidade e carreira". E as mais amarguradas foram as que disseram: "Nunca descobri que tipo de pessoa eu sou. Desperdicei a faculdade tentando

A MÍSTICA FEMININA

me encontrar na vida social. Espero, agora que estou envolvida com algo profundo o suficiente, ter uma vida própria e criativa." Mas a maioria sabia, agora, quem era e o que queria fazer; e 80% se arrependeram de não ter planejado, seriamente, usar a formação educacional em trabalho profissional. Apreciação passiva e mesmo participação ativa nas questões da comunidade não seriam mais suficientes quando os filhos crescessem. Muitas mulheres reportaram planos de lecionar; felizmente, para elas, a grande necessidade por professores deu-lhes chance de voltar ao jogo. Outras antecipavam anos de mais estudo para se qualificarem na área de escolha.

Essas duzentas ex-alunas da Smith têm correspondentes por todo o país: mulheres inteligentes e habilidosas, lutando para escapar da armadilha das tarefas domésticas, ou que nunca sequer ficaram presas nela por conta da formação educacional. Mas essas mulheres formadas em 1942 estavam entre as últimas estadunidenses a serem instruídas antes da mística feminina.

Em outro questionário, respondido por quase dez mil mulheres formadas pela Mount Holyoke, aplicado em 1962 – aniversário de 125 anos da universidade –, percebe-se o efeito da mística feminina em mulheres com formação educacional nas duas últimas décadas. As ex-alunas da Mount Holyoke apresentaram semelhante taxa de casamento alta e de divórcio baixa (2%, global). Mas antes de 1942, a maioria se casava aos 25 anos de idade ou depois; após 1942, a idade com a qual contraíam matrimônio caiu drasticamente, e a porcentagem de quatro filhos ou mais apresentou aumento significativo. Antes de 1942, dois terços ou mais das formadas continuavam os estudos; a proporção foi caindo progressivamente. Poucas, nas turmas mais recentes, obtiveram diplomas em artes, ciências, direito, medicina e educação, comparadas aos 40% em 1937. Um número drasticamente em recuo também parece compartilhar as perspectivas de compromisso nacional ou internacional; a participação em grupos políticos locais caiu para 12% na turma de 1952. A partir de 1942, poucas graduadas possuíam afiliação profissional. Metade das ex-alunas de Mount Holyoke já tinham trabalhado, mas não trabalhavam

UM NOVO PLANO DE VIDA PARA AS MULHERES

mais, primordialmente por terem escolhido o "papel de esposa dona de casa". Algumas haviam retornado ao trabalho – tanto para complementar a renda quanto porque gostavam de trabalhar. Mas, nas turmas de 1942 em diante, nas quais a maioria das mulheres era agora esposa dona de casa, quase metade não intencionava voltar a trabalhar.

A queda no compromisso com o mundo exterior ao lar a partir de 1942 é um indício claro do efeito da mística feminina sobre as mulheres com formação educacional. Tendo visto o vazio desesperado, a sensação de "prisão" que muitas jovens educadas sob a mística para ser "apenas esposa dona de casa", percebi a importância da experiência de minhas colegas de turma. Por conta da formação educacional delas, muitas eram capazes de combinar compromissos pessoais sérios com casamento e família. Conseguiam participar de atividades comunitárias que exigiam inteligência e responsabilidade, e seguir adiante, com alguns poucos anos de preparo para a carreira de assistente social ou de professora. Elas conseguiam arranjar emprego como professora substituta ou assistente social de meio período para financiar os cursos necessários para sua certificação. Com frequência, elas haviam crescido a tal ponto que não queriam mais retornar ao campo no qual tinham trabalhado depois da faculdade e conseguiam até mesmo entrar em um campo novo, com o âmago de autonomia que a educação tinha lhes proporcionado.

Mas e as jovens de hoje que nunca experimentaram o ensino superior, que abandonaram a faculdade para casar ou passaram o tempo em sala de aula à espera do "homem certo"? O que serão delas aos 40? Esposas donas de casa em todos os subúrbios e cidades estão em busca de mais formação educacional hoje, como se um curso, qualquer um, fosse lhes dar a identidade que estão tentando alcançar. Mas os cursos que frequentam, e os cursos que estão disponíveis para elas, raramente são voltados para uso concreto na sociedade. Ainda mais do que a formação educacional da qual ela evadiu aos 18 anos, absorta na fantasia sexual, a educação disponível para uma mulher aos 40 está permeada, contaminada, diluída pela mística feminina.

A MÍSTICA FEMININA

Cursos de golfe, *bridge*, tapeçaria, culinária *gourmet*, costura são, suponho, voltados para o uso real pelas mulheres que permanecem na armadilha da dona de casa. Os ditos cursos intelectuais oferecidos nos centros educacionais para adultos – apreciação de arte, cerâmica, escrita criativa, conversação em francês, leitura de clássicos, astronomia na era espacial – possuem a única intenção de "enriquecimento pessoal". O estudo, o esforço, mesmo as tarefas, que um compromisso de longo prazo exige, não são esperados da esposa dona de casa.

Na verdade, muitas mulheres que frequentam esses cursos necessitam desesperadamente de uma formação educacional séria; mas se elas nunca a experimentaram, não sabem como nem onde procurá-la, nem mesmo entendem que muitos cursos são insatisfatórios simplesmente porque não são sérios. A dimensão de realidade, essencial até para o "enriquecimento pessoal", é vedada, quase que por definição, em um curso idealizado especificamente para "esposas donas de casa". Isso é verdadeiro, mesmo quando a instituição oferecendo o curso tem padrões mais elevados. Recentemente, a Radcliffe anunciou o "Instituto para Esposas de Executivos" (a ser seguido, presume-se, pelo "Instituto para Esposas de Cientistas" ou "Instituto para Esposas de Artistas" ou o "Instituto para Esposas de Professores Universitários"). A esposa de um executivo ou de um cientista, aos 35 ou 40, cujos filhos estão todos na escola, não vai receber muita ajuda na busca pela identidade de que necessita aprendendo a compartilhar de forma mais detalhada e vicária o mundo do marido. Ela precisa é de treinamento para um trabalho criativo próprio.

Entre as mulheres que entrevistei, educação é a chave para o problema que não tem nome apenas quando fazia parte de um novo plano de vida e era voltada para um uso sério na sociedade – seja amador ou profissional. Elas foram capazes de encontrar tal educação apenas em cursos regulares em faculdades e universidades. Apesar do pensamento ilusório engendrado pela mística feminina nas meninas e nos seus educadores, uma educação abandonada aos 18 ou aos 21 é insuperavelmente mais difícil de obter aos 31 ou 38 ou 41 por uma mulher casada e com três ou quatro filhos em casa. Ela enfrenta, na faculdade ou na universidade, os

456

UM NOVO PLANO DE VIDA PARA AS MULHERES

preconceitos criados pela mística feminina. Não importa quão breve fora sua ausência do campo de provas acadêmico, ela precisará demonstrar repetidamente sua seriedade no propósito, para ser readmitida. Então, precisará competir com as hordas abundantes de crianças que ela e outras como ela produziram em excesso ao longo desta era. Não é fácil para uma mulher madura aguentar matérias voltadas para adolescentes, ser tratada como uma adolescente outra vez, ter que provar que merece ser levada tão a sério quanto um adolescente. Uma mulher precisa exercer grande engenhosidade, suportar muitas rejeições e decepções, para encontrar uma educação que sirva às suas necessidades e também se adapte aos seus outros compromissos como esposa e mãe.

Uma mulher que entrevistei, que nunca havia ido à faculdade, decidiu, depois da psicoterapia, fazer duas matérias por ano em uma universidade próxima, que, por sorte, oferecia cursos noturnos. No começo, ela não fazia ideia de onde isso iria parar, mas depois de dois anos, decidiu-se pela graduação em história e formação para lecionar no ensino médio. Tinha boas notas, embora se impacientasse com frequência com o ritmo lento e o excesso de atividades. Mas, pelo menos, estudar com algum propósito fazia com que se sentisse melhor do que quando costumava ler contos de suspense ou revistas no parquinho. Acima de tudo, isso a conduzia a algo real para o futuro. Porém, na velocidade de duas matérias por ano (que à época custavam 420 dólares, duas noites por semana), demoraria dez anos para conseguir o bacharelado. No segundo ano, o dinheiro rareou, e ela cursou apenas uma matéria. Ela não poderia pedir empréstimo estudantil, a não ser que cursasse em tempo integral, algo impossível até que o filho mais novo começasse o primeiro ano da escola. Apesar de tudo isso, ela ficou firme por quatro anos – notando que cada vez mais outras esposas donas de casa de sua turma desistiam por conta de dinheiro ou porque "a coisa toda vai levar muito tempo".

Então, com o mais novo no primeiro ano, ela se tornou estudante em tempo integral em um curso regular da faculdade, no qual o ritmo era ainda mais lento porque os alunos eram "menos sérios". Ela não suportava a ideia de todos os anos que faltavam para obter o mestrado

A MÍSTICA FEMININA

(necessário para lecionar história no ensino médio daquele estado), então mudou para graduação em educação. Ela certamente não teria continuado essa educação tortuosa e cara se, a essa altura, não tivesse um plano de vida claro no qual aplicá-la, um plano que necessitava disso. Comprometida em lecionar no ensino fundamental, conseguiu um empréstimo parcial do governo para a mensalidade (que ultrapassava mil dólares por ano) e dali a dois anos terminaria.

Mesmo enfrentando esses obstáculos enormes, mais e mais mulheres, sem praticamente nenhuma ajuda da sociedade e com apoio tardio e relutante dos próprios educadores, estão voltando à escola para receber a formação educacional necessária. A determinação delas revela a força humana subestimada das mulheres e a necessidade urgente delas de usá-la. Porém, apenas as mais fortes, após quase vinte anos de mística feminina, conseguem seguir em frente por conta própria. Pois isso, a questão não é apenas um problema pessoal de cada mulher como indivíduo. Há implicações da mística feminina que devem ser tratadas em escala nacional.

O problema que não tem nome – que se trata simplesmente do fato de as estadunidenses serem impedidas de amadurecer até atingir suas capacidades humanas totais – está provocando mais danos na saúde física e mental do nosso país do que qualquer outra doença conhecida. Considere a incidência alta de colapsos emocionais nas mulheres com "crise de identidade" na casa dos 20 e dos 30 anos de idade; o alcoolismo e os suicídios aos 40 e aos 50 anos; a monopolização dos horários de consultórios médicos pelas esposas donas de casa. Considere a prevalência de casamentos adolescentes, a crescente taxa de gravidez ilegítima e, ainda mais sério, a patologia da simbiose mãe-filho. Considere a passividade alarmante dos adolescentes estadunidenses. Se continuarmos a produzir milhões de mães jovens que param de amadurecer e interrompem sua formação educacional antes de construírem uma identidade, sem um núcleo forte de valores humanos para legar aos filhos, estamos simplesmente cometendo genocídio, começando pela cova coletiva das estadunidenses e terminando com a desumanização progressiva de seus filhos e filhas.

458

UM NOVO PLANO DE VIDA PARA AS MULHERES

Esses problemas não serão resolvidos pela medicina, nem mesmo pela psicoterapia. Precisamos de uma remodelação drástica da imagem cultural de feminilidade que permita às mulheres amadurecer, obter uma identidade, tornar-se completa, sem conflito com a realização sexual. Um esforço massivo precisa ser feito por educadores e pais – e pastores, editores de revistas, manipuladores, orientadores – a fim de parar o movimento de casamento precoce, impedir as meninas de crescer querendo se tornar "apenas esposa dona de casa", parar por meio de insistência, com a mesma atenção a partir da infância que pais e educadores dão aos meninos, para que as meninas desenvolvam os recursos da individualidade, os objetivos que as permitam encontrar a própria identidade.

Obviamente, não é fácil para um educador, tanto quanto não é para uma menina ou mulher, dizer "não" à mística feminina. Mesmo os educadores mais modernos, seriamente preocupados com a necessidade desesperada das esposas donas de casa com uma vida de restos nas mãos, hesitam em ir contra a corrente do casamento precoce. Eles já foram intimidados pelos oráculos da psicanálise popular e ainda estremecem de culpa ao pensar em interferir na realização sexual de uma mulher. O argumento defensivo oferecido pelos oráculos que estão, em alguns casos, nos próprios campi universitários, é que como a rota principal para a identidade da mulher é casamento e maternidade, interesses e compromissos educacionais sérios devem ser adiados até depois dos anos férteis, pois podem provocar conflitos no papel de esposa e mãe. Tal aviso foi feito em 1962 por um psiquiatra consultor na Universidade de Yale – que estava considerando receber mulheres como estudantes de graduação nos mesmos cursos que os homens.

> Muitas mulheres jovens – quiçá a maioria – parecem incapazes de lidar com interesses intelectuais futuros e de longo prazo antes de terem passado pelas fases básicas de crescimento saudável como mulher [...]. Para ser bem-feito, o trabalho da mulher de criar os filhos e moldar a vida da família deveria empregar todos os recursos, emocionais e intelectuais da mulher, e todas as suas

A MÍSTICA FEMININA

habilidades. Quanto melhor sua instrução, mais chances ela tem de realizar seu trabalho satisfatoriamente, contanto que impedimentos emocionais não bloqueiem seu caminho; isto é, contanto que ela tenha uma boa base estabelecida para o desenvolvimento de sua feminilidade adulta e que, ao longo de sua educação superior, ela não se sujeite às pressões que afetam adversariamente esse desenvolvimento [...]. Apelar aos objetivos conflituosos, ressaltar que uma carreira e uma profissão no mundo masculino deve ser sua primeira consideração no plano de vida pode afetar adversariamente o desenvolvimento completo de sua identidade [...]. De todas as liberdades sociais conquistadas pelas avós dela, ela valoriza em primeiro lugar a liberdade para ser uma mulher saudável e realizada e quer se libertar da culpa e do conflito quanto a isso [...]. Isso significa que embora empregos sejam frequentemente possíveis na estrutura do casamento, "carreiras" raramente são [...].[5]

O fato permanece que a garota que desperdiça – pois é o que faz – seus anos universitários sem adquirir interesses sérios, e desperdiça seus primeiros empregos à espera de um homem, joga com a possibilidade de uma identidade própria, bem como com a possibilidade de realização sexual e maternidade inteiramente afirmada. Os educadores que encorajam a mulher a adiar interesses maiores até os filhos terem crescido tornam praticamente impossível para ela jamais adquiri-los. Não é tão fácil para uma mulher que se definiu totalmente como esposa e mãe por dez, quinze ou vinte anos encontrar uma nova identidade aos 35, 40 ou 50 anos de idade. As que são capazes de fazê-lo são, a bem da verdade, aquelas que se comprometeram seriamente com sua primeira formação educacional, aquelas que quiseram e tiveram carreira, aquelas que levam ao casamento e à maternidade um senso de identidade própria – não aquelas que esperavam de alguma forma adquiri-la depois. Um estudo recente com cinquenta ex-alunas universitárias em um subúrbio e em uma cidade do Leste, no ano em que o filho mais velho saiu de casa,

UM NOVO PLANO DE VIDA PARA AS MULHERES

mostrou que, com raras exceções, as únicas com interesse em vista – no trabalho, nas atividades sociais ou nas artes – adquiriram-no na universidade. Aquelas sem tais interesses não os adquiriam agora; dormiam até tarde, nos "ninhos vazios", e apenas aguardavam a morte.[6]

Educadores em cada faculdade para mulheres, em cada universidade, em cada curso superior devem assegurar que todas as estudantes façam um compromisso vitalício (chame-o de "plano de vida", "vocação", "propósito de vida", se o palavrão *carreira* tiver muitas conotações celibatárias) com uma área do pensamento, com um trabalho de importância séria para a sociedade. Devem esperar da garota, assim como do rapaz, que leve algum campo de estudo a sério o suficiente para acompanhá-lo a vida toda. Isso não significa abandonar a educação liberal para mulheres em favor de cursos vocacionais técnicos. A educação liberal, conforme é lecionada nas melhores faculdades e universidades, não somente treina a mente, mas providencia um núcleo indelével de valores humanos. Mas a educação liberal deve ser planejada para uso sério, não mero diletantismo ou apreciação passiva. Da mesma forma que os rapazes de Harvard, Yale, Columbia, Chicago fazem o ciclo básico para seguir adiante no estudo de arquitetura, medicina, direito, ciências, as moças devem ser encorajadas a seguir adiante, a fazer um plano de vida. Foi comprovado que meninas com esse tipo de compromisso são menos impulsivas em relação a um casamento precoce, menos ansiosas para achar um marido, mais responsáveis pelo seu comportamento sexual.[7] A maioria se casa, obviamente, mas de forma bem mais madura. O casamento não é uma fuga, mas um compromisso compartilhado por duas pessoas que se torna parte do compromisso delas com elas mesmas e com a sociedade. Se, de fato, as meninas forem educadas para fazerem tais compromissos, a questão do sexo e da data do casamento vai perder sua importância avassaladora.[8] É o fato de as mulheres não possuírem identidade própria o que dá ao sexo, amor, casamento e às crianças a aparência de situações únicas e essenciais na vida das mulheres.

Diante da mística feminina, com seus poderosos entraves escondidos, os educadores precisam entender que não conseguirão inspirar as jovens

A MÍSTICA FEMININA

a se comprometer seriamente com a educação sem tomar medidas extraordinárias. As poucas com as quais se fizeram tentativas até hoje mal começaram sequer a entender o problema. O novo Instituto para Estudo Independente, de Mary Bunting, na Radcliffe, é bom para mulheres que já sabem o que querem fazer, que levaram os estudos até o doutorado ou já estão atuando na área, e assim somente precisam de um respiro da maternidade para retomar as rédeas. O mais importante: a presença dessas mulheres no campus, mulheres que têm bebês e marido e ainda são profundamente comprometidas com o trabalho, sem dúvida ajudará a dissipar a imagem da mulher celibatária com carreira e arrancar algumas dessas estudantes da Radcliffe do "ambiente sem expectativas" que lhes permite se juntar à excelência da educação do mais alto padrão de educação nacional, para depois usá-la apenas no casamento e na maternidade. É isso o que Mary Bunting tinha em mente. E pode ser feito em outros lugares, de maneiras ainda mais simples.

Seria proveitoso para todas as faculdades e universidades que queiram encorajar mulheres a levar a educação a sério recrutarem em seu corpo docente todas as mulheres disponíveis que conciliaram casamento e maternidade com a vida intelectual – mesmo que isso signifique concessões para gravidez ou quebrar a velha regra a respeito de contratar a esposa de um professor associado que tenha seu próprio e respeitável mestrado ou doutorado. E quanto às acadêmicas solteiras, estas não devem mais ser tratadas como leprosas. A verdade é que elas levaram sua existência muito a sério e realizaram seu potencial humano. Elas podem até ser, e com frequência são, invejadas pelas mulheres que vivem a própria imagem da união opulenta, mas perderam a si mesmas. Mulheres, bem como homens, ancoradas no trabalho estão ancoradas na vida.

É essencial, acima de tudo, para os próprios educadores dizerem "não" à mística feminina e encararem o fato de que o único ponto em educar mulheres é educá-las até o limite de sua capacidade. Mulheres não precisam de cursos sobre "casamento e família" para casar e ter uma família; não precisam de cursos sobre tarefas domésticas para cuidar do lar. Mas elas precisam estudar ciência para fazer descobertas científicas;

UM NOVO PLANO DE VIDA PARA AS MULHERES

estudar o pensamento do passado para criar novos pensamentos; estudar a sociedade para desbravar a sociedade. Educadores precisam abandonar as concessões de "uma coisa por vez". As camadas separadas de "educação", "sexo", "casamento", "maternidade", "interesses para o último terço da vida" não resolverão a crise de função. As mulheres precisam ser instruídas para uma nova integração de papéis. Quanto mais forem incentivadas a fazer um novo plano de vida – integrando um compromisso social sério e vitalício com casamento e maternidade – menos conflitos e frustrações desnecessárias terão como esposa e mãe, e suas filhas farão menos escolhas erradas por escassez de uma imagem completa da identidade da mulher.

Isso ficou visível para mim ao investigar a pressa das universitárias em se casar. Dentre as poucas que não estavam nessa aflição desesperada para "conseguir um homem" e que se comprometiam com interesses sérios de longo prazo – evidentemente sem preocupar-se com perder sua "feminilidade" –, quase todas tinham mãe, ou outra imagem particular de mulher, que estava comprometida com algum compromisso sério. ("Minha mãe é professora." "A mãe da minha melhor amiga é médica; ela sempre estava tão ocupada e feliz.")

A educação em si pode ajudar a prover essa nova imagem – e a faísca nas meninas para criarem sua própria – assim que parar de fazer concessões e contemporizar com a velha imagem do "papel da mulher". Para mulheres, bem como para homens, a educação é, e deve ser, a matriz da evolução humana. Se hoje as estadunidenses estão enfim escapando da armadilha da esposa dona de casa em busca de uma identidade nova, isso acontece simplesmente porque tantas mulheres provaram do ensino superior – incompleto, desfocado, mas ainda poderoso o suficiente para impulsioná-las.

Pois a última e mais importante batalha *pode* ser lutada na mente e no espírito da mulher por ela mesma. Mesmo sem uma imagem particular, muitas meninas do país que foram educadas simplesmente como pessoas receberam um senso forte suficiente de sua possibilidade humana para levá-las além da velha feminilidade, além da busca por segurança no amor de um homem, até encontrar uma nova identidade. Uma aluna da pós-graduação da Swarthmore, começando um estágio, contou-me que, no começo, conforme foi ficando cada vez mais "independente" na faculdade, ela se preocupava muito com namoros e casamento, e queria "agarrar um garoto". "Eu tentei me forçar a ser feminina. Então me interessei pelo que estava fazendo e parei de me preocupar", ela disse.

> É como se você passasse por um tipo de mudança. Começa a perceber sua competência para fazer coisas. Como um bebê aprendendo a andar. Sua mente começa a se expandir. Você encontra sua área. E isso é maravilhoso. O amor pelo trabalho e o sentimento de que há algo ali, no qual pode confiar. Vale a pena a infelicidade. Dizem que um homem precisa sofrer para amadurecer, talvez algo assim precise acontecer com as mulheres também. Você começa a não temer ser você mesma.

Passos drásticos devem ser tomados para reeducar as mulheres que foram iludidas ou traídas pela mística feminina. Muitas das mulheres que entrevistei e que se sentiam "presas" como donas de casa começaram, nos últimos anos, a sair da armadilha. Mas há tantas outras afundando outra vez, porque não descobriram o que queriam fazer a tempo ou não encontraram uma maneira de fazê-lo. Em quase todos os casos, demoraria muito, custaria muito, utilizar as estruturas educacionais existentes. Poucas donas de casa podem estudar em tempo integral. Mesmo quando as faculdades as aceitam em meio período – e muitas não aceitam –, poucas mulheres suportam o ritmo lento de uma graduação normal, que se arrasta por dez anos ou mais. Algumas instituições estão dispostas a apostar em donas de casa, mas continuarão animadas quando a torrente de filhos chegarem à idade universitária? Os programas-pilotos iniciados na Sarah Lawrence e na Universidade do Minnesota começam a mostrar o caminho, mas não enfrentam o problema tempo-dinheiro, que, para muitas mulheres, é insuperável.

UM NOVO PLANO DE VIDA PARA AS MULHERES

Agora se faz necessário um programa nacional de educação, semelhante à *GI bill*,* para mulheres que desejam continuar ou retomar seus estudos com seriedade – e dispostas a se comprometer com a aplicação dessa instrução em uma profissão. A medida providenciaria, às mulheres propriamente qualificadas, as mensalidades, além de subsídio financeiro adicional para custear outros gastos – livros, transporte e, se necessário, até mesmo ajuda doméstica. Tal medida custaria muito menos do que a *GI bill*. Permitiria às mães usar a estrutura educacional existente por meio período e seguir com estudo individual e projetos de pesquisa em casa, durante os anos em que o comparecimento às salas de aula convencionais fosse impossibilitado. O conceito como um todo de educação para mulheres seria transformado de um curso universitário de quatro anos para um plano de vida a partir do qual a mulher poderia continuar sua educação, sem colidir com casamento, marido e filhos.

Os veteranos, amadurecidos pela guerra, necessitavam de educação para encontrar sua identidade na sociedade. Sem intenção de perder tempo, surpreenderam professores e eles mesmos com sua performance acadêmica. Pode-se contar com desempenho semelhante de mulheres que amadureceram durante a moratória do lar. A necessidade desesperada delas por educação e a necessidade desesperada desta nação pela reserva intocada de inteligência feminina em todas as profissões justificam essas medidas urgentes.[9]

Para aquelas mulheres que não foram à faculdade, ou a abandonaram cedo demais, para aquelas que não se interessam mais pela antiga área de estudos, ou que nunca levaram a educação a sério, eu sugeriria primeiramente uma reimersão intensiva e concentrada em, simplesmente, humanidades – não resumos ou textos selecionados como é feito nos primeiros anos da faculdade, mas um estudo intensivo, como os experimentos educacionais da Companhia Telefônica Bell ou da Fundação Ford

---

* Lei do soldado, em tradução literal. Promulgada em 1944, por Roosevelt, a medida buscava aumentar a formação educacional dos soldados que haviam combatido na Segunda Guerra Mundial, com diversos benefícios e facilidades, inclusive subsídios financeiros. (*N. T.*)

A MÍSTICA FEMININA

para jovens executivos tão conformados ao papel de homem corporativo que não tinham capacidade de iniciativa e visão necessárias em cargos executivos de alto escalão. Para mulheres, isso poderia ser feito com um programa nacional, na linha do movimento dinamarquês de colegial popular,* que primeiramente levaria a esposa dona de casa de volta aos clássicos do pensamento com um curso de verão concentrado em seis semanas, uma espécie de "terapia de choque" intelectual. Ela receberia subsídios, assim poderia deixar sua casa e ir para uma residência universitária, que durante o verão é somente usada para isso. Ou poderia ir a um centro metropolitano, também de forma intensiva, cinco dias por semana, por seis a oito semanas, durante o verão, com acampamento diurno para as crianças.

Suponha que esse tratamento de choque educacional desperte mulheres capazes de propósitos que exigem o equivalente a um programa universitário de quatro anos, para dar continuidade a um treinamento profissional mais extenso. Esse programa universitário poderia ser finalizado em quatro anos ou menos, sem presença integral na sala de aula, por meio de uma combinação dessas instituições de verão, além de leitura recomendada, artigos e projetos que poderiam ser feitos durante o inverno, em casa. Cursos de extensão, televisivos ou em faculdades comunitárias locais e universidades, poderiam ser combinados a conferências de tutoria semestrais ou mensais. Os cursos valeriam crédito, e as titulações costumeiras poderiam ser obtidas. Algum sistema de "equivalência" teria de ser definido, não para dar a uma mulher crédito pelo trabalho que não atinge os requisitos, mas para lhe dar crédito pelo trabalho realmente sério, mesmo se for feito aos poucos, em lugares e de maneiras que violem os padrões acadêmicos convencionais.

Muitas universidades automaticamente barram esposas donas de casa ao não permitirem alunos de meio período, tanto na graduação quanto na pós-graduação. Talvez elas estejam traumatizadas com diletantes.

---

* Instituições para ensino adulto, voltadas para conclusão do ensino médio ou continuidade dos estudos, sem graduação acadêmica. (*N. T.*)

UM NOVO PLANO DE VIDA PARA AS MULHERES

Mas uma graduação ou pós-graduação de meio período, voltada para um plano sério, é o único tipo de formação educacional que pode evitar que uma dona de casa se torne diletante; é a única maneira de uma mulher com marido e crianças começar ou continuar os estudos. E também poderia ser o arranjo mais prático do ponto de vista da instituição. Com a estrutura já sobrecarregada pelas pressões populacionais, tanto universidades quanto mulheres se beneficiariam de um programa de estudo que não exija presença regular em sala de aula. Enquanto faz muito sentido para a Universidade do Minnesota colocar em funcionamento seu excelente Plano para Educação Contínua de Mulheres[10] em termos de estrutura comum da universidade, tal projeto não ajudará a mulher que precisa recomeçar seus estudos a descobrir o que quer fazer. Mas as estruturas já existentes, em qualquer instituição, podem ser usadas para atender às necessidades a partir do momento em que a mulher inicia seu plano de vida.

Faculdades e universidades também precisam de um novo plano de vida: tornar-se instituição vitalícia para seus alunos; oferecer-lhes orientação, cuidar de seus registros e acompanhar seus estudos avançados e cursos de reciclagem, não importa onde sejam feitos. Quão maiores seriam a aliança e o apoio financeiro de suas ex-alunas se, em vez de chás da tarde para angariar fundos e uma reunião sentimental todo ano, uma mulher pudesse procurar sua faculdade em busca de educação continuada e orientação. As ex-alunas da Barnard podem, e aproveitam a oportunidade, voltar e cursar matérias gratuitas quando quiserem, se preencherem os requisitos. Todas as faculdades poderiam criar institutos de verão para manter ex-alunas a par dos progressos nas respectivas áreas ao longo dos anos de maternidade. Poderiam aceitar estudantes de meio período e oferecer cursos de extensão para a esposa dona de casa que não consegue frequentar o curso regular. Poderiam orientá-las em programas de leitura, artigos e projetos a serem feitos em casa. Também poderiam propor um sistema no qual projetos feitos pelas ex-alunas nas áreas de educação, saúde mental, sociologia, ciências políticas em sua comunidade contem como créditos para um diploma. Em lugar de coletar centavos, poderiam

A MÍSTICA FEMININA

permitir que mulheres voluntárias participem de estágios profissionais supervisionados e acumulem créditos que sejam reconhecidos, em vez de pagarem por médicos plantonistas. De forma semelhante, quando uma mulher frequentou cursos em várias instituições diferentes, talvez por conta do itinerário geográfico do marido, e recebeu créditos comunitários em agências, hospitais, bibliotecas e laboratórios, sua faculdade de origem, ou algum centro nacional organizado por várias faculdades, poderia lhe oferecer os exames apropriados, orais e dissertativos, para obter um diploma. O conceito de "educação continuada" já é uma realidade para homens de muitas áreas. Por que não para mulheres? Não educação para carreiras em vez de para maternidade, não educação para carreiras temporárias antes da maternidade, não educação para fazer delas "esposas e mães melhores", mas uma formação educacional que usarão como membros plenos da sociedade.

"Mas quantas estadunidenses querem fazer algo mais da vida?", o cínico pergunta. Uma quantidade fantástica de donas de casa de Nova Jersey respondeu a uma oferta de reciclagem intensiva em matemática para ex-universitárias dispostas a se comprometer com o ensino de matemática. Em janeiro de 1962, uma simples notícia no *New York Times* anunciava que Esther Raushenbush, da Sarah Lawrence, havia conseguido um financiamento para ajudar mulheres mais velhas a terminar os estudos ou fazer uma pós-graduação com carga horária de meio período que poderia ser adequada às suas obrigações de mãe. A reação deixou a pequena central telefônica da Sarah Lawrence literalmente fora de serviço. Em 24 horas, a sra. Raushenbush recebeu mais de cem ligações. "Parecia uma promoção relâmpago", contou a operadora. "Como se elas precisassem entrar correndo ou perderiam a chance." Entrevistando as mulheres que se matricularam no programa, a sra. Raushenbush, como Virginia Senders de Minnesota, estava convencida da importância dessa necessidade. Não estavam "rejeitando de forma neurótica" o marido e as crianças; não precisavam de psicoterapia, mas precisavam de mais educação – e rápido – e de uma maneira pela qual pudessem obtê-la sem negligenciar marido e família.

UM NOVO PLANO DE VIDA PARA AS MULHERES

Educação e reeducação das mulheres estadunidenses para um propósito sério não podem ser realizadas apenas por uma ou duas instituições perspicazes; devem ser efetuadas em uma escala muito maior. E não auxilia nesse intuito quem repete, por conveniência ou diplomacia, os clichês da mística feminina. É muito errado dizer, como alguns importantes educadores de mulheres dizem hoje em dia, que mulheres obviamente devem usar sua instrução, mas não, Deus os livre, em carreiras que as coloquem em competição com os homens.[11] Quando as mulheres levam a formação educacional e sua capacidade a sério e as colocam em prática, acabam tendo que competir com os homens. É melhor para uma mulher competir impessoalmente na sociedade, como os homens fazem, do que competir pela dominância dentro do próprio lar com o marido, competir com vizinhas por status vazio ou sufocar o filho a ponto de ele simplesmente não conseguir competir. Pense nesta recente notícia sobre terapia ocupacional para a necessidade feminina reprimida por competição:

> É um dia de semana típico em Dallas. Papai no trabalho. Bebê está dando o cochilo matinal. No cômodo ao lado, Irmão (três anos) está cavalgando um cavalinho de balanço novo e Irmã (cinco) está assistindo a desenho na TV. E Mamãe? Mamãe está poucos passos distante, agachada na linha de falta da Pista 53, o quadril virado à esquerda para assim poder direcionar a bola azul e branca marmorizada no *pocket* de *strike* entre os pinos 1 e 3. Mamãe está jogando boliche. Seja em Dallas, Cleveland, Albuquerque ou Spokane, esposas donas de casa cheias de energia largaram o pano de chão e o aspirador e carregaram as crianças para as pistas novas, nas quais enfermeiras em tempo integral estão a postos para cuidar delas em berçários totalmente equipados.
>
> O gerente do Bowl-a-Drome, em Albuquerque disse: "Onde mais uma mulher pode competir depois de casada? Elas precisam de competição tanto quanto os homens [...]. É bem melhor do que ir para casa lavar a louça!"[12]

A MÍSTICA FEMININA

Talvez seja desnecessário comentar que boliches e supermercados possuem berçário, enquanto escolas e faculdades e laboratórios e repartições públicas, não. Mas é muito necessário dizer que, se uma mulher estadunidense habilidosa não utilizar sua energia e sua habilidade humanas em algum propósito significativo (o que necessariamente significa competição, pois há competição em todo propósito sério de nossa sociedade), ela irá desperdiçar sua energia em sintomas neuróticos, exercício improdutivo e "amor" destrutivo.

Também é hora de parar de defender a ideia de que não há mais batalhas a serem lutadas pelas mulheres nos Estados Unidos, de que os direitos das mulheres já foram conquistados. É ridículo dizer às meninas que sejam discretas quando entram em uma nova área, ou uma antiga, para que os homens não as notem ali. Em quase todo campo de atuação profissional, nos negócios, nas artes e nas ciências, as mulheres ainda são tratadas como cidadãs de segunda classe. Seria de muita utilidade dizer às meninas que planejam trabalhar na sociedade que se preparem para essa discriminação sutil e desconfortável: dizer a elas que não sejam discretas e que não fiquem esperando que isso um dia acabe, mas que lutem contra isso. Uma menina não deve esperar privilégios especiais por conta de seu sexo, mas também não precisa se "adaptar" ao preconceito e à discriminação.

Ela precisa aprender a competir, não como mulher, mas como ser humano. Apenas no momento em que um grande número de mulheres saia das margens para a corrente é que a sociedade fornecerá os arranjos necessários para o novo plano de vida delas. Mas cada menina que aguenta firme até o fim da faculdade de direito ou de medicina, que termina o mestrado ou o doutorado e o utiliza, ajuda outras a seguirem em frente. Cada mulher que enfrenta as barreiras remanescentes para igualdade total, mascaradas pela mística feminina, facilita para a próxima mulher. A própria existência da Comissão Presidencial sobre a Situação da Mulher, sob a liderança de Eleanor Roosevelt, gera um ambiente no qual é possível reconhecer e fazer algo a respeito da discriminação contra mulheres, não somente sobre a questão salarial mas sobre as barreiras sutis

UM NOVO PLANO DE VIDA PARA AS MULHERES

de oportunidade. Mesmo na política, as mulheres devem contribuir não como "esposas donas de casa", mas como cidadãs. Talvez seja um passo na direção certa quando uma mulher protesta contra testes nucleares sob a bandeira de "Mulheres em greve pela paz". No entanto, por que a ilustradora profissional que lidera o movimento diz ser "apenas esposa dona de casa" e suas seguidoras insistem que, assim que os testes pararem, elas ficarão felizes em casa com as crianças? Mesmo nos bastiões urbanos das grandes máquinas político-partidárias, as mulheres podem transformar as regras tácitas insidiosas que as permitem fazer o trabalho doméstico político enquanto os homens tomam as decisões – e elas já começaram a fazer isso.[13]

Quando uma quantidade suficiente de mulheres faz planos voltados para suas verdadeiras habilidades, e exigem licença-maternidade ou mesmo anos sabáticos de maternidade, berçários comandados por profissionais e outras mudanças necessárias nas regras, elas não precisarão sacrificar o direito de competição honrada e contribuição tanto quanto não precisarão sacrificar casamento e maternidade. É errado ficar divulgando escolhas desnecessárias que levam as mulheres a, inconscientemente, resistir seja ao compromisso, seja à maternidade[14] – e que atrapalham o reconhecimento das mudanças sociais necessárias. Não é questão de mulheres terem tudo de mão beijada. Uma mulher é prejudicada pelo seu sexo, e prejudica a sociedade, seja copiando servilmente o padrão do avanço masculino nas profissões, seja recusando-se a competir com os homens. Mas com a visão de fazer um novo plano de vida próprio, ela poderá cumprir com seu compromisso profissional e político, e matrimonial e maternal, com a mesma seriedade.

Mulheres que fizeram isso, apesar dos avisos sinistros da mística feminina, são, em certo sentido, "mutações", a imagem do que a estadunidense pode ser. Quando não quiseram ou não puderam trabalhar em tempo integral para se sustentar, elas trabalharam em meio período com algo que realmente as interessava. Porque tempo era uma questão essencial, geralmente elas dispensavam detalhes dispendiosos e desnecessários tanto dos afazeres domésticos quanto dos profissionais.

A MÍSTICA FEMININA

Conscientemente ou não, elas estavam seguindo um plano de vida. Tiveram filhos antes ou depois de um estágio, entre bolsas de estudos. Se uma boa ajuda em tempo integral durante os primeiros anos das crianças não estivesse disponível, largavam o emprego e pegavam algum cargo de meio período que poderia não pagar tão bem, mas as mantinha na profissão. As professoras inovavam na Associação de Pais e Mestres ou atuavam como substitutas; as médicas aceitavam vagas em clínicas ou em pesquisas mais próximas de casa; editoras e escritoras começaram a atuar como *freelancers*. Ainda que o dinheiro conquistado não fosse necessário para o supermercado ou para ajudar em casa (e geralmente era), elas ganhavam uma prova tangível de sua habilidade em contribuir. Não se consideravam "sortudas" por serem esposas donas de casa; competiam na sociedade. Sabiam que matrimônio e maternidade são uma parte essencial da vida, mas não sua totalidade.

Essas "mutações" sofreram – e superaram – a "descontinuidade cultural no condicionamento da função", a "crise de função" e a crise de identidade. Elas tiveram problemas, obviamente, bem difíceis: conciliar as gestações, encontrar babás e faxineiras, precisar desistir de bons empregos quando os maridos eram transferidos. E também precisavam aguentar muita hostilidade de outras mulheres – e muitas precisavam conviver com o ressentimento ativo do marido. E, por causa da mística, muitas sofreram com dores de culpa desnecessárias. Foi preciso, e ainda é, força extraordinária de propósito para as mulheres seguirem com seu próprio plano de vida quando a sociedade não esperava isso delas. No entanto, diferentemente das esposas donas de casa presas na armadilha, cujos problemas se multiplicam com os anos, essas mulheres solucionaram seus problemas e seguiram em frente. Elas resistiram às persuasões e manipulações em massa, e não desistiram de seus próprios valores, por vezes dolorosos, em troca dos confortos da conformidade. Não se retiraram para a vida privada, mas encararam os desafios do mundo real. E sabem muito bem agora quem elas são.

Elas estavam fazendo, talvez sem consciência, o que cada homem e cada mulher precisam fazer agora para acompanhar o passo cada vez mais

UM NOVO PLANO DE VIDA PARA AS MULHERES

explosivo da história e encontrar ou manter uma identidade individual em nossa sociedade massificada. A crise de identidade em homens e mulheres não pode ser resolvida por uma geração para a próxima; em nossa sociedade em transformação acelerada, deve ser encarada continuamente, resolvida apenas para ser confrontada outra vez no espaço de tempo de uma única vida. Um plano de vida deve estar aberto para mudança, conforme novas possibilidades aparecem, na sociedade e no indivíduo. Nenhuma mulher nos Estados Unidos de hoje, que começa sua busca pela identidade, pode ter certeza de onde ela a levará. Nenhuma mulher começa essa busca hoje sem dificuldades, conflitos e coragem. Mas as mulheres que conheci, seguindo em frente nessa estrada desconhecida, não se arrependem das dores, dos esforços, dos riscos.

À luz da longa batalha da mulher por emancipação, a contrarrevolução sexual recente nos Estados Unidos talvez tenha sido a crise final, um estranho intervalo em suspensão antes de a lagarta quebrar o casulo e entrar em um estágio maduro – uma moratória durante a qual muitos milhões de mulheres congelam e param de crescer. Dizem que um dia a ciência será capaz de manter o corpo humano vivo por mais tempo congelando seu crescimento. As estadunidenses ultimamente estão vivendo muito mais tempo do que os homens – andando por sua vida de restos como mortas-vivas. Talvez os homens possam viver mais tempo nesse país quando as mulheres carregarem mais do fardo da batalha com o mundo, em vez de serem um fardo elas mesmas. Penso que a energia desperdiçada delas continuará a ser destrutiva para maridos, crianças e elas mesmas até ser utilizada em sua própria batalha com o mundo. No entanto, quando mulheres, bem como homens, emergirem da vida biológica para concretizar sua identidade humana, essa metade de vida que resta poderá se tornar os anos de maior realização.[15]

Então a imagem dividida será curada, as filhas não enfrentarão aquele ponto de partida aos 21 ou aos 41 anos de idade. Quando a realização da mãe faz com que garotas tenham certeza de que querem ser mulher, elas não precisarão "se diminuir" para serem femininas; podem crescer e crescer até que seus próprios esforços lhes contem quem são. Não precisarão do olhar de um garoto ou de um homem para se sentirem vivas. E quando mulheres não precisarem se realizar no marido e nas crianças, homens não temerão o amor e a força de mulheres, nem precisarão da fraqueza de outrem para provar sua própria masculinidade. Poderão enfim enxergar uns aos outros como são. E esse pode ser o próximo passo na evolução humana.

Quem sabe o que as mulheres poderão ser quando enfim estiverem livres para se tornarem quem são? Quem sabe no que a inteligência das mulheres irá contribuir quando puder ser cultivada sem negação do amor? Quem sabe das possibilidades para o amor quando homens e mulheres não compartilham apenas filhos, lar e quintal, não apenas o cumprimento de seus papéis biológicos, mas também as responsabilidades e paixões do trabalho que gera o futuro humano e o entendimento humano completo de quem são? A busca das mulheres por elas mesmas mal começou. Porém, é chegada a hora de as vozes da mística feminina pararem de sobrepor a voz interna que leva as mulheres à completude.

NOTAS

1. Ver "Mother's Choice: Manager or Martyr" [A escolha da mãe: gerente ou mártir] e "For a Mother's Hour" [Pela hora de uma mãe], *New York Times Magazine*, 14 de janeiro de 1962, e 18 de março de 1962.
2. A ideia de que o trabalho deve ser "real", não apenas "terapia" ou ocupação, a fim de proporcionar base para a identidade torna-se cada vez mais explícita nas teorias do *self*, mesmo quando não há menção específica às mulheres. Assim, ao definir o começo da "identidade" na criança, Erikson, em *Childhood and Society* [Infância e sociedade] (p. 208), diz:

   > A criança em crescimento deve, a cada passo, obter um senso vitalizante de realidade a partir da consciência que sua maneira individual de dominar a experiência (sua síntese do eu) é uma variante bem-sucedida de uma identidade de grupo e está de acordo com seu espaço-tempo e seu plano de vida.

UM NOVO PLANO DE VIDA PARA AS MULHERES

Com isso, não se consegue enganar as crianças com elogios vazios e encorajamento condescendente. Talvez elas tenham que aceitar apoio artificial da autoestima no lugar de algo melhor, mas a identidade do eu se reforça apenas com reconhecimento verdadeiro e consistente de um feito real – isto é, de realização com significado na cultura.

3. Nanette E. Scofield, "Some Changing Roles of Women in Suburbia: A Social Anthropological Case Study" [Alguns países em mudança nos subúrbios: estudo de caso antropológico social], ata da Academia de Ciências de Nova York, vol. 22, 6, abril de 1960.
4. Polly Weaver, "What's Wrong with Ambition?" [O que há de errado com ambição?], *Mademoiselle*, setembro de 1956.
5. Edna G. Rostow, "The Best of Both Worlds" [O melhor dos dois mundos] *Yale Review*, março de 1962.
6. Ida Fisher Davidoff e May Elish Markewich, "The Postparental Phase in the Life Cycle of Fifty College-Educated Women" [A fase da vida pós-parental de cinquenta mulheres com nível superior], estudo para doutorado, não publicado, Teachers College, Columbia University, 1961. Essas cinquenta mulheres com formação educacional foram esposas donas de casa e mães em tempo integral ao longo dos anos escolares das crianças. Quando da partida do último filho, as mulheres sofrendo estresse severo por não ter um interesse mais profundo além do lar incluíam algumas cujas habilidades e realizações atuais eram altas; essas mulheres eram líderes comunitárias, mas se sentiam "falsas", "fraudes", respeitadas por "um trabalho que uma criança seria capaz de fazer". A própria orientação das autoras na escola de ajuste funcional faz com que lamentem o fato de a formação educacional ter fornecido a essas mulheres objetivos "irreais" (uma quantidade surpreendente, já com 50 ou 60 anos, ainda queria ser médica). No entanto, as mulheres que foram atrás de interesses – que, em todos os casos, tinham iniciado na faculdade – e agora tinham emprego ou trabalhavam na política ou nas artes, não se sentiam "fraudes", nem mesmo sofriam das aflições esperadas na menopausa. Apesar do estresse daquelas

sem interesses, nenhuma delas, após o fim dos anos maternais, queria voltar aos estudos; simplesmente faltavam pouquíssimos anos para justificar o esforço. Então continuavam no "papel feminino", atuando como mães dos próprios pais, já idosos, ou pensando em animais de estimação, plantas, ou simplesmente "pessoas como o meu *hobby*", para substituir suas crianças. A interpretação das educadoras de vida em família – ambas tendo se tornado orientadoras matrimoniais na meia-idade – é interessante:

> Para aquelas mulheres no nosso grupo que possuíam aspirações altas ou dotes intelectuais grandes, ou ambos, a discrepância entre alguns dos valores ressaltados em nossa sociedade orientada pelo sucesso e realização e as oportunidades reais disponíveis para mulheres mais velhas e sem treinamento era especialmente perturbadora [...]. A porta aberta para a mulher com alguma aptidão estava fechada para aquela sem treinamento, mesmo se ela estivesse disposta a tentar encontrar um lugar para si entre as assalariadas. No entanto, as dificuldades reais da situação laboral pareciam ser reconhecidas pela maioria. Não se sentiam nem preparadas para o tipo de serviço que poderia lhes interessar, nem dispostas a tomar o tempo e gastar a energia necessários para uma formação, em vistas da limitada quantidade de anos em atividade à frente [...]. A falta de pressão resultante de responsabilidade reduzida era algo com que precisavam lidar [...]. Conforme a atividade principal de maternidade terminava, a satisfação com o trabalho voluntário, anteriormente um escape secundário, parecia diminuir [...]. As atividades culturais do subúrbio eram limitadas [...]. Mesmo na cidade, educação para adultos [...] parecia ser uma ocupação sem propósito [...].
>
> Dessa forma, algumas mulheres exprimiram certos arrependimentos: "É tarde demais para desenvolver uma nova capacitação que leve a uma carreira." "Se eu tivesse seguido uma única direção, teria utilizado totalmente minha capacidade."

Contudo, as autoras notam com aprovação que "a grande maioria de alguma forma se ajustou ao seu lugar na sociedade".

UM NOVO PLANO DE VIDA PARA AS MULHERES

Como nossa sociedade exige das mulheres certas renúncias a atividades e limita o escopo de partição delas na corrente da vida, a essa altura ser mulher poderia parecer uma vantagem em vez de uma desvantagem. Por toda a vida, como mulher, ela foi encorajada a ser sensível aos sentimentos e necessidades dos outros. Sua vida, em pontos estratégicos, exigiu negações de si. Ela teve oportunidades amplas de "ensaios" para esta última renúncia [...] de uma longa série de renúncias que começaram cedo. Sua vida toda como mulher lhe forneceu a técnica que agora estava livre para usar ao máximo sem maiores preparos [...].

7. Nevitt Sanford, "Personality Development During the College Years" [Desenvolvimento da personalidade durante os anos de faculdade], *Journal of Social Issues*, vol. XII, n. 4, 1956, p. 36.

8. A comoção pública na primavera de 1962, a respeito da virgindade de garotas da Vasser, é um caso concreto. A verdadeira questão, para o educador, na minha opinião, seria se essas moças estavam recebendo da formação educacional os objetivos de longo prazo que apenas a educação pode lhes fornecer. Se sim, pode-se confiar que serão responsáveis em seu comportamento sexual. A presidenta Blanding de fato desafiou a mística ao afirmar, ousadamente, que se as meninas não estão na faculdade para se educar, não deveriam sequer estar lá. O fato de sua afirmação ter provocado tamanha reação é evidência da abrangência da educação orientada pelo sexo.

9. A impossibilidade de se formar em medicina, ciências ou direito, estudando meio período e a quantidade de trabalho exigida por graduações de meio período impediram muitas mulheres altamente capazes de frequentar uma faculdade. Porém, em 1962, a Escola de Educação de Harvard retirou essa barreira para encorajar mais esposas donas de casa qualificadas a se tornarem professoras. Um plano também foi anunciado em Nova York para permitir a médicas fazerem sua residência psiquiátrica e pós-graduação em meio período, levando em conta suas responsabilidades maternais.

10. Virginia L. Senders, "The Minnesota Plan for Women's Continuing Education" [O plano de Minnesota para a educação continuada de mulheres],

A MÍSTICA FEMININA

em "Unfinished Business – Continuing Education for Women" [Negócios inacabados – Educação continuada para mulheres], *The Educational Record*, American Council on Education, outubro de 1961, pp. 10 ss.

11. Mary Bunting, "The Radcliffe Institute for Independent Study" [O Instituto Radcliffe para Estudo Independente]. *Ibid.*, pp. 19 ss. A presidenta da Radcliffe reflete a mística feminina ao deplorar "o que as primeiras graduadas fizeram de seu ensino superior. Muito frequentemente, e compreensivelmente, tornaram-se ativistas e reformistas apaixonadas, destemidas, articuladas, mas também, às vezes, barulhentas. Um estereótipo de mulheres com formação educacional cresceu na mente popular, e, ao mesmo tempo, o preconceito, tanto ao estereótipo quanto à educação". De forma semelhante, ela afirma:

> Que não tenhamos feito nenhuma tentativa respeitável para suprir as necessidades especiais em formação educacional das mulheres no passado é a evidência mais clara possível do fato de que nossos objetivos educacionais foram orientados exclusivamente para os padrões vocacionais dos homens. Ao mudar essa ênfase, no entanto, nosso objetivo não é equipar as mulheres e encorajá-las para concorrer com homens [...]. Mulheres, por não serem em geral as provedoras principais, podem ser mais úteis como pioneiras, trabalhando nas vias secundárias, fazendo o trabalho incomum que os homens não conseguem se arriscar a fazer. Sempre há espaço nas beiradas, mesmo quando a competição no mercado intelectual é acirrada.

O fato de as mulheres, hoje em dia, usarem sua formação educacional primordialmente "nas beiradas" é um resultado da mística feminina e dos preconceitos contra as mulheres que ela mascara; é questionável se um dia essas barreiras remanescentes serão sobrepujadas, quando mesmo os educadores desencorajam mulheres capazes de se tornarem "ativistas e reformistas, apaixonadas, destemidas, articuladas", e barulhentas o suficiente para serem ouvidas.

12. *Time*, novembro de 1961. Ver também "Housewives at the $2 Window" [Donas de casa no guichê de apostas], *New York Times Magazine*, 1º de

UM NOVO PLANO DE VIDA PARA AS MULHERES

abril de 1962, que descreve como serviços de babás e "clínicas" para esposas donas de casa suburbanas estão sendo oferecidos nas pistas de corrida.

13. Ver comentários de Dorothy Bell Lawrence, deputada estadual republicana de Manhattan, descritos no *New York Times*, de 8 de maio de 1962. Primeira mulher a ser eleita líder distrital do Partido Republicano de Nova York, ela explicou: "Eu estava fazendo todo o trabalho, então falei ao presidente da cadeira do condado que queria ser presidenta da comissão. Ele me falou que era contra as regras ter uma mulher nesse posto, mas então ele mudou as regras." No movimento de "reforma" do Partido Democrata em Nova York, as mulheres também estão começando a assumir postos de liderança compatíveis com seu trabalho, e as antigas "damas auxiliares" segregadas e os "comitês femininos" estão em vias de acabar.

14. Entre as mulheres que entrevistei – não eram poucas – que tinham, conforme a mística aconselha, renunciado completamente a suas ambições para se tornarem esposas e mães, observei um histórico repetido de abortos espontâneos. Em vários casos, apenas quando a mulher retomava o trabalho de que abrira mão ou voltava a estudar, ela conseguia gestar, a termo, o desejado segundo ou terceiro filho.

15. A expectativa de vida da mulher estadunidense – 75 anos – é a maior dentre as mulheres em todo o mundo. Mas conforme Myrdal e Klein destacam em *Women's Two Roles* [Dois papéis das mulheres], há um reconhecimento cada vez maior de que, nos seres humanos, a idade cronológica difere da idade biológica: "Na idade cronológica de 70 anos, as divergências na idade biológica podem ser tão amplas quanto aquelas entre as idades cronológicas de 59 anos." Os novos estudos sobre envelhecimento nos humanos indicam que aqueles com mais educação e com vidas mais complexas e ativas, com interesses profundos e disposição para nova experiência e aprendizado, não ficam "velhos" no mesmo sentido dos outros. Um estudo meticuloso de trezentas biografias (ver Charlotte Buhler, "The Curve of Life as Studied in Biographies" [A curva da vida conforme estudada em biografias], *Journal of Applied Psychology*, XIX, agosto de 1935, pp. 405 ss.) revela que na segunda

A MÍSTICA FEMININA

metade da vida, a produtividade de uma pessoa se torna independente de seu equipamento biológico e, na verdade, costuma estar um nível superior do que sua eficiência biológica – *isto é, se a pessoa emergir da vida biológica*. Em atividades dominadas por "fatores espirituais", o ponto mais alto de produtividade apareceu na segunda metade da vida; naquelas em que "fatores físicos" eram decisivos na vida do indivíduo, o ponto alto foi atingido mais cedo e a curva psicológica era então mais comparável de perto à biológica. O estudo de mulheres com formação educacional citado anteriormente revelou um sofrimento muito menor na menopausa do que o considerado "normal" nos Estados Unidos de hoje. A maioria das mulheres cujo horizonte não foi confinado ao cuidado físico do lar e ao papel biológico não se sentia "velha" aos 50 ou 60 anos. Muitas relataram, surpresas, que sofriam muito menos desconforto na menopausa do que o esperado a partir da experiência da mãe delas. Therese Benedek sugere (em "Climacterium: A Developmental Phase" [Climatério: uma fase do desenvolvimento], *Psychoanalytical Quarterly*, XIX, 1950, p. 1) que o desconforto menor e a explosão de energia criativa que muitas mulheres agora experimentam durante a menopausa é, ao menos em parte, devido à "emancipação" das mulheres. Os dados de Kinsey parecem indicar que mulheres emancipadas pela educação da vida puramente biológica experimentam o auge da realização sexual muito mais tarde na vida do que é esperado, e, na verdade, continuam a experimentá-lo ao longo dos quarenta anos para além da menopausa. Talvez o melhor exemplo para esse fenômeno seja Colette – aquela francesa realmente humana e emancipada que viveu e amou e escreveu com tão pouca deferência à sua idade cronológica que em seu aniversário de 80 anos falou: "Se ao menos eu tivesse 58 anos, pois nessa época ainda se é desejada e ainda se tem muita esperança quanto ao futuro."

EPÍLOGO

Quando *A mística feminina* estava na gráfica e meu filho mais novo ficava o dia todo na escola, decidi que eu mesma voltaria aos bancos escolares para obter meu Ph.D. Munida do anúncio de minha editora, uma cópia da minha *summa cum laude* da graduação, um histórico de mestrado de vinte anos antes e um relatório da New World Foundation sobre o projeto educacional que eu criei e dirigi em Rockland County, fui falar com o chefe do departamento de psicologia social de Columbia. Ele foi bastante tolerante e gentil, mas com certeza, aos 42 anos, depois de tantos anos desregrados como esposa dona de casa, eu tinha que entender que não seria capaz de lidar com os rigores do estudo de pós-graduação em tempo integral para obter o Ph.D. e com o domínio de estatísticas que era exigido. "Mas eu usei estatísticas no livro inteiro", assinalei. Ele ficou impassível. "Bem, minha querida", ele disse, "de qualquer modo, por que quer incomodar sua mente com a obtenção de um Ph.D.?"

Comecei a receber cartas de outras mulheres que agora viam através da mística feminina, que queriam parar de fazer a lição de casa das crianças para começar a fazer a delas; também diziam a elas que não eram de fato capazes de fazer nada além de geleia de morango caseira ou de ajudar os filhos com aritmética do quarto ano. Não bastava se levar a sério como pessoa. A sociedade precisava mudar, de alguma forma, para as mulheres atuarem nela como pessoas. Não era possível mais viver "somente como dona de casa". Mas que outro modo havia de viver?

Eu me lembro de travar em determinado ponto, mesmo quando escrevia *A mística feminina*. Eu tinha que escrever um último capítulo, propondo uma solução para "o problema que não tem nome", sugerindo novos padrões, uma alternativa aos conflitos, por meio da qual as mulheres pudessem usar suas habilidades plenamente na sociedade e achar

A MÍSTICA FEMININA

sua própria identidade humana existencial, compartilhando suas ações, decisões e desafios sem que, ao mesmo tempo, renunciassem ao lar, aos filhos, ao amor e à própria sexualidade. Minha mente ficou em branco. É preciso, sim, dizer "não" ao jeito antigo antes de poder começar a achar o novo "sim" de que se precisa. Dar um nome ao problema que não tinha nome era o primeiro passo necessário. Mas não era suficiente.

Pessoalmente, eu não conseguia mais atuar como esposa dona de casa suburbana, mesmo se quisesse. Para começar, eu me tornei uma leprosa em meu próprio subúrbio. Desde que eu escrevesse artigos ocasionais que a maioria das pessoas jamais lia, o fato de que eu escrevia nas horas em que as crianças estavam na escola não era um estigma maior que, por exemplo, beber sozinha pela manhã. Mas agora que eu estava agindo como uma escritora de verdade e dando entrevistas na televisão, o pecado era público demais, não poderia ser perdoado. Mulheres de outras comunidades suburbanas me enviavam cartas como se eu fosse a Joana d'Arc; eu tive que praticamente fugir pelo meu quintal tomado pelo mato para evitar ser queimada na fogueira. Embora tivéssemos sido bem populares, meu marido e eu de repente não éramos mais convidados para jantares na casa de vizinhos. Meus filhos foram excluídos do revezamento de caronas para aulas de arte e dança. As outras mães tiveram um ataque quando eu chamei um táxi na minha vez, em vez de eu mesma levar as crianças. Tivemos de nos mudar de volta para a cidade, onde as crianças pudessem fazer suas coisas sem que eu tivesse que ser motorista e onde eu poderia ficar com elas em casa durante algumas das horas que agora eu gastava em transporte. Eu não conseguia mais suportar ser uma aberração sozinha no subúrbio.

A princípio, a estranha hostilidade que meu livro – e depois o movimento – parecia provocar em algumas mulheres me surpreendeu e me causou estranhamento. Mesmo no começo, não havia a hostilidade que eu esperava dos homens. Muitos homens compraram *A mística feminina* para a esposa e a instigava para que voltasse a estudar ou trabalhar. Não demorei a perceber que havia provavelmente milhões de mulheres que se sentiam como eu me sentia, uma aberração, completamente sozinha, como esposa dona de casa suburbana. Mas se você estivesse com medo

EPÍLOGO

de encarar o que sentia de verdade em relação ao marido e às crianças para quem você provavelmente vivia, então o fato de alguém como eu escancarar a verdade era uma ameaça.

Não culpei as mulheres por sentirem medo. Eu mesma tinha muito medo. Não é realmente possível construir um novo padrão de vida sem ajuda. Sempre temi ficar sozinha, mais do que qualquer outra coisa. A raiva que eu não tive coragem de encarar em mim mesma durante todos aqueles anos quando tentei atuar como a esposinha indefesa com o meu marido – e me sentindo mais e mais perdida conforme atuava por mais tempo – estava entrando em erupção, cada vez mais violenta. Por medo de ficar sozinha, quase perdi meu autorrespeito tentando me agarrar a um casamento que não era mais baseado em amor, mas em ódio dependente. Era mais fácil para mim começar o movimento de mulheres necessário para mudar a sociedade do que mudar minha vida pessoal.

Parecia ser a hora de começar a escrever aquele segundo livro, mas não conseguia encontrar nenhum padrão novo na sociedade além da mística feminina. Consegui achar poucas mulheres isoladas que se acabavam, para atingir os padrões da revista *Good Housekeeping*, tentando criar filhos à moda do dr. Spock, enquanto trabalhavam em um emprego em período integral e se sentiam culpadas por isso. E conferências eram organizadas sobre a disponibilidade de educação continuada para mulheres, porque todas aquelas esposas donas de casa-mães em período integral que estavam envelhecendo e cujos bebês agora estavam na faculdade começaram a se tornar problemas, bebendo, ingerindo comprimidos demais, cometendo suicídio. Periódicos acadêmicos inteiros foram dedicados a discutir as "mulheres e suas opções" – os "estágios" da vida das mulheres. As mulheres, disseram-nos, podiam ir à escola, trabalhar um pouco, casar-se, ficar com as crianças entre quinze a vinte anos e, então, voltar à escola e trabalhar, sem problemas; sem necessidade de haver conflito de função.

As mulheres avançando nessa teoria estavam entre aquelas poucas exceções que chegaram ao topo profissional porque elas, de algum modo, *não* abandonaram a carreira por um período entre quinze e vinte anos. E essas mesmas mulheres estavam aconselhando mulheres que retornavam para o

A MÍSTICA FEMININA

programa de educação continuada, dizendo que elas não poderiam esperar conseguir empregos reais ou treinamento profissional depois de quinze anos no lar; cerâmica ou trabalho voluntário profissional: eis a adaptação realista.

Conversa. Era só isso: conversa. Em 1965, o tão aguardado relatório da Comissão Presidencial sobre a Situação da Mulher detalhou os salários discriminatórios que as mulheres recebiam (metade da média dos homens) e o índice declinante de mulheres em empregos profissionais e executivos. A Comissão recomendou que as mulheres fossem aconselhadas a aplicar suas habilidades na sociedade e sugeriu que creches e outros serviços fossem proporcionados para permitir às mulheres conciliar maternidade e trabalho. Porém, Margaret Mead, em sua introdução do relatório, disse, de fato, que, se todas as mulheres agora quisessem tomar grandes decisões e fazer grande descobertas, quem iria ficar em casa para pôr um curativo no joelho da criança ou ouvir os problemas do marido? (Não importa que, com a ajuda do marido e até mesmo antes que os joelhos do filho passassem o dia todo na escola, ela mesma estivesse fazendo grandes descobertas e tomando grandes decisões antropológicas. Talvez as mulheres que conseguiram fazer isso como "exceção" não se identifiquem verdadeiramente com outras mulheres. Para elas, existem três classes de pessoas: homens, outras mulheres, e elas mesmas; o próprio status delas como "exceção" depende de manter as outras mulheres em silêncio, sem chacoalhar as estruturas.)

O relatório da Comissão Presidencial foi devidamente enterrado em gavetas de arquivos burocráticos. Naquele verão de 1965, cheguei a um terço do livro que eu queria escrever sobre exceder a mística feminina; então, eu sabia que não havia nenhum padrão novo, somente problemas novos que as mulheres não conseguiriam ser capazes de resolver, a não ser que a sociedade mudasse. E toda aquela conversa, e todos aqueles relatórios, e a Comissão, e os programas de educação continuada eram apenas *pro forma* – talvez até mesmo uma tentativa de impedir um movimento real por parte das próprias mulheres para mudar a sociedade.

Parecia-me que algo mais além de falar precisava acontecer. "A única coisa que mudou até agora foi nossa própria consciência", escrevi, encerrando aquele segundo livro, que eu nunca terminei, porque a

EPÍLOGO

frase seguinte era: "O que precisamos é de um movimento político, um movimento social como o dos negros." Eu tinha que agir. No avião para Washington, refletindo sobre o que fazer, vi um estudante lendo um livro chamado *The First Step to Revolution Is Consciousness* [O primeiro passo para a revolução é a tomada de consciência], e foi como um presságio.

Fui a Washington porque havia sido aprovada uma lei, Título VII da Lei dos Direitos Civis de 1964, banindo a discriminação sexual no trabalho junto com a discriminação racial. A discriminação sexual tinha sido adicionada em parte como uma piada e manobra de adiamento por um congressista sulista, Howard Smith, da Virginia. Nas primeiras coletivas de impressa após a efetivação da lei, o administrador responsável por aplicá-la brincou a respeito do banimento da discriminação sexual. "Agora os homens vão ter oportunidades iguais de se tornarem coelhinhos da *Playboy*", ele disse.

Em Washington, descobri um submundo efervescente de mulheres no governo, na imprensa e nos sindicatos, que sentiam não ter poder para impedir a sabotagem dessa lei que deveria romper com a discriminação sexual que permeava todas as indústrias e profissões, todas as fábricas e escolas e todos os escritórios. Algumas dessas mulheres achavam que eu, como escritora reconhecida, seria capaz de chamar a atenção do público.

Certo dia, uma jovem e interessante advogada, que trabalhava para a agência que não estava fazendo cumprir a lei contra discriminação sexual, fechou a porta do escritório dela com cuidado e me disse, com os olhos cheios de lágrimas: "Nunca esperei ficar tão preocupada com mulheres. Eu gosto de homens. Mas estou tendo uma úlcera por causa do modo como as mulheres estão sendo traídas. Talvez nunca tenhamos outra chance como essa lei. Betty, você precisa começar uma NAACP* para mulheres. Você é a única que tem liberdade suficiente para isso."

---

* Sigla em inglês para National Association for the Advancement of Colored People; em tradução literal, Associação Nacional para o Progresso de Pessoas de Cor. A associação existe até hoje e luta por condições igualitárias para todas as pessoas, contra toda discriminação racial. (*N. T.*)

A MÍSTICA FEMININA

Eu não era uma mulher de organização. Nunca sequer pertenci à Liga das Eleitoras. Entretanto, as comissões estaduais sobre a situação da mulher se reuniriam em Washington, em junho. Pensei que, entre as mulheres de variados estados que estavam ali, formaríamos o núcleo de uma organização que poderia, ao menos, convocar uma coletiva de imprensa para fazer soar o alarme para as mulheres em todo o país.

Pauli Murray, uma eminente advogada negra, veio à conferência, e Dorothy Haener e Caroline Davis, da UAW,* e Kay Clarenbach, chefe da Comissão Estadual de Wisconsin, e Katherine Conroy, dos Trabalhadores de Comunicações da América, e Aileen Hernandez, na época membro da Comissão de Oportunidades de Emprego Igualitárias. Convidei-as para irem ao meu quarto no hotel certa noite. A maioria não acreditava que as mulheres precisavam de um movimento como os negros, mas todas estavam furiosas com a sabotagem do Título VII. O consenso era que a conferência poderia, sem dúvida, tomar uma ação respeitável em insistir que a lei fosse aplicada.

Fui me deitar aliviada porque provavelmente não seria necessário organizar um movimento. Às seis da manhã do dia seguinte, recebi a ligação de uma das mulheres-símbolo mais importantes do governo Johnson, querendo me persuadir a não chacoalhar as estruturas. Às oito o telefone tocou de novo; desta vez, era uma das companheiras relutantes da noite anterior, que agora estava brava, muito brava. "Eles nos disseram que esta conferência não tem poder para tomar ação nenhuma, nem mesmo o direito de propor uma resolução. Então reservamos uma mesa para todas nós almoçarmos juntas, e vamos começar a organização." Durante o almoço, cada uma de nós contribuiu com um dólar. Escrevi a palavra "NOW"** em um guardanapo de papel; nosso grupo deveria ser chamado Organização Nacional *para* Mulheres, falei, "porque os

---

* Sigla em inglês para United Auto Workers, o sindicato estadunidense dos metalúrgicos, que, além de automóveis, envolve os setores aeroespacial e de implementação agrícola. (*N. T.*)

** Sigla em inglês para National Organization for Women. A palavra *now* significa "agora". (*N. T.*)

EPÍLOGO

homens devem participar". Depois escrevi a primeira frase do estatuto de propósito da NOW, em que nos comprometíamos a *"agir* para fazer com que mulheres participassem plenamente dos principais ramos da sociedade estadunidense agora, exercendo todos os privilégios e todas as responsabilidades decorrentes disso, em parceria verdadeiramente igualitária com os homens".

As mudanças necessárias para conquistar essa igualdade de fato eram, e ainda são, muito revolucionárias. Envolvem uma revolução dos papéis sexuais para homens e mulheres, a qual vai reestruturar todas as nossas instituições: criação de filhos, formação educacional, casamento, família, arquitetura do lar, prática da medicina, trabalho, política, economia, religião, teoria psicológica, sexualidade humana, moralidade e a própria evolução da raça.

Agora vejo o movimento das mulheres por igualdade como simplesmente um primeiro estágio necessário de uma revolução de papéis sexuais muito mais ampla. Eu nunca realmente o vi em termos de classe ou raça: mulheres, como uma classe oprimida, lutavam para derrubar ou tomar o poder dos homens como uma classe, os opressores. Eu sabia que o movimento teria de incluir os homens como membros iguais, embora as mulheres devessem assumir a liderança no primeiro estágio.

Existe apenas um jeito de as mulheres alcançarem seu potencial humano pleno: participando dos principais ramos da sociedade, exercendo sua própria voz em todas as decisões que moldam essa sociedade. Para as mulheres terem identidade e liberdade completas, elas precisam ter independência econômica. Romper as barreiras que as mantiveram afastadas de empregos e profissões valorizadas pela sociedade foi o primeiro passo, mas não foi suficiente. Seria necessário mudar as regras do jogo para reestruturar as profissões, o casamento, a família, o lar. O modo como escritórios e hospitais são estruturados, junto com as linhas rígidas, separadas, desiguais, intransponíveis entre secretária/executiva, enfermeira/médica, incorpora e perpetua a mística feminina. Mas a parte econômica nunca seria completa, a não ser que um valor em dólares fosse colocado de alguma maneira no trabalho feito pelas mulheres em casa, ao menos em termos de previdência social, pensões, aposentadoria. E o trabalho doméstico e a criação dos filhos teriam que ser compartilhados de maneira mais igualitária entre marido, esposa e sociedade.

Igualdade e dignidade humana não são possíveis para mulheres se elas não estiverem aptas a ganhar dinheiro. Quando as jovens radicais entraram no movimento, disseram que era "chato" ou "reformista" ou "cooptação capitalista" enfatizar tanto trabalho e educação. Mas pouquíssimas mulheres podem se dar ao luxo de ignorar os fatos econômicos elementares da vida. Apenas independência econômica pode libertar a mulher para se casar por amor, e não por status ou apoio financeiro, ou para abandonar um casamento sem amor, intolerável e humilhante, ou para comer, se vestir, descansar e se mudar, se ela tiver planos de não se casar. Contudo, a importância do trabalho para mulheres vai além da questão econômica. De que outra maneira as mulheres poderiam participar da ação e das decisões de uma avançada sociedade industrial, a não ser que tenham treinamento e oportunidade e habilidades que vêm com a participação de fato?

As mulheres também tiveram que confrontar sua natureza sexual, e não a negar ou a ignorar como feministas anteriores fizeram. A sociedade tinha de ser reestruturada a fim de que as mulheres, que inclusive são as pessoas que dão à luz, pudessem fazer uma escolha humana e responsável sobre ter ou não – e quando – crianças, sem depois serem barradas de participar da sociedade como é seu direito. Isso significa o direito a métodos anticoncepcionais e abortos seguros; o direito à licença-maternidade e a creches, se as mulheres não quiserem se afastar completamente da sociedade adulta durante seus anos férteis; e o equivalente à *GI bill* para um novo treinamento, se mulheres escolhessem ficar em casa com os filhos. Pois me parecia que a maioria das mulheres ainda escolheria ter filhos, embora não tantos, se a criação dos filhos não fosse mais o único caminho para obter status e apoio econômico – uma participação vicária da vida.

Eu não podia definir "libertação" para mulheres em termos que negassem a realidade sexual e humana de nossa necessidade de amar um homem, e às vezes até mesmo de depender dele. O que precisava ser alterado eram

EPÍLOGO

os obsoletos papéis sexuais femininos e masculinos que desumanizavam o sexo, tornando quase impossível que homem e mulher fizessem amor em vez de guerra. Como poderíamos conhecer ou amar de verdade uns aos outros se continuássemos a exercer aqueles papéis que nos impedem de conhecermos ou sermos nós mesmos? Os homens não estavam, tanto quanto as mulheres, presos em isolamento solitário e alienação, sem importar em quantas acrobacias sexuais colocavam o corpo? Os homens não estavam morrendo jovens demais, reprimindo medos e lágrimas e sua própria sensibilidade? Para mim parecia que os homens não eram os verdadeiros inimigos – eles eram companheiros vítimas, sofrendo de uma mística masculina antiquada que os fazia se sentir desnecessariamente inadequados quando não havia ursos para matar.

Nesses últimos anos de ação, eu me vi com outras mulheres nos tornando mais fortes e também mais delicadas, levando-nos mais a sério, mas começando a nos divertir de verdade, quando paramos de exercer os antigos papéis. Descobrimos que podemos confiar umas nas outras. Eu amo as mulheres com quem tomei as ações aventureiras e alegres durante esses anos. Ninguém percebeu quão, lamentavelmente, éramos poucas no começo, quão pouco dinheiro tínhamos, quão pequena era nossa experiência.

O que nos deu força e fibra para fazer o que fizemos, em nome das mulheres estadunidenses, das mulheres do mundo? Foi, obviamente, porque estávamos fazendo isso por nós mesmas. Não era uma caridade para outras pobres coitadas; nós, as mulheres da classe média que deram início a isso, éramos todas pobres, em um sentido que vai além do dinheiro. Era difícil até mesmo para esposas donas de casa cujo marido não era pobre conseguir dinheiro para viajar de avião para as reuniões da diretoria da NOW. Era difícil para mulheres que trabalhavam ter uma folga no trabalho ou abrir mão de seu precioso tempo em família no fim de semana. Nunca trabalhei tanto para ganhar dinheiro, nunca fiquei tanto tempo trabalhando com tão poucas horas de sono ou pausas para comer ou até mesmo ir ao banheiro quanto nesses primeiros anos do movimento das mulheres.

A MÍSTICA FEMININA

Recebi uma intimação na véspera do Natal de 1966, para testemunhar diante de um juiz em Foley Square [na cidade de Nova York], porque as companhias aéreas estavam furiosas com a nossa insistência de que elas eram culpadas de discriminação sexual ao forçar as aeromoças a pedir demissão quando completavam 30 anos ou quando se casavam. (Por que, eu tinha me perguntado, eles estão fazendo tamanho esforço? Certamente não pensam que homens voam por companhias aéreas, porque as aeromoças são nubentes. Então percebi quanto dinheiro as companhias economizavam ao demitir aquelas lindas aeromoças antes que elas tivessem tempo de acumular aumentos salariais, férias e direito a pensão. E como eu adoro quando hoje as aeromoças me abraçam no avião e me dizem que não só estão casadas e têm mais de 30 anos como também têm filhos e continuam voando!)

Senti certa urgência histórica, que falharíamos com as gerações futuras, se evitássemos a questão do aborto agora. Também senti que tínhamos que conseguir incluir a Emenda de Direitos de Igualdade na Constituição estadunidense, apesar da alegação dos líderes sindicais de que acabaria com leis "protetivas" para mulheres. Tínhamos que tomar o bastão da igualdade das mãos das mulheres velhas, solitárias e amargas que vinham lutando sozinhas pela emenda, arquivada pelo Congresso havia quase cinquenta anos desde que as mulheres tinham se acorrentado aos portões da Casa Branca para conseguir o direito ao voto.

No nosso primeiro piquete diante dos portões da Casa Branca ("Direitos, não flores"), no dia das mães de 1967, arremessamos correntes de aventais, flores e falsas máquinas de escrever. Jogamos fardos de jornais no chão da Comissão de Oportunidades de Emprego Igualitárias em protesto contra sua recusa em exigir a aplicação da lei dos Direitos Civis em anúncios com segregação sexual do tipo "Precisa-se: Homem" (para os bons empregos) e "Precisa-se: Mulher" (para empregos de secretária). Isso deveria ser tão ilegal agora quanto anúncios do tipo "Precisa-se: Branco" e "Precisa-se: Negro". Anunciamos que íamos processar o governo federal por não exigir a aplicação da lei igualmente por parte das mulheres (depois ligamos para membros do nosso canal clandestino no Departamento de Justiça para ver se era possível) – e assim fizemos.

EPÍLOGO

Dei palestras em escolas de etiqueta* do Sul e discursos de formatura em faculdades de economia doméstica afastadas – além de em Yale, UCLA e Harvard – para bancar minhas despesas na organização de filiais da NOW (nunca tivemos dinheiro para manter uma equipe de organização). Nosso único escritório de verdade naqueles anos era o meu apartamento. Era impossível dar conta das cartas que chegavam. Então, quando mulheres como Wilma Heide, de Pittsburgh, ou Karen De Crow, de Syracuse, ou Eliza Paschall, de Atlanta, ou Jacqui Ceballos – e tantas outras – estavam tão determinadas a abrir filiais da NOW a ponto de fazer interurbano quando não respondíamos às suas cartas, só nos restava transformá-las em organizadoras locais da NOW.

Eu me lembro de tantos momentos: almoçar no salão exclusivo para homens – o Oak Room, do Hotel Plaza – com cinquenta mulheres da NOW e exigir que fôssemos servidas… Testemunhar diante do Senado contra a nomeação para a Suprema Corte de um juiz sexista chamado Carswell, que se recusava a ouvir o caso de uma mulher que foi demitida porque tinha filhos em idade pré-escolar… Ver o primeiro indício de uma organização de mulheres no movimento estudantil, quando me pediram para liderar uma sessão de debate no Congresso Nacional Estudantil em College Park, Maryland, em 1968… Depois que uma resolução para a libertação das mulheres dos mimeógrafos foi ridicularizada na convenção dos SDS,** ouvir as jovens mulheres radicais me dizerem que precisavam ter um grupo separado para a luta pela libertação das mulheres – porque, se elas realmente dessem sua opinião nos encontros dos SDS, talvez não conseguissem se casar… Ajudar Sheila Tobias a planejar um recesso de mulheres na Universidade Cornell, em 1968, que deu início aos primeiros programas de estudos de mulheres (quantas universidades o têm agora!)… Convencer a diretoria da NOW que deveríamos montar

---

* *Finishing schools*, em inglês. São escolas particulares que preparam garotas adolescentes para adentrar na alta sociedade. (*N. T.*)

** Sigla em inglês de Students for a Democratic Society (Estudantes por uma sociedade democrática). (*N. T.*)

A MÍSTICA FEMININA

um Congresso para Unir as Mulheres com as jovens radicais, apesar das diferenças de ideologia e estilo... Tantos momentos.

Admirei a ousadia das jovens radicais quando elas deixaram de lado a retórica da guerra entre sexos/classes e conduziram ações como fazer piquete durante o concurso de beleza Miss América em Atlantic City. Entretanto, a mídia começou a divulgar, em termos cada vez mais sensacionalistas, a retórica e as ações mais exibicionistas, mais contra os homens, contra o casamento e contra ter filhos. Aquelas que proclamavam a guerra dos sexos/classes, de ódio aos homens, ameaçava tomar o poder da NOW de Nova York e a NOW nacional e expulsar as mulheres que queriam a igualdade, mas que também queriam continuar amando o marido e as crianças. O livro *Sexual Politics* [Política sexual] de Kate Millett foi saudado como a ideologia da guerra de sexos/classes por aquelas que afirmavam ser as radicais do movimento das mulheres. Depois que a facção de ódio aos homens dividiu o segundo Congresso para Unir as Mulheres com discursos de ódio e até mesmo violência, ouvi uma jovem radical dizer: "Se eu fosse um agente da CIA e quisesse atrapalhar esse movimento, isso seria exatamente o que eu faria."

Em 1970, começou a ficar claro que o movimento das mulheres era mais que uma moda temporária, era o movimento por mudança básica social e política que cresceu mais rapidamente naquela década. O movimento negro tinha sido tomado por extremistas; o movimento estudantil estava paralisado por seu fetiche por estruturas sem liderança e pela crescente alienação da retórica de ódio extremista. Alguém estava tentando tomar nosso movimento também – ou interrompê-lo, imobilizá--lo, rachá-lo – disfarçado de retórica radical e semelhante fetiche contra liderança e estrutura. "É infrutífero especular se elas são agentes da CIA ou doentes, ou se estão numa jornada particular por poder, ou se são apenas estúpidas", uma líder negra me advertiu. "Se elas continuarem a perturbar, vocês simplesmente precisarão enfrentá-las."

Para mim, parecia que o movimento das mulheres tinha que sair da política sexual. De início, achei que era piada – aqueles artigos esquisitos e nada engraçados sobre orgasmos clitorianos que libertariam as mulheres

EPÍLOGO

da dependência sexual do pênis dos homens, e a conversa para "conscientização" de que agora as mulheres deveriam insistir em ficar por cima dos homens na cama. Então percebi, como escreveu certa vez Simone de Beauvoir, que essas mulheres estavam em parte colocando para fora sexualmente sua rebelião e seu ressentimento por estarem "por baixo" na sociedade, de modo geral, por serem dependentes de homens para sua definição pessoal. Mas o ressentimento delas estava sendo manipulado em uma orgia de ódio sexual que iria corromper o poder que elas tinham agora para mudar as condições das quais elas se ressentiam. Não tenho certeza do que motiva essas mulheres que perversamente promovem e manipulam o ódio aos homens no movimento das mulheres. Algumas das desordeiras pareciam vir de grupos da extrema esquerda, algumas pareciam estar usando o movimento das mulheres como proselitismo lésbico, outras pareciam estar articulando honestamente a fúria legítima e há muito tempo enterrada das mulheres, por meio de uma retórica de guerra entre sexos/classes, que eu considero se basear em uma falsa analogia com ideologias obsoletas e irrelevantes de guerra de classes ou separatismo racial. Aquelas que promoviam o ódio aos homens receberam publicidade em proporção bem maior do que a quantidade de integrantes no movimento, devido à fome da mídia por sensacionalismo. Muitas mulheres no movimento passam por um período temporário de grande hostilidade em relação aos homens, quando tomam consciência de sua situação pela primeira vez; mas, quando elas começam a agir para modificar essa situação, superam o que chamo de infantilidade pseudorradical. Contudo, aquela retórica de ódio aos homens perturba cada vez mais a maioria das mulheres no movimento, além de afastar muitas outras mulheres dele.

No avião para Chicago, me preparando para deixar o papel de presidenta da NOW, me sentindo impotente para enfrentar abertamente as mulheres do ódio aos homens, e me recusando a representá-las, de repente soube o que tinha de ser feito. Uma mulher da Flórida tinha escrito para me lembrar que o dia 26 de agosto de 1970 seria o aniversário de cinquenta anos da emenda constitucional que permitiu o voto feminino. Nós

A MÍSTICA FEMININA

precisávamos convocar uma ação nacional – uma greve de mulheres para chamar atenção para a questão inacabada de igualdade: oportunidades igualitárias de emprego e educação, direito a aborto e creches, direito a nossa parcela de poder político. Isso uniria as mulheres de novo em uma ação séria – mulheres que nunca estiveram perto de um grupo para libertação das mulheres. (NOW, o maior desse tipo de grupo, e o único com estrutura nacional, tinha somente 3 mil membros em trinta cidades, em 1970.) Lembro que, para transmitir essa nova visão na convenção da NOW em Chicago, alertando sobre os perigos de abortar o movimento das mulheres, falei durante quase duas horas e fui aplaudida de pé. A força básica da NOW se dedicou a organizar a greve do dia 26 de agosto. Em Nova York, mulheres enchiam as sedes temporárias se voluntariando para todo e qualquer serviço; raramente iam para casa à noite.

O prefeito Lindsay não fechou a Quinta Avenida para a nossa marcha, e lembro de começar essa marcha com os cascos dos cavalos dos policiais tentando nos confinar à calçada. Lembro de olhar para trás, pulando para ver por sobre a cabeça das minhas colegas de marcha. Nunca vi tantas mulheres; elas se estendiam por tantas quadras que não dava para ver o fim. Enganchei um braço no da minha querida juíza Dorothy Kenyon (que, aos 82 anos, insistiu em andar ao meu lado, em vez de seguir no carro que providenciamos para ela) e o outro no braço da jovem mulher do meu outro lado. Falei às outras nos grupos à minha frente: "Deem os braços umas às outras, de um lado a outro da avenida!" Transbordamos até que enchemos a Quinta Avenida inteira. Havia tantas de nós que não dava para nos parar; eles sequer tentaram. Foi, conforme disseram, a primeira grande ação nacional de mulheres (centenas de homens também marcharam conosco) desde que as mulheres conquistaram o direito ao voto, cinquenta anos antes. Repórteres que tinham feito piada com as "queimadoras de sutiã" escreveram que nunca tinham visto mulheres tão bonitas quanto as orgulhosas e alegres integrantes da marcha que tinham se reunido naquele dia. Afinal, todas as mulheres estavam bonitas naquele dia.

EPÍLOGO

No dia 26 de agosto, ser feminista de repente se tornou um ato tanto político quanto glamouroso. A princípio, política tinha parecido estar, de modo geral, separada do que estávamos fazendo no movimento das mulheres. Os políticos tradicionais – da direita, da esquerda, do centro; republicanos, democráticos, dissidentes – certamente não estavam interessados nas mulheres. Em 1968, eu tinha testemunhado em vão nas convenções dos dois partidos políticos, tentando conseguir que se falasse uma palavra sobre mulheres na plataforma republicana e na democrática. Quando Eugene McCarthy, o principal apoiador da Emenda de Direitos de Igualdade, anunciou que ia concorrer à Presidência para pôr fim à guerra do Vietnã, comecei a conectar minhas próprias políticas, pelo menos para o movimento das mulheres pela igualdade. Liguei para Bella Abzug e perguntei como poderia trabalhar para McCarthy. Mas nem mesmo as outras mulheres que trabalhavam para ele achavam que as questões das mulheres tinham relevância política, e várias integrantes da NOW me criticaram por fazer uma campanha aberta por McCarthy.

Na convenção de 1970 da NOW em Chicago, falei que tínhamos uma responsabilidade humana como mulheres de pôr fim à guerra do Vietnã. Nem homens, nem mulheres deveriam ser convocados para lutar numa guerra obscena e imoral como aquela do Vietnã, mas tínhamos de assumir responsabilidade igual por acabar com ela. Dois anos antes, em 1968, parada do lado de fora do Hotel Conrad Hilton em Chicago na Convenção Nacional Democrata, eu tinha assistido a soldados de capacete descerem o cassetete na juventude de cabelo comprido, entre os quais, meu próprio filho. Comecei a ver que aqueles garotos jovens, dizendo que não precisavam jogar bombas em todas as crianças do Vietnã e do Camboja para provar que eram homens, estavam desafiando a mística masculina, assim como nós tínhamos desafiado a feminina. Esses garotos, e os homens mais velhos que pensavam da mesma maneira, eram a outra metade do que estávamos fazendo.

Durante o verão de 1970, comecei a tentar organizar um grupo político feminino; mais tarde, ele se manteve unido o suficiente para conseguir eleger Bella Abzug para o Congresso. Ela e Gloria Steinem se uniram a

A MÍSTICA FEMININA

mim como convocadoras da nossa marcha da Greve de Mulheres por Igualdade de 26 de agosto. Tantas mulheres que antes sentiam medo participaram da nossa marcha naquele dia; nós, e o mundo, de repente percebemos as possibilidades do poder político das mulheres. Esse poder foi testado inicialmente no verão de 1972 em Miami, quando, pela primeira vez, mulheres exerceram um papel fundamental nas convenções políticas. Embora líderes inexperientes de grupos políticos talvez tenham sido cooptadas com muita facilidade por Nixon ou McGovern, ou infiltradas por agentes de Watergate, elas provocaram mudança na arena política. Conquistaram o compromisso dos dois partidos com programas de assistência infantil, pré-escola e programas de atividades extracurriculares. E Shirley Chisholm se manteve na corrida democrata até o fim. Prevejo que até 1976 até mesmo os republicanos terão uma mulher candidata séria para a Vice-Presidência, quiçá para a Presidência.

Assim, a maior parte dos objetivos do Primeiro Estágio da revolução dos papéis sexuais – como eu agora vejo o movimento das mulheres por igualdade – foi alcançada ou está em vias de ser resolvida. A Emenda de Direitos de Igualdade foi aprovada pelo Congresso quase sem burburinho dos dois partidos, depois que organizamos o Grupo Político Nacional das Mulheres. O principal oponente da emenda, Emanuel Celler, deixou o Congresso, e seu lugar foi ocupado por uma das muitas novas mulheres jovens que, atualmente, estão concorrendo a cargos no governo, em vez de pesquisarem códigos postais. A Suprema Corte decidiu que nenhum estado pode negar à mulher seu direito de escolher parir ou abortar. Mais de mil processos foram abertos exigindo que as universidades e corporações tomem ações afirmativas para acabar com a discriminação sexual e as outras condições que impedem as mulheres de conseguirem os melhores empregos. A empresa American Telephone and Telegraph Company foi obrigada a pagar 15 milhões de dólares em indenizações a mulheres que nem mesmo se candidataram a vagas melhores que telefonista antes porque tais vagas não estavam disponíveis para mulheres. Todas as associações profissionais, escritório de jornal, canal de televisão, igreja, empresa, hospital e escola em quase todas as cidade têm um grupo

EPÍLOGO

político ou um conjunto de mulheres agindo em relação às condições concretas que retêm as mulheres.

Recentemente, fui convidada para liderar sessões de conscientização para homens que planejam o treinamento de conselheiros de orientação em Nova York e Minnesota, clérigos em Missouri, a Academia da Força Aérea do Colorado e até mesmo banqueiros de investimento. (Também organizei o Primeiro Banco & Companhia de Crédito para Mulheres, para ajudar mulheres a controlar seu próprio dinheiro e a usar seu poder econômico.) O Departamento do Estado disse que as mulheres não podem ser demitidas do Serviço Exterior só porque são casadas e que não se pode mandar secretárias buscarem café. Mulheres estão começando a mudar a própria prática da medicina ao estabelecer clínicas de autoajuda que permitem às mulheres assumir responsabilidade ativa por seu próprio corpo. Conferências de psicanálise me pedem, assim como a outras mulheres do movimento, para ajudar a mudar a definição de feminino e masculino. Mulheres estão sendo ordenadas como pastoras, rabinas e diáconas, embora o papa diga que elas ainda não podem celebrar missas. E as freiras e padres, cuja rebelião ecumênica está na linha de frente da revolução do papel sexual, estão perguntando: "Deus é Ele?"

O movimento das mulheres não é mais apenas uma possibilidade estadunidense. Fui chamada para ajudar a organizar grupos na Itália, no Brasil, no México, na Colômbia, na Suécia, na França, em Israel, no Japão, na Índia e até na Tchecoslováquia e outros países socialistas. Espero que no prazo de um ano tenhamos nossa primeira conferência mundial de feministas, talvez na Suécia.

O Gabinete do Censo dos Estados Unidos reporta um declínio drástico na taxa de natalidade, do que dou crédito tanto às novas aspirações das mulheres quanto à Pílula. O movimento das mulheres é forte o suficiente para trazer à tona verdadeiras diferenças em ideologia: acredito que minha visão da revolução dos papéis sexuais emergirá como a crença de pessoas nos principais ramos da sociedade e a onda do ódio aos homens vai evaporar, tendo representado uma fase temporária ou mesmo um desvio planejado. Não seria realista, obviamente, esperar

A MÍSTICA FEMININA

que as forças ameaçadas pelo movimento das mulheres não tentassem organizar ou provocar uma repercussão negativa – como estão fazendo agora em vários estados para evitar a ratificação da Emendas de Direitos de Igualdade. Por exemplo, mulheres receberam uma semana de folga dos empregadores de Ohio, foram colocadas em ônibus para atravessar o estado e hospedadas em hotéis de beira de estrada em uma tentativa de pressionar o legislativo de Kentucky, para impedir a Emenda de Direitos de Igualdade. Mas eu me lembro de que as empresas de bebidas alcoólicas gastaram milhões de dólares para evitar a ratificação do direito ao voto feminino no Tennessee cinquenta anos atrás. E hoje quem está financiando a campanha para interromper o ato final do movimento das mulheres por igualdade? Não é uma conspiração de homens que não querem deixar as mulheres subir; ao contrário, é uma conspiração daqueles cujo poder, ou lucro, depende da manipulação dos medos e da raiva impotente das mulheres passivas. As mulheres – o último e maior grupo de pessoas nesta nação a exigir o controle de seu próprio destino – mudarão a própria natureza do poder político neste país.

Em uma década, desde a publicação de *A mística feminina*, o movimento das mulheres mudou também a minha vida inteira, não de modo menos poderoso ou alegre do que a vida das outras mulheres que me param para contar sobre elas mesmas. Eu não conseguia mais viver minha vida esquizofrênica: orientando outras mulheres para saírem da natureza selvagem, enquanto mantinha um casamento que havia destruído meu amor-próprio. Finalmente tive coragem de me divorciar, em maio de 1969. Estou menos solitária agora do que enquanto me agarrava à segurança falsa do meu casamento. Acho que a próxima grande questão para o movimento das mulheres é uma reforma básica de casamento e divórcio.

Minha vida continua mudando, com Emily indo para a Faculdade Radcliffe neste outono, Daniel obtendo seu Ph.D. em Princeton e Jonathan explorando novos caminhos próprios. Terminei meu primeiro período como professora visitante de sociologia na Universidade Temple, e escrevi minha própria coluna não censurada para a revista *McCall's*. Eu me

EPÍLOGO

mudei para um prédio arejado e mágico de Nova York, com céu aberto e rio e pontes para o futuro por todos os lados. Dei início a um grupo particular aos fins de semana para adultos cujos casamentos não deram certo – uma família estendida por escolha, cujos membros estão agora seguindo para novos tipos de casamento.

Quanto mais me torno eu mesma – e quanto mais força, apoio e amor de algum modo consigo obter de outras mulheres no movimento e dar a elas em troca –, mais feliz e alegre eu me sinto amando um homem. Vi grande alívio em mulheres este ano quando revelei minha verdade pessoal: que a suposição de sua própria identidade, igualdade e até poder político não significa que você precise parar de desejar amar um homem e ser amada por ele, ou que precise parar de se importar com seus filhos. Eu teria perdido minha própria simpatia pelo movimento das mulheres se não tivesse sido capaz de, afinal, admitir ternura.

Uma nota de rodapé mística: eu costumava morrer de medo de viajar de avião. Depois que escrevi *A mística feminina*, de repente parei de ter medo; agora cruzo oceanos em jatinhos e táxis aéreos monomotores pelas colinas da Virgínia Ocidental. Penso que, de modo existencial, uma vez que você começa a realmente viver sua vida e a fazer seu trabalho, e a amar, você não tem mais medo de morrer. Às vezes, quando me dou conta de quanto viajo de avião, penso na possibilidade de que morrerei em um acidente aéreo. Mas não tão cedo, espero, porque os pedaços da minha própria vida como mulher com homem estão se juntando em um novo padrão de sexo humano e políticas humanas. Agora eu posso escrever aquele novo livro.

Acho que a energia presa naqueles obsoletos papéis masculino e feminino é o equivalente social da energia física presa no reino de $E = MC^2$ – a força que desencadeou o holocausto de Hiroshima. Acredito que energias sexuais presas ajudaram a abastecer, mais do que as pessoas imaginam, a violência terrível que irrompe nos Estados Unidos e no mundo, nos últimos dez anos. Se estou certa, a revolução dos papéis sexuais vai liberar essas energias do serviço à morte para tornar realmente possível que homens e mulheres "façam amor, e não guerra".

PENSANDO NO PASSADO E NO FUTURO

METAMORFOSE:
DUAS GERAÇÕES DEPOIS

Ao nos aproximarmos de um novo século – e de um novo milênio –, são os homens que precisam romper barreiras e alcançar um novo meio de pensar sobre si mesmos e a sociedade. Que pena as mulheres não poderem fazer isso por eles, ou ir muito além sem eles. Pois é incrível considerar como as mulheres transformaram a própria possibilidade de nossa vida e estão mudando os valores de cada parte de nossa sociedade desde que rompemos com a mística feminina há apenas duas gerações. Mas isso não pode seguir adiante apenas nos termos das mulheres. Há uma nova urgência vinda da situação mutante dos homens, que é ameaçadora para as mulheres a não ser que os homens rompam barreiras. As mulheres serão forçadas a retroceder de sua personalidade empoderada? Ou se juntarão aos homens outra vez, em algum tipo de visão nova sobre a possibilidade humana, transformando o mundo masculino, que elas tanto lutaram para entrar?

Considere os termos do novo empoderamento das mulheres, as surpreendentes mudanças desde aquela vez em que escrevi a respeito, apenas três décadas atrás, quando as mulheres eram definidas apenas em relação aos homens, sexualmente – a esposa, o objeto sexual, a mãe, a esposa dona de casa – e nunca como indivíduos que se autodefinem pelas próprias ações na sociedade. Essa imagem, que chamei de "a mística feminina", foi tão difundida, alcançando-nos por meio de revistas femininas, filmes, comerciais televisivos, toda a mídia de massa e livros acadêmicos de psicologia e sociologia, que cada mulher pensava estar só, era sua culpa pessoal se ela não sentisse orgasmos ao encerar o chão da sala. Não importava o quanto desejou aquele marido, aquelas crianças,

A MÍSTICA FEMININA

a casa de dois andares no subúrbio e todos os aparelhos domésticos possíveis, que supostamente eram os limites para os sonhos femininos naqueles anos pós-Segunda Guerra Mundial, ela às vezes sentia vontade de algo mais.

Eu o nomeei de "o problema sem nome", porque naquela época as mulheres eram culpadas por uma gama de problemas: não conseguir deixar a pia da cozinha desencardida o suficiente, não passar a camisa do marido bem o suficiente, as crianças fazendo xixi na cama, as úlceras do marido, a falta de orgasmo delas. Não havia nome para um problema que não tinha nada a ver com marido, crianças, casa, sexo – o problema que escutei de tantas mulheres depois de passar minha cota de tempo como esposa dona de casa suburbana, demitida do jornal por ficar grávida, culpada de todas as formas possíveis pelas quais as mulheres sentiam culpa ao trabalhar fora do lar: que estavam prejudicando a masculinidade do homem e sua própria feminilidade e negligenciando as crianças. Não fui capaz de suprimir as ganas por escrever; então, como beber escondido de manhã, porque nenhuma outra mamãe do subúrbio "trabalhava", eu trabalhei como *freelance* para revistas femininas, escrevendo artigos sobre mulheres e suas crianças, amamentação, parto natural, a casa e a moda. Se eu tentava escrever sobre uma artista, uma questão política, "as estadunidenses não se identificarão", diziam os editores. Esses editores de revistas femininas eram homens.

À época, todos os termos em cada campo de atuação ou profissão eram definidos por homens, praticamente os únicos professores universitários em tempo integral, os associados em escritórios de advocacia, os diretores e executivos de empresas, os médicos especializados, os acadêmicos, os chefes de hospitais e diretores de clínicas. Não havia "voto feminino"; elas votavam conforme o marido mandava. Nenhuma pesquisa ou candidato político falava sobre "questões femininas"; as mulheres não eram levadas a sério, as mulheres não se levavam a sério. Aborto não era uma palavra que saía impressa nos jornais; era um crime desprezível que envergonhava e aterrorizava e muitas vezes matava as mulheres, e cujas praticantes

METAMORFOSE

poderiam ir presas. Foi somente após rompermos com a mística feminina e dizermos que mulheres são *pessoas* – nada mais nada menos, e assim exigirmos nosso direito humano de participar dos principais ramos da sociedade, de ter oportunidade igualitária de salários e de instrução e de ter nossa voz em grandes decisões sobre nosso próprio destino – que os problemas das mulheres se tornaram visíveis, e elas começaram a levar a própria experiência a sério.

Considere que, no verão de 1996, as atletas levando medalhas olímpicas – de tênis, atletismo, futebol, basquete, canoagem, ciclismo – eram, em praticamente todas as competições, a atração principal, assunto do horário nobre televisivo. Na minha juventude, ou na da minha filha, não havia mulheres competindo nos esportes principais – não havia treinamento sério para meninas nas escolas, só para meninos –, até que o movimento das mulheres exigiu e conseguiu dar fim à discriminação sexual na educação, incluindo educação esportiva; o Título IX da Lei dos Direitos Civis, da mesma forma que o Título VII, baniu a discriminação no trabalho: oportunidades iguais de trabalho, de esportes, de acordo com o limite da capacidade de cada um, para homens e mulheres.

Considere que em 1996, a questão do aborto como escolha da mulher era o principal divisor do Partido Republicano. Muito tempo depois de o movimento das mulheres ter declarado como direito básico da mulher poder escolher se quer ou não, ou quando, ter um filho, muito tempo depois de a Suprema Corte ter declarado esse direito como inalienável, conforme qualquer outro direito especificado na Constituição ou na Declaração de Direitos, escritos originalmente sobre, por e para homens, muito tempo depois de o Partido Democrata ter se comprometido ao direito de escolha, e muito tempo depois de a direita religiosa fundamentalista vir lutando uma batalha de retaguarda cruel, assediando e bombardeando clínicas de aborto. O Partido Republicano ganhou as eleições passadas inflamando temores e ódio a respeito da questão do aborto. Em 1996, a exigência de sua plataforma por uma emenda constitucional criminalizando o aborto outra vez, colocando o feto acima da vida da mulher, alienou muitos homens e mulheres republicanos, uma

A MÍSTICA FEMININA

última tentativa desesperada de voltar atrás na história. Conforme ficou claro que mulheres, agora registradas para votar em quantidade cada vez maior do que homens, elegeriam o próximo presidente dos Estados Unidos, não apenas escolhas, mas questões como licença-maternidade, o direito de não ser expulsa do hospital em menos de 48 horas após o parto, o direito de folga no trabalho para levar as crianças ao dentista ou participar de uma reunião da escola tornaram-se assuntos políticos sérios.

Enquanto parte da mídia, da propaganda e dos filmes ainda tenta definir as mulheres apenas ou principalmente como objetos sexuais, isso não é mais algo considerado chique ou mesmo aceitável por uma boa parcela dos Estados Unidos. Longe de serem tabus ou invisíveis, abuso sexual de mulheres e outras formas de assédio sexual menos explícitas agora são considerados crimes sérios o suficiente para derrubarem um senador ou juiz da Suprema Corte ou mesmo um presidente. Na verdade, a obsessão da mídia, dos jornalistas sensacionalistas e mesmo das feministas com tais acusações, oriundas como expressão do novo empoderamento feminino, agora parece quase uma cortina de fumaça. Com o foco no assédio sexual, a política sexual se tornou obcecada com o que pode ser, na verdade, um sintoma perigoso de crescente raiva masculina e frustração a respeito de ansiedade econômica, demissões, salários estagnados e declínio ou impasse na carreira. Política sexual, precisamos nos recordar, começou como reação contra a mística feminina. Foi uma explosão de raiva e de ódio reprimidos de mulheres contra os sacrifícios impostos quando eram completamente dependentes dos homens, uma raiva que descontavam no próprio corpo e disfarçadamente em marido e crianças. Essa raiva alimentou as primeiras batalhas do movimento feminino, e arrefecia a cada avanço da mulher na direção do próprio empoderamento, da individualidade completa, da liberdade.

Entretanto, a política sexual agora alimenta a política do ódio e a crescente polarização dos Estados Unidos. E também mascara as ameaças reais ao empoderamento de mulheres e homens: a cultura de ganância corporativa, a diminuição das vagas de emprego atingindo até mesmo homens brancos com ensino superior, com uma taxa de quase 20% de

METAMORFOSE

perda salarial nos últimos vinte anos, sem falar em minorias, operários e pessoas com pouca escolaridade.[1] A resistência vinda de homens incitados pela mídia e de propagadores políticos de ódio pode, novamente, fazer das mulheres bodes expiatórios. No entanto, mulheres não são mais as vítimas passivas de antigamente. Não podem ser empurradas de volta para a mística feminina tão facilmente, embora algumas mulheres astutas como Martha Stewart estejam ganhando milhões com decoração e culinária do tipo "faça você mesmo", vendendo ocupações de uma mística feminina falsa como novas escolhas chiques.

O fato é que agora, em aproximadamente 50% das casas, as mulheres estão carregando 50% do fardo do sustento financeiro do lar.[2] Mulheres agora perfazem 50% da força de trabalho.[3] Cinquenta e nove por cento das mulheres trabalham em empregos fora do lar, incluindo mães de crianças pequenas.[4] E a remuneração das mulheres é agora cerca de 62% da masculina.[5] Elas ainda não estão em pé de igualdade no topo; a maioria dos presidentes executivos, sócios em escritórios de advocacia, chefes de hospitais, professores universitários em tempo integral, membros de gabinete, juízes e delegados ainda é homem. Mas as mulheres hoje são representadas em todos os níveis logo abaixo do topo. E mais estadunidenses estão trabalhando em empresas que pertencem a mulheres, ou que são geridas por mulheres, do que em empresas da lista Fortune 500.

Entretanto, é preocupante notar que apenas um terço (34%) da diminuição na disparidade salarial entre os sexos foi por conta de aumento da remuneração das mulheres; a maior parte (66%) é explicada pela queda da remuneração dos homens.[6] E enquanto mais e mais mulheres entraram para o mercado de trabalho ao longo desses anos, mais e mais homens saíram ou foram expulsos.

São os homens – primeiro minorias, agora brancos; primeiro operários, agora de média gerência – as principais vítimas das demissões por contenções de despesas corporativas. Pois foram as vagas de chão de fábrica e de média gerência as principais eliminadas, não somente pela tecnologia, mas também pelos interesses de curto prazo em aumentar o valor no mercado de ações por meio de demissões dos cargos com

A MÍSTICA FEMININA

bons salários e benefícios. Os empregos de mulheres em prestações de serviço, em áreas como saúde, fazem parte da economia em crescimento, mas esses trabalhos são cada vez mais "terceirizados", ou por contratos temporários, ou como *freelancers*, sem benefícios.

Muitos empregos para mulheres, sobretudo como *freelancers*, não são carreiras brilhantes, mas pesquisa após pesquisa demonstra que as mulheres hoje em dia estão se sentindo muito bem a respeito da complexa vida do emprego, profissão e suas opções variadas de casamento e maternidade. As mulheres ainda sentem aquele entusiasmo, com tantas escolhas a mais do que sua mãe tinha, desde que se libertaram da mística feminina. Mas a política sexual que nos ajudou a romper com a mística feminina não é relevante nem adequada, é até mesmo desviante, ao confrontar o desequilíbrio econômico sério e crescente, a desigualdade salarial e de riquezas em ascensão, agora ameaçando tanto mulheres quanto homens.

Homens, cuja identidade masculina foi definida nos termos da pontuação na corrida econômica desleal, derrubando o cara ao lado, não podem mais contar com a ascensão no emprego ou com a ascensão profissional ao longo de toda a vida. Se eles mesmos ainda não foram demitidos, irmãos, primos, amigos e colegas de trabalho já foram. E agora ficaram mais dependentes do salário da esposa. A discrepância real e crescente afetando ambos, mulheres e homens, é a desigualdade salarial marcadamente ascendente entre os muito ricos – os 10% no topo, que agora controlam dois terços do patrimônio estadunidense – e o resto de nós, mulheres e homens. Na última década, 80% dos estadunidenses viram sua renda estagnar ou cair.[7] O único motivo pelo qual mais famílias não são levadas à pobreza é que agora homens e mulheres trabalham. Mas na atual cultura de ganância, segundo a qual todos podemos ficar ricos no mercado de ações, é mais fácil transferir a ansiedade e a insegurança em aumento entre estadunidenses, mulheres e homens, de acordo com as pesquisas – apesar do mercado de ações florescente e os lucros corporativos e o índice Dow Jones explodindo – para a política sexual, a guerra racial e o conflito entre gerações. É mais fácil desviar a raiva,

508

METAMORFOSE

colocando mulheres e homens, negros e brancos, jovens e velhos uns contra os outros do que confrontando abertamente o poder excessivo da ganância corporativa.

Gostaria de ver mulheres e homens organizando uma campanha nacional por uma semana de trabalho mais curta, da mesma forma que, meio século atrás, a força de trabalho lutou pela semana de 40 horas; mas talvez hoje uma semana de 30 horas, atendendo às necessidades de mulheres e homens durante a infância dos filhos, quando não deveriam trabalhar 80 horas semanais como alguns fazem. Uma jornada diária de seis horas, com pais no trabalho enquanto os filhos estão na escola, também adequada às necessidades de homens e mulheres que da juventude em diante precisarão combinar trabalho com formação educacional e treinamentos constantes, e de pessoas acima dos 60 anos, que, hoje sabemos, precisam de novas maneiras de continuar contribuindo com sua experiência para a sociedade, em vez de sugá-la como candidatas ao asilo. Mais empregos para todos e definições novas de sucesso para mulheres e homens.

•

As antigas batalhas ainda nos dividem. Na fábrica da Mitsubishi em Normal, Illinois, a 16 quilômetros de Peoria, onde cresci, um grupo de mulheres entrou com a maior ação na história, de assédio sexual contra homens que supostamente as tocaram agressivamente nas nádegas e nos seios e as chamaram por palavras obscenas, como "vagabunda" e "puta", bem como se recusaram a lhes dar treinamento e apoio, necessários ao trabalho não tradicional delas. Naquela região do Illinois, com o fracasso da greve na fábrica da Caterpillar, esses empregos na Mitsubishi eram os únicos bons disponíveis. Os homens estavam se sentindo obviamente ameaçados pelas mulheres que tomavam os postos. Eu tinha orgulho da NOW, a Organização Nacional para Mulheres (que ajudei a fundar quando vi a necessidade de um movimento para irmos além da mística feminina e participar como iguais nos principais ramos da sociedade), quando ela foi ao Japão se reunir com 45 organizações femininas japonesas para enfrentar a Mitsubishi em sua base. Mas não dá para a vitória das mulheres contra o abuso masculino durar, não é sólida, enquanto as *causas* para essa insegurança e esse ódio não forem resolvidas por e para mulheres e homens.

Mesmo assim, tem-se sentido o novo poder das mulheres por todo o mundo, como ficou claro na conferência de Pequim em 1995. Quando o governo autoritário chinês não conseguiu pegar as Olimpíadas, recebeu a Conferência Mundial sobre a Mulher, organizada pela ONU, esperando que as mulheres fizessem compras e posassem para belas fotos diante das pitorescas paisagens chinesas. Quando 40 mil mulheres de organizações de mulheres em movimentos no mundo inteiro exigiram vistos e protestaram diante de embaixadas chinesas ao serem recusadas, o governo chinês tentou isolar a conferência não governamental em um subúrbio remoto. Mas não foram capazes de deter as mulheres do mundo. Autorizadas a protestar apenas em um parquinho infantil, mulheres do Tibete, para quem o visto foi negado, levaram a CNN àquele parquinho e, envoltas em preto, mostraram sua história para todo o mundo. Hillary Rodham Clinton afirmou para o mundo inteiro que "direitos das mulheres são direitos humanos". As delegadas oficiais da conferência da ONU eram, obviamente, mulheres empoderadas, enquanto há vinte anos ocupavam seu posto durante votações importantes homens ou esposas e secretárias de oficiais homens. As mulheres, dessa vez, não apenas declararam o direito da mulher de controlar sua própria sexualidade e gestações como direito humano universal, mas também declararam a mutilação genital de garotinhas um crime contra a humanidade. Sob a mística feminina, homens ao redor do mundo consideravam um direito deles bater ou abusar das esposas. Agora, nos Estados Unidos, e depois de Pequim, no mundo todo, não podem mais contar com esse direito. Nos Estados Unidos, o Departamento de Justiça montou um escritório para treinar policiais no tratamento de casos de violência contra mulheres.

Violência contra as mulheres parece estar aumentando nos Estados Unidos, em parte porque as mulheres estão denunciando como abuso o que antes aceitavam passivamente como humilhação particular, mas também porque talvez a frustração e o desespero crescentes nos homens sejam descontados nas mulheres. Estudos e relatórios da Califórnia, de Connecticut e de outros lugares mostram aumento de abuso sexual e violência contra mulheres, bem como de taxas de suicídio, abuso infantil e divórcio, frente às demissões em empresas e à falta de uma comunidade, à escassez de tempo e de preocupação para com propósitos maiores na década do "eu". Mas as preocupações das mulheres agora vão além da própria segurança. Foi preocupação pela família, e não apenas as próprias famílias, mas também aquelas mais pobres ou menos afortunadas em qualquer sentido, o que motivou estadunidenses a, em 1996, se levanta-rem contra as ameaças do Partido Republicano de cortes aos sistemas públicos de saúde, Medicare e Medicaid, benefícios sociais, previdência social, empréstimos estudantis, vacinações infantis e proteção ao meio ambiente. Cooptar a retórica feminista não garantiu votos de mulheres para políticos que ameaçavam o bem-estar de crianças, idosos, doentes e pobres. Abstrações sobre "equilibrar o orçamento" não mascarou para elas o perigo do sucateamento de programas governamentais que pro-tegem crianças e idosos, doentes e pobres, a fim de proporcionar cortes nos impostos dos ricos. Uma década depois do movimento das mulheres, um estudo feito pelo Instituto Eagleton, na Universidade de Rutgers, mostrou que o acréscimo de apenas duas mulheres à legislatura estadual muda a agenda política, não apenas na direção dos direitos femininos, mas também das questões básicas da vida – a vida de crianças, idosos, doentes e pobres.

E assim, pode parecer paradoxo ou retorno à origem, ou ainda, tese extraordinária, nesses trinta e poucos anos, as mulheres rompendo com a mística feminina, para alcançar a própria participação política e econômica e o empoderamento nos principais ramos da sociedade, não estão ficando mais parecidas com os homens, mas estão expressando na esfera pública alguns dos valores que costumavam ser expressos ou permitidos apenas na privacidade do lar. A mística contra a qual tive-mos que nos rebelar quando era usada para nos confinar no lar, para

A MÍSTICA FEMININA

nos impedir de desenvolver e usar nossa individualidade completa na sociedade, distorceu esses valores reais que agora as mulheres estão abraçando, com poder e entusiasmo renovados, tanto na privacidade do lar quanto na sociedade mais ampla. E ao fazê-lo, estão transformando as dimensões políticas e pessoais de casamento e família, lar e sociedade, que elas compartilham com os homens.

Casamento, que costumava ser o único modo de uma mulher ter função social e suporte econômico, é agora uma escolha para a maioria das mulheres e também para os homens. Não mais define completamente uma mulher, como nunca definiu os homens; com frequência, ela mantém o próprio nome, ou ambos adotam o sobrenome um do outro em um sobrenome hifenizado. No rompimento com a mística feminina, a retórica feminista radical do início parecia declarar guerra ao casamento, à maternidade, à família. A taxa de divórcio daqueles casamentos da mística feminina da década de 1950 explodiu entre as décadas de 1960 e 1980. Antes, não importasse quem fosse à justiça, apenas o homem possuía independência econômica e social para conseguir um divórcio. Desde então, uma quantidade enorme de mulheres conseguiu sair de casamentos ruins. Em algumas instâncias, as mulheres se rebelaram contra o papel restrito da mística feminina fugindo do casamento. Mas, em outras, o casamento mudou suas características para algo mais igualitário e estável, conforme as mulheres voltaram aos estudos, ingressaram na faculdade de direito, foram promovidas em trabalhos sérios e começaram a compartilhar o fardo financeiro, antes responsabilidade inevitável e exclusiva do homem. E os homens começaram a dividir os cuidados com as crianças e o trabalho doméstico, que antes era domínio exclusivo e definidor da mulher, sua responsabilidade – e seu poder.

Tem sido fascinante observar toda essa mudança, todos esses problemas novos, as alegrias, as soluções. A retórica feminista conceitualizou "a política do trabalho doméstico", que a maioria das mulheres começou a praticar na vida diária. Os homens ainda não estão assumindo responsabilidade absolutamente *igualitária* no cuidado das crianças e do lar, da mesma forma que as mulheres ainda não estão sendo tratadas de maneira

METAMORFOSE

igualitária em muitos escritórios. Fiquei encantada com um artigo de primeira página do *New York Times*, alguns anos atrás, proclamando que "Homens estadunidenses não estão fazendo 50% do trabalho doméstico". Que maravilha, pensei, que o *Times* considere mesmo possível, desejável, assunto para a primeira página, que o homem estadunidense *deveria* fazer 50% do trabalho doméstico – os filhos da mística feminina, cujas mães preparavam seus sanduíches e recolhiam suas cuecas sujas do chão. Era um progresso, me pareceu, homens que antes "ajudavam" (fazendo churrasco enquanto ela limpava o vaso sanitário) fazerem sequer 20% do serviço. Agora, de acordo com os últimos dados, os estadunidenses estão fazendo 40% do trabalho doméstico e dos cuidados com as crianças.[8] Duvido que estejam passando roupa, mas nem as mulheres estão. Li relatórios sobre vendas em queda de todos aqueles sabões que as mulheres precisavam jogar dentro dos eletrodomésticos para os manterem em funcionamento 24 horas por dia. E as famílias começaram a comprar lâmpadas de 25 watts para disfarçar a poeira até sábado, quando todos faxinam juntos. Mas não fiquei feliz ao ler, recentemente, que apenas 35% das famílias estadunidenses fazem uma refeição por dia juntos.

O fato é que a taxa de divórcio não está mais tão acelerada. E a maioria dos divórcios agora ocorre entre os muito jovens, não entre aqueles que passaram por essas mudanças. Na segunda década depois do movimento das mulheres, deparei-me com estatísticas de um instituto populacional de Princeton indicando que mais casais estadunidenses estavam fazendo sexo com mais frequência e aproveitando-o mais do que nunca.[9] Em minha pesquisa inicial para *A mística feminina*, observei dados históricos sobre como a cada década de avanço das mulheres na direção da igualdade com os homens os números que relatam relações sexuais satisfatórias entre homens e mulheres aumentavam. Há muitos dados atuais mostrando que igualdade está fortemente associada com um casamento bom e duradouro – embora talvez haja mais discussões entre os pares. No congresso da Associação Estadunidense de Sociologia, em agosto de 1995, fui convidada a falar sobre o futuro do casamento. Vi esse futuro em termos de novas potências para as mulheres e homens, e

A MÍSTICA FEMININA

novos desafios para a sociedade. Por exemplo, em todos os argumentos a respeito de homens não fazendo o suficiente no trabalho doméstico e nos cuidados com as crianças, ouvi mulheres admitindo recentemente que não gostam quando os homens assumem tantas responsabilidades a ponto de o filho recorrer ao pai primeiro para mostrar um boletim ou um corte no dedo. "Eu não pensaria em deixar Ben levá-lo ao médico", minha amiga Sally contou. "Isso é coisa minha." Havia muito poder no papel da mulher na família, invisível até para as feministas, de acordo com as medidas masculinas. Mais estudos precisam ser feitos para testar quais potências são acrescentadas às famílias quando mães e pais dividem o poder da educação.

Tudo o que escutamos, tudo de que falamos são os problemas: os estresses, para as mulheres, de conciliar trabalho e família; o déficit, para as crianças, de crescer em uma família com pai ou mãe solteiros. Não ouvimos falar dos estudos no Centro Wellesley para Pesquisa sobre Mulheres que demonstram que conciliar trabalho e família reduz o estresse para mulheres, é melhor para a saúde mental delas do que o antigo papel de dedicação exclusiva a um ou outro, e que a saúde mental delas não mais se degenera acentuadamente depois da menopausa. Não ouvimos falar dos diferentes tipos de força e apoio de que as famílias de pai ou mãe solteiros precisam e deveriam receber da comunidade. Mas há uma nova consciência de que algo precisa mudar na estrutura social, porque as horas e as condições de trabalho e treinamento profissional ainda são baseadas na vida de homens do passado, que tinham esposa para cuidar dos detalhes do dia a dia. Mulheres não têm esposas assim, mas hoje em dia nem a maioria dos homens tem. Então os locais de trabalho "pró-família" tornam-se uma questão de barganha política e coletiva consciente – horários flexíveis, trabalho partilhado, licença-maternidade e licença-paternidade. Ao que parece, empresas na vanguarda tecnológica e no topo da lucratividade também são aquelas adotando políticas "pró-família". Os Estados Unidos vão na contramão das outras nações industrializadas avançadas nesse quesito: 98% das crianças entre 3 e 4 anos na França e na Bélgica estão matriculadas em algum programa de

METAMORFOSE

pré-escola.[10] Os Estados Unidos foram a última nação industrializada, exceto a África do Sul, a adotar uma política de licença parental nacional, apenas depois da posse de Bill Clinton.

Há também um entendimento crescente de que são necessários mais do que uma mãe e um pai, e mais do que uma mãe solteira, para criar uma criança. "É preciso uma aldeia para educar uma criança", disse a primeira-dama Hillary Rodham Clinton em seu livro *best-seller* em 1996.* Há uma nova consciência a respeito dos valores da diversidade – e da necessidade de todas as famílias de fazer parte de uma comunidade maior e mais forte. Algo muito distante do modelo único da família suburbana e isolada da mística feminina nos anos 1960, não apenas em relação às variações – alguns casais tendo filhos aos 40, com homens e mulheres bem estabelecidos na carreira; alguns equilibrando trabalho, profissão, estudos e lar com bebês aos 20 e 30 anos; às vezes a mulher tirando um ou dois anos de licença, ou o homem, se podem arcar monetariamente com isso; e pais e mães solteiros –, mas todos contando, mais do que nunca, com o apoio de avós, grupos com outros pais para as crianças brincarem, empresa, igreja, creches comunitárias. E cada vez mais homens e mulheres, morando individualmente ou juntos, jovens ou mais velhos, dentro de novos padrões. A campanha recente para legalizar o casamento entre pessoas do mesmo sexo mostra o apelo poderoso desse compromisso emocional duradouro, mesmo para aqueles homens e mulheres que se afastam das normas sexuais convencionais.

Entre 1994 e 1995, no Centro Internacional para Acadêmicos Woodrow Wilson, do Smithsonian, em Washington, D.C., conduzi um seminário para legisladores, olhando para além da política sexual, além da política da identidade, além de gênero, na direção de um novo paradigma para mulheres, homens e comunidade. Em 1996, nos focamos na "Reformulação de Valores Familiares", no contexto das novas realidades

---

* O ditado africano "É preciso uma aldeia para educar uma criança" foi popularizado pelo livro *It takes a village*, de Hillary Clinton, publicado originalmente em 1996. [*N. da E.*]

econômicas. Nunca aceitei a aparente polarização entre feminismo e famílias. Uma retomada demagoga da antiga mística feminina, a recente campanha reacionária por "valores familiares" é basicamente um ataque a aborto, divórcio, e, acima de tudo, aos direitos e à autonomia das mulheres. Mas existem valores verdadeiros relacionados à família, à maternagem, à paternagem e à união entre gerações, a todas as nossas necessidades de dar e receber amor e cuidar, que são hoje preocupações públicas e privadas das mulheres e o cerne da desigualdade de gênero política em 1996. A questão é: quando os homens irão se virar para a cultura da ganância e perguntar "isso é tudo?"

O velho separatismo – mulheres *versus* homens – não é mais relevante, e, na verdade, está sendo superado. Da mesma forma que os Clubes da Playboy foram fechados alguns anos depois do movimento das mulheres – não parecia mais sexy para as mulheres, evidentemente, fingir serem "coelhinhas" –, em 1997, a revista *Esquire* está em apuros. E o *publisher* de *Ms.* e *Working Mother* as colocou à venda: tudo isso era revolucionário vinte anos atrás, disse ele, mas agora é parte da sociedade. A lançadora de tendências, *New Yorker*, agora é editada por uma mulher, e em 1996 dedicou sua tradicional edição de aniversário às mulheres. Na campanha de 1996, tanto Hillary Rodham Clinton quanto Elizabeth Dole exibiram, mas também tentaram esconder, o poder que vem de sua própria carreira de sucesso. Ambas focaram o poder em questões tradicionais das mulheres – Cruz Vermelha, crianças –, mas com toda a nova sofisticação política e o maquinário organizacional que mulheres hoje em dia comandam para essas questões. Já não era possível esconder a nova imagem de casamento entre pares vinda da Casa Branca: apesar da indecisão quando a voz de uma nova e forte primeira-dama ecoa abertamente pelos conselhos políticos de alto escalão. Existe uma noção clara, em ambos os lados políticos, da parceria entre homens e mulheres que vai além da mística feminina.

Ao mesmo tempo, o novo fosso histórico entre gêneros na corrida presidencial pressagia um desvio inexorável na agenda política nacional na direção de preocupações que eram desprestigiadas como "assuntos de mulher". Assim, como resultado do crescente poder político das mulheres, a velha mística feminina está sendo transformada em uma nova realidade política e uma nova prioridade sem precedentes para ambos os partidos.

Foi o *Wall Street Journal* o primeiro a relatar isso com manchetes na primeira página (11 de janeiro de 1996): "Em números históricos, homens e mulheres dividem a corrida presidencial." O jornal descreveu:

> Se a tendência atual continuar, a divisão entre homens e mulheres será maior na eleição presidencial de 1996 do que em qualquer outra da história recente. Essa poderia ser, na verdade, a primeira eleição moderna na qual homens e mulheres coletivamente se separam dos dois lados da corrida presidencial.
>
> "A eleição de 1996 atualmente é caracterizada por um fosso de gênero de proporções históricas", disse Peter Hart, pesquisador dos democratas que ajuda a conduzir as pesquisas do *The Wall Street Journal*/NBC News [...].
>
> De fato, na pesquisa *Journal*/NBC no início do mês passado, o presidente e o senador Dole estavam em empate virtual entre os eleitores masculinos. Porém, entre as mulheres, o presidente liderava com 54% contra 36% para o senador Dole.

O *Wall Street Journal* também observou:

> A força do presidente entre as eleitoras, que aumentou diante do debate feroz a respeito do orçamento, é o motivo principal por ele ter se recuperado nas pesquisas mais recentes. "Em essência", disse o sr. Hart, "a atual força do presidente vem inteiramente das mulheres, que estão se inclinando tão veementemente para o lado dos democratas que mesmo as donas de casa, uma base de apoio tradicional do Partido Republicano, estão favoráveis ao presidente Clinton" [...].
>
> Quando solicitados a nomear as questões principais enfrentadas pela nação, os homens respondem duas vezes mais do que as

A MÍSTICA FEMININA

mulheres sobre o déficit orçamentário ou o corte em gastos governamentais, as prioridades do PR. Mulheres, por sua vez, têm a tendência a citar problemas sociais como educação e pobreza [...].

Tentativas de reduzir o Medicare [...] e a disputa a respeito de gastos sociais afetaram mulheres de todas as idades, que tendem a assumir responsabilidades maiores no cuidado dos mais jovens e dos mais velhos. Isso com frequência as deixa mais preocupadas do que os homens, quando programas sociais voltados para essas populações são reduzidos.

De forma significativa, são essas preocupações sociais mais amplas, não a "personalidade" ou questões sexuais, que hoje definem o fosso entre os gêneros, embora essas novas frustrações dos homens tenham se tornado alvo da política do ódio, conforme praticada por Pat Buchanan nas primárias republicanas. Os gurus políticos de ambos os lados ficaram perplexos: as antigas suposições sobre o poder extremo do homem branco ainda valem, mas de forma mais frágil, pois cada vez mais homens brancos se juntam a homens negros nessas novas preocupações. E se tornou aparente às instituições políticas antigas e recentes: não podem mais vencer sem as mulheres, não apenas defensoras simbólicas e passivas, mas legisladoras ativas. Afinal, as mulheres elegeram o presidente dos Estados Unidos em 1996 por uma diferença de gênero de 17%. E uma mulher, pela primeira vez, é Secretária de Estado.

É incrível observar essas ondas começando a transformar a paisagem política. Muitos republicanos se juntando aos democratas para enfim votar a favor do aumento no salário mínimo. Os republicanos retrocedendo de seus ataques brutais a Medicaid, Medicare, Head Start [programa de educação e saúde para crianças de baixa renda], auxílio alimentação, vacinação infantil, empréstimos estudantis, proteção ao meio ambiente e até ações afirmativas. As preocupações concretas da vida, preocupações de mulheres, agora em destaque, sendo priorizadas, no lugar das abstrações de equilíbrio orçamentário. E um novo movimento confrontando as novas realidades concretas da crescente discrepância de renda nos

METAMORFOSE

Estados Unidos, afetando mulheres, homens e suas crianças, alimentando a política do ódio. Fiquei feliz de, em 1996, me juntar a líderes jovens em uma aliança com a nova liderança militante da AFL-CIO [Federação Estadunidense do Trabalho e Congresso de Organizações Industriais] no planejamento de manifestações contra o crescente abismo de renda, a favor de "salário digno" para todos, não mais mulheres *versus* homens. O que precisa ser encarado agora, por homens e mulheres juntos, são os excessos mortalmente ameaçadores da cultura da ganância, do poder corporativo brutal e desenfreado. Tem que haver outra maneira de definir e medir o que há de mais importante na competição e no sucesso tanto corporativo quanto pessoal, e as prioridades do orçamento nacional. O bem-estar das pessoas, o *bem comum*, precisa ter prioridade perante uma medida estreita a respeito do aumento no valor das ações no próximo trimestre, perante as compensações progressivas para executivos, e mesmo perante nossa "pauta única" isolada. E alguns CEOs visionários, bem como alguns políticos, estão começando a enxergar isso.

Mas as mulheres estão começando a ficar impacientes. O Comitê Político das Mulheres de Hollywood, que arrecadou milhões de dólares para a eleição de senadores liberais e do presidente Clinton, votou para se desmantelar em protesto contra o dinheiro como força dominante na política estadunidense e contra a traição de políticos que apoiaram a dita reforma do bem-estar social, a qual aboliu o Auxílio para Famílias com Crianças Dependentes [programa de ajuda financeira para famílias com baixa ou nenhuma renda].

•

Novas tecnologias de controle de natalidade, ainda mais avançadas do que o RU-486, bem como o consenso nacional em evolução, logo tornarão a questão do aborto obsoleta. Por mais importante que fosse, nunca deveria ter sido um teste decisivo de "pauta única" para o movimento das mulheres. Os assessores de imprensa e conselheiros políticos – que são homens – dos presidentes e de ambos os partidos políticos ainda não "entendem" a totalidade do novo empoderamento das mulheres, ou não teriam aconselhado

A MÍSTICA FEMININA

a passagem do projeto e assinatura da lei do bem-estar social que levou um milhão de crianças à pobreza.

Para o movimento das mulheres, para esta nação, outras questões de escolha devem agora nos incluir. Escolhas relacionadas a padrões diversificados de vida em família e carreira, e os recursos monetários necessários para homens e mulheres de todas as idades e raças terem "escolhas" na vida, e não somente os muito ricos – escolhas de como vivemos e de como morremos.

O paradoxo continua a se aprofundar, abrindo uma nova consideração séria a respeito dos valores verdadeiros nas experiências das mulheres antes escondidas sob a mística feminina. Há muita conversa atualmente sobre um terceiro setor, de virtude cívica. Professores de Harvard e de outras instituições estão descobrindo que os valores reais que mantêm a sociedade prosperando não são necessariamente os gerados por riqueza, petróleo, comércio, tecnologia, mas valores dados ao engajamento cívico, às *associações voluntárias*, que observadores, a partir de Tocqueville, viram como a força vital da democracia estadunidense. A culpa pelo declínio dessas organizações é colocada parcialmente sobre as mulheres trabalhadoras. Todos esses anos, enquanto as mulheres organizavam as Associações de Pais e Mestres, os escoteiros, a igreja e congregações, e a Ladies Village Improvement Society* de graça, ninguém as valorizava muito. Agora que as mulheres se levam a sério, e são pagas e levadas a sério, tal trabalho voluntário, em sua *ausência* nos Estados Unidos de 1996, está começando a ser levado a sério também. Alguns cientistas sociais e gurus políticos, da direita e da esquerda, propõem que o terceiro setor se responsabilize por boa parte das responsabilidades governamentais de bem-estar social. Porém, as mulheres, que constituem o terceiro setor, sabem que ele não pode assumir sozinho as responsabilidades mais amplas de um governo. Nossa democracia exige um senso renovado de responsabilidade compartilhada entre público, privado, cívico e corporativo.

---

* Sociedade das Senhoras para Melhoria da Vila, associação de mulheres moradoras de East Hampton, NY, que assegura benfeitorias para a cidade e melhoria do turismo. (*N. T.*)

METAMORFOSE

Em 1996, voltei para Peoria, para discursar no funeral da minha melhor amiga do ensino médio e da faculdade, Harriet Vance Parkhurst, mãe de cinco filhos, representante do comitê eleitoral republicano e radicalmente pró-democracia. Harriet voltou para Peoria depois da Segunda Guerra Mundial, casou-se com um colega do ensino médio que se tornou um senador republicano e, enquanto criava os cinco filhos, presidiu e batalhou em todas as campanhas comunitárias e de cada nova causa, de museu a sinfonia, de Head Start aos direitos das mulheres. Havia artigos de primeira página e longos editoriais nos jornais de Peoria sobre a morte de Harriet. Ela não era rica nem famosa, não tinha nenhum dos sinais de poder masculino. Gosto de pensar a respeito desse tributo sério para uma mulher que *liderou a comunidade* cuidando desses valores, que antes eram considerados fardo destinado às mulheres, não apenas como tributo pessoal a uma amiga querida, mas um sinal da atual seriedade com a qual as contribuições das mulheres, antes mascaradas, trivializadas pela mística feminina, estão sendo encaradas.

Por outro lado, é também a ampliação do círculo desde que rompemos com a mística feminina, não o "um ou outro", as batalhas para vencer ou perder, o que me anima agora. Um repórter me perguntou, em uma dessas avaliações recorrentes sobre o futuro das mulheres: "Qual é a batalha principal para as mulheres de hoje? Quem está ganhando? Quem está perdendo?" E acredito que essa indagação soa quase obsoleta; não é assim que devemos pensar nas coisas. As mulheres lutaram uma grande batalha, no Congresso e nos estados, para levarem a sério o câncer de mama e termos mamografias cobertas pelo seguro-saúde. Mas a atual e mais grave ameaça à vida das mulheres é o câncer de pulmão, com as campanhas publicitárias de cigarros utilizando temas feministas para viciar as mulheres enquanto os homens estão parando de fumar.

As enormes seções de livrarias e bibliotecas dedicadas a livros que analisam cada aspecto da identidade da mulher, em todos os períodos históricos e em nações e tribos distantes, as variações infinitas de "Homens são de Marte, mulheres são de Venus" e de como se comunicar

A MÍSTICA FEMININA

um com o outro ("eles simplesmente não entendem") estão saturadas. Universidades para homens estão quase extintas nos Estados Unidos. Quando cortes decretaram que o Instituto Militar da Virgínia e o Colégio Militar da Carolina do Sul não poderiam mais ser financiados pelo Estado, a não ser que dessem às mulheres treinamento militar igual, e não separado, a nova tentativa de afirmar que faculdades e colégios separados são melhores para as mulheres, que as pobrezinhas jamais vão aprender a levantar a voz se tiverem que estudar e competir com os homens, para mim, é atitude reacionária e regressiva, um acovardamento temporário e obsoleto.

Em faculdades e universidades, da menor faculdade comunitária até Harvard, Yale, e Princeton, os estudos de mulheres não são somente oferecidos como uma disciplina séria independente, como também, agora em todas as disciplinas, novas dimensões de pensamento e história estão emergindo conforme mulheres e homens acadêmicos analisam a experiência da mulher, antes um "continente escuro". Em junho de 1996, a primeira conferência nacional devotada a escritoras estadunidenses do século XIX, realizada na Faculdade Trinity em Hartford, recebeu proposta de 250 artigos. O nível de interesse e sofisticação daqueles artigos eram "totalmente inimagináveis" há dez anos, disseram os organizadores do evento. As escritoras do século XIX "estavam lidando com grandes problemas sociopolíticos da época, tais como escravidão, capitalismo industrial e, depois da Guerra Civil, a linha de cor",* disse Joan D. Hedrick, professora de história da Trinity, cuja biografia de Harriet Beecher Stowe** foi premiada com o Prêmio Pulitzer de 1995. "Nessa época, as mulheres não tinham direito ao voto, a única maneira de se representarem era pela escrita." Mas essas escritoras foram ignoradas quando homens desconstrucionistas e suas seguidoras feministas apagaram, no cânone pós-moderno, aquilo que o professor Paul Lauter

---

* *Color line*, no original. Termo usado para a segregação racial nos Estados Unidos, logo após a abolição da escravidão. (*N. T.*)

** Autora de *A cabana do Pai Tomás*. (*N. T.*)

cunhou "ideia de sentimento, ideia de lágrimas, a ideia de ser tocado pela literatura, a ideia de ser político".

E agora as mulheres estão trazendo de volta esses problemas mais amplos e *preocupações com a vida*, de além das abstrações mortas para a política de ação, e não apenas letras. E assim, hoje, as mulheres não são mais um "continente escuro" na literatura e em qualquer outra disciplina acadêmica, embora algumas teóricas feministas continuem a debater a "história da vítima". Em uma resenha de *The Image of Man: The Creation of Modern Masculinity* [A imagem do homem: a criação da masculinidade moderna] do eminente historiador George L. Mosse (*The New Republic*, 10 de junho de 1996), Roy Porter escreveu:

> O que permanece escondido da história hoje em dia é o homem. Não que as conquistas dele tenham sido negligenciadas. Pesquisa histórica sempre se centrou na vida de homens – funileiro, alfaiate, soldador, marujo, rico, pobre, mendigo [...]. O próprio termo "homem" podia servir automaticamente a uma dupla função, referindo-se igualmente ao gênero masculino ou aos humanos [...] quando aqueles que desfilavam pelo palco histórico eram quase invariavelmente homens. Ser homem – atuando no teatro do trabalho, da política, do poder – era simplesmente considerado natural; e quando traços alegadamente masculinos, tais como a luta, eram questionados por pacifistas ou protestadores, os falecidos europeus brancos, dominando a academia e as ondas sonoras, eram hábeis em depreciar tais críticas como histéricas ou utópicas, fundamentando-se na ideia de que um homem deve fazer o que um homem deve fazer [...]. Foi o movimento das mulheres, não é de se surpreender, o que colocou a masculinidade sob interrogatório [...].

Porém, os livros que até o momento estão tratando da mística masculina e os chamados "estudos de homens" e "movimento dos homens" com muita frequência têm sido cópias literais ao contrário do movimento de libertação das mulheres – assim, por definição, não autênticos. Ou a adoção revisionista desesperada do machismo fora de moda, atrofiado, brutal, juvenil que ainda hoje nos Estados Unidos parece definir masculinidade. Talvez Robert Bly [autor de *João de Ferro, um livro sobre homens*] leve homens às lágrimas em sua poesia, mas naqueles acampamentos florestais ele os orienta a fazer exercícios de rituais tribais, batendo no peito, em uma personificação do homem das cavernas, tocando tambores com tangas de pele de leão falsa. Os milicianos obcecados por armas ameaçaram a base da sociedade com sua masculinidade obsoleta. Nós, feministas, ficamos tão obcecadas com a força libertadora de nossa própria autenticidade, rompendo a mística feminina obsoleta, aceitando as novas possibilidades de nossa própria personalidade, que ultimamente enxergamos os homens principalmente quando nos oprimem – chefes, maridos, amantes, polícia – ou não cumprem sua parte no trabalho doméstico, no cuidado das crianças, no *relacionamento*, nos sentimentos que hoje exigimos deles, mesmo tendo aprendido as habilidades profissionais e jogos de poder político e começamos a carregar as responsabilidades financeiras que antes eram apenas dos homens. Aquelas carreiras corporativas e profissionais em linha reta, ainda estruturada nos termos da vida de homens do passado que tinham esposas para cuidar dos detalhes do dia a dia, hoje sabemos, representam problemas reais, por vezes insuperáveis, para as mulheres de hoje. O que não notamos é a crise, o crescente desespero dos homens ainda definidos nos termos daquelas carreiras corporativas e profissionais não mais confiáveis, diminuídas, terceirizadas e desaparecendo. Pois sabemos que os homens possuem todo esse poder (os falecidos homens brancos tinham!), só não levamos a sério (e eles não admitem a seriedade disto) aqueles oito anos a mais que as estadunidenses agora ultrapassam do tempo de vida dos homens: 72 anos, a expectativa de vida dos homens; 80, a das mulheres.

A pesquisa que explorei para o meu livro lançado em 1993, *The Fountain of Age* [A fonte da idade], exibia dois aspectos cruciais para vivermos uma vida longa e ativa: propósitos e projetos que utilizem

METAMORFOSE

a capacidade de cada um, que estruturem o dia a dia e mantenham a pessoa em ação como parte da nossa sociedade em mutação, além de laços de intimidade. Mas para os homens cujos projetos eram definidos pelas carreiras vitalícias não mais confiáveis, agora reina o caos. Eles precisam da flexibilidade que as mulheres foram forçadas a desenvolver, cuidando dos filhos, encaixando profissão, emprego e família de alguma forma, inventando uma estrutura de vida cambiante conforme requisitado. Para esse extenso período de vida, os homens desesperadamente precisam agora da facilidade para criar e sustentar laços de intimidade e compartilhar sentimentos que antes eram relegados como coisas de mulher. Afinal, encaremos isso finalmente, o que costumava ser aceito – o homem como medida para tudo – agora deve ser reconsiderado. Mulheres e homens agora estão ambos presentes nos principais ramos da sociedade e definindo os termos. Os padrões, as definições, as próprias medidas pelas quais vivemos precisam mudar, estão mudando, à medida que a nova realidade compartilhada por homens e mulheres empurra para o lado as reminiscências obsoletas da mística feminina e sua contraparte machista.

E assim, em uma política na qual o recente poder do voto consciente feminino excede o masculino, as preocupações com a vida – cuidados com jovens e idosos, doença e saúde, a escolha de se, ou quando, ter um bebê, *valores familiares* – agora definem a agenda, mais do que as velhas abstrações sobre déficit e mísseis mortais. Em agosto de 1996, o *New York Times* relatou uma crise na moda: as mulheres não mais compram roupas de alta moda, os homens, sim. Propagandas e comerciais vendem "noite do papai na cozinha", perfume e *lifting* facial para homens. O bebê no canguru agora faz homens jovens serem fortes o suficiente para serem sensíveis. Esses homem podem amadurecer e deixar de ser os crianções que definiram a masculinidade até o momento. E aquelas atletas, em destaque nas Olimpíadas de 1996, quais padrões elas mudarão? As propagandas e revistas de moda talvez ainda apresentem mulheres-crianças pré-pubescentes, ou tentam empurrar peitos preenchidos de silicone que não reagem ao toque humano – mas também vendem às jovens que estão crescendo agora o tênis para treino e os novos ideais de força. Será que as novas mulheres não precisarão mais de homens para serem mais altas, mais fortes e ganharem mais dinheiro?

Adultos, homens e mulheres, não mais obcecados com juventude, superando enfim os jogos infantis e rituais de poder e sexo obsoletos, tornam-se cada vez mais eles mesmos, de forma autêntica. E não fingem que homens são de Marte e mulheres são de Vênus. Até mesmo compartilham dos interesses um do outro, dividem um código comum de trabalho, amor, diversão, filhos, política. Podemos agora começar a vislumbrar as possibilidades humanas vindouras com mulheres e homens por fim livres para serem eles mesmos, conhecerem um ao outro pelo que realmente são e definirem os termos e medidas de sucesso, fracasso, alegria, triunfo poder e o bem comum, juntos.

Betty Friedan
Cidade de Washington
Abril de 1997

NOTAS

1. *New York Times*, 11 de fevereiro de 1994. Dados do Departamento do Censo Estadunidense compilados por F. Levy (MIT) e R. Murnane (Harvard).
2. "Women: The New Providers" [Mulheres: as novas provedoras], Estudo da Fundação Whirpool, pelo Instituto de Famílias e Trabalho, maio de 1995.
3. "Employment and Earnings" [Emprego e renda], Departamento de Estatísticas do Trabalho, janeiro de 1996.
4. Dados do Departamento do Censo Estadunidense do atual Relatório Populacional, 1994.
5. Comitê Nacional de Igualdade Salarial, dados do Departamento do Censo Estadunidense compilados do atual Relatório Populacional, 1996.

METAMORFOSE

6. "The wage Gap: Women's and Men's earnings" [O fosso salarial: proventos de mulheres e homens], Instituto para Pesquisa sobre Políticas para Mulheres, 1996.

7. *Washington Post*, 27 de setembro de 1994. Dados divulgados no "Corporate Downsizing, Job Elimination, and Job Creation" [Cortes corporativos, eliminação de vagas e criação de vagas], Pesquisa AMA Survey, 1994. Ver também *The Downsizing of America: The New York Times Special Report* [Cortes nos Estados Unidos: Reportagem Especial do *New York Times*]. Nova York: Random House, 1996.

8. "Women's Voices: Solutions for a New Economy" [Vozes das mulheres: Soluções para uma nova economia], Centro para Alternativas Políticas, 1992.

9. "Contraceptive Practice and Trends in Coital Frequency" [Práticas contraceptivas e tendências em frequência coital], Departamento de Pesquisa Populacional da Universidade de Princeton, *Family Planning Perspectives* [Perspectivas no Planejamento Familiar], vol. 12, n. 5, outubro de 1980.

10. *Starting Right: How America Neglects Its Youngest Children and What We Can Do About It* [Começando direito: como os Estados Unidos negligenciam as crianças mais novas e o que podemos fazer a respeito], Sheila B. Kamerman e Alfred J. Kahn. Nova York: Oxford University Press, 1995.

INTRODUÇÃO À EDIÇÃO DE 10º ANIVERSÁRIO

Há uma década *A mística feminina* foi publicada, e até que eu tivesse começado a escrever o livro, eu nem tinha consciência do problema da mulher. Presas como estávamos todas naquela mística, que nos mantinha passivas e distanciadas e nos impedia de ver nossos verdadeiros problemas e possibilidades, eu, assim como outras mulheres, pensei que havia algo de errado *comigo,* porque eu não tinha um orgasmo enquanto encerava o chão da cozinha. Eu era uma aberração por escrever aquele livro – não que eu encerasse qualquer chão, devo admitir, quando estava prestes a terminá-lo em 1963.

Cada uma de nós pensou ser uma aberração, há dez anos, quando não passava pela experiência da misteriosa e orgástica realização ao encerar o chão da cozinha, que os comerciais prometiam. Não importava o quanto gostávamos de ser mãe de Júnior e Janey e Emily, ou esposa de B. J., se ainda tínhamos ambições, ideais sobre nós mesmas como pessoas individuais e com direitos, éramos simplesmente aberrações, neuróticas, e confessávamos nosso pecado ou neurose ao padre ou ao psicanalista, tentando muito nos adequar. Não admitíamos umas às outras quando sentíamos que deveria haver mais na vida do que sanduíches de manteiga de amendoim e geleia junto das crianças, quando jogar o sabão em pó na máquina de lavar roupas não nos fazia reviver a noite de núpcias, quando deixar as meias e as camisas branquíssimas não era exatamente o ápice da nossa vida, mesmo nos sentindo culpadas pelo branco amarelado.

Algumas de nós (em 1963, quase metade de todas as mulheres nos Estados Unidos) já estavam cometendo o pecado imperdoável de trabalhar fora de casa para ajudar a pagar a hipoteca ou a conta do mercado. Aquelas que faziam isso também se sentiam culpadas – por trair sua feminilidade, por diminuir a masculinidade do marido, por negligenciar as crianças ao ousar trabalhar por dinheiro, não importava quão necessário fosse. Elas não conseguiam admitir, nem para si mesmas, que se ressentiam de receber metade do salário que um homem receberia no mesmo emprego, ou de sempre serem preteridas para uma promoção, ou de escreverem o artigo pelo qual *ele* obteve um diploma ou um aumento.

Uma vizinha que eu tinha no subúrbio, chamada Gertie, estava tomando café comigo quando o recenseador veio no período em que eu estava escrevendo *A mística feminina*. "Ocupação", perguntou o recenseador. "*Esposa dona de casa*", respondi. Gertie, que tinha me parabenizado pelos meus esforços para escrever e vender artigos para revistas, balançou a cabeça com tristeza. "Você deveria se levar mais a sério", ela disse. Hesitei, então falei ao recenseador: "Na verdade, sou escritora." Mas, obviamente, eu era então, e ainda sou, assim como toda mulher estadunidense casada, não importa o que eu faça de diferente entre as nove da manhã e cinco da tarde, uma esposa dona de casa. É evidente que mulheres solteiras não informavam "esposa dona de casa" quando o recenseador aparecia, mas até mesmo nesses casos a sociedade estava menos interessada no que essas mulheres faziam como pessoas no mundo do que em perguntar "Por que uma garota tão agradável como você não está casada?". E assim elas também não eram encorajadas a se levar a sério.

Parece um acidente tão incerto eu ter escrito o livro – mas, por outro lado, minha vida inteira tinha me preparado para escrever aquele livro. Todas as peças enfim se encaixaram. Em 1957, eu me sentia estranhamente entediada, escrevendo artigos sobre amamentação e afins para as revistas *Redbook* e *Ladies' Home Journal*, por isso dediquei um tempo absurdo aplicando um questionário para as minhas colegas de graduação da Faculdade Smith, da turma de 1942, pensando que iria provar ser equivocada a noção atual de que a formação educacional tinha nos estragado para nosso papel como mulheres. Porém, o questionário suscitou mais questões do que respondeu – formação educacional *não* tinha exatamente nos conduzido ao papel que as mulheres estavam tentando desempenhar, ao que parecia.

INTRODUÇÃO À EDIÇÃO DE 10º ANIVERSÁRIO

Levantou-se a dúvida acerca de a formação educacional ou o papel estar errado. *McCall's* encomendou um artigo baseado no meu questionário para as alunas da Smith, mas o então *publisher,* homem, da *McCall's,* durante aquela grande era da união, recusou o artigo horrorizado, apesar dos esforços secretos das editoras mulheres. Os editores homens da *McCall's* disseram que aquilo não podia ser verdade.

Depois, encomendaram que eu escrevesse o artigo para a *Ladies' Home Journal.* Dessa vez eu voltei atrás, porque eles o haviam reescrito para dizer o oposto do que, na verdade, eu estava tentando dizer. Tentei de novo para a *Redbook.* Cada vez mais eu entrevistava mulheres, psicólogos, sociólogos, conselheiros matrimoniais e afins, e tinha mais certeza de que estava na pista de alguma coisa. Mas o quê? Eu precisava de um nome para o que quer que nos impedia de exercer nossos direitos, que nos fazia sentir culpa por tudo o que deixávamos de fazer como esposa de nosso marido, como mãe de nossas crianças, mas não como pessoas individuais. Eu precisava de um nome para descrever essa culpa. Diferentemente da culpa que as mulheres costumavam sentir a respeito de suas necessidades sexuais, a culpa que sentiam agora a respeito de necessidades que não se encaixavam na definição sexual de mulher, na mística da realização feminina – a mística feminina.

O editor da *Redbook* disse à minha agente: "Betty ficou doida. Ela sempre fez um bom trabalho pra gente, mas desta vez só a esposa dona de casa mais neurótica poderia se identificar." Abri a carta da minha agente no metrô enquanto levava as crianças ao pediatra. Saí do metrô para ligar para minha agente e disse a ela: "Vamos ter que escrever um livro para conseguir ter isso aqui impresso." O que eu estava escrevendo ameaçava as próprias fundações do mundo das revistas para mulheres – a mística feminina.

Quando a Norton contratou o livro, pensei que levaria um ano para terminá-lo; levei cinco. Eu sequer teria começado se a Biblioteca Pública de Nova York não tivesse, bem na hora certa, aberto o Salão Frederick Lewis Allen, onde escritores que estivessem trabalhando em um livro podiam ter uma mesa, por períodos de seis meses, de graça. Contratei uma babá

A MÍSTICA FEMININA

três vezes por semana, e pegava o ônibus de Rockland County à cidade, e de algum modo consegui prolongar os seis meses para dois anos no Salão Allen, suportando muitas piadas de outros escritores durante o almoço, quando foi revelado que eu estava escrevendo um livro sobre mulheres. Depois, de algum modo, o livro me dominou e me possuiu, queria se escrever sozinho, então levei meus papéis para casa e escrevi na mesa de jantar, no sofá da sala, no deque de um vizinho, à beira do rio, e segui escrevendo na mente quando parava para levar as crianças a algum lugar ou para preparar o jantar, e voltava ao livro depois que elas já tinham ido dormir.

Nunca vivenciei nada tão poderoso, verdadeiramente místico, quanto as forças que pareceram tomar conta de mim quando estava escrevendo *A mística feminina*. O livro veio de algum lugar bem fundo em mim, e toda a minha experiência se reuniu nele: o descontentamento de minha mãe, meu próprio treinamento em psicologia da Gestalt e freudiana, a associação de que eu sentia culpa de abrir mão, o bico como repórter, que me ensinou a seguir pistas sobre o aspecto econômico escondido da realidade, meu êxodo ao subúrbio e todas as horas com outras mães fazendo compras em supermercados, levando as crianças para nadar, tomando cafezinhos. Mesmo os anos escrevendo para as revistas femininas, quando se sustentava a doutrina inquestionável de que as mulheres não conseguiam se identificar com *nada* além do lar – nem política, nem arte, nem ciência, nem eventos grandes ou pequenos, guerra ou paz, nos Estados Unidos ou no mundo, a não ser que pudesse ser abordado do ponto de vista da experiência feminina como esposa ou mãe ou traduzido em detalhes domésticos! Eu não conseguia mais escrever nesse modelo. O livro que eu escrevia agora desafiava a própria definição desse universo – o que eu escolhi chamar de mística feminina. Ao nomear isso, eu soube que não era o único universo possível para mulheres, de modo algum, mas um confinamento perverso de nossas energias e visão. Mas, à medida que comecei a seguir sinais e pistas que as palavras das mulheres me davam e minhas próprias percepções, passando por psicologia, sociologia e história recente, recuperando – nas páginas de revistas para as quais eu tinha escrito – o porquê e como havia acontecido, o que isso realmente fazia às mulheres, às crianças delas, até

INTRODUÇÃO À EDIÇÃO DE 10º ANIVERSÁRIO

mesmo ao sexo, as implicações se tornaram aparentes e eram fantásticas. Eu mesma me surpreendi com o que eu estava escrevendo, aonde aquilo estava me levando. Depois que terminava cada capítulo, uma parte de mim se perguntava "Estou louca?". Mas havia também um sentimento crescente de certeza tranquila, forte, vinda das minhas entranhas, conforme as pistas se encaixavam, o que deve ser o mesmo tipo de sentimento que um cientista tem quando ele ou ela acerta uma descoberta em uma daquelas histórias de detetive verdadeiramente científicas.

Só que isso não era apenas abstrato e conceitual. Significava que eu e todas as outras mulheres que eu conhecia vivíamos uma mentira, e todos os médicos que nos trataram e os especialistas que nos analisaram estavam perpetuando essa mentira, e nosso lar, nossa escola e igreja e política e profissão tinham sido construídos com base nessa mentira. Se as mulheres eram de fato *pessoas* – nem mais, nem menos –, então todas as coisas que as impediam de ser uma pessoa completa em nossa sociedade teriam que ser alteradas. E as mulheres, uma vez que rompessem com a mística feminina e se levassem a sério como pessoa, enxergariam seu lugar em um pedestal falso, até mesmo sua glorificação como objeto sexual, como a humilhação que era.

Se, contudo, eu tivesse percebido quão fantasticamente rápido isso iria acontecer de verdade – já, em menos de dez anos –, poderia ter ficado tão aterrorizada que talvez tivesse parado de escrever. É assustador quando você está começando um novo caminho que ninguém jamais trilhou. Você não sabe a distância que vai, até olhar para trás e se dar conta de que foi longe, muito longe. Quando a primeira mulher me pediu, em 1963, para autografar *A mística feminina*, dizendo o que agora centenas – milhares, eu acho – de mulheres já me disseram, eu escrevi: "Este livro mudou a minha vida inteira. Coragem a todas nós neste novo caminho." Porque não há como voltar dessa jornada. Ela tem que mudar sua vida inteira; com certeza mudou a minha.

Betty Friedan
Nova York, 1973

ÍNDICE

A caldeira do diabo (Metalious), 328
abolicionismo, 101, 104-106
abortos espontâneos, 79, 479n
Abraham, Karl, 181n
abrigos antinuclear, 55
absorção de personalidade, 248, 250, 360
Abzug, Bella, 495
acidentes, 138, 139
ações afirmativas, 496
aconselhamento pastoral, 234
Addams, Jane, 112, 402
Adler, Alfred, 145, 389
adolescência:
    na cultura de consumo, 272, 274, 275, 287, 288
    desenvolvimento de identidade na, 87, 200, 201, 206, 209, 345, 355, 357
    QI reduz na, 212
    delinquência juvenil na, 241-244, 356, 370
    promiscuidade sexual na, 328, 331, 343, 354, 356
    ver também garotos; cuidados infantis; crianças; garotas
Adolescência, sexo e cultura em Samoa (Mead), 162
aeromoças, 490
AFL-CIO, 519
agressão, 246, 337, 373, 389, 521n
contra crianças, 376-377
"Almost a Love Affair" [Quase um romance], 50
alcoolismo, 63, 217, 312, 458

Alcott, Louisa May, 110
alimentar, comportamento, 126, 314
alimentos congelados, 266, 300
Allport, Gordon Willard, 389
amamentação, 13, 32, 62, 63, 167, 176, 292, 293, 387n, 452, 530
ambição, 448-449
America as a Civilization (Lerner), 224n, 348n
American College, The, 199, 222n-224n, 319n, 385n
American Telephone and Telegraph Company, 496
American Women (Cassara, ed.), 178
amor:
    atividade sexual *versus*, 322
    autorrealização *versus* capacidade de, 397, 398, 403, 404
    ênfase parental em, 249, 250
    vida vicária *versus*, 363, 364
anatomia, como destino, 23, 88, 92, 125, 142, 162, 164, 168
Anderson, Clarence, 357
Andreas-Salomé, Lou, 133
Angyal, Andras, 11, 363, 364, 386n, 389
animais:
    amor pelos, 378
    senso de passagem do tempo pelos, 392
ansiedade, 24, 29, 126, 248, 265, 333, 348n, 368, 369, 372, 390, 391, 393, 506, 508
Anthony, Susan B., 93, 102, 108, 109

A MÍSTICA FEMININA

antropologia:

fatores biológicos *versus* contexto cultural na, 167-169

mística feminina reforçada pela, 170-172, 177

foco sexual freudiano aplicado à, 151, 164, 166-168, 170, 174, 175, 181n

como profissão masculina, 177

antropologia cultural, *ver* antropologia

anúncios de vagas com discriminação sexual, 490

aparelhos acionados por botão, 269

aparelhos eletrodomésticos, *ver* eletrodomésticos

Aristóteles, 408

armas atômicas, 145, 194, 227, 355

arquitetas, mulheres, 178, 197

artes, diletantismo nas, 439, 442

Arthur, Robert Alan, 350n

assédio sexual, 506, 509

Assembleia do Estado de Nova York, 108

associação de pais e mestres, 265, 304, 305, 319n, 430, 438, 443, 448, 472, 520

de crianças estadunidenses, 353-359, 367, 368, 372

de prisioneiros, 357 358, 384n-87n

em homens, 32, 33, 339, 341, 342, 358

Associação Médica Estadunidense (AMA), 377

atletas, mulheres, 505, 525

atrevida, 122

atrizes, artigos de revistas femininas sobre, 41

aumento populacional, 15, 228, 229, 254n, 454

autismo, 371

autoestima, 379

como sentimento de dominância, 397, 398, 401, 423n

fingimento de, 474n-475n

homossexualidade *versus*, 344-346

prazer sexual *versus*, 394, 395, 401

autorrealização, 389-420

como a autossatisfação de Maslow, 402--407, 423n

como necessidade humana fundamental, 134-35, 393-396, 407, 408, 421n

como saúde psicológica, 389, 390, 397--408, 423n

compromisso materno *versus*, 368-375, 378, 379

compromisso social *versus*, 403

definição, 389, 402

educação como ajuda para, 451-454, 456, 463

exemplos públicos de, 402, 403

inveja do pênis *versus*, 135, 136, 144

projeção futura e, 391-393 421n-423n

relacionamentos amorosos e, 397, 398, 402-407

sexualidade e, 397, 398, 401, 402, 403-406, 409, 410, 414, 415

trabalhar como meio para, 415-420, 447-450, 475n

autonomia, 202, 210, 214, 219, 304, 384, 387n, 389, 407, 452, 455, 516

desenvolvimento de em estudantes universitários, 355

alta dominância *versus*, 399-400

autoridade, parental, 247-248

autossatisfação, 405-407, 417, 423n

Auxílio para Famílias com Crianças Dependentes, 519

baby boom, pós-guerra, 218, 299

Bali, diferenças culturais baseadas no sexo em, 168-171

barganha, 278

Barnard, faculdade, 11, 28, 467

"Battle Hymn of the Republic" [Hino da Batalha da República] (Howe), 107

beatniks, 83, 233, 234, 356

Beauvoir, Simone de, 10, 17, 493

ÍNDICE

"Bedding Down in the Colonies" [Indo para a cama nas colônias] (Muggeridge), 351*n*

"Between the Dark and the Daylight" [Entre a escuridão e a luz do dia], 42

Beethoven, Ludwig van, 69, 402

Bélgica, políticas pró-família na, 514

Benedek, Therese, 480

Benedict, Ruth, 251, 350*n*, 450

Bergson, Henri-Louis, 389

Bernays, Minna, 133

Bettelheim, Bruno, 147*n*, 380, 383, 387*n*, 389

bissexualidade, 130, 148*n*

Blackwell, Alice Stone, 103

Blackwell, Antoinette Brown, 102

Blackwell, Elizabeth, 102, 110

Blackwell, Henry, 101, 102

Blanding, Sarah Gibson, 477*n*

Blatch, Harriet, 111

bloomer (roupa usada por feministas), 108

Bloomer, Amelia Jenks, 108

Bly, Robert, 524

"Body Ego During Orgasm" [Eu corporal durante o orgasmo] (Keiser), 425*n*

boliche, 314, 462, 470

Bonaparte, Marie, 133

Bonequinha de luxo (Capote), 335

Boone, Pat, 71

Brown, Antoinette, 102

Bryn Mawr, faculdade, 111, 211, 300, 318*n*

Buchanan, Pat, 518

Buhler, Charlotte, 479*n*

Bunting, Mary, 11, 462, 478*n*

Burgess, Ernest W., 412, 425*n*

calmantes, 19, 31, 293, 310, 312

campos de concentração, psicologia dos prisioneiros em, 353, 379-384

câncer de pulmão, 521

Caplow, Theodore, 255*n*, 318*n*

Capote, Truman, 335

carreira:

celibato conectado a, 154, 155

como esfera masculina, 155, 156, 469, 477*n*

cuidar da casa como, 297, 299

decisões sobre, 67-68

empregos *versus*, 15, 157-160, 190, 193, 301, 437, 483

ex-donas de casa e, 440-447

individualidade expressa por meio da, 41-44, 154

maternidade *versus*, 15, 17, 41-45, 60-65, 154, 208, 241-245, 433, 434, 453, 472, 483, 484, 479*n*

na medicina, 63, 110, 221*n*, 472, 477*n*

preparação educacional para, 183-185, 202-204, 216, 217, 221*n*, 468

ver também mulheres trabalhadoras

Carswell, G. Harrold, 491

Carver, George Washington, 402

Casa de bonecas (Ibsen), 94, 127

casacos de peles, 275

casamento:

como meta de mulheres solteiras, 24, 25, 201

críticas feministas ao, 101-103

cursos universitários sobre, 146, 154-156, 191, 203-210, 462, 463

de mulheres trabalhadoras, 64, 412, 446-448

de parceiros do mesmo sexo, 515

decisões de propósito de vida evitadas no, 78, 85, 86, 214, 206, 347, 375, 376, 461, 462

desenvolvimento de identidade *versus*, 214, 216, 220, 221, 347, 432

direitos de propriedade em, 95, 99, 107, 108

divórcio e, 411, 454, 512, 513

educação universitária *versus*, 14, 26, 28, 201, 203, 205

A MÍSTICA FEMININA

entre pessoas mesmo sexo, 515
felicidade *versus*, 25, 412, 413
idade das mulheres no momento do,
14, 24, 52, 64, 198, 199, 223*n*, 228,
254*n*, 347, 409, 413, 414, 454
igualdade no, 512
infidelidade no, 321-325, 327-329, 337,
338, 410
maternidade sem, 384*n*
misto, 207, 208
papel infantil das mulheres no, 127-129,
159 -161
período de noivado antes do, 273
realização educacional/profissional *versus*
felicidade no, 412, 413
reforma do, 498, 499
relações sexuais antes do, 205, 207
relações sexuais no, 64, 321, 323, 329-332,
337, 408-410, 413, 414, 425*n*
sentimento de frustração dos homens
no, 64, 336, 337
subserviência feminina no, 68, 69, 95,
131-133, 184-186, 188, 189, 444,
445
visão consumista do, 273, 274
Castro, Fidel, 37
Catt, Carrie Chapman, 113
cavalheirismo, 108, 129, 297
Ceballos, Jacqui, 491
Celler, Emanuel, 496
Centro James Jackson Putnam, 11, 372
centros educacionais para adultos, 456
Century of Struggle [Século de luta] (Flexner), 117*n*
Childhood and Society [Infância e socieda-
de] (Erikson), 89*n*, 384*n*, 426*n*, 474*n*
China, prática de enfaixar os pés da, 116
China, República Popular da, Conferência
Mundial das Mulheres, da ONU, rea-
lizada na, 510
Chisholm, Shirley, 496

ciclo menstrual, 148*n*, 149*n*, 225, 246,
332-334
cidades:
população migra para, 301, 303
vida no subúrbio *versus*, 302
ciência:
como autoridade moderna, 146
novos produtos de limpeza relacionados a, 268, 269
em descrições fisiológicas de fenômenos
psicológicos, 124-125
como não feminina, 15, 153, 189, 195
abordagem determinista vitoriana para,
125
ciência comportamental, 125, 128, 144,
151, 259, 389, 402
ciências sociais:
contexto cultural das, 121, 151, 152
educação nas, 191-196, 203, 204
visões antifeministas fortalecidas nas,
162, 173, 209, 283, 297
ver também antropologia; psicologia;
sociologia
cigarro, fumar, 62, 377, 521
Clad, Noel, 75*n*
Clarenbach, Kay, 486, 462
Clinton, Bill, 515, 517, 519
Clinton, Hillary Rodham, 510, 515, 516
Colégio Militar da Carolina do Sul, 522
Colette, Sidonie-Gabrielle, 480
Columbia, Universidade, 11, 30, 192, 461,
475*n*, 481
Comissão de Oportunidades de Emprego
Igualitárias, 486, 490
Comissão Presidencial sobre a Situação da
Mulher, 470, 484
Comitê Político das Mulheres de Holly-
wood, 502, 519
Companhia Telefônica Bell, 465
competição, 522
com carreira dos homens, 157, 158, 169,
231, 235, 445, 469

ÍNDICE

em crianças, 250, 353

necessidade humana de, 469-472

complexo de castração, 63, 86, 93, 134-136, 142, 246, 407, 423n, 427n

complexo de Édipo,125, 127, 234

complexo de masculinidade, 136, 142, 210

compromisso:

com educação universitária, 184-190

com emprego profissional, 439-447, 471, 472

relutância em relação a, 363, 364, 375, 378, 440, 441

comunismo, 194, 232

Conant, James B., 197

concurso de beleza Miss América, 492

Conferência Mundial das Mulheres, da ONU, quarta edição (1995), 510

conformidade:

com padrões femininos, 81, 212, 217, 472

educação para adequação de vida e, 208, 209, 219

na moda, 277

suburbana, 32

Congresso para Unir as Mulheres, 492

conhecimento, desejo humano por, 395, 396

Conroy, Katherine, 489

conscientização, sessões de, 493, 497

Constituição dos Estados Unidos:

19ª Emenda, 22, 112-114, 493

Emenda de Direitos de Igualdade, 490, 495, 496, 498

consumidores, consumismo,

como propósito de vida, 259, 271, 272

considerações de preço de, 278, 279

de produtos eletrodomésticos, 258-263, 269-271

efeito de dessexualização dos, 281

estratégias voltadas para a família em, 275-277

mercado adolescente cultivado em, 272, 274, 275, 287, 288

mercado de luxo de, 274-276

mística feminina perpetuada por, 283-289

necessidades pessoais mais profundas obscurecidas por, 259, 277-281, 283-287

entrevistas em profundidade na pesquisa sobre, 259, 260, 262, 263, 269-272

novos produtos promovidos por, 268, 269, 271, 282, 283

pesquisa de mercado em, 260-263

porcentagem de mulheres, 260

posição social expressada por meio de, 278, 355

pressão dos pares sobre, 274, 275

sexualidade de, 280-281, 335-337, 349n

ver também publicidade

Convenção Nacional Democrata (1968), 495

Convenção pelos Direitos da Mulher (1848), 95, 97, 105

cortes, corporativos, 511, 518, 527n

costura, 15-17, 37n, 45, 100, 106, 128, 258, 276, 277, 287, 292, 294, 301, 398, 400, 432, 456

Cottrell, Leonard S., 412, 425n

Countrywoman, Betty Ann, 63

cozinha, como centro da vida das mulheres, 15, 16, 282, 306

crescimento:

dores de, 215, 396, 397, 448, 449

fuga neurótica do, 363-366, 374, 378, 396, 439

riscos implicados no, 447

crianças:

abandonadas, 241

abuso físico de, 377

autistas, 371

crescimento de identidade em, 474n

excepcionais, 208

A MÍSTICA FEMININA

passividade emocional de, 353-359, 367, 368, 372

problemas psicológicos de, 241-251

teoria do desenvolvimento freudiano em, 125, 126, 134-136

criatividade, 183

desejo humano por, 396, 445

expressão reprodutiva *versus* externa de, 165, 166, 171

manipulação consumista de, 263-266, 277, 281-283

trabalho como meio para, 417, 418

crise de função, 84, 367, 369, 463, 472

cuidados do lar:

aspecto escapista dos, 271

baixo status dos, 336

como carreira, 297, 299

como diversão, 266

como esfera feminina, 52, 155, 156, 260, 513

como fonte de orgulho, 69, 70, 260, 271, 272

como tarefa desagradável, 260-263, 267, 270, 316, 317, 432

cozinhar, 263-266

cultura de consumo associada a, 258, 259

eletrodomésticos empregados nos, 258-263, 269-271

em casas suburbanas, 302-306

especialização em, 45, 267, 268, 317

necessidade reduzida dos, 315, 316

participação dos homens nos, 52, 53, 253, 296, 308, 313, 314, 431, 513

piadas de revistas sobre, 61, 62

produtos que poupam trabalho em, 260-265, 270, 298-300

psicologia dos métodos de limpeza nos, 267, 269

requisitos de inteligência de, 316-318

responsabilidade igual nos, 487, 513, 514

tempo gasto nos, 295-305, 308, 309, 313, 431,432, 433, 434, 443, 451, $318n$, $319n$

trabalho de empregados nos, 229, 231, 263, 313, 443

cuidados infantis:

berçários para, 230, 303, 305, 365, 469-471, $479n$

estilo autoritário para, 247, 248

excesso de zelo nos, 30, 245-251, 307, 341, 344, 358-362, 365, 368, 434, 435

para mães que trabalham, 229, 230, 303, 469, 488, 489, $479n$

permissividade nos, 126, 359, 360, 371, $385n$

por pais, 299, 306, 512

preocupação pessoal *versus*, 368, 369

processo desumanizado nos, 363, 370, 371, 373, 378

recursos urbanos nos, 303

simbiose emocional nos, 360, 362, 458

sonhos parentais projetados nos, 361, 375

culpa:

de fracassar na autorrealização, 382, 391

manipulação consumista da, 264, 265, 270, 275, 276, 282, 283, 286, 300

nas mulheres trabalhadoras, 204, 205, 208, 432, 446

cultura arapesh, 163, 168, $181n$

cultura italiana, 353

cultura judaica, 127, 132, 367, 444-446

cultura samoana, 171, 172

cultura vitoriana, 297

cultura, adequação psicológica para, 389

curso superior técnico, 197, 205, 343, 412, 461

Dalton, Robert, 308

Dalton, sra. Robert, 295, 296

ÍNDICE

Davidoff, Ida Fisher, 475n
Davis, Caroline, 486
Davis, Kingsley, 161, 180n
De Crow, Karen, 491
Debs, Eugene V., 407
Declaração de Independência (1776), 97
delinquência juvenil, 241-244, 356, 370
Democrata, partido, 445, 479, 495, 505, 517, 518
dependência:
 casamento como fantasia de, 375, 376
 fomento de, 160, 161, 340, 367, 368
depressão, econômica, 43, 227, 228, 231
depressão psicológica, 24, 64, 144, 227, 228, 293, 333, 345, 421n, 426n, 447
 parto, relacionado a, 32, 334, 350n, 365-367
De repente, no último verão (Williams), 339
desfralde, 13, 126, 373
desigualdade de renda, 455, 508, 518, 519
determinismo, científico, 125
Deutsch, Helene, 141, 142, 150n, 224n, 414
dietas, 59, 238, 310
diferenças baseadas no sexo:
 antropologia cultural sobre, 163-175
 em emprego, 231, 232, 483-487, 489-491, 496, 507
 em papéis reprodutivos, 167-173
 endosso sociológico funcionalista de, 155-160
 na expectativa de vida, 524
 variação de temperamento *versus*, 162-166
diletantismo, 439, 442, 461, 466, 467
direito ao voto das mulheres, 55, 111, 112, 236, 409, 490, 494, 498, 522
direitos de aborto, 488, 490, 494, 505, 519
direitos de propriedade das mulheres, 95, 99, 107, 108
direitos reprodutivos, 488, 490, 496, 505, 510, 520

discriminação sexual no emprego, 470
 competição masculina e, 231, 232
 discrepâncias salariais e, 484, 505, 508, 530 216, 460, 490
 em altos postos, 496, 507
 em anúncios de vagas, 490
 no setor aéreo, 490
 recursos legislativos contra, 484-487, 490, 505
Ditzion, Sidney, 118n, 427n
divisão interna, 382
divórcio:
 motivação dos homens para, 338
 taxas de, 411, 454, 512, 513
doença:
 de fadiga crônica, 30, 31, 309-312
 de origem psicológica, 138, 139
 ginecológica, 332-334
 venérea, 325, 351n, 356
Dolce Vita, La, 327, 328
Dole, Bob, 517
Dole, Elizabeth, 516
dominância:
 dentro da unidade familiar, 317, 318, 336, 337, 370
 como autoestima, 397, 398, 401, 423n
donas de casa:
 adolescentes, 272-275
 anos tardios de, 217-219, 460, 461, 483, 475n-478n
 ativismo político das, 470, 471
 autonegação exigida de, 155, 383, 390-420
 carreiras de maridos auxiliadas por, 189
 como heroínas da cultura popular, 44-52, 57, 58, 63-65, 67-70
 companheiros homossexuais das, 335, 336
 desenvolvimento de identidade individual evitado por, 85, 86, 215, 253, 254
 domínio familiar das, 317, 336, 337, 370

A MÍSTICA FEMININA

educadas, 21-24, 26-28, 159, 203, 204, 431-469, 475n-478n
entrada na força de trabalho de, 218, 419-449, 484, 475n-478n
escritores mulheres *versus*, 61, 62
especialização feminina de, 45-47, 155, 156
fadiga sentida por, 31, 309-312, 332, 366, 435
imagens joviais de, 47, 48
influência política atribuída ao papel doméstico das, 65-67
insatisfação de, 13, 17-36, 33n, 54, 64, 72, 75n, 80, 82, 143, 144, 217, 218, 249, 293-295, 301-303, 313, 331, 429-433, 436, 437, 453
justificativa funcionalista das limitações das, 154, 160
manipulação consumista de, 257-289
mulheres trabalhadoras ressentidas por, 204, 205, 208, 432, 446
na literatura feminista, 94-97
perigo psicológico em papel de, 379, 380
prestígio concedido a, 314-316
problemas de saúde das, 19, 310-312, 322, 332-335, 365-367
programas de ensino superior voltados para, 491, 522
psicologia de prisioneiros *versus*, 380-384
realização feminina estereotipada atribuída a, 13, 14-17, 19, 25-27, 46-49, 63-65, 184, 291-295
rotinas diárias das, 26-28, 30, 31
suburbanas, 302-306
trabalho comunitário realizado por, 304, 305, 319n, 438-440, 442, 452, 476n
tratamento psiquiátrico de, 17, 19, 293, 365, 366, 374, 375
urbanas, 303
uso do tempo de, 295-305, 308, 309, 313, 319n

vitorianas, 129, 130
ver também cuidados do lar
"Dream to Share, A" [Um sonho para compartilhar], 41
drogas, uso de, 217, 233, 356

economia doméstica, 22, 48, 190, 221n, 274, 287, 318, 491
educação, 431-51
acesso das mulheres a, 97, 101, 103, 104, 459
autorrealização auxiliada por, 451-454, 456, 463
como fonte de insatisfação, 21-24, 27-29, 63, 84, 159, 170, 204, 382, 451, 452
compromissos domésticos acomodados na, 462, 465-468, 477n
continuada, 467, 468, 477n, 478n, 483, 484
de estudantes mais velhos, 454, 455-458, 461, 481, 483
desvalorização pela sociedade da, 74
efeito de masculinização atribuído a, 46, 451
envelhecimento *versus*, 479n, 480n
no nível do ensino médio, 186-187
proibição legislativa contra a discriminação sexual na, 504
satisfação conjugal *versus*, 412, 413
satisfação sexual *versus*, 235, 240, 241, 256n, 343, 344, 409-412, 526n
segregação racial na, 38, 219, 453
taxa de natalidade *versus*, 229
ver também educação universitária
educação continuada, 467, 468, 477n, 478n, 483, 484
educação do ensino médio, currículo orientado pelo sexo na, 196, 197
educação universitária,
acesso das mulheres a, 97, 101, 103, 104, 459

ÍNDICE

casamento *versus*, 14, 26, 28, 201, 203, 205

como fim do desenvolvimento pessoa das mulheres, 79

como preparação para carreira, 183-185, 202-204, 216, 217, 221n, 468

compromisso reduzido das mulheres a, 184-190

currículos de adequação de vida feminino na, 193-197, 203-210

cursos vespertinos na, 303, 457

custos do, 457, 458

de estudantes mais velhas, 456-458, 462, 464-468

departamento de estudos femininos na, 491, 522

desenvolvimento de identidade fomentada na, 199-202, 211-216, 220, 221, 460, 461

em áreas tipicamente femininas, 189, 190, 195, 196, 222n

em escolas separadas por sexo, 222n, 522

em relação a casamento e vida em família, 146, 152-156, 191, 193, 195, 203-210, 463

em sociologia, 145, 146, 205, 180n, 181n

graduação depois da, 454, 180n, 181n, 477n

homossexualidade e, 341, 342

membros do corpo docente solteiros em, 192, 193, 462

mudança para objetivos com foco sexual na, 190-197, 202, 204-211, 217-221, 459-460, 477n

níveis de abandono na, 183, 189, 198, 211, 214, 229

níveis de matrícula de mulheres na, 14, 196-198, 221n, 301

propósito de vida *versus*, 77-79, 461, 463, 464, 477n

ed-graduação, 79, 144, 162, 184, 189, 205, 216, 217, 222n, 230, 240, 303, 318n, 410, 440, 464, 466-468, 477n, 481

Educating Our Daughters [Educando nossas filhas] (White), 222n, 256n

Einstein, Albert, 196, 307, 395, 402

Eisenhower, Mamie, 55

eleições:

de 1968, 495, 496

de 1972, 496, 497

de 1996, 505, 511, 517, 518, 522

eletrodomésticos:

estratégias de marketing para, 260-264, 269-270

vantagens de economia de tempo atribuídas aos, 299, 300

EM (esposa e mãe), 193

Emenda de Direitos de Igualdade, 490, 495, 496, 498

Emerson, Ralph Waldo, 106

empregados domésticos, 230, 231, 262, 313, 314, 442

emprego:

autorrealização por meio do, 417-420, 447-450, 475n

compromisso profissional com, 442-452, 471, 472

de valor real, 439, 475n

em trabalhos de fábrica, 110-112, 230, 232

horários mais curtos de, 299, 508, 509

no setor de serviços, 255n, 508

políticas pró-família de, 514

satisfação derivada de, 311, 312, 437

sem qualificação, 203, 224n

voluntariado comunitário *versus*, 438, 439

ver também carreiras; mulheres de carreiras; mulheres trabalhadoras

encenação, 208

enfaixar os pés, 116, 117

A MÍSTICA FEMININA

enfermeira de berçário, 469, 451, 540n
Enghausen, Maurice K., 308, 309
envelhecimento, 473
  aceitação do, 453
  experiência das donas de casa com, 284,
    451, 479n, 483
  medo do, 340
  satisfação sexual e, 403-405, 351n
Erikson, Erik H., 12, 87, 89n, 181n, 384n,
  417n, 426n, 474n
Ernestine L. Rose and the Battle for Human
  Rights [Ernestine L. Rose e a batalha
  pelos direitos humanos] (Suhl), 118n
Escola de Educação da Harvard, 477n
escola de ensino médio, 86-87
escravidão, 96, 97, 101, 102, 105, 109, 112,
  273, 319n, 408, 522
escritoras estadunidenses, 231, 305, 472,
  522
esforços para perder de peso, 15, 310
espontaneidade, 281, 372, 405
esportes olímpicos, 505, 510, 525
esportes, a participação das mulheres nos,
  505
Esquire, 350n, 516
esquizofrênicos, 9, 21, 49, 74, 235, 344, 369,
  371, 391-393, 421
estabilidade, desenvolvimento intelectual
  versus, 213, 214
Estados Unidos, Departamento de Estado:
liderança feminina no, 518
emprego no Serviço Exterior no, 497
estágio de desenvolvimento oral, 126, 151
estresse, vulnerabilidade a, 367
eu, 137, 138, 209, 221, 267, 357, 417, 420
  experiências de domínio e, 410, 474n
  fragilidade do, 372, 423n
  no relacionamento amoroso, 248, 390,
    405
  prazer sexual *versus*, 149n, 401, 402, 406,
    408, 416

excepcional, 208
existencialistas, 389, 391, 393
expectativa de vida, 473, 479n, 524, 525
expressionismo abstrato, 233
Exurbanites, The (Spectorsky), 329, 349n

fábricas, trabalhadoras de, 101, 103-104, 217
fadiga:
  crônica, 31, 309-312, 332, 366, 435
  experiência dos prisioneiros com, 381
família, tamanho da, 228, 296
famílias de mãe solteira/pai solteiro, 241,
  514, 515
fantasia, 130, 200, 201, 203, 220, 221, 298,
  322, 338, 358, 361, 362, 364, 401, 434,
  440, 442, 448
Farnham, Marynia, 46, 140, 149n, 256n,
  319n
fase de desenvolvimento anal, 115, 151
Faulkner, William, 56, 60
felicidade:
  consumismo como fonte de, 272
  de mulheres casadas *versus* solteiras,
    24, 25
  níveis educacionais *versus*, 411-413
feminilidade:
  como algo misterioso e intuitivo, 47
  desenvolvimento intelectual *versus*, 213
  disciplinas científicas e, 16, 153, 185, 195
  estilo de roupa como prova de, 193
  mulheres de alta dominância e, 399-401
  padrões culturais de, 162-166
  papéis domésticos como o cumprimento
    de, 13-17, 19, 25, 26, 46-49, 61, 33,
    334, 397
  passividade atribuída a, 47, 63, 9, 70, 91,
    140-142, 166, 254, 347, 358, 378,
    379, 401, 405, 407-409, 413-415
femme couverte, 103
ferimentos no cérebro, 391, 393
Ferrovia Subterrânea, 105

ÍNDICE

ficção:
  cenas de sexo explícito em, 325, 326, 328
  heroína na, 11, 40-42, 47, 48, 50, 56, 59, 60, 65, 75n
  "Findings in a Case of Schizophrenic Depression" [Descobertas em um caso de depressão esquizofrênica] (Minkowski), 421n
flexibilidade, 214, 525
Flexner, Eleanor, 117n, 118n
Fliess, Wilhelm, 148n, 149n
fome, 394
Foster, Abby Kelley, 102
França:
  educação das mulheres na, 222n
  mulheres trabalhadoras na, 426n, 427n
  política de apoio familiar da, 514
Franco, Francisco, 115
Freud, Anna, 127
Freud, Martha Bernays, 127, 128, 130-133
Freud, Sigmund, 121-146, 417
  amizades masculinas de, 130, 134, 148n
  aspectos puritanos de, 130, 131, 134, 148n
  como autoridade científica, 121-124, 144
  infância de, 125, 127, 130
  oposição à emancipação feminina por, 117, 129, 130
  relação conjugal de, 127-134
  sobre a homossexualidade, 340
  sobre a passividade das mulheres, 220, 358, 401, 408, 414, 415
  teoria das pulsões de, 168, 147n, 149n
  teorias biológicas *versus* culturais de, 132-134, 147n
Friedan, Betty:
  ativismo feminista de, 483-498, 509
  carreira de, 77, 78, 498, 499, 504, 505
  casamento de, 78, 483, 498
  como figura pública, 482, 483
  dilemas de propósito de vida, 77-79, 483

educação de, 77, 78
  maternidade de, 18, 78, 481 483, 498
  vida suburbana de, 18, 78, 482, 483, 504
From the South Seas [Dos Mares do Sul] (Mead), 181n
Fromm, Erich, 344, 352n, 384n, 386n, 412n, 426n
Fuller, Margaret, 93, 102, 106
fumar, 521
funcionalismo, 146, 151-161, 181n
  adequação ao *status quo* cultivado pelo, 158-161, 173
  currículos educacionais afetados pelo, 191, 192, 203-210
  definição, 152
  falhas no, 156, 158, 161, 207, 208
  na segregação dos papéis sexuais, 155-162
  protesto feminino incorporado no, 151, 152, 161
funcionárias de linhas aéreas, políticas sexistas em relação a, 490
Fundação Ford, 465
futuro:
  capacidade humana de apreciação do, 389-393, 422n
  visão das mulheres do, 73, 77, 86

Gandhi, Mohandas, 111, 114
garotas:
  absorção de personalidade na criação de, 250, 251
  análise funcionalista do desenvolvimento das, 158-161
  atividade sexual de, 342-344, 354-356, 361, 373-375
  como alvos consumistas, 272-276, 287, 288
  desenvolvimento de identidade centrado no papel sexual das, 199-202
  educação para adequação de vida das, 197, 198

A MÍSTICA FEMININA

em Bali, 169, 172
empregos das, 15, 16
estereótipos femininos promovidos para, 15
inveja do pênis atribuída a, 134-136
limitações intelectuais sobre, 212
mães como modelos para, 80-83, 115-117, 216, 463, 464
pressões de conformidade sobre, 81-83
ver também adolescência; cuidados infantis; crianças
garotos:
ambições criativas direcionadas a, 165, 166
apatia desenvolvida pelos, 357, 358
desenvolvimento de identidade dos, 199, 200, 220, 362, 363
educação com foco na família para, 196
em clínicas de saúde mental suburbanas, 368
em culturas primitivas, 170-172
relacionamento de mães com, 134, 136, 245, 246, 249-252, 339, 340, 341
rituais de iniciação de, 170
visão funcionalista dos, 158
ver também adolescência; cuidados infantis; crianças
GI bill, 228, 465, 488
glamour, 71, 156, 157, 201, 405, 495
Goethe, Johann Wolfgang von, 402
Goldstein, Kurt, 389, 391, 421n
Good Housekeeping, 21, 33n, 41, 75n, 483
Gordon, Katherine K., 11, 366-368, 386n, 387n
Gordon, Richard E., 11, 366-368, 386n, 387n
Grable, Betty, 227
graduação, 22, 180n, 202, 413, 451, 457, 458, 464, 466, 467, 481, 530
gravidez:

abortos e, 479n
reações negativas a, 333, 334, 365, 348n--352n
relacionamento simbiótico durante, 360
de adolescentes, 198, 199, 342, 343, 357
Green, Arnold, 247-250, 256n
Grimké, Angelina, 93, 102, 104
Grupo Político Nacional das Mulheres, 496
Guerra Civil (1861-1865), 38, 110, 522
Guerra de Independência, 96, 357
guerra do Vietnã, 495
guerra na Coreia, prisioneiros estadunidenses na, 356, 357, 385n
Gunther, Max, 386n

Haener, Dorothy, 486
Hale, Nancy, 60
"Have a Good Time, Dear" [Divirta-se, querida], 42
Hart, Peter, 517
Hartmann, Heinz, 389
Hedrick, Joan D., 522
Heide, Wilma, 491
Hernandez, Aileen, 486
heroínas:
donas de casa como, 44-52, 57, 58, 63-65, 67-70
mulheres de carreira como, 40-44, 47, 48, 58, 59, 75n
Higginson, Thomas, 102
histerectomia, 333, 334, 349n
histeria, 124
história, 523
do movimento feminista, 91-117, 419, 117n
teoria da história de papel higiênico, 168
Hitler, Adolf, 155
"Holiday" [Feriado], 67
Hokinson, Helen, 452
Holliday, Judy, 58

ÍNDICE

homens:
  atividades domésticas de, 52, 53, 253, 296, 308, 313, 314, 431, 513
  como chefe de família, 53, 54
  constrição conjugal sentida por, 336-337
  crise de identidade de, 86, 88
  educação universitária de, 198, 199, 220, 477n
  infidelidade de, 337, 338
  militância feminista contra, 491-493
  participação nos cuidados infantis por, 299, 307, 308, 513
  passividade/imaturidade de, 32, 33, 339-341, 358
  pressão sexual sentida por, 63, 321, 322, 324, 331, 332, 336, 337, 349n
  pressões culturais sofridas por, 252
  publicidade destinada a, 525
  revistas femininas dirigidas por, 58, 59, 72, 73
  revistas para, 325, 326
  subserviência feminina a, 51, 68, 59, 95, 98, 99, 127, 130-133, 142, 184-186, 444, 445
  trabalho como esfera dos, 155, 156, 469, 477n
  trabalho voluntário na comunidade por, 305, 319n
  visões funcionalistas sobre papéis dos, 155-157
  ver também masculinidade
homem corporativo, 466
homossexualidade, feminina, 341, 492
homossexualidade, masculina, 335, 340-342
  autoestima *versus*, 343, 344
  incidência da, 340
  juventude e, 340-342
  relações mãe e filho e, 339, 341, 342
  revistas voltadas para, 325
Horney, Karen, 389
Howe, Julia Ward, 93, 107
Hull House, 112

Ibsen, Henrik, 94
id, 209
identidade, 77-89
  capacidade sexual *versus*, 28-30, 414-416, 424n, 425n
  de garotos, 199, 200, 220, 362, 363
  desenvolvimento adolescente de, 87, 200, 201, 206, 209, 345, 355, 357
  ensino superior em desenvolvimento de, 199-202, 211-216, 220, 221, 460, 461
  experiências de domínio, 427n
  feminismo inicial e, 91-93
  imagens publicitárias *versus*, 80, 81
  liberdade de desenvolvimento *versus* condicionamento cultural da, 84, 85, 253, 254
  modelo masculino em busca de, 86-88
  modelos maternos para, 80-83, 116
  no trabalho, 416-420, 439, 447, 475n
  objetivos de vida como expressão de, 77-80
  objetos inanimados como fonte de, 371-373
  ocupacional *versus* baseada em sexo, 199-202
  pressões de conformidade *versus*, 81-83
  prisioneiros, perda de, 380-382
"I Didn't Want to Tell You" [Eu não queria lhe contar], 51
Igreja Católica, 35, 87, 445
Image of Man, The [A imagem do homem] (Mosse), 523
imagem corporal, 425n
imigrantes poloneses, estilo parental autoritário de, 247, 248
império austríaco, declínio do, 124
implantes, 525, 526
impotência, 51, 63, 99, 235, 236, 313, 349n, 355, 381, 493, 498
incesto, 134

547

A MÍSTICA FEMININA

independência:
  crescimento intelectual *versus*, 213, 214, 216
  desenvolvimento infantil de, 248-251
  perda das mulheres da, refletida na cultura popular, 49-54
individualismo, 194, 234, 402, 405
  carreira como expressão de, 41-44, 154
  industrialização, 425*n*
indústria da beleza, 14-16
indústria da costura doméstica, 276, 277
indústria de peles, estratégias de marketing da, 275, 276
infantilização, 41, 127, 160, 161, 245, 338-340, 347, 353, 358, 362, 368, 375, 378, 380, 382, 383, 493
Inglaterra, movimento feminista na, 96, 111, 112, 114, 153, 154
inovação, 194, 452
instintos, 136, 168, 218, 246, 394
Instituto Militar da Virgínia, 522
Instituto Psicanalítico (Viena), 143
inteligência:
  difamação da, 189-191, 210-212, 223*n*
  para desempenho de tarefas domésticas, 316-318
  pensamento crítico e, 190, 192, 206, 208, 209
intimidade, 200, 330, 405, 525
inveja do pênis, 91, 123, 125, 134-144, 423*n*

Jackson, Shirley, 62
Jacob, Philip E., 225
James, William, 402, 420, 427*n*
Japão, ativismo das mulheres no, 497, 510
Johnson, Lyndon B., 486
Jones, Ernest, 125, 130-133, 147*n*-149*n*
Jung, Carl, 141, 389
justiça, senso de, 136

Kant, Immanuel, 196
Keiser, Sylvan, 425*n*

Kenyon, Dorothy, 494
Kerr, Jean, 62
Kinder, Kuche, Kirche (filhos, cozinha, igreja), 40
Kinsey, Alfred C., 29, 321, 324, 325
  abordagem quantitativa de, 327
  sobre homossexualidade, 340, 341
  sobre idade *versus* incidência de orgasmo, 351*n*, 409, 410, 413, 423*n*
  sobre nível de educação *versus* satisfação sexual, 236, 240, 241, 342, 343, 351*n*, 409-411, 425*n*
  sobre o desejo sexual no casamento, 331
  sobre sexo extraconjugal, 323, 328, 329, 331, 338, 410
Klein, Viola, 222*n*, 255*n*, 256*n*, 318*n*, 426*n*, 427*n*, 479*n*
Komarovsky, Mirra, 10, 158, 180*n*, 224*n*
Kubie, Lawrence, 425*n*

Ladies' Home Journal, 41, 56
  aconselhamento para adolescentes em, 70-72
  artigos políticos em, 55, 56
  dona de casa como heroína em, 44, 45, 67-70
  heroínas ficcionais apresentadas em, 41-44, 47-49
Lauter, Paul, 522
lava-roupas, 30, 59, 61, 375, 529
Lawrence, Dorothy Bell, 479*n*
Lawrence, Margaret, 11, 210
Lei de Parkinson, 298, 438, 318*n*
Lei dos Direitos Civis (1964), 485, 490, 505
Lerner, Max, 219, 224*n*, 348*n*
lesbianismo, 341, 493
Levy, David, 245, 246, 256*n*
liberdade, 23, 43, 66, 74, 84, 85, 91, 93-97, 104, 108, 115, 116, 122, 139, 144, 253, 258, 313, 355, 377, 384, 390, 392, 394, 401, 408, 418, 419, 429, 460, 485, 487, 506

548

ÍNDICE

licença-maternidade, 471, 488, 506, 514

licença parental, 515

no estereótipo feminino, 47, 63, 9, 70, 91, 140-142, 166, 254, 347, 358, 378, 379, 401, 405, 407-409, 413-415

líderes religiosas, mulheres como, 497

Life, 15, 63-65

limpeza, psicologia de consumo sobre métodos de, 267, 269

Lincoln, Abraham, 56, 88, 395, 402

Lindsay, John V., 494

lojas de departamentos, 15, 190, 255*n*, 277-279

Look, 24, 64, 65

Lovshin, Leonard, 309, 310

Lowell, trabalhadores do moinho de, 110

Luce, Clare Boothe, 38

Lucy Stoners, 115

Lundberg, Ferdinand, 46, 140, 149*n*, 256*n*, 319*n*

Luther, Martin, 89*n*

Lynes, Russell, 318, 319*n*

Lyon, Mary, 100, 104

Macbeth (Shakespeare), 141

Mademoiselle, 206

editores universitários convidados em, 61

heroína dona de casa retratada em, 67, 68

pesquisa sobre ambição conduzida por, 449, 450

mães, maternidade:

amamentação e, 13, 32, 62, 63, 167, 176, 292, 293, 387*n*, 452, 530

ambições de carreira *versus*, 15, 17, 41-45, 60-65, 154, 208, 241-245, 433, 434, 453, 472, 483, 484, 479*n*

como modelos para as filhas, 80-84, 114-116, 216, 462-464

como única fonte de satisfação das mulheres, 68, 91, 184, 185, 333, 334, 430, 431, 433

críticas psicológicas de, 234-239, 241, 244, 246-252

déficits de autorrealização e, 368-374, 378, 379

ensino superior e, 462, 477*n*

gravidez e, 198, 333, 342, 349*n*, 350*n*, 356, 360, 364-366, 479*n*

hora livre prescrita para, 435, 436

idade e, 198, 229

inveja do pênis *versus*, 134-136, 140, 141

processo de parto e, 32, 176, 293, 430, 431

relações emocionais simbióticas em, 359 -363, 369

retomada da educação após a fase inicial da, 453

solteira, 241, 514, 515

superenvolvimento na, 29, 245-251, 307, 332, 333, 358-362, 364, 434, 435

taxas de natalidade e, 14, 56, 228, 229, 254*n*, 497

visão antropológica da, 164-172

"Man Next to Me, The" [O homem ao meu lado], 68

"Man Who Acted Like a Husband, A" [Um homem que agia como marido], 50

Mailer, Norman, 233

Male and Female [Masculino e feminino] (Mead), 46, 166, 173 181*n*

mamografias, 521

mão de obra não qualificada, 203, 268

marcha da Greve de Mulheres por Igualdade (1970), 494, 496

Markewich, May Elish, 475*n*

Marriage for Moderns [Casamento para modernos] (Bowman), 153, 179*n*

Marriage, Morals, and Sex in America [Casamento, moral e sexo nos Estados Unidos (Ditzion), 118*n*, 427*n*

A MÍSTICA FEMININA

Marshall, Thurgood, 39
Marx, Karl, 187, 417
masculinidade:
alta dominância *versus*, 399, 400
atividade *versus*, 141, 142
no currículo educacional, 194, 195
padrões culturais de, 162-166
padrões restritivos de, 488, 489
ver também homens
Maslow, A. H., 10, 11, 389, 396-403, 405-407, 410, 421n-423n, 425n
masoquismo, 414, 423n
May, Rollo, 389, 421n, 422n
Mayer, William, 385n
McCall's, 40, 62, 71, 498
circulação de, 38, 39
conteúdo editorial típico de, 36-38
ficção em, 50, 51, 75n
influência dos anunciantes sobre, 287
sobre a insatisfação das mulheres, 54
sobre fadiga crônica, 311
união promovida por, 51-54
McCarthy (era), 145, 232, 355
McCarthy, Eugene, 495
McGinley, Phyllis, 62
McGovern, George, 496
Mead, Margaret, 46, 153, 162-178
culturas primitivas estudadas por, 163, 168-173, 180n
experiência de, 187, 188
influência exercida por, 162, 163, 175, 176, 178, 179, 191
orientação freudiana de, 151, 164-168, 170, 174, 175, 180n
papel feminino glorificado por, 164-166, 168-174, 177, 178
realizações profissionais de, 163, 174, 175, 177, 484, 485
retorno ao lar das mulheres estadunidenses denunciado por, 176-178
sobre casamento precoce, 220

sobre diferenças temperamentais *versus* sexuais, 163-166
sobre estágios do ciclo de vida, 225n
sobre mulheres trabalhadoras, 483-485
médicas, 63, 84, 110, 125, 183, 222n, 412, 445, 472, 477n, 487
Menninger, Karl, 349n
menopausa, 22, 225n, 332-334, 475n, 480n, 514
mente inconsciente, 121, 122
Metrecal, 13
migração urbana, 301, 304
Mill, John Stuart, 129
Millay, Edna St. Vincent, 57, 184
Millett, Kate, 492
Mills, faculdade, 192, 193
Minkowski, Eugene, 421n
Minnesota, Universidade de, Plano para Educação Contínua de Mulheres, 467-469
missão, noção de, 402, 403
mística feminina:
crescimento pessoal inibido pela, 86, 362-365, 407-409
definição, 45-47, 503
fortalecimento freudiano da, 121, 122, 145, 146
identidade individual incluída na, 80, 86
justificativa antropológica da, 170-172, 177
metas educacionais afetadas por, 90-192
na cultura do sul, 339, 367
perpetuação consumista da, 283-289
simbiose materna destrutiva construída na, 362, 363
Mística feminina, A (Friedan):
influência de, 482, 498, 529, 530, 533
reações hostis a, 530
mistura pronta, 80, 263-265, 282
Mitsubishi, reclamações de assédio sexual contra, 509, 510

550

ÍNDICE

Modern Woman [Mulher moderna] (Farnham and Lundberg), 46, 140, 149*n*, 192, 240, 256*n*, 319*n*
moda:
   interesse dos homens na, 525
   modelos fotográficos assexuados em, 325, 525
   pressões conformistas na, 275-277
Mosse, George L., 523
"Mother-in-Law" [Sogra], 41
"Mother Who Ran Away, The" [A mãe que fugiu], 54
Mott, Lucretia, 97
Mount Holyoke, faculdade, 96, 454
movimento dinamarquês de colegial popular, 466
movimento dos direitos das mulheres, *ver* movimento feminista
movimento dos homens, 118*n*, 523
movimento estudantil, 491, 492
movimento feminista, 482, 485-498
   apoio masculino ao, 487, 488
   classe social e, 109, 489
   crescimento mundial do, 497
   críticas religiosas do, 98, 99
   desvio de energia do, 257
   difamação do, 64, 91, 93, 97-99, 101, 104, 105, 109, 113-115, 153, 154
   história do, 91-117, 419
   hostilidade em relação aos homens desenvolvida dentro do, 491-493
   inveja do pênis *versus*, 140, 141
   marcha por igualdade de 1970 do, 494, 496
   motivação do, 298-300
   movimento estudantil *versus*, 491, 493
   na Inglaterra, 96, 111, 112, 114, 153, 154
   oposição de Freud ao, 116, 117, 129, 130
   reação contra o, 497, 498, 506
   realização sexual e, 97, 118*n*, 408-411
   retrato literário do, 93, 94
   táticas militantes do, 112-115, 490

movimento sindicalista, 112
Ms., 516
Mudd, Emily, 69
Muggeridge, Malcolm, 351*n*
mulheres:
   ativismo político das, 178, 494-496, 511, 512, 519
   autorrealização perdida pelas, 391-420
   descontinuidade no condicionamento cultural das, 85
   em gabinete político, 495, 496, 511, 518
   estágios do ciclo de vida das, 333, 334, 224*n*
   hostilidade masculina em relação a, 324, 336-341, 345, 346, 349*n*
   infantilização das, 127-129, 160, 161, 362, 363, 367
   mais velhas, 217-19, 461, 483, 474*n*-478*n*
   objetivos de vida das, 77-80
   status secundário das, 121
   teorias freudianas sobre, 121-146, 417
   violência contra as, 510
   voto das, 22, 103, 105, 107, 110-115, 493, 494, 498, 505, 517, 518
mulheres de carreira:
   como exemplo, 83, 116, 117, 462, 463
   como heroínas de histórias de revistas, 40-44, 47, 48, 58, 59, 75*n*
   competição masculina com, 160, 231, 232, 469, 477*n*
   em posições acadêmicas, 192, 193, 462, 463
   pesquisa de consumo sobre, 246-248, 260-263
   rebaixamento de, 63-65
   traje ultrafeminino adotado por, 193
   ver também mulheres trabalhadoras
mulheres trabalhadoras, 512
   assédio sexual das, 505-507, 509, 510
   como culpadas por dificuldades psicológicas das crianças, 236, 241-245

A MÍSTICA FEMININA

competição masculina com, 157, 158, 169, 231, 235, 445, 469
culpa sentida pelas, 204, 205, 208, 432, 446
discriminação no trabalho vivenciada por, 470, 491, 496, 497, 507
dogma religioso *versus*, 444, 445
em empregos de meio período, 15, 218, 254n, 255n
em empregos de subsistência *versus* profissões, 15, 157-160, 190, 193, 301, 437, 484
em empregos em fábrica, 109, 111, 112, 232
em organizações comunitárias, 438-439
em posições domésticas, 443
em tempo de guerra, 229-231
estadunidenses *versus* europeias, 418, 425n-427n
felicidade conjugal das, 412, 446-448
mais velhas na força de trabalho, 15, 16, 218, 219, 255n, 475-477n
na vida pioneira, 72, 417, 418
números de, 15, 16, 58, 64, 65, 203, 204, 236, 506-508, 254n, 318n, 426n-427n
oportunidades urbanas para, 303
recursos de cuidados infantis de, 229-231, 303, 469, 488, 475n
ressentimento de donas de casa pelas, 448-449
salário das, 231, 472, 473, 484, 507
tempo de arrumação alocado pelas, 295, 296, 300, 301, 443, 318n, 319n
ver também carreira; mulheres de carreira; emprego
Multidão solitária, A (Riesman), 219, 348n, 384n
mundugumor, cultura, 163, 168
Murray, Judith Sargent, 96
Murray, Pauli, 486
mutilação genital, 510

Myrdal, Alva, 10, 222n, 255n, 256n, 318n, 426n, 427n, 479n
"Myth of Functional Analysis as a Special Method in Sociology and Anthropology, The" [O mito da análise funcional como método especial em sociologia e antropologia] (Davis), 180n

namoro, educação sobre, 197-199
não comprometimento, 363, 364, 375, 378
National Organization for Women [Organização Nacional para Mulheres] (NOW), 486, 487, 489, 491-495, 509
nazismo, 40, 315, 380
necessidades, hierarquia de, 393-395
negros:
em emancipação das mulheres e, 109, 113, 129,
segregação escolar de, 38, 219, 453
neurose, 29
como obstáculo de autorrealização, 389, 393
crescimento intelectual *versus*, 213
origem sexual de, 124, 135, 136, 138, 395
sinais na infância de, 243-245
New York Times, 162, 242, 254n, 256n, 285, 377, 452, 468, 474n, 478n, 479n, 513, 525, 526n
New Yorker, 452, 516
Newsweek, 21, 23
Nietzsche, Friedrich, 422n
Nixon, Richard, 55, 496
normalidade, 389
normas, exceções a, 208
Novas Mulheres, 40-42, 85

Oberlin, faculdade, 101
obesidade, 217, 312
organizações comunitárias, 304, 307, 439
Owen, Robert Dale, 98, 107

ÍNDICE

pacifismo, 113, 523

Paine, Thomas, 96

Parker, Theodore, 97

Parkhurst, Harriet Vance, 521

Parkinson, C. Northcote, 298

Parsons, Talcott, 156, 157, 179n

participação no voto, 22, 504, 506

Paschall, Eliza, 491

parto, 16, 48, 100, 333, 430, 431, 506

natural, 32, 55, 176, 177, 292, 430, 431, 504

reações depressivas ao, 32, 334, 366, 367

como realização feminina primordial, 68

Pembroke, faculdade, 210

pensamento abstrato, 177, 233, 358, 391

pensamento crítico, 207-210, 217, 227

Pequim, 1995, Conferência Mundial das Mulheres, da ONU, em, 510

personalidade voltada para o outro, 355

pesquisa motivacional, 11, 80, 145, 199, 223n, 259, 282, 283, 289n

pílula anticoncepcional, 14, 488, 497, 519

pioneira, vida, 64, 73, 348n, 418, 419,

Planejamento Familiar (movimento), 14

Playboy, Clubes da, 516

popularidade, 83, 200, 267, 378

"Postparental Phase in the Life Cycle of Fifty College-Educated Women" [A fase da vida pós-parental de cinquenta mulheres com nível superior] (Davidoff e Markewich), 475n

prataria, 274, 275

prazer, senso de, 403, 404

preocupações políticas:

ativismo feminista sobre, 494-496, 505

com desarmamento nuclear, 55, 178, 179, 471

disparidade salarial entre os sexos sobre, 516-519

indiferença a, 234

nas revistas femininas, 52-56

responsabilidades domésticas *versus*, 65, 67, 469-471

trabalho voluntário sobre, 443, 452, 479n

primeira guerra mundial, 113, 221n

Primeiro Banco & Companhia de Crédito para Mulheres, 497

prisioneiros:

na guerra na Coreia, 356, 357, 385n

em campos de concentração nazistas, 379-383, 385n

privacidade:

união familiar *versus*, 24, 280, 306

perda por prisioneiros de, 381

problemas de saúde ginecológicos, 332-334

processo de desumanização:

no desenvolvimento infantil, 363, 370, 371, 373, 378

de prisioneiros *versus* donas de casa, 379, 380, 458

professores, 22, 32, 50, 184, 190, 191, 208, 293, 454, 456, 465, 504, 507

programas de estudos de mulheres, 491, 522

programas de gastos sociais, 518-520

programas pré-escolares, 514, 515

progresso, 194, 315

projeto de casa de plano aberto, 294, 305, 306

prostituição, 325, 361

protesto feminino, 151, 152, 162, 176, 193, 471

protesto masculino, 152, 176

publicidade:

de companhias de cigarro, 521

ideais femininos promovidos na, 14

temas feministas usados pela, 521

conteúdo editorial das revistas *versus*, 286-289

de moda masculina, 525

identidade pessoal *versus* imagens da, 80, 81

apelo psicológico da, 279
de oportunidades de emprego com segregação sexual, 490
sexualidade na, 281, 282
mulheres como foco principal da, 261--265, 315
ver também consumidores, consumismo
psicanálise:
adoção estadunidense de, 145, 146, 233
incapacidade feminina para, 136-137
inveja do pênis como motivo para, 136, 143, 144
pensamento crítico suspenso na, 213
psicanalistas (mulheres), 210
psicologia:
fertilização cruzada antropológica com, 151, 152
ver também teoria freudiana; tratamento psiquiátrico; psicanálise
psicoses maternas, 366
pulsão de morte, 147n, 149n
"Psychiatric Implications of the Kinsey Report" [Implicações psiquiátricas do relatório Kinsey] (Kubie), 425n
Psychoanalysis [Psicanálise] (Thompson), 89n, 147n
Psychology of Woman, The [A psicologia da mulher] (Deutsch), 141, 150n
Psychology of Women, The [A psicologia das mulheres] (Freud), 149n
Pulitzer, prêmio, 522

quacres, 113

Radcliffe Institute for Independent Study [Instituto Radcliffe para Estudo Independente], 462, 478n
Radcliffe, faculdade, 11, 33n, 63, 345, 346, 456, 498
raiva:
deslocamento da, 376, 377, 381, 382, 383
expressão livre da, 400-401

Rank, Otto, 389
Raushenbush, Esther, 11, 468
realização sexual:
nível educacional *versus*, 235, 240, 241, 256n, 343, 344, 409-412, 526n
movimento das mulheres por igualdade *versus*, 97, 98, 409-411, 117n
como substituta para a autorrealização, 321-324, 329-331, 344-348, 395, 414, 415
Redbook, 24, 58, 71, 72
sobre problemas de fadiga crônica, 310, 311
sobre reações emocionais à gravidez, 349n
heroínas ficcionais em, 41, 50, 68
estilo de ficção em, 60
sobre a insatisfação de donas de casa, 72
sobre as frustrações dos maridos, 336, 337
questões políticas em, 55
artigos de ciência em, 62, 63
redução de pessoal nas empresas, 506–510
relacionamentos extraconjugais, 293, 322, 323, 325, 328, 331, 338, 410
relação mãe e filho, 134, 136, 137, 246 -251
homossexualidade masculina e, 339, 341, 342
ver também cuidados infantis
relação sexual:
antes do casamento, 205, 207
frigidez na, 409, 410
idade inicial da, 341-344
identidade de dona de casa feminina e, 45
incidência de orgasmo na, 33, 235, 236, 240, 241, 344, 397, 408-411, 414-416, 256n, 423n-425n
manuais com técnicas de, 324
passividade feminina e, 140, 141, 405, 406

ÍNDICE

satisfação mútua em, 405, 513
transcendência do self na, 406, 407
validação de identidade procurada na, 28, 29
relatividade cultural, 124
Relatório Chapman, O (Wallace), 328
religião:
  juízos de valor relacionados com o sexo, 127, 165, 166
  mulheres trabalhadoras desencorajadas pela, 444, 445
  reavivamento pós-guerra da, 234
representação, 346
Republicano, partido, 479n, 495, 496, 505, 511, 517, 518, 521
responsabilidade social, 304, 403, 454, 455
revistas:
  imagens de moda em, 325, 525
  para homens, 325, 326
  publicidade *versus* conteúdo editorial de, 286-289
  ver também revistas femininas
revistas femininas, 36-63, 67-73
  anúncios *versus* conteúdo editorial nas, 285-288
  artigos sobre deficiência nas, 57
  assuntos políticos nas, 54-56
  atrizes apresentadas nas, 58
  consumo enfatizado nas, 69, 70
  conteúdo editorial limitado das, 36-40
  controle masculino *versus* contribuições femininas para, 58, 59, 71, 73, 503-505
  ficção *versus* artigos de serviço nas, 58-61
  fonte ampliada nas, 69, 70
  fracassos das, 71
  imagens glamorosas em destaque nas, 14, 70
  modelos femininos dependentes nas, 50-54

mulheres de carreira como heroínas nas, 40-44, 47, 48, 58, 59, 75n
papel de dona de casa exaltado nas, 43-51, 57-70
sexualidade nas, 324, 326
sobre fadiga crônica, 310-312
Revolução Estadunidense, 96
Riesman, David, 198, 219, 348, 355, 384n, 385n, 389, 417, 421n, 426n
ritos de iniciação, 169
rivalidade entre irmãos, 13, 234
Riviere, Joan, 133
Rogers, Carl, 389
Roheim, Geza, 181n
Roosevelt, Eleanor, 38, 402, 470
Roosevelt, Franklin, 402, 465
Rose, Ernestine L., 98, 107, 118n
roupas:
  de mulheres de carreira, 193
  em sociedades primitivas, 167
  lavagem de, 262, 268, 270, 284, 300
roupa, lavar e passar, 270, 299, 300
RU-486, 519

salário:
  diferenças baseadas no sexo no, 216, 460, 484, 490, 505, 508, 530
  mínimo, 518
Sandburg, Carl, 56
Sands, Harley C., 310
"Sandwich Maker, The" [A fazedora de sanduíche], 48
Sanford, Nevitt, 219, 222n-224n, 477n
Sanger, Margaret, 29, 56, 93
São Paulo, 98
São Pedro, 98
"Sarah and the Seaplane" [Sarah e o hidroavião], 43
Sarah Lawrence, faculdade, 11, 184, 355, 464, 468
Sartre, Jean-Paul, 422n

A MÍSTICA FEMININA

Schreiner, Olive, 419

Schweitzer, Albert, 196, 402

SDS (Students for a Democratic Society) [Estudantes por uma sociedade democrática], 491

segregação escolar, 38, 219, 453

segregação racial, 39, 112, 297, 453, 522

segunda guerra mundial, 9, 16, 183, 232, 236, 298, 302, 465, 504, 521

  baby boom depois da, 228, 229

  dificuldades psicológicas dos soldados na, 235

  regressão cultural estadunidense depois da, 230, 239, 302

Segundo sexo, O (Beauvoir), 17

seios:

  câncer de mama, 504

  descoberta por culturas primitivas dos, 161-162

  tamanho dos, 310

self, transcendência do, 404

Se meu apartamento falasse, 338

Senders, Virginia, 468, 477

Seneca Falls, Declaração de (1848), 97, 98

Seneca Falls, NY, Convenção pelos Direitos da Mulher em, 95, 97, 105

serviços, emprego no setor de, 255n, 508

Sex and Temperament [Sexo e temperamento] (Mead), 177, 180n

sexualidade:

  autoestima (sentimento de dominância) *versus*, 397, 398, 401, 402

  autossatisfação *versus*, 403-406, 408, 409

  ciclo de vida biológico da, 333-335, 224n

  de cuidados, 342-344, 354-356, 361, 373-375

  despersonalização da, 324-328, 330, 338, 340, 344

  ênfase freudiana na, 35, 36, 124-127, 167

  envelhecimento e, 404, 405, 526n, 527n

  exploração consumista da, 280-281, 335-337, 349n

  extraconjugal, 321-330, 331, 332

  homossexual, 325, 336-342, 344, 345, 493

  infantil, 125, 126, 130

  inibição vitoriana da, 35, 36, 86, 124

  nos meios de comunicação em massa, 324-328, 335, 349n

  preocupação estadunidense com, 319n, 325, 326, 327, 335, 414, 415

  questões de controle expressas por meio, 330

  repressão da, 29, 35, 36, 86, 122, 124

  uso para busca de status da, 322, 326, 327, 334-336

  pesquisa com graduadas da, 9-11, 33n

Sexual Politics [Política sexual] (Millett), 492

Shakespeare, William, 71, 125, 395

Shaw, Irwin, 233

Sheean, Vincent, 56

simbiose, emocional, 360, 362, 458

síndrome da criança espancada, 376, 377

síndrome de dona de casa, 19, 365

Sitwell, Edith, 450

Smith, faculdade, 9, 11, 12, 33n, 65, 77, 78, 85, 183, 185, 215, 451, 454, 530, 531

Smith, Howard, 485

Snow, C. P., 161

sociologia:

  diplomas acadêmicos de mulheres na, 179n-181n

  funcionalismo na, 145, 152-162, 204, 205, 179n-181n

sogros, 160

soldados, 227

  como prisioneiros coreanos de guerra, 356, 356, 384n-387n

  educação pós-guerra de, 465

  problemas psicológicos da guerra de, 235-237, 239

solteirona, 185, 192

ÍNDICE

sonhos, 401, 402

soro da juventude, 86

Spinoza, Benedict de, 402

Spock, Benjamin, 21, 67, 245, 256n, 318, 385n, 483

SS (*Schutzstaffel*), 381, 383

Stanton, Elizabeth Cady, 93, 97, 106, 108, 109, 111

Stassen, Harold, 56

status social:

consumismo e, 278, 330, 336

movimento feminista, 110, 489

Steinem, Gloria, 495

Stephens, faculdade, 192

Stevenson, Adlai, 65

Stewart, Martha, 507

Stolz, Lois Meek, 241, 243, 256n

Stone, Abraham, 11, 348n

Stone, Lucy, 100-103, 107, 108, 113, 118n

Stowe, Harriet Beecher, 62, 522

Strecker, Edward, 237, 239, 255n

sublimação, 135, 142, 201

Suhl, Yuri, 118n

suicídio, 235, 293, 314, 365, 366, 375, 420, 458, 483, 511

Sul:

segregação no, 38, 453

expectativas culturais femininas no, 339, 367

supereu, 122, 136, 146, 209, 358

Suprema Corte, Estados Unidos:

direito ao aborto reconhecido pela, 496, 505

nomeações para, 491

sutiãs, 14, 171, 197, 494

talento feminino, 45

tamanho do corpo, 14

taxa de natalidade, 14, 56, 228, 229, 254n, 497

Taylor, Elizabeth, 336

Taylor, Harold, 355

tchambuli, cultura, 163

teatro do absurdo, 233

tédio, 317

da juventude, 187, 188, 353, 356, 439

fadiga crônica *versus*, 30, 31, 45, 61, 227, 310-312

sexual, 324, 328, 331, 335310, 313-314, 322

temperamento, diferenças ligadas ao sexo *versus*, 58, 70, 163-170

tempo:

gasto com serviço doméstico de, 295-305, 308, 309, 313, 431,432, 433, 434, 443, 451, 318n, 319n

senso humano de continuidade do 391, 392

teoria freudiana, 191, 209

anatomia como destino na, 23, 142, 162, 164

antropologia influenciada pela, 151, 164, 166-168, 170, 174, 175, 181n

causalidade sexual como preeminente na, 35, 124-126, 166

contexto cultural vitoriana da, 122-124, 127, 134, 139-140, 151

inveja do pênis na, 91, 123, 125, 134-144, 423n

mística feminina fortalecida pela, 121, 122, 145, 146

nas fases sexuais da infância, 124-126, 134-136

popularização da, 234

privatismo pós-guerra e, 232, 233

pulsão de morte em, 147n, 149n

seguidores estadunidenses modernos da, 139-146

terapia em grupo, 205-207

terapia ocupacional, 417, 469

teste de Rorschach, 378

A MÍSTICA FEMININA

Their Mothers' Sons [Os filhos da mãe deles] (Strecker), 237-239, 255n
Thomas, M. Carey, 111
Thompson, Clara, 134, 147n, 149n, 344, 351n
Thompson, Dorothy, 44, 45
Thoreau, Henry David, 402
Tibete, opressão chinesa do, 510
Tillich, Paul, 389, 422n
Time, 21, 231, 319n, 376, 478n
Tisserant, Eugène Cardinal, 195
Título IX, 505
Título VII, 485, 486, 505
Tobias, Sheila, 491
Tocqueville, Alexis de, 570
trabalho infantil, 113, 203
tratamento psiquiátrico, 25, 32
    aconselhamento pastoral *versus,* 233, 234
    adequação cultural como meta do, 389, 390
    de crianças suburbanas, 368
    de donas de casa, 17, 19, 293, 365, 366, 374, 375
    de mulheres de carreira, 61, 62, 64
    necessidades de autorrealização abordadas no, 143, 144
    terapia em grupo no, 206, 207
    terapia ocupacional no, 417
treinamento executivo, 465, 466
Triangle Shirtwaist, fábrica, 112
tricô, 186
Truth, Sojourner, 109

União Soviética:
união, família, 47, 51, 275, 280, 374, 405
    médicas mulheres na, 222n
    corrida espacial dos Estados Unidos com, 16, 355
    mães trabalhadoras na, 245
Universidade de Brown, 210

valores familiares, 66, 515, 516, 525
    exploração consumista dos, 287-289
vandalismo, 356
Vassar, faculdade, 10, 183-185, 211, 213, 215, 216, 222n
vazio, senso de, 233, 363, 364, 368, 379, 414, 430-432
Viajantes da Liberdade, 111
vida cotidiana:
    consciência futura *versus,* 391-392
    prazer na, 403
    rotinas de donas de casa em, 60, 393
vida em família:
    de pais solteiros, 241, 514, 515
    dominância das donas de casa na, 317, 318, 336, 337, 370
    educação sobre, 146, 152-156, 191, 193, 195, 203-210, 463
    influência religiosa sobre, 444, 445
    necessidades de privacidade na, 24, 280, 306
    responsabilidade da comunidade *versus,* 304, 403, 454, 455
vida na fronteira, 73, 105
vida suburbana
    conformidade na, 32, 33
    cuidados com o lar na, 302-306
    insularidade da, 334
    mobilidade da, 367
    oportunidades de trabalho da, 437, 438
    projeto de casa de plano aberto na, 305, 306
vida vicária, 360, 363, 364, 370-375, 378, 383, 448, 456, 488
Virgem Maria, 45
Vitória, rainha da Inglaterra, 153
    determinismo científico na, 125
    relações conjugais na, 128, 129
    repressão sexual na, 35, 36, 86, 124
    teoria freudiana desenvolvida na, 122-124, 127, 134, 139-140, 151

ÍNDICE

viuvez, 218
voluntariado, 65, 110, 128, 292, 300, 304, 305, 314, 368, 410, 430, 438-442, 449, 468, 476, 484, 520

Warren, Jean, 318*n*
Weaver, Polly, 10, 449, 475*n*
White, Lynn, 193, 222*n*, 224*n*, 256*n*
Whitman, Walt, 224*n*, 402
Williams, Tennessee, 233, 375, 339
Wollstonecraft, Mary, 93, 96, 106
Woman's Home Companion, 41, 47, 65
Woman's Party [Partido das Mulheres], 113

Womanpower, 203, 222*n*, 254*n*
Women's Two Roles [Os dois papéis das mulheres] (Myrdal and Klein), 222*n*, 255*n*, 318*n*, 426*n*, 479*n*
Working Mother, 516
Wright, Fanny, 88-89, 98
Wylie, Ida Alexa Ross, 114, 119*n*
Wyoming, direitos de sufrágio feminino em, 105

Yale, Universidade, 11, 63, 188, 459, 461, 491, 522

A primeira edição deste livro foi publicada em 2020, ano em que se celebra o 77º aniversário da feminista paraibana Hildete Pereira de Melo, economista da Universidade Federal Fluminense (UFF), que liderou a pesquisa sobre o trabalho doméstico não remunerado como importante atividade para a economia do Brasil. Em 2007, o estudo identificou que os afazeres domésticos, realizados predominantemente por mulheres, corresponderam a 11,2% do Produto Interno Bruto (PIB) brasileiro do período 2001-2005.

O texto foi impresso em Minion Pro, corpo 11/15. A impressão se deu sobre papel off-white pela Geográfica.